한 방에 합격하는

정[illegible]리기사

필기 | 1권

머 리 말

자격증과 IT 실무 역량을 한 번에 잡아 보자!

정보처리기사는 IT 분야의 대표적인 자격증 시험입니다. '어떻게 하면 미래의 후배들에게 좀 더 쉽게 자격증을 취득할 수 있게 할 수 있을까?', '이 분야의 전문가들이 모여 수험서를 만들면 도움이 되지 않을까?' 하는 마음으로 정보처리 분야에 대해서는 최고라 자부하는 다섯 명이 의기투합하여 집필했습니다.

정보처리기사 시험은 2020년 NCS 기반으로 시험 출제 기준이 변경되면서 출제 범위에 많은 변화가 생겼습니다. 저희는 1년여간 NCS 기준으로 출제 문제들을 분석하여 정보처리기사 시험에 맞게 이 책을 준비하였습니다. 기존 기출 문제는 포함하면서 신규 출제 범위에 맞도록 내용을 구성하였습니다. 시험에 나올 수 있는 문제들로만 작성하였으니 본 수험서로 준비한다면 어렵지 않게 정보처리기사 자격증을 취득할 수 있을 것입니다.

NCS 기반으로 시험에 나올 내용만 본다.

오랫동안 나왔던 기출 문제 중심이 아닌 NCS 기반 시험 범위 내로 개편하여 구성하였습니다.

핵심 암기집을 이용한다.

시험에 필요한 핵심 암기집을 작성하여 추가하였습니다. 최종 복습할 때나 신속히 학습을 할 때 유용하게 사용하세요.

ⓢ 기출 문제를 참고한다.

NCS 기준으로 변경되어 출제되었던 기출 문제와 풀이를 제공합니다. 최종 점검할 때나 모의고사 용도로 활용할 수 있습니다.

ⓢ 현장 Comment도 들어 본다.

앞으로 시험 문제는 지금까지 다루지 않은 내용들도 나올 수 있습니다. 그래서 시험에 알아야 할 내용과 더불어 다양한 현장 경험의 내용도 추가하였습니다.

이 책을 통해 수험생 여러분들이 효율적으로 학습하여 합격의 기쁨을 누릴 수 있기를 기원합니다. 필자들이 운영하는 네이버 카페(https://cafe.naver.com/pass1try)에서는 단순히 자격증 취득에서 끝나는 것이 아니라 여러분들이 IT 분야에서 실무를 하게 되었을 때 역량을 발휘할 수 있도록 IT 분야 전반에 대한 도움을 드릴 수 있는 다양한 활동을 하고자 합니다.

기술사 박주형, 조숙향, 원선재, 홍관석, 안응원

자격증 안내

정보처리기사(Engineer Information Processing)

정보처리기사 자격증은 컴퓨터를 효과적으로 활용하기 위해서 하드웨어뿐만 아니라 정교한 소프트웨어가 필요해짐에 따라 우수한 프로그램을 개발하여 업무의 효율성을 높이고, 궁극적으로 국가발전에 이바지하기 위해서 컴퓨터에 관한 전문적인 지식과 기술을 갖춘 사람을 양성할 목적으로 제정되었다. NCS(국가직무능력표준)를 기반으로 자격의 내용을 직무 중심으로 구성하여 시행하고 있다.

시행 기관

한국산업인력공단(www.q-net.or.kr)

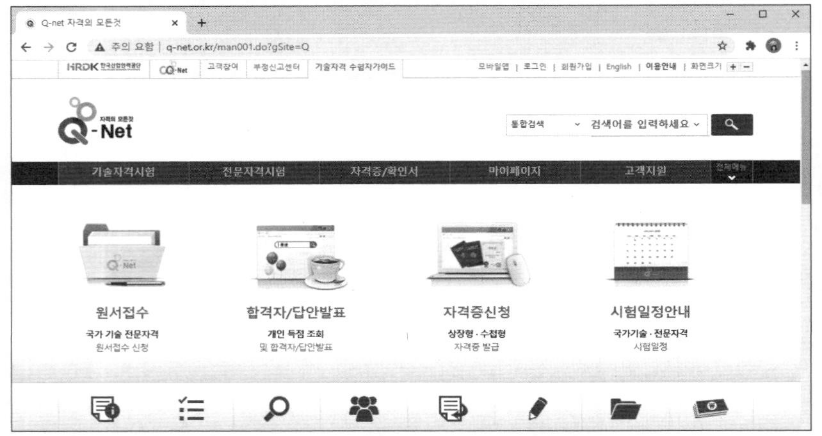

자격증 취득 과정

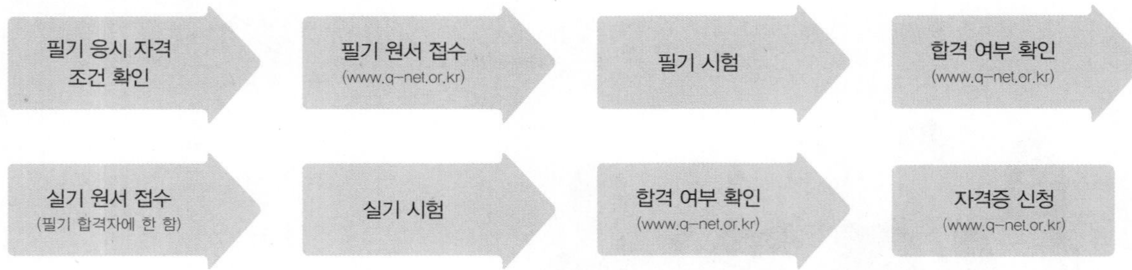

※ 응시 수수료 및 시험 일정은 큐넷 홈페이지를 참조한다.

검정 방법

시험 방법		응시 시간	합격 기준
필기	– 객관식 4지 택일형 – 과목당 20문항	2시간 30분 (과목당 30분)	– 과목당 40점 이상(만점 기준 : 100점) – 전과목 평균 60점 이상(만점 기준 : 100점)
실기	필답형	2시간 30분	60점 이상(만점 기준 : 100점)

정보처리 기사 [필기] 시험 과목 및 출제 기준

정보처리 기사	주요 항목	NCS
1과목 | 소프트웨어 설계	요구사항 확인	응용 SW 엔지니어링
	화면 설계	
	애플리케이션 설계	
	인터페이스 설계	
2과목 | 소프트웨어 개발	데이터 입출력 구현	응용 SW 엔지니어링
	통합 구현	
	제품 소프트웨어 패키징	
	애플리케이션 테스트 관리	
	인터페이스 구현	
3과목 | 데이터베이스 구축	SQL 응용	DB 엔지니어링
	SQL 활용	
	논리 데이터베이스 설계	
	물리 데이터베이스 설계	
	데이터 전환	
4과목 | 프로그래밍 언어 활용	서버 프로그램 구현	응용 SW 엔지니어링
	프로그래밍 언어 활용	
	응용 SW 기초 기술 활용	
5과목 | 정보 시스템 구축 관리	소프트웨어 개발 방법론 활용	응용 SW 엔지니어링
	IT 프로젝트 정보 시스템 구축 관리	IT 프로젝트 관리
	소프트웨어 개발 보안 구축	보안 엔지니어링
	시스템 보안 구축	

※ NCS (국가직무능력표준) : 산업현장에서 직무를 수행하기 위해 요구되는 지식 · 기술 · 태도 등의 내용을 국가가 산업부문별 · 수준별로 체계화한 것이다.

학습 도우미 : 한 방에 합격하는 정보처리기사 카페

https://cafe.naver.com/pass1try

이 책의 구성

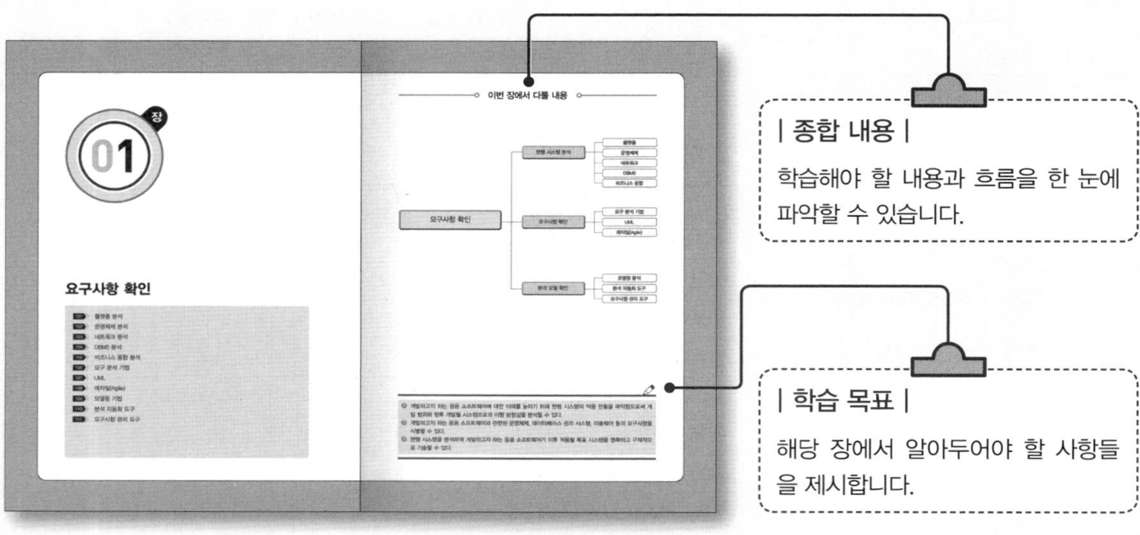

| 종합 내용 |

학습해야 할 내용과 흐름을 한 눈에 파악할 수 있습니다.

| 학습 목표 |

해당 장에서 알아두어야 할 사항들을 제시합니다.

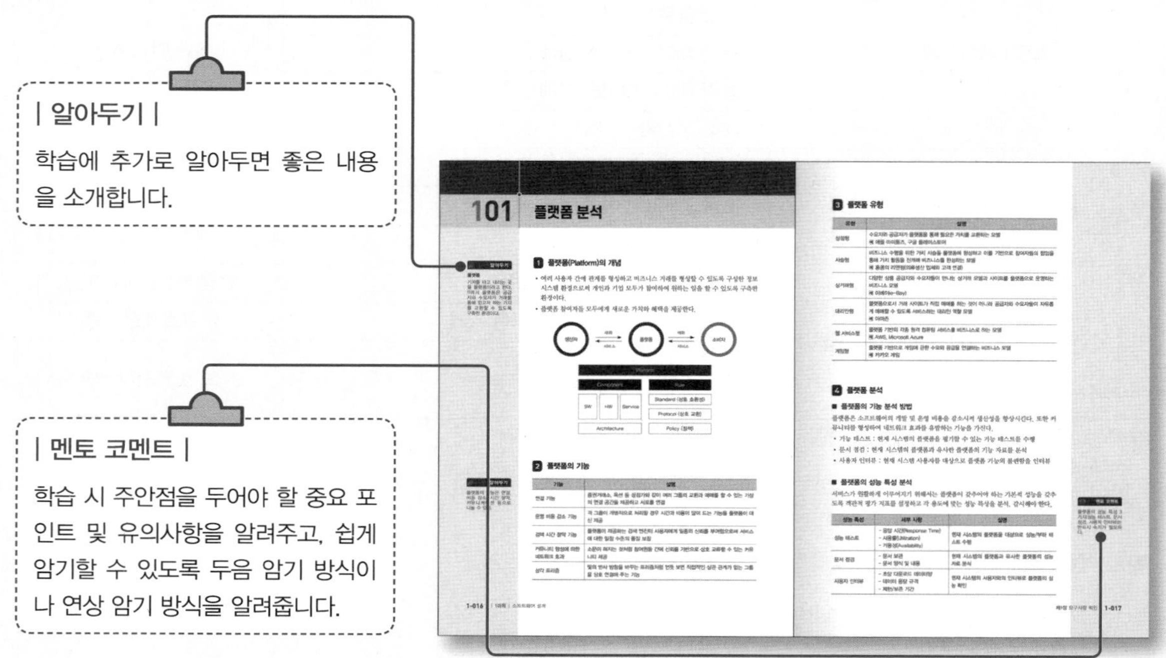

| 알아두기 |

학습에 추가로 알아두면 좋은 내용을 소개합니다.

| 멘토 코멘트 |

학습 시 주안점을 두어야 할 중요 포인트 및 유의사항을 알려주고, 쉽게 암기할 수 있도록 두음 암기 방식이나 연상 암기 방식을 알려줍니다.

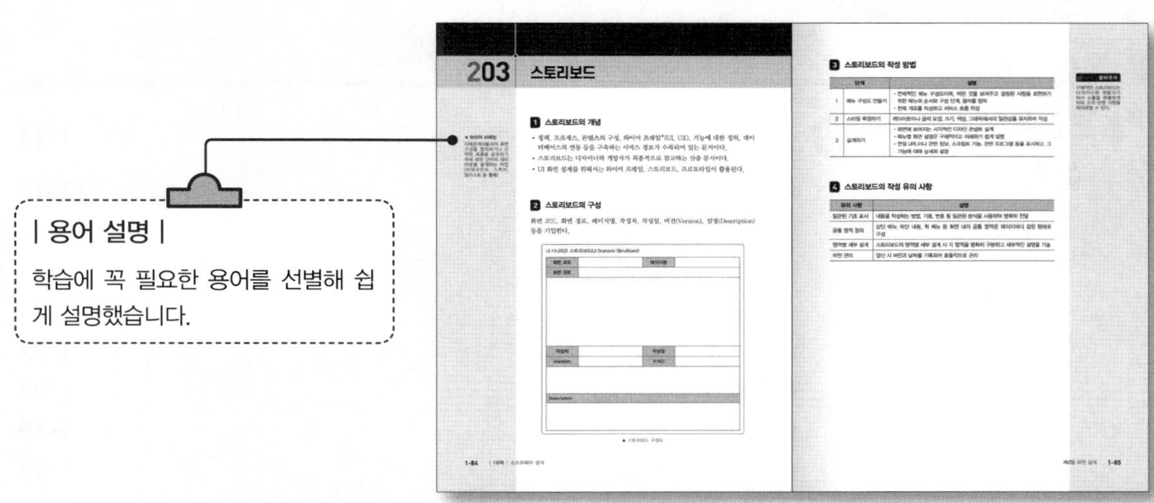

| 용어 설명 |

학습에 꼭 필요한 용어를 선별해 쉽게 설명했습니다.

| 실력 점검 문제 – 기출 유형 문제 |

기출 유형 문제는 반드시 풀어보고, 이해해두도록 합니다.

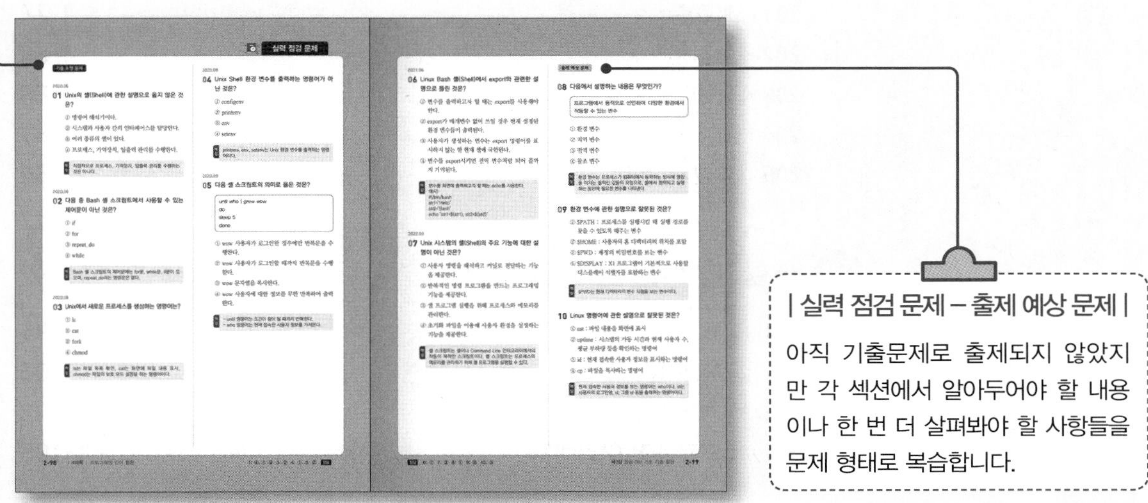

| 실력 점검 문제 – 출제 예상 문제 |

아직 기출문제로 출제되지 않았지만 각 섹션에서 알아두어야 할 내용이나 한 번 더 살펴봐야 할 사항들을 문제 형태로 복습합니다.

목 차

1 과목

소프트웨어 설계

소프트웨어 설계

요구사항 확인

이번 장에서 다룰 내용

- 개발하고자 하는 응용 소프트웨어에 대한 이해를 높이기 위해 현행 시스템의 적용 현황을 파악함으로써 개발 범위와 향후 개발될 시스템으로의 이행 방향성을 분석할 수 있다.
- 개발하고자 하는 응용 소프트웨어와 관련된 운영체제, 데이터베이스 관리 시스템, 미들웨어 등의 요구사항을 식별할 수 있다.
- 현행 시스템을 분석하여 개발하고자 하는 응용 소프트웨어가 이후 적용될 목표 시스템을 명확하고 구체적으로 기술할 수 있다.

101 플랫폼 분석

> **알아두기**
>
> **플랫폼**
> 기차를 타고 내리는 곳을 플랫폼이라고 한다. IT에서 플랫폼은 공급자와 수요자가 거래를 통해 얻고자 하는 가치를 교환할 수 있도록 구축한 환경이다.

1 플랫폼(Platform)의 개념

- 여러 사용자 간에 관계를 형성하고 비즈니스 거래를 형성할 수 있도록 구성한 정보 시스템 환경으로써 개인과 기업 모두가 참여하여 원하는 일을 할 수 있도록 구축한 환경이다.
- 플랫폼 참여자들 모두에게 새로운 가치와 혜택을 제공한다.

> **알아두기**
>
> 플랫폼의 기능은 연결, 비용 감소, 시간 절약, 커뮤니케이션 등으로 나눌 수 있다.

2 플랫폼의 기능

기능	설명
연결 기능	증권거래소, 옥션 등 상점가와 같이 여러 그룹의 교환과 매매를 할 수 있는 가상의 연결 공간을 제공하고 서로를 연결
운영 비용 감소 기능	각 그룹이 개별적으로 처리할 경우 시간과 비용이 많이 드는 기능을 플랫폼이 대신 제공
검색 시간 절약 기능	플랫폼이 제공하는 검색 엔진이 사용자에게 일종의 신뢰를 부여함으로써 서비스에 대한 일정 수준의 품질 보장
커뮤니티 형성에 의한 네트워크 효과	소문이 퍼지는 것처럼 참여원들 간에 신뢰를 기반으로 상호 교류할 수 있는 커뮤니티 제공
삼각 프리즘	빛의 반사 방향을 바꾸는 프리즘처럼 언뜻 보면 직접적인 상관 관계가 없는 그룹을 상호 연결해 주는 기능

3 플랫폼 유형

유형	설명
상점형	수요자와 공급자가 플랫폼을 통해 필요한 가치를 교환하는 모델 예 애플 아이튠즈, 구글 플레이스토어
사슬형	비즈니스 수행을 위한 가치 사슬을 플랫폼에 형성하고 이를 기반으로 참여자들의 협업을 통해 가치 활동을 전개해 비즈니스를 완성하는 모델 예 홍콩의 리앤펑(의류생산 업체와 고객 연결)
상거래형	다양한 상품 공급자와 수요자들이 만나는 상거래 모델과 사이트를 플랫폼으로 운영하는 비즈니스 모델 예 이베이(e-Bay)
대리인형	플랫폼으로서 거래 사이트가 직접 매매를 하는 것이 아니라 공급자와 수요자들이 자유롭게 매매할 수 있도록 서비스하는 대리인 역할 모델 예 아마존
웹 서비스형	플랫폼 기반의 각종 원격 컴퓨팅 서비스를 비즈니스로 하는 모델 예 AWS, Microsoft Azure
게임형	플랫폼 기반으로 게임에 관한 수요와 공급을 연결하는 비즈니스 모델 예 카카오 게임

4 플랫폼 분석

플랫폼의 기능 분석 방법

플랫폼은 소프트웨어의 개발 및 운영 비용을 감소시켜 생산성을 향상시킨다. 또한 커뮤니티를 형성하여 네트워크 효과를 유발하는 기능을 가진다.

- 기능 테스트 : 현재 시스템의 플랫폼을 평가할 수 있는 기능 테스트를 수행
- 문서 점검 : 현재 시스템의 플랫폼과 유사한 플랫폼의 기능 자료를 분석
- 사용자 인터뷰 : 현재 시스템 사용자를 대상으로 플랫폼 기능의 불편함을 인터뷰

플랫폼의 성능 특성 분석

서비스가 원활하게 이루어지기 위해서는 플랫폼이 갖추어야 하는 기본적 성능을 갖추도록 객관적 평가 지표를 설정하고 각 용도에 맞는 성능 특성을 분석, 감시해야 한다.

성능 특성	세부 사항	설명
성능 테스트	- 응답 시간(Response Time) - 사용률(Utilization) - 가용성(Availability)	현재 시스템의 플랫폼을 대상으로 성능/부하 테스트 수행
문서 점검	- 문서 보관 - 문서 양식 및 내용	현재 시스템의 플랫폼과 유사한 플랫폼의 성능 자료 분석
사용자 인터뷰	- 초당 다운로드 데이터양 - 데이터 용량 규격 - 제한/보존 기간	현재 시스템의 사용자와의 인터뷰로 플랫폼의 성능 확인

멘토 코멘트

플랫폼의 성능 특성 3가지(성능 테스트, 문서 점검, 사용자 인터뷰)는 반드시 숙지가 필요하다.

실력 점검 문제

기출 유형 문제

2021.03

01 소프트웨어 설계 시 구축된 플랫폼의 성능 특성 분석에 사용되는 측정 항목이 아닌 것은?

① 응답 시간(Response Time)

② 가용성(Availability)

③ 사용률(Utilization)

④ 서버 튜닝(Server Tuning)

> 해설 플랫폼 성능 특성 분석은 성능 테스트(응답 시간, 사용률, 가용성)와 문서 점검, 사용자 인터뷰 등이 있다.

출제 예상 문제

02 플랫폼의 기능이 아닌 것은?

① 연결 기능

② 비용 감소

③ 커뮤니케이션

④ 기업 비전 수립

> 해설 플랫폼은 구매자와 공급자 연결, 비용 감소, 의사소통, 삼각 프리즘 기능을 제공한다.

03 플랫폼의 성능 특성 분석 방법으로 맞지 않은 것은?

① 성능 테스트

② 문서 점검

③ 사용자 인터뷰

④ 플랫폼의 가격

> 해설 플랫폼의 성능 특성은 성능 테스트, 문서 점검, 사용자 인터뷰로 분석한다.

04 플랫폼의 성능 특성 분석 시 세부 사항으로 맞지 않은 것은?

① 검색 소요 시간 측정

② 평균 초당 업로드 데이터양

③ 문서 양식 및 내용

④ 플랫폼의 구조 측정

> 해설 플랫폼의 성능 특성 분석 시 세부 사항에는 성능 테스트, 문서 점검, 사용자 인터뷰 3가지 방법이 있고 검색 소요 시간 및 평균 업로드 데이터양, 문서 양식, 초당 다운로드 데이터양, 데이터 용량 규격, 제한/보존 기간 등이 반영되었는지를 확인할 수 있다.

1: ④ 2: ④ 3: ④ 4: ④ 정답

102 운영체제 분석

1 운영체제의 개념

- 하드웨어와 소프트웨어의 자원을 효율적으로 관리하여 사용자와 컴퓨터 시스템의 최적화를 위한 공통된 서비스를 제공하는 시스템 소프트웨어이다.
- 효율적인 자원 관리로 시스템의 성능을 향상시키고, 사용자에게 다양한 인터페이스를 제공한다.

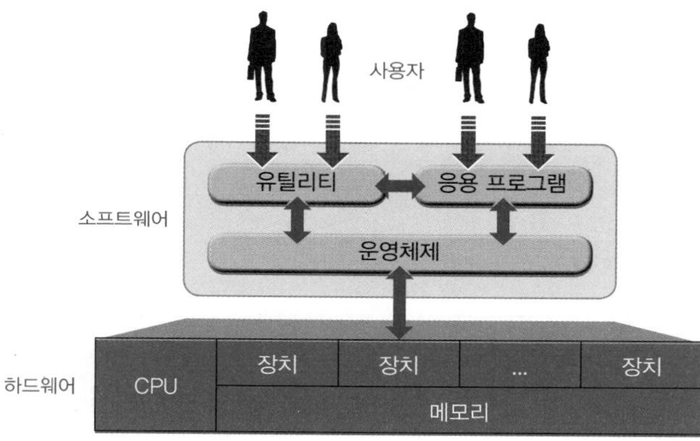

알아두기

최근 운영체제는 가상화 기술의 발전으로 실제 하드웨어가 아닌 하이퍼바이저(가상 머신) 위에서 실행되기도 한다.

2 운영체제의 주요 목적 및 성능 평가 기준

운영체제는 사용자에게 편리한 환경을 제공하여 높은 처리 능력, 신뢰도, 성능 최적화, 보안성을 제공하는 데 목적을 둔다. 다음은 운영체제의 성능 평가 기준이다.

성능 평가	설명
처리 능력(Throughput)	일정 시간 내에 시스템이 처리하는 작업의 양
반환 시간(Turnaround Time)	시스템에 작업을 의뢰한 시간부터 처리가 완료될 때까지 걸린 시간
사용 가능도(Availability)	시스템을 사용하려고 할 때 즉시 사용 가능한 정도
신뢰도(Reliabilty)	시스템이 주어진 문제를 정확하게 해결하는 정도

3 운영체제의 주요 기능

주요 기능	설명
주기억장치 관리	– Bit/Byte 단위로 저장하도록 지원 – 메모리 모니터링, 메모리 할당, 반환 처리 제공
보조기억장치 관리	보조기억장치에 데이터를 저장하고 디스크의 저장 공간 할당 및 스케줄링 제공
입출력(I/O) 관리	하드웨어에 대한 지식 없이 입출력 시스템(Buffer Cache System, 장치 구동기 코드)을 이용 가능하도록 제공
파일 관리	– 파일 생성 및 삭제 지원 – 디렉터리 생성 및 삭제 지원 – 디스크 장치에 대한 파일 변환 및 백업 기능 제공
보호 시스템	프로세스와 파일을 외부와 내부로부터 보호
네트워킹	다양한 통신 프로토콜, 하드웨어, 응용 프로그램을 지원
명령 해석	사용자의 명령을 해석하여 시스템에게 전달 예 DOS, Unix Shell

4 운영체제의 유형

유형	설명	저작자
Windows	중소규모의 서버, 개인용 PC, 태블릿 PC, 임베디드 시스템에 적합한 운영체제	Microsoft
Unix	대용량 처리, 안정성이 요구되는 서버, NAS, 워크스테이션에 적합한 운영체제	IBM, HP, SUN
Linux	중대 규모에 무료로 사용할 수 있는 운영체제	Linus Benedict Tovalds
iOS	스마트폰, 태블릿 PC, 뮤직 플레이어 등에 적합한 운영체제	Apple
Android	스마트폰, 태블릿 PC에 적합한 운영체제	Google

알아두기

소유 비용 측면에서는 리눅스가, 유지보수 및 관리 비용 측면에서는 윈도우가 유리하다.

5 운영체제의 주요 명령어

■ Unix / Linux 운영체제의 기본 명령어

명령어	설명
man	– manual – 명령어에 대한 사용 매뉴얼을 보여준다.
ls	list 파일이나 디렉터리의 목록을 확인한다.
cat	concatenate 파일 안에 담겨 있는 내용을 화면에 출력한다.

ls	- list - 파일이나 디렉터리의 목록을 확인한다.
cat	- concatenate - 파일 안에 담겨 있는 내용을 화면에 출력한다.
pwd	- printing working directory - 현재 작업 중인 디렉터리 정보를 출력한다.
uname	- unix name - 시스템 정보를 확인한다. - 커널 이름, 네트워크 호스트명, 커널 릴리즈 번호, 프로세서 아케텍처 정보, 시스템 운영체제 이름 정보 등을 확인할 수 있다.
cd	- change directory - 절대 경로 혹은 상대 경로로 이동한다.
mkdir	- make directory - 디렉터리를 생성한다.
cp	- copy - 파일 및 디렉터리를 복사한다.
mv	- move - 파일을 다른 파일이나 디렉터리로 이동시키거나 파일의 이름을 변경할 수 있다.
rm	- remove - 파일이나 디렉터리를 삭제한다.
head	파일의 앞부분을 지정한 줄 수만큼 출력한다.
tail	파일의 뒷부분을 지정한 줄 수만큼 출력한다.
date	시스템의 날짜와 시간을 표시하고 수정할 수 있다.
cpio	특정 디렉터리 아래 모든 파일을 지정한 백업 장치로 백업한다.

■ Unix / Linux 운영체제의 User에 관한 명령어

명령어	설명
chmod	- change mode - 파일에 대한 개인, 그룹, 타인에 대한 접근 권한을 변경할 수 있다. - r: 읽기 권한(4), w: 쓰기 권한 설정(2), x: 실행 권한 설정(1) - 숫자를 이용하여 권한을 지정한다. (읽기(4))+쓰기(2) = (읽기, 쓰기(6)) - 예 chmod 755 staff → staff라는 파일에 소유자는 모든 권한(7), 다른 그룹과 다른 사용자에게는 읽기, 실행 권한(5)
chown	파일의 소유권 또는 그룹을 변경한다.
chgrp	그룹 소유권만 변경한다.
su	시스템에 접속한 상태에서 재로그인 없이 다른 사람 ID로 접속한다.
who	시스템에 로그인한 사람을 보여준다.
find	디스크에서 특정 파일을 찾아낸다.
ln	특정 파일의 링크 파일을 만든다.
grep	주어진 패턴에 매칭되는 파일의 라인을 출력시킨다.
finger	사용자 계정 정보와 최근 로그인 정보, 이메일, 예약 작업 정보 등을 확인할 수 있다.

■ Unix / Linux 운영체제의 시스템 명령어

명령어	설명
df	- disk free - 디스크의 남은 공간을 확인할 수 있다.
du	특정 디렉터리에서 하부 디렉터리까지 포함해 디스크의 사용량을 보여주는 명령어이다.
env	현재 시스템 사용자들의 환경 변수를 보여준다.
free	가상 메모리를 포함한 메모리의 사용 현황을 보여준다.
id	자신의 ID번호와 자신이 속한 그룹의 ID를 보여준다.
kill	특정 프로센서에 특정 시그널을 보낸다.
ps	- process status - 사용자나 시스템 프로세서의 상태에 관한 정보를 출력한다.

■ Windows 운영체제의 기본 명령어

명령어	설명
call	하나의 일괄 프로그램에서 다른 일괄 프로그램을 호출한다.
cd	현재 디렉터리 이름을 보여주거나 바꿔준다.
chkdsk	디스크를 검사하고 상태 보고서를 표시한다.
cls	화면을 지운다.
cmd	명령 프롬프트 창을 열어준다.
dir	파일 목록을 나열한다.
copy	파일을 복사한다.
ren	파일 이름을 변경한다.
del	파일을 삭제한다.
md	디렉터리를 생성한다.
attrib	속성을 변경한다.
find	파일을 찾아준다.
format	트랙, 섹터를 초기화한다.
move	파일을 이동한다.
exit	cmd, exe 프로그램을 종료한다.

6 운영체제 분석 시 고려 사항

고려 사항	설명
신뢰도	- 장기간 시스템 운영 시 운영체제 고유의 장애 발생 가능성 - 특정 응용 프로그램의 메모리 낭비로 인한 성능 저하 및 재기동 - 운영체제의 보안 패치 설계와 운영체제 버그 대비를 위한 재기동
성능	- 대규모 사용자 요청 처리 및 대량 파일 작업 처리 - 지원 가능한 메모리 크기(32bit, 64bit)
기술 지원	- 공급 벤더들의 안정적인 기술 지원 - 다수의 사용자들 간의 정보 공유 및 오픈소스 여부 등
주변기기	설치 가능한 하드웨어 및 다수의 주변 기기 지원 및 호환 여부
구축 비용	- 설치할 응용 프로그램의 라이선스 정책 및 비용 - 지원 가능한 하드웨어 비용 및 관리 비용(유지보수 및 소유 비용 등)

실력 점검 문제

기출 유형 문제

2019.08

01 운영체제의 기능으로 가장 거리가 먼 것은?

① 사용자에게 편리한 환경 제공

② 처리 능력 및 신뢰도 향상

③ 컴퓨터 시스템의 성능 최적화

④ 언어 번역 기능 및 실행 프로그램 생성

해설 운영체제는 사용자에게 편리한 환경과 프로세스의 처리 능력 향상, 성능 최적화된 환경을 제공한다. 언어 번역 기능 및 실행 프로그램은 개발자 또는 응용 프로그램이 생성한다.

2019.08, 2018.04, 2017.05

02 운영체제의 목적으로 적합하지 않은 것은?

① Throughput 향상

② Turnaround time 단축

③ Availability 감소

④ Reliability 향상

해설 운영체제의 주요 목적은 처리 능력(Throughput) 향상, 반환 시간(Turnaround time) 단축, 사용 가능도(Availability) 증가, 신뢰도(Reliability) 향상이다.

정답 1: ④ 2: ③

기출 유형 문제

2019.04

03 다음 중 운영체제가 아닌 것은?

① Prezi ② Windows
③ Unix ④ Linux

해설 Prezi(프레지)는 프레젠테이션 프로그램(응용 프로그램)이다.

2019.03, 2018.08, 2016.05

04 운영체제의 역할로 가장 옳지 않은 것은?

① 사용자 인터페이스 제공
② 입출력에 대한 보조 역할 수행
③ 사용자들 간 하드웨어 자원의 공동 사용
④ 원시 프로그램을 목적 프로그램으로 변환

해설 원시 프로그램을 목적 프로그램으로 변환하는 것은 컴파일러의 기능이다.

2021.03

05 운영체제 분석을 위해 리눅스에서 버전을 확인하고자 할 때 사용되는 명령어는?

① ls ② cat
③ pwd ④ uname

해설
① ls: 파일이나 디렉토리의 목록을 확인
② cat: 파일의 내용을 텍스트 파일로 출력
③ pwd: 현재 작업 중인 디렉토리 정보 출력
④ uname: 시스템에 대한 정보 및 버전을 확인하는 명령어(커널 이름, 네트워크 호스트 이름, 커널 릴리즈 번호, 프로세서 아키텍쳐 정보, 시스템 운영체제 이름 정보 등)

출제 예상 문제

06 현행 시스템 분석 시 운영체제 고려 사항으로 알맞지 않은 것은?

① 신뢰도
② 성능
③ 기술 지원
④ 데이터 압축 및 복원

해설 데이터 압축 및 복원은 데이터 및 데이터 관리 부문으로 현행 시스템 분석 시 운영체제 고려 사항은 아니다.

07 운영체제의 기능으로 거리가 먼 것은?

① 사용자의 편리한 환경 제공
② 처리 능력 및 신뢰도 향상
③ 컴퓨터 시스템의 성능 최적화
④ 언어 번역 및 자원의 효율적 사용

해설 운영체제는 메모리 관리, 보조기억장치 관리, 입출력 관리, 파일 관리, 보안, 보호 기능을 제공한다. 언어 번역은 컴파일러의 기능이다.

08 운영체제의 고려 사항 중 장기간 시스템 운영 시 운영체제의 장애 발생 가능성을 고려하는 부분은?

① 신뢰성 분석
② 성능 분석
③ 비용 분석
④ 기술 분석

해설 장기간 시스템 운영 시 장애 발생 가능성을 분석하는 것을 '신뢰성 분석'이라고 한다.

3: ① 4: ④ 5: ④ 6: ④ 7: ④ 8: ① 정답

103 네트워크 분석

1 네트워크(Network)의★ 개념

- 지리적으로 떨어져 있는 장치 간에 정보를 교환할 수 있도록 이들 장치를 상호 접속하기 위하여 사용되는 전기통신기기와 장치의 전송로를 지칭한다.
- 컴퓨터 상호 간의 정보 교환과 정보 처리를 위한 데이터 통신망이다.

★ 네트워크
서로 멀리 떨어진 장소 간에 데이터를 주고 받을 수 있도록 연결한 전송로이다.

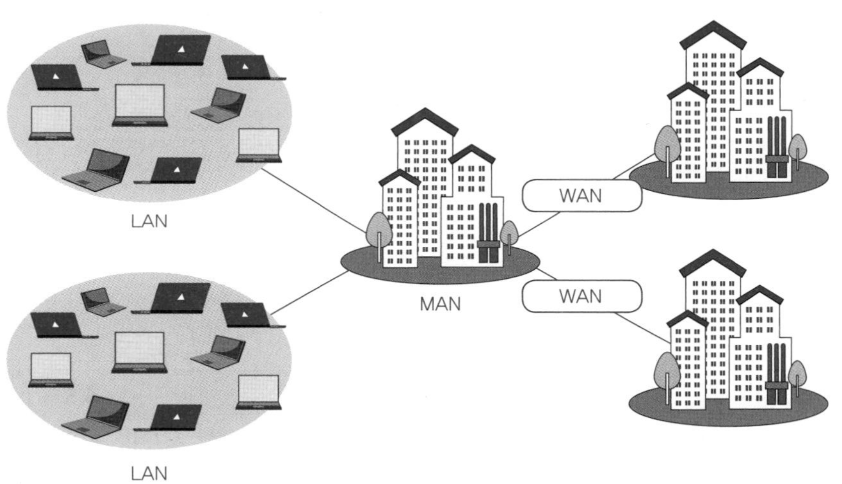

▲ 네트워크 개념도

2 네트워크의 주요 유형

유형	설명	모델
LAN	학교, 사무실 등의 같은 건물 내 또는 가까운 거리 내에 분산 설치되어 있는 컴퓨터 및 네트워크 장치들을 연결해 주는 통신망	- 이더넷(Ethernet) - 무선랜(Wireless LAN)
MAN	- 대도시를 중심으로 한 통신망 - LAN의 발전된 형태로서 거리뿐만이 아닌 고속화 기반 기술로서 액세스망과 백본망 사이, CATV와 전기통신을 담당하는 네트워크 구간망	DQDB (Distributed Queue Dual Bus)
WAN	도시와 도시, 국가와 국가 등의 원격지 사이를 연결하는 네트워크 통신망	- 전용선 - 회선 교환 방식 - 메시지 교환 방식 - 패킷 교환 방식

3 네트워크 OSI 7계층

멘토 코멘트

OSI 7계층

(아) Application
(파) Presentation
(서) Session
(티) Transport
(네) Network
(다) Data Link
(피) Physical
→ '아파서 티내(네)다 피본다'로 암기

■ 네트워크 OSI 7계층의 개념

- 국제 표준화 기구(ISO)가 1977년에 정의한 국제 통신 표준 규약이다.
- 통신의 접속부터 수신까지의 과정을 7단계로 구분한 통신 규약으로, 현재 다른 모든 통신 규약의 지침이 된다.
- 7계층의 통신 규약군에 대해 각 계층별로 설명, 정의한 것이 OSI 기본 참조 모델이다.

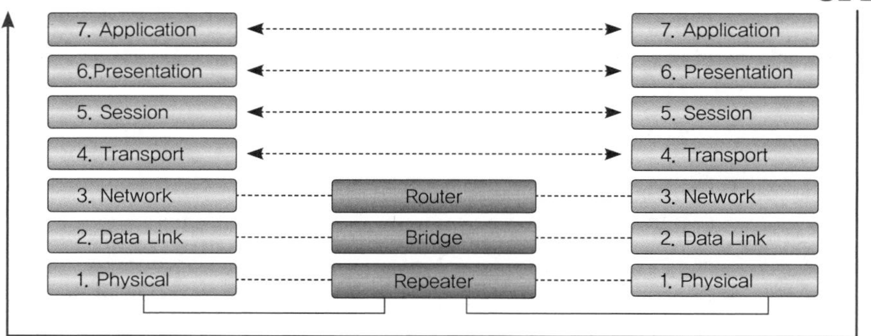

▲ OSI 7계층 구성도

■ 네트워크 OSI 7계층 및 종류

계층		설명	종류
7	응용 (Application)	– 서로 다른 프로토콜 간에 발생하는 호환성을 담당하는 계층 – 프로그램 등으로 서비스를 제공하는 계층	HTTP, SSH, SIP, FTP, TELNET, MODBUS
6	표현 (Presentation)	압축, 암호화 기능을 제공하며, 응용 계층 간에 전송하는 데이터의 표현을 담당하는 계층	MIME, SMTP, IMAP, SSL
5	세션 (Session)	응용 프로그램 간의 대화를 유지하기 위해 프로세서들의 논리적 연결을 담당하는 계층	NetBIOS, RPC, Winsock
4	전송 (Transport)	종단 간에 사용자들이 신뢰성 있는 데이터를 송수신할 수 있도록 흐름 제어, 오류 제어, 혼잡 제어의 역할을 수행하는 계층	TCP, UDP
3	네트워크 (Network)	송수신자 간 논리적 주소를 지정하고 데이터를 전달하고 라우팅을 수행할 수 있도록 지원하는 계층	ARP, IGMP, ICMP
2	데이터 링크 (Data link)	두 시스템 사이에서 오류 없이 데이터를 전송하기 위해 상위 계층에서 받은 비트 열의 데이터로 하위 계층으로 전송하는 계층	Ethernet, ATM, PPP
1	물리 (Physical)	계층을 타고 내려온 데이터를 전기적 신호(0과 1)로 변환시켜 통신하는 계층	RS-485, RS-232, X25/21

기출 유형 문제

2019.03

01 OSI 7계층에서 TCP는 어떤 계층에 해당되는가?

① 세션 계층
② 네트워크 계층
③ 전송 계층
④ 데이터 링크 계층

해설 TCP 계층은 4계층으로, 데이터를 전송하는 역할을 담당한다.

2016.05

02 OSI 7계층 중 통신망을 통하여 패킷을 목적지까지 전달하는 계층은?

① 응용 계층
② 네트워크 계층
③ 표현 계층
④ 물리 계층

해설 패킷을 목적지까지 전달하는 것은 네트워크 계층으로, 3계층에 해당한다.

2016.03

03 OSI 7계층에서 네트워크 논리적 어드레싱과 라우팅 기능을 수행하는 계층은?

① 1계층
② 2계층
③ 3계층
④ 4계층

해설 3계층인 네트워크 계층에서는 논리적 어드레싱과 라우팅을 수행한다.

2013.08

04 OSI 7계층 중 네트워크 가상 터미널(Network Virtual Terminal)이 존재하여 서로 상이한 프로토콜에 의해 발생하는 호환성 문제를 해결하는 계층은?

① 데이터 링크 계층(Data Link Layer)
② 세션 계층(Session Layer)
③ 표현 계층(Presentation Layer)
④ 응용 계층(Application Layer)

해설 서로 다른 프로토콜 간에 호환성을 해결하기 위해 응용 계층이 존재한다.

2019.03, 2018.08

05 OSI 참조 모델에서 계층을 나누는 목적으로 가장 거리가 먼 것은?

① 시스템 간의 통신을 위한 표준 제공
② 네트워크 자원의 공유를 통한 경비 절감
③ 시스템 간의 정보 교환을 하기 위한 상호 접속점의 정의
④ 관련 규격의 적합성을 조성하기 위한 공통적인 기반 조성

해설 OSI 참조 모델 계층은 서로 다른 시스템 간의 통신 표준을 제공하여 상호 접속점을 정의하고 적합성을 조성하여 공통적 기반을 제공 및 조성한다.

정답 1: ③ 2: ② 3: ③ 4: ④ 5: ②

출제 예상 문제

06 OSI 7계층에서 송수신자 간 Logical Address를 지정하고 데이터 포워딩과 라우팅을 수행할 수 있도록 지원하는 계층은?

① 세션 계층

② 네트워크 계층

③ 전송 계층

④ 데이터 링크 계층

해설 OSI 참조 모델 계층에서 네트워크 계층은 IP를 지정하고 포워딩 및 라우팅을 수행한다.

07 OSI 7계층에서 압축, 암호화 기능을 하며, 응용 계층 간에 전송하는 데이터의 표현을 담당하는 계층은?

① 세션 계층

② 네트워크 계층

③ 전송 계층

④ 프레젠테이션 계층

해설 OSI 참조 모델 계층에서 프레젠테이션 계층(6계층)은 압축과 암호화 기능을 제공하며, 전송하는 데이터의 표현을 담당한다.

08 OSI 7계층에서 계층을 타고 내려온 데이터를 전기적 신호('0'과 '1')로 변환시켜 통신하는 계층은?

① 물리 계층

② 네트워크 계층

③ 전송 계층

④ 데이터 링크 계층

해설 OSI 참조 모델 계층에서 물리 계층은 데이터를 전기적 신호인 '0'과 '1'로 변환시키는 역할을 담당한다.

6: ② 7: ④ 8: ① 정답

104 DBMS 분석

1 데이터베이스

데이터베이스(Data Base)의 개념

여러 사람이 공유하여 사용할 목적으로 최적화해 통합, 관리하는 데이터의 집합으로 여러 응용 시스템들의 통합된 정보를 저장하여 운영할 수 있는 공용 데이터의 집합체이다.

데이터베이스의 특징

특징	설명
통합 데이터	최소의 중복, 통제된 중복
저장 데이터	컴퓨터가 접근 가능한 저장 매체에 저장
운영 데이터	한 조직의 고유 기능을 수행하기 위해 필요한 데이터
공용 데이터	한 조직의 여러 프로그램이 공동으로 소유, 유지, 이용하는 데이터

2 데이터베이스 관리 시스템(DBMS)

DBMS(Data Base Management System)의 개념

- 데이터베이스를 구성하고 이를 응용하기 위하여 구성된 소프트웨어 시스템으로, 사용자나 응용 프로그램이 데이터베이스를 쉽게 이용할 수 있게 해주는 데이터 관리 시스템이다.
- 사용자 및 애플리케이션, 데이터베이스와 상호작용하여 데이터를 저장하고 분석하기 위한 컴퓨터 소프트웨어 애플리케이션으로 구성된다.

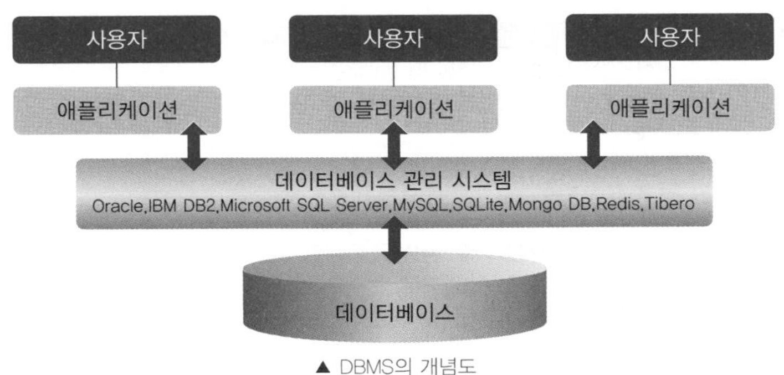

▲ DBMS의 개념도

알아두기

DBMS 기능

- 데이터 형식, 구조, 제약조건 명세
- 데이터 저장, 검색, 질의, 갱신 등 조작
- 접근성 제어 및 중복 제어
- 데이터 보호 및 권한 제어

★ DDL(Date Definition Language)
데이터베이스를 정의하는 언어이며, 데이터를 생성, 수정, 삭제하는 등의 데이터 전체의 구조를 결정하는 역할을 하는 언어

★ DML (Data Manipulation Language)
정의된 데이터베이스에 입력된 레코드를 조회, 수정, 삭제하는 등의 역할을 하는 언어

★ DCL (Data Control Language)
데이터베이스에 접근하거나 객체에 권한을 주는 등의 역할을 하는 언어

DBMS의 구성 요소

구성 요소	설명	특징
데이터베이스	특정 조직의 여러 사용자들이 공유해서 사용할 수 있도록 통합해서 저장한 운영 데이터의 집합	통합, 저장, 운영, 공유
데이터베이스 관리 시스템	응용 프로그램을 대신하여 데이터베이스에 존재하는 데이터의 검색, 삽입, 삭제, 수정 등을 가능하게 하고 모든 응용 프로그램이 데이터베이스를 공유할 수 있게 하는 시스템	정의, 조작, 제어
데이터 언어	데이터베이스를 구축하고 활용 및 관리하는 언어	DDL*, DML*, DCL*
사용자	데이터베이스를 이용하기 위해 접근하는 모든 사람 또는 사용자	User
하드웨어	DBMS의 성능 및 지원을 위한 인프라 환경	메인 메모리, CPU, 입출력 연산, 대용량 저장 장치 등

DBMS의 유형

유형	주요 용도	저작자
Oracle	대규모 및 대량 데이터의 안정적인 처리에 적합한 DBMS로 가장 앞선 기술과 안정성을 제공	Oracle
IBM DB2	금융권 IBM 메인 프레임에서 대규모 및 대량 데이터 처리에 적합한 DBMS	IBM
Microsoft SQL Server	중소 규모의 데이터를 안정적으로 처리 가능한 DBMS	Microsoft
MySQL	1995년에 발표된 오픈 소스로 무료 제공 가능한 RDBMS	MySQL AB, Oracle
SQLite	스마트폰, 태블릿PC 등의 임베디드 전용 DBMS	D. Richard Hipp
Mongo DB	오픈소스의 NoSQL 데이터베이스로 빅데이터 처리에 적합한 DBMS	Mongo DB Inc.
Redis	오픈 소스로 메모리 및 키값 기반 데이터베이스 제공 DBMS	Salvatore Sanfilippo
Tibero	국산 소프트웨어 회사에서 개발한 국산 DBMS	티맥스소프트

DBMS 분석 시 고려 사항

구분	설명
가용성	- 장기간 시스템을 운영할 때 장애 발생 가능성 - DBMS의 버그 등으로 인한 패치 설치를 위한 재기동 - 백업 및 복구의 편의성 - DBMS 이중화 및 복제 지원
성능	- 대규모 데이터 처리 시 성능 - 대량 거래 실시간 처리 성능 및 다양한 튜닝 지원 - 다양한 튜닝 옵션 지원 여부 - 비용 기반 최적화 지원 및 설정의 최소화

기술 지원	- 공급 벤더들의 안정적인 기술 지원 - 다수의 사용자들 간의 정보 공유 - 오픈 소스 여부
상호 호환성	설치 가능한 운영체제의 종류 및 다양한 운영체제 지원
구축 비용	- 라이선스 정책 및 비용 - 운영에 따른 유지 및 관리 비용 - 총 소유 비용(TCO)

실력 점검 문제

기출 유형 문제

2005.03

01 데이터베이스 관리 시스템(DBMS)의 주요 기능과 거리가 먼 것은?

① 데이터베이스 구조를 정의할 수 있는 정의 기능
② 데이터 사용자의 통제 및 보안 기능
③ 데이터베이스 내용의 정확성과 안정성을 유지할 수 있는 제어 기능
④ 데이터 조작어로 데이터베이스를 조작할 수 있는 조작 기능

해설 DBMS는 데이터의 구조 정의 및 저장, 운영 공용 데이터를 정확하고 안정적으로 제공하는 기능을 가지고 있으며 데이터를 조작하여 필요한 데이터를 제공받을 수 있는 기능이 있다. 보안 및 사용자 통제는 보안 기능 애플리케이션 기능에 가깝다.

2005.05

02 DBMS(Data Base Management System)의 설명으로 옳지 않은 것은?

① 종속성과 중복성의 문제를 해결하기 위해서 제안된 시스템이다.
② 데이터 모델링을 수행하고 데이터베이스 스키마를 생성한다.
③ 응용 프로그램과 데이터의 중재자로 모든 응용 프로그램들이 데이터베이스를 공유할 수 있도록 관리한다.
④ 데이터베이스의 구성, 접근 방법, 관리 유지에 대한 모든 책임을 지고 있다.

해설 DBMS는 통합된 데이터의 형태로 모든 응용 프로그램들이 공유하고 사용할 수 있도록 관리, 접근에 대한 모든 책임을 지고 있다.

정답 1: ② 2: ②

1999.10

03 DBMS를 사용했을 때의 장점으로 거리가 먼 것은?

① 표준화의 범기관적 시행

② 단순한 예비와 회복 기법

③ 데이터의 보안 보장이 용이

④ 데이터 무결성 및 일관성 유지

해설 DBMS를 사용하는 경우 표준화된 통합 형태의 제공으로 데이터의 무결성 및 일관성을 제공할 수 있으며 권한 관리 등의 형태로 보안 보장이 용이하다. 단순한 예비와 회복 기법은 백업을 의미하나 DBMS는 단순 백업을 넘어서 회복과 복원 기능까지도 제공한다.

2020.06

04 DBMS 분석 시 고려 사항으로 거리가 먼 것은?

① 가용성

② 성능

③ 네트워크 구성도

④ 상호 호환성

해설 네트워크 구성도는 네트워크 분석 시 고려 사항이다.

출제 예상 문제

05 상용 DBMS의 유형이 아닌 것은?

① Oracle

② IBM DB2

③ Tibero

④ JIRA

해설 JIRA는 요구사항 분석 도구이다.

06 DBMS 분석 시 가용성 측면의 고려 사항으로 올바른 것은?

① 장기간 시스템 운영 시의 장애 발생 가능성

② 대규모 데이터 처리 성능

③ 공급 벤더의 안정적 기술 지원

④ 라이선스 정책 및 비용

해설 가용성은 장기간 시스템의 운영 시 장애 발생 가능성과 재기동, 백업, 복구, 이중화 등을 고려한다. ②는 성능, ③은 기술 지원, ④는 구축 비용에 대한 고려 사항이다.

07 DBMS의 구성 요소 중 DDL, DML, DCL 등으로 데이터베이스를 생성 및 관리하는 것은?

① 데이터베이스

② 데이터 언어

③ 사용자

④ 라이선스 정책 및 비용

해설 데이터 언어(DDL, DML, DCL)는 데이터베이스를 생성하고 활용 및 관리를 용이하게 한다.

08 DBMS 기능이 아닌 것은?

① 데이터 형식, 구조, 제약조건을 명세한다.

② 사용자가 데이터 저장, 검색, 질의, 갱신 등 조작이 가능하게 해준다.

③ 접근 통제 및 데이터의 중복 제어한다.

④ 서버를 튜닝해준다.

해설 DBMS의 주요 기능으로 중복 제어, 접근 통제, 인터페이스 제공, 관계 표현, 무결성 제약조건, 백업 및 회복, 데이터의 저장 및 검색 질의 등이 있다. 서버를 직접적으로 튜닝해 주진 않으나 DBMS를 효율적으로 관리하여 서버의 성능을 향상시킬 수 있다.

3: ② 4: ③ 5: ④ 6: ① 7: ② 8: ④ 정답

105 비즈니스 융합 분석

1 비즈니스 융합 분석의 개념

- 재화나 서비스 등 유무형의 가치를 제공하고 그에 상응하는 대가를 보상받는 등의 영리를 목적으로 행하는 모든 활동이다.
- ICT 기술을 각 산업군의 비즈니스 로직과 결합하여 모델을 수립하는 과정이다.

멘토 코멘트

비즈니스 융합 분석은 업무를 어떻게 이해하고 어떻게 구축할지에 대한 업무 이해 분석이다.

2 비즈니스 융합 분석의 유형

구분	유형	내용
단일형	제품 융합	2가지 이상 제품의 기능과 속성을 하나로 모음
	서비스 융합	2가지 이상 서비스의 기능과 속성을 하나로 모음
결합형	제품과 IT 융합	기존 제품에 IT 부품 또는 자재, 소프트웨어 등을 추가함
	서비스와 IT 융합	기존 서비스에 IT 부품 또는 자재, 소프트웨어 등을 추가함
통합형	제품의 서비스화	제품에 자사 또는 타사의 서비스를 부가하여 서비스 제공
	서비스의 제품화	서비스를 제품화 또는 장비, 기기로 전환
	제품과 서비스 통합	사용자의 요구에 부합하는 시스템 또는 솔루션

3 비즈니스 융합 분석의 고려 사항

분석	핵심 사항	설명
고객 분석	– 참여자 – 이해관계자	비즈니스 모델상에서 사업자에게 수익을 제공하는 참여자(고객)를 식별하고 분석
제품 및 서비스 분석	– 서비스 – 제품	비즈니스 모델상에서 자사가 제공하는 상품 또는 서비스를 식별하고 분석
사업 구조 분석	– 관계 – 구조	상품 및 서비스 제공자, 소비자 등 참여자 간의 관계와 구조를 식별하고 분석

기출 유형 문제

2021.03

01 현행 시스템 분석에서 고려하지 않아도 되는 항목은?

① DBMS 분석
② 네트워크 분석
③ 운영체제 분석
④ 인적 자원 분석

해설 현행 시스템 분석은 플랫폼, 운영체제, 네트워크, DBMS, 비즈니스 융합으로 이루어져 있다

출제 예상 문제

02 비즈니스 융합 분석을 위한 활동이 아닌 것은?

① 기업 전략 분석
② 기업의 영역 및 방향 설정 분석
③ 융합 모델 설계/평가
④ 기업의 목표 수립

해설 비즈니스 융합 분석은 기업의 전략을 분석하고, 기업의 영역 및 방향을 설정한다. 또한 융합 모델 설계/평가를 통해 최적의 모델링을 설계한다. 기업의 목표 수립은 요구사항 분석 이전에 수립한다.

03 비즈니스 융합 분석을 위한 고려 사항이 아닌 것은?

① 고객 분석
② 기업의 제품 공급 역량 분석
③ 기업의 사업 구조 생산 방식 분석
④ 기업의 제품 판매량 분석

해설 비즈니스 융합 분석은 고객 및 기업 제품의 공급 역량, 사업 구조 등을 분석하여 기업의 목표 수립에 최적화한다. 단순 판매량 분석을 고려하지는 않는다.

04 비즈니스 융합 분석 중 사업 구조 분석을 설명한 것은?

① 비즈니스 모델에서 사업자에 수익을 제공하는 참여자를 식별하고 분석한다.
② 비즈니스 모델에서 자사가 제공하는 상품 또는 서비스를 식별하고 분석한다.
③ 상품 및 서비스 제공자, 소비자 등 참여자 간의 관계와 구조를 식별하고 분석한다.
④ 비즈니스 모델에서 사업자의 사업에 필요한 시스템의 요구사항을 식별하고 분석한다.

해설 비즈니스 융합 분석 중 사업 구조는 참여자 간의 관계와 구조를 식별하는 것이 핵심이다.

1: ④ 2: ④ 3: ④ 4: ③ 정답

106 요구 분석 기법

1 요구 분석 기법의 개념과 목적

요구사항들 간의 상충되는 것을 해결하고, 소프트웨어의 범위를 파악하며, 소프트웨어가 환경과 어떻게 상호작용하는지 이해하는 과정이다.

목적	설명
요구사항의 확인	사용자 또는 요구자의 요구사항을 확인하고 점검
요구사항 구현 검증	요구사항의 구현 여부를 확인하고 검증이 가능
비용 추정	요구사항의 복잡도 및 난이도에 따른 비용 추정, 기능 분석

2 요구 분석 기법의 유형

■ 요구사항 분류(Requirement Classification)

구분	설명
개념	요구사항의 기능 여부, 발생, 우선순위, 범위, 변경 여부를 파악하여 분류하는 기법
활동	- 요구사항을 기능 요구사항*과 비기능 요구사항*으로 분류 - 요구사항이 하나 이상의 고수준 요구사항으로부터 유도된 것인지 또는 이해관계자나 다른 원천(Source)으로부터 직접 발생한 것인지 파악 - 우선순위가 더 높은 것인지 여부 - 요구사항의 범위 파악 - 요구사항의 소프트웨어 생명주기 동안에 변경 여부

★ **기능 요구사항**
시스템이 어떤 기능을 갖추어야 하는지 기술한 요구사항

★ **비기능 요구사항**
기능 이외의 요구사항으로 주로 성능, 신뢰성, 확장성, 운영성, 보안 사항 등의 요구사항

■ 개념 모델링(Conceptual Modeling)

구분	설명
개념	모델링은 문제가 발생하는 상황에 대한 이해를 증진시키고 해결책을 설명하기 위해 실세계 문제 모델링이 소프트웨어 요구사항 분석의 핵심 과정
활동	- 유스케이스 다이어그램(Use Case Diagram) - 데이터 흐름 모델(Data Flow Model) - 상태 모델(State Model) - 목표 기반 모델(Goal-Based Model) - 사용자 상호작용(User Interactions) - 객체 모델(Object Model) - 데이터 모델(Data Model) 등

■ 요구사항 할당(Requirement Allocation)

구분	설명
개념	요구사항을 만족시키기 위한 아키텍처 구성 요소를 식별하는 과정
활동	다른 구성 요소와 상호작용 분석을 통해 추가 요구사항을 발견하고 요구사항의 범위를 배당

■ 요구사항 협상(Requirement Negotiation)

구분	설명
개념	이해관계자 간 서로 상충되는 요건을 요구하거나, 요구사항과 리소스, 기능과 비기능 요구사항들이 서로 상충되는 경우에 협의하는 과정
활동	- 어느 한 쪽을 만족하기보다는 적절한 트레이드 오프를 통해 합의 도출 - 요구사항에 우선순위를 부여하여 중요 사항을 선별하고 요구사항들 간의 상충되는 문제를 해결하는 데 사용

■ 정형 분석(Formal Analysis)

구분	설명
개념	- 요구사항 분석의 마지막 단계로 정확하고 명확한 언어로 요구사항을 구체적으로 표현 - 구문과 의미를 갖는 정형화된 언어를 이용해 요구사항을 수학적 기호로 명확하게 구체화
활동	- 형식적으로 정의된 시맨틱(Semantics) 언어로 요구사항을 표현 - 정확하고 명확하게 표현하여 오해를 최소화

3 요구사항 분석 기술

기술	설명
청취 기술	이해관계자로부터 의견을 듣는 기술
인터뷰와 질문 기술	이해관계자를 만나 정보를 수집하고 질문하는 기술
분석 기술	추출된 요구사항에 대해 충돌, 중복, 누락 등의 분석을 통해 요구사항의 완전성과 일관성을 확보하는 기술
중재 기술	이해관계자들의 상반된 요구사항에 대해 중재하는 기술
관찰 기술	사용자가 작업하는 것을 관찰하면서 사용자가 언급하지 않은 미묘한 의미를 탐지할 수 있는 기술
작성 기술	요구사항을 쉽고 간결하게 작성하는 기술
조직 기술	수집된 정보를 일관성 있는 정보로 구조화하는 능력
모델작성 기술	수집한 자료를 기반으로 제어의 흐름, 기능 처리, 동작, 정보 내용 등을 이해하기 쉽도록 모델로 작성하는 기술

실력 점검 문제

기출 유형 문제

2018.08, 2016.08

01 사용자 요구사항의 분석 작업이 어려운 이유로 가장 거리가 먼 것은?

① 개발자와 사용자 간의 상호 이해가 쉽지 않다.
② 사용자의 요구사항이 부정확하며, 불완전하다.
③ 사용자의 요구사항은 거의 예외가 없어 열거와 구조화가 어렵지 않다.
④ 개발하고자 하는 시스템 자체가 복잡하다.

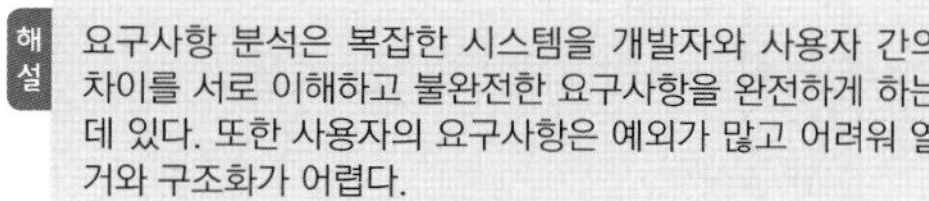

해설 요구사항 분석은 복잡한 시스템을 개발자와 사용자 간의 차이를 서로 이해하고 불완전한 요구사항을 완전하게 하는 데 있다. 또한 사용자의 요구사항은 예외가 많고 어려워 열거와 구조화가 어렵다.

2006.03

02 소프트웨어 개발에서 요구사항 분석(Requirements Analysis)과 거리가 먼 것은?

① 비용과 일정에 대한 제약 설정
② 타당성 조사
③ 요구사항 정의 문서화
④ 설계 명세서 작성

해설 요구사항 분석은 분석 단계로 비용, 타당성 조사, 문서화를 하며. 설계 명세서는 설계 단계에서 작성한다.

2020.09

03 소프트웨어 개발 단계에서 요구 분석 과정에 대한 설명으로 거리가 먼 것은?

① 분석 결과의 문서화를 통해 향후 유지보수에 유용하게 활용할 수 있다.
② 개발 비용이 가장 많이 소요되는 단계이다.
③ 자료 흐름도, 자료 사전 등이 효과적으로 이용될 수 있다.
④ 구체적인 명세를 위해 소단위 명세서(Mini-Spec)가 활용될 수 있다.

해설 요구 분석 과정을 구체화할수록 개발 비용이 적게 들 수 있다.

2020.08

04 요구사항 분석 시에 필요한 기술로 가장 거리가 먼 것은?

① 청취와 인터뷰 질문 기술
② 분석과 중재 기술
③ 설계 및 코딩 기술
④ 관찰 및 모델 작성 기술

해설 요구사항 분석 시 설계와 코딩 기술은 분석 단계 이후 설계와 구현 단계에서 필요한 기술이다.

2021.09

05 요구 분석(Requirement Analysis)에 대한 설명으로 틀린 것은?

① 요구 분석은 소프트웨어 개발의 실제적인 첫 단계로, 사용자의 요구를 이해하는 단계이다.
② 요구 추출(Requirement Elicitation)은 프로젝트 계획 단계에 정의한 문제의 범위 안에 있는 사용자의 요구를 찾는 단계이다.
③ 도메인 분석(Domain Analysis)은 요구에 대한 정보를 수집하고 배경을 분석하여 이를 토대로 모델링을 하게 된다.
④ 기능적(Functional) 요구에서 시스템 구축에 대한 성능, 보안, 품질, 안정 등에 대한 요구사항을 도출한다.

해설 시스템 구축에 대한 성능, 보안, 품질, 안정 등에 대한 요구사항은 비기능적 요구사항이다.

정답 1: ③ 2: ④ 3: ② 4: ③ 5: ④

2022.06

06 요구사항 분석에서 비기능적(Nonfunctional) 요구에 대한 설명으로 옳은 것은?

① 시스템의 처리량(Throughput), 반응 시간 등의 성능 요구나 품질 요구는 비기능적 요구에 해당하지 않는다.

② '차량 대여 시스템이 제공하는 모든 화면이 3초 이내에 사용자에게 보여야 한다'는 비기능적 요구이다.

③ 시스템 구축과 관련된 안전, 보안에 대한 요구사항은 비기능적 요구에 해당하지 않는다.

④ '금융 시스템은 조회, 인출, 입금, 송금의 기능이 있어야 한다'는 비기능적 요구이다.

해설 비기능 요구사항은 주로 성능, 신뢰성, 확장성, 운영성, 보안 사항 등의 요구사항이다. 3초 이내와 같은 제한시간은 성능에 따른 비기능적 요구이다. 금융 시스템은 조회, 인출, 입금, 송금의 기능들은 기능적 요구사항이다.

출제 예상 문제

07 요구사항 간 개발자와 사용자의 상충되는 것을 해결하고, 소프트웨어의 범위를 파악하며, 소프트웨어가 상호 어떻게 작용되는지 이해하는 과정을 무엇이라 하는가?

① 요구 분석

② 설계

③ 구현

④ 유지보수

해설 요구 분석 단계는 개발자와 사용자의 상충되는 의견을 해결하고 조율하며, 범위 파악, 상호작용을 분석한다.

08 요구사항 분석 기법의 마지막 단계로 정확하고 명확한 언어로 요구사항을 구체적으로 표현하는 기법은?

① 요구사항 분류

② 개념 모델링

③ 요구사항 할당

④ 정형 분석

해설 정형 분석은 구문과 의미를 갖는 정형화된 언어를 이용해 요구사항을 수학적 기호로 명확하게 구체화한다.

09 주요 요구사항 기법이 아닌 것은?

① 요구사항 분류

② 개념 모델링

③ 요구사항 할당

④ 설계 명세서 작성

해설 요구사항 분석은 분석 단계로, 요구 분석 기법에는 요구사항 분류, 개념 모델링, 요구사항 할당, 요구사항 협상, 정형 분석 등이 있다. 설계 명세서는 설계 단계에서 작성한다.

6: ② 7: ① 8: ④ 9: ④ 정답

107 UML

1 UML(Unified Modeling Language)의 개념

- 소프트웨어 청사진을 작성하는 표준 언어로서, 소프트웨어 중심 시스템의 산출물을 가시화, 명세화, 구축, 문서화하는 모델링 언어 표기법이다.
- 시스템 개발 과정에서 생산되는 산출물을 명세화, 시각화하고 문서화하기 위하여 사용되는 객체 지향적 분석 및 설계를 위한 OMG★에서 만든 통합 모델링 언어이다.

★ OMG
(Object Management Group, 객체 관리 그룹)
분산 객체에 대한 기술 표준을 제정하기 위해 1989년에 설립된 비영리 단체로서, 현재 800여 개 이상의 업체들이 참여하고 있다. 이 단체에는 Oracle, Microsoft, NASA 등이 소속되어 있다.

2 UML의 특징

특징	설명	비고
가시화 언어	개념 모델 작성 시 오류가 적고 의사소통을 용이하게 함	그래픽 언어
구축 언어	다양한 프로그래밍 언어와 연결, 순환 공학 가능	실행 시스템 예측 가능
문서화 언어	시스템 평가, 통제, 의사소통 문서	산출물, 기록
명세화 언어	정확한 모델 제시, 완전한 모델 적성, 분석, 설계의 표현	정확성

알아두기

UML의 역할
UML은 시스템이나 프로세스의 동작 및 구조를 시각적으로 보여 주는 방법으로 소프트웨어 개발뿐만 아니라 많은 산업 전반의 비소프트웨어 시스템에서도 중요한 역할을 담당한다.

UML 2.0
확장 메커니즘 도입, 플랫폼, 독립적인 MDA 지원이 가능하다.

3 UML의 구성 요소

UML은 모델의 기본 요소인 사물과 사물 간의 관계를 나타내는 관계, 사물들 간의 관계를 도식화한 다이어그램 등으로 구성된다.

사물	관계	다이어그램
– 구조 사물 – 행동 사물 – 그룹 사물 – 주석 사물	– 연관 관계 – 일반화 관계 – 의존 관계 – 실체화 관계	– **구조 다이어그램** 클래스 다이어그램 컴포넌트 다이어그램 – **행위 다이어그램** 유스케이스 다이어그램 활동 다이어그램 상태 머신 다이어그램 인터렉션 다이어그램

▲ UML의 구성도

구성 요소	설명	비고	
사물 (Things)	구조 사물	시스템의 구조적 측면을 나타내는 사물 예 클래스, 인터페이스, 컴포넌트, 노드 등	
	행동 사물	행위자의 동작이나 행동을 나타내는 사물 예 상호작용, 상태 머신	
	그룹 사물	그룹화된 구조 또는 행동을 나타내는 사물 예 패키지, 모델, 서브시스템, 프레임워크 등	
	주석 사물	노트 또는 설명을 대신하는 사물	
관계 (Relationship)	연관 관계 (Association)	두 클래스 간 서로 어떠한 연관을 가지고 있음을 의미	―――― 예 학생 – 학교
	직접 연관 관계 (Directed Association)	연관 관계에서 참조하는 쪽과 참조 당하는 쪽을 표현 (참조 후 클래스는 유지)	――――> 예 사용자 - 주소
	의존 관계 (Dependency)	한 클래스의 변화가 다른 클래스에 영향을 미치는 관계 (참조 후 클래스는 사라짐)	- - - - - -> 예 게시판 – 게시 랭킹
	집합 연관 관계 (Aggregation)	클래스와 클래스 간의 부분과 전체의 관계(Has a 관계)를 의미	――――◇ 예 부서 – 직원
	복합(합성) 연관 관계 (Composition)	집합 연관 관계와 같이 부분과 전체 관계지만 전체 클래스 소멸 시 부분 클래스도 소멸되는 관계	――――◆ 예 테이블 – 다리
	일반화 (Generalization)	객체 지향의 상속 관계(is a 관계)를 의미하는 일반화(Generation) 관계를 의미	――――▷ 예 일정 게시판 – 게시판
	실체화 관계 (Realization)	하나의 객체가 다른 객체에 의해 실행되도록 지정한 실체화(Realization) 관계를 인터페이스로 표현	- - - - - -▷ 예 키보드 - 타자 기능
다이어그램 (Diagram)	정적/동적 다이어그램	- 사물들 간의 관계를 도형으로 표현한 것 - 여러 관점에서 시스템을 가시화한 뷰(View)를 제공함으로써 의사소통에 도움을 줌	

★ UML 구성 요소
사물, 관계, 다이어그램 3요소가 중요하다.

4 UML의 구성 요소★

■ UML 다이어그램의 유형

구성 요소를 표현하기 위한 구조 다이어그램(Structure Diagrams)과 행위를 표현하기 위한 행위 다이어그램(Behavior Diagrams)으로 분류된다.

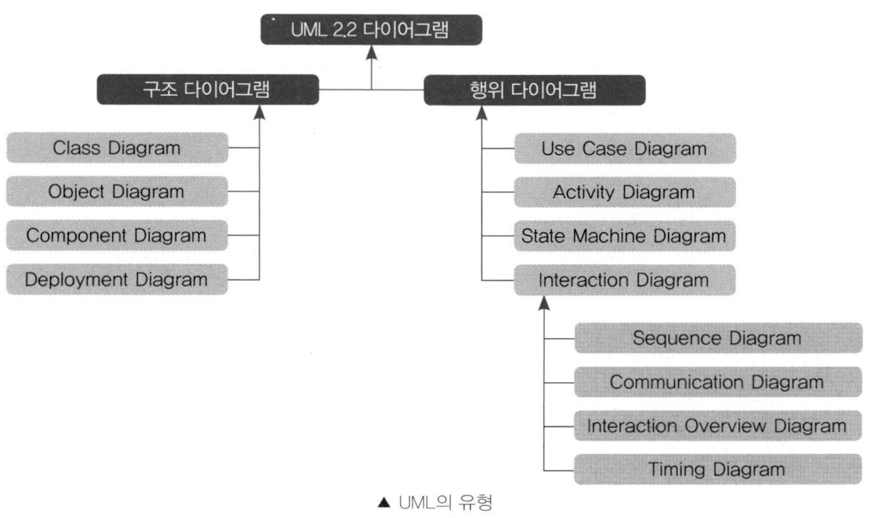

▲ UML의 유형

멘토 코멘트

구조(정적) 다이어그램
(클) 클래스
(객) 객체
(컴) 컴포넌트
(배) 배치
(복) 복합 구조
(패) 패키지
➜ '축구 클럽 객으로 온 배컴이 복잡해 패함'으로 암기

■ 구조(정적) 다이어그램(Structure Diagrams)

(1) 클래스 다이어그램(Class Diagram)

시스템을 구성하는 클래스와 인터페이스 사이의 정적인 관계를 나타낸 다이어그램이다.

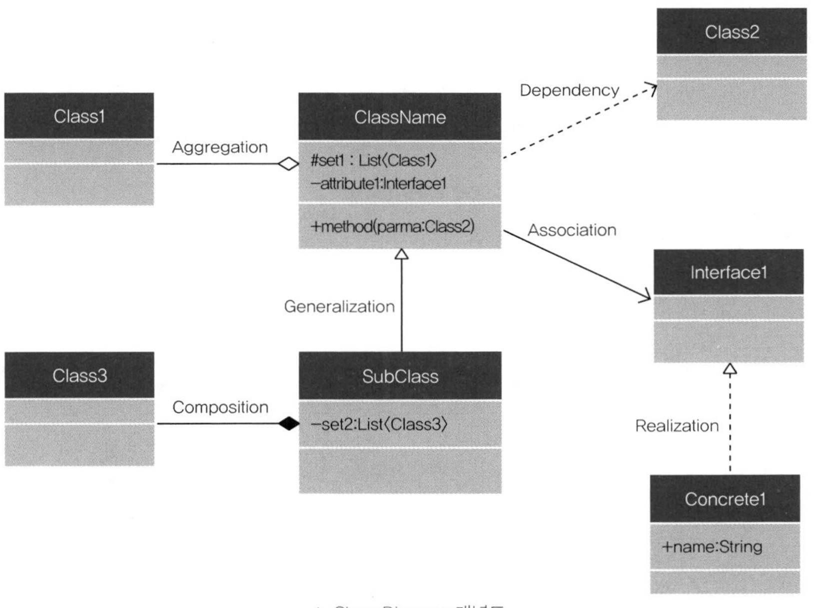

▲ Class Diagram 개념도

구성 요소	설명
클래스	클래스 이름, 속성, 기능을 표현
관계	의존, 연관, 일반화, 실체화 관계 등
접근자	privite, public, protected 등 접근자

(2) 객체 다이어그램(Object Diagram)

- 클래스 다이어그램에 포함된 사물들의 인스턴스(Instance)를 특정 시점의 객체와 객체 사이의 관계로 표현한 다이어그램이다.
- Object 이름에 밑줄 표시를 하며, 관계 있는 모든 인스턴스를 표현한다.

(3) 컴포넌트 다이어그램(Component Diagram)

- 실제 구현 모듈인 컴포넌트 간의 관계를 표현하는 다이어그램이다.
- 컴포넌트와 인터페이스로 구성된다.

(4) 배치 다이어그램(Deployment Diagram)

- 시스템을 구성하는 하드웨어 및 하드웨어 간 연결 상태를 표시하고, 각 하드웨어에 배치된 소프트웨어 컴포넌트를 표시하는 정적 다이어그램이다.
- 노드와 노드 사이에 존재하는 컴포넌트들의 물리적인 구성 표현(컴포넌트 사이의 종속성 표현)이 가능하다.

(5) 복합 구조 다이어그램(Composite Structure Diagram)

클래스 모델 생성 시 각 컴포넌트 클래스를 전체 클래스 내부에 위치시킴으로써 클래스의 내부 구조가 어떻게 이루어졌는지 표현이 용이한 다이어그램이다.

(6) 패키지 다이어그램(Package Diagram)

클래스나 유스케이스 등을 포함한 여러 모델 요소들을 그룹화해 패키지를 구성하고 패키지 내부의 요소 및 관계를 표현한다.

■ 행위(동적) 다이어그램(Behavior Diagrams)

(1) 유스케이스 다이어그램(Use Case Diagram)

- 시스템의 요구사항 중 기능적인 요구사항을 유스케이스 단위로 표현하고 액터(Actor)와 이들 간의 관계를 표현한 다이어그램이다.
- 유스케이스(Use Case), 행위자(Actor), 시스템(System), 관계(Relationships)로 구성된다.

> **알아두기**
>
> **행위(동적) 다이어그램**
> (유) Use Case
> (액) Activity
> (스) State Machine
> (시) Sequence
> (커) Communication
> (인) interaction overview
> (타) Timing
> → '유액스시커인타'로 암기

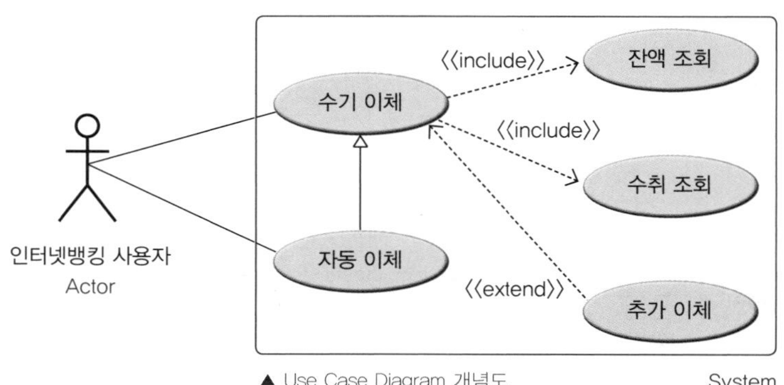

▲ Use Case Diagram 개념도

구성 요소	설명	표기법
유스케이스 (Use Case)	- 시스템이 제공해야 하는 서비스 - 액터의 시스템을 통한 일련의 행위	자동 이체
행위자 (Actor)	- 사용자가 시스템에 대해 수행하는 역할 - 시스템과 상호작용하는 사람 또는 사물	인터넷뱅킹 사용자
시스템 (System)	- 전체 시스템의 영역을 표현 - 특별한 의미를 가지지 못함	시스템 수기 이체 자동 이체
연관 (Association)	유스케이스와 액터의 관계를 표현(실선)	
확장 (Extend)	기본 유스케이스 수행 시 특별한 조건을 만족할 때 수행하는 유스케이스	≪extend≫
포함 (Include)	- 시스템의 기능이 별도의 기능을 포함 - 유스케이스를 수행할 때 다른 유스케이스가 반드시 수행되는 것	≪include≫
일반화 (Generalization)	하위 유스케이스/액터가 상위 유스케이스/액터에게 기능/역할을 상속 받음	
그룹화 (Grouping)	여러 개의 유스케이스를 단순화하는 방법	Package1

(2) 활동 다이어그램(Activity Diagram)

시스템의 내부 활동에 대한 흐름을 행위에 따라 변화하는 객체의 상태를 표현하는 다이어그램이다.

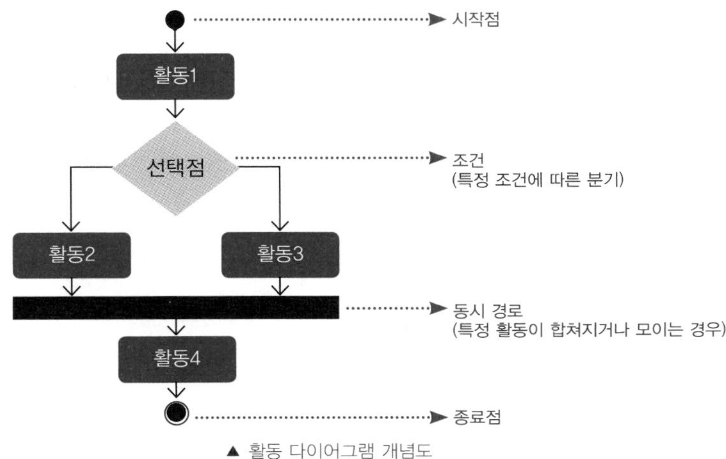

▲ 활동 다이어그램 개념도

구성 요소	설명	표기법
활동 (Activity)	행위나 작업(내부적으로 구조를 가지는 단위) 등 무언가를 하고 있는 상태	ActionState
시작점 (Initial State)	처리 흐름이 시작되는 곳을 의미	●
종료점 (Final State)	처리 흐름이 종료되는 곳을 의미	◉
선택점 (Decision)	논리식의 결과에 따라 분기가 일어나는 곳	◆
전이 (Transition)	– 하나의 상태에서 다른 상태로 제어 흐름을 보여줌 – 상태에서 활동으로 또는 상태들 사이의 흐름을 보여줌	⟶
구획면 (Swim lane)	업무 조직이나 개인의 역할에 따른 처리 구분(각 활동 상태를 담당하는 역할)	구분 영역

(3) 상태 머신 다이어그램(State Machine Diagram)

- 시스템의 동적인 상태를 나타내고 이벤트에 따라 순차적으로 발생하는 객체의 상태 변화를 표현하는 다이어그램이다.

▲ State Machine Diagram 개념도

구성 요소	설명
활성 상태	객체가 가질 수 있는 조건이나 상황
시작 상태	객체의 라이프 타임 시작
종료 상태	객체의 라이프 타임 종료
전이	하나의 상태에서 다른 상태로 변화하는 것
이벤트	객체의 전이를 유발하는 자극
전이 조건	특정 조건 만족 시 전이가 발생하도록 하는 값

(4) 시퀀스 다이어그램(Sequence Diagram)

- 시스템의 내부적인 흐름을 시간순으로 나열해 객체를 동적으로 표현한 다이어그램이다.
- 객체와 객체 사이의 관계와 객체들끼리 상호 교환하는 메시지의 순서를 강조하여 표현한다.

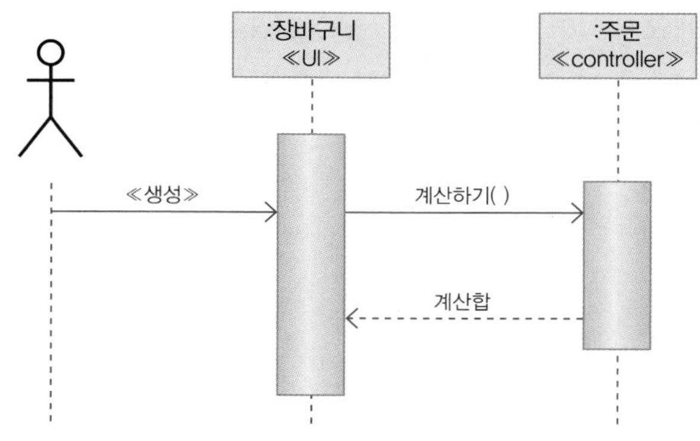

▲ Sequence Diagram 개념도

구성 요소	설명	표기법
행위자 (Actor)	시스템과 상호작용하는 사용자 또는 시스템 내의 유효한 객체	고객 A 고객 B
활성객체 (Object)	– 메시지 상호작용에 참여하는 주체 – 다이어그램 윗부분에 위치하며 왼쪽에서 오른쪽으로 배열	:주문 ≪controller≫
메시지 (Message)	– 서로 다른 활성객체 간의 의사소통 – 실선은 호출 메시지, 점선은 응답 메시지를 표시 – 동기/비동기* 메시지를 표현 – 반환(Return) 처리 등 메시지의 처리 완료 및 응답을 표현	호출(동기) 메시지 호출(비동기) 메시지 응답 메시지
생명선 (Lifeline)	– 객체에서 이어지는 세로로 그어진 점선 – 점선은 위에서 아래로 갈수록 시간의 경과를 의미	:주문 ≪controller≫
실행 (Activation Box)	– 생명선 위에 긴 직사각형으로 표현 – 생명선에서 특정 정보를 처리하고 있다는 것 또는 어떠한 메시지를 기다리는 중임을 표현	메시지1

★ 동기 (Synchronous)
호출 객체가 응답을 대기해야 함을 표현

★ 비동기 (Asynchronous)
호출 객체가 응답을 대기할 필요가 없음을 표현

(5) 커뮤니케이션 다이어그램(Communication Diagram)

- 객체(Object) 간의 연관성 및 관계를 표현하고, 주어진 객체에 모든 영향에 대한 이해와 절차적 설계에 적합한 다이어그램이다.
- 시간, 순서, 내용 등 모델링 공간에 제약이 없어 구조적인 부분 표현이 가능하다.

(6) 상호작용 개요 다이어그램(Interaction Overview Diagram)

- 여러 상호작용 다이어그램 간 제어 흐름을 상위 수준으로 표현하는 동적 다이어그램이다.
- 활동(Activity) 다이어그램에서 객체 사이에 시간의 흐름을 가지는 시퀀스(Sequence)/타이밍 다이어그램(Timing Diagram)을 부분적으로 포함할 수 있다.

(7) 타이밍 다이어그램(Timing Diagram)

- 시간의 흐름에 따른 상태를 표현한 동적 다이어그램이다.
- 가로 축(시간), 세로 축(상태)으로 상태 변화를 나타낸다.

■ UML을 이용한 모델링

구분	설명
기능 모델링	요구사항의 정의 단계에서 주로 유스케이스 다이어그램을 사용하여 시스템으로부터 도출된 기능적 요구사항을 표현
정적 모델링	시스템의 정적 구조를 클래스와 클래스 사이에서 객체가 상호작용할 수 있는 메시지로 표현
동적 모델링	시스템을 구성하는 시간의 흐름에 따라 요소들 간에 인스턴스된 객체 사이에 메시지를 교환함으로써 객체의 상호작용을 표현

5 UML의 확장 스테레오 타입

> **멘토 코멘트**
>
> **스테레오타입**
> 길러멧 기호 ≪ ≫가 핵심이다.

■ 스테레오 타입(Stereotype)의 개념

UML의 기본적 요소 이외의 새로운 요소를 만들어 내기 위해 확장한 것으로, Guillemet 기호 '≪ ≫'를 사용하여 표현하는 표기법이다.

■ 스테레오 타입의 특징

- 문자열로 표시할 수 있다. ➞ 아이콘이나 이미지로도 표현 가능
- 클래스뿐만 아니라 여러 요소에 사용 가능하다.
- 스테레오 타입은 종류가 다양하고, 필요 시 만들어 사용할 수 있다.

■ 스테레오 타입의 표기

스테레오 타입	설명
≪include≫	하나의 유스케이스가 다른 유스케이스를 실행하는 포함 관계
≪extend≫	하나의 유스케이스를 실행할 수도, 하지 않을 수도 있는 확장 관계
≪interface≫	추상 메소드와 상수만으로 구성된 클래스
≪entity≫	일반적으로 정보 또는 지속되는 행위를 형상화한 클래스
≪boundary≫	시스템과 외부 경계에 걸쳐 있는 클래스
≪control≫	유스케이스 내의 처리 흐름을 제어하거나 조정하는 트랜잭션을 관리하는 데 사용되는 클래스

실력 점검 문제

기출 유형 문제

2018.03

01 UML에서 Use Case Diagram에 속하는 내용이 아닌 것은?

① Actor

② Use Case

③ Relationship

④ Object

해설 UML의 Use Case Diagram은 유스케이스(Use Case), 행위자(Actor), 시스템(System), 관계(Relationships)로 구성된다.

2018.03

02 UML에 대한 설명으로 옳지 않은 것은?

① OMG에서 만든 통합 모델링 언어로서 객체 지향적 분석, 설계 방법론의 표준 지정을 목표로 한다.

② 애플리케이션을 개발할 때 쉽게 이해할 수 있도록 도와주는 여러 가지 유형의 다이어그램을 제공한다.

③ 실시간 시스템 및 분산 시스템과 같은 시스템의 분석과 설계에는 사용될 수 없다.

④ 개발자와 고객 또는 개발자 상호 간의 의사소통을 원활하게 할 수 있다.

해설 UML은 실시간 시스템 및 분산 시스템의 표현이 가능해 복잡한 분석과 설계에 사용하기 위해 개발되었다.

정답 1: ④ 2: ③

2020.06

03 UML 모델에서 사용하는 Structure Diagram에 속하지 않은 것은?

① Class Diagram

② Object Diagram

③ Component Diagram

④ Activity Diagram

해설 Activity Diagram은 행위 다이어그램(Behavior Diagram)이다.

2020.06

04 UML 확장 모델에서 스테레오 타입 객체를 표현할 때 사용하는 기호로 맞는 것은?

① 《 》

② (( ))

③ {{ }}

④ [[ ]]

해설 UML 확장 모델의 스테레오 타입에서는 Guillemet 기호 '《 》'를 사용하여 표현한다.

2020.08

05 UML에서 시퀀스 다이어그램의 구성 항목에 해당하지 않는 것은?

① 생명선

② 실행

③ 확장

④ 메시지

해설 시퀀스 다이어그램에서 확장은 구성 항목에 포함되지 않는다.

2020.08

06 UML에서 활용되는 다이어그램 중 시스템의 동작을 표현하는 행위(Behavioral) 다이어그램에 해당하지 않는 것은?

① 유스케이스 다이어그램(Use Case Diagram)

② 시퀀스 다이어그램(Sequence Diagram)

③ 활동 다이어그램(Activity Diagram)

④ 배치 다이어그램(Deployment Diagram)

해설 배치 다이어그램(Deployment Diagram)은 노드와 노드 사이에 존재하는 컴포넌트들의 물리적인 구성을 표현할 수 있는 구조 다이어그램이다.

2020.08

07 아래의 UML 모델에서 '차' 클래스와 각 클래스의 관계로 옳은 것은?

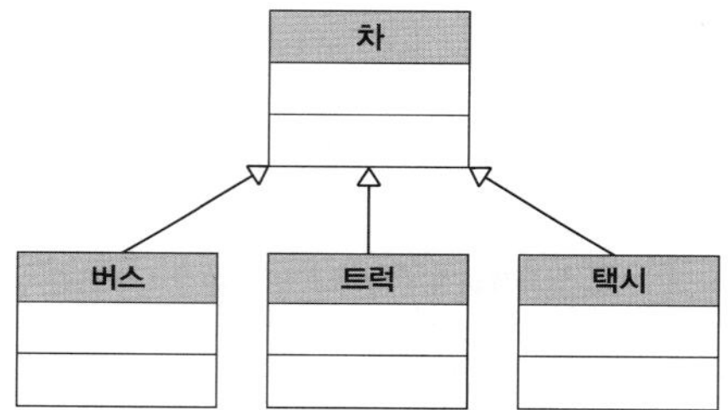

① 추상화 관계

② 의존 관계

③ 일반화 관계

④ 그룹 관계

해설 클래스 간 상속(Is a 관계) 관계를 의미하는 일반화(Generation)를 의미한다.

2020.09

08 UML의 기본 구성 요소가 아닌 것은?

① Things　② Terminal

③ Relationship　④ Diagram

해설 UML은 사물(Things), 관계(Relationship), 다이어그램(Diagram)으로 구성되어 있다.

3: ④ 4: ① 5: ③ 6: ④ 7: ③ 8: ② 정답

2021.03

09 UML(Unified Modeling Language)에 대한 설명 중 틀린 것은?

① 기능적 모델은 사용자 측면에서 본 시스템 기능이며, UML에서는 Use Case Diagram을 사용한다.

② 정적 모델은 객체, 속성, 연관관계, 오퍼레이션의 시스템의 구조를 나타내며, UML에서는 Class Diagram을 사용한다.

③ 동적 모델은 시스템의 내부 동작을 말하며, UML에서는 Sequence Diagram, State Machine Diagram, Activity Diagram을 사용한다.

④ State Diagram은 객체들 사이의 메시지 교환을 나타내며, Sequence Diagram은 하나의 객체가 가진 상태와 그 상태의 변화에 의한 동작 순서를 나타낸다.

해설 State Diagram은 하나의 객체가 가진 상태와 그 상태의 변화에 의한 동작 순서를 나타낸다. Sequence Diagram은 객체와 객체 사이의 관계와 객체들끼리 상호 교환하는 메시지의 순서를 강조하여 표현한 다이어그램이다.

2021.03

10 기본 유스케이스 수행 시 특별한 조건을 만족할 때 수행하는 유스케이스는?

① 연관 ② 확장
③ 선택 ④ 특화

해설 확장(Extend)에 대한 설명이다. 연관은 유스케이스와 행위자의 관계를 표현하고, 포함은 유스케이스 수행 시 다른 유스케이스가 반드시 수행하는 것이다.

2021.03

11 UML 다이어그램 중 시스템 내 클래스의 정적 구조를 표현하고 클래스와 클래스, 클래스의 속성 사이의 관계를 나타내는 것은?

① Activity Diagram
② Model Diagram
③ State Diagram
④ Class Diagram

해설 Class Diagram에 대한 설명이다. Activity Diagram, State Diagram은 행위 다이어그램으로 동적 모델링을 위한 다이어그램이며, Model Diagram은 존재하지 않는다.

2021.03

12 다음 중 요구사항 모델링에 활용되지 않는 것은?

① 애자일(Agile) 방법
② 유스케이스 다이어그램(Use Case Diagram)
③ 시퀀스 다이어그램(Sequence Diagram)
④ 단계 다이어그램(Phase Diagram)

해설 단계 다이어그램은 요구사항 모델링에 존재하지 않는 다이어그램이다.

2021.06

13 유스케이스(Use Case)에 대한 설명 중 옳은 것은?

① 유스케이스 다이어그램은 개발자의 요구를 추출하고 분석하기 위해 주로 사용한다.

② 액터는 대상 시스템과 상호 작용하는 사람이나 다른 시스템에 의한 역할이다.

③ 사용자 액터는 본 시스템과 데이터를 주고 받는 연동 시스템을 의미한다.

④ 연동의 개념은 일방적으로 데이터를 파일이나 정해진 형식으로 넘겨주는 것을 의미한다.

해설 유스케이스 다이어그램은 개발자의 요구가 아닌 사용자의 요구사항을 추출하고 분석하기 위해 주로 사용한다. 또한 액터는 시스템에 대해 상호작용을 하는 역할을 하는 것이지 반드시 연동시스템을 의미하는 것은 아니다. 연동이란 일방적으로 파일이나 데이터를 넘겨주는 것만이 아니라 넘겨주고 받는 것을 의미한다.

정답 9: ④ 10: ② 11: ④ 12: ④ 13: ②

2021.06

14 UML 모델에서 한 객체가 다른 객체에게 오퍼레이션을 수행하도록 지정하는 의미적 관계로 옳은 것은?

① Dependency

② Realization

③ Generalization

④ Association

해설 하나의 객체가 다른 객체에 의해 실행하도록 지정한 관계를 실체화 관계(Realization)라 한다.

2021.06

15 UML 다이어그램이 아닌 것은?

① 액티비티 다이어그램(Activity Diagram)

② 절차 다이어그램(Procedural Diagram)

③ 클래스 다이어그램(Class Diagram)

④ 시컨스 다이어그램(Sequence Diagram)

해설 절차 다이어그램은 존재하지 않는다.

2021.09

16 UML 모델에서 한 사물의 명세가 바뀌면 다른 사물에 영향을 주며, 일반적으로 한 클래스가 다른 클래스를 오퍼레이션의 매개 변수로 사용하는 경우에 나타나는 관계는?

① Association

② Dependency

③ Realization

④ Generalization

해설 한 사물의 명세가 바뀌면 다른 사물에 영향을 주는 것을 의존 관계(Dependency)라 한다.

2021.09

17 다음 설명에 해당하는 클래스 다이어그램의 요소는?

- 클래스의 동작을 의미한다.
- 클래스에 속하는 객체에 대하여 적용될 메서드를 정의한 것이다.
- UML에서는 동작에 대한 인터페이스를 지칭한다고 볼 수 있다

① Instance

② Operation

③ Item

④ Hiding

해설 클래스의 기능 및 동작을 의미하는 것이 Operation이다.

2022.03

18 순차 다이어그램(Sequence Diagram)과 관련한 설명으로 틀린 것은?

① 객체들의 상호 작용을 나타내기 위해 사용한다.

② 시간의 흐름에 따라 객체들이 주고 받는 메시지의 전달 과정을 강조한다.

③ 동적 다이어그램보다는 정적 다이어그램에 가깝다.

④ 교류 다이어그램(Interaction Diagram)의 한 종류로 볼 수 있다.

해설 순차 다이어그램(Sequence Diagram)은 행위(동적) 다이어그램이다.

14: ② 15: ② 16: ② 17: ② 18: ③ 정답

2022.03

19 다음 설명에 해당하는 언어는?

> 객체 지향 시스템을 개발할 때 산출물을 명세화, 시각화, 문서화하는 데 사용된다. 즉, 개발하는 시스템을 이해하기 쉬운 형태로 표현하여 분석가, 의뢰인, 설계자가 효율적인 의사소통을 할 수 있게 해 준다. 따라서 개발 방법론이나 개발 프로세스가 아니라 표준화된 모델링 언어이다.

① Java ② C
③ UML ④ Python

해설 시스템을 이해하기 쉬운 형태로 표현하여 분석가, 의뢰인, 설계자가 의사소통을 할 수 있게 해주는 것은 UML이다.

2022.03

20 UML 다이어그램 중 정적 다이어그램이 아닌 것은?

① 컴포넌트 다이어그램
② 배치 다이어그램
③ 순차 다이어그램
④ 패키지 다이어그램

해설 구조(정적) 다이어그램에는 클래스 다이어그램, 객체 다이어그램, 컴포넌트 다이어그램, 배치 다이어그램, 복합 구조 다이어그램, 패키지 다이어그램이 있다. 순차 다이어그램은 행위(동적) 다이어그램이다.

2022.06

21 UML 다이어그램 중 순차 다이어그램에 대한 설명으로 틀린 것은?

① 객체 간의 동적 상호작용을 시간 개념을 중심으로 모델링 하는 것이다.
② 주로 시스템의 정적 측면을 모델링하기 위해 사용한다.
③ 일반적으로 다이어그램의 수직 방향이 시간의 흐름을 나타낸다.
④ 회귀 메시지(Self-Message), 제어블록(Statement Block) 등으로 구성된다.

해설 순차 다이어그램(Sequence Diagram)은 행위(동적) 다이어그램이다.

2022.06

22 유스케이스(Use Case)의 구성 요소 간의 관계에 포함되지 않는 것은?

① 연관 ② 확장
③ 구체화 ④ 일반화

해설 유스케이스의 관계에는 연관(Association), 확장(Extend), 포함(Include), 일반화(Generalization)가 있다.

출제 예상 문제

23 UML에서 시스템의 요구사항 중 기능적인 요구사항을 표현하는 다이어그램은?

① Use Case Diagram
② Class Diagram
③ Sequence Diagram
④ Object Diagram

해설 Use Case Diagram은 기능적인 요구사항을 유스케이스 단위로 표현하고 사용자(Actor)와 이들 간의 관계를 표현한 다이어그램이다.

24 시스템의 내부적인 흐름을 동적으로 표현한 다이어그램으로 객체와 객체 사이의 관계와 객체들끼리 상호 교환하는 메시지의 순서를 강조하여 표현한 다이어그램은?

① Use Case Diagram
② Class Diagram
③ Sequence Diagram
④ Object Diagram

해설 Sequence Diagram에 대한 설명이다. Class Diagram은 시스템을 구성하는 클래스와 인터페이스 사이의 정적인 관계를 나타낸다.

정답 19: ③ 20: ③ 21: ② 22: ③ 23: ① 24: ③

108 애자일(Agile)

1 애자일의 개념

> **알아두기**
>
> **애자일의 등장 배경**
>
> 소프트웨어 위기의 원인과 해결 방안을 연구하는 과정에서 소프트웨어가 가진 유동적이고 개방적이며 요구사항 변경에 따른 작업량 예측이 힘들다는 특성은 전통적인 개발 프로세스로 대체하기 어려웠다. 제한된 시간과 비용 안에서 정보는 불완전하고 예측은 불가능하다는 전제를 가지고, 그 안에서 합리적인 방법을 찾고자 하는 애자일 방법론이 대두되었다.

기존의 전통적 방법론에서 중시하는 절차와 산출물보다는 고객과의 협력과 동작하는 소프트웨어를 중점으로 비즈니스 시장 변화에 유연하게 대응하기 위한 경량 개발 방법론이다.

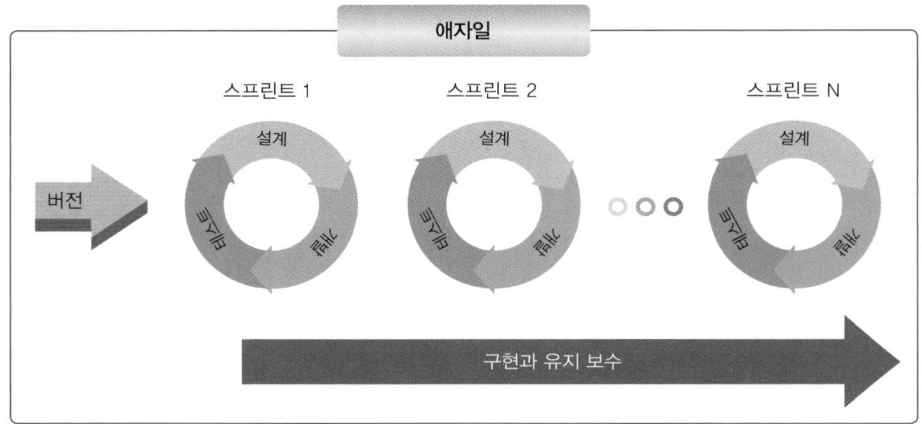

▲ 애자일 방법론 개념도

2 애자일이 추구하는 선언문의 4가지 가치

> **멘토 코멘트**
>
> **애자일의 4가지 가치**
>
> (개) 개인과 상호작용
> (변) 변화에 대응
> (동) 동작하는 소프트웨어
> (고) 고객 협력
> → '개변동고'로 암기

2001년 17명의 선구자적 소프트웨어 개발자들이 미국 유타주의 한적한 스키 리조트에 모였다. 기존에 개발 기간이 길고 경영진의 사전 계획 및 승인을 기반으로 움직이는 폭포수형(Waterfall) 방식에 불만을 제기하고, 완전히 새로운 개발 원칙인 '애자일 선언문(Agile Manifesto)'을 만들어 발표하였다.

가치	설명
개인과 상호작용	공정과 도구보다 개인과 상호작용
변화에 대응	계획을 따르기보다 변화에 대응
동작하는 소프트웨어	포괄적인 문서보다 동작하는 소프트웨어
고객과의 협력	계약 협상보다 고객과의 협력

3 애자일이 추구하는 선언문의 12가지 원리

원리	설명
고객 만족 추구	소프트웨어를 빠르고 지속적으로 전달해서 고객을 만족시키는 것을 최우선 가치로 인식
요구 변경 적극 수용	- 개발의 후반부일지라도 요구사항 변경을 적극적으로 수용 - 변화를 활용해 고객의 경쟁력에 도움을 줌
짧은 배포 간격	- 작동하는 소프트웨어를 자주 전달 - 2주에서 2개월의 간격, 더 짧은 기간을 선호
현업자 – 개발자 간 일일 의사소통	현업자와 개발자들은 프로젝트 전체에 걸쳐 매일 함께 의사소통을 수행
동기 부여된 사람을 중용, 지원 및 신뢰	- 동기가 부여된 개인을 중심으로 프로젝트 구성 - 팀원이 필요로 하는 환경과 지원을 제공하고 임무를 신뢰하도록 지원
면대면 대화	얼굴을 마주한 대화가 가장 효율적이고 효과적인 방법으로 간주
작동하는 소프트웨어가 척도	작동하는 소프트웨어를 진척의 주된 척도로 간주
지속 가능한 개발 장려	- 애자일 프로세스들은 지속 가능한 개발을 장려 - 스폰서, 개발자, 사용자는 일정한 속도를 유지
좋은 기술, 좋은 설계에 관심	기술적 탁월성과 좋은 설계에 대한 지속적 관심
단순성 추구	단순성(일의 양을 최소화하는 기술)이 필수
자기 조직적 팀	최고의 아키텍처, 요구사항, 설계는 자기 조직적인 팀에서 시작
정기적으로 효율성 제고	팀은 정기적으로 어떻게 더 효과적이 될지 숙고하고, 이에 따라 팀의 행동을 조율하고 조정

4 애자일 방법론의 유형

■ XP(eXtreme Programming)

의사소통과 TDD(Test Driven Development)를 기반으로 짧은 개발 주기를 통해 소프트웨어를 생산하는 애자일 개발 프로세스의 대표적 개발 방법론이다.

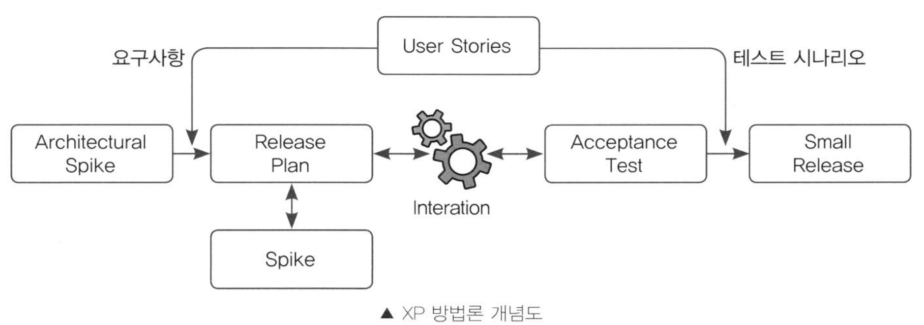

▲ XP 방법론 개념도

멘토 코멘트

XP의 5가지 가치

(용) 용기
(단) 단순성
(커) 커뮤니케이션 = 의사소통
(피) 피드백
(존) 존중
→ '용산단지에 커피존이 생겼다'로 암기

| XP의 12가지 실천 항목 |

실천 항목	내용
Pair Programming	2명이 하나의 컴퓨터에서 개발(오류 감소, 생산성 향상)
Collective Ownership	코드는 누구든지 언제라도 수정 가능
Continuous Integration	지속적인 시스템 통합 및 빌드
Planning Game	사용자 스토리를 이용하여 다음 릴리즈 범위를 빠르게 결정
Small Release	필요한 기능들만 갖춘 간단한 시스템을 빠르게 배포(2주 단위)
Metaphor	문장 형태로 시스템 아키텍처 기술, 고객과 개발자 간 의사소통 언어
Simple Design	요구사항을 만족시키도록 단순하게 설계
Test Driven Develop	테스트를 통한 고객 검증, 승인
Refactoring	기능에 변화 없이 코드 수정을 통해 디자인 개선
40-Hour per Week	주 40시간 이상 근무 규제
On-Site Customer	고객이 프로젝트에 상주, 의사 결정 지원
Coding Standards	코드 표준화

SCRUM(스크럼)

팀의 개선과 프로젝트 관리를 위한 개발 방법론으로, 작은 개발팀과 짧은 개발 기간 동안 점진적(Incremental), 반복적(Iterative)으로 소프트웨어를 개발하는 애자일 개발 방법론이다.

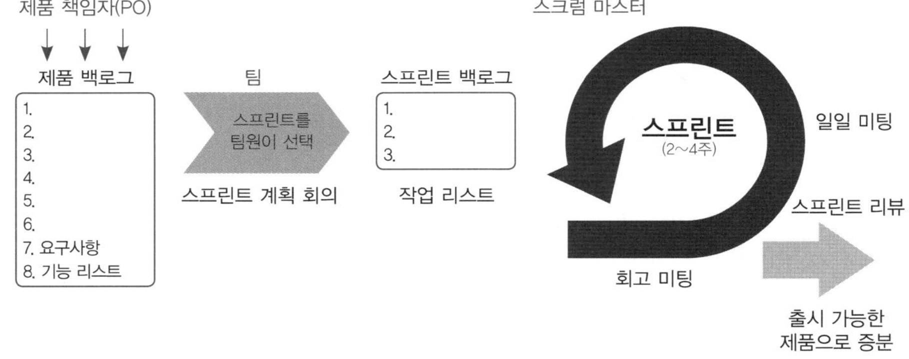

▲ SCRUM 방법론 개념도

알아두기

SCRUM의 3대 View

① 일일 미팅 (Daily Scrum Meeting) : 매일 팀원들과 공유(어제 한 일/오늘 할 일/문제 요소)를 목적으로 하는 짧은 회의

② 스프린트 리뷰 (Sprint Review) : 스프린트 종료 시점에 전체 한 일을 리뷰하는 미팅

③ 회고 미팅 (Sprint Retrospective Meeting) : 스프린트 기간 동안 잘한 것, 개선할 것 등을 도출하는 회의

구성 요소	설명
제품 백로그 (Product Backlog)	PO(제품 책임자)에 의해 우선순위가 정해진 사용자가 요구하는 제품의 기능 목록
스프린트 백로그 (Sprint Backlog)	각각의 스프린트 주기에서 개발할 작업 목록
스프린트 (Sprint)	2~4주 정도 짧은 기간을 가지는 반복 개발 주기
일일 스크럼 회의 (Daily Scrum Meeting)	- 하루 15분 정도의 짧은 회의이며, 어제 한 일/오늘 할 일/이슈 사항으로 발표 - 스크럼 마스터는 진척 사항 검토 및 이슈 확인
스프린트 검토 회의 (Sprint Review)	하나의 스프린트 반복 주기가 끝났을 때 실행 가능한 제품에 대해 검토하는 회의
스프린트 회고 (Sprint Retrospective)	스프린트 종료 후 수행 활동과 개발한 것을 되돌아보고 개선점이나 규칙을 잘 준수했는지 검토
번-다운 차트 (Burn-Down Chart)	하나의 스프린트에서 작업에 대한 완료 추이를 나타낸 차트
제품 책임자 (Product Owner)	제품 기능 목록을 만들고 비즈니스 관점에서 우선순위와 중요도를 측정하는 제품 책임자
스크럼 마스터 (Scrum Master)	- 업무를 배분하고, 일은 촉진하는 팀원 - 스크럼 팀이 스스로 조직하고 관리하도록 지원
스크럼 팀 (Scrum Team)	팀원은 보통 5~9명으로 구성되며, 사용자 요구사항을 사용자 스토리로 도출하고 이를 구현

알아두기

SCRUM의 3대 요소

① PO(Product Owner)
제품 및 프로젝트 책임자
② SM(Scrum Master)
촉진자
③ **팀원**
프로젝트 수행자

Kanban(칸반)

칸반 보드를 통해 개발 공정을 시각화하고 진행 중인 작업량을 제한해 워크플로상의 공정을 관리 및 최적화하는 Lean(린) 생산 방식 기반의 개발 방법론이다.

To Do	Dev	Test	Release	Done
예금 신상품 개발	금리 인하 개발	만기 연장 개발	소상공인 유예	
신상품 개발	자동 이체 연계 개발			정책 지원 개발
자동 수납 시스템 개발				판촉 행사 개발
파생 상품 개발				타행 결제 정산 개발

흐름 →

▲ 칸반 보드 개념도

알아두기

Kanban의 핵심 3요소

① 워크플로 시각화
② 진행 중인 작업량 제한, 소요 시간 측정
③ 최적화를 통해 최상의 공정 관리

멘토 코멘트

Lean 7대 원칙

(낭) 낭비 제거
(배) 배움 증폭
(늦) 늦은 결정
(빠) 빠른 인도
(팀) 팀에 권한 위임
(전) 전체를 볼 것
(통) 통합성 구축
➜ '낭배늦빠팀전통'으로 암기

멘토 코멘트

Lean 7대 낭비

(재) 재학습
(미) 미완성 작업
(이) 이관
(가) 가외 기능
(작) 작업 전환
(지) 지연
(결) 결함
➜ '재미이가작지결'으로 암기

■ Lean(린)

빠른 프로토타입과 신속한 고객 피드백을 통해 JIT(Just In Time) 달성과 함께 낭비를 제거하는 개발 방법론이다.

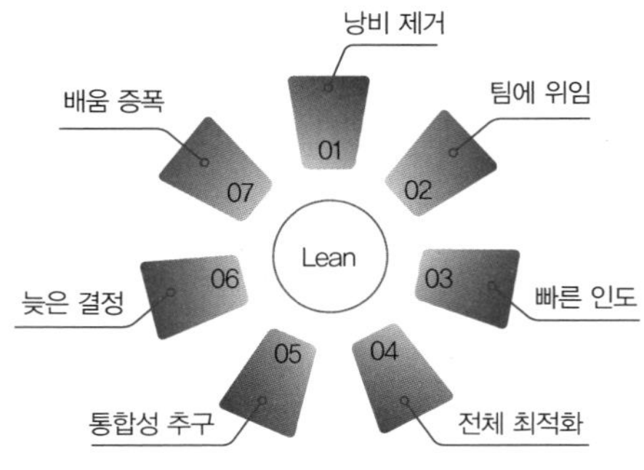

▲ Lean 방법론 개념도

5 애자일 방법론과 전통적 방법론의 비교

■ 애자일 방법론과 전통적 방법론의 개념 비교

	애자일 방법론	전통적 방법론
개념	프로세스나 도구보다 의사소통을 강조하고 변화에 쉽게 대응하여 고객 만족에 초점을 맞춘 개발 방법론	소프트웨어 개발 과정을 요구 분석, 설계, 구현, 통합, 유지보수 단계로 구분하여 순차적으로 개발하는 방법론
개념도	애자일 / 스프린트 1 스프린트 2 스프린트 N / 버전 / 설계 / 구현과 유지 보수	계획 → 요구 분석 → 설계 → 개발 → 테스트 → 유지보수 (피드백) / 순차적, 하향식, 단계별 산출물 중심

■ 애자일 방법론과 전통적 방법론의 특징 비교

특징	애자일 방법론	전통적 방법론
주요 모델	XP, Lean, Kanban, SCRUM	폭포수 모델, 나선형 모델
의사소통	고객과의 지속적인 의사소통	고객과는 드문 의사소통
배포	작은 단위로 빠르게 배포	빅뱅으로 큰 단위로 한번에 배포
통합	잦은 통합	마지막에 통합
적용	작은 규모의 프로젝트에 적용	큰 규모의 프로젝트에 적용

기출 유형 문제

2020.06

01 XP(eXtreme Programming)의 기본 원리로 볼 수 없는 것은?

① Linear Sequential Method
② Pair Programming
③ Collective Ownership
④ Continuous Integration

해설 XP의 12개의 실천 항목(기본 원리)은 'Pair Programming, Collective Ownership, Continuous Integration, Planning Game, Small Release, Metaphor, Simple Design, Test Driven Develop, Refactoring, 40-Hour per Week, On-Site Customer, Coding Standards'이다. Linear Sequential Method는 선형 순차 작업으로, 전통적(Water-Falll) 모델에 적용되는 방법이다.

2020.08, 2022.,06

02 애자일 기법에 대한 설명으로 맞지 않는 것은?

① 절차와 도구보다 개인과 소통을 중요하게 생각한다.
② 계획에 중점을 두어 변경 대응이 난해하다.
③ 소프트웨어가 잘 실행되는 데 가치를 둔다.
④ 고객과의 피드백을 중요하게 생각한다.

해설 애자일 선언문의 4가지 가치는
- 공정과 도구보다 개인과 상호작용
- 계획을 따르기보다는 변화에 대응
- 포괄적인 문서보다 동작하는 소프트웨어
- 계약 협상보다 고객과의 협력이다.

2020.09

03 XP(eXtreme Programming)의 5가지 가치로 거리가 먼 것은?

① 용기
② 의사소통
③ 정형 분석
④ 피드백

해설 XP의 5가지 핵심 가치는 용기, 단순성, 의사소통, 피드백, 존경이다.

2020.09, 2021.06

04 애자일 방법론에 해당하지 않는 것은?

① 기능 중심 개발
② 스크럼
③ 익스트림 프로그래밍
④ 모듈 중심 개발

해설 애자일 방법론은 모듈 중심 개발보다는 기능 중심 개발, 프로젝트 중심 개발이며, 스크럼, XP(익스트림 프로그래밍), 칸반, 린 방법론 등이 있다.

2022.03, 2021.03

05 애자일 소프트웨어 개발 기법의 가치가 아닌 것은?

① 프로세스와 도구보다는 개인과 상호작용에 더 가치를 둔다.
② 계약 협상보다는 고객과의 협업에 더 가치를 둔다.
③ 실제 작동하는 소프트웨어보다는 이해하기 좋은 문서에 더 가치를 둔다.
④ 계획을 따르기보다는 변화에 대응하는 것에 더 가치를 둔다.

해설 애자일 선언문의 4가지 가치는
- 공정과 도구보다 개인과 상호작용
- 계획을 따르기보다는 변화에 대응
- 포괄적인 문서보다 동작하는 소프트웨어
- 계약 협상보다 고객과의 협력이다.

2021.09

06 익스트림 프로그래밍(XP)에 대한 설명으로 틀린 것은?

① 빠른 개발을 위해 테스트를 수행하지 않는다.
② 사용자의 요구사항은 언제든지 변할 수 있다.
③ 고객과 직접 대면하며 요구사항을 이야기하기 위해 사용자 스토리(User Story)를 활용할 수 있다.
④ 기존의 방법론에 비해 실용성(Pragmatism)을 강조한 것이라고 볼 수 있다.

해설 XP의 12가지 실천 항목 중 TDD(Test Driven Develop)는 테스트를 통한 고객의 검증 및 승인을 추구한다.

정답 1: ① 2: ② 3: ③ 4: ④ 5: ③ 6: ①

2021.09

07 애자일 개발 방법론과 관련한 설명으로 틀린 것은?

① 빠른 릴리즈를 통해 문제점을 빠르게 파악할 수 있다.
② 정확한 결과 도출을 위해 계획 수립과 문서화에 중점을 둔다.
③ 고객과의 의사소통을 중요하게 생각한다.
④ 진화하는 요구사항을 수용하는 데 적합하다.

해설 애자일 선언문에서 '공정과 도구보다 개인과 상호작용, 계획을 따르기보다 변화에 대응, 포괄적인 문서보다 동작하는 소프트웨어, 계약 협상보다 고객과의 협력'을 강조한다.

2022.03

08 애자일(Agile) 기법 중 스크럼(Scrum)과 관련된 용어에 대한 설명으로 틀린 것은?

① 스크럼 마스터(Scrum Master)는 스크럼 프로세스를 따르고, 팀이 스크럼을 효과적으로 활용할 수 있도록 보장하는 역할 등을 맡는다.
② 제품 백로그(Product Backlog)는 스크럼 팀이 해결해야 하는 목록으로 소프트웨어 요구사항, 아키텍처 정의 등이 포함될 수 있다.
③ 스프린트(Sprint)는 하나의 완성된 최종 결과물을 만들기 위한 주기로 3달 이상의 장기간으로 결정된다.
④ 속도(Velocity)는 한 번의 스프린트에서 한 팀이 어느 정도의 제품 백로그를 감당할 수 있는지에 대한 추정치로 볼 수 있다.

해설 스프린트(Sprint)는 2~4주의 짧은 기간으로 반복하는 개발 주기이다.

2022.06

09 익스트림 프로그래밍에 대한 설명으로 틀린 것은?

① 대표적인 구조적 방법론 중 하나이다.
② 소규모 개발 조직이 불확실하고 변경이 많은 요구를 접하였을 때 적절한 방법이다.
③ 익스트림 프로그래밍을 구동시키는 원리는 상식적인 원리와 경험을 최대한 끌어 올리는 것이다.
④ 구체적인 실천 방법을 정의하고 있으며 개발 문서보다는 소스 코드에 중점을 둔다.

해설 익스트림 프로그래밍은 대표적 애자일 방법론이다.

출제 예상 문제

10 애자일이 추구하는 4가지의 가치가 아닌 것은?

① 공정과 도구보다 개인과 상호작용
② 계획을 따르기보다 변화에 대응
③ 소프트웨어 개발보다는 문서화를 중요시
④ 고객과의 협력

해설 애자일 기법에서는 포괄적인 문서화보다는 동작하는 소프트웨어를 추구한다.

11 애자일 방법론의 종류가 아닌 것은?

① XP(eXtreme Programming)
② SCRUM
③ Kanban
④ 나선형 방법론

해설 애자일 방법론에는 대표적으로 XP, SCRUM, Kanban, Lean 등이 있다. 나선형 방법론은 위험 관리를 중요시하는 전통적 방법론이다.

12 애자일 방법론 중 빠른 프로토타입과 신속한 고객 피드백을 통해 JIT(Just In Time) 달성과 함께 낭비를 제거하는 개발 방법론은?

① XP(eXtreme Programming)
② SCRUM
③ Kanban
④ Lean

해설 Lean 방법론은 프로토타입을 만들어 고객의 이해와 만족에 중심을 둔다. 또한 정해진 기간 안에 목표를 달성하고자 낭비를 제거하는 방법론이다.

7: ② 8: ③ 9: ① 10: ③ 11: ④ 12: ④ 정답

109 모델링 기법

1 모델링(Modeling)의 개념

- 현실 세계의 요구사항 및 정보를 그래픽을 이용해 소프트웨어 구성 요소로 표현하여 요구사항 분석을 용이하게 하는 절차이다.
- 모델링으로 가시화하는 기법을 OMT(Object Modeling Technique)라고 한다.
- 모델링은 구조적 분석 기법과 객체 지향 분석 기법으로 구분된다.

알아두기

요구사항 모델링 기법
요구사항 표현의 어려움을 극복하고자 모델링을 통해 가시화한다.

2 모델링의 구조적 분석 기법

도형 중심의 분석용 도구와 분석 절차를 이용하여 사용자의 요구사항을 자료의 흐름과 처리를 중심으로 분석하는 체계적인 분석 방법이다.

■ 분석 도구

(1) 자료 흐름도(DFD; Data Flow Diagram)

- 사용자의 업무와 요구사항을 그림 중심의 도형으로 표현하여 사용자와 분석가 사이의 의사소통을 원활하게 하기 위한 모형화 도구이다.
- 하향식 분할의 원리를 적용하여 다차원적인 표현이 가능하다.

구성 요소	설명	표기법
프로세스 (Process)	– 입력된 데이터를 원하는 형태로 출력하기 위한 과정 – 원(○)으로 표시	프로세스 이름
데이터 흐름 (Data Flow)	– DFD 구성 요소들 간의 오가는 데이터 흐름 – 화살표(→)로 표시	⟶
데이터 저장소 (Data Store)	– 데이터가 저장된 장소 – 평행선(=)으로 표시	자료 저장소 이름
단말 (Terminator)	– 시스템과 교신하는 외부 개체 – 데이터의 입출력 주체를 사각형(□)으로 표시	단말 이름

(2) 자료 사전(DD; Data Dictionary)

자료 흐름도에 나타나는 데이터의 흐름, 데이터 저장소 및 데이터 요소 등과 같은 데이터 항목을 약속된 기호를 사용하여 알아보기 쉽게 정의한 집합체이다.

멘토 코멘트

자료 사전 표기법은 출제가 빈번하여 반드시 숙지해야 한다.

표기법 기호	의미
=	정의
+	구성
[ ]	택일(하나를 선택)
{ }	반복
( )	생략 가능
* *	설명(Comment)

작성 원칙	설명
자료 의미 기술	자료의 의미를 주석을 통해서 상세하게 기술
자료 구성 항목 기술	구성 항목을 그룹화하여 각 그룹을 다시 정의
동의어	동의어 해석 및 동의어 사용 최소화
자료 정의 중복 제거	자료 정의는 중복성을 제거하고 간단하게 작성

(3) 소단위 명세서(Mini Specification)

- 입력 자료를 출력 자료로 변환하기 위해 수행되어야 하는 정책이나 규칙을 구체적으로 기술하는 도구이다.
- 프로세스 명세서라고도 한다.

(4) 개체 관계도(E-R Diagram)

현실 세계에 존재하는 데이터와 그들 간의 관계를 사람이 이해할 수 있는 형태로 나타내는 도구이다.

(5) 상태 전이도(State Transition Diagram)

시스템에 사건이 발생할 경우 시스템의 상태와 상태의 변화를 나타낼 수 있는 도구이다.

3 모델링의 객체 지향 분석 기법(럼바우 모델링; Rumbaugh Modeling)

- 사용자의 요구사항을 분석하여 요구사항과 관련된 모든 클래스(객체), 이와 연관된 속성과 연산, 그들 간의 관계 등을 정의하여 모델링하는 작업이다.
- 럼바우(Rumbaugh)의 분석 기법(OMT)은 모든 소프트웨어 구성 요소들을 그래픽 표기법을 이용하여 객체를 모델링하는 기법이다.

■ 객체 지향 분석 모델링의 절차

요건 정의	객체 지향 분석	객체 지향 설계/구현	테스트/배포
업무 요건 정의 →	객체 모델링	구현 →	테스트
	↓	↑	↓
	동적 모델링	객체 설계	패키지
	↓	↑	↓
	기능 모델링 →	시스템 설계	프로젝트 평가

■ 객체 지향 분석의 분석 활동 모델링

절차	핵심 산출물	설명
객체 모델링	객체 다이어그램	– 정보 모델링이라고도 함 – 시스템에 필요한 객체를 찾고 속성과 연산 식별 및 객체들 간의 관계를 규정 – 시스템 구조를 파악해 추상화, 분류화, 일반화, 집단화를 다이어그램으로 표현
동적 모델링	상태 다이어그램	– 상태도를 이용하여 시간의 흐름에 따른 객체 간의 제어 흐름, 상호 작용, 동작 순서를 모델링 – 시간 흐름에 따라 객체 사이의 변화, 상태, 사건, 동작 등을 표현
기능 모델링	자료 흐름도(DFD)	자료 흐름도(DFD)를 이용하여 다수의 프로세스들 간의 자료 흐름을 정리하고 입력과 출력을 표현

멘토 코멘트

객체 지향 분석 기법

(객객) 객체 모델링 : 객체 다이어그램
(동상) 동적 모델링 : 상태 다이어그램
(기자) 기능 모델링 : 자료 흐름도
→ '사례들려 객객되는 동생(동상)의 직업이 기자라네'로 암기

기출 유형 문제

2019.08, 2017.03

01 Rumbaugh의 모델링에서 상태도와 자료 흐름도는 각각 어떤 모델링과 가장 관련이 있는가?

① 상태도-동적 모델링, 자료 흐름도-기능 모델링

② 상태도-기능 모델링, 자료 흐름도-동적 모델링

③ 상태도-객체 모델링, 자료 흐름도-기능 모델링

④ 상태도-객체 모델링, 자료 흐름도-동적 모델링

해설 '객체 모델링-객체 다이어그램, 동적 모델링-상태 다이어그램, 기능 모델링-자료 흐름도(DFD)'이다.

2022.03, 2020.08, 2019.03

02 럼바우의 객체 지향 분석에서 분석 활동의 모델링과 가장 관계없는 것은?

① 객체(Object) 모델링

② 절차(Procedure) 모델링

③ 동적(Dynamic) 모델링

④ 기능(Functional) 모델링

해설 객체 지향 분석의 분석 활동 모델링은 객체, 동적, 기능 모델링이다.

2019.04

03 럼바우의 분석 기법 중 자료 흐름도(DFD)를 이용하는 것은?

① 기능 모델링

② 동적 모델링

③ 객체 모델링

④ 정적 모델링

해설 자료 흐름도(DFD)는 기능 모델링의 핵심 활동이다.

2021.06, 2018.03

04 럼바우(Rumbaugh)의 객체 지향 분석에서 사용되는 분석 활동을 가장 옳게 나열한 것은?

① 객체 모델링, 동적 모델링, 정적 모델링

② 객체 모델링, 동적 모델링, 기능 모델링

③ 동적 모델링, 기능 모델링, 정적 모델링

④ 정적 모델링, 객체 모델링, 기능 모델링

해설 객체 지향 분석의 분석 활동 모델링은 객체, 동적, 기능 모델링 3가지이다.

2021.06, 2018.03

05 럼바우(Rumbaugh) 분석 기법에서 정보 모델링이라고도 하며, 시스템에서 요구되는 객체를 찾아내어 속성과 연산 식별 및 객체들 간의 관계를 규정하여 그래픽 다이어그램으로 표시하는 모델링은?

① Object

② Dynamic

③ Function

④ Static

해설 객체 모델링은 정보 모델링으로써 필요한 Object를 찾고 Object 사이의 관계를 정하는 모델링이다. 또한 시스템 정적 구조 포착, 추상화, 분류화, 일반화, 집단화를 표현할 수 있다.

2020.06

06 자료 사전에서 자료의 생략을 의미하는 기호는?

① { }

② * *

③ =

④ ( )

해설 자료 사전에서 생략 가능은 ( ) 기호를 사용한다.

1: ① 2: ② 3: ① 4: ② 5: ① 6: ④ 정답

2020.08, 2020.06

07 데이터 흐름도(DFD)의 구성 요소에 포함되지 않는 것은?

① Process
② Data Flow
③ Data Store
④ Data Dictionary

해설 데이터 흐름도(DFD)는 Process, Data Flow, Data Store, Terminator로 구성되어 있다.

2020.06

08 자료 사전에서 자료의 반복을 의미하는 것은?

① =
② ( )
③ { }
④ [ ]

해설 자료 사전에서 반복은 { } 기호를 사용한다.

2020.09

09 데이터 흐름도(DFD)에 대한 설명으로 틀린 것은?

① 자료 흐름 그래프 또는 버블(Bubble) 차트라고 한다.
② 구조적 분석 기법에 이용된다.
③ 시간 흐름을 명확하게 표현할 수 있다.
④ DFD의 요소는 화살표, 원, 사각형, 직선(단선/이중선)으로 표시한다.

해설 데이터 흐름도(DFD)는 시간의 흐름을 명확히 표현하기에는 부적합하다.

2020.09

10 럼바우(Rumbaugh) 객체 지향 분석 기법에서 동적 모델링에 활용되는 다이어그램은?

① 객체 다이어그램
② 패키지 다이어그램
③ 상태 다이어그램
④ 자료 흐름도

해설 럼바우 객체 지향 분석의 동적 모델링은 상태도를 이용하여 제어 흐름을 모델링하고 시간의 흐름에 따라 객체 사이의 변화 조사, 상태, 사건, 동작을 표현한다.

2020.09

11 그래픽 표기법을 이용하여 소프트웨어 구성 요소를 모델링하는 럼바우 분석 기법에 포함되지 않는 것은?

① 객체 모델링
② 기능 모델링
③ 동적 모델링
④ 블랙박스 분석 모델링

해설 럼바우 분석 기법에는 객체, 동적, 기능 모델링이 있다.

2020.09

12 자료 사전(Data Dictionary)에서 선택의 의미를 나타내는 것은?

① [ ]
② { }
③ +
④ =

해설 자료 사전에서 선택은 [ ]으로 표기한다. ②는 반복, ③은 구성, ④는 정의를 의미한다.

정답 7: ④ 8: ③ 9: ③ 10: ③ 11: ④ 12: ①

2021.09

13 요구사항 정의 및 분석 · 설계의 결과물을 표현하기 위한 모델링 과정에서 사용되는 다이어그램(Diagram)이 아닌 것은?

① Data Flow Diagram
② UML Diagram
③ E-R Diagram
④ AVL Diagram

해설 AVL Diagram은 스스로 균형을 잡는 이진 탐색 트리다.

2021.09

14 럼바우(Rumbaugh)의 객체 지향 분석 기법 중 자료 흐름도(DFD)를 주로 이용하는 것은?

① 기능 모델링
② 동적 모델링
③ 객체 모델링
④ 정적 모델링

해설 객체 모델링 단계에서는 객체 다이어그램, 동적 모델링 단계에서는 상태 다이어그램, 기능 모델링 단계에서는 자료 흐름도(DFD)가 핵심 산출물이다.

2021.09

15 객체 지향 분석 기법과 관련한 설명으로 틀린 것은?

① 동적 모델링 기법이 사용될 수 있다.
② 기능 중심으로 시스템을 파악하며 순차적인 처리가 중요시되는 하향식(Top-Down) 방식으로 볼 수 있다.
③ 데이터와 행위를 하나로 묶어 객체를 정의하고 추상화시키는 작업이다.
④ 코드 재사용에 의한 프로그램 생산성 향상 및 요구에 따른 시스템의 쉬운 변경이 가능하다.

해설 객체 지향 분석 기법은 순차 처리가 중요시되는 것이 아닌 기능별 클래스를 조립하는 방식으로 상향식과 하향식 모두 사용 가능하다.

2022.03

16 자료 흐름도(DFD)의 각 요소별 표기 형태의 연결이 옳지 않은 것은?

① Process : 원
② Data Flow : 화살표
③ Data Store : 삼각형
④ Terminator : 사각형

해설 데이터 저장소는 평행선으로 표기한다. 예 

2022.03

17 소프트웨어 모델링과 관련한 설명으로 틀린 것은?

① 모델링 작업의 결과물은 다른 모델링 작업에 영향을 줄 수 없다.
② 구조적 방법론에서는 DFD(Data Flow Diagram),DD(Data Dictionary) 등을 사용하여 요구사항의 결과를 표현한다.
③ 객체 지향 방법론에서는 UML 표기법을 사용한다.
④ 소프트웨어 모델을 사용할 경우 개발될 소프트웨어에 대한 이해도 및 이해 당사자 간의 의사소통 향상에 도움이 된다.

해설 모델링 작업의 결과물은 다른 모델링 작업에 이해도를 높이며 더 구체적인 모델링이 가능하도록 할 수 있다.

출제 예상 문제

18 럼바우(Rumbaugh) 분석 기법에서 자료 흐름도를 이용하여 다수의 프로세스 사이의 자료 흐름을 중심으로 처리 과정을 표현한 모델링은?

① Object
② Dynamic
③ Function
④ Static

해설 기능 모델링은 자료 흐름도를 이용하여 다수의 프로세스 사이의 자료 흐름을 중심으로 처리 과정을 표현하여 모델링할 수 있고, 어떤 데이터를 입력하면 어떤 결과를 전달할 것인지 표현할 수 있다.

13: ④ 14: ① 15: ② 16: ③ 17: ① 18: ③ 정답

110 분석 자동화 도구

1 분석 자동화의 개념

사용자의 요구사항을 자동으로 분석하고, 요구사항 분석 명세서를 자동으로 기술하는 개발 도구이다.

2 분석 자동화의 특징

특징	설명
표준화	표준화된 보고를 통해 문서화 품질 개선이 가능
상호 조정	데이터베이스가 모두에게 이용 가능하다는 점에서 분석자들 간의 적절한 조정
발견 용이성	교차 참조도와 보고서를 통한 결함, 생략, 불일치 등의 발견 용이성
추적 용이	변경이 주는 영향의 추적 용이성
비용의 축소	명세에 대한 유지보수 비용의 축소

멘토 코멘트

상위 CASE와 하위 CASE 통합 CASE의 차이

– 상위 : 전반 지원
– 하위 : 설계, 구현, 코드
– 통합 : 상위+하위
* CASE의 차이는 반드시 암기해야 한다.

3 요구사항 분석 자동화 도구(CASE)

■ CASE(Computer Aided Software Engineering) 도구의 개념

- 소프트웨어 개발 과정의 일부 또는 전체를 자동화하기 위한 도구로, 표준화된 개발환경 구축 및 문서 자동화 기능을 제공하는 도구이다.
- 계획 수립에서부터 요구 분석, 설계, 개발, 유지보수에 이르는 소프트웨어 생명주기 전 과정의 자동화를 지원하는 자동화 도구이다.
- 작업 과정 및 데이터 공유를 통해 작업자 간의 커뮤니케이션을 증대시킨다.

■ CASE 요구사항 분석 자동화 도구의 형태

형태	설명
상위 CASE	- 소프트웨어 생명주기 전반인 시스템 계획, 요구 분석, 상위 설계 단계를 지원하며 문제를 기술하고 오류를 검증하는 자동화 도구 - 지원 기능 : 다이어그래밍, 프로토타이핑, 설계 사전, 일관성 검증 등
하위 CASE	- 상세 설계, 구현 및 코드 작성, 테스팅, 문서화 등을 지원해주는 도구 - 프로그래밍 지원 도구로 컴파일러, 링커, 로더, 디버거 등이 있음
통합 CASE	소프트웨어 개발 주기 전체를 지원, 상위와 하위 CASE의 기능 통합 도구

■ CASE 요구사항 분석 자동화 도구

멘토 코멘트

SADT, SREM 등의 분석 도구는 자주 출제된다.

도구	설명
SADT	– Structured Analysis and Design Technique – Soft–Tech사에서 개발 – 구조적 분석 및 설계도구 – 구조적 요구 분석을 위한 블록 다이어그램 사용
SRE	– 실시간 처리 소프트웨어 시스템에서 요구사항을 명확하게 하기 위한 도구 – TRW사가 우주 국방 시스템 실시간 처리 시스템에서 요구사항을 명확히 기술하기 위해 개발한 도구 – RSL(Requirement Statement Language) : 요소, 속성, 관계, 구조들을 기술할 수 있는 요구사항 기술 언어 – REVS(Requirement Engineering and Validation System) : RSL로 작성된 요구사항을 자동으로 분석하여 분석 명세서 출력
PSL / PSA	– Problem Statement Language / Program Statement Analyzer – 미시건 대학에서 개발 – PSL : 문제(요구사항) 기술 언어 – PSA : PSL로 작성된 요구사항 자동 분석
TAGS	– Technology for Automated Generation of Systems – 시스템 공학 방법 응용에 대한 자동 접근법 – 개발 주기 전 과정에서 이용할 수 있음 (통합 자동화 도구) – IORL : 요구사항 명세 언어

4 시스템 분석 자동화 도구, HIPO

멘토 코멘트

HIPO 3가지
(가전) 가시적 도표 : 전체 기능
(총기) 총체적 도표 : 기능 기술
(세상) 세부적 도표 : 총체 도표 상세화
→ '가전총기세상'으로 암기

■ HIPO(Hierarchy Input Process Output) 도구의 개념

- 시스템 분석, 설계, 문서화 시 사용되는 도구로 시스템 실행 과정인 입력, 처리, 출력의 기능을 나타낼 수 있다.
- 하향식 개발을 위한 가시적 도표(Virtual Table of Contents), 총체적 도표(Overview Diagram), 세부적 도표(Detail Diagram) 3가지로 구분된다.

■ HIPO 도구의 특징

특징	설명
하향식 기법 (Top–Down)	– 상위를 설계하고, 하위 방향으로 작성함 – 프로그램의 기능을 계층 구조로 도식화함
표준화 용이	표준화된 문서 작성 기법을 사용함
동시 표현	기능과 자료의 의존 관계를 동시에 표현할 수 있음
기능 중심	절차보다는 기능 중심 설계임
설계 용이	IPO(인풋–프로세스–아웃풋, 입력–처리–출력)의 기능을 명확히 하여 설계할 수 있음

HIPO 시스템 분석 자동화 도구

형태	설명
가시적 도표 (도식 목차)	– 시스템의 전체적인 기능과 흐름을 보여주는 계층 구조도 – 전체적 기능 및 흐름 파악이 용이
총체적 도표 (총괄 도표)	– 프로그램을 구성하는 기능을 기술한 것 – 입력, 처리, 출력에 대한 전반적인 정보를 제공하는 도표
세부적 도표 (상세 도표)	총체적 도표에 표시된 기능을 구성하는 기본 요소를 상세하게 서술하는 도표

멘토 코멘트

HIPO 분석 자동화 도구(가시적 도표, 총체적 도표, 세부적 도표)를 구분하는 문제가 자주 출제된다.

실력 점검 문제

기출 유형 문제

2019.08

01 소프트웨어 개발 과정에서 사용되는 요구 분석, 설계, 구현, 검사 및 디버깅 과정 전체 또는 일부를 컴퓨터와 전용 소프트웨어 도구를 사용하여 자동화하는 것은?

① CAD(Computer Aided Design)

② CAI(Computer Aided Instruction)

③ CAT(Computer Aided Testing)

④ CASE(Computer Aided Software Engineering)

해설 CASE에 대한 설명이다. CASE는 작업 과정 및 데이터 공유를 통해 작업자 간의 커뮤니케이션을 증대시킨다.

2021.06, 2019.04

02 다음 중 상위 CASE 도구가 지원하는 주요 기능으로 볼 수 없는 것은?

① 모델들 사이의 모순 검사 기능

② 전체 소스 코드 생성 기능

③ 모델의 오류 검증 기능

④ 자료 흐름도 작성 기능

해설 상위 CASE는 시스템 계획, 요구 분석, 상위 단계 설계를 지원한다. 전체 소스 코드 생성 기능은 하위 CASE에서 가능하다.

2019.03

03 CASE가 제공하는 기능으로 거리가 먼 것은?

① 개발을 신속하게 할 수 있다.

② 개발 방법론을 생성할 수 있다.

③ 오류 수정이 쉬워 소프트웨어 품질이 향상된다.

④ 소프트웨어 개발 단계의 표준화를 기할 수 있다.

해설 CASE는 개발 방법론이 선행되어 정해지면 하위 단계를 수행하는 자동화 분석 도구다.

2018.08

04 CASE(Computer Aided Software Engineering)에 대한 설명으로 가장 옳지 않은 것은?

① 프로그램의 구현과 유지보수 작업만을 중심으로 소프트웨어 생산성 문제를 해결한다.

② 소프트웨어 생명주기의 전체 단계를 연결해 주고 자동화해 주는 통합된 도구를 제공한다.

③ 개발 과정의 속도를 향상시킨다.

④ 소프트웨어 부품의 재사용을 가능하게 한다.

해설 CASE는 프로그램 구현과 유지보수 작업뿐 아니라 요구사항 분석 및 설계 등도 가능하다

정답 1: ④ 2: ② 3: ② 4: ①

2020.09, 2020.06, 2017.08

05 CASE의 주요 기능으로 가장 옳지 않은 것은?

① 모델 사이의 모순 검사 가능

② 전체 소스 코드 생성 기능

③ 모델의 오류 검증 기능

④ 자료 흐름도 작성 기능

해설 CASE는 컴파일러가 제공하는 언어 번역 기능은 제공하지 않는다.

2018.04, 2005.09

06 HIPO(Hierarchy Input Process Output)에 대한 설명으로 가장 옳지 않은 것은?

① 상향식 소프트웨어 개발을 위한 문서화 도구이다.

② 도식 목차, 총괄 도표, 상세 도표로 구성된다.

③ 기능과 자료의 의존 관계를 동시에 표현할 수 있다.

④ 보기 쉽고 이해하기 쉽다.

해설 HIPO는 시스템의 분석 및 설계나 문서화 시 사용하는 기법이다. 시스템 실행 과정을 나타낼 수 있으며 하향식으로 상위를 설계하고 하위 방향으로 작성하며 프로그램의 기능을 계층 구조로 도식화한다.

2006.09

07 HIPO에 대한 설명으로 옳지 않은 것은?

① HIPO는 일반적으로 가시적 도표(Visual Table of Contents), 총체적 다이어그램(Overview Diagram), 세부적 다이어그램(Detail Diagram)으로 구성된다.

② 가시적 도표(Visual Table of Contents)는 시스템에 있는 어떤 특별한 기능을 담당하는 부분의 입력, 처리, 출력에 대한 전반적인 정보를 제공한다.

③ HIPO 기법은 문서화의 도구 및 설계도구 방법을 제공하는 기법이다.

④ HIPO의 기본 시스템 모델은 입력, 처리, 출력으로 구성된다.

해설 가시적 도표는 전체적 기능 및 흐름 파악이 용이한 트리(계층) 구조 형태이다. 시스템에 있는 특별한 기능을 담당하는 입력, 처리, 출력을 보여주는 것은 총체적 도표이다.

2020.06

08 HIPO에 대한 설명으로 옳지 않은 것은?

① 상향식 소프트웨어 개발을 위한 문서화 도구이다.

② HIPO 차트 종류에는 가시적 도표, 총체적 도표, 세부적 도표가 있다.

③ 기능과 자료의 의존 관계를 동시에 표현할 수 있다.

④ 보기 쉽고 이해하기 쉽다.

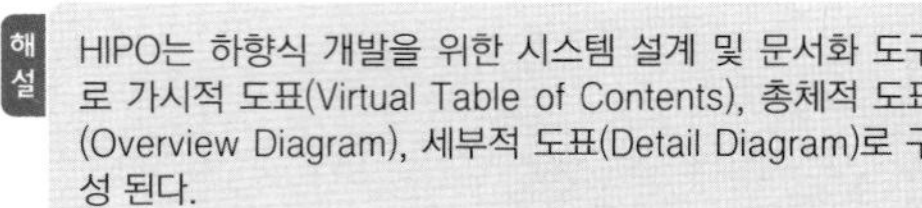
해설 HIPO는 하향식 개발을 위한 시스템 설계 및 문서화 도구로 가시적 도표(Virtual Table of Contents), 총체적 도표(Overview Diagram), 세부적 도표(Detail Diagram)로 구성 된다.

2020.08

09 CASE(Computer Aided Software Engineering) 도구에 대한 설명으로 거리가 먼 것은?

① 소프트웨어 개발 과정의 일부 또는 전체를 자동화하기 위한 도구이다.

② 표준화된 개발 환경 구축 및 문서 자동화 기능을 제공한다.

③ 작업 과정 및 데이터 공유를 통해 작업자 간의 커뮤니케이션을 증대한다.

④ 2000년대 이후 소개되었으며, 객체 지향 시스템에 한해 효과적으로 활용된다.

해설 CASE(Computer Aided Software Engineering)는 1970년대부터 소개되었으며 객체 지향뿐만 아니라 전 범위에 활용 가능하다.

5: ④ 6: ① 7: ② 8: ① 9: ④ 정답

2021.03

10 CASE에 대한 설명으로 틀린 것은?

① 소프트웨어 모듈의 재사용성이 향상된다.

② 자동화된 기법을 통해 소프트웨어 품질이 향상된다.

③ 소프트웨어 사용자들에게 사용 방법을 신속히 숙지 시키기 위해 사용된다.

④ 소프트웨어 유지보수를 간편하게 수행할 수 있다.

해설 CASE는 소프트웨어 사용자가 아닌 소프트웨어 개발 작업자 간에 작업 과정 및 데이터 공유를 통해 커뮤니케이션을 증대시키기 위해 사용된다.

2021.06

11 CASE(Computer Aided Software Engineering)의 원천 기술이 아닌 것은?

① 구조적 기법

② 프로토타이핑 기술

③ 정보 저장소 기술

④ 일괄 처리 기술

해설 일괄 처리 기술은 CASE의 원천기술이 아닌 응용기법에 해당한다.

출제 예상 문제

12 CASE 도구 유형으로 올바르지 않은 것은?

① SADT ② SREM

③ PSL / PSA ④ JIRA

해설 CASE 요구사항 분석 자동화 도구에는 SADT, SREM, TAGS, PSL / PSA가 있다. JIRA는 요구사항 관리 도구이다.

13 HIPO(Hierarchy Input Process Output)에서 기능(입출력, 처리)에 대한 전반적 정보를 제공하는 도표는?

① 가시 도표

② 총체 도표

③ 세부 도표

④ 상세 도표

해설 총체 도표는 프로그램을 구성하는 기능을 기술한 것으로 입력, 처리, 출력에 대한 전반적인 정보를 제공하는 도표이다.

14 CASE에서 시스템 계획, 요구 분석, 상위 단계 설계를 지원하고 오류를 검증해주는 자동화 도구는?

① 상위 CASE

② 중위 CASE

③ 하위 CASE

④ 통합 CASE

해설 상위 CASE는 소프트웨어 생명주기 전반인 시스템 계획, 요구 분석, 상위 설계 단계를 지원하며 문제를 기술하고 오류를 검증해 주는 자동화 도구이다.

정답 10: ③ 11: ④ 12: ④ 13: ② 14: ①

111 요구사항 관리 도구

1 요구사항 관리 도구의 개념과 필요성

멘토 코멘트

프로젝트 상황 및 진행 상태를 공유하기 위한 JIRA 도구를 현장에서 가장 많이 사용한다.

요구사항을 기반으로 프로젝트 관리, 설계, 개발, 테스트 등을 수행할 수 있도록 지원하는 도구로써 개발에 참여하는 사람들이 서로 다른 작업 환경에서 원활히 프로젝트를 수행할 수 있도록 도와준다.

필요성	설명
비용 편익 분석	요구사항 변경으로 인한 비용 편익 분석
변경 추적	요구사항 변경의 추적 용이성 및 효율성 제공
체계적 도출	요구사항의 체계적으로 도출하고 이를 관리
영향 평가	요구사항 변경에 따른 영향 평가 및 영향도 분석
공동 작업	분산된 환경에서의 다양한 이해관계자가 공동 작업 가능

2 요구사항 관리 도구의 유형

유형	도구명	설명
프로젝트 일정 관리	- 구글 캘린더 - Trello - JIRA - Flow	프로젝트의 전체 일정과 개별 업무 일정의 진행 상태를 공유하고 협업하는 도구
정보 공유	- Slack - Jandi - Taskworld	주체별로 구성원을 설정한 대화방을 통해 정보를 공유하고 대화할 수 있는 도구
디자인	- Sketch - Zeplin	디자이너가 설계한 UI나 이미지를 코드화해 개발자와 공유를 가능하게 하는 도구
기타	Evernote	메모 앱으로 아이디어나 자료를 공유하고 재사용을 가능하게 하는 도구
	Swagger	- 간단한 설정으로 프로젝트에서 지정한 URL들을 HTML 화면으로 확인할 수 있는 프레임워크 - API들이 가지고 있는 스펙(Spec)을 명세, 관리할 수 있게 지원
	Git	소프트웨어 개발 시 여러 사용자 간 해당 파일의 작업을 조율하기 위한 버전 관리 시스템
	GitHub	- 클라우드 방식으로 관리되는 버전 관리 시스템 - 자체 구축이 아닌 클라우드 개념으로 오픈소스는 일정 부분 무료로 저장 가능

기출 유형 문제

2021.06

01 요구사항 관리 도구의 필요성으로 틀린 것은?

① 요구사항 변경으로 인한 비용 편익 분석
② 기존 시스템과 신규 시스템의 성능 비교
③ 요구사항 변경의 추적
④ 요구사항 변경에 따른 영향 평가

해설 요구사항 관리 도구는 요구사항을 기반으로 프로젝트 관리, 설계, 개발, 테스트 등을 수행할 수 있도록 지원하는 도구로써 개발에 참여하는 사람들이 서로 다른 작업 환경에서 원활히 프로젝트를 수행할 수 있도록 도와준다. 기존 시스템과 신규 시스템의 성능은 관리 도구에서 다루지 않는다.

출제 예상 문제

02 프로젝트의 전체 일정과 개별 업무 일정의 진행 상태를 공유하고 협업하는 도구는?

① JIRA
② Slack
③ GitHub
④ Sketch

해설 Slack은 정보 공유 및 대화, GitHub는 클라우드 방식으로 관리되는 버전 관리, Sketch는 디자이너가 설계한 UI나 이미지를 코드화해 개발자와 공유할 수 있는 도구이다.

03 디자이너가 설계한 UI나 이미지를 코드화해 개발자와 공유를 가능하게 하는 도구는?

① JIRA
② Flow
③ Slack
④ Sketch

해설 JIRA와 Flow는 프로젝트의 전체 일정 및 개별 업무 일정의 진행 상태를 공유하고 협업할 수 있는 도구이고, Slack은 구성원들을 지목해 대화방을 통해 정보를 공유하고 대화할 수 있는 도구이다.

04 소프트웨어 개발 시 여러 사용자 간 해당 파일들의 작업을 조율하기 위한 버전 관리 시스템을 제공하는 도구는?

① JIRA
② Jandi
③ Git
④ Sketch

해설 JIRA는 프로젝트 일정 관리, Jandi는 정보 공유, Sketch는 디자인 관련 요구사항 관리 도구이다.

05 요구사항 관리 도구의 필요성으로 올바르지 않은 것은?

① 요구사항의 변경 추적의 용이성 제공
② 요구사항의 체계적인 도출 제공
③ 분산된 환경에서의 다양한 이해관계자에 공동 작업 가능
④ 시스템 응답시간 단축 및 사용률 향상

해설 요구사항 관리 도구는 요구사항을 체계적으로 작성하도록 하고 다양한 이해관계자들의 공동작업이 가능하도록 해준다. 또한 작성된 요구사항은 변경 추적의 용이성을 제공한다. 그러나 시스템의 응답시간 및 사용률에는 직접적으로 영향을 주진 않는다.

정답 1: ② 2: ① 3: ④ 4: ③ 5: ④

화면 설계

이번 장에서 다룰 내용

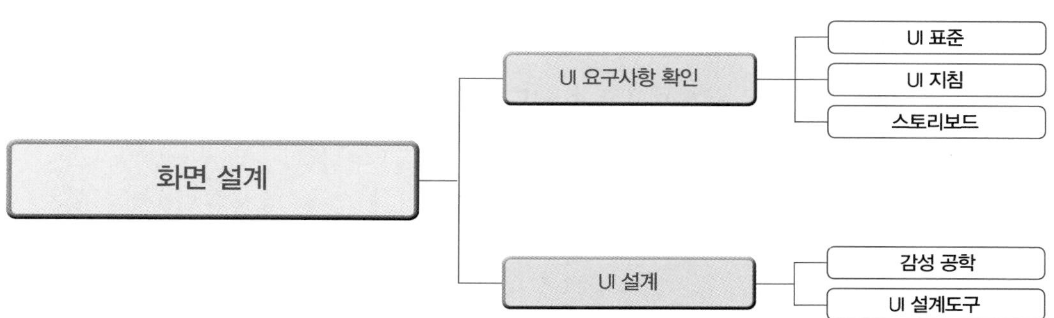

- UI 요구사항과 UI 표준 및 지침에 따라 화면과 폼을 설계하고, 제약사항을 설계에 반영할 수 있다.
- UI 요구사항과 UI 표준 및 지침에 따라 사용자의 편의성을 고려한 메뉴 구조를 설계할 수 있다.
- UI 요구사항과 UI 표준 및 지침에 따라 하위 시스템 단위의 내외부 화면과 폼을 설계할 수 있다.

201 UI 표준

1 UI(User Interface)의 개념

고객이 서비스를 쉽게 이용할 수 있도록 사용자 중심의 요구사항에 맞추어 시스템과 사용자 간에 의사소통이 원활하도록 직관성을 제공하는 기술이다.

UI의 설계 원칙

원칙	설명
직관성	누구나 쉽게 이해하고 사용할 수 있어야 함
유효성	사용자의 목적을 정확하게 달성하여야 함
학습성	누구나 쉽게 배우고 익힐 수 있어야 함
유연성	사용자의 요구사항을 최대한 수용하며, 오류를 최소화하여야 함

알아두기

UI(User Interface)
- 사용자 인터페이스
- 사용자가 서비스를 쉽게 이용하게 하는 기술
- 보여짐으로써 접근하는 길(UX를 이루는 일부분)

UX(User eXperience)
- 사용자 경험
- 서비스 이용 시 어떤 감정을 갖고 있는지 표현해주는 감성적인 부분
- 이용하면서 느끼는 경험(UI를 포괄하는 개념)

UI가 필요한 이유

필요성	설명
오류 최소화	구현하고자 하는 결과의 오류를 최소화하고 적은 노력으로 결과 획득
구체화 제시	막연한 작업 기능에 대해 구체적인 방법을 제시
작업 단축	사용자의 편의성을 높임으로써 작업 시간 단축과 업무에 대한 이해도 향상
매개 역할	정보 제공자와 공급자의 원활한 매개 역할 수행

UI의 종류

종류	설명
CLI (Command Line Interface)	정해진 명령 문자열을 입력하여 시스템을 조작하는 사용자 인터페이스
GUI (Graphical User Interface)	그래픽기반의 그림이나 아이콘으로 사용자와 소통하는 사용자 인터페이스
NUI (Natural User Interface)	멀티 터치(Multi-Touch), 동작 인식(Gesture Recognition) 등 인간의 자연스러운 신체 움직임을 인식하여 서로 주고받는 정보를 제공하는 사용자 인터페이스

2 UI 표준

UI 표준의 개념

- 시스템을 주로 이용하는 사용자의 요구사항과 시스템의 기능을 중심으로 UI를 제공함으로써 효과적으로 사용자 요구기능에 알맞게 서비스하기 위한 규약이다.
- 전체 시스템에 공통으로 적용되는 화면 이동 및 화면 구성 등에 대한 규약을 정의한다.
- 현재, 웹 접근성 및 전자정부 표준이 대표적으로 존재한다.

UI 표준 유형

유형	개념	특징
ISO 9241	전산 장비 등의 소프트웨어/하드웨어에서 인간 공학 측면으로 필요한 부분을 정의	– 인간과 컴퓨터의 대화 원칙 – 사용자, 작업, 환경의 관련성과 효과성, 효율성 및 만족도 – 사용자 지침에 대한 권장 사항 – 대화 기술 사용에 대한 권장 사항
ISO 13407	표준 주요 용어의 정의를 ISO 9241-11로부터 인용	– 인간 중심 프로세스, 디자인, 계획법 – 인간 중심 디자인 활동

3 UI 표준 적용 절차

UI 요구사항 확인 순서

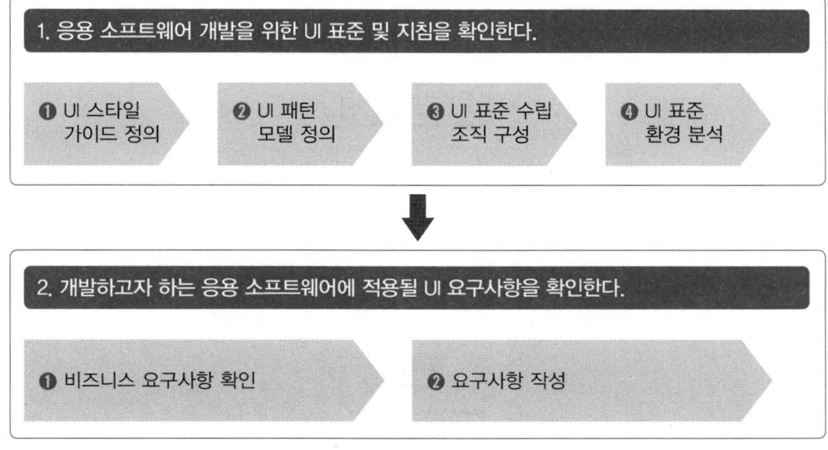

▲ UI 요구사항 확인 개념도

단계		세부 단계	설명
1	표준 및 지침 확인	① UI 스타일 가이드 정의	- 구동 환경 정의 - 레이아웃 정의 - 내비게이션 정의 - 기능 정의 - 구성 요소 정의
		② UI 패턴 모델 정의	- 업무 화면 클라이언트(Client) 정의 - 서버 컨트롤러(Controller) 정의 - 서버 메시지 및 예외(Exception) 처리 정의 - 클라이언트(Client)와 서버(Server) 간 데이터 변환 정의 - EP 연계 정의(EP-SSO-Client 간 연계 방안) - 보고서 정의 - 씬 클라이언트(Thin Client)에 외부 컴포넌트 연계 정의
		③ UI 표준 수립 조직 구성	- 조직 구성 및 역할 정의 - 커뮤니케이션 방안 수립
		④ UI 표준 환경 분석	- 사용자 트렌드 분석 - 기능 및 설계 분석
2	응용 소프트웨어 UI 요구사항 확인	① 비즈니스 요구사항 확인	- 목표 정의 - 활동 사항 정의 - 인터뷰 진행
		② 요구사항 작성	- 요구사항 요소 확인 - 정황 시나리오 작성

멘토 코멘트

ISO/IEC 9126의 품질 요구사항

(기) 기능성
(신) 신뢰성
(사) 사용성
(효) 효율성
(유) 유지보수성
(이) 이식성
→ '기신사효유이'로 암기

■ UI 품질 요구사항

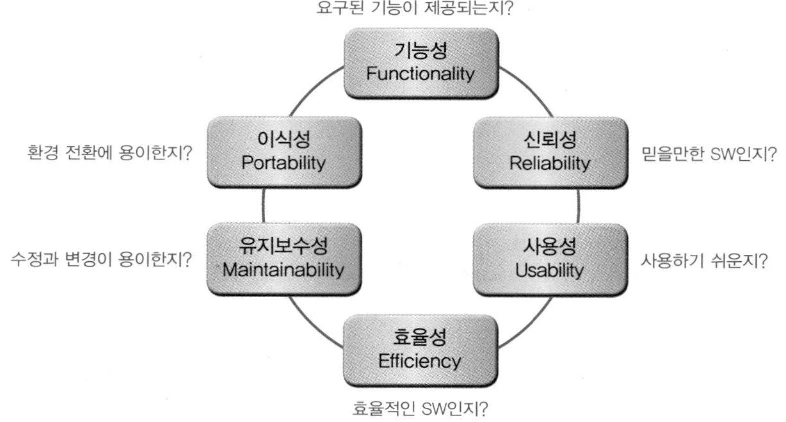

▲ UI 확인 시 고려 사항 개념도

(1) 기능성(Functionality)

실제 수행 결과와 품질 요구사항과의 차이를 분석하고, 정확하지 않은 결과가 발생할 확률 및 가능성 등을 측정하기 위한 품질 기준이다.

상세 내역	설명
적절성 (Suitability)	소프트웨어 제품이 주어진 작업을 수행할 때 필요한 기능과 사용자 목표에 도달하기 위한 기능을 제공하는 능력
정밀성 (Accuracy)	소프트웨어 제품이 요구되는 정확도로 올바른 결과를 산출할 수 있는 능력
상호 운용성 (Interoperability)	소프트웨어 제품이 특정 시스템과 상호작용하여 운영될 수 있는 능력
보안성 (Security)	프로그램과 데이터에 대해 비인가된 접근을 차단하고, 우연 또는 고의적인 접근을 인지하여 대처할 수 있는 능력
호환성 (Compliance)	소프트웨어 제품이 비슷한 환경에서 연관된 표준, 관례 및 규정을 준수하는 능력

(2) 신뢰성(Reliability)

시스템이 일정한 시간 또는 작동되는 동안 의도하는 기능을 수행함의 품질 기준이다.

상세 내역	설명
성숙성 (Maturity)	소프트웨어 결함으로 인한 고장을 회피할 수 있는 소프트웨어의 능력
고장 허용성 (Fault tolerance)	소프트웨어 결함이나 인터페이스 결여 시에도 특정 수준 이상의 성능을 유지할 수 있는 능력
회복성 (Recoverability)	소프트웨어 고장과 그에 대한 시간과 노력이 요구되는 경우 영향받은 데이터를 복구하고 성능의 수준을 다시 확보할 수 있는 능력

(3) 사용성(Usability)

사용자와 컴퓨터 사이에 발생하는 행위를 정확하고 쉽게 인지 가능한가의 품질 기준이다.

상세 내역	설명
이해성 (Understandability)	소프트웨어의 논리적인 개념과 적용 가능성(응용 가능성)을 분간하는 데 필요한 사용자의 노력에 따른 소프트웨어 특성
학습성 (Learnability)	소프트웨어 애플리케이션 학습에 필요한 사용자의 노력에 따른 특성
운용성 (Operability)	소프트웨어의 운용과 운용 통제에 필요한 사용자의 노력에 따른 특성

(4) 효율성(Efficiency)

할당된 시간에 한정된 자원으로 얼마나 효율적으로 처리하는가의 품질 기준이다.

상세 내역	설명
시간 효율성 (Time Behaviour)	소프트웨어의 기능을 수행하는 데 있어 반응 시간, 처리 시간 및 처리율에 따른 소프트웨어 특성
자원 효율성 (Resource Behaviour)	소프트웨어의 기능을 수행하는 데 있어 사용되는 자원의 양과 그 지속 시간에 따른 특성

(5) 유지보수성(Maintainability)

요구사항을 개선하고 추후 확장하는 데 있어 얼마나 용이한가의 품질 기준이다.

상세 내역	설명
분석성 (Analyzability)	소프트웨어 고장의 원인이나 결손 진단 또는 수정이 요구되는 부분의 확인에 필요한 노력에 따른 소프트웨어 특성
변경성 (Changeability)	결함 제거 또는 환경 변화에 따른 수정에 필요한 노력에 따른 특성
안정성 (Stability)	소프트웨어의 변경으로 발생하는 예상치 못한 위험 요소에 따른 특성
시험성 (Testability)	소프트웨어가 변경되어 검증에 필요한 노력에 따른 특성

(6) 이식성(Portability)

서로 다른 플랫폼에서도 다른 추가 작업 없이 얼마나 쉽게 적용이 가능한가를 의미하는 품질 기준이다.

상세 내역	설명
적용성 (Adaptability)	고려된 소프트웨어의 목적을 위해 제공된 수단이나 다른 조치 없이 특정 환경으로 전환되는 능력에 따른 소프트웨어 특성
설치성 (Installability)	특정 환경에 소프트웨어를 설치하는 데 필요한 노력에 따른 특성
대체성 (Replaceability)	특정 운용 환경에서 동일한 목적 달성을 위해 다른 소프트웨어를 대신 사용할 수 있는 능력

기출 유형 문제

2019.08, 2017.03

01 User Interface 설계 시 오류 메시지나 경고에 관한 지침으로 가장 옳지 않은 것은?

① 메시지는 이해하기 쉬워야 한다.

② 오류로부터 회복을 위한 구체적인 설명이 제공되어야 한다.

③ 오류로 인해 발생될 수 있는 부정적인 내용은 가급적 피한다.

④ 소리나 색 등을 이용하여 듣거나 보기 쉽게 의미를 전달해야 한다.

해설 메시지는 오류로부터 구체적으로 제공되어야 하고 이해하기 쉬어야 한다. 부정적인 내용이더라도 객관화되고 명료하게 전달되어야 한다.

2020.08, 2020.06

02 UI 설계 원칙에서 누구나 쉽게 이해하고 사용할 수 있어야 한다는 것은?

① 유효성 ② 직관성

③ 무결성 ④ 유연성

해설 직관성은 누구나 쉽고 이해하여 사용할 수 있는 성질로 UI 설계의 대표적 원칙이다.

2021.06

03 사용자 인터페이스(UI)의 특징으로 틀린 것은?

① 구현하고자 하는 결과의 오류를 최소화한다.

② 사용자의 편의성을 높임으로써 작업 시간을 증가시킨다.

③ 막연한 작업 기능에 대해 구체적인 방법을 제시해 준다.

④ 사용자 중심의 상호 작용이 되도록 한다.

해설 사용자의 편의성을 높임으로써 작업 시간을 단축시킨다.

2021.09

04 사용자 인터페이스(User Interface)에 대한 설명으로 틀린 것은?

① 사용자와 시스템이 정보를 주고받는 상호작용이 잘 이루어지도록 하는 장치나 소프트웨어를 의미한다.

② 편리한 유지보수를 위해 개발자 중심으로 설계되어야 한다.

③ 배우기 용이하고 쉽게 사용할 수 있도록 만들어져야 한다.

④ 사용자 요구사항이 UI에 반영될 수 있도록 구성해야 한다.

해설 사용자 인터페이스(User Interface)는 사용자 및 고객 중심으로 설계되어야 한다.

2021.09

05 대표적으로 DOS 및 Unix 등의 운영체제에서 조작을 위해 사용하던 것으로, 정해진 명령 문자열을 입력하여 시스템을 조작하는 사용자 인터페이스(User Interface)는?

① GUI(Graphical User Interface)

② OUI(Organic User Interface)

③ NUI(Natural User Interface)

④ CLI(Command Line Interface)

해설 정해진 명령 문자열을 입력하여 시스템을 조작하는 사용자 인터페이스를 CLI(Command Line Interface)라 하고, 그래픽 기반의 그림이나 아이콘으로 사용자와 소통하는 방식을 GUI(Graphical User Interface)라 한다. NUI(Natural User Interface)는 인간의 자연스러운 신체 움직임으로 소통하는 방식이다.

정답 1: ③ 2: ② 3: ② 4: ② 5: ④

2022.06

06 UI의 종류로 멀티 터치(Multi-Touch), 동작 인식(Gesture Recognition) 등 사용자의 자연스러운 움직임을 인식하여 서로 주고받는 정보를 제공하는 사용자 인터페이스를 의미하는 것은?

① GUI(Graphical User Interface)

② OUI(Organic User Interface)

③ NUI(Natural User Interface)

④ CLI(Command Line Interface)

해설 인간의 자연스러운 신체 움직임을 인식하여 서로 주고받는 정보를 제공하는 사용자 인터페이스는 NUI이다.

출제 예상 문제

07 UI의 필요성으로 바르지 않은 것은?

① 오류 최소화

② 작업 기능의 구체화 제시

③ 작업 단축

④ 사용자 분석

해설 메시지는 오류 최소화, 작업 기능의 구체화 제시, 작업 단축, 매개체 역할 기능을 수행한다. 사용자 분석은 제공된 시스템의 로그나 거래를 보고 판단할 수 있다.

08 UI 품질 요구사항 중 기능성 고려 사항이 아닌 것은?

① 적절성

② 회복성

③ 정밀성

④ 보안성

해설 기능성 고려 사항으로는 적절성, 정밀성, 상호 운용성, 보안성, 호환성이 있다. 회복성은 신뢰성 고려사항이다.

09 UI 확인 사항 순서로 올바른 것은?

① 표준 환경 분석 - 스타일 가이드 정의 - 패턴 모델 정의 - 표준 수립 조직 구성

② 패턴 모델 정의 - 스타일 가이드 정의 - 표준 수립 조직 구성 - 표준 환경 분석

③ 스타일 가이드 정의 - 패턴 모델 정의 - 표준 수립 조직 구성 - 표준 환경 분석

④ 스타일 가이드 정의 - 표준 수립 조직 구성 - 패턴 모델 정의 - 표준 환경 분석

해설 UI는 스타일 가이드와 패턴 모델을 정의하고, 표준 수립 조직을 구성해 표준 환경을 분석하는 순으로 진행한다.

10 UI 품질 요구사항 중 실제 수행 결과와 품질 요구사항과의 차이를 분석하고, 정확하지 않은 결과가 발생할 확률 및 가능성 등을 측정하기 위한 것은?

① 신뢰성 ② 기능성

③ 사용성 ④ 효율성

해설 기능성에 대한 설명이다. 기능성 상세 내역으로는 적절성, 정밀성, 상호 운용성, 보안성, 호환성 등을 고려해야 한다.

11 UI 품질 요구사항 중 사용자와 컴퓨터 사이에 발생하는 행위를 정확하고 쉽게 인지 가능한지의 품질 기준인 사용성에 대한 설명으로 올바르지 않은 것은?

① 소프트웨어의 논리적인 개념과 적용 가능성을 분간하는 데 필요한 이해성을 고려해야 한다.

② 소프트웨어 고장에 대한 시간과 노력이 요구되는 경우 영향받은 데이터를 복구하고 다시 확보할 수 있는 회복성을 고려해야 한다.

③ 소프트웨어 애플리케이션 학습에 필요한 학습성을 고려해야 한다.

④ 소프트웨어 운용과 운용 통제에 필요한 운용성을 고려해야 한다.

해설 회복성은 시스템이 일정한 시간 또는 작동되는 동안 의도하는 기능을 수행하는 신뢰성에 대한 상세 내역이다.

6: ③ 7: ④ 8: ② 9: ③ 10: ② 11: ② 정답

202 UI 지침

1 UI 설계 지침

웹 및 모바일 서비스 구축 시 효율적인 정보 전달을 하기 위하여 UI 설계에서 지켜야 할 사항 및 세부 원칙 등을 규정한다.

지침 원칙	설명
사용자 중심	사용자가 이해하기 편하고 쉽게 사용할 수 있는 환경을 제공하며 실사용자에 대한 이해가 바탕이 되어야 함
일관성	버튼이나 조작 방법을 사용자가 기억하기 쉽고 빠른 습득이 가능하게 설계하여야 함
단순성	조작 방법은 가장 간단하게 작동이 가능하도록 하여 인지적 부담을 감소시켜야 함
결과 예측 가능	작동시킬 기능만 보고도 결과 예측이 가능하여야 함
가시성	주요 기능을 메인 화면에 노출하여 조작이 쉽도록 하여야 함
표준화	디자인을 표준화하여 기능 구조의 선행 학습 이후 쉽게 사용할 수 있어야 함
접근성	사용자의 직무, 연령, 성별 등 다양한 계층을 수용하여야 함
명확성	사용자가 개념적으로 쉽게 인지하여야 함
오류 발생 해결	사용자가 오류에 대한 상황을 정확히 인지할 수 있어야 함

알아두기

UI 설계 시 사용자에게 직관적이며 학습적 효과를 제공하며, 유연하게 요구사항을 수용해야 한다.

2 UI 지침, 웹 접근성

장애인이 비장애인과 동등하게 웹 콘텐츠에 접근할 수 있도록 웹 콘텐츠를 제작하는 방법에 대한 지침이다.

| 웹 콘텐츠 접근성 지침 2.1의 원리 및 지침, 검사 항목 |

원칙	실무 가이드	검사 항목
인식의 용이성 (Perceivable)	대체 텍스트 제공	의미와 용도를 이해 가능한 대체 텍스트 제공
	멀티미디어 대체 수단 제공	자막, 원고 또는 수화 제공
	명료성(명확하게 전달)	- 색에 무관한 콘텐츠 인식 - 명확한 지시 사항 제공 - 텍스트 콘텐츠의 명도 대비 - 배경음 사용 금지

운용의 용이성 (Parable)	입력장치 접근성	- 키보드의 사용 보장 - 초점 이동(논리적으로 이동)
	충분한 시간 제공	- 응답 시간 조절 - 정지 기능 제공
	광과민성 발작 예방	깜빡임과 번쩍임 사용 제한
	쉬운 내비게이션	- 반복 영역 건너뛰기 - 제목 제공(페이지, 프레임, 콘텐츠 블록의 제목) - 적절한 링크 테스트
이해의 용이성 (Understandable)	가독성	기본 언어 표시(주로 사용하는 언어)
	예측 가능성	사용자 요구에 따른 실행
	콘텐츠의 논리성	- 콘텐츠의 선형화(논리적 순서) - 표의 구성(이해 용이)
	입력 도움	- 레이블 제공 - 오류 정정
견고성 (Robust)	문법 준수	마크업 오류 방지
	웹 애플리케이션 접근성	웹 애플리케이션 접근성 준수

3 UI 지침, 전자정부 웹 사이트

행정 기관 및 공공 기관이 전자정부 웹 사이트 개발 시 적용해야 할 사용자 경험 표준안을 제시하기 위해 작성한다.

구분	핵심 사항	설명
설계 원칙	사용자 중심	항상 사용자에 대한 연구부터 시작
	다양성	모든 사람들의 다양한 상황과 능력을 고려
	편리한 전자정부	쉽고 편리하게 이용할 수 있는 전자정부 웹 사이트를 제공
	열린 전자정부	누구나 공개된 정보를 쉽게 찾고 활용할 수 있도록 제공
	지속 가능성	사용자 데이터를 기반으로 전자정부 웹 사이트의 품질 개선
설계 기준	기능 제공	사용자에게 필요한 정보와 기능을 제공
	최소화	작업에 소요되는 시간과 단계를 최소화
	일관성	직관적이고 일관성 있게 설계
	고객 중심	사용자가 원하는 방식으로 이용할 수 있게 설계
	실수 방지	사용자가 실수하지 않게 설계
	용이성	모든 유형의 사용자가 이용할 수 있게 설계
	이해성	원하는 서비스와 정보를 쉽게 찾을 수 있게 설계

기출 유형 문제

2022.03

01 User Interface 설계 시 오류 메시지나 경고에 관한 지침으로 가장 거리가 먼 것은?

① 메시지는 이해하기 쉬워야 한다.

② 오류로부터 회복을 위한 구체적인 설명이 제공되어야 한다.

③ 오류로 인해 발생될 수 있는 부정적인 내용을 적극적으로 사용자에게 알려야 한다.

④ 소리나 색의 사용을 줄이고 텍스트로만 전달하도록 한다.

해설 사용자가 오류에 대한 상황을 정확히 인지할 수 있도록 소리 또는 색을 이용할 수 있다.

2022.03

02 사용자 인터페이스를 설계할 경우 고려해야 할 가이드라인과 가장 거리가 먼 것은?

① 심미성을 사용성보다 우선하여 설계해야 한다.

② 효율성을 높이게 설계해야 한다.

③ 발생하는 오류를 쉽게 수정할 수 있어야 한다.

④ 사용자에게 피드백을 제공해야 한다.

해설 심미성이란 색상이나 디자인, 외관의 미적 기능을 말한다. UI 설계 시 심미성보단 사용자가 편리하게 사용할 수 있도록 사용성 위주의 설계를 해야 한다.

2022.06

03 UI의 설계 지침으로 틀린 것은?

① 이해하기 편하고 쉽게 사용할 수 있는 환경을 제공해야 한다.

② 주요 기능을 메인 화면에 노출하여 조작이 쉽도록 하여야 한다.

③ 치명적인 오류에 대한 부정적인 사항은 사용자가 인지할 수 없도록 한다.

④ 사용자의 직무, 연령, 성별 등 다양한 계층을 수용하여야 한다.

해설 치명적인 오류에 대해서는 사용자가 정확히 인지할 수 있도록 설계해야 한다.

출제 예상 문제

04 웹 접근성에 대한 고려 사항이 아닌 것은?

① 인식의 용이성

② 운용의 용이성

③ 이해의 용이성

④ 접근의 다양성

해설 웹 접근성은 장애인이 비장애인과 동등하게 웹 콘텐츠에 접근할 수 있도록 웹 콘텐츠를 제작하는 방법에 대한 지침으로 인식, 운용, 이해의 용이성과 견고성을 제공해야 한다.

05 전자정부 설계 원칙이 아닌 것은?

① 사용자 중심 전자정부

② 운용에 편리한 전자정부

③ 편리한 전자정부

④ 지속 가능한 전자정부

해설 운용에 편리한 전자정부를 제공하려면 사용자에 대한 이해와 접근이 떨어질 수 있다. 전자정부는 사용자 중심의 편리성과 지속 가능성을 제공하여야 한다.

06 UI 설계 원칙이 아닌 것은?

① 직관성

② 유효성

③ 학습성

④ 최소성

해설 UI는 사용자 중심으로 직관적인 학습성을 제공하여야 하며, 최소성보다는 구체적인 설명이 설계에 도움이 된다.

정답 1: ④ 2: ① 3: ③ 4: ④ 5: ② 6: ④

203 스토리보드

1 스토리보드의 개념

★ 와이어 프레임
이해관계자들과의 화면 구성을 협의하거나 간략한 흐름을 공유하기 위해 화면 단위의 레이아웃을 설계하는 작업(파워포인트, 스케치, 일러스트 등 활용)

- 정책, 프로세스, 콘텐츠의 구성, 와이어 프레임★(UI, UX), 기능에 대한 정의, 데이터베이스의 연동 등을 구축하는 서비스 정보가 수록되어 있는 문서이다.
- 스토리보드는 디자이너와 개발자가 최종적으로 참고하는 산출 문서이다.
- UI 화면 설계를 위해서는 와이어 프레임, 스토리보드, 프로토타입이 활용된다.

2 스토리보드의 구성

화면 코드, 화면 경로, 페이지명, 작성자, 작성일, 버전(Version), 설명(Description) 등을 기입한다.

UI 시나리오 스토리보드(UI Scenario StoryBoard)

화면 코드		페이지명	
화면 경로			
작성자		작성일	
Version		P.NO	
Description			

▲ 스토리보드 구성도

3 스토리보드의 작성 방법

단계		설명
1	메뉴 구성도 만들기	- 전체적인 메뉴 구성도이며, 어떤 것을 보여주고 결정된 사항을 표현하기 위한 메뉴의 순서와 구성 단계, 용어를 정의 - 전체 개요를 작성하고 서비스 흐름 작성
2	스타일 확정하기	레이아웃이나 글자 모양, 크기, 색상, 그래픽에서의 일관성을 유지하여 작성
3	설계하기	- 화면에 보여지는 시각적인 디자인 콘셉트 설계 - 메뉴별 화면 설명은 구체적이고 이해하기 쉽게 설명 - 연결 URL이나 관련 정보, 스크립트 기능, 관련 프로그램 등을 표시하고, 그 기능에 대해 상세히 설명

알아두기

구체적인 스토리보드는 디자이너와 개발자가 의사 소통을 원활하게 하며 고객 반영 사항을 최대화할 수 있다.

4 스토리보드의 작성 유의 사항

유의 사항	설명
일관된 기호 표시	내용을 작성하는 방법, 기호, 번호 등 일관된 방식을 사용하여 명확히 전달
공통 영역 정의	상단 메뉴, 하단 내용, 퀵 메뉴 등 화면 내의 공통 영역은 페이지마다 같은 형태로 구성
영역별 세부 설계	스토리보드의 영역별 세부 설계 시 각 영역을 명확히 구분하고 세부적인 설명을 기술
버전 관리	갱신 시 버전과 날짜를 기록하여 효율적으로 관리

출제 예상 문제

01 스토리보드의 구성 요소로 맞지 않은 것은?

① 화면 코드
② 디자이너
③ 작성자
④ Version

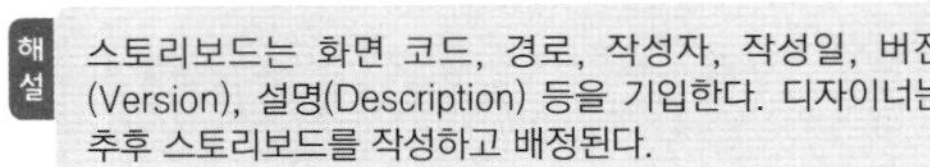

해설 스토리보드는 화면 코드, 경로, 작성자, 작성일, 버전(Version), 설명(Description) 등을 기입한다. 디자이너는 추후 스토리보드를 작성하고 배정된다.

02 스토리보드를 작성하는 방법으로 틀린 것은?

① 레이아웃이나 글자 모양, 크기, 색상, 그래픽에서의 일관성을 유지하여 작성한다.
② 화면에 보여지는 시각적인 디자인 콘셉트를 구성한다.
③ 메뉴의 순서와 구성 단계, 용어를 정의한다.
④ 추상적으로 작성할수록 개발이 용이하다.

해설 추상적인 스토리보드보다는 구체적이고 명확한 스토리보드가 개발의 용이성을 제공한다.

03 스토리보드 작성 방법의 단계를 올바르게 기입한 것은?

① 메뉴 구성도 만들기 - 스타일 확정하기 - 설계하기
② 스타일 확정하기 - 메뉴 구성도 만들기 - 설계하기
③ 설계하기 - 메뉴 구성도 만들기 - 스타일 확정하기
④ 스타일 확정하기 - 설계하기 - 메뉴 구성도 만들기

해설 전체적인 메뉴를 만들고 글자 모양이나 레이아웃 등의 스타일을 확정하여 화면의 시각적인 부분을 설계한다.

04 이해관계자들과의 화면 구성을 협의하거나 서비스의 간략한 흐름을 공유하기 위해 화면 단위의 레이아웃을 설계하는 작업을 무엇이라고 하는가?

① 와이어프레임
② 스토리보드
③ 프로토타입
④ 다이어그램

해설 문제는 와이어프레임에 대한 설명이다.
- 스토리보드 : 정책, 프로세스, 콘텐츠 구성, 와이어프레임(UI/UX), 기능 정의, 데이터베이스 연동 등 서비스 구축을 위한 모든 정보가 담겨 있는 설계 산출물이다.
- 프로토타입 : 정적인 화면으로 설계된 와이어프레임 또는 스토리보드에 동적 효과를 적용함으로써 실제 구현된 것처럼 시뮬레이션할 수 있는 모형이다.

1: ② 2: ④ 3: ① 4: ① 정답

204 감성 공학

1 감성 공학의 개념

- 신기술이나 신제품 개발 시에 인체의 특징과 인간의 감성을 제품 설계에 최대한 반영시키는 기술이다.
- 인간이 가지고 있는 소망이나 감성을 구체적인 제품 설계로 실현해내는 공학적인 접근 방법이다.
- 감성 공학은 인간과 컴퓨터의 상호작용을 나타내는 HCI 설계에 인간의 특성과 감성을 반영하였다.
- 감성을 과학적으로 측정하기 위해서는 생체 및 감각 계측기술, 센서, 인공지능, 생체 제어기술 등이 요구된다.

알아두기

HCI(Human Computer Interaction or Interface)
사람이 시스템을 보다 편리하고 안전하게 사용할 수 있도록 연구하고 개발하는 학문으로, 시스템을 사용하는 데 있어 최적의 사용자 경험(UX)을 만드는 기술이다.

2 감성 공학의 단계

단계		설명
1	요소화	감성 공학에 대한 개념 수립
2	형상화	- 개념의 형상화 - 개념의 구체화
3	구현	- 제품 사양의 결정 - 프로토타입의 시작품 개발을 통해 제품 개념의 구현성 평가
4	생산	제품 생산

멘토 코멘트

감성 공학 단계
(요) 요소화
(형) 형상화
(구) 구현
(생) 생산
→ '요리집 형이 잘하는 구이는 생선이다'로 암기

3 감성 공학의 접근 방법(나가마치의 접근 방법)

접근 방법	설명
1류 접근법	인간의 감성을 표현하는 어휘를 이용해 제품에 대한 이미지를 조사하고 그 분석을 통해 제품 디자인 요소와 연계하는 접근법
2류 접근법	- 1류 접근법과 기본 틀은 같으나 감성 어휘 수집의 전 단계에서 평가자들의 생활 양식을 고려하는 것이 추가된 접근법 - 제품에 대한 기호와 수요에 소비자군의 소속 지역, 생활 양식, 의식 문화가 많은 영향을 미칠 때 접근하는 방법 - 1류 접근법과 함께 심리적 특성을 강조한 접근
3류 접근법	- 감성 어휘 대신 인간 평가자의 특정 시제품을 사용하여 자신의 감각 척도로 감성을 표출하는 접근법 - 평가자의 생리적 감각 계측을 통하여 그 객관성이 보완되며, 정량화된 값으로 환산됨 - 대상 제품의 물리적 특성에 대한 객관적 지표와의 연관 분석을 통해 제품 설계에 응용

멘토 코멘트

나가마치 접근 방법
- 1류 : 감성
- 2류 : 감성 + 심리
- 3류 : 시제품

출제 예상 문제

01 감성 공학의 단계로 적절한 것은?

① 요소화 - 형상화 - 구현 - 생산
② 형상화 - 요소화 - 구현 - 생산
③ 요소화 - 형상화 - 생산 - 구현
④ 요소화 - 구현 - 생산 - 형상화

해설 감성 공학은 요소화로 개념을 수립하고, 형상화 단계에서 구체화시키며 제품을 구현 및 생산한다.

02 감성 공학의 단계별 설명으로 맞지 않은 것은?

① 요소화는 개념을 수립하는 단계이다.
② 형상화 단계는 개념을 구체화한다.
③ 형상화 단계는 제품의 사양을 결정한다.
④ 구현 단계는 프로토타입 시작품을 개발해 구현성을 평가한다.

해설 형상화 단계는 개념을 형상화하여 구체화시킨다. 제품 사양은 구현 단계에서 결정한다.

03 나가마치의 접근 방법으로 올바르지 않은 것은?

① 1류 접근법은 인간의 감성을 표현하는 어휘를 이용한다.
② 2류 접근법은 1류 접근법에 제품의 기호와 소비자군의 의식 등을 반영한다.
③ 3류 접근법은 평가자의 생리적 감각 계측을 통해 객관성이 보완되며 정량화한다.
④ 1류 접근법은 시제품을 사용하여 자신의 감각 척도로 감성을 표출하는 접근법이다.

해설 나가마치의 접근법에서 시제품을 사용하는 것은 3류 접근법이다.

04 신기술이나 신제품 개발 시에 인체의 특징과 인간의 감성을 제품 설계에 최대한 반영하는 감성 공학에 대해 올바르지 않은 것은?

① 감성을 과학적으로 측정하기 위해 생체 계측기술, 감각 계측기술, 센서, 인공지능, 생체 제어기술 등이 요구된다.
② 감성 공학은 인간의 신체적, 정신적 특성을 배려한 제품 설계보다 인간의 감성을 더 고려한다.
③ 감성 공학은 인간의 감성을 구체적으로 제품 설계에 적용하기 위해 공학적인 접근 방법을 사용한다.
④ 감성 공학은 인간과 컴퓨터의 상호 작용을 나타내는 HCI(Human Computer Interaction or Interface) 설계에 인간의 특성과 감성을 반영한다.

해설 감성 공학은 인간의 신체적, 정신적 특성을 배려한 제품 설계에서 더 나아가 인간의 감성까지 고려한다.

정답 1: ① 2: ③ 3: ④ 4: ②

205 UI 설계도구

1 UI 설계도구의 개념

UI 요구사항과 UI 표준 및 지침에 따라 화면과 폼의 흐름을 설계하고, 제약사항을 화면과 폼 흐름 설계에 반영할 수 있도록 도움을 주는 도구이다.

예 컴퓨터, 파워포인트(PowerPoint), 메모장 등의 HTML 편집 도구 등

멘토 코멘트

UI 설계도구의 중요성
사용자의 요구사항과 표준에 따라 UI를 설계하되 도구를 이용하여 사용자와 의사소통을 할 수 있다.

2 UI 설계서 구성에 따른 작성 방법

UI 설계서는 UI 설계서 표지, UI 설계서 개정 이력, UI 요구사항 정의, 시스템 구조, 사이트 맵, 프로세스 정의, 화면 설계 등으로 구성된다.

순서	작성 항목	설명
1	UI 설계서 표지	UI 설계서에 포함될 프로젝트명 또는 시스템명을 포함
2	UI 설계서 개정 이력	- UI 설계서 처음 작성 시에는 첫 번째 항목으로 '초안 작성'을 포함시키고 그에 해당되는 초기 버전을 1.0으로 설정 - 변경 또는 보완이 충분히 이루어져 완성이 되었다고 판단할 경우 버전을 x.0으로 바꾸어 설정
3	UI 요구사항 정의	UI 요구사항들을 재확인하고 정리
4	시스템 구조	- UI 프로토타입을 재확인 - UI 요구사항들과 프로토타입에 기초해 UI 시스템 구조 설계
5	사이트 맵 (Site Map)	- UI 시스템 구조의 내용을 사이트 맵의 형태로 작성 - 사이트 맵 상세 내용(Site Map Detail)을 표 형태로 작성
6	프로세스 정의	사용자 관점에서 요구되는 프로세스들을 진행되는 순서에 맞추어 정리
7	화면 설계	UI 프로토타입과 UI 프로세서 정의를 참고해 각 페이지별로 필요한 화면을 설계

3 UI 설계도구의 상세 내역

■ UI 설계도구

설계도구	구분	설명
와이어프레임 (Wireframe)	개념	페이지에 대한 개략적인 레이아웃이나 UI 요소 등에 대한 뼈대를 설계하는 방법
	제작	손 그림, 파워포인트, 키노트, 스케치, 일러스트, 포토샵 등

목업 (Mockup)	개념	디자인, 사용 방법 설명, 평가 등을 위해 와이어프레임보다 좀 더 실제 화면과 유사하게 만든 정적인 형태의 모형
	제작	파워 목업, 발사믹 목업 등
스토리보드 (Storyboard)	개념	와이어프레임에 콘텐츠에 대한 설명을 추가하고 페이지 간 이동 흐름 등을 추가한 문서
	제작	디자이너와 개발자가 참고하는 작업 지침서로 정책, 프로세스, 콘텐츠 구성, 와이어프레임, 기능 정의 등 서비스 구축을 위한 정보를 포함하여 제작
프로토타입 (Prototype)	개념	– 와이어프레임이나 스토리보드 등에 상호 작용을 적용함으로써 실제 구현된 것처럼 테스트가 가능한 동적인 형태의 모형 – 시제품 전의 제품 원형으로 개발 검증과 양산 검증의 과정을 거쳐 만든 기초적인 시제품
	제작	종이와 펜을 활용해 페이퍼 프로토타이핑을 초기 작성한 후에 디지털 프로토타이핑을 작성
유스케이스 (Use Case)	개념	– 사용자 측면에서의 요구사항을 기반으로 사용자가 원하는 목표를 달성하기 위해 수행할 내용을 기술하는 문서 – UI 요구사항을 바탕으로 각각의 액터가 어떤 행위를 하는지 작성하는 기법
	제작	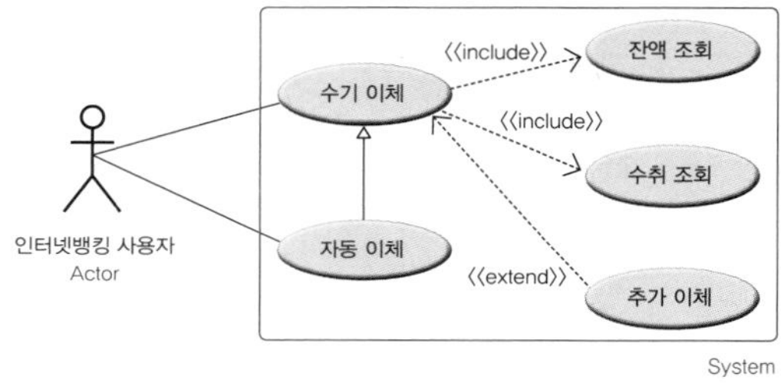 ▲ 유스케이스 다이어그램

■ UI 화면 설계의 기본 구성 요소

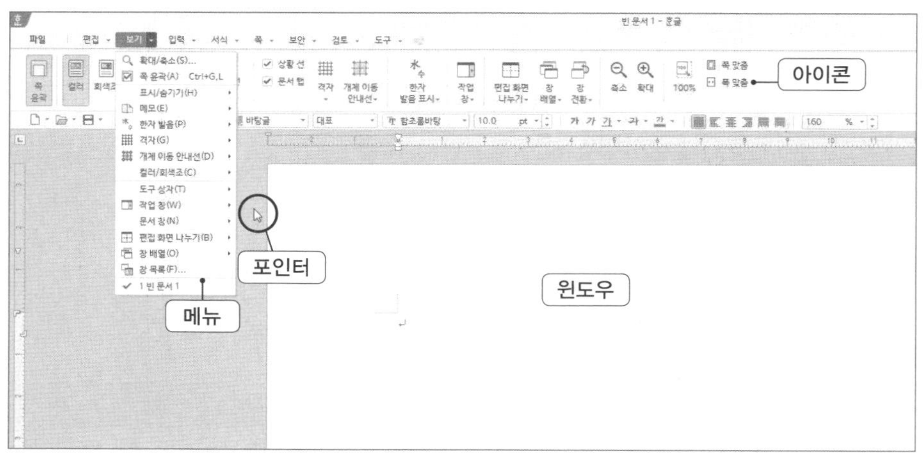

▲ 화면 설계 예시

구성 요소	설명
윈도우(Window)	화면 설계를 위한 기본 운영체제
메뉴(Menu)	세부 화면을 제작할 수 있는 도구 모음
아이콘(Icon)	각 메뉴별로 상징적인 의미의 그림 및 압축 언어
포인터(Pointer)	각 메뉴 및 도구 상자 등을 이동하여 선택할 수 있는 표시

실력 점검 문제

기출 유형 문제

2022.03

01 다음에서 설명하는 UI 설계도구는?

- 디자인, 사용 방법 설명, 평가 등을 위해 실제 화면과 유사하게 만든 정적인 형태의 모형
- 시각적으로만 구성 요소를 배치하는 것으로 일반적으로 실제로 구현되지는 않음

① 스토리보드(Storyboard)
② 목업(Mockup)
③ 프로토타입(Prototype)
④ 유스케이스(Use Case)

해설 목업은 디자인, 사용 방법 설명, 평가 등을 위해 와이어프레임보다 실제 화면과 유사하게 만든 정적인 형태의 모형이다. 대표적으로 파워 목업, 발사믹 목업 등이 있다.

출제 예상 문제

02 UI 화면 설계의 기본 구성 요소가 아닌 것은?

① 윈도우(Window)
② 메뉴(Menu)
③ 아이콘(Icon)
④ 내비게이션(Navigation)

해설 윈도우(Window), 메뉴(Menu), 아이콘(Icon), 포인터(Pointer)가 가장 대표적 기본 구성 요소다.

03 UI 설계도구 사용으로 올바르지 않은 방법은?

① Use Case는 UI 요구사항을 바탕으로 각각의 액터가 어떤 행위를 하는지 작성하는 기법이다.
② 프로토타입으로 시제품 전의 제품 원형으로 개발을 검증한다.
③ 종이와 펜을 활용해 페이퍼 프로토타이핑을 초기 작성한 후에 디지털 프로토타이핑을 작성한다.
④ 기업의 제품 판매량 분석으로 가시화한다.

해설 기업의 제품 판매량 분석은 설계 이후 구현을 완료하고 수행한다.

04 UI 설계 방법 순서로 올바른 것은?

① 시스템 구조 - UI 요구사항 정의 - 사이트 맵 - 프로세스 정의 - 화면 설계
② UI 요구사항 정의 - 시스템 구조 - 사이트 맵 - 프로세스 정의 - 화면 설계
③ UI 요구사항 정의 - 사이트 맵 - 프로세스 정의 - 화면 설계 - 시스템 구조
④ UI 요구사항 정의 - 시스템 구조 - 프로세스 정의 - 화면 설계 - 사이트 맵

해설 UI 요구사항을 정의하고 시스템 구조화를 수행한 후 사이트 맵을 작성하여 프로세스를 정의한다. 마지막으로 화면을 설계한다.

정답 1: ② 2: ④ 3: ④ 4: ②

애플리케이션 설계

이번 장에서 다룰 내용

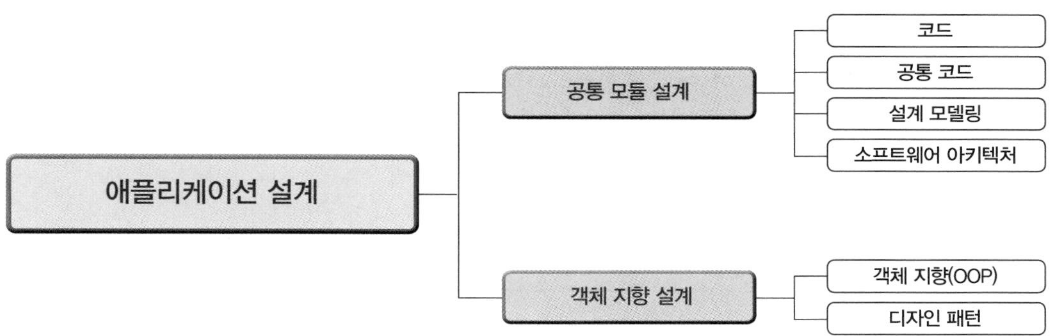

- 요구사항 확인을 통한 상세 분석 결과, 소프트웨어 아키텍처 가이드라인 및 소프트웨어 아키텍처 산출물에 의거하여 이에 따른 애플리케이션 구현을 수행하기 위해 공통 모듈 설계, 타 시스템 연동에 대하여 상세 설계를 할 수 있다.
- 재사용성 확보와 중복 개발을 회피하기 위하여 전체 시스템 차원과 단위 시스템 차원의 공통 부분을 식별하여 이에 대한 상세 명세를 작성할 수 있다.
- 개발할 응용 소프트웨어의 전반적인 기능과 구조를 이해하기 쉬운 크기로 공통 모듈을 설계할 수 있다.
- 소프트웨어 측정 지표 중 모듈 간의 결합도는 줄이고 개별 모듈들의 내부 응집도를 높이기 위한 공통 모듈을 설계할 수 있다.
- 전반적인 처리 논리 구조에 예기치 못한 영향을 끼치지 않도록 공통 모듈 인터페이스의 인덱스 번호나 기능 코드를 설계할 수 있다.

301 코드

1 코드의 개념과 기능

컴퓨터를 이용하여 자료를 처리하는 과정에서 분류 및 집계를 용이하게 하고 특정 자료의 추출을 쉽게 하기 위해 사용하는 기호이다.

멘토 코멘트

모듈 최적화
결합도는 낮추고 응집도는 높인다.

■ 코드의 기능

기능	설명
식별 기능	다른 것과 구별될 수 있는 기능
분류 기능	정보들을 동일한 특성을 가진 데이터로 그룹화 가능
배열 기능	일련의 순서로 나열할 수 있는 기능
암호화 기능	정보의 외부 표현을 감추고 은닉 가능
표준화 기능	정보의 종류, 모양, 길이 등 일정한 기준에 따라 통일적으로 표현 가능
연상 기능	정보를 표현하고자 하는 대상체의 뜻과 의미가 있는 코드 내포 가능
오류 검출 기능	정보 입력이나 관리 시 잘못된 정보를 찾아내는 기능

2 코드의 종류

종류	설명
순차 코드	일정 기준에 따라 최초 자료부터 일련번호를 부여하는 방법 예 001, 002, 003, 004, 005
블록 코드	대상 항목에서 공통 부분을 블록으로 구분해 일련번호를 부여하는 방법 예 본부부서 001~100, 지사무소 101 – 110
10진 코드	대상 항목을 0~9까지 10진 분할하고 각각에 대해 10진 분할을 필요한 만큼 반복하는 방법 예 100(예금), 110(예금신규), 111(예금해지), 200(대출), 201(대출신규)
그룹 분류 코드	일정 기준에 따라 대분류, 중분류, 소분류 등으로 구분하고 그룹 안에서 일련번호를 부여하는 방법 예 01–001–001(IT부서–IT기획예산팀–기획과), 01–001–002(IT부서 – IT기획예산팀–예산과)
연상 코드	항목의 명칭이나 약호와 관계 있는 숫자, 문자, 기호를 이용하여 코드를 부여하는 방법 예 한국(KOR), 미국(USA), CUP–16(16온스 컵), CUP–12(12온스 컵), TV–34(34인치 TV)
표의 숫자 코드	항목의 성질(길이, 넓이, 부피)의 물리적인 수치를 그대로 코드에 적용하는 방법 예 120–35–60(가로 120 * 세로 35 * 높이 60 책상)
합성 코드	하나의 코드로 수행하기 어려운 경우 2개 이상의 코드를 조합한 코드 예 연상 코드 + 순차 코드 : KAL–223(대한항공 223기), JAL–120(일본항공 120기)

멘토 코멘트

코드의 종류 핵심 사항
- 순차 : 일련번호
- 블록 : 블록으로 구분
- 10진 : 0~9, 10진 분할
- 그룹 분류 : 대중소 분류
- 연상 : 숫자,문자,기호
- 표의 : 길이, 넓이, 부피
- 합성 : 2개 이상 조합

기출 유형 문제

2020.06

01 코드 설계에서 일정한 일련번호를 부여하는 방식의 코드는?

① 연상 코드
② 블록 코드
③ 순차 코드
④ 표의 숫자 코드

해설 일정 기준에 따라 최초의 자료부터 일련번호를 부여하는 방법은 순차 코드이다.

2020.08

02 코드의 기본 기능으로 거리가 먼 것은?

① 복잡성
② 표준화
③ 분류
④ 식별

해설 코드의 주기능은 식별, 분류, 배열, 암호화, 표준화, 연상, 오류 검출 등이 있으며 분석이 쉽고 개발을 용이하게 한다.

2020.09

03 코드화 대상 항목의 중량, 면적, 용량 등의 물리적 수치를 이용하여 만든 코드는?

① 순차 코드
② 10진 코드
③ 표의 숫자 코드
④ 블록 코드

해설 표의 숫자 코드는 항목의 길이, 넓이, 부피 등의 물리적 수치를 제공하여 사용자 간의 의사소통을 쉽게 한다.

출제 예상 문제

04 하나의 코드로 수행하기 어려운 경우 2개 이상의 코드를 조합하여 만든 코드는?

① 연상 코드
② 블록 코드
③ 순차 코드
④ 합성 코드

해설 합성 코드는 하나의 코드로 수행하기 어려운 경우 '연상 코드+순차 코드' 방식으로 합성하여 사용한다.

05 코드의 기본 기능 중 정보의 종류, 모양, 길이 등을 일정한 기준에 따라 통일적으로 표현하는 성질은?

① 배열
② 표준화
③ 분류
④ 식별

해설 표준화는 서로 다른 개발자 간에 정보의 종류, 모양, 길이 등을 일정한 기준에 따라 통일하여 공통된 표준을 제공한다.

06 항목의 명칭이나 약호와 관계 있는 숫자, 문자, 기호를 이용하여 코드를 부여하는 코드 방법은?

① 연상 코드
② 블록 코드
③ 순차 코드
④ 표의 숫자 코드

해설 연상 코드는 항목의 명칭이나 약호와 관계 있는 숫자, 문자를 이용하여 코드를 부여한다.
예 TV40(TV 40인치), CUP16OZ(16온스 종이컵)

정답 1: ③ 2: ① 3: ③ 4: ④ 5: ② 6: ①

302 공통 모듈

1 공통 모듈의 개념

분리된 시스템에서 각 기능별로 프로그램을 작성하여 소프트웨어의 성능을 향상시키거나 프로그램의 시험, 통합 및 수정을 용이하게 하기 위하여 공통된 성질을 묶은 기능 중심 코드이다.

2 모듈화의 필요성

구분	설명
개발 측면	복잡도 감소로 프로그램 개발의 용이성, 시험 및 통합의 용이성 요구
유지보수 측면	프로그램 재사용을 통한 유지보수 용이성 요구
성능/비용 측면	오류 파급 효과 최소화, 단위당 프로그램 개발 노력/비용 최소화 요구

★ 모듈
기능별로 프로그램을 분해하고 조립하여 생산성을 향상시키고 유지보수가 용이하도록 한다.

3 모듈★ 명세 기법

명세 기법	설명
정확성	해당 기능이 필요하다는 것을 알 수 있도록 작성
명확성	중의적으로 해석되지 않도록 작성
완전성	구현을 위해 필요한 모든 것을 작성
일관성	상호 충돌되지 않도록 작성
추적성	요구사항의 출처, 관련 시스템의 관계를 파악할 수 있도록 작성

멘토 코멘트

결합도 및 응집도
유형별 상세 설명은 4과목의 〈109 모듈 개발〉을 참조한다.

4 소프트웨어 응집도와 결합도

■ 소프트웨어 응집도(Cohesion)

- 정보 은닉의 확장 개념으로, 하나의 모듈은 하나의 기능을 수행하는 집적성을 지칭한다.
- 모듈의 독립성을 나타내며, 모듈 내부 구성원 간의 연관성이 같은 것끼리 모은 집합이다.
- 응집도가 높을수록(강할수록) 좋다.

■ 소프트웨어 결합도(Coupling)

- 모듈 내부가 아닌 외부의 모듈과의 상호 의존성을 지칭한다.
- 서로 다른 소프트웨어 구조에서 모듈 간에 참조성 또는 관련성을 측정하는 척도이다.
- 결합도는 낮을수록(약할수록) 좋다.

5 소프트웨어 공유도(Fan-In)와 제어폭(Fan-Out)

■ 팬인(Fan-In) / 팬아웃(Fan-Out)

구분	설명
팬인	- 자신을 사용하는 모듈의 수 - 팬인이 높을수록 모듈화 및 설계가 잘 되어 있다는 것을 의미
팬아웃	- 자신이 호출하는 모듈의 수 - 팬아웃이 높은 경우 불필요한 모듈의 결합도가 높다는 것을 의미

멘토 코멘트

팬인/팬아웃 최적화

시스템 복잡도 최적화를 위해서는 팬인은 높게, 팬아웃은 낮게 설계해야 한다.

| 팬인, 팬아웃 예시 |

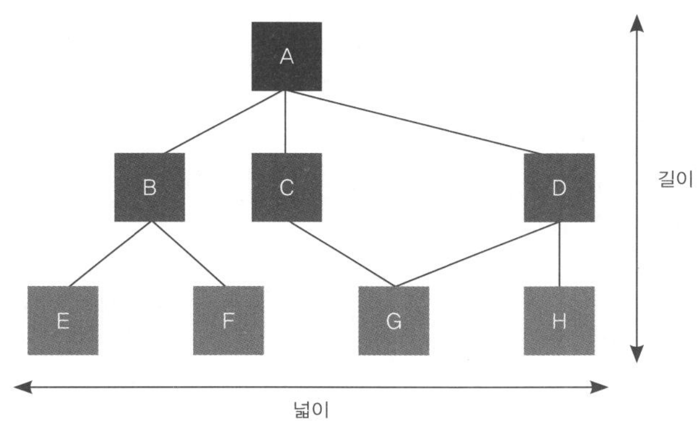

- 팬인(Fan-In) : 각 모듈을 제어(호출)하는 모듈의 수 계산
  A : 0(A를 제어하는 모듈 없음)
  B : 1(B는 A에 의해 제어됨), C : 1(C는 A에 의해 제어됨), D : 1(D는 A에 의해 제어됨)
  E : 1(E는 B에 의해 제어됨), F : 1(F는 B에 의해 제어됨), G : 2(G는 C와 D에 의해 제어됨),
  H : 1(H는 D에 의해 제어됨)
- 팬아웃(Fan-Out) : 각 모듈이 제어(호출)하는 모듈의 수 계산
  A : 3(A가 제어하는 모듈은 B, C, D)
  B : 2(B는 E와 F 제어), C : 1(C는 G 제어), D : 2(D는 G와 H 제어)
  E : 0, F : 0, G : 0, H : 0(E, F, G, H는 제어하는 모듈이 없음)

6 효율적인 소프트웨어 설계 방안

구분	설명
결합도	결합도를 낮추어 독립성을 높임
응집도	응집도를 높여 재사용성을 높임
복잡도	복잡도를 낮추어 유지보수 등이 용이하도록 함
중복성	중복성을 최소화하여 간결하게 함
적정성	모듈 크기는 시스템의 전반적인 기능과 구조를 이해하기 쉬운 크기로 함
계층도	소프트웨어 요소 간에 효과적 제어를 위해 계층적 자료 조직이 제시되어야 함
분리	논리적으로 기능과 부기능으로 나누어 분리하고 사용 시 결합하게 함

7 상향식 설계 방법과 하향식 설계 방법

■ 상향식 설계 방법(Bottom-Up)

- 하위 기능(부품)을 먼저 설계하고, 그것들을 조합하여 전체를 구성하는 설계 방식이다.
- 시스템 요소들을 먼저 제작하고, 요소들을 결합하는 과정을 통해 목표로 하는 전체 시스템에 접근하는 방식이다.
- 최하위 수준에서 각각의 모듈들을 설계하고, 모듈이 완성되면 이들을 결합하여 검사한다.
- 예 LOC 기법★, FP 산정★, Man/Month 산정

★ LOC 기법
원시 코드 라인수의 낙관치, 기대치, 비관치 3가지를 측정하여 예측치를 구하고, 이것으로 비용을 산정하는 기법이다.

★ FP 산정
정보처리 규모와 기능의 복잡도 요인에 의거한 소프트웨어 규모 산정 방식이다.

★ 델파이 기법
전문가의 경험적 지식을 통한 문제 해결 및 미래 예측을 위한 기법으로 전문가 합의법이라고도 한다.

■ 하향식 설계 방법(Top-Down)

- 최상위에 있는 Main User Function으로 부터 하위 기능으로 분할하면서 설계하는 방식이다.
- 전체 시스템 개요를 상위에서 정하고 점차 상세화하며, 하위 단계로 가며 구체화하는 방법이다.
- 예 전문가 감정, 델파이 기법★

기출 유형 문제

2016.08

01 효과적인 모듈화 설계 방법으로 가장 거리가 먼 것은?

① 결합도(Coupling)는 강하게, 응집도(Cohesion)는 약하게 설계한다.

② 복잡도(Complexity)와 중복성(Redundancy)을 최대한 줄일 수 있도록 설계한다.

③ 유지보수(Maintenance)가 용이하도록 설계한다.

④ 모듈 크기는 시스템의 전반적인 기능과 구조를 이해하기 쉬운 크기로 설계한다.

해설 모듈화는 결합도(Coupling)는 약하게, 응집도(Cohesion)는 강하게 한다.

2005.09

02 모듈화 설계의 장점에 해당하지 않는 것은?

① 확장성

② 융통성

③ 복잡성

④ 경제성

해설 모듈화는 복잡성을 최소화하는 데 있다.

2003.03

03 소프트웨어 설계 지침에 대한 설명으로 거리가 먼 것은?

① 소프트웨어 요소 간의 효과적 제어를 위해 설계에서 계층적 자료 조직이 제시되어야 한다.

② 설계는 종속적인 기능적 특성을 가진 모듈화로 유도되어야 한다.

③ 소프트웨어는 논리적으로 특별한 기능과 부기능을 수행하는 요소들로 나누어져야 한다.

④ 설계는 자료와 프로시저에 대한 분명하고 분리된 표현을 포함해야 한다.

해설 소프트웨어 설계 지침에서는 결합도는 줄여 종속성을 낮추고 응집도를 높여 기능성을 향상시킨다.

2020.06

04 공통 모듈에 대한 명세 기법 중 해당 기능에 대해 일관되게 이해하고 한 가지로 해석될 수 있도록 작성하는 원칙은?

① 상호작용성

② 명확성

③ 독립성

④ 내용성

해설 명확성은 기능에 대해 일관되게 이해하고 한 가지로 해석될 수 있도록 작성하는 방법이며 다른 명세기법으로 정확성, 완전성, 일관성, 추적성 등이 있다. 상호작용성, 독립성, 내용성 등은 명세 기법에 해당하지 않는다.

2020.09

05 바람직한 소프트웨어 설계 지침이 아닌 것은?

① 적당한 모듈의 크기를 유지한다.

② 모듈 간의 접속 관계를 분석하여 복잡도와 중복을 줄인다.

③ 모듈 간의 결합도는 강할수록 바람직하다.

④ 모듈 간의 효과적인 제어를 위해 설계에서 계층적 자료 조직이 제시되어야 한다.

해설 바람직한 소프트웨어는 결합도는 낮고 약하게, 응집도는 높고 강하게 작성한다.

정답 1: ① 2: ③ 3: ② 4: ② 5: ③

2021.03

06 다음은 어떤 프로그램 구조를 나타낸다. 모듈 F에서의 Fan-In과 Fan-Out의 수는 얼마인가?

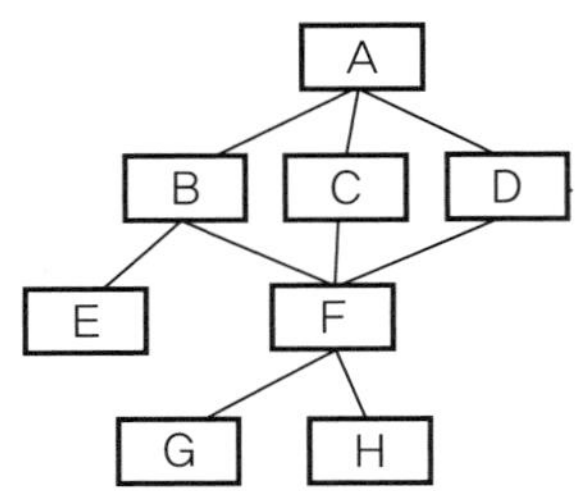

① Fan-In: 2, Fan-Out: 3

② Fan-In: 3, Fan-Out: 2

③ Fan-In: 1, Fan-Out: 2

④ Fan-In: 2, Fan-Out: 1

Fan-In은 자신을 사용하는 모듈의 수, Fan-Out은 자신이 호출하는 모듈의 수를 구한다. 모듈의 최적화 방법으로는 Fan-In은 낮게, Fan-Out은 높게 설계한다.

2022.03

07 설계 기법 중 하향식 설계 방법과 상향식 설계 방법에 대한 비교 설명으로 가장 옳지 않은 것은?

① 하향식 설계에서는 통합 검사 시 인터페이스가 이미 정의되어 있어 통합이 간단하다.

② 하향식 설계에서 레벨이 낮은 데이터 구조의 세부 사항은 설계 초기 단계에서 필요하다.

③ 상향식 설계는 최하위 수준에서 각각의 모듈들을 설계하고 이러한 모듈이 완성되면 이들을 결합하여 검사한다.

④ 상향식 설계에서는 인터페이스가 이미 성립되어 있지 않더라도 기능 추가가 쉽다.

해설
상향식 설계에서는 인터페이스를 성립해가며 결합하는 방식으로 인터페이스가 성립되어야 기능 추가가 용이하다.

2021.03

08 소프트웨어 설계 시 제일 상위에 있는 Main User Function에서 시작하여 기능을 하위 기능들로 분할해 가면서 설계하는 방식은?

① 객체 지향 설계

② 데이터 흐름 설계

③ 상향식 설계

④ 하향식 설계

하향식 설계(Top-Down)에 대한 설명이다. 상향식 설계(Bottom-Up)는 하위 기능(부품)을 먼저 설계하고 그것들을 조합하여 전체를 구성해가는 설계 방식이다.

2022.03

09 LOC 기법에 의해 예측된 총 라인수가 36000라인, 개발에 참여할 프로그래머가 6명, 프로그래머들의 평균 생산성이 월간 300라인일 때 개발에 소요되는 기간을 계산한 결과로 가장 옳은 것은?

① 5개월 ② 10개월

③ 15개월 ④ 20개월

LOC 기법은 원시 코드 라인수의 낙관치, 기대치, 비관치 3가지를 측정하여 예측치를 구하고, 이것으로 비용을 산정한다. 예측 라인수가 36000라인 / (6명 * 300라인) = 20개월이다.

2021.03

10 바람직한 소프트웨어 설계 지침이 아닌 것은?

① 모듈의 기능을 예측할 수 있도록 정의한다.

② 이식성을 고려한다.

③ 적당한 모듈의 크기를 유지한다.

④ 가능한 모듈을 독립적으로 생성하고 결합도를 최대화한다.

바람직한 소프트웨어는 결합도를 낮추고 응집도를 높이는 것이 핵심이다. 또한 모듈의 기능을 예측할 수 있도록 하고 이식성, 모듈의 적당한 크기 등을 고려한다.

6: ② 7: ④ 8: ④ 9: ④ 10: ④ 정답

출제 예상 문제

11 공통 모듈에 대한 명세 기법 중 요구사항의 출처 및 관련 시스템의 관계를 파악할 수 있도록 작성하는 원칙은?

① 정확성

② 명확성

③ 완전성

④ 추적성

해설 추적성에 관한 설명이다. 정확성은 해당 기능이 필요하다는 것을 알 수 있도록 작성하는 것이며, 명확성은 해당 사항이 중의적으로 해석되지 않도록 작성하는 방법이다. 완전성은 구현을 위해 필요한 모든 것을 작성하는 기법이다.

12 공통 모듈에 대한 다음의 설명 중 올바르지 않은 것은?

① 팬인은 자신을 사용하는 모듈 수로, 팬인이 낮을수록 잘 설계된 것을 의미한다.

② 팬아웃은 자신이 호출하는 모듈 수로, 팬아웃이 높은 경우 불필요한 결합도가 높다는 것을 의미한다.

③ 응집도는 연관성이 같은 것끼리 잘 모은 것이며, 높을수록 잘 설계된 것을 의미한다.

④ 결합도는 모듈 간에 참조성 또는 관련성을 측정하는 척도이며, 낮을수록 잘 설계된 것을 의미한다.

해설 팬인은 자신을 사용하는 모듈 수로, 팬인이 높을수록 모듈화 및 재사용이 잘 이루어져 있다는 것을 의미한다.

13 다음 중 팬인과 팬아웃에 대해 올바르지 않게 설명한 것은?

① 팬인은 자신을 사용하는 모듈의 수이다.

② 팬인이 높을수록 모듈화 및 설계가 잘 되어 있다는 것을 의미한다.

③ 팬아웃은 어떤 모듈에 의해 제어되는 모듈의 수이다.

④ 팬아웃이 높은 경우 불필요한 모듈의 결합도가 낮다는 것을 의미한다.

해설 팬아웃이 높은 경우 불필요한 모듈의 결합도가 높다는 것을 의미한다. 팬인은 높게, 팬아웃은 낮게 설계해야 한다.

정답 11: ④ 12: ① 13: ④

303 설계 모델링

1 모델링(Modeling)의 개념

> **알아두기**
> 모델링은 현실 세계의 개체를 논리적 모델링과 물리적 모델링으로 업무를 설계하는 것이다.

- 현재 업무를 파악하여 문제점을 인식하고 개선 사항을 도출하며 미래 모형의 설계를 위한 모든 단계를 포함하는 활동이다.
- 업무의 이해를 근간으로 데이터에 존재하는 업무 규칙과 이에 대한 명제를 명확하게 표현해 추상화하는 기법이다.

2 모델링의 원칙

종류	개념
커뮤니케이션 원칙	– 모든 사람들의 이해와 분명한 파악이 가능한 모델 제시 – 최종 사용자와 모든 이해관계자들을 최대한 고려 – 대상 : 최종 사용자, 시스템 분석가, 데이터베이스 관리자, 타전문가
모델링 상세화 원칙	– 조직 정부 구조의 최소 공통 분모 제시 – 분할 : 복잡한 구조 및 프로세스는 요소 단위로 분할 – 제거 : 불필요한 구조와 중복은 협의를 통해 제거
논리적 표현 원칙	– 조직의 비즈니스를 그대로 논리적으로 반영 – 분석 : 경험에 의한 이른 판단보다 절차 준수 – 구체화 : 단기간의 솔루션 구체화 시도는 지양

3 모델링의 절차

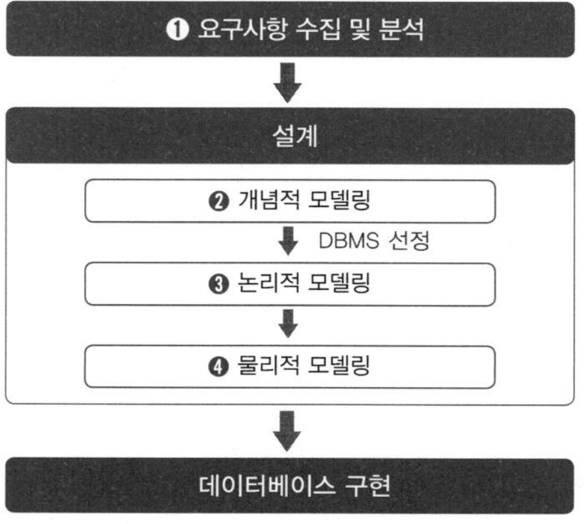

▲ 설계 모델링의 절차 개념도

모델링의 단계

단계		개념	주요 활동
1	요구사항 수집 및 분석	사용자가 수행하는 업무의 개선 사항이나 신규 개발 시 시스템을 통해 주요 목적을 달성하기 위해 수집하고 분석하는 활동	- 인터뷰 - 사용자 분석 - 회의 및 미팅
2	개념 모델링	업무 요건을 충족하기 위해 주제 영역과 핵심 데이터 집합, 핵심 데이터 집합 간의 관계를 정의하는 상위 수준의 데이터를 설계하는 작업	- 주제 영역 정의 - 후보 Entity 선정 - 핵심 Entity 선정 - 관계 정의
3	논리 모델링	업무의 모습을 모델링 표기법으로 형상화하여 사람이 이해하기 쉽게 표현하는 단계	- 속성 정의 - Entity 상세화 - 이력 관리 정의
4	물리 모델링	논리 데이터 모델을 특정 DBMS에 맞는 물리적인 스키마로 만드는 일련의 과정	- 물리 환경 조사 - 논리 모델 변환 - 반정규화

모델링 시 고려 사항

종류	고려 사항
커뮤니케이션	이해를 돕기 위한 비즈니스 지향적 모델과 기술적 상세 모델 두 가지를 관리해 의사소통이 용이하도록 고려
모델링 상세화	물리 모델 단계가 아닌 논리 모델 단계에서 선행하여 이후 작업이 구체화되고 상세화되도록 수행
논리적 표현	데이터 모델링 시 물리적인 제약조건은 배제하고 논리적으로 사용자가 이해하도록 표현

멘토 코멘트

모델링 4단계

(요) 요구사항 분석
(개) 개념 모델링
(논) 논리 모델링
(물) 물리 모델링
➜ '요개논물'으로 암기

실력 점검 문제

기출 유형 문제

2021.09

01 소프트웨어 공학에서 모델링(Modeling)과 관련한 설명으로 틀린 것은?

① 개발팀이 응용문제를 이해하는 데 도움을 줄 수 있다.

② 유지보수 단계에서만 모델링 기법을 활용한다.

③ 개발될 시스템에 대하여 여러 분야의 엔지니어들이 공통된 개념을 공유하는 데 도움을 준다.

④ 절차적인 프로그램을 위한 자료 흐름도는 프로세스 위주의 모델링 방법이다.

해설 모델링은 현재 업무를 파악하여 문제점을 인식하고 개선사항을 도출하기 위해 분석 및 설계 단계에서 시각적으로 표현한 것으로 유지보수 단계에서만 활용하는 것이 아닌 소프트웨어 개발 전 과정에서 사용된다.

2022.03

02 소프트웨어 설계에서 요구사항 분석에 대한 설명으로 틀린 것은?

① 소프트웨어가 무엇을 해야 하는가를 추적하여 요구사항 명세를 작성하는 작업이다.

② 사용자의 요구를 추출하여 목표를 정하고 어떤 방식으로 해결할 것인지 결정하는 단계이다.

③ 소프트웨어 시스템이 사용되는 동안 발견되는 오류를 정리하는 단계이다.

④ 소프트웨어 개발의 출발점이면서 실질적인 첫 단계이다.

해설 사용되는 동안 발견되는 오류를 정리하는 것은 설계 단계가 아닌 테스트 단계에서 한다.

출제 예상 문제

03 해당 조직의 업무 요건을 충족하기 위해서 주제 영역과 핵심 데이터 집합, 핵심 데이터 집합 간의 관계를 정의하는 단계는 무엇이라고 하는가?

① 요구사항 분석

② 개념 모델링

③ 논리 모델링

④ 물리 모델링

해설 모델링은 인터뷰 및 회의 등을 통해 사용자들의 요구사항을 분석하고, 주제 영역과 핵심 데이터 등의 관계를 정의하는 개념 모델링을 거쳐 사람이 이해하기 쉽도록 모델링 표기법으로 형상화하는 논리 모델링을 수행한다. 마지막으로 해당 DBMS에 맞는 물리적인 스키마를 만드는 물리 모델링을 진행한다.

04 업무의 모습을 모델링 표기법으로 형상화하여 사람이 이해하기 쉽게 표현하는 논리 모델링 단계의 주요 활동이 아닌 것은?

① 속성 정의

② 엔티티 상세화

③ 이력 관리 정의

④ 주제 영역 정의

해설 논리 모델링에서는 속성 정의, 엔티티 상세화, 이력 관리 정의 등을 수행한다. 주제 영역 정의는 개념 모델링 단계에서 한다.

05 설계 모델링의 절차로 맞는 순서는?

① 요구사항 분석 〉 개념 모델링 〉 논리 모델링 〉 물리 모델링

② 개념 모델링 〉 논리 모델링 〉 물리 모델링 〉 요구사항 분석

③ 요구사항 분석 〉 물리 모델링 〉 개념 모델링 〉 논리 모델링

④ 요구사항 분석 〉 개념 모델링 〉 물리 모델링 〉 논리 모델링

해설 요구사항 수집 및 분석 → 개념 모델링 → 논리 모델링 → 물리 모델링 순으로 수행한다.

1: ② 2: ③ 3: ② 4: ④ 5: ① 정답

304 소프트웨어 아키텍처

1 소프트웨어 아키텍처(Software Architecture)*의 개념

- 프로그램과 시스템 컴포넌트 간의 상호관계 구조이며, 이들을 설계하기 위한 지침과 원리를 나타낸다.
- 소프트웨어 컴포넌트와 외부적으로 보여지는 특성, 상호 관계들로 구성되는 해당 시스템의 구조 또는 구조들을 총칭한다.

★ 아키텍처
해당 시스템에 최적화된 소프트웨어 구조로 설계하여 운영 및 유지보수 등을 고려하여 최적화 한다.

2 소프트웨어 아키텍처의 특징

구분	특징	내용
비즈니스 측면	변화 민첩성	– 민첩성(Agility)를 통한 RTE 구현, 적시성 – 다양한 비즈니스 요구사항의 민첩한 대응 및 처리
	비용 절감	– 소프트웨어 재사용, 자산화를 통한 개발비 절감 – TCO, ROI
	표준화	재사용 가능한 산업별 표준화 지원
기술적 측면	의사소통 수단	이해관계자들 간의 원활한 의사소통 수단
	간략성	소프트웨어 복잡성 증가에 따른 해결 대안
	관점(Aspect) 모형	이해관계자들 간의 관심사에 대한 모형 제시

3 소프트웨어 아키텍처 프레임워크 (ISO/IEC/IEEE 42010가 최종, IEEE 1471 개념적)

IEEE 1471이 소프트웨어 중심 시스템에 국한된 것에 비해 ISO/IEEE 42010에서는 일반적인 시스템 및 소프트웨어를 포함하여 지원한다.

프레임워크	내용
ISO/IEEE 42010	– 시스템 및 소프트웨어 엔지니어링 아키텍처 기술(Description)과 관련된 용어와 개념을 정의한 국제 표준 ➡ IEEE 1471이 IEEE 42010으로 통합 – 아키텍처 개발에 관련된 Best Practice 기반 국제 표준으로 필요한 정보를 구분하고 일관성 있게 조직화할 수 있도록 지원
IEEE 1471	소프트웨어 집약적인 시스템에서 아키텍처가 표현해야 하는 내용 및 이들 간의 관계를 제공하는 아키텍처를 기술하기 위한 표준

★ 아키텍처 프레임워크
시스템에서 표현해야 할 내용과 관계를 기술하기 위한 표준이다.

| 소프트웨어 아키텍처 프레임워크*의 주요 구성 요소 |

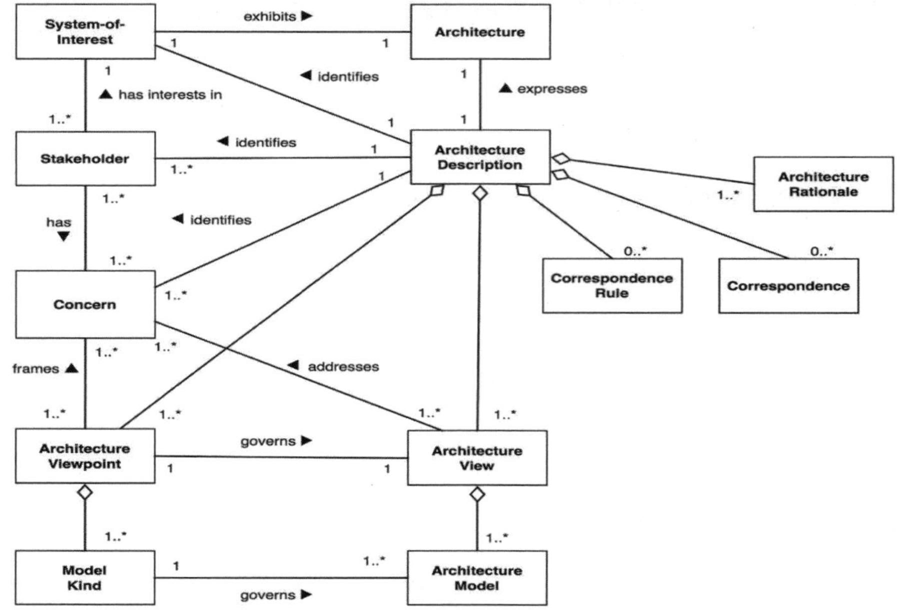

▲ ISO/IEC/IEEE 42010 Class Diagram (출처 : https://eam-initiative.org)

요소	내용
Architecture Description (AD)	- 아키텍처를 기록하기 위한 산출물로, 하나의 AD는 시스템에 대한 관심사(Concern)와 이에 대응하는 하나 이상의 이해관계자(Stakeholder)와 연관 - 하나의 AD는 시스템의 하나 이상의 뷰로 구성
이해관계자 (Stakeholder)	- 소프트웨어 시스템 개발에 관련된 모든 사람과 조직을 의미 - 고객, 최종 사용자, 개발자, 프로젝트 관리자, 유지보수자, 마케팅 담당자 등을 모두 포함
관심사 (Concerns)	동일한 시스템에 대해 각 이해관계자들은 서로 다른 의견과 목표 수립 예 사용자 입장 : 기본적인 기능 + 신뢰성/보안/사용성 요구 유지보수자 입장 : 유지보수 용이 고려 개발자 입장 : 적은 비용과 인력으로 개발
관점 (Viewpoint)	- 이해관계자들이 보고 싶은 관점(뷰포인트) - 서로 다른 역할이나 책임으로 시스템이나 산출물에 대한 다른 관점 - 뷰포인트는 뷰를 구성하기 위한 규칙을 정의하는 패턴 - 각각의 뷰에 1:1로 대응함
뷰 (View)	뷰는 이해관계자들이 가지는 생각이나 견해로부터 전체 시스템을 표현

4 소프트웨어 아키텍처 스타일

소프트웨어 아키텍처 설계에서 나타나는 반복적인 문제점을 해결하고 아키텍처가 만족시켜야 하는 시스템 품질 속성을 달성할 수 있는 방법을 제공한다.

저장소(Repository) 구조

- 저장소 모델이라 하며, 대규모 데이터를 공유하는 소프트웨어 시스템에 사용한다.
- 공유된 데이터베이스에 기반한 아키텍처로, 저장소를 통해 상호작용하는 아키텍처 스타일*이다.

★ 아키텍처 스타일
소프트웨어 시스템의 구조를 체계적으로 구성하기 위해 기본 스키마를 제시하여 최적의 설계가 되도록 가이드라인을 제시한다.

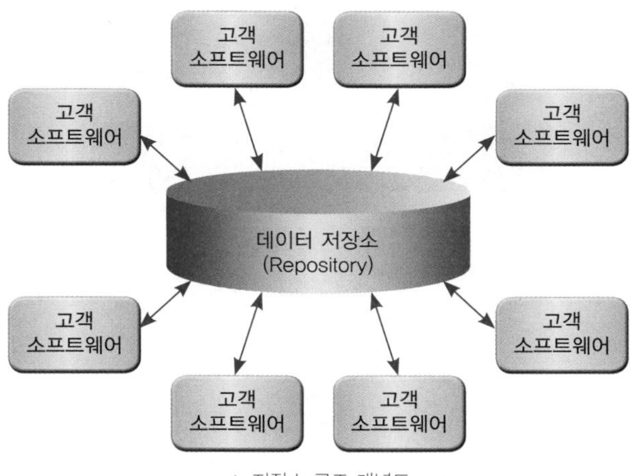

▲ 저장소 구조 개념도

MVC(Model/View/Controller) 구조

- 사용자 인터페이스로부터 비즈니스 로직을 분리하여 애플리케이션의 시각적 요소나 그 이면에서 실행되는 비즈니스 로직을 서로 영향 없이 쉽게 고칠 수 있는 아키텍처 스타일이다.
- 핵심 기능과 데이터 처리(Model), 사용자 측 정보 노출(View), 사용자 입력 관리(Controller) 3가지로 구성된다.
- 동일 모델에 대해 다양한 뷰(View) 생성이 가능하고, 런타임(Runtime)에 동적으로 연결 및 해제가 가능한 장점이 있다.

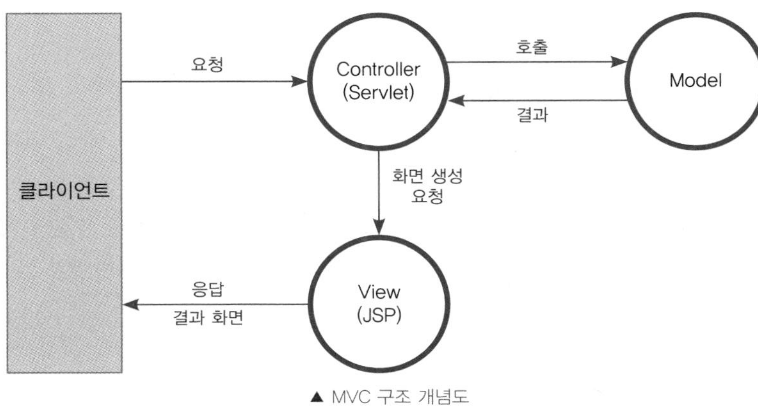

▲ MVC 구조 개념도

■ 클라이언트/서버(Client/Server) 구조

- 다수의 클라이언트로부터의 요청으로 하나 혹은 다수의 서버가 응답 구조로 상호 작용하는 방식의 아키텍처 스타일이다.
- 프로세스 간 통신으로 인한 오버헤드가 발생할 가능성이 있다.

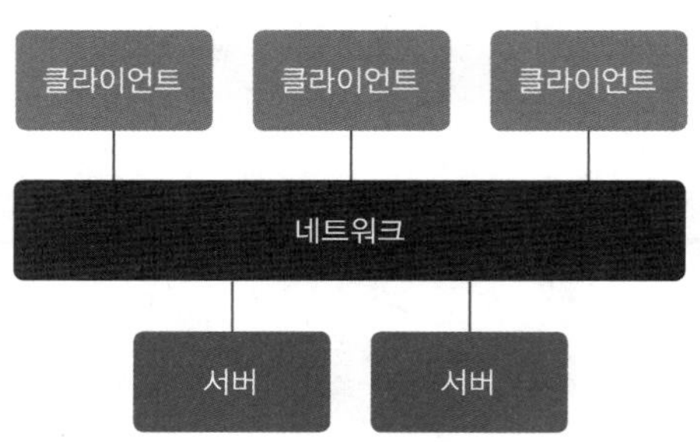

▲ 클라이언트/서버 구조 개념도

■ 계층(Layered) 구조

- 계층적으로 조직화될 수 있는 서비스에 적합하며, 모듈의 응집된 집합을 계층으로 표현하고 계층 간 상호 사용이 가능(Allowed to User)한 관계로 정의된 아키텍처 스타일이다.
- 레이어별로 독립성을 제공하여 계층의 변경이 다른 계층에 거의 영향을 주지 않는다.

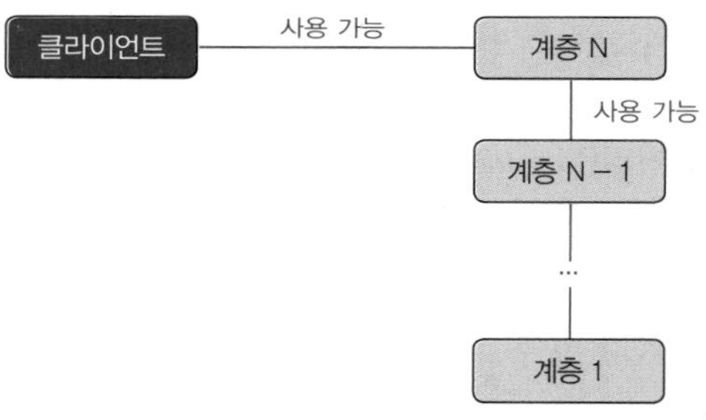

▲ 계층 구조 개념도

■ 파이프 필터(Pipes and Filters) 구조

- 서브시스템이 입력 데이터를 받아 처리하고, 결과를 다른 시스템에 보내는 작업 구조의 아키텍처 스타일이다.
- 필터의 재사용이 가능하고, 필터의 추가가 용이하여 시스템의 확장성을 높일 수 있다.
- 필터 간 데이터 이동 시 오버헤드가 발생하며, 이로 인해 병목현상★이 발생할 수 있다.

★ **병목현상**
하나의 작은 시스템 구성 요소로 인해 전체 시스템의 성능이나 용량이 저하되는 현상을 말한다.

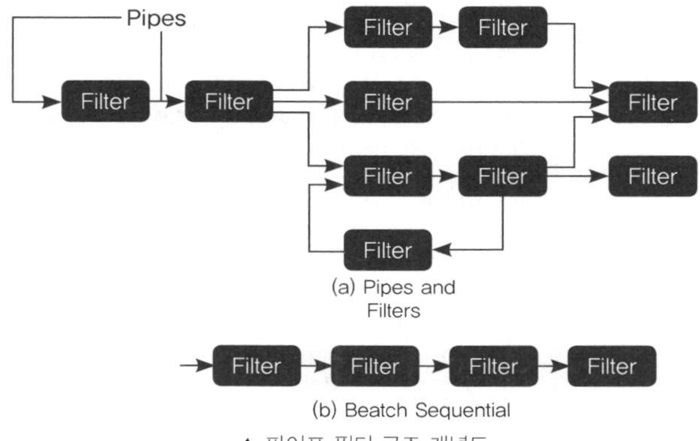

▲ 파이프 필터 구조 개념도

■ 마스터-슬레이브(Master-Slave) 구조

- 마스터 컴포넌트는 동등한 구조를 지닌 슬레이브 컴포넌트들로 작업을 분산시키고, 슬레이브 컴포넌트가 반환한 결과값을 리턴해주는 구조이다.
- 실시간 시스템에 적용 시 잘못된 분산과 할당은 작업 지연을 초래한다.

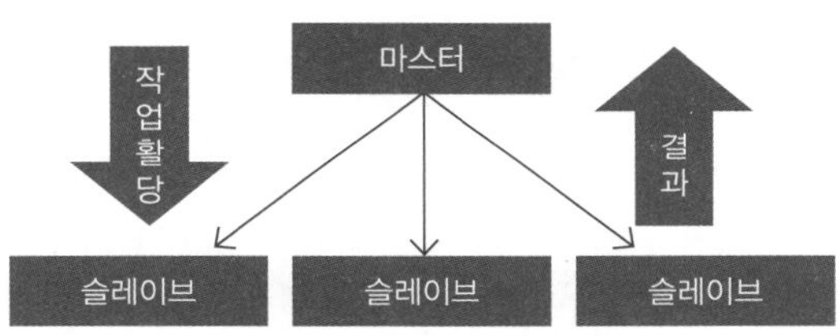

▲ 마스터-슬레이브 구조 개념도

5 소프트웨어 아키텍처 평가

제시된 소프트웨어 아키텍처가 개발될 소프트웨어에 대해서 요구되는 품질 특성을 충족시킬 수 있는지 아키텍처 수준에서 평가하는 절차이다.

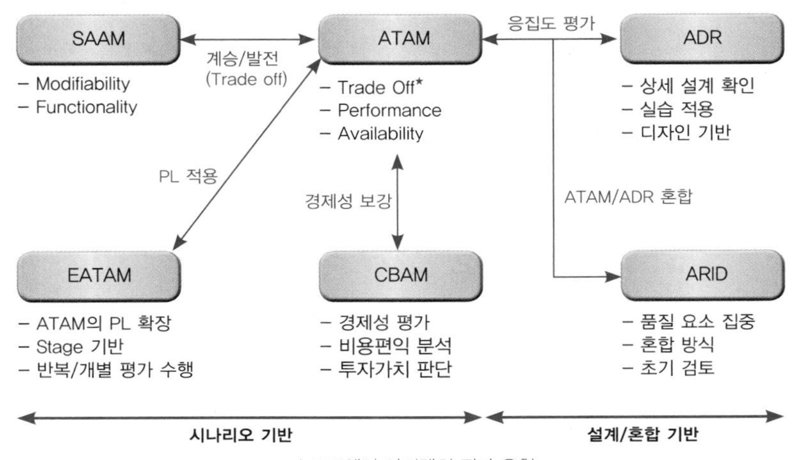

▲ 소프트웨어 아키텍처 평가 유형

알아두기

아키텍처 품질 속성

1) 시스템 품질 속성
- 가용성
- 변경 용이성
- 성능
- 보안성
- 사용 편의성
- 시험 용이성

2) 비즈니스 측면
- 시장 적시성
- 비용과 혜택
- 예상 시스템 수명 등

3) 아키텍처 측면
- 개념적 무결성
- 정확성(완결성)
- 구축 가능성 등

★ Trade Off

아키텍처의 구성 요소 중 품질 속성 간에 요소가 하나 증가하면 다른 하나는 무조건 감소(포기)해야 한다는 것을 뜻한다.

분류	평가 모델	내용
시나리오 기반 평가 모델	SAAM	- Software Architecture Analysis Method - 수정 용이성과 기능 분석 중심의 최초의 아키텍처 평가 방법 - 다양한 수정 가능성들의 관점에서 아키텍처를 분석
	ATAM	- Architecture Tradeoff Analysis Method - SAAM의 품질 속성(Quality Attributes)에서 트레이드 오프를 포함하여 평가하는 방법
	CBAM	- Cost Benefit Analysis Method - ATAM에서 부족한 경제적 평가 부분을 보강한 평가 방법
	EATAM	- Extending Architecture Tradeoff Analysis Method - 개별 평가 모델의 확장, 스테이지 기반 모델을 통한 PL 아키텍처 평가 수행 방법
설계/혼합 기반 평가 모델	ARID	- Architecture Review for Intermediate Design - 부분 아키텍처를 아키텍처 초기에 평가하는 방법
	ADR	- Active Design Review - 설계 기반 아키텍처 구성 요소 간 응집도를 중점으로 평가하는 방법

기출 유형 문제

2021.06, 2020.09

01 파이프 필터 형태의 소프트웨어 아키텍처에 대한 설명으로 옳은 것은?

① 노드와 간선으로 구성된다.

② 서브시스템이 입력 데이터를 받아 처리하고 결과를 다음 서브시스템으로 넘겨주는 과정을 반복한다.

③ 계층 모델이라고도 한다.

④ 3개의 서브시스템(모델, 뷰, 제어)으로 구성된다.

해설 파이프 필터 형태는 ①에서 설명하는 노드와 간선이 아닌 서브시스템인 필터와 각 서브시스템 사이의 관계인 파이프로 구성되어 있다. ③은 Layered 구조 설명이고, ④는 MVC 모델 설명이다.

2021.06

02 소프트웨어 아키텍처 설계에서 시스템 품질 속성이 아닌 것은?

① 가용성(Availability)

② 독립성(Isolation)

③ 변경 용이성(Modifiability)

④ 사용성(Usability)

해설 독립성은 아키텍처 설계에서 시스템 품질 속성이 아니다.

2021.09

03 분산 시스템을 위한 마스터-슬레이브(Master-Slave) 아키텍처에 대한 설명으로 틀린 것은?

① 일반적으로 실시간 시스템에서 사용된다.

② 마스터 프로세스는 일반적으로 연산, 통신, 조정을 책임진다.

③ 슬레이브 프로세스는 데이터 수집 기능을 수행할 수 없다.

④ 마스터 프로세스는 슬레이브 프로세스들을 제어할 수 있다.

해설 슬레이브 프로세스는 마스터 프로세스의 제어로 할당 및 제어되며 역할에는 제한이 없다.

2021.09

04 소프트웨어 아키텍처와 관련한 설명으로 틀린 것은?

① 파이프 필터 아키텍처에서 데이터는 파이프를 통해 양방향으로 흐르며, 필터 이동 시 오버헤드가 발생하지 않는다.

② 외부에서 인식할 수 있는 특성이 담긴 소프트웨어의 골격이 되는 기본 구조로 볼 수 있다.

③ 데이터 중심 아키텍처는 공유 데이터 저장소를 통해 접근자 간의 통신이 이루어지므로 각 접근자의 수정과 확장이 용이하다.

④ 이해관계자들의 품질 요구사항을 반영하여 품질 속성을 결정한다.

해설 파이프 필터 아키텍처는 필터 이동 시 오버헤드가 발생하며 필터 병목현상을 초래할 수 있다.

2022.06

05 소프트웨어 아키텍처 모델 중 MVC(Model-View-Controller)와 관련한 설명으로 틀린 것은?

① MVC 모델은 사용자 인터페이스를 담당하는 계층의 응집도를 높일 수 있고 여러 개의 다른 UI를 만들어 그 사이에 결합도를 낮출 수 있다.

② 모델(Model)은 뷰(View)와 제어(Controller) 사이에서 전달자 역할을 하며 뷰마다 모델 서브시스템이 각각 하나씩 연결된다.

③ 뷰(View)는 모델(Model)에 있는 데이터를 사용자 인터페이스에 보여주는 역할을 담당한다.

④ 제어(Controller)는 모델(Model)에 명령을 보냄으로써 모델의 상태를 변경할 수 있다.

해설 모델(Model)은 전달자 역할이 아닌 핵심 기능과 데이터를 처리하는 역할을 한다.

정답 1: ② 2: ② 3: ③ 4: ① 5: ②

출제 예상 문제

06 사용자 측 정보 노출(View), 핵심 기능과 데이터 처리(Model), 사용자 입력 관리(Controller)를 상호작용하는 서브시스템으로 구성된 아키텍처 스타일은?

① 파이프 필터

② MVC 구조

③ 저장소 구조

④ 계층 구조

해설 파이프 필터(Pipes and Filters)는 서브시스템이 입력 데이터를 받아 처리하고 결과를 다른 시스템에 보내는 작업 구조를 가진다. 저장소 구조는 공유된 저장소를 통해 상호작용하는 작업 구조를 가지고, 계층 구조는 응집된 집합을 계층으로 분리하고 각 계층 간 상호 사용이 가능한 작업 구조를 가진다.

07 소프트웨어 아키텍처 평가 방법으로 옳지 않은 것은?

① SAAM은 수정 용이성과 기능 분석 중심의 최초의 아키텍처 평가 방법이다.

② ATAM은 SAAM의 품질 속성에 Trade off를 포함하여 평가하는 방법이다.

③ CBAM은 ATAM에서 부족한 경제적 평가 부분을 보강한 평가 방법이다.

④ ADR은 설계 기반 아키텍처 구성 요소 간 결합도를 중점으로 평가하는 방법이다.

해설 ADR은 설계 기반 아키텍처 구성 요소 간 응집도를 중점으로 평가하는 방법이다.

08 소프트웨어 아키텍처 중 저장소 구조에 대한 설명으로 올바르지 않은 것은?

① 대규모 데이터를 공유하는 소프트웨어 시스템에 사용한다.

② 공유된 기반한 아키텍처이다.

③ 모듈의 독립성을 제공하여 재사용성, 이식성을 높여준다.

④ 데이터에 대한 관리가 용이하고 중앙 저장소 형태로 이루어져 있다.

해설 모듈의 독립성을 제공하여 재사용성, 이식성을 높여주는 것은 계층(Layered) 구조이다.

6: ② 7: ④ 8: ③ 정답

305 객체 지향

1 객체 지향(Object Oriented)의 개념

- 실세계의 개체(Entity)를 속성(Attribute)과 메소드(Method)가 결합된 형태의 객체(Object)로 표현하는 방법이다.
- 실세계의 문제 영역에 대한 표현을 소프트웨어 해결 영역으로 매핑(Mapping)하는 방법으로 객체 간에 메시지를 주고받는 형태로 시스템이 구성된다.

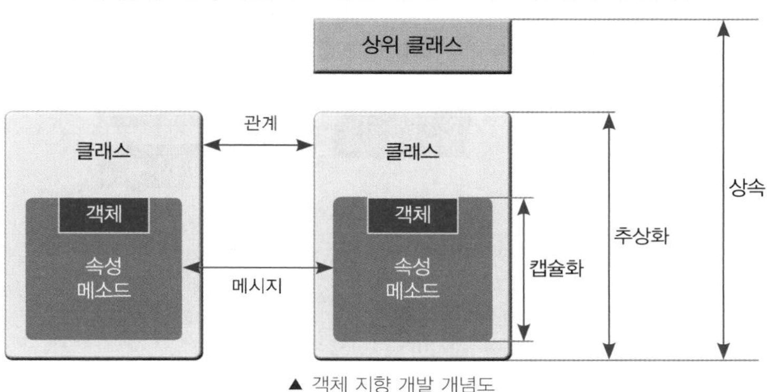

▲ 객체 지향 개발 개념도

멘토 코멘트

객체 지향 설계는 결합도는 낮게, 응집도는 높게 하여 소프트웨어의 재사용성과 이식성을 향상시킨다.

2 객체 지향의 구성 요소

구성 요소	내용
객체 (Object)	데이터(실체)와 그 데이터에 관련되는 동작(절차, 방법, 기능)을 모두 포함한 것
메시지 (Message)	객체들 간의 통신은 메시지를 통해 지시가 이루어지고, 메시지는 수신받을 객체(Receiver)와 수행 메소드명, 인수로 구성됨
클래스 (Class)	동일 또는 유사한 성격의 객체 그룹을 구현한 것으로 객체는 클래스의 한 인스턴스(Instance)가 됨

멘토 코멘트

객체 지향 상세 기법

(캡) 캡슐화
(추) 추상화
(다) 다형성
(정) 정보 은닉
(상) 상속
→ '캡추다정상'으로 암기

멘토 코멘트

추상화 기법의 종류

1) 과정 추상화
복잡한 실행 절차를 자세하게 고려하지 않고 상위 수준에서 수행 흐름만 먼저 설계

2) 데이터/자료의 추상화
여러 자료형을 하나로 묶어 단순화하는 것으로 데이터 구조를 대표할 수 있는 표현으로 대체하는 방법
예) 연월일 → 날짜

3) 제어 추상화
복잡한 실행 및 설계 대신 분기를 생각하며 추상화하는 기법

3 객체 지향의 상세 기법

■ 객체 지향의 5대 상세 기법

기법	설명
캡슐화 (Encapsulation)	- 속성과 메소드(함수)를 하나로 묶어서 객체로 구성하는 기법 - 하나로 묶은 객체는 재사용성을 높이고 오류율을 낮춤 속성(데이터) / 메소드(함수) / 메시지 / 외부정보 / 캡슐 ▲ 캡슐화 개념도
추상화 (Abstraction)	공통 성질을 추출하여 슈퍼 클래스를 설정하는 기법 성적 / 객체화 / 추상화 / 수학 성적 / 영어 성적 ▲ 추상화 개념도
다형성 (Polymorphism)	- 동일한 이름의 오퍼레이션(메소드)이 각 클래스마다 다른 사양으로 정의될 수 있도록 하는 기법 - 오버로딩 : 메소드의 이름은 같으나 인수나 리턴 타입이 다른 경우 - 오버라이딩 : 인수와 리턴 타입이 같은 경우
정보 은닉 (Information Hiding)	캡슐화된 항목들이 다른 객체(Object)에게 정보를 보이지 않게 하여 정보를 은닉하고 메시지 전달을 통해 다른 클래스 내의 메소드가 호출하게 하는 기법
상속성 (Inheritance)	하위 클래스에게 자신의 속성과 메소드를 사용할 수 있도록 허용하여 재사용하는 기법

■ 객체 지향에서의 관계

관계 종류	의미	특성
연관화	Is member of	서로 공통된 의미를 연관된 집단으로 표현할 때 유용
분류화	Is instance of	공통된 속성에 의해 정의된 객체 및 클래스의 인스턴스를 표현할 때 유용
집단화	Is part of	서로 관련 있는 여러 개의 객체를 묶어 한 개의 상위 객체(복합 객체)를 표현할 때 유용
일반화(특수화)	Is a	객체들에 있어 공통적인 성질을 상위 객체로 정의하고 하향식으로 복잡한 객체 표현에 유용

4 객체 지향 설계 원칙(5대 원칙, SOLID)

■ 단일 책임의 원칙(SRP; Single Response Principle)

구분	설명
개념	시스템의 모든 객체는 하나의 책임만을 가지며, 객체가 제공하는 모든 서비스는 그 하나의 책임만을 수행해야 한다는 설계 원칙
특징	- 응집도 향상으로 유지보수성 향상 - 하나의 책임만을 수행하기 때문에 변화에 적응이 높음 - 2개 이상의 책임을 가지면 온전한 책임을 다할 수 있도록 분리

■ 개방 폐쇄 원칙(OCP; Open Closed Principle)

구분	설명
개념	소프트웨어 엔티티(Classes, Modules, Function)는 확장에는 열려 있고 수정에는 닫혀 있어야 한다는 설계 원칙
특징	- 기존 코드의 변경 없이 확장을 통한 코드의 변경을 허용 - 기능의 상속이 아닌 설계의 유연성을 강조 - 오버라이딩 : 상속을 의미하지만, 크게 유연성 확보 차원의 원리 예 Strategy 패턴*의 경우, 인터페이스 변경은 어려우나 구현은 열려 있음

■ 리스코프 교체의 원칙(LSP; Liskov Substitution Principle)

구분	설명
개념	자식 타입들은 부모 타입들이 사용되는 곳에 대체될 수 있어야 한다는 설계 원칙
특징	- 클래스의 생성 목적에 맞게 설계하기 때문에 상/하위 클래스의 호환성 향상 - 하위 클래스는 상위 클래스의 책임을 넘지 않음 - 하위 클래스는 사용자의 요구사항대로 설계됨

■ 인터페이스 분리의 원칙(ISP; Interface Segregation Principle)

구분	설명
개념	- 어떤 클래스가 다른 클래스에 종속될 때는 최소한의 인터페이스를 사용해야 한다는 설계 원칙 - 클라이언트는 자신이 사용하지 않는 인터페이스 때문에 영향을 받아서는 안된다는 원칙
특징	- 인터페이스의 단일 책임을 강조 - 하나의 인터페이스에 해당 인터페이스의 목적에 부합되지 않는 기능을 선언하지 않기 때문에 구현 클래스에서 불필요한 기능의 구현 방지 - 소스 레벨의 가독성 향상

멘토 코멘트

객체 지향 설계 원칙
(S) SRP
(O) OCP
(L) LSP
(I) ISP
(D) DIP
→ '솔리드'로 암기

★ Strategy 패턴
디자인 패턴 중 행위패턴으로 다양한 알고리즘을 각각의 클래스로 캡슐화하여 즉시 대체가 가능하도록 구성한 방식이다. 알고리즘을 사용하는 클라이언트에 독립적인 다양한 알고리즘으로 변경 가능한 패턴이다.

■ 의존관계 역전의 원칙(DIP; Dependency Inversion Principle)

구분	설명
개념	- 높은 레벨의 모듈은 낮은 레벨의 모듈을 의존하지 않고 서로 추상에 의존해야 한다는 설계 원칙 - 클라이언트 변경 최소화를 위해 클라이언트는 구체 클래스가 아닌 인터페이스나 추상 클래스에 의존해야 한다는 설계 원칙
특징	- 구현 클래스에 의존성을 제거하여 낮은 결합도 유지 - 추상화된 클래스에 의존하기 때문에 확장성이 높아져서 유지보수성 향상

★ 객체 지향 방법론
〈109 모델링 기법〉의 럼바우 모델링을 참조하여 숙지한다.

5 객체 지향 개발 방법론★

■ 객체 지향 개발 방법론의 개념

소프트웨어의 요구사항 분석, 설계, 구축, 시험의 전 단계가 객체 지향 개념에 입각하여 일관된 모델을 가지고 소프트웨어를 개발하는 개발 방법론이다.

■ 객체 지향 개발 방법론의 절차

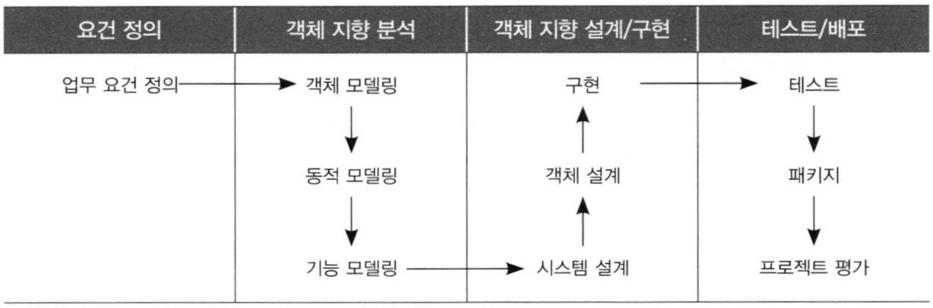

요건 정의	객체 지향 분석	객체 지향 설계/구현	테스트/배포
업무 요건 정의 →	객체 모델링	구현 →	테스트
	↓	↑	↓
	동적 모델링	객체 설계	패키지
	↓	↑	↓
	기능 모델링 →	시스템 설계	프로젝트 평가

단계	작업 항목	설명
객체 지향 분석	객체 모델링 – 객체 다이어그램	- 시스템 정적 구조 포착 - 추상화, 분류화, 일반화, 집단화
	동적 모델링 – 상태 다이어그램	- 시간 흐름에 따라 객체 사이의 변화 조사 - 상태, 사건, 동작 등을 표현
	기능 모델링 – 자료 흐름도	- 입력에 대한 처리 결과 확인 - 객체에서 수행되는 동작을 기술
객체 지향 설계	시스템 설계	- 시스템 구조 설계 - 성능 최적화 및 자원 분배 방안
	객체 설계	구체적 자료 구조와 알고리즘 구현
객체 지향 구현	객체 지향 언어(객체, 클래스)로 프로그래밍	객체 지향 언어(C++, Java), 객체 지향 DBMS

■ 객체 지향 개발 방법론의 유형

유형	설명
Rumbaugh 방법	모든 소프트웨어 구성 요소를 그래픽 표기법으로 모델링하는 방법으로 객체 모델링, 동적 모델링, 기능 모델링으로 나누어 수행하는 방법
Booch 방법	미시적, 거시적 프로세스를 모두 사용하는 분석 방법으로 클래스와 객체들을 분석, 식별하고 속성과 연산을 정의
Jacobson 방법	유스케이스를 사용하는 분석 방법
Coad–Yourdon 방법	E–R 다이어그램을 사용하여 객체의 활동들을 데이터 모델링하고 주로 관계를 분석하는 데 초점을 둔 기법
Wirfs–Brock 방법	분석과 설계 간의 구분 없이 고객 명세서를 평가해서 설계 작업까지 연속적으로 수행하는 기법

실력 점검 문제

기출 유형 문제

2020.09, 2016.03

01 객체 지향 기법의 캡슐화(Encapsulation)에 대한 설명으로 틀린 것은?

① 변경 발생 시 오류의 파급 효과가 적다.

② 인터페이스가 단순화된다.

③ 소프트웨어 재사용성이 높아진다.

④ 상위 클래스의 모든 속성과 연산을 하위 클래스가 물려받는 것을 의미한다.

해설 상위 클래스의 모든 속성과 연산을 하위 클래스에 물려받는 것은 상속을 의미한다.

2015.08

02 객체 지향 기법에서 캡슐화(Encapsulation)에 대한 설명으로 옳지 않은 것은?

① 캡슐화를 하면 객체 간의 결합도가 높아진다.

② 캡슐화된 객체들은 재사용이 용이하다.

③ 프로그램 변경에 대한 오류의 파급 효과가 적다.

④ 인터페이스가 단순해진다.

해설 객체 지향 기법의 캡슐화는 결합도를 낮추고 응집도를 높게 하여 재사용성 및 이식성 등을 향상시킨다.

2021.03, 2020.08, 2014.05

03 객체 지향 개념에서 연관된 데이터와 함수를 함께 묶어 외부와 경계를 만들고 필요한 인터페이스만을 밖으로 드러내는 과정을 무엇이라고 하는가?

① 메시지

② 캡슐화

③ 상속

④ 다형성

해설 외부와의 경계를 만들고, 정보를 은닉하는 기능을 캡슐화라고 한다. 다형성은 동일한 이름의 오퍼레이션이 각 클래스마다 다른 사양으로 정의될 수 있도록 하는 기법이며, 상속은 하위 클래스에게 자신의 속성과 메소드를 사용할 수 있도록 재사용하는 기법이다.

2020.06

04 객체 지향 프로그램에서 데이터를 추상화하는 단위는?

① 메소드 ② 클래스

③ 상속성 ④ 메시지

해설 객체 지향 프로그램에서 공통된 성질을 가지고 슈퍼 클래스를 만들어 추상화한다.

정답 1: ④ 2: ① 3: ② 4: ②

2020.06

05 객체 지향 기법에서 클래스들 사이의 '부분-전체(Part-whole)' 관계 또는 '부분(Is-a-part-of)'의 관계로 설명되는 연관성을 나타내는 용어는?

① 일반화

② 추상화

③ 캡슐화

④ 집단화

해설 집단화는 서로 관련 있는 여러 개의 객체를 묶어 한 개의 상위 객체를 만드는 것으로, Part-whole 또는 Is-a-part-of로 표현할 수 있다.

2020.06

06 객체 지향 분석 방법론 중 E-R 다이어그램을 사용하여 객체의 행위를 모델링하며, 객체 식별, 구조 식별, 주체 정의, 속성 및 관계 정의, 서비스 정의 등의 과정으로 구성되는 것은?

① Coad-Yourdon 방법

② Booch 방법

③ Jacobson 방법

④ Wirfs-Brock 방법

해설 Coad-Yourdon 방법에 대한 설명으로, 주로 관계를 분석하는 데 초점을 둔 기법이다.

2022.03, 2020.08

07 객체 지향 소프트웨어 공학에서 하나 이상의 유사한 객체들을 묶어서 하나의 공통된 특성을 표현한 것은?

① 트랜잭션

② 클래스

③ 시퀀스

④ 서브루틴

해설 클래스는 동일 성격의 객체 그룹을 구현한 것이다. 트랜잭션은 처리 수행 단위이며, 시퀀스는 처리 수행 순서이다. 마지막으로 서브루틴은 반복 수행되거나 재사용이 가능하도록 모듈화한 루틴이다.

2020.08

08 객체 지향 설계 원칙 중 서브타입(상속받은 하위 클래스)은 어디에서나 자신의 기반 타입(상위 클래스)으로 교체할 수 있어야 함을 의미하는 원칙은?

① ISP(Interface Segregation Principle)

② DIP(Dependency Inversion Principle)

③ LSP(Liskov Substitution Principle)

④ SRP(Single Response Principle)

해설 LSP는 자식 타입들은 부모 타입들이 사용되는 곳에 대체될 수 있어야 한다는 설계 원칙이다.

2020.09

09 다음 내용이 설명하는 객체 지향 설계 원칙은?

- 클라이언트는 자신이 사용하지 않는 메소드와 의존관계를 맺으면 안 된다.
- 클라이언트가 사용하지 않는 인터페이스 때문에 영향을 받아서는 안 된다.

① 인터페이스 분리 원칙

② 단일 책임 원칙

③ 개방 폐쇄의 원칙

④ 리스코프 교체의 원칙

해설 인터페이스 분리 원칙에 대한 설명이다. 클래스가 다른 클래스에 종속될 때는 최소한의 인터페이스를 사용해야 한다.

2021.03

10 객체 지향 분석 방법론 중 Coad-Yourdon 방법에 해당하는 것은?

① E-R 다이어그램을 사용하여 객체의 행위를 데이터 모델링하는 데 초점을 둔 방법이다.

② 객체, 동적, 기능 모델로 나누어 수행하는 방법이다.

③ 미시적 개발 프로세스와 거시적 개발 프로세스를 모두 사용하는 방법이다.

④ 유스케이스를 강조하여 사용하는 방법이다.

해설 ①은 Coad-Yourdon 방법에 대한 설명이다. ②는 Rumbaugh 방법, ③은 Booch 방법, ④는 Jacobson 방법이다.

5: ④ 6: ① 7: ② 8: ③ 9: ① 10: ① 정답

2021.03

11 소프트웨어를 개발하기 위한 비즈니스(업무)를 객체와 속성, 클래스와 멤버, 전체와 부분 등으로 나누어서 분석하는 기법은?

① 객체 지향 분석
② 구조적 분석
③ 기능적 분석
④ 실시간 분석

해설 객체 지향 분석은 실세계의 개체(Entity)를 속성(Attribute)과 메소드(Method)가 결합된 형태의 객체(Object)로 표현하는 방법이다. 관계로는 연관화(Is member of), 분류화(Is instance of), 집단화(Is part of), 일반화(Is a) 관계가 있다.

2021.06

12 객체 지향 기법에서 같은 클래스에 속한 각각의 객체를 의미하는 것은?

① Instance
② Message
③ Method
④ Module

해설 동일 성격의 객체 그룹을 구현한 것이 클래스이며, 인스턴스(Instance)는 클래스에 속한 각각의 객체이다.

2021.06

13 객체에게 어떤 행위를 하도록 지시하는 명령은?

① Class
② Package
③ Object
④ Message

해설 객체들 간의 통신은 메시지를 통해 지시가 이루어지고, 메시지는 수신 받을 객체(Receiver)와 수행 메소드명, 인수(Argument)로 구성되어 있다.

2021.06

14 객체 지향 설계에서 객체가 가지고 있는 속성과 오퍼레이션의 일부를 감추어서 객체의 외부에서는 접근이 불가능하게 하는 개념은?

① 조직화(Organizing)
② 캡슐화(Encapsulation)
③ 정보 은닉(Information Hiding)
④ 구조화(Structuralization)

해설 캡슐화된 항목들이 다른 객체에게 정보를 보이지 않게 하여 정보를 은닉하고, 메시지 전달을 통해 다른 클래스 내의 메소드가 호출되게 하는 기법을 정보 은닉(Information Hiding)이라고 한다.

2021.09

15 객체 지향 설계에서 정보 은닉(Information Hiding)과 관련한 설명으로 틀린 것은?

① 필요하지 않은 정보는 접근할 수 없도록 하여 한 모듈 또는 하부 시스템이 다른 모듈의 구현에 영향을 받지 않게 설계되는 것을 의미한다.
② 모듈들 사이의 독립성을 유지시키는 데 도움이 된다.
③ 설계에서 은닉해야 할 기본 정보로는 IP 주소와 같은 물리적 코드, 상세 데이터 구조 등이 있다.
④ 모듈 내부의 자료 구조와 접근 동작들에만 수정을 국한하기 때문에 요구사항 등 변화에 따른 수정이 불가능하다.

해설 정보 은닉은 모듈별 독립성을 유지하도록 하여 하나의 모듈 또는 하부 모듈의 변화가 다른 모듈의 구현에 영향을 주지 않는다. 또한 요구사항 등 변화에 따른 대응이 수정 없이도 가능하다.

정답 11: ① 12: ① 13: ④ 14: ③ 15: ④

2021.09

16 소프트웨어 설계에서 사용되는 대표적인 추상화(Abstraction) 기법이 아닌 것은?

① 자료 추상화　② 제어 추상화
③ 과정 추상화　④ 강도 추상화

자료 추상화는 여러 자료형을 하나로 묶어 단순화하는 기법이며, 제어 추상화는 복잡한 실행 절차를 분기문을 이용하여 단순화시키는 것이다. 과정 추상화는 복잡한 실행 절차를 상위 단계 수준에서 수행 흐름만 먼저 설계하는 방법이다.

2021.09

17 객체 지향의 주요 개념에 대한 설명으로 틀린 것은?

① 캡슐화는 상위 클래스에서 속성이나 연산을 전달받아 새로운 형태의 클래스로 확장하여 사용하는 것을 의미한다.
② 객체는 실세계에 존재하거나 생각할 수 있는 것을 말한다.
③ 클래스는 하나 이상의 유사한 객체들을 묶어 공통된 특성을 표현한 것이다.
④ 다형성은 상속받은 여러 개의 하위 객체들이 다른 형태의 특성을 갖는 객체로 이용될 수 있는 성질이다.

해설 상위 클래스에서 속성이나 연산을 전달받아 새로운 형태의 클래스로 확장하여 사용하는 것은 상속성에 해당한다. 캡슐화는 속성과 메소드(함수)를 하나로 묶어서 객체로 구성하여 재사용성을 높이고 오류를 낮추는 기법이다.

2020.03

18 객체 지향 기법에서 상위 클래스의 메소드와 속성을 하위 클래스가 물려받는 것을 의미하는 것은?

① Abstraction
② Polymorphism
③ Encapsulation
④ Inheritance

해설 상속(Inheritance)은 하위 클래스에게 자신의 속성과 메소드를 사용할 수 있도록 허용하여 재사용하는 기법이다.

2022.03

19 클래스 설계 원칙에 대한 바른 설명은?

① 단일 책임 원칙 : 하나의 클래스만 변경 가능해야 한다.
② 개방-폐쇄의 원칙 : 클래스는 확장에 대해 열려 있어야 하며 변경에 대해 닫혀 있어야 한다.
③ 리스코프 교체의 원칙 : 여러 개의 책임을 가진 클래스는 하나의 책임을 가진 클래스로 대체되어야 한다.
④ 의존관계 역전의 원칙 : 클라이언트는 자신이 사용하는 메소드와 의존관계를 갖지 않도록 해야 한다.

해설
- 단일 책임 원칙은 시스템의 모든 객체는 하나의 책임만을 가지며, 객체가 제공하는 모든 서비스는 그 하나만의 책임만을 수행해야 한다는 설계 원칙이다.
- 리스코프 교체의 원칙은 자식 타입들은 부모 타입들이 사용되는 곳에 대체될 수 있어야 한다는 설계 원칙이다.
- 의존관계 역전의 원칙은 높은 레벨의 모듈은 낮은 레벨의 모듈을 의존하지 않고, 서로 추상에 의존해야 한다는 설계 원칙이다.

2022.06

20 객체 지향 개념에서 다형성(Polymorphism)과 관련한 설명으로 틀린 것은?

① 다형성은 현재 코드를 변경하지 않고 새로운 클래스를 쉽게 추가할 수 있게 한다.
② 다형성이란 여러 가지 형태를 가지고 있다는 의미로 여러 형태를 받아들일 수 있는 특징을 말한다.
③ 메소드 오버라이딩(Overriding)은 상위 클래스에서 정의한 일반 메소드의 구현을 하위 클래스에서 무시하고 재정의할 수 있다.
④ 메소드 오버로딩(Overloading)의 경우 매개 변수 타입은 동일하지만 메소드명을 다르게 함으로써 구현, 구분할 수 있다.

해설 오버로딩(Overloading)은 매개 변수(Argument나 Return Type) 타입은 다르지만 매소드명을 같게 함이 핵심이다.

16: ④ 17: ① 18: ④ 19: ② 20: ④ 정답

2022.06

21 속성과 관련된 연산(Operation)을 클래스 안에 묶어서 하나로 취급하는 것을 의미하는 객체 지향 개념은?

① Inheritance

② Class

③ Encapsulation

④ Association

해설 속성과 메소드(함수)를 하나로 묶어서 객체로 구성하는 기법을 캡슐화라고 한다. 하나 이상의 유사한 객체들을 묶어서 하나의 공통된 특성을 표현하는 클래스와 구분된다.

출제 예상 문제

22 객체 지향 기법이 아닌 것은?

① 캡슐화

② 추상화

③ 다형성

④ 구체화

해설 캡슐화, 추상화, 다형성, 상속, 정보 은닉 5가지의 기법이 있다. 구체화는 재사용성을 떨어트린다.

23 객체 지향 개발 방법론의 절차로 맞는 것은?

① 요건 정의 〉 객체 지향 분석 〉 객체 지향 설계 〉 객체 지향 구현 〉 테스트/배포

② 객체 지향 분석 〉 객체 지향 설계 〉 객체 지향 구현 〉 요건 정의 〉 테스트/배포

③ 요건 정의 〉 객체 지향 구현 〉 객체 지향 분석 〉 객체 지향 설계 〉 테스트/배포

④ 요건 정의 〉 객체 지향 분석 〉 객체 지향 구현 〉 객체 지향 설계 〉 테스트/배포

해설 객체 지향 개발 방법론은 요건 정의 → 객체 지향 분석 → 객체 지향 설계 → 객체 지향 구현 → 테스트/배포 순으로 진행한다.

정답 21: ③ 22: ④ 23: ①

306 디자인 패턴

1 디자인 패턴의 개념

> **멘토 코멘트**
> 디자인 패턴은 최근 매회 출제되고 있으므로 반드시 숙지해야 한다.

- 소프트웨어 설계 시 발생하는 여러 가지 문제에 대한 사례를 분석하여 문제 유형별로 가장 적합한 설계를 모아 표준적인 해법과 작명법을 기술한 것이다.
- 프로그래밍 시 반복적으로 나타나는 설계 문제에 대한 경험 기반의 해결책 목록이다.
- 객체 지향 설계 원칙에 입각하여 소프트웨어를 설계하기 위한 가장 효과적인 참고 자료이다.

2 디자인 패턴의 목적

- 전문가들의 설계 노하우를 다른 개발자가 이해하고 적용할 수 있는 형태로 제공한다.
- 생산성, 확장성, 재사용성, 구조 파악 용이성, 유지보수성이 좋은 소프트웨어를 설계/구현하기 용이하다.

3 디자인 패턴의 특징

구분	내용
인터페이스	구현(Implementation) 클래스가 아니라 인터페이스(Interface)를 활용
위임	상속(Inheritance)과 위임(Delegation)을 사용
낮은 결합도	연관되는 정보를 최소화하여 낮은 결합도 추구

4 GoF(Gang of Four)★의 디자인 패턴

■ 디자인 패턴의 구성

구분	설명	요소
패턴 이름 (Pattern name)	설계 의도 표현, 개발자들 간 의사소통 지원	– 패턴 이름과 분류 – 별칭
문제 (Problem)	언제 해당 패턴을 사용할지, 해결할 문제와 배경 설명	– 의도/목적 – 적용 대상
해법 (Solution)	패턴의 구성 요소, 각 구성 요소의 역할, 요소들 간의 관계 표현	– 구조(클래스 다이어그램) – 구성 요소 – 협력 방법 – 구현/샘플 코드
결과 (Consequence)	– 적용해서 얻는 결과 – 장단점 서술	– 효과 – 주의 사항 – 활용 사례 – 관련 패턴

★ GoF
GoF란 Addison-Wesley에서 1995년에 출간한 『Design Patterns』의 저자 4명을 의미한다.

■ 디자인 패턴의 분류

구분	설명
생성 패턴 (Creational)	객체의 생성 방식을 결정하고 클래스의 정의, 객체 생성 방식을 구조화, 캡슐화하는 패턴
구조 패턴 (Structural)	객체를 구조화하고 조직화하여 클래스 라이브러리 등으로 통합 시 유용한 패턴
행위 패턴 (Behavioral)	객체의 행위를 조직화, 관리, 연합하고 객체나 클래스 연동에 대한 유형을 제시하는 패턴

멘토 코멘트

패턴의 분류
(생) 생성
(구) 구조
(행) 행위
→ '생구행'으로 암기

■ 디자인 패턴의 상세 분류(23개의 패턴)

(1) 생성 패턴

상세 패턴명	설명
추상 팩토리 (Abstract Factory)	관련성을 갖는 객체 또는 독립적인 객체의 집합을 생성할 수 있는 인터페이스를 제공하는 생성 패턴
팩토리 메소드 (Factory Method)	– 인스턴스 생성과 관련된 결정을 서브클래스가 하도록 해서 객체 생성의 유연성을 극대화하는 생성 패턴 – 가상 생성자(Virtual-Constructor)패턴이라고도 함
프로토 타입 (Prototype)	인스턴스 객체의 내용을 그대로 복사하여 새로운 객체를 생성하는 방법을 제공하는 생성 패턴
싱글톤 (Singleton)	클래스의 인스턴스가 단 하나임을 보장하면서, 해당 인스턴스로의 접근 방법을 제공하는 패턴
빌더 (Builder)	복잡한 객체 생성 방법을 별도로 캡슐화하여, 구현 시 동일하나 과정으로 다양한 형태의 합성 객체를 얻을 수 있게 해주는 패턴

멘토 코멘트

생성 패턴
(추상) Abstract
(공장) Factory
(프로토타입) Prototype
(하나) Singleton
(짓자) Builder
→ '추상적인 공장을 프로토로 하나만 짓자' 또는 '추공프싱빌'로 암기

멘토 코멘트

구조 패턴
(A) Adapter
(B) Bridge
(C) Coposite
(D) Decorator
(파) Facade
(플) Flyweight
(록) Proxy
→ 'ABCD 파플록'으로 암기

(2) 구조 패턴

상세 패턴명	설명
어댑터 (Adapter)	호환성이 없는 객체 간 인터페이스를 이용해 작동하게 해주는 패턴
브리지 (Bridge)	추상부와 구현부를 분리해 결합도를 약화시키는 패턴
컴포지트 (Composite)	계층적 복합 객체를 트리 구조로 구성하고 각 요소들을 동일한 방식으로 사용할 수 있도록 해주는 구조 패턴
데코레이터 (Decorator)	객체의 재귀적 합성 구조를 통해 객체의 기능을 동적으로 확장하는 방법을 제공하는 구조 패턴
퍼싸드 (Facade)	어떤 소프트웨어에서 복잡한 인터페이스의 집합에 대하여 단순화된 인터페이스를 제공하기 위한 구조 패턴
플라이웨이트 (Flyweight)	동일하거나 유사한 객체들 사이에 가능한 많은 데이터를 서로 공유하여 사용하도록 하여 메모리 사용량을 최소화하는 패턴
프록시 (Proxy)	접근 대상 객체와 동일한 인터페이스를 제공하는 대리인 객체를 이용해 목표 객체 접근 전에 추가적인 작업의 기회를 제공하는 패턴

(3) 행위 패턴

상세 패턴명	설명
책임 연쇄 (Chain of Responsibility)	어떤 객체에서 서비스 요청이 전달되었을 때, 그 요청을 가장 잘 처리할 수 있는 객체까지 요청을 전파해서 처리할 수 있게 만들어주는 패턴
커맨드 (Command)	행위를 목적으로 하는 객체로서 요청 자체를 객체화해 클라이언트에 파라미터로 넘겨 호출하는 객체와 수행하는 객체를 분리하는 패턴
반복자 (Iterator)	'반복하다'라는 뜻으로 복합 객체의 내부 표현은 내부로 숨기고 순차적으로 순회하여 원하는 데이터를 찾아가도록 하는 패턴
중재자 (Mediator)	객체들 간의 상호작용을 분리하여 캡슐화함으로써 상호작용의 유연한 변경을 지원하는 패턴
메멘토 (Memento)	캡슐화를 위배하지 않고 객체 내부 상태를 객체화하여 객체 상태의 저장 및 해당 상태로의 복구를 가능하게 해주는 패턴
옵저버 (Observer)	객체에 등록된 감시자(옵저버)를 통해 상태가 바뀌면 그 객체에 의존하는 다른 객체들한테 연락이 가고, 자동으로 내용이 갱신되는 1:다(One-to-Many) 방식의 패턴
상태 (State)	객체의 상태가 변경될 때마다 별도의 행위를 지정해야 되는 객체를 정의 및 조직화하는 방법을 제공하는 패턴
전략 (Strategy)	다양한 알고리즘을 각각의 클래스로 캡슐화하여 해당 클래스를 대체가 가능하도록 구성한 후, 알고리즘을 사용하는 클라이언트에 독립적으로 알고리즘 변경이 가능하도록 구성한 패턴
방문자 (Visitor)	데이터 구조와 기능 처리를 분리하는 패턴
인터프리터 (Interpreter)	간단한 언어의 문법을 정의하는 방법과 그 언어로 문장을 구성하는 방법, 문장을 해석하는 방법을 제시하는 패턴
템플릿 메소드 (Template Method)	세부 처리는 서브클래스에서 개별적으로 정의하고, 공통적인 전체 처리 흐름은 상위 클래스에서 규정하는 패턴

기출 유형 문제

2020.06

01 GoF(Gang of Four)의 디자인 패턴에서 행위 패턴에 속하는 것은?

① Builder

② Visitor

③ Prototype

④ Bridge

해설 객체의 행위를 조직화, 관리, 연합하고 객체나 클래스 연동에 대한 유형을 제시하는 행위 패턴에는 Chain of Responsibility, Command, Iterator, Mediator, Memento, Observer, State, Strategy,Visitor, Interpreter, Template Method가 있다.

2020.08

02 다음 내용이 설명하는 디자인 패턴은?

> – 객체를 생성하기 위한 인터페이스를 정의하여 어떤 클래스가 인스턴스화될 것인지는 서브클래스가 결정하도록 하는 것
> – Virtual–Constructor 패턴이라고도 함

① Visitor 패턴

② Observer 패턴

③ Factory Method 패턴

④ Bridge 패턴

해설 Factory Method 패턴에 대한 설명으로, 인스턴스 생성과 관련된 결정을 서브클래스가 하도록 해서 객체 생성의 유연성을 극대화하는 생성 패턴이다.

2020.08

03 디자인 패턴 중에서 행위적 패턴에 속하지 않는 것은?

① 커맨드(Command) 패턴

② 옵저버(Observer) 패턴

③ 프로토타입(Prototype) 패턴

④ 상태(State) 패턴

해설 프로토타입(Prototype) 패턴은 인스턴스 객체의 내용을 그대로 복사하여 새로운 객체를 생성하는 방법을 제공하는 생성 패턴이다.

2020.08

04 객체 지향 소프트웨어 설계 시 디자인 패턴을 구성하는 요소로서 가장 거리가 먼 것은?

① 개발자 이름

② 문제 및 배경

③ 사례

④ 샘플 코드

해설 디자인 패턴의 구성 요소에는 패턴 이름(패턴 이름과 분류, 별칭), 문제(의도/목적, 적용 대상), 해법(구조, 구성 요소, 협력 방법, 구현/샘플 코드), 결과(효과, 주의 사항, 활용 사례, 관련 패턴)가 있다.

정답 1: ② 2: ③ 3: ③ 4: ①

2020.09

05 디자인 패턴 사용의 장단점에 대한 설명으로 거리가 먼 것은?

① 소프트웨어 구조 파악이 용이하다.
② 객체 지향 설계 및 구현의 생산성을 높이는 데 적합하다.
③ 재사용을 위한 개발 시간이 단축된다.
④ 절차형 언어와 함께 이용될 때 효율이 극대화 된다.

해설 디자인 패턴은 전문가들의 설계 노하우를 다른 개발자가 이해하고 적용할 수 있는 형태로 제공하여 생산성, 확장성, 재사용성, 구조 파악 용이성, 유지보수성이 높아진다. 디자인 패턴은 절차형 언어보다 객체 지향 언어와 함께 이용 시 효율이 극대화 된다.

2020.09

06 GoF(Gang of Four)의 디자인 패턴 분류에 해당하지 않는 것은?

① 생성 패턴
② 구조 패턴
③ 행위 패턴
④ 추상 패턴

해설 디자인 패턴으로 생성, 구조, 행위 패턴이 있다.

2022.03, 2021.06, 2021.03

07 GoF(Gangs of Four)의 디자인 패턴 중 생성 패턴에 속하지 않는 것은?

① 추상 팩토리(Abstract Factory)
② 빌더(Builder)
③ 어댑터(Adapter)
④ 싱글턴(Singleton)

해설 생성 패턴은 Abstract Factory, Factory Method, Prototype, Singleton, Builder로 이루어져 있다. 어댑터(Adapter) 패턴은 구조 패턴이다.

2021.03

08 디자인 패턴을 이용한 소프트웨어 재사용으로 얻어지는 장점이 아닌 것은?

① 소프트웨어 코드의 품질을 향상시킬 수 있다.
② 개발 프로세스를 무시할 수 있다.
③ 개발자들 사이의 의사소통을 원활하게 할 수 있다.
④ 소프트웨어의 품질과 생산성을 향상시킬 수 있다.

해설 디자인 패턴은 프로그래밍 시 반복적으로 나타나는 설계 문제에 대한 경험 기반의 해결책으로 생산성, 확장성, 재사용성, 구조 파악 용이성, 유지보수성, 코드 품질, 의사소통 등을 향상시킨다. 소프트웨어 재사용이 개발 프로세스를 무시할 수 있는 것은 아니다.

2021.06

09 GoF(Gang of Four)의 디자인 패턴에 대한 설명으로 틀린 것은?

① Factory Method Pattern은 상위 클래스에서 객체를 생성하는 인터페이스를 정의하고, 하위 클래스에서 인스턴스를 생성하도록 하는 방식이다.
② Prototype Pattern은 Prototype을 먼저 생성하고 인스턴스를 복제하여 사용하는 구조이다.
③ Bridge Pattern은 기존에 구현되어 있는 클래스에 기능 발생 시 기존 클래스를 재사용할 수 있도록 중간에서 맞춰주는 역할을 한다.
④ Mediator Pattern은 객체 간의 통제와 지시의 역할을 하는 중재자를 두어 객체 지향의 목표를 달성하게 해준다.

해설 기존에 구현되어 있는 클래스에 기능 발생 시 기존 클래스를 재사용할 수 있도록 중간에서 맞춰주는 역할을 하는 것은 Adaptor 패턴이다.

정답 5: ④ 6: ④ 7: ③ 8: ② 9: ③

2021.09

10 GoF(Gang of Four)의 디자인 패턴과 관련한 설명으로 틀린 것은?

① 디자인 패턴을 목적(Purpose)으로 분류할 때 생성, 구조, 행위로 분류할 수 있다.

② Strategy 패턴은 대표적인 구조 패턴으로 인스턴스를 복제하여 사용하는 구조를 말한다.

③ 행위 패턴은 클래스나 객체들이 상호작용하는 방법과 책임을 분산하는 방법을 정의한다.

④ Singleton 패턴은 특정 클래스의 인스턴스가 오직 하나임을 보장하고, 이 인스턴스에 대한 접근 방법을 제공한다.

해설 Strategy 패턴은 대표적인 행위 패턴이며, 인스턴스 객체의 내용을 그대로 복사하여 새로운 객체를 생성하는 방법을 제공하는 것은 Prototype 생성 패턴이다.

2022.03

11 소프트웨어 설계에서 자주 발생하는 문제에 대한 일반적이고 반복적인 해결 방법을 무엇이라고 하는가?

① 모듈 분해

② 디자인 패턴

③ 연관 관계

④ 클래스 도출

해설 디자인 패턴은 프로그래밍 시 반복적으로 나타나는 설계 문제에 대한 경험 기반의 해결책 목록이다.

출제 예상 문제

12 GoF(Gang of Four)의 디자인 패턴에서 생성 패턴에 속하는 것은?

① Builder

② Visitor

③ Proxy

④ Bridge

해설 객체의 생성 방식을 결정하고 클래스의 정의, 객체 생성 방식을 구조화, 캡슐화하는 생성 패턴에는 Abstract Factory, Factory Method, Prototype, Singleton, Builder 패턴이 있다.

13 GoF(Gang of Four)의 디자인 패턴에서 객체의 상태가 변경될 때마다 별도의 행위를 지정해야 되는 객체를 정의 및 조직화하여 활용 및 확장을 쉽게 제공하는 패턴은?

① Builder

② Visitor

③ Proxy

④ State

해설 State 패턴에 대한 설명이다. Builder 패턴은 추상부와 구현부를 분리해 결합도를 낮추는 패턴이며 Visitor 패턴은 데이터 구조와 기능 처리를 분리하는 패턴이다. Proxy 패턴은 대리인 개체를 이용하는 것이 핵심이다.

정답 10: ② 11: ② 12: ① 13: ④

인터페이스 설계

이번 장에서 다룰 내용

- 개발하고자 하는 응용 소프트웨어의 인터페이스 요구사항의 정확성과 완전성을 확인한다.
- 개발하고자 하는 응용 소프트웨어의 내부와 외부 인터페이스 대상 시스템을 식별하고 그에 필요한 연계 시스템을 식별할 수 있다.
- 개발하고자 하는 응용 소프트웨어의 내부와 외부 인터페이스를 위한 송수신 방법과 필요한 데이터를 명세화하고 인터페이스 오류 시 처리 방안을 명세화할 수 있다.
- 소프트웨어 아키텍처에서 정의한 인터페이스 설계 기준에 따라 외부와 내부 시스템 간의 인터페이스 설계서를 작성할 수 있다.

401 내외부 인터페이스 요구사항

1 인터페이스 요구사항의 개념

인터페이스 요구사항이란 서로 독립적인 시스템이 연동을 통해 상호작용하기 위한 접속 방법이나 규칙을 정의한 문서이다.

멘토 코멘트

요구사항은 크게 기능적 요구사항과 비기능적 요구사항이 있다.

- 기능적 요구사항
기본적으로 가져야 하는 속성이다.
- 비기능적 요구사항
성능 및 보안성, 신뢰성 등이 대표적이다.

2 인터페이스 요구사항의 분류

구분	설명
기능적 요구사항	내외부 시스템 연계를 통해 수행될 기능과 관련되어 입출력 사이의 처리 과정과 목표 시스템 구현을 위해 소프트웨어가 가져야 하는 기능적 속성에 대한 요구사항
비기능적 요구사항	시스템의 기능에 관련되지 않는 사항으로 시스템이 기능 요구사항을 만족시키면서 정상적으로 작동하기 위한 시스템 내부 또는 외부의 제약조건 예 성능(응답 시간, 처리량), 사용의 용이성, 신뢰도, 보안성, 운용상의 제약, 안전성 등

3 인터페이스 요구사항 분석

도출된 기능 및 비기능 요구사항을 분석하여 이해하고, 요구사항을 만족시키기 위한 아키텍처 구성 요소를 식별하며 중요도에 따라 우선순위를 부여하는 등 요구사항을 구체화하는 일련의 과정이다.

멘토 코멘트

요구사항 분석은 분류, 모델링, 할당, 협상 순으로 진행한다.

| 인터페이스 요구사항 분석 절차 |

단계	분석 기법	설명
1	요구사항 분류	요구사항을 유형별, 우선순위별, 제품 및 프로세스 연관성 등에 따라 분류하는 작업
2	개념 모델링	시스템 사용자와 이해관계자, 주변 환경이 시스템과 긴밀하게 상호작용하는 시나리오를 개념 모델로 표현하는 과정을 통해 요구되는 서비스와 기능을 분석하는 방법
3	요구사항 할당	요구사항을 만족시키는 데 필요한 아키텍처 구성 요소를 식별하는 과정
4	요구사항 협상	요구사항을 분석하는 과정에서 서로 다른 이해관계자가 상충하는 내용을 협의하거나 요구사항을 충족시키는 데 필요한 자원 부족, 기능과 비기능 요구사항들이 서로 대립되는 경우 요구사항 협상을 통해 적절한 수준에서 합의하는 과정

4 인터페이스 요구사항 검증

인터페이스 설계 및 구현 전 단계에 사용자들의 요구사항이 요구사항 명세서에 정확하고 완전하게 기술되었는지 검토하고 개발 범위의 기준인 베이스라인을 설정한다.

| 인터페이스 요구사항 검증 방법 |

검증 방법	설명
동료 검토 (Peer Review)	요구사항 명세서 작성자가 요구사항 명세서를 설명하고 이해관계자들이 설명을 들으면서 결함을 발견하는 검토 방법
워크 스루 (Walk Through)	요구사항 명세서를 회의 전에 배포해서 사전 검토한 후 짧은 시간 동안 검토 회의를 진행하면서 결함을 조기에 발견하는 검토 방법
인스펙션 (Inspection)	작성자 이외의 전문 검토 그룹이 요구사항 명세서를 상세히 조사하여 결함, 표준 위배, 문제점 등을 파악하는 회의
CASE 도구	자동화된 요구사항 관리 도구를 이용하여 요구사항 추적성과 일관성을 검토하는 도구
프로토타입	시제품을 만들어 최종 결과물을 예측하고 시뮬레이션 수행
테스트 설계	테스트 케이스를 생성해 검토

실력 점검 문제

기출 유형 문제

2020.06

01 검토 회의 전에 요구사항 명세서를 미리 배포하여 사전 검토한 후 짧은 검토 회의를 통해 오류를 조기에 검출하는 데 목적을 두는 요구사항 검토 방법은?

① 빌드 검증

② 동료 검토

③ 워크 스루

④ 개발자 검토

해설 워크 스루는 검토 회의 전에 명세서를 미리 배포하여 개발자가 코드를 읽고 동료가 결함을 발견하거나 개선안을 제시하는 사전 검토 회의이다. 워크스루 외에도 요구사항을 검토하는 방법에는 동료 검토, 인스펙션 등이 있다.

2020.08

02 인터페이스 요구사항 검토 방법에 대한 설명이 옳은 것은?

① 리팩토링 : 작성자 이외의 전문 검토 그룹이 요구사항 명세서를 상세히 조사하여 결함, 표준 위배, 문제점 등을 파악

② 동료 검토 : 요구사항 명세서 작성자가 요구사항 명세서를 설명하고 이해관계자들이 설명을 들으면서 결함을 발견

③ 인스펙션 : 자동화된 요구사항 관리 도구를 이용하여 요구사항 추적성과 일관성을 검토

④ CASE 도구 : 검토 자료를 회의 전에 배포해서 사전 검토한 후 짧은 시간 동안 검토 회의를 진행하면서 결함을 발견

해설 ①은 인스펙션에 대한 설명이다. ③은 CASE 도구에 대한 설명이다. ④은 워크 스루에 대한 설명이다. 리팩토링은 외부 동작을 바꾸지 않으면서 내부 구조를 개선하는 방법으로 주로 유지 보수에서 사용된다.

정답 1: ③ 2: ②

출제 예상 문제

03 요구사항 분석 기법으로 올바르지 않은 것은?

① 요구사항 분류
② 개념 모델링
③ 요구사항 할당
④ 요구사항 명세화

해설 요구사항 분석은 요구사항 분류, 개념 모델링, 요구사항 할당, 요구사항 협상 순으로 진행된다.

04 요구사항 분석 기법 중 시스템 사용자와 이해관계자, 주변 환경이 시스템과 긴밀하게 상호작용하는 시나리오를 개념 모델로 표현하는 과정을 통해 분석하는 방법은?

① 요구사항 분류
② 개념 모델링
③ 요구사항 할당
④ 요구사항 명세화

해설 개념 모델링에 대한 설명이다.

05 요구사항 분석 기법 중 요구사항을 분석하는 과정에서 서로 다른 이해관계자가 상충하는 내용을 협의하거나 적절한 수준에서 합의하는 과정을 무엇이라 하는가?

① 요구사항 분류
② 개념 모델링
③ 요구사항 할당
④ 요구사항 협상

해설 서로 다른 이해관계자들 간에 상충하는 내용을 합의하는 과정은 요구사항 협상 방법이다. 요구사항 분류, 개념 모델링, 요구사항 할당 등의 과정에서는 합의하는 과정이 없다.

06 요구사항 검증 기법 중 공식적인 미팅으로 명세서 작성자를 제외한 다른 검토 전문가들이 명세서를 확인하고 결함을 발견하는 회의는?

① 빌드 검증
② 동료 검토
③ 인스펙션
④ 워크 스루

해설 인스펙션은 가장 강력한 검토 기법으로 공식적인 미팅이다. 명세서 작성자를 제외한 다른 검토 전문가들이 명세서를 확인하고 표준 위반, 결함, 중복 등을 발견하는 검토 회의이다. 빌드 검증, 워크 스루, 동료 검토는 대부분 비공식적인 미팅으로 수행한다.

07 요구사항 분석 절차로 올바른 것은?

① 요구사항 분류 〉 개념 모델링 〉 요구사항 할당 〉 요구사항 협상
② 요구사항 협상 〉 개념 모델링 〉 요구사항 할당 〉 요구사항 분류
③ 요구사항 분류 〉 요구사항 할당 〉 개념 모델링 〉 요구사항 협상
④ 요구사항 협상 〉 요구사항 분류 〉 개념 모델링 〉 요구사항 할당

해설 요구사항 분석은 도출된 요구사항을 유형별, 우선순위별로 분류하여 사용자와 이해관계자가 이해할 수 있는 개념 모델링을 수행한다. 해당 요구사항을 필요한 아키텍처 구성 요소를 식별해 할당하고, 이해관계자 간에 상충되는 사항들을 협상한다.

3: ④ 4: ② 5: ④ 6: ③ 7: ① 정답

402 요구 공학

1 요구 공학의 개념

- 요구사항의 수집, 분석, 명세, 검증, 변경, 관리 등의 원칙과 제반 활동에 대한 총체적인 접근 체계이다.
- 시스템의 개발, 변경의 목적을 식별하기 위해 이해관계자들의 요구를 이해 및 조정하여 체계적으로 수집, 분석, 명세화, 확인하는 공정이다.

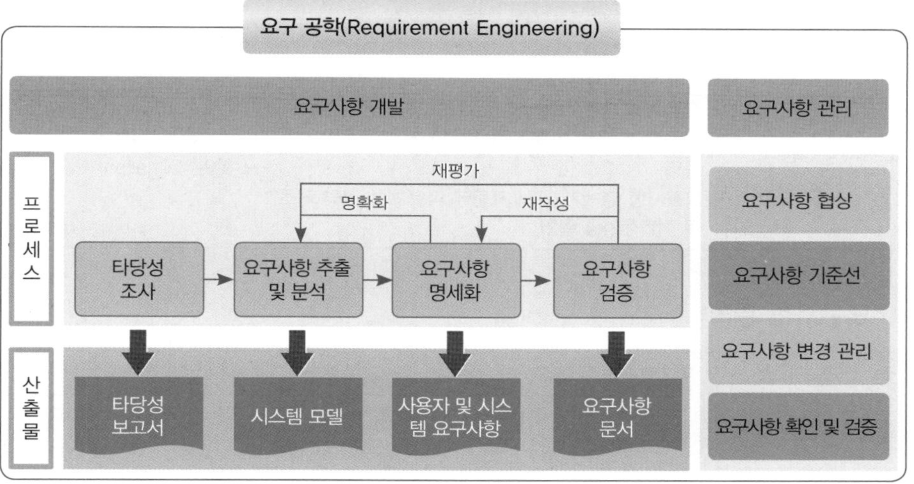

▲ 요구 공학 프로세스 개념도

> **알아두기**
> 요구 공학은 요구사항을 공학적으로 접근하는 기법이다.

2 요구 공학의 필요성

필요성	내용	해결책
요구사항 분석의 어려움	– 문제 영역에 대한 이해 부족 – 의사소통 문제	– 유스케이스 – 프로토타이핑
요구사항과 기대의 차이	– 묵시적(암묵적)인 요구사항 – 기능/비기능 요구사항	– 요구사항 명세서 작성 – 요구사항 검증/확인
요구사항 변화 관리의 어려움	– 무분별한 요구사항 변경 – 변경과 추적에 대한 문제	– CCB(Change Control Board)★ – 요구사항 추적 매트릭스★

★ CCB (Change Control Board)
변경관리위원회 또는 변경통제위원회로 프로젝트 진행 과정에서 제안된 변경을 적용할지를 결정하는 회의

★ 요구사항 추적 매트릭스
프로젝트 진행 단계별로 요구사항들이 어느 페이지 또는 어느 컴포넌트에 반영되었는지를 매칭하는 표 형태의 문서

3 요구 공학의 프로세스

멘토 코멘트

요구사항 개발 프로세스

(추) 추출
(분) 분석
(명) 명세화
(검) 검증
→ '추분명검' 또는 '가을의 명검'으로 암기

■ 요구사항 개발

프로세스	설명	적용 기법
요구사항 추출	요구사항 식별, 분류, 우선순위 설정, 문서화	- 인터뷰, 문서 분석, 프로토타이핑 - 벤치마킹, 브레인스토밍 등
요구사항 분석	요구사항을 파악하여 개발 대상(무엇을 만들지)을 도출해 내는 단계	- 객체 지향 분석 - 구조적 분석(자료 흐름도)
요구사항 명세화	- 추출된 요구사항을 분석하여 명세서 작성 - 요구사항 명세서 작성(의사소통 수단, 다음 단계의 검증이나 시험 계획 수립, 시스템의 변경 제어) - 요구사항 식별(기능적/비기능적)	- ER 모델링 - SRS(Software Requirement Specification) - FSM(Finite State Machine) - SADT(Structured Analysis and Design Technique)
요구사항 검증	- 명세서의 정확성과 구현 가능성을 평가 - 사용자의 요구가 올바르게 기술되었는가를 검토 - 사용자나 고객의 목적을 완전하게 기술하는가를 증명 - 요구사항 명세가 문서 표준에 따르고 설계의 기초로 적합한가를 확인	- 검증(Verification) - 확인(Validation)

멘토 코멘트

요구사항 관리 프로세스

(협) 협상
(기) 기준선
(변) 변경 관리
(검) 검증
→ '협기변검' 또는 '협상은 기준선과 변경을 검증하는게 요구사항 관리다'로 암기

■ 요구사항 관리

프로세스	설명
요구사항 협상	가용한 자원과 수용할 수 있는 위험 범위에서 구현 가능한 기능을 협상하기 위한 기법
요구사항 기준선 관리	- 공식적으로 검토되고 합의된 요구사항 명세서 - 향후 개발의 기본(Baseline)
요구사항 변경 관리	요구사항 기준선을 기반으로 모든 변경을 공식적으로 통제하고 관리하는 기법
요구사항 확인 및 검증	구축된 시스템이 이해관계자가 기대한 요구사항에 부합되는지 확인하기 위한 방법

4 요구사항 명세 기법

구분	정형 명세	비정형 명세
개념	수학적 기호를 사용해 요구사항을 서술	요구사항을 자연어 기반으로 서술
기법	수학적 기반/모델링 기반 명세 기법	상태/기능/객체 중심의 명세 기법
종류	- Z(집합론, 논리, 모델 기반) - VDM(모델 기반) - Petri–Net(그래프 표기법 제공) - CSP, CCS, LOTOS(대수적 방법)	- FSM(Finite State Machine) - Decision Table, ER 모델링 - State Chart(SADT) - Use Case
장점	요구사항이 정확하고 표현이 간결	- 명세 작성 이해 용이 - 의사 전달 방법 다양성
단점	수학적 이해로 인한 관계자의 낮은 이해	- 불충분한 명세 가능 - 자연어의 모호성

알아두기

정형 명세 기법 Z

- 집합론, 논리, 모델 기반 명세 기법
- 논리를 기반으로 한 수학적 표현을 사용하여 여러 특성을 함축적으로 표현 가능
- 모든 특성을 스키마 안에 순서대로 기술하며 모듈화와 재사용성이 우수함
- 스키마 간의 연산이 가능

실력 점검 문제

기출 유형 문제

2021.06

01 요구사항 개발 프로세스의 순서로 옳은 것은?

㉠ 도출(Elicitaion)	㉡ 분석(Analysis)
㉢ 명세(Specification)	㉣ 확인(Valudation)

① ㉠-㉡-㉢-㉣

② ㉠-㉢-㉡-㉣

③ ㉠-㉣-㉡-㉢

④ ㉠-㉡-㉣-㉢

해설 요구사항 추출(도출) → 요구사항 분석 → 명세화 → 검증(확인,검증) 순으로 진행한다.

2021.06

02 요구사항 분석이 어려운 이유가 아닌 것은?

① 개발자와 사용자 간의 지식이나 표현의 차이가 커서 상호 이해가 쉽지 않다.

② 사용자의 요구는 예외가 거의 없어 열거와 구조화가 어렵지 않다.

③ 사용자의 요구사항이 모호하고 불명확하다.

④ 소프트웨어 개발 과정 중에 요구사항이 계속 변할 수 있다.

해설 요구사항은 매우 다양하여 예외가 많고, 열거와 구조화가 어렵다.

정답 1: ① 2: ②

2021.09

03 요구사항 검증(Requirements Validation)과 관련한 설명으로 틀린 것은?

① 요구사항이 고객이 원하는 시스템을 제대로 정의하고 있는지 점검하는 과정이다.

② 개발 완료 이후에 문제점이 발견될 경우 막대한 재작업 비용이 들 수 있기 때문에 요구사항 검증은 매우 중요하다.

③ 요구사항이 실제 요구를 반영하는지, 문서상의 요구사항은 서로 상충되지 않는지 등을 점검한다.

④ 요구사항 검증 과정을 통해 모든 요구사항 문제를 발견할 수 있다.

해설 요구사항 검증은 명세서의 정확성과 구현 가능성을 평가하고, 사용자의 요구가 올바르게 기술되었는가를 검토할 수 있으며, 사용자나 고객의 목적을 완전하게 기술하는가를 증명하는 과정이다. 또한 요구사항 명세는 문서 표준에 따르고 설계의 기초로 적합한가를 확인할 수 있게 해준다. 그러나 검증 과정이 모든 요구사항의 문제를 발견할 수 있는 것은 아니다.

출제 예상 문제

04 요구 공학의 요구사항 개발 프로세스 중에 요구사항을 식별하고 분류하며 우선순위를 설정하는 과정은?

① 요구사항 검증

② 요구사항 분석

③ 요구사항 명세화

④ 요구사항 추출

해설 요구사항 개발 추출 프로세스는 인터뷰, 문서 분석, 프로토타이핑을 통해 요구사항을 식별하고 분류하며 우선순위를 설정하여 문서화한다.

05 요구사항 개발 프로세스가 아닌 것은?

① 요구사항 추출

② 요구사항 기준선

③ 요구사항 명세화

④ 요구사항 검증

해설 요구사항 기준선 관리는 요구사항 관리 프로세스이다.

06 요구사항 관리 프로세스가 아닌 것은?

① 요구사항 추출

② 요구사항 기준선

③ 요구사항 변경 관리

④ 요구사항 확인 및 검증

해설 요구사항 추출은 요구사항 개발 프로세스이다.

07 요구사항 명세 기법에 대한 설명으로 틀린 것은?

① 비정형 명세 기법은 사용자의 요구를 표현할 때 자연어를 기반으로 서술한다.

② 비정형 명세 기법은 사용자의 요구를 표현할 때 Z 비정형 명세 기법을 사용한다.

③ 정형 명세 기법은 사용자의 요구를 표현할 때 수학적인 원리와 표기법을 이용한다.

④ 정형 명세 기법은 비정형 명세 기법보다 표현이 간결하다.

해설 정형 명세 기법에는 Z, VDM, CSP, CSS 등이 있다.

3: ④ 4: ④ 5: ② 6: ① 7: ② 정답

403 시스템 아키텍처

1 시스템 아키텍처의 개념

- 하드웨어와 소프트웨어 아키텍처를 기반으로 해당 시스템의 목적을 달성하기 위해 각 구성 요소가 어떻게 상호작용하는지 설명하는 기술 방법이다.
- 시스템의 구성 및 동작 원리를 나타내며 시스템의 구성 요소에 대해 설계 및 구현을 지원하는 수준으로 자세히 기술한다.

알아두기

시스템 아키텍처는 시스템 전체에 대해 논리적인 기능 체계와 구현을 위한 구성 방식의 최적화를 목표로 한다.

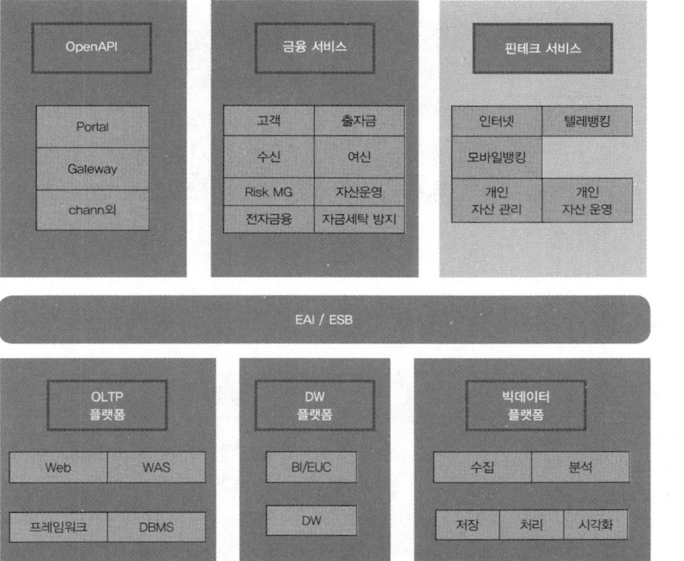

▲ 금융 시스템 아키텍처 예시

2 시스템 아키텍처의 구성 요소 및 구성

■ 시스템 아키텍처의 구성 요소

시스템 아키텍처는 크게 하드웨어와 소프트웨어로 나눌 수 있다.

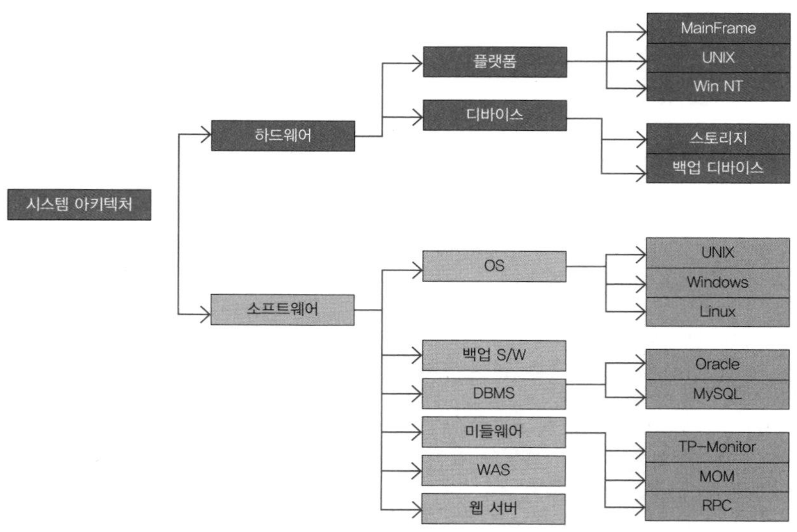

▲ 금융 시스템 아키텍처 예시

■ 시스템 아키텍처의 구성

구성	핵심 기술	설명
플랫폼	- MainFrame(메인프레임) - Unix 서버 - Window 서버	- 서버의 계산 능력을 제공하며 응용 프로그램을 구동시키는 역할을 수행한다.
운영체제	- 웹 서버 - 미들웨어 - 시스템관리 소프트웨어	- 사용자 계정 및 각 미들웨어 간에 호환성을 제공해주는 운영체제이다.
스토리지 기술	- RAID - DAS - NAS - SAN	- RAID는 다수의 디스크에 데이터를 중복 저장하는 기술이다. - DAS(Direct Access Storage)는 서버 내부에 장착되어 데이터를 저장하는 방식이다. - NAS(Network Access Storage)는 네트워크를 통해 연결되어 데이터를 저장하는 방식이다. - SAN(Storage Area Network)은 스토리지 전용 네트워크를 통해 연결한 후 데이터를 저장하는 방식이다.
이중화 및 부하분산	- HA(고가용성) - L4 Switch - WAS Cluster	- HA(High Availability) 기술은 2대 이상의 시스템을 클러스터링하여 장애 시 하나의 서버로도 서비스가 수행 가능하게 하는 기술이다. - L4 Switch는 서버의 노드 간 부하방지를 위해 거래를 분산시키는 역할을 한다.

보안	- DDOS 방어장치 - 방화벽 - IDS / IPS	- 디도스 방어장치 및 방화벽을 설치하여 보안성을 향상시킨다. - 침입 탐지 및 침입 방지 시스템을 구성한다.
네트워크	- 스위치 - 라우터 - 브릿지	- 내외부의 네트워크를 연결하고 내부 네트워크를 보고하도록 설계한다.

3 시스템 아키텍처와 소프트웨어 아키텍처의 관계 및 비교

■ 시스템 아키텍처의 구성 요소

시스템 아키텍처는 소프트웨어 아키텍처에 상위 수준의 영향을 주고, 소프트웨어 아키텍처는 소프트웨어 상세 설계에 영향을 준다. 반대로 소프트웨어 상세 설계는 소프트웨어 아키텍처에 제약을 받고 소프트웨어 아키텍처는 시스템 아키텍처에 제약을 받게 된다.

■ 시스템 아키텍처와 소프트웨어 아키텍처의 비교

구성	시스템 아키텍처	소프트웨어 아키텍처
목적	시스템의 전체적인 최적화	소프트웨어의 복잡성 감소 및 해결
기술	시스템 전체에 대한 논리적인 기능 체계와 그것을 실현하기 위한 구성 방식을 기술한다.	컴포넌트 사이의 커뮤니케이션 방법과 물리적인 배치 등을 포함하는 시스템 구조를 기술한다.
목표	시스템 구성 및 동작 원리를 나타낸다.	시스템의 컴포넌트 식별 및 속성을 정의한다.

404 인터페이스 시스템

> **알아두기**
> 인터페이스는 서로 다른 시스템 간에 연계를 통해 데이터를 송수신하고 서버 및 데이터를 확장하여 사용할 수 있도록 해준다.

1 인터페이스(연계) 시스템의 개념

서로 다른 2개의 시스템 장치 사이에서 정보나 신호를 주고받을 때 접점이나 경계면에서 데이터를 송수신할 수 있도록 하는 시스템이다.

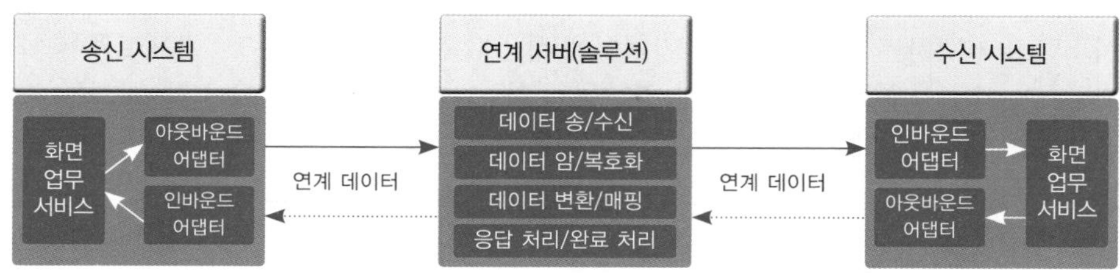

▲ 인터페이스(연계) 시스템 개념도

2 인터페이스 시스템의 구성

시스템 인터페이스를 구성하는 시스템은 송신 시스템과 수신 시스템이 있으며, 연계 방식에 따라 서버를 둘 수 있다.

구성 요소	핵심 기능	설명
송신 시스템	- 데이터 생성 및 추출 - 코드 매핑 및 변환	연계할 데이터를 데이터베이스와 애플리케이션으로부터 연계(중계) 테이블 또는 파일 형태로 생성하여 송신하는 시스템
연계(중계) 서버	전송	수신한 연계(중계) 테이블 또는 파일의 데이터를 수신 시스템에서 관리하는 데이터 형식에 맞게 변환하여 데이터베이스에 저장하거나 애플리케이션에서 활용할 수 있도록 제공하는 시스템
수신 시스템	- 연계(중계) 테이블/파일 생성 - 코드 매핑 및 변환	- 송신 시스템과 수신 시스템 사이에서 데이터를 송수신하고 연계(중계) 데이터의 송수신 현황을 모니터링하는 시스템 - 연계(중계) 데이터의 보안 강화 및 다중 플랫폼 지원 등이 가능

3 인터페이스 시스템 식별

■ 시스템 분류 체계

일반적으로 수행하는 업무를 대/중/소로 파악하고 상위 시스템과 하위 시스템을 구분하여 분류하는 수립 체계이다.

업무 대분류	업무 대분류 ID	업무 중분류	업무 중분류 ID
고객	CS	개인고객관리	CP
		법인고객관리	CC
		개인사업자고객	CA
		고객종합정보	CT
		고객통계	CB
상품	PF	상품기본정보	PB
		상품보조정보	PH
		상품영업지원	PS
		상품출력	PP
대출	LN	심사	SS
		대출실행	LE
		채권관리	CH

시스템 식별 코드

⇨ 업무 대분류 ID(2자리) + 업무 중분류 ID(2자리) + 일련번호(3자리)
상품 기본 정보조회 : PF + PB + 001 = PFPB001

■ 인터페이스 시스템 식별 정보

대내외 연계를 위해 송신 시스템과 수신 시스템에 대한 구체적인 상세 식별 정보를 식별한다.

구분	설명
대내외 구분 정보	기업 내부/외부 시스템 구분
기관명	대외 기관일 경우 기관명을 구체적으로 기술
시스템 ID	시스템 식별 체계에 따라 부여된 식별 번호
한글명	시스템 한글명
영문명	시스템 영문명(영문 코드)
시스템 설명	시스템에 대한 업무, 위치 등에 대한 부가 정보
시스템 위치	시스템이 설치된 위치 정보, 노드 정보
네트워크 특성	네트워크 속도, 대역폭, 유의 사항 등 네트워크 특성
전용 회선 정보	전용 회선을 사용할 경우 전용 회선 연결 방법과 속도 등의 정보

IP/URL	시스템 접속에 필요한 IP, URL 정보
Port	시스템 접속에 필요한 Port 정보
로그인 정보	시스템 로그인 ID와 암호
데이터베이스 정보	데이터베이스 연계 시 필요한 DBMS 유형, DBMS 로그인 정보
담당자 정보	해당 시스템의 인터페이스 담당자 및 연락처 정보

실력 점검 문제

기출 유형 문제

2021.06

01 다음 설명에 해당하는 시스템으로 옳은 것은?

> 시스템 인터페이스를 구성하는 시스템으로 연계할 데이터를 데이터베이스와 애플리케이션으로부터 연계 테이블 또는 파일 형태로 생성하여 송신하는 시스템이다.

① 연계 서버
② 중계 서버
③ 송신 시스템
④ 수신 시스템

해설 연계할 데이터를 데이터베이스와 애플리케이션으로부터 연계(중계) 테이블 또는 파일 형태로 생성하여 송신하는 시스템은 송신 시스템이다.

출제 예상 문제

02 인터페이스 시스템의 기능이 아닌 것은?

① 비즈니스 데이터 분석
② 코드 매핑 및 변환
③ 전송
④ 인터페이스 테이블/파일 생성

해설 인터페이스 시스템의 주요 기능은 데이터 생성 및 추출, 코드 매핑 및 변환, 전송, 인터페이스 테이블/파일 생성 등이다. 비즈니스 데이터 분석은 송수신 서버의 고유 기능에 해당한다.

03 인터페이스 시스템의 식별 정보가 아닌 것은?

① 시스템 ID
② 시스템 설명
③ 네트워크 특성
④ 시스템 성능

해설 인터페이스 시스템 내 시스템 성능은 식별하지 않는다.

04 서로 다른 2개의 시스템 장치 사이에서 정보나 신호를 주고받는 경우의 접점이나 경계면에 위치하여 서로 간 데이터를 송수신할 수 있도록 하는 시스템은?

① 인터페이스 시스템
② CRM 서버
③ 데이터베이스
④ DBMS

해설 인터페이스 시스템은 서로 다른 2개의 시스템 사이에서 정보와 신호를 주고받는 역할을 수행한다.

1: ③ 2: ① 3: ④ 4: ① 정답

405 내외부 송수신

1 내외부 송수신의 개념

서로 다른 시스템 간에 데이터를 공유하고 다양한 시스템에 활용할 수 있도록 데이터를 전송하고 수신하게 하는 기술이다.

2 연계 방식

구분		설명
직접 연계	개념	중계 서버나 솔루션을 사용하지 않고 송신 시스템과 수신 시스템이 직접 연계하는 방식
	장점	중간 매개체가 없으므로 일반적으로 연계 처리 속도가 빠르고 구현이 단순하며 개발 비용과 개발 기간이 짧음
	단점	- 송/수신 시스템 간의 결합도가 높아서 시스템 변경에 민감함 - 보안을 위한 암/복호화 처리와 비즈니스 로직 구현을 인터페이스별로 작성해야 하고, 전사 시스템 인터페이스에 대한 통합 환경 구축이 어려움
간접 연계	개념	연계 서버(솔루션)에서 제공하는 송수신 엔진과 어댑터를 활용하여 연계하는 방식
	장점	- 서로 상이한 네트워크와 프로토콜 등 다양한 환경을 갖는 시스템들을 연계하고 통합 관리할 수 있음 - 인터페이스 변경 시에도 유연하게 대처가 가능하고, 보안이나 업무 처리 반영이 용이함
	단점	- 인터페이스 아키텍처와 연계 절차가 복잡하고 연계 서버(솔루션)로 인한 성능 저하가 발생함 - 개발 및 테스트 기간이 직접 연계 방식보다 오래 걸림

멘토 코멘트

직접 연계와 간접 연계의 구분

중계 서버를 사용하느냐, 사용하지 않느냐의 차이로 구분할 수 있다.

3 연계 기술

시스템 연계 기술은 데이터베이스에서 제공하는 링크를 이용하거나 JDBC, Socket, Web Service 등이 있으며, 시스템 인터페이스 설계 시 연계 아키텍처에서 제시한 표준 기술을 이용해 데이터를 수신 및 전송하여 참조 가능하게 하는 기술이다.

기술	설명
DB Link	- 데이터베이스에서 제공하는 DB Link 객체를 이용하는 방식 - 수신 시스템에서 DB Link를 생성하고 송신 시스템에서 해당 DB Link를 참조하는 방식
DB Connection	수신 시스템의 WAS(Web Application Server)에서 송신 시스템 데이터베이스로 연결하는 DB Connection Pool을 생성하고 연계 프로그램에서 해당 DB Connection Pool명을 이용하는 방식
API / Open API	송신 시스템의 데이터베이스에서 데이터를 읽어와 애플리케이션에 데이터를 전달하는 연계 방식
JDBC	수신 시스템의 프로그램에서 JDBC 드라이버를 이용해 송신 시스템 데이터베이스와 연결하여 연계하는 기술
Hyper Link	웹 애플리케이션에서 하이퍼링크를 이용하여 연계하는 기술
Socket	통신 소켓을 생성하고 포트로 클라이언트와 연결하여 통신하는 방식
Web Service	웹에서 제공하는 WSDL(웹 서비스 기술 언어), UDDI(웹 서비스 등록 및 검색 저장소), SOAP(XML 기반 메시지 교환) 프로토콜을 이용해 연계하는 방식

4 통신 유형

통신 유형은 단방향 통신과 양방향 통신, 동기/비동기 방식으로 구분되며, 인터페이스 설계 및 구현 시 인터페이스 표준을 참조하여 진행한다.

구분	설명	
실시간	단방향 통신	데이터를 전송하는 상대 시스템의 응답이 필요 없는 업무에 단방향으로 데이터를 전송하는 통신 방식
	양방향 통신	데이터를 송신부와 수신부 사이에서 요청과 응답 거래를 통해 서로 간에 주고받는 통신 방식
	동기 (Sync)	- 데이터를 이용하고자 하는 시스템에서 거래를 요청하고 응답이 올 때까지 대기하여 데이터를 일치하여 운영하는 통신 방식 - 실시간으로 처리하고 응답 속도가 빠른 경우에 사용
	비동기 (Async)	- 데이터를 이용하고자 하는 시스템에서 거래를 요청하고 신호를 받아 다시 처리하는 이벤트 기반의 통신 방식 - 거래량이 많고 데이터 처리가 오래 걸리는 업무에 사용
	지연 처리 (Deferred)	- 비동기(Async), 단방향(Notify) 유형과 유사 - 순차 처리 및 지연 처리가 필요한 업무에 사용
배치	DB/File 거래	배치 프로그램에 의해 정해진 스케줄러 또는 정해진 주기에 처리하는 방식

멘토 코멘트

동기와 비동기는 요청 후 응답 대기 유무에 따라 나뉜다.

5 내외부 인터페이스 송수신 방법 명세 작성 절차

구분	설명
인터페이스 기술 식별 및 제약사항 식별	- 웹 서비스, FTP, DB Link, Socket 등 아키텍처에서 정의한 시스템 인터페이스 방식을 기술 - Request–Reply, Send–Receive, Send–Receive–Acknowledge, Publish–Subscribe 등 아키텍처에서 정의한 통신 유형을 참조하여 통신 유형을 정의 - 실시간, 배치, 지연 처리 등 인터페이스 처리 유형을 기술 - 업무 성격과 송수신 데이터양을 고려하여 인터페이스가 발생하는 주기를 파악하여 기술
프로그램 명세 작성	- 송수신 프로그램 입력 파라미터명과 데이터 타입, 출력 파라미터명과 데이터 타입, 관련 테이블(정보 항목)을 정의 - 송수신 처리를 위한 중요 로직을 의사 코드(Pseudo Code) 형태 또는 자연어로 기술

기출 유형 문제

2021.03

01 통신을 위한 프로그램을 생성하여 포트를 할당하고, 클라이언트의 통신 요청 시 클라이언트와 연결하는 내외부 송수신 연계 기술은?

① DB 링크 기술
② 소켓 기술
③ 스크럼 기술
④ 프로토타입 기술

소켓 기술에 대한 설명이다. DB 링크 기술은 데이터베이스에서 제공하는 DB Link 객체를 이용하는 방식이다. ③번과 ④번은 존재하지 않는 연계 기술이다.

출제 예상 문제

02 내외부 송수신 기술 중 송신 시스템의 데이터베이스에서 데이터를 읽어와 애플리케이션에 데이터를 전달하는 인터페이스 방식은?

① DB Link
② DB Connection
③ API/Open API
④ Hyper Link

API/Open API 방식에 대한 설명이다. DB Link는 데이터베이스에서 제공하는 DB Link 객체를 이용하는 방식이며, DB Connection은 DB Connection Pool을 생성해 이용하는 방식이 핵심이다. Hyper Link는 웹 애플리케이션의 하이퍼링크를 이용해 연계하는 기술이다.

03 내외부 송수신 기술 중 직접 연계 방식의 특징이 아닌 것은?

① 중간 매개체가 없으므로 일반적으로 연계 처리 속도가 빠르고 구현이 단순하다.
② 송신 시스템과 수신 시스템 간의 결합도가 높아서 시스템 변경에 민감하다.
③ 전사 시스템 인터페이스에 대한 통합 환경 구축이 어렵다.
④ 인터페이스 변경 시에도 유연하게 대처가 가능하다.

해설 간접 연계 방식이 인터페이스 변경 시 유연하게 대처가 가능하고, 민첩한 업무 처리 반영에 용이하다.

04 내외부 송수신 기술 중 간접 연계 방식의 특징이 아닌 것은?

① 서로 상이한 네트워크와 프로토콜 등 다양한 환경을 갖는 시스템들을 연계하고 통합 관리할 수 있다.
② 인터페이스 변경 시에도 유연하게 대처가 가능하고, 보안이나 업무 처리 반영이 용이하다.
③ 인터페이스 아키텍처와 연계 절차가 복잡하고 연계 서버(솔루션)로 인한 성능 저하가 발생한다.
④ 보안을 위한 암/복호화 처리와 비즈니스 로직 구현을 인터페이스별로 작성해야 한다.

해설 보안을 위한 암/복호화 처리와 비즈니스 로직 구현을 인터페이스별로 작성해야 하는 것은 직접 연계 방식의 단점이다.

1: ② 2: ③ 3: ④ 4: ④ 정답

406 데이터 명세화

1 데이터 명세화의 개념

인터페이스 요구사항 분석 과정에서 식별한 연계 정보에 해당하는 테이블 정의서, 파일 레이아웃, 코드 정의서 등을 통해 데이터를 명세화하는 과정 및 활동이다.

2 데이터 명세화 방법

방법	설명
개체 정의서	데이터베이스 개념 모델링 단계에서 도출한 개체의 타입과 관련 속성, 식별자 등의 정보를 개괄적으로 명세화한 문서
테이블 정의서	요구사항을 논리 및 물리 모델링 과정을 통해 테이블의 특성 및 인덱스, 업무 규칙 등을 정의한 문서
코드 정의서	코드에 대한 명명 규칙을 정하고 정해진 규칙에 따라 정의한 문서
송수신 데이터 명세서	송수신 시스템의 테이블 정의서, 파일 레이아웃, 코드 정의서 등에서 연계하고자 하는 테이블 또는 파일을 명세화한 문서

멘토 코멘트

데이터 명세화 방법
개체 정의서, 테이블 정의서, 코드 정의서, 송수신 데이터 명세서는 반드시 숙지해야 한다.

3 데이터 명세화 절차

인터페이스 시 필요한 데이터를 확인하고 인터페이스 송수신 데이터 명세를 작성한다.

단계		설명
1	송수신 방법 정의 및 프로그램 명세 작성	① 인터페이스별로 인터페이스 기술을 식별하고 각 기술을 적용하기 위한 전제 조건 또는 제약사항을 식별 ② 연계 업무 처리를 위해 프로그램(서비스)을 사용하는 경우 프로그램 ID, 프로그램명, 입출력 파라미터 등 상세 처리 로직을 포함하는 프로그램 명세를 작성
2	인터페이스 송수신 데이터 명세 작성	① 인터페이스 요구사항 분석 과정에서 식별한 연계 정보 그룹에 해당하는 테이블 정의서, 파일 레이아웃, 코드 정의서 등을 준비 ② 송수신 시스템의 테이블 정의서, 파일 레이아웃에서 연계하고자 하는 테이블 또는 파일 단위로 송수신 데이터 명세를 작성
3	오류 식별 및 오류 처리 방안 명세화	① 시스템 장애, 전송 오류, 연계 프로그램에서 정의한 예외 상황 등 대내외 시스템 연계 시에 발생할 수 있는 다양한 오류 상황을 식별하고 분류 ② 오류 상황에 대해 발생 영역 분류, 오류 코드, 오류 메시지, 오류 설명, 대응 방법을 명시

출제 예상 문제

01 데이터 명세화 방법이 아닌 것은?

① 개체 정의서
② 테이블 정의서
③ 코드 정의서
④ 요구사항 명세서

해설 요구사항 명세서는 사용자의 요구사항을 절차화한 명세서로, 데이터 명세화의 방법에는 해당하지 않는다.

02 데이터베이스 개념 모델링 단계에서 도출한 개체의 타입과 관련 속성 등을 개괄적으로 명세화한 문서는?

① 개체 정의서
② 테이블 정의서
③ 코드 정의서
④ 송수신 데이터 명세서

해설 개체 정의서에 대한 설명이다. 테이블 정의서는 요구사항에 따른 테이블의 특성 및 인덱스, 업무 규칙 등을 정의한 문서이며, 코드 정의서는 코드에 대한 명명 규칙을 정의한 문서이다. 송수신 데이터 명세서는 연계하고자 하는 테이블 또는 파일을 명세화한 문서이다.

03 데이터 명세화 절차 순서로 맞는 것은?

① 송수신 방법 정의 및 프로그램 명세 작성 → 인터페이스 송수신 데이터 명세 작성 → 오류 식별 및 오류 처리 방안 명세화
② 오류 식별 및 오류 처리 방안 명세화 → 송수신 방법 정의 및 프로그램 명세 작성 → 인터페이스 송수신 데이터 명세 작성
③ 송수신 방법 정의 및 프로그램 명세 작성 → 오류 식별 및 오류 처리 방안 명세화 → 인터페이스 송수신 데이터 명세 작성
④ 인터페이스 송수신 데이터 명세 작성 → 송수신 방법 정의 및 프로그램 명세 작성 → 오류 식별 및 오류 처리 방안 명세화

해설 데이터 명세화는 송수신 방법 정의 및 프로그램 명세 작성 후 인터페이스 송수신 데이터 명세 작성, 오류 식별 및 오류 처리 방안 명세화 순으로 진행한다.

04 데이터 명세화 절차 중 오류 식별 및 오류 처리 방안에 대한 설명으로 올바르지 않은 것은?

① 시스템 장애, 전송 오류, 연계 프로그램에서 정의한 예외 상황 등을 식별하고 명세화한다.
② 오류 상황에 대해 발생하는 영역별로 분류한다.
③ 다양한 오류 상황을 식별하고 대응 방법을 명시한다.
④ 송수신 시스템의 테이블 정의서, 파일 레이아웃에서 연계하고자 하는 파일 단위로 명세를 작성한다.

해설 송수신 시스템의 테이블 정의서, 파일 레이아웃에서 연계하고자 하는 파일 단위로 명세를 작성하는 것은 인터페이스 송수신 데이터 명세 작성 단계에서 한다.

1: ④ 2: ① 3: ① 4: ④ 정답

407 오류 처리 방안 명세화

1 인터페이스 오류

연계할 데이터를 생성하거나 추출하는 과정, 코드 및 데이터를 변환하는 과정에서 오류가 발생하거나 데이터베이스에 데이터를 반영하고 코드와 데이터를 변환하는 과정에서 오류가 발생하는 현상이다.

2 인터페이스 오류 발생 유형

시스템 연계 과정에서 발생할 수 있는 오류는 다음과 같이 총 4가지로 구분한다.

오류 발생 유형	설명
연계 서버(솔루션)	연계 서버의 실행, 송수신, 형식 변환 등 연계 서버의 기능과 관련된 장애 또는 오류
송신 시스템 연계 프로그램	연계 데이터 추출을 위한 데이터베이스 접근 권한 오류, 데이터 변환 시 예외 상항 미처리 등으로 인한 연계 프로그램 오류
연계 데이터	연계 데이터값이 유효하지 않는 경우의 발생 오류
수신 시스템 연계 프로그램	– 수신 받은 데이터를 반영하는 과정에서의 접근 권한, 미처리 등의 오류 – 데이터 갱신 및 등록 시의 오류

멘토 코멘트

오류 발생 유형

연계 서버, 송신 시스템 연계 프로그램, 연계 데이터, 수신 시스템 연계 프로그램 4가지는 반드시 숙지해야 한다.

3 인터페이스 오류 처리 방법

발생 유형	처리 절차
인터페이스 오류	① 연계 서버와 송수신 시스템의 로그 파일 수집 ② 연계 서버와 송수신 시스템의 로그 파일 분석 및 해결 방안 수립 ③ 해결 방안에 따른 재전송 및 재처리
인터페이스 오류 코드	① 시스템에서 공통으로 사용할 수 있도록 표준화된 오류 코드를 공통 코드로 등록 ② 인터페이스 장애 및 오류 처리를 위해 발생할 수 있는 오류 유형별로 오류 코드를 정의

출제 예상 문제

01 인터페이스 오류 발생 유형이 아닌 것은?

① 연계 서버 오류
② 송신 시스템 연계 프로그램 오류
③ 연계 데이터 오류
④ 수신 시스템 데이터베이스 과부하

해설 인터페이스 오류 발생 유형은 크게 연계 서버, 송신 시스템 연계 프로그램, 연계 데이터, 수신 시스템 연계 프로그램으로 분류할 수 있다.

02 인터페이스 오류 발생 유형 중 연계 데이터값이 유효하지 않는 경우에 발생하는 오류 유형은?

① 연계 서버 오류
② 송신 시스템 연계 프로그램 오류
③ 연계 데이터 오류
④ 수신 시스템 연계 프로그램 오류

해설 연계 데이터의 오류에 대한 설명이다. 연계 서버 오류는 실행, 송수신, 형식 변환 등의 기능에 관련된 장애이며 송신 시스템 연계 프로그램 오류는 연계 데이터 추출 과정에서 데이터베이스 접근 권한, 데이터 변환 시의 오류가 대표적이다. 수신 시스템 연계 프로그램 오류는 수신 데이터를 반영하는 과정에서의 접근 권한, 미처리, 데이터 갱신 등의 오류가 대표적이다.

03 인터페이스 오류 처리 방법 순으로 나열한 것은?

① 로그 파일 수집 → 로그 파일 분석 → 해결 방안 수립 → 재처리
② 재처리 → 로그 파일 수집 → 로그 파일 분석 → 해결 방안 수립
③ 로그 파일 수집 → 재처리 → 로그 파일 분석 → 해결 방안 수립
④ 로그 파일 수집 → 로그 파일 분석 → 재처리 → 해결 방안 수립

해설 인터페이스 오류 시 로그 파일을 수집하여 로그 파일을 분석하고 해결 방안을 수립하여 재처리를 수행한다.

04 인터페이스 오류 처리 발생 유형으로 올바르지 않은 것은?

① 연계 서버 오류 유형은 연계 서버의 실행, 송수신, 형식 변환 등 연계 서버의 관련 장애이다.
② 송신 시스템 연계 프로그램 오류는 수신 시스템의 데이터베이스 접근 권한 오류로 발생한다.
③ 연계 데이터 오류 유형은 데이터의 유효하지 않는 경우의 오류 발생이다.
④ 수신 시스템 연계 프로그램 오류는 수신 데이터를 반영하는 과정에서의 접근 권한, 미처리 등의 오류가 대표적이다.

해설 송신 시스템 연계 프로그램 오류는 송신시스템의 연계 데이터 추출을 위한 데이터베이스 접근 권한 오류가 가장 대표적이다.

1: ④ 2: ③ 3: ① 4: ② 정답

408 인터페이스 설계

1 인터페이스 설계의 개념

소프트웨어 아키텍처에서 정의한 인터페이스 설계 기준에 따라 외부와 내부 시스템 간에 인터페이스 설계서를 작성하여 최적화된 설계를 구현하는 활동이다.

2 인터페이스 설계서

인터페이스 설계서는 인터페이스 목록과 인터페이스 정의서로 구성된다.

■ 인터페이스 목록

인터페이스 목록은 연계 업무와 연계에 참여하는 송수신 시스템의 정보, 연계 방식과 통신 유형 등에 대한 정보를 기술한다.

주요 항목	설명
인터페이스 ID	인터페이스를 구분하기 위한 식별자
인터페이스명	인터페이스의 목적을 나타내는 이름
송신 시스템	인터페이스를 통해 데이터를 전송하는 시스템
수신 시스템	인터페이스를 통해 전송된 데이터를 사용하는 시스템
대내외 구분	인터페이스가 기업 내부 시스템 간 또는 내외부 시스템 간에 발생하는지 여부
연계 방식	웹 서비스, FTP, DB Link, Socket 등 아키텍처에서 정의한 인터페이스 방식
통신 유형	동기식, 비동기식 등 아키텍처에서 통신을 정의한 유형
처리 유형	실시간, 배치, 지연 처리 등 인터페이스를 처리하는 유형
주기	인터페이스의 실행 또는 발생 주기
데이터 형식	전문, 고정 길이, XML 등 인터페이스 항목의 데이터 포맷
관련 요구사항 ID	해당 인터페이스와 관련된 요구사항 식별 정보

알아두기

인터페이스 설계 원칙

- 직관성
  설명서를 보지 않아도 쉽게 사용법을 알 수 있도록 설계
- 일관성
  A화면과 B화면의 시선 흐름이 같도록 일관되게 표현
- 효율성
  사용자의 편리함을 고려하여 작성

■ 인터페이스 정의서

인터페이스 정의서는 데이터 송신 시스템과 수신 시스템 간의 데이터 저장소와 속성 등 상세 내역을 포함하여 작성한다.

<table>
<tr><th colspan="2">주요 항목</th><th>설명</th></tr>
<tr><td colspan="2">인터페이스 ID</td><td>인터페이스를 구분하기 위한 식별자로 명명 표준에 맞게 부여</td></tr>
<tr><td colspan="2">최대 처리 횟수</td><td>단위 시간당 처리될 수 있는 해당 인터페이스 최대 수행 건수</td></tr>
<tr><td colspan="2">데이터 크기(평균/최대)</td><td>해당 인터페이스 1회 처리 시 소요되는 데이터의 평균 크기와 최대 크기</td></tr>
<tr><td rowspan="5">시스템 정보
(송수신 시스템 각각 작성)</td><td>시스템명</td><td>송신 시스템 또는 수신 시스템 이름</td></tr>
<tr><td>업무</td><td>인터페이스를 활용하는 업무명</td></tr>
<tr><td>서비스명/프로그램 ID</td><td>서비스 또는 프로그램을 호출하는 경우 해당 서비스명 또는 프로그램 ID</td></tr>
<tr><td>연계 방식</td><td>웹 서비스, FTP, DB Link, Socket 등 아키텍처에서 정의한 인터페이스 방식</td></tr>
<tr><td>담당자/연락처</td><td>시스템 담당자명과 연락처</td></tr>
<tr><td rowspan="11">데이터 정보
(송수신 시스템 각각 작성)</td><td>번호</td><td>연계 데이터 항목의 순번</td></tr>
<tr><td>필드</td><td>연계 데이터 항목의 이름(칼럼명)</td></tr>
<tr><td>식별자 여부</td><td>식별자 여부를 표시</td></tr>
<tr><td>데이터 타입</td><td>데이터 항목의 데이터값 유형</td></tr>
<tr><td>데이터 크기</td><td>데이터 항목의 데이터 길이</td></tr>
<tr><td>NULL 허용 여부</td><td>항목값에 NULL값이 가능한지 여부</td></tr>
<tr><td>설명</td><td>항목에 대한 상세한 설명</td></tr>
<tr><td>조건</td><td>특정 처리 규칙이 필요한 경우 사용</td></tr>
<tr><td>매핑 규칙</td><td>송신 시스템과 수신 시스템의 항목 간 매핑 수준이 단순한 1:1이 아닌 별도의 처리 로직이 필요한 경우 규칙</td></tr>
<tr><td>Total Length</td><td>총 길이, 고정 길이(Fixed Length) 전문일 경우 명시</td></tr>
<tr><td>추출 조건/SQL</td><td>데이터 추출 시 특별한 조건이나 지정된 SQL 쿼리가 있을 경우 사용</td></tr>
</table>

3 인터페이스 설계서 작성 절차

인터페이스 방법 명세화 과정에서 작성한 인터페이스 목록과 송수신 방법, 송수신 데이터 명세 정보를 기반으로 인터페이스 설계서를 작성한다.

단계		설명
1	양식 준비	인터페이스 설계 가이드와 인터페이스 설계서 작성 양식을 준비
2	기본 정보 작성	인터페이스 식별(분석) 단계에서 정의한 인터페이스 기본 정보를 인터페이스 목록 양식에 맞춰 작성
3	송수신 시스템 정보 작성	인터페이스 정의서 양식에 맞춰 송수신 시스템의 정보를 각각 작성
4	보완 및 수정	인터페이스 식별 당시 작성한 서비스의 프로그램 명세서를 확인하고 보완이 필요한 경우 수정
5	상세 내역 작성	인터페이스 설계서 작성 양식에 맞춰 송수신 데이터 항목 상세를 작성
6	인터페이스 정의서 작성	송수신 시스템 간의 코드 변환을 위한 코드 매핑 규칙을 인터페이스 정의서에 작성하고 코드 매핑 시 참고할 수 있도록 코드 매핑 테이블을 별도로 작성
7	설계 검토 및 보완	인터페이스 설계 내용을 검토하고 보완

기출 유형 문제

2022.06

01 소프트웨어 개발 영역을 결정하는 요소 중 다음 사항과 관련된 것은?

- 소프트웨어에 의해 간접적으로 제어되는 장치와 소프트웨어를 실행하는 하드웨어
- 기존의 소프트웨어와 새로운 소프트웨어를 연결하는 소프트웨어
- 순서적 연산에 의해 소프트웨어를 실행하는 절차

① 기능(Function)

② 성능(Performance)

③ 제약조건(Constraint)

④ 인터페이스(Interface)

해설 인터페이스(Interface)는 소프트웨어 아키텍처에서 정의한 인터페이스 설계 기준에 따라 외부와 내부 또는 내부와 내부 시스템 간에 작동하는 하드웨어 및 소프트웨어이다.

출제 예상 문제

02 인터페이스 시스템 설계 시 연계 업무와 연계에 참여하는 송수신 시스템의 정보, 연계 방식과 통신 유형 등에 대한 정보를 나열한 인터페이스 목록으로 적절하지 않은 것은?

① 인터페이스 ID

② 인터페이스명

③ 최대 처리 횟수

④ 송신 시스템

해설 최대 처리 횟수 등 데이터 크기 등의 상세 내역은 인터페이스 정의서에 작성한다.

03 인터페이스 정의서에 대한 설명으로 맞지 않은 것은?

① 인터페이스는 상세 내역 등을 생략하여 대략적이고 추상적이게 기술한다.

② 인터페이스 ID는 인터페이스를 구분하기 위한 식별자로 명명 표준에 맞게 부여한다.

③ 해당 인터페이스 1회 처리 시 소요되는 데이터의 평균 크기와 최대 크기를 기술한다.

④ 최대 처리 횟수는 단위 시간당 처리될 수 있는 해당 인터페이스 최대 수행 건수를 기술한다.

해설 인터페이스 정의서는 데이터 송신 시스템과 수신 시스템 간의 데이터 저장소와 속성 등에 대해 최대한 상세 내역을 포함하여 작성한다.

04 인터페이스 설계서 작성 절차로 맞는 것은?

① 기본 정보 작성 〉 송수신 시스템 정보 작성 〉 상세 내역 작성 〉 인터페이스 정의서 작성 〉 검토 및 보완

② 송수신 시스템 정보 작성 〉 상세 내역 작성 〉 기본 정보 작성 〉 인터페이스 정의서 작성 〉 검토 및 보완

③ 기본 정보 작성 〉 상세 내역 작성 〉 송수신 시스템 정보 작성 〉 인터페이스 정의서 작성 〉 검토 및 보완

④ 기본 정보 작성 〉 송수신 시스템 정보 작성 〉 인터페이스 정의서 작성 〉 검토 및 보완 〉 상세 내역 작성

해설 인터페이스 설계서는 양식 준비 → 기본 정보 작성 → 송수신 시스템 정보 작성 → 보완 및 수정 → 상세 내역 작성 → 인터페이스 정의서 작성 → 설계 검토 및 보완 순으로 작성한다.

1: ④ 2: ③ 3: ① 4: ① 정답

409 미들웨어 솔루션

1 미들웨어의 개념

- 운영체제와 사용자 애플리케이션(응용 서비스)의 사이인 중간 계층에서 다양한 응용 서비스 실행에 필요한 기능을 제공하고 연결하여 데이터를 주고받을 수 있도록 매개체 역할을 하는 소프트웨어를 말한다.
- 표준화된 교환 방식을 제공하여 시스템 간에 일관된 데이터 교환을 제공한다.

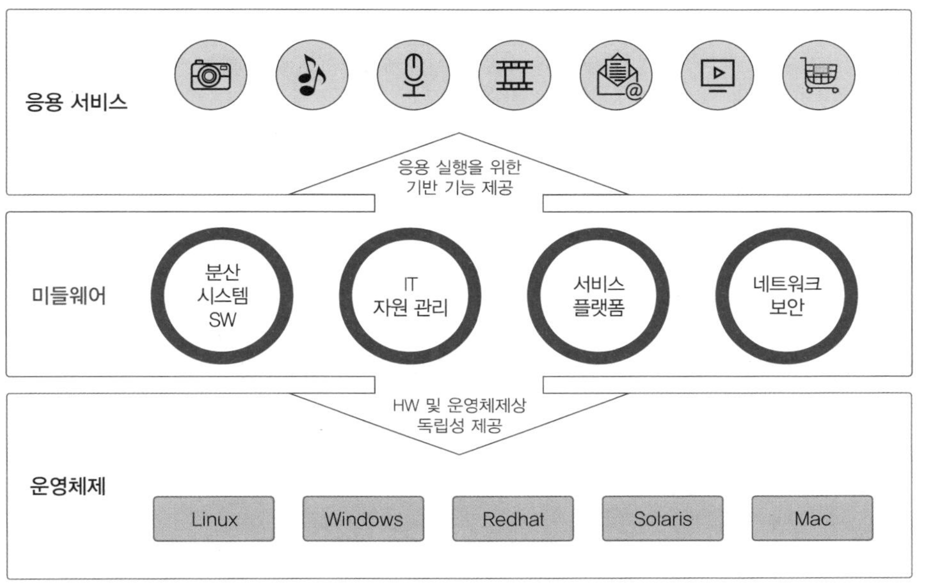

▲ 미들웨어 개념도

2 미들웨어의 주요 기능

기능	설명
데이터 연결	서로 다른 이기종 서버 간에 데이터를 연결하고 제공
독립성* 제공	하드웨어 및 운영체제상에 계층별로 변경의 독립성을 제공하여 변경 용이
보안성 제공	각 인터페이스와 상호 정의된 내용으로만 연결 및 전송
자원 관리	상호 정의된 전문 또는 방식으로 연결하여 효율적 자원의 사용 및 분산 관리

★ **독립성**
하위 계층의 변경 시 상위 계층에 영향을 주지 않도록 제공하는 성질

3 미들웨어의 종류

종류	설명
DB (DataBase)	애플리케이션과 데이터베이스 서버 사이에서 원격으로 연결해주는 미들웨어
RPC (Remote Procedure Call)	- 클라이언트가 원격에서 동작하는 프러시저를 호출하는 시스템으로 동기 및 비동기 방식이 존재 - 프러시저를 사용해 마치 로컬 프러시저처럼 호출하여 사용
MOM (Message Oriented Middleware)	- 클라이언트가 생성한 메시지를 저장소에 요청할 때 저장하면서 다른 업무를 수행하게 지원해주는 비동기식 미들웨어 - 메시지를 이용하여 전달하는 방식의 미들웨어
TP-Monitor (Transaction Processing Monitor)	분산 컴퓨팅 환경, 실시간 온라인(발권 및 예약) 트랜잭션 발생이 빈번한 곳에서 각 트랜잭션이 올바르게 처리되고 있는지 감시하기 적합한 미들웨어
ORB (Object Request Brokers)	객체 지향 시스템에서 객체 및 서비스를 요청하고 전송할 수 있도록 지원하는 미들웨어
WAS (Web Application Server)	- 동적 웹 사이트, 웹 애플리케이션, 웹 서비스의 개발을 지원하기 위해 설계된 소프트웨어 기반의 미들웨어 - 데이터 접근, 세션 관리, 트랜잭션 관리 등을 위한 라이브러리를 제공

4 WAS(Web Application Server) 구축 시 고려 사항

구분	설명
가용성	- 장기간 시스템을 운영할 때 장애 발생 가능성 - 안정적인 트랜잭션 처리 - WAS의 버그 등으로 인한 패치 설치를 위한 재기동 - WAS 이중화 지원
성능	- 대규모 데이터 처리 시 성능 - 다양한 설정 옵션 지원 - 가비지 컬렉션(GC; Garbage Collection)*의 다양한 옵션
기술 지원	- 공급 벤더들의 안정적인 기술 지원 - 다수의 사용자들 간의 정보 공유 - 오픈 소스 여부
구축 비용	- 라이선스 정책 및 비용 - 운영에 따른 유지 및 관리 비용 - 총 소유 비용(TCO; Total Cost of Ownership)

★ 가비지 컬렉션 (Garbage Collection)

동적 할당된 메모리 영역 가운데 더 이상 사용할 수 없게 된 영역을 탐지하여 자동으로 해제하는 기법이다.

기출 유형 문제

2020.06

01 트랜잭션이 올바르게 처리되고 있는지 데이터를 감시하고 제어하는 미들웨어는?

① RPC

② ORB

③ TP Monitor

④ HUB

해설 TP-Monitor는 트랜잭션 발생이 빈번한 곳에서 각 트랜잭션이 올바르게 처리되고 있는지 감시하기 적합한 미들웨어이다.

2020.08

02 미들웨어 솔루션 유형에 포함되지 않는 것은?

① WAS

② Web Server

③ RPC

④ ORB

해설 Web Server는 클라이언트가 요청하는 HTML 문서나 각종 리소스를 전달하는 일반적인 서버이다.

2020.09

03 클라이언트와 서버 간의 통신을 담당하는 시스템 소프트웨어를 무엇이라고 하는가?

① 웨어러블

② 하이웨어

③ 미들웨어

④ 응용 소프트웨어

해설 미들웨어는 운영체제와 사용자 애플리케이션의 사이인 중간 계층에서 다양한 응용 서비스의 실행에 필요한 기능을 제공하고 상호 연결하여 데이터를 주고 받을 수 있도록 매개체 역할을 하는 소프트웨어이다.

2021.03

04 분산 컴퓨팅 환경에서 서로 다른 기종 간의 하드웨어나 프로토콜, 통신 환경 등을 연결하여 응용 프로그램과 운영 환경 간에 원만한 통신이 이루어질 수 있게 서비스를 제공하는 소프트웨어는?

① 미들웨어

② 하드웨어

③ 오픈허브웨어

④ 그레이웨어

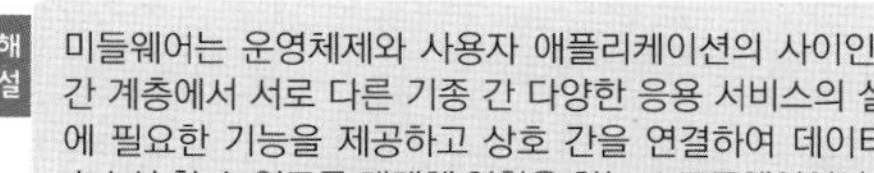
해설 미들웨어는 운영체제와 사용자 애플리케이션의 사이인 중간 계층에서 서로 다른 기종 간 다양한 응용 서비스의 실행에 필요한 기능을 제공하고 상호 간을 연결하여 데이터를 송수신 할 수 있도록 매개체 역할을 하는 소프트웨어이다.

2021.03

05 응용 프로그램의 프로시저를 사용하여 원격 프로시저를 로컬 프로시저처럼 호출하는 방식의 미들웨어는?

① WAS(Web Application Server)

② MOM(Message Oriented Middleware)

③ RPC(Remote Procedure Call)

④ ORB(Object Request Broker)

해설 RPC(Remote Procedure Call)에 대한 설명이다.
WAS(Web Application Server)는 웹 애플리케이션을 지원하는 미들웨어, MOM(Message Oriented Middleware)은 메시지를 이용해 전달하는 미들웨어, ORB(Object Request Broker)는 객체 지향 시스템에서 객체 및 서비스를 요청하고 전송할 수 있도록 지원하는 미들웨어이다.

정답 1: ③ 2: ② 3: ③ 4: ① 5: ③

2021.09

06 분산 시스템에서의 미들웨어(Middleware)와 관련한 설명으로 틀린 것은?

① 분산 시스템에서 다양한 부분을 관리하고 통신하며 데이터를 교환하게 해주는 소프트웨어로 볼 수 있다.

② 위치 투명성(Location Transparency)을 제공한다.

③ 분산 시스템의 여러 컴포넌트가 요구하는 재사용 가능한 서비스 구현을 제공한다.

④ 애플리케이션과 사용자 사이에서만 분산 서비스를 제공한다.

해설 미들웨어는 애플리케이션과 사용자 사이뿐만 아니라 클라이언트와 서버 사이에서도 분산 서비스를 제공할 수 있다. 또한 시스템과 시스템 사이에서도 제공 가능하다.

2022.06

07 메시지 지향 미들웨어(MOM; Message Oriented Middleware)에 대한 설명으로 틀린 것은?

① 느리고 안정적인 응답보다는 즉각적인 응답이 필요한 온라인 업무에 적합하다.

② 독립적인 애플리케이션을 하나의 통합된 시스템으로 묶기 위한 역할을 한다.

③ 송신측과 수신측의 연결 시 메시지 큐를 활용하는 방법이 있다.

④ 상이한 애플리케이션 간 통신을 비동기 방식으로 지원한다.

해설 메시지 지향 미들웨어(MOM; Message Oriented Middleware)는 클라이언트가 생성한 메시지를 저장소에 요청할 때 저장하면서 다른 업무를 수행하도록 지원해주는 비동기식 미들웨어로 실시간 온라인 업무보다는 분산 시스템에 적합하다.

2022.06

08 미들웨어(Middleware)에 대한 설명으로 틀린 것은?

① 여러 운영체제에서 응용 프로그램들 사이에 위치한 소프트웨어이다.

② 미들웨어의 서비스 이용을 위해 사용자가 정보 교환 방법 등의 내부 동작을 쉽게 확인할 수 있어야 한다.

③ 소프트웨어 컴포넌트를 연결하기 위한 준비된 인프라 구조를 제공한다.

④ 여러 컴포넌트를 1:1, 1:다, 다:다 등 여러 가지 형태로 연결이 가능하다.

해설 각 미들웨어의 내부 동작은 매우 다양하며 복잡하여 사용자가 쉽게 확인할 수 없다.

출제 예상 문제

09 미들웨어의 기능이 아닌 것은?

① 운영체제상의 독립성 제공

② 분산 시스템 환경 지원

③ IT 자원 관리

④ 응용 프로그램의 최적화

해설 응용 프로그램 최적화는 응용 프로그램의 역할이다.

6: ④ 7: ① 8: ② 9: ④ 정답

10 웹 애플리케이션을 지원하는 미들웨어로서 사용자의 요구에 바로 적용할 수 있는 동적 콘텐츠를 처리하기 위해 사용되는 미들웨어는?

① RPC(Remote Procedure Call)

② TP-Monitor(Transaction Processing Monitor)

③ DB(DataBase)

④ WAS(Web Application Server)

해설 WAS(Web Application Server)에 대한 설명이다. RPC는 원격 프러시저를 호출하는 방식이며 TP-Monitor는 분산 환경에서 각 트랜잭션을 감시하는 미들웨어이다. DB(DataBase)는 애플리케이션과 데이터베이스 서버 사이에서 원격 접속을 연결해주는 미들웨어이다.

11 미들웨어에 대한 설명으로 알맞지 않은 것은?

① 미들웨어는 서로 다른 이기종 서버 간에 데이터를 연결하고 제공한다.

② 미들웨어는 하드웨어 및 운영체제상에 계층별로 변경의 독립성을 제공하여 변경이 쉽다.

③ WAS(Web Application Server)는 객체 및 서비스를 요청하고 전송할 수 있도록 지원한다.

④ 대표적인 미들웨어로 DB, RPC, MOM 등이 있다.

해설 객체 및 서비스를 요청하고 전송할 수 있도록 지원하는 미들웨어는 ORB(Object Request Brokers)이며, WAS(Web Application Server)는 웹 애플리케이션을 사용자의 요구에 바로 적용할 수 있는 동적 콘텐츠를 처리하기 위해 사용되는 미들웨어이다.

12 WAS(Web Application Server) 구축 시 고려 사항으로 알맞지 않은 것은?

① 가용성 측면에서 장애 발생 가능성, 패치 설치를 위한 재기동, WAS 이중화 등으로 고려해야 한다.

② 성능 측면에서 가비지 컬렉션의 다양한 옵션을 고려해야 한다.

③ 상호 호환성 측면에서 설치 가능한 운영체제 종류를 고려해야 한다.

④ 구축 비용 측면에서 라이선스 정책 및 비용, 유지 및 관리 비용, 총 소유 비용 등을 고려해야 한다.

해설 WAS(Web Application Server) 구축 시 고려 사항으로 가용성, 성능, 기술 지원, 구축 비용이 있다. 상호 호환성은 DBMS 구축 시 고려 사항이다.

정답 10: ④ 11: ③ 12: ③

소프트웨어 개발

데이터 입출력 구현

이번 장에서 다룰 내용

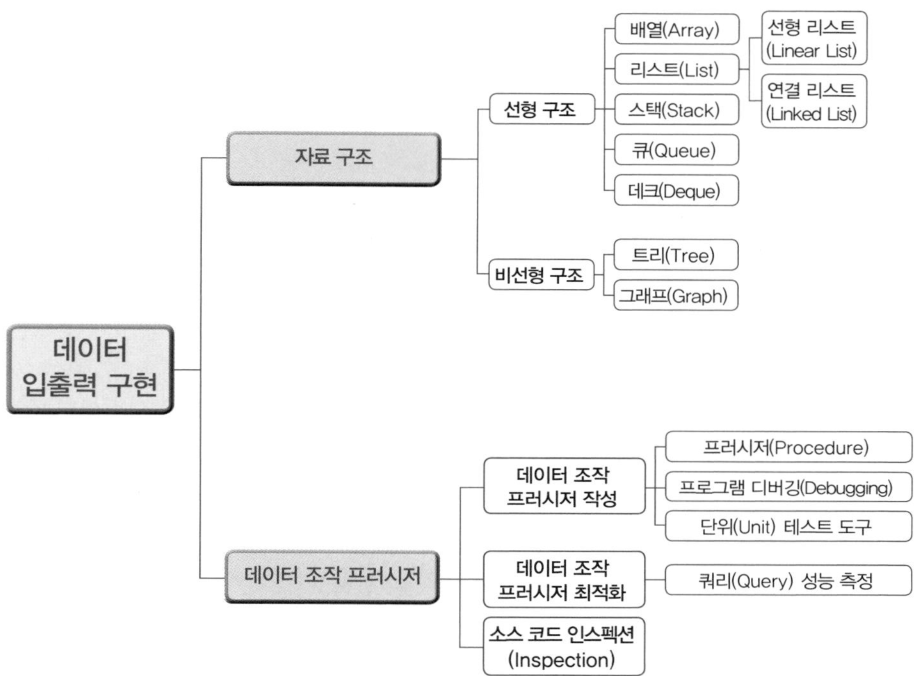

- 선형, 비선형 자료 구조의 종류와 특징 등을 이해해야 한다.
- 스택(Stack), 큐(Queue), 트리(Tree)는 자주 출제되니 정확하게 이해해야 한다.
- 데이터 조작 프러시저와 성능 최적화 방법에 대해 이해해야 한다.

101 자료 구조

1 자료 구조의 개요

■ 자료 구조(Data Structure)의 개념

자료★를 효율적으로 저장, 접근, 처리할 수 있도록 자료를 조직적, 체계적으로 구분하여 표현한 논리적 구조이다.

★ 자료(Data)
현실 세계로부터 수집한 사실이나 개념의 값 또는 이들의 집합. 가공되지 않은 형태의 데이터이다.

■ 자료 구조의 특징

- **효율성(Efficiency)** : 적절한 자료 구조를 이용하면 데이터 처리의 효율을 높일 수 있다.
- **추상화(Abstraction)** : 복잡한 자료, 모듈, 시스템 등으로부터 핵심적인 개념 또는 기능을 간추려내는 방법이다.
- **재사용성(Reusability)** : 범용성 있게 자료 구조를 설계하고 자료 구조의 인터페이스만 이용하여 데이터 처리가 가능하다.

알아두기

정보(Information)
특정한 용도로 사용하기 위하여 자료를 처리/가공한 형태의 데이터이다.

■ 자료 구조의 분류

자료 구조는 크게 선형 구조와 비선형 구조로 분류된다.

멘토 코멘트

자료 구조는 자주 출제되는 영역이다. 선형 구조와 비선형 구조의 분류, 자료 구조의 개념 및 원리를 학습해야 한다.

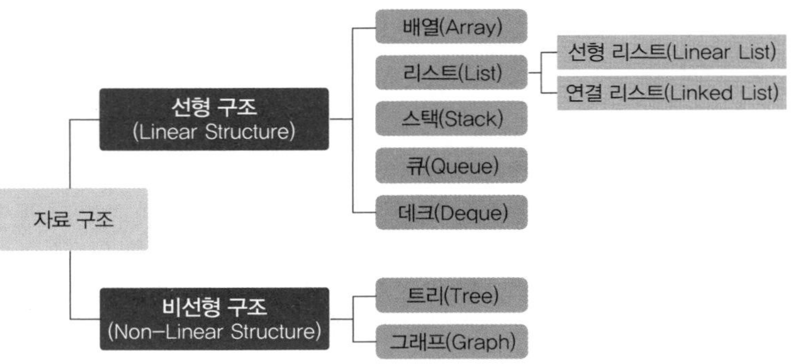

| 선형 구조와 비선형 구조의 비교 |

구분	선형 구조(Linear Structure)	비선형 구조(Non-Linear Structure)
개념	하나의 자료 뒤에 하나의 자료가 존재하는 자료 구조이다.	하나의 자료 뒤에 여러 개의 자료가 존재할 수 있는 자료 구조이다.
개념도	1 – 2 – 3 – 4 – 5 – 6 – 7	① / ② ③ / ④ ⑤ ⑥ ⑦
관계	1:1 선형 관계	1:N 또는 N:N 관계
특징	구조가 간단하고, 기억 장소 효율이 높다.	계층적 구조를 나타내기에 적절하다.
종류	배열, 리스트(선형 리스트, 연결 리스트), 스택, 큐, 데크	트리, 그래프

멘토 코멘트

선형 구조와 비선형 구조는 자주 출제되는 영역이다.

2 선형 구조(Linear Structure)

선형 구조의 종류에는 배열(Array), 리스트(선형 리스트, 연결 리스트), 스택(Stack), 큐(Queue), 데크(Deque)가 있다.

■ 배열(Array)

(1) 배열의 개념

배열은 가장 일반적인 자료 구조로서 동일한 형태의 데이터들을 순차적으로 저장할 수 있다.

예 arr(10)

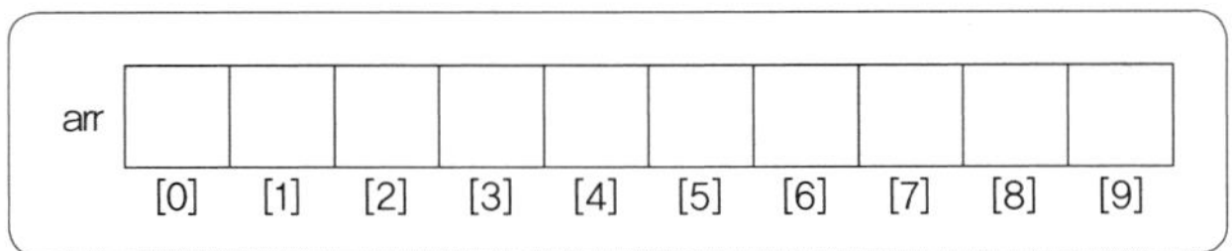

▲ 배열의 구조

(2) 배열의 특징

- 메모리에 연속으로 저장된다.
- 첨자(인덱스)를 통해 모든 데이터에 직접 접근(액세스)이 가능하다.
- 배열의 각 요소에 접근하는 시간은 모두 동일하다.
  → 시간 복잡도(빅오 표기법*) : O(1)
- 배열 요소들을 임의의 순서로 처리할 수 있다.
- 배열 내 요소의 삽입, 삭제에는 비교적 많은 시간이 소요된다.
- 배열의 처음과 끝에서 요소 추가, 삭제는 빠르다.

★ 빅오 표기법(Big-O)
알고리즘의 효율성을 나타내는 지표로, 시간 복잡도(실행 시간)와 공간 복잡도(실행 공간)로 구성된다.

멘토 코멘트

선형 리스트는 연속된 기억 장소에, 연결 리스트는 포인터를 이용한 임의의 기억 장소에 저장되는 자료 구조이다.

■ 리스트(List)

(1) 선형 리스트(순차 리스트, Linear List)

- 선형 리스트는 배열과 같이 연속되는 기억 장소에 저장되는 리스트이다.
- 선형 리스트는 원소들 간의 논리적인 순서와 메모리에 저장하는 물리적인 순서가 동일하다.

예 int num[10] = {10, 20, 30, 40, 50, 60, 70, 80, 90, 100};

	[0]	[1]	[2]	[3]	[4]	[5]	[6]	[7]	[8]	[9]
num	10	20	30	40	50	60	70	80	90	100

▲ 선형 리스트의 구조

| 선형 리스트의 데이터 삽입과 삭제 과정 |

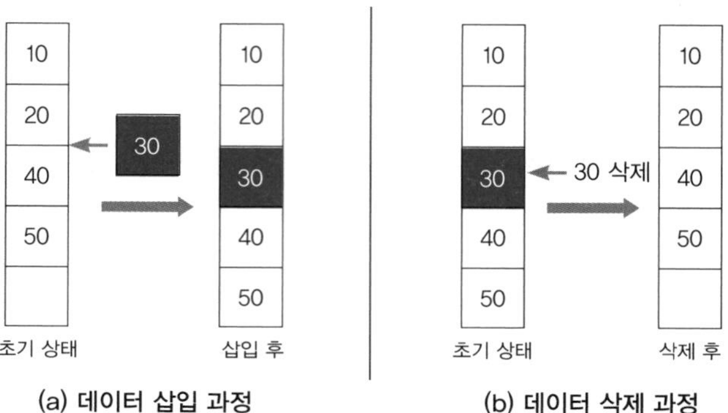

(a) 데이터 삽입 과정 (b) 데이터 삭제 과정

동작(연산)	설명
데이터 삽입	데이터 삽입 시 삽입하려는 위치부터 그 뒤의 데이터들을 모두 한 칸씩 뒤로 이동한다.
데이터 삭제	데이터 삭제 시 데이터를 삭제하고 그 뒤의 데이터들을 한 칸씩 앞으로 이동한다.

(2) 연결 리스트(Linked List)

연결 리스트는 데이터들을 임의의 기억 공간에 기억시켜 각 노드의 포인터*를 이용하여 서로 연결한 자료 구조이다.

★ 포인터(Pointer)
현재 노드 위치에서 다음 노드 위치를 알려주는 요소이다.

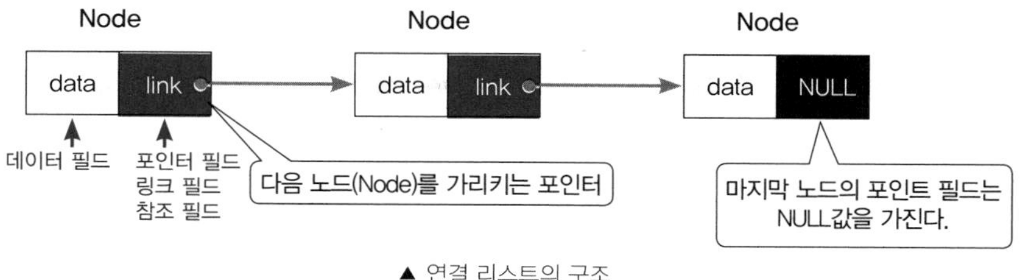

▲ 연결 리스트의 구조

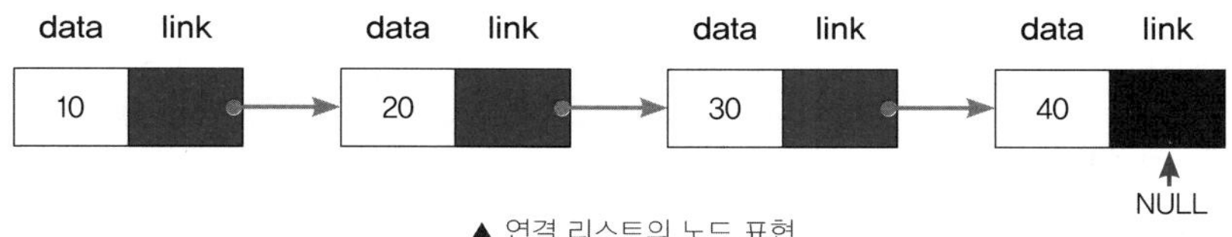

▲ 연결 리스트의 노드 표현

| 연결 리스트의 특징 |

- 노드의 삽입과 삭제가 용이하며, 기억 공간이 절약된다.
- 데이터들이 기억 장소 내 어느 곳에서나 위치 가능하다.
- 상대적으로 구현이 어렵고, 포인터 저장에 필요한 저장 공간이 더 많이 소요된다.
- 연결을 위한 포인터 검색 시간이 필요해 접근 속도가 선형(순차) 리스트에 비해 느리다.

멘토 코멘트

연결 리스트의 종류와 각각의 개념을 꼭 학습해야 한다.

| 연결 리스트의 종류 |

종류	설명
단순 연결 리스트 (Simple Linked List)	– 각 노드에 자료 공간과 한 개의 포인터 공간이 있고, 각 노드의 포인터는 다음 노드를 가리키는 자료 구조다. – 마지막 노드의 링크는 NULL값을 갖는다. Node: data link → Node: data link → Node: data NULL
이중 연결 리스트 (Double Linked List)	– 단순 연결 리스트와 비슷하지만, 포인터 공간이 2개가 있고 각각의 포인터는 앞, 뒤의 노드를 가리키는 자료 구조다. – 처음 노트의 이전(Prev) Link와 마지막 노드의 이후(Next) Link는 NULL값을 갖는다. prev link, next link Node: link data link ⇄ Node: link data link ⇄ Node: link data link NULL NULL
원형 연결 리스트 (Circular Linked List)	단순 연결 리스트에 마지막 노드와 처음 노드를 연결시켜 원형으로 만든 자료 구조다. Node: data link → Node: data link → Node: data link

■ 스택(Stack)

(1) 스택의 개념

멘토 코멘트

스택(Stack)은 자주 출제되는 영역이다. 스택의 개념, 데이터 삽입과 삭제 과정을 학습해야 한다.

- 한쪽 끝에서만 자료의 삽입, 삭제 작업이 이루어지며, 가장 나중에 삽입된 자료가 가장 먼저 삭제되는 후입선출(LIFO; Last In First Out) 방식의 자료 구조다.
- 시간 복잡도 : O(1)

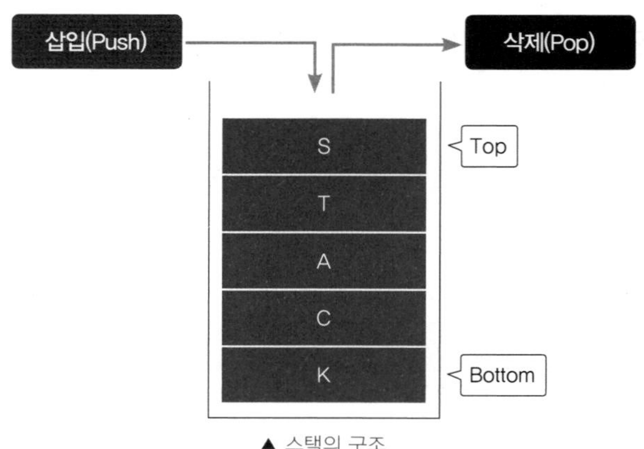

▲ 스택의 구조

구성	설명
Top	스택에서 가장 나중에 삽입된 자료가 기억된 위치를 가리키는 요소로, 스택 포인터(Stack Pointer)라고도 한다.
Bottom	스택에서 가장 아랫부분에 해당하는 위치를 가리키는 요소이다.

(2) 스택의 동작(연산)

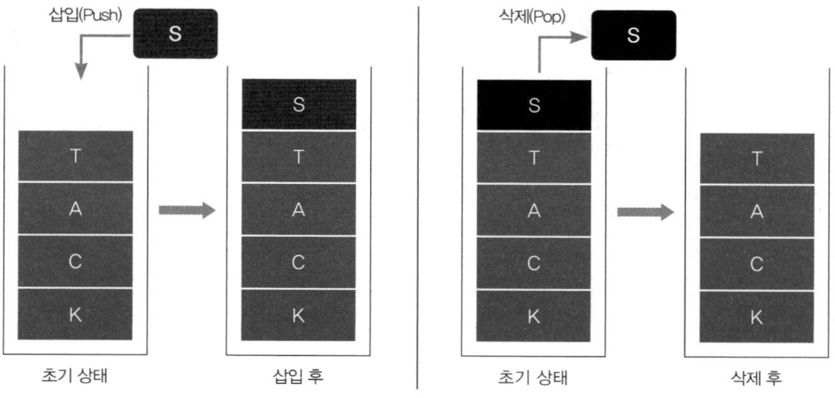

▲ (a) 데이터 삽입 과정

▲ (b) 데이터 삭제 과정

동작(연산)	설명
삽입(Push)	자료를 스택에 삽입하는 과정이다.
삭제(Pop)	스택에서 가장 나중에 삽입된 자료를 삭제하는 과정이다.

■ 큐(Queue)

(1) 큐의 개념

- 큐는 스택과 달리 한쪽 끝에서는 삽입 작업이 다른 한쪽에서는 삭제 작업이 이루어지며, 가장 먼저 삽입된 자료가 가장 먼저 삭제되는 선입선출(FIFO; First In First Out) 방식의 자료 구조다.
- **시간 복잡도** : O(1)

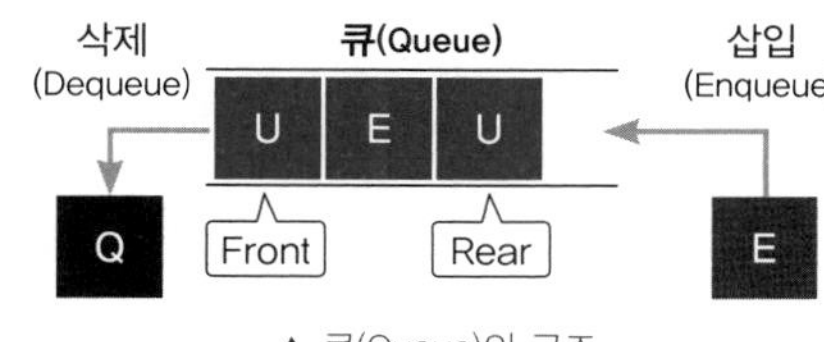

▲ 큐(Queue)의 구조

구성	설명
Front	가장 먼저 삽입된 자료의 위치를 가리키는 포인터이다.
Rear	가장 마지막에 삽입된 자료의 위치를 가리키는 포인터이다.

(2) 큐의 동작(연산)

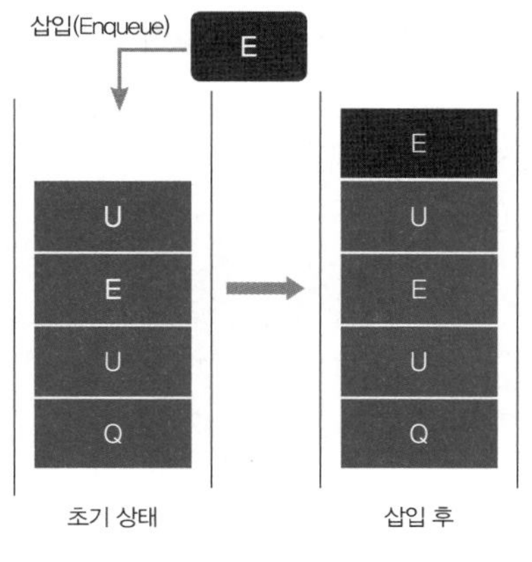

▲ (a) 데이터 삽입 과정

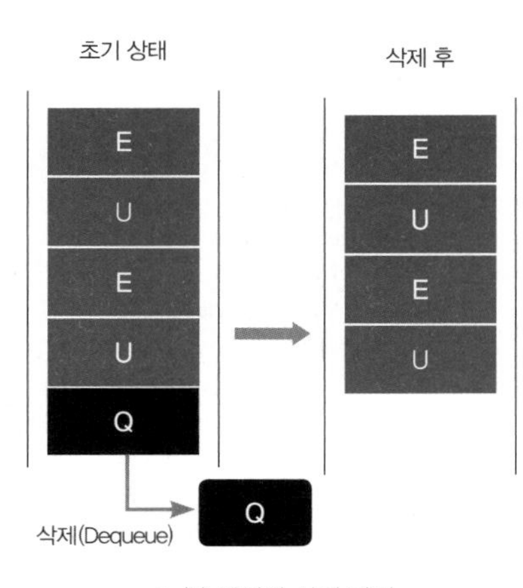

▲ (b) 데이터 삭제 과정

멘토 코멘트

스택(Stack)은 한 쪽으로만 삽입/삭제, 큐(Queue)는 한쪽으로는 삽입만 한쪽으로는 삭제만 가능한 자료 구조라는 기본 개념을 이해해야 한다.

동작(연산)	설명
삽입(Enqueue)	큐에 자료를 삽입하는 연산 과정이다.
삭제(Dequeue)	큐에서 자료를 삭제하는 연산 과정이다.

멘토 코멘트

데크(Deque)는 큐(Queue)와 달리 양쪽 끝에서 삽입/삭제가 가능하다.

데크(Deque)

- 데크는 2개의 포인터를 사용하여 큐의 양쪽 끝에서 삽입과 삭제가 모두 가능한 자료 구조다.
- **시간 복잡도** : O(1)

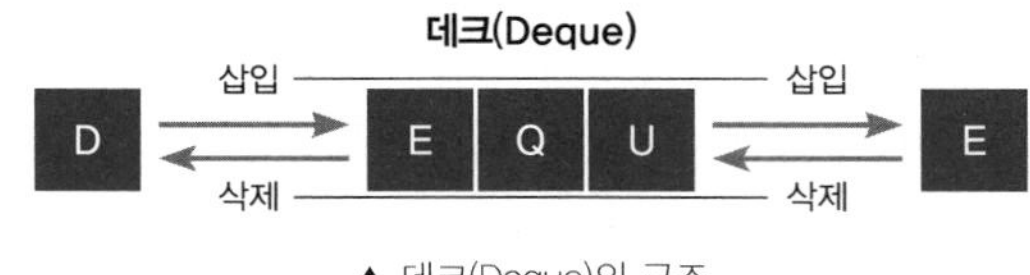

▲ 데크(Deque)의 구조

멘토 코멘트

비선형 구조의 트리, 그래프는 자주 출제되는 영역이다.

3 비선형 구조(Non-Linear Structure)

비선형 구조에는 트리(Tree)와 그래프(Graph)가 존재한다.

트리(Tree)

(1) 트리의 개념

- 트리는 노드가 계층적으로 사이클을 이루지 않도록 구성한 자료 구조다.
- 트리는 인덱스를 조직하는 방법으로 가장 많이 사용되며, 노드와 노드를 연결하는 선을 링크라고 부른다.

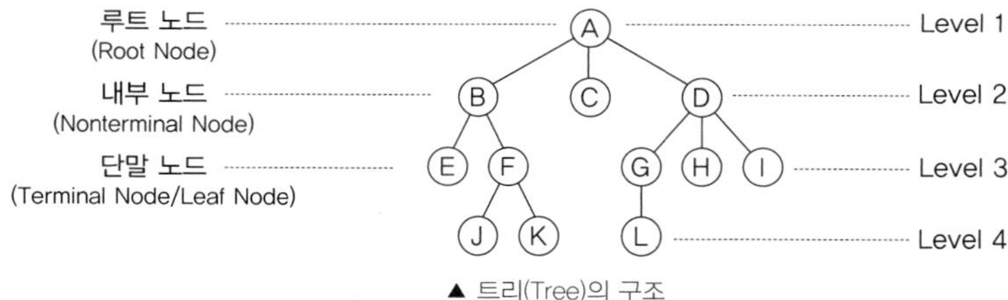

▲ 트리(Tree)의 구조

(2) 트리의 특징

- 노드가 N개인 트리는 항상 N-1개의 링크(Link)를 가진다.
- 같은 노드를 2번 이상 방문하지 않는다는 조건 하에 루트에서 어떤 노드로 가는 경로와 임의의 두 노드 간의 경로는 유일하다.

멘토 코멘트

트리의 용어에서는 단말 노드, 차수(Degree), 트리의 차수(Degree of Tree) 개수를 구하는 원리를 학습해야 한다.

(3) 트리의 용어 정리

구분	설명
노드 (Node)	트리를 구성하는 기본 요소이다.
루트 노드 (Root Node)	부모가 없는 최상위 노드이다. 예 A
단말 노드(Terminal Node) or 리프 노드(Leaf Node)	자식이 하나도 없는 노드로, 차수(Degree) = 0인 노드이다. 예 C, E, J, K, L, H, I
비단말 노드 (Non-Terminal Node)	자식이 하나라도 있는 노드로, 차수(Degree) 〉 0인 노드이다. 예 A, B, D, F, G
조상 노드 (Ancestors Node)	임의의 노드에서 루트 노드에 이르는 경로상에 모든 노드이다. 예 L의 조상 노드는 G, D, A
부모 노드 (Parent Node)	어떤 노드에 연결된 이전 레벨의 노드들이다. 예 E, F의 부모 노드는 B
자식 노드 (Child Node)	어떤 노드에 연결된 다음 레벨의 노드들이다. 예 B의 자식 노드는 E, F
형제 노드 (Sibling(Brother) Node)	동일한 부모 노드를 갖는 노드들이다. 예 H의 형제 노드는 G, I
차수 (Degree)	한 노드에 연결된 자식 노드의 수이다. 예 A = 3 , B = 2
레벨 (Level)	루트 노드로부터 임의의 노드까지의 경로 길이이다. 예 H의 레벨은 3
깊이 (Depth)	루트 노드에서 임의의 노드까지 거쳐야 하는 간선의 수이다. 예 B = 1, F = 2
트리의 차수 (Degree of Tree)	트리의 노드들 중 차수가 가장 많은 수이다. 예 노드 A = 3, D = 3 : 해당 트리의 차수 = 3

멘토 코멘트

트리 순회 방법은 사례를 기반으로 자주 출제된다.

(4) 트리 순회(Tree Traversal) 방법

노드 방문 순서에 따라 크게 전위, 중위, 후위 순회 3가지로 분류된다.

순회 방법	개념도	설명
전위 순회 (Pre-Order Traversal)	C → L → R	루트부터 시작해서 왼쪽 서브트리, 오른쪽 서브트리 순서로 순회하는 방식이다. [순회 순서] ① 루트 노드 순회 ② 왼쪽 자식 노드를 전위 순회 ③ 오른쪽 자식 노드를 전위 순회
중위 순회 (In-Order Traversal)	L → C → R	왼쪽 서브트리부터 시작해서 루트, 오른쪽 서브트리 순서로 순회하는 방식이다. [순회 순서] ① 왼쪽 자식 노드를 중위 순회 ② 루트 노드 순회 ③ 오른쪽 자식 노드를 중위 순회
후위 순회 (Post-Order Traversal)	L → R → C	왼쪽 서브트리부터 시작해서 오른쪽 서브트리, 루트 순서로 순회하는 방식이다. [순회 순서] ① 왼쪽 자식 노드를 후위 순회 ② 오른쪽 자식 노드를 후위 순회 ③ 루트 노드 순회

멘토 코멘트

수식의 표기법은 자주 출제가 된다. 변환 방법에 대하여 숙지해야 한다.

(5) 수식의 표기법

수식의 표기법에는 전위(Prefix), 중위(Infix), 후위(Postfix) 표기법이 있다.

예

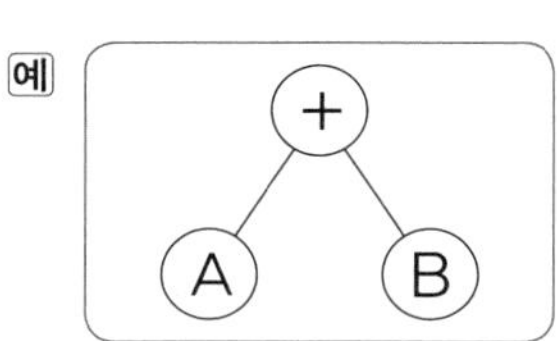

표기법의 종류	설명
전위 표기법 (Prefix Notation)	- 연산자를 피연산자 앞에 표기하는 방법이다. - 연산자 → Left(피연산자) → Right(피연산자) 예 + A B
중위 표기법 (Infix Notation)	- 연산자를 피연산자의 사이에 표기하는 방법이다. - Left(피연산자) → 연산자 → Right(피연산자) 예 A + B
후위 표기법 (Postfix Notation)	- 연산자를 피연산자의 뒤에 표기하는 방법이다. - 컴퓨터에서 수식을 계산하기 위해서는 후위 표기법으로 바꾸어야 한다. - Left(피연산자) → Right(피연산자) → 연산자 예 A B +

(6) 수식 표기법의 변환

| 중위(Infix) 표기법을 전위(Prefix) 표기법으로 변환하기 |

전위 표기법은 연산자를 피연산자의 왼쪽으로 이동시켜 변환한다.

예 A + B * C − D / E

① 연산자 우선순위에 따라 중위 표기법을 괄호로 묶는다.

(A + (B * C)) − (D / E))

② 각 연산자를 묶고 있는 괄호의 왼쪽 괄호로 연산자를 이동시킨다.

((A + (B * C)) − (D / E)) ➡ − (+ (A * (B C)) / (D E))

③ 불필요한 괄호를 제거한다.

− + A * B C / D E

| 중위(Infix) 표기법을 후위(Postfix) 표기법으로 변환하기 |

후위 표기법은 연산자를 피연산자의 오른쪽으로 이동시켜 변환한다.

예 A + B * C − D / E

① 연산자 우선순위에 따라 중위 표기법을 괄호로 묶는다.

((A + (B * C)) − (D / E))

② 각 연산자를 묶고 있는 괄호의 오른쪽 괄호로 연산자를 이동시킨다.

((A + (B * C)) − (D / E)) ➡ ((A (B C) *) + (D E) /) −

③ 불필요한 괄호를 제거한다.

A B C * + D E / −

| 전위(Prefix) 표기법을 중위(Infix) 표기법으로 변환하기 |

중위 표기법은 연산자를 피연산자의 가운데로 이동시켜 변환한다.

예 − + A * B C / D E

① 인접한 2개의 피연산자와 왼쪽의 연산자를 괄호로 묶는다.

(− (+ A (* B C)) (/ D E))

② 왼쪽의 연산자를 피연산자 사이로 이동시킨다.

(− (+ A (* B C)) (/ D E)) ➡ ((A + (B * C)) − (D / E))

③ 불필요한 괄호를 제거한다.

A + B * C − D / E

| 후위(Postfix) 표기법을 중위(Infix) 표기법으로 변환하기 |

연산자를 피연산자의 가운데로 이동시켜 변환한다.

예 A B C * + D E / −

① 인접한 2개의 피연산자와 오른쪽의 연산자를 괄호로 묶는다.

((A (B C *) +) (D E /) −)

② 오른쪽의 연산자를 피연산자 사이로 이동시킨다.

((A (B C *) +) (D E /) −) ➡ ((A + (B * C)) − (D / E))

③ 불필요한 괄호를 제거한다.

A + B * C − D / E

■ 이진 트리(Binary Tree)

(1) 이진 트리의 개념

모든 노드의 차수(Degree)가 2 이하이며, 각 노드는 최대 2개의 자식 노드로 구성된 트리이다.

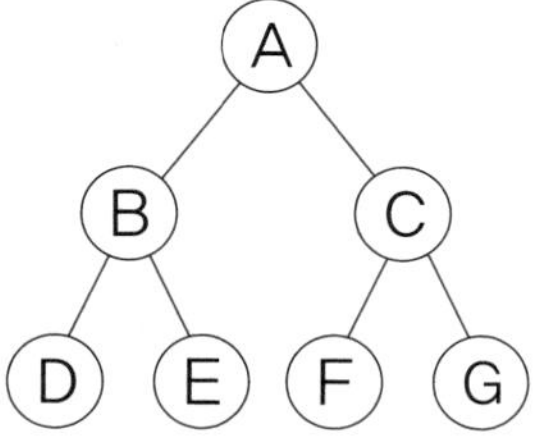

▲ 이진 트리(Binary Tree)의 구조

(2) 이진 트리의 종류

종류	개념도	설명
포화 이진 트리 (Perfect Binary Tree)		- 모든 레벨에 노드가 채워져 있는 트리이다. - 단말 노드를 제외한 모든 노드의 차수가 2인 형태이다. - 높이가 h인 경우 2^h-1개의 노드를 가진다.
완전 이진 트리 (Complete Binary Tree)		- 마지막 레벨을 제외하고 노드가 모두 채워져 있는 트리이다. - 단말 노드는 왼쪽부터 채워진다.
편향 이진 트리 (Skewed Binary Tree)		노드가 한쪽 방향으로 편향된 트리이다.

■ 그래프(Graph)

> **멘토 코멘트**
> 그래프(Graph)에서는 개념, 종류, 최대 간선의 수를 구하는 방법 등을 학습해야 한다.

(1) 그래프의 개념

그래프는 정점(V; Vertex)과 정점들을 연결하는 간선(E; Edge)을 모아 놓은 자료 구조다.

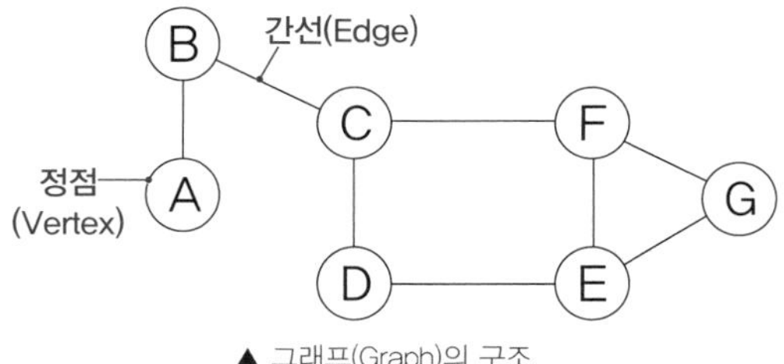

▲ 그래프(Graph)의 구조

(2) 그래프의 표현 방법

표현 방법	표현 방법 예시	
그래프 G = (V, E) - V(G) : 정점(Vertex) - E(G) : 간선(Edge), 정점을 연결하는 선		V(G) = (A, B, C) E(G) = {(A, B), (B, A), (B, C)} 정점 3개, 간선 3개로 이루어진 집합이다.

(3) 그래프의 용어 정리

용어	설명
인접 (Adjacent)	두 정점 V1과 V2에 대한 간선(V1, V2)이 있을 때, 정점 V1은 정점 V2에 인접되어 있다고 표현한다.
부속 (Incident)	두 정점 V1과 V2에 대한 간선(V1, V2)이 있을 때, 간선(V1, V2)는 두 정점 V1과 V2에 부속되어 있다고 표현한다.
차수 (Degree)	- 정점에 부속되어 있는 간선의 수이다. - 진입 차수(In-Degree) : 방향 그래프에서 한 정점으로 들어오는 연결선의 수 - 진출 차수(Out-Degree) : 방향 그래프에서 한 정점에서 나가는 연결선의 수
경로 (Path)	두 정점 사이를 잇는 간선들을 순서대로 나열한 것이다.
경로 길이 (Path Length)	경로상에 있는 간선의 수이다.
단순 경로 (Simple Path)	시작과 끝 정점을 제외하고 모두 다른 정점으로 구성된 경로이다. 즉, 정점이 중복되지 않는 경로이다.
사이클 (Cycle)	시작과 끝 정점이 같은 단순 경로로, 단순 경로 중에서 경로의 시작과 끝 정점이 같은 경로이다.
연결됨 (Connected)	두 정점 간에 경로가 존재하면 연결되었다고 표현한다.

(4) 그래프의 종류

방향성에 따라 무방향 그래프와 방향 그래프로 분류된다.

종류	예시	설명
무방향 그래프 (Undirected Graph)	B, A, D, E, C	- 정점을 연결하는 선에 방향이 없는 그래프이다. - 두 정점 연결선에 순서가 없다. - n개의 정점으로 이루어진 무방향 그래프의 최대 간선 수는 $\frac{n(n-1)}{2}$이다.
방향 그래프 (Directed Graph)	B, A, D, E, C	- 정점을 연결하는 선에 방향이 있는 그래프이다. - 두 정점 연결선에 순서가 있다. - n개의 정점으로 이루어진 방향 그래프의 최대 간선 수는 $n(n-1)$이다.

기출 유형 문제

2020.09

01 n개의 노드로 구성된 무방향 그래프의 최대 간선 수는?

① n-1

② n/2

③ n(n-1)/2

④ n(n+1)

해설
- 무방향 그래프의 최대 간선 수 : n(n-1)/2
- 방향 그래프의 최대 간선 수 : n(n-1)

2020.09, 2018.04

02 다음 트리에 대한 INORDER 운행 결과는?

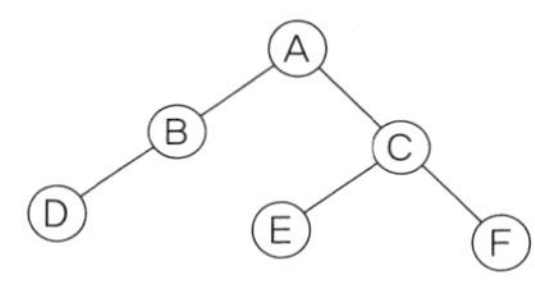

① D B A E C F

② A B D C E F

③ D B E C F A

④ A B C D E F

해설
중위(In-Order) 순회는 왼쪽 서브트리부터 시작해서 루트, 오른쪽 서브트리 순서로 순회하는 방식(Left → Root → Right)이다.
➡ D(Left) → B(Left) → A(Root) → E(Left) → C(Root) → F(Right)

2020.09, 2018.04

03 다음 Postfix 연산식에 대한 연산 결과로 옳은 것은?

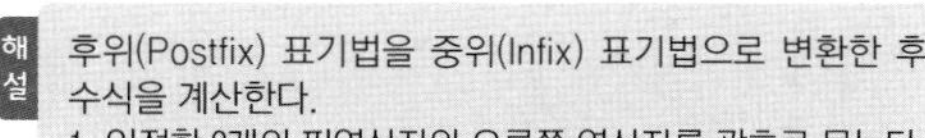

3 4 * 5 6 * +

① 35

② 42

③ 77

④ 360

해설
후위(Postfix) 표기법을 중위(Infix) 표기법으로 변환한 후 수식을 계산한다.
1. 인접한 2개의 피연산자와 오른쪽 연산자를 괄호로 묶는다.
((3 4 *) (5 6 *) +)
2. 오른쪽 연산자를 해당 피연산자의 가운데로 이동시킨다.
((3 * 4) + (5 * 6))
3. 연산 결과를 도출한다.
((12) + (30)) = 42

2020.08

04 다음 트리를 Preorder 운행법으로 운행할 경우 가장 먼저 탐색되는 것은?

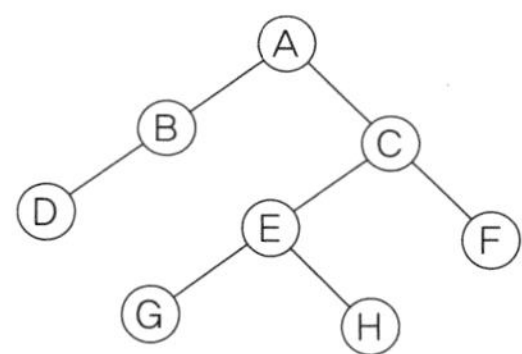

① A

② B

③ D

④ G

해설
전위(Preorder) 순회는 루트 → 왼쪽 → 오른쪽으로 순회하는 방식으로, 운행 결과는 A → B → D → C → E → G → H → F 순서이다.
➡ 가장 먼저 탐색되는 것은 A이다.

정답 1: ③ 2: ① 3: ② 4: ①

2020.08

05 다음 트리의 차수(Degree)는?

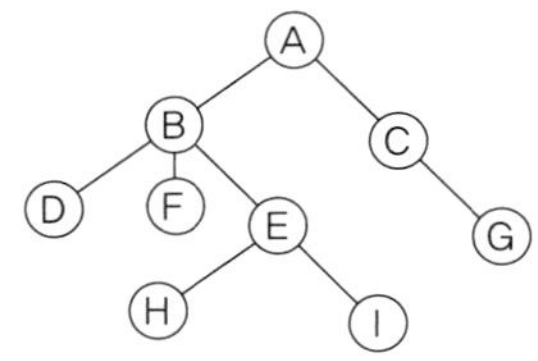

① 2

② 3

③ 4

④ 5

해설
- 차수(Degree) : 각 노드가 가진 가지의 수(한 노드에 연결된 자식 노드의 수)
- 트리의 차수(Degree of Tree) : 트리의 노드들 중 차수가 가장 많은 수

→ 차수가 가장 많은 노드는 B = 3으로, 트리의 차수는 3이다.

2020.06

06 다음 트리의 차수(Degree)와 단말 노드의 수는?

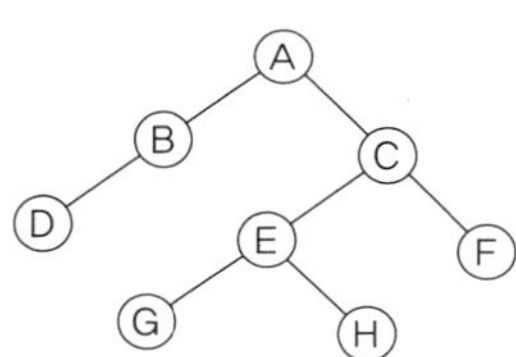

① 차수 : 4, 단말 노드 : 4

② 차수 : 2, 단말 노드 : 4

③ 차수 : 4, 단말 노드 : 8

④ 차수 : 2, 단말 노드 : 8

해설
트리의 차수는 트리의 노드들 중 차수가 가장 많은 수이고, 단말 노드는 자식이 하나도 없는 노드, 즉 차수(Degree) = 0인 노드이다.

→ 최대 차수는 A = 2, C = 2, E = 2로 트리의 차수는 2이다.

→ 자식이 없는 단말 노드는 D, F, G, H로 단말 노드의 수는 4이다.

2020.06, 2019.04, 2016.08

07 다음 트리를 전위 순회(Preorder Traversal)한 결과는?

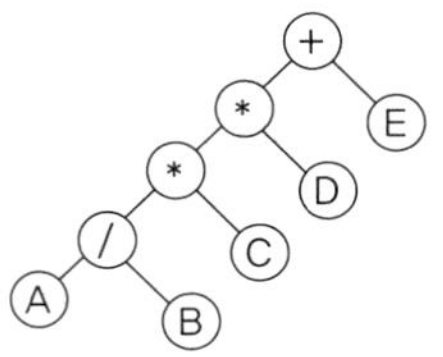

① + ∗ A B / ∗ C D E

② A B / C ∗ D ∗ E +

③ A / B ∗ C ∗ D + E

④ + ∗ ∗ / A B C D E

해설
스택(Stack)은 가장 나중에 삽입된 자료가 가장 먼저 삭제되는 후입선출(LIFO) 방식의 자료 구조다.

※ 주의 : A, B, C, D를 차례로 한 번에 다 넣고 출력을 하는 것이 아니고, 중간에 입출력이 이뤄지는 것에 주의해야 한다.

2019.03

08 비선형 자료 구조에 해당하는 것은?

① 큐(Queue)

② 그래프(Graph)

③ 데크(Deque)

④ 스택(Stack)

해설
선형 구조에는 배열, 리스트, 스택, 큐, 데크가 있고, 비선형 구조에는 트리, 그래프가 있다.

2019.04

09 순서가 A, B, C, D로 정해진 자료를 스택(Stack)에 입력하였다가 출력한 결과로 옳지 않은 것은?

① B, A, D, C

② A, B, C, D

③ D, A, B, C

④ C, B, A, D

해설
스택은 가장 나중에 삽입된 자료가 가장 먼저 삭제되는 후입선출(LIFO) 방식의 자료 구조다. A, B, C, D를 차례로 한 번에 넣어 출력하는 것이 아니라 중간 과정에서 입출력이 이루어진다.

5: ② 6: ② 7: ④ 8: ② 9: ③ 정답

2018.03

10 양방향에서 입출력이 가능한 선형 자료 구조로 2개의 포인터를 이용하여 리스트의 양쪽 끝 모두에서 삽입/삭제가 가능한 것은?

① 데크(Deque)

② 스택(Stack)

③ 큐(Queue)

④ 트리(Tree)

- 데크(Deque) : 2개의 포인터를 사용하여, 큐의 양쪽 끝에서 삽입과 삭제가 모두 가능한 자료 구조다.
- 스택(Stack) : 가장 나중에 삽입된 자료가 가장 먼저 삭제되는 후입선출(LIFO) 방식의 자료 구조다.
- 큐(Queue) : 한쪽 끝에서는 삽입 작업이, 다른 한쪽에서는 삭제 작업이 이루어진다. 가장 먼저 삽입된 자료가 가장 먼저 삭제되는 선입선출(FIFO) 방식의 자료 구조다.
- 트리(Tree) : 트리는 비선형 자료 구조로, 노드(Node)가 계층적으로 사이클을 이루지 않도록 구성한 자료 구조다.

2017.08

11 중위(Infix) 표기법의 수식 (A+B)*C+(D+E)를 후위(Postfix) 표기법으로 옳게 표기한 것은?

① AB+CDE*++

② AB+C*DE++

③ +AB*C+DE+

④ +*+ABC+DE

후위(Postfix) 표기법은 연산자를 2개의 해당 피연산자 오른쪽으로 이동시켜 변환한다.

1. 연산자 우선순위에 따라 중위 표기법을 괄호로 묶는다.
   (((A+B)*C)+(D+E))
2. 각 연산자를 묶고 있는 괄호의 오른쪽 괄호로 연산자를 이동시킨다.
   (((AB)+C)*(DE)+)+)
3. 불필요한 괄호를 제거한다.
   AB+C*DE++

2019.03

12 스택에서 A, B, C, D로 순서가 정해진 입력 자료를 Push → Push → Pop → Push → Pop → Push → Pop → Pop으로 연산했을 때 출력은?

① C, B, D, A

② B, C, D, A

③ B, C, A, D

④ C, B, A, D

스택은 가장 나중에 삽입(입력)된 자료가 가장 먼저 삭제(출력)되는 후입선출(LIFO) 방식의 자료 구조다.
- 삽입(Push) : 자료를 삽입(입력)하는 과정이다.
- 삭제(Pop) : 가장 나중에 삽입(입력)된 자료를 삭제하는 과정이다.

2021.03

13 정점이 5개인 방향 그래프가 가질 수 있는 최대 간선 수는? (단, 자기 간선과 중복 간선은 배제한다.)

① 7개

② 10개

③ 20개

④ 27개

방향 그래프의 최대 간선 수
n(n−1) (n : 정점)
= 5 × (5 − 1)
= 5 × 4
= 20

2021.03

14 깊이가 4인 이진 트리에서 가질 수 있는 노드의 최대 수는?

① 13

② 14

③ 15

④ 16

깊이가 K인 이진 트리가 가질 수 있는 최대 노드 수
2^K − 1 = 2^4 − 1
= 16 − 1
= 15

정답 10: ① 11: ② 12: ② 13: ③ 14: ③

2021.05

15 다음 중 스택을 이용한 연산과 거리가 먼 것은?

① 선택 정렬
② 재귀호출
③ 후위 표현(Post-Fix Expression)의 연산
④ 깊이 우선 탐색

해설 스택은 재귀호출, 후위 표현, 깊이 우선 탐색에서 사용되며, 선택정렬과는 거리가 멀다.

2021.08

16 다음 중 선형 구조로만 묶인 것은?

① 스택, 트리
② 큐, 데크
③ 큐, 그래프
④ 리스트, 그래프

해설
- 선형 구조 : 배열, 리스트, 스택, 큐, 데크
- 비선형 구조 : 트리, 그래프

2021.08

17 다음은 스택의 자료 삭제 알고리즘이다. ⓐ에 들어갈 내용으로 옳은 것은? (단, Top : 스택포인터, S : 스택의 이름)

```
If Top=0 Then
  ( ⓐ )
Else {
   remove S(Top)
   Top=Top-1
```

① Overflow
② Top = Top + 1
③ Underflow
④ Top = Top

해설 스택에서 Top이 0이면 자료가 없는 상태이므로 언더플로가 발생한다.

2022.03

18 스택(Stack)에 대한 옳은 내용으로만 나열된 것은?

㉠ FIFO 방식으로 처리된다.
㉡ 순서 리스트의 뒤(Rear)에서 노드가 삽입되며, 앞(Front)에서 노드가 제거된다.
㉢ 선형 리스트의 양쪽 끝에서 삽입과 삭제가 모두 가능한 자료 구조이다.
㉣ 인터럽트 처리, 서브루틴 호출 작업 등에 응용된다.

① ㉠, ㉡
② ㉡, ㉢
③ ㉣
④ ㉠, ㉡, ㉢, ㉣

해설 ㉠㉡㉢은 큐에 관한 설명이다.

2022.04

19 아래 Tree 구조에 대하여 후위 순회(Postorder)한 결과는?

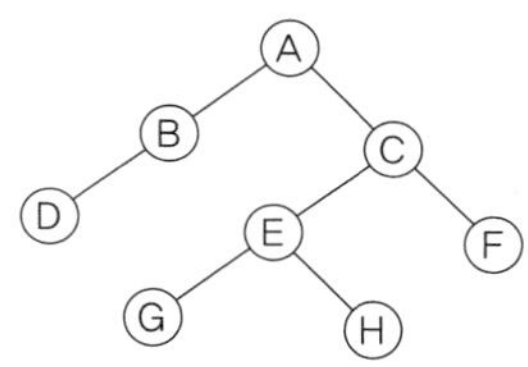

① a → b → d → c → e → g → h → f
② d → b → g → h → e → f → c → a
③ d → b → a → g → e → h → c → f
④ a → b → d → g → e → h → c → f

해설 후위 순회 방법
- 왼쪽 서브트리부터 시작해서 오른쪽 서브트리, 루트 순서로 순회하는 방식이다.
- 순회 순서
1) 왼쪽 자식 노드를 후위 순회 (D-B)
2) 오른쪽 자식 노드를 후위 순회 (G-H-E)-(F-C)
3) 루트 노드 순회 (A)
- 연결하면 (D-B)-(G-H-E)-(F-C)-(A)

15: ① 16: ② 17: ③ 18: ③ 19: ② 정답

2022.04

20 순서가 있는 리스트에서 데이터의 삽입(Push), 삭제(Pop)가 한쪽 끝에서 일어나며 LIFO(Last-In-First-Out)의 특징을 가지는 자료 구조는?

① Tree

② Graph

③ Stack

④ Queue

해설 스택은 LIFO(Last-In-First-Out), 큐는 FIFO(First-In-First-Out)의 자료 구조이다.

출제 예상 문제

21 마지막 노드와 처음 노드를 연결시켜 만든 리스트에 해당하는 것은?

① 선형 리스트

② 단순 연결 리스트

③ 이중 연결 리스트

④ 원형 연결 리스트

해설 원형 연결 리스트는 단순 연결 리스트에 마지막 노드와 처음 노드를 연결시켜 원형으로 만든 자료 구조다.

22 다음에서 설명하는 자료 구조로 알맞은 것은?

- 마지막 레벨을 제외하고 노드가 모두 채워져 있는 자료 구조다.
- 단말 노드는 왼쪽부터 채워지는 구조이다.

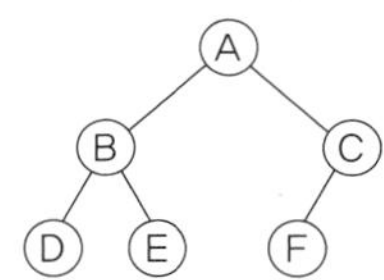

① 포화 이진 트리(Perfect Binary Tree)

② 완전 이진 트리(Complete Binary Tree)

③ 편향 이진 트리(Skewed Binary Tree)

④ 정 이진 트리(Full Binary tree)

해설 이진 트리에는 포화, 완전, 편향 3가지 종류가 있다. 포화 이진 트리는 모든 레벨에서 노드가 모두 채워져 있는 트리이고, 편향 이진 트리는 왼쪽 또는 오른쪽의 한쪽 방향으로 노드들이 채워진 트리이다. 문제는 완전 이진 트리에 대한 설명이다.

23 다음의 그래프 자료 구조에서 정점(Vertex)과 간선(Edge)의 수는?

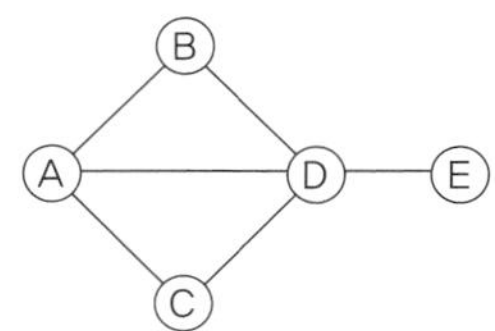

① 정점(Vertex) : 6개, 간선(Edge) : 5개

② 정점(Vertex) : 6개, 간선(Edge) : 4개

③ 정점(Vertex) : 5개, 간선(Edge) : 6개

④ 정점(Vertex) : 5개, 간선(Edge) : 4개

해설 정점(Vertex)은 총 5개(A, B, C, D, E)이며, 정점을 연결한 선인 간선(Edge)의 수는 총 6개이다.

정답 20: ③ 21: ④ 22: ② 23: ③

24 다음 후위(Postfix) 표기법을 전위(Prefix) 표기법으로 옳게 표현한 것은?

A B C + * D / E −

① − / * A + B C D E

② − + * A B / C D E

③ − + * A B C / D E

④ − / * A B + C D E

해설

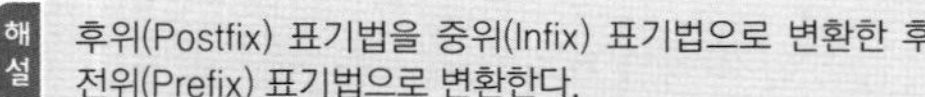

후위(Postfix) 표기법을 중위(Infix) 표기법으로 변환한 후 전위(Prefix) 표기법으로 변환한다.

1. 인접한 2개의 피연산자와 오른쪽의 연산자를 괄호로 묶는다.
   (((A (B C +) *) D /) E −)
2. 오른쪽의 연산자를 피연산자 사이로 이동시켜 중위 표현식을 완료한다.
   (((A * (B + C)) / D) − E)
3. 전위 표현식으로 변환하기 위해 각 연산자를 묶고 있는 괄호의 왼쪽 괄호로 연산자를 이동시킨다.
   − (/ (* (A + (B C)) D) E)
4. 불필요한 괄호를 제거한다.
   − / * A + B C D E

25 다음 전위식(Prefix)을 후위식(Postfix)으로 옳게 표현한 것은?

− / * A + B C D E

① A B C + D / * E −

② A B * C D / + E −

③ A B * C + D / E −

④ A B C + * D / E −

해설

1. 인접한 2개의 피연산자와 왼쪽의 연산자를 괄호로 묶는다.
   (− (/ (* A (+ B C)) D) E)
2. 왼쪽의 연산자를 피연산자의 뒤로 옮긴다.
   (((A (B C +) *) D/) E−)
3. 불필요한 괄호를 제거한다.
   A B C + * D / E −

24: ① 25: ④ 정답

102 데이터 조작 프러시저

1 데이터 조작 프러시저 작성

■ 프러시저(Procedure)의 개념

- 프러시저는 절차적 SQL을 이용하여 하나의 요청으로 여러 SQL문을 실행해 특정 작업을 수행하는 서브 프로그램이다.
- 미리 구문 분석 및 내부 중간 코드로 변환을 끝내야 하므로 처리 시간이 단축된다.

(1) 프러시저의 생성 방법

프러시저 생성은 CREATE PROCEDURE 명령어로 생성한다.

문법	설명

CREATE [OR REPLACE] PROCEDURE procedure_name
  (
    argument1 [mode] data_type,
    argument2 [mode] data_type,
    ...
)
IS
    local_variable declaration ;
BEGIN
    statement1;
    statement2;
        …
END;
	procedure_name : 프러시저 이름
	
	argument : 파라미터 변수 이름
	
	mode : 3가지 모드
	  – IN : 프러시저에 값을 전달
	  – OUT : 프러시저 실행 결과값 반환
	  – INOUT : 프러시저에 값을 전달하고 실행 결과값을 반환
	
	local_variable : 지역 변수
	
	statement : 프러시저의 코드 작성

(2) 프러시저 실행 방법

프러시저 실행은 EXECUTE(줄여서 EXEC) 또는 CALL 명령어를 사용한다.

문법	설명
EXECUTE procedure_name;	procedure_name : 실행할 프러시저 이름
EXEC procedure_name;	
CALL procedure_name;	

멘토 코멘트

프러시저는 간단히 개념 및 사례 정도만 알아두면 된다.

(3) 프러시저 삭제 방법

프러시저를 삭제하기 위해서는 DROP PROCEDURE 명령어를 사용한다.

문법	설명
DROP PROCEDURE procedure_name;	procedure_name : 삭제할 프러시저 이름

■ 프로그램 디버깅(Program Debugging)

프로그램 디버깅은 프로그램의 정확성 또는 논리적인 오류(버그)를 검출하여 제거하는 과정이다. Oracle DBMS 환경에서 프러시저 디버깅 도구로 SQL*Plus★를 많이 활용한다.

★ SQL*Plus
SQL 명령어를 DBMS 서버에 전송하여 처리 결과를 즉시 확인할 수 있는 대화식 도구이다.

■ 단위 테스트 도구

(1) 단위 테스트 도구의 개념

- 단위 테스트 도구는 각각의 기능을 수행하도록 구현된 프로그램의 단위 테스트를 효율적으로 진행하기 위해 제공된다.
- Oracle DBMS는 모든 데이터 조작 프러시저에 대한 테스트를 위해 SQL*Plus 도구를 활용한다.

(2) SQL*Plus를 활용한 단위 테스트 사례

'T_DEPT' 테이블에서 부서코드를 입력받아 부서코드, 부서이름을 출력하는 사례이다.

| 프러시저 생성 |

사례	설명
CREATE OR REPLACE PROCEDURE PROC_DEPT	PROC_DEPT 프러시저 선언
(P_DEPT_ID IN T_DEPT.DEPT_ID%TYPE)	P_DEPT_ID에 부서코드를 입력
IS	
V_DEPT_ID T_DEPT.DEPT_ID%TYPE;	부서코드 데이터형 변수 선언
V_DEPT_NAME T_DEPT.DEPT_NAME%TYPE;	부서이름 데이터형 변수 선언
BEGIN	
DBMS_OUTPUT★.ENABLE;	메시지 버퍼 내용 할당
SELECT DEPT_ID, DEPT_NAME INTO V_DEPT_ID, V_DEPT_NAME FROM T_DEPT WHERE DEPT_ID = P_DEPT_ID;	T_DEPT 부서 테이블을 조회하여 부서코드, 부서이름을 V_DEPT_ID, V_DEPT_NAME 변수에 저장
DBMS_OUTPUT.PUT_LINE('부서코드 : ' || V_DEPT_ID);	검색된 부서코드를 출력
DBMS_OUTPUT.PUT_LINE('부서이름 : ' || V_DEPT_NAME);	검색된 부서이름을 출력
END;	

★ DBMS_OUTPUT 패키지
DBMS_OUTPUT은 메시지를 버퍼에 저장하고 버퍼로부터 메시지를 읽어 오기 위한 인터페이스를 제공하는 패키지이다.

| 프러시저 실행 |

PL/SQL 실행 시 오류가 발생하면 'SHOW ERRORS' 명령어를 통해 오류 내용을 확인한다.

사례	설명
SQL〉 SET SERVEROUTPUT ON SQL〉 EXEC PROC_DEPT(1);	처리 결과를 화면에 출력하기 위한 설정 PROC_DEPT 프러시저를 호출하여 부서코드 '1'을 조회
부서코드 : 1 부서이름 : 지원팀	처리 결과 내용
SQL〉 **SHOW ERRORS;** No errors.	오류 내용 확인

2 데이터 조작 프러시저 최적화

■ 쿼리(Query) 성능 측정의 개념

작성한 쿼리(SQL)문의 성능을 최적화하기 위해 SQL문의 처리 시간, 응답 시간 등의 지표를 검사하는 방법이다.

■ 쿼리 성능 측정 방법

Oracle DBMS의 경우 쿼리 성능을 측정할 때 TKPROF와 EXPLAIN PLAN 도구를 활용한다.

도구	설명
TKPROF (Trace Kernel PROFile)	SQL 문장의 처리 성능을 파악하기 위해 SQL 문장을 실행하면서 발생하는 통계 정보를 분석하는 도구이다.
EXPLAIN PLAN	- SQL 쿼리 성능을 측정 및 개선하기 위해 SQL 구문을 분석, 해석하여 실행 계획 수립 및 실행 계획 결과를 PLAN_TABLE에 저장하는 도구이다. - SQL이 사용하는 액세스 경로를 파악하기 위해 사용된다.

알아두기

PLAN_TABLE

실행 계획의 수행 결과 정보가 저장되는 테이블이다. 보통 별도로 테이블을 생성한 적이 없다면 직접 만들어줘야 한다.

쿼리 성능 최적화 절차

작성된 SQL 구문의 성능 향상을 위해 다음과 같은 절차로 성능 최적화를 수행한다.

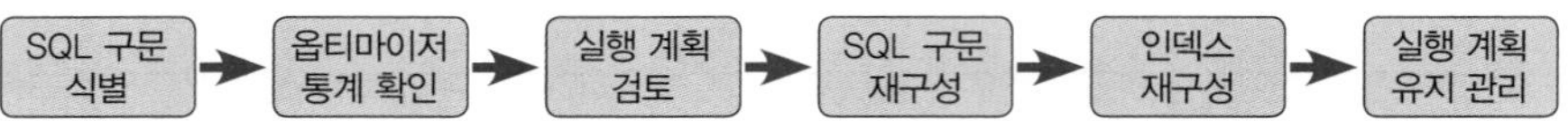

(1) SQL 구문 식별

APM(Application Performance Management), TKPROF, SQL_TRACE★ 등을 활용하여 SQL을 확인한다.

(2) 옵티마이저★ 통계 확인

작성된 SQL문의 실행 계획 통계를 확인한다.

(3) 실행 계획 검토

선행 테이블(Driving Table)★을 중심으로 검토한다.

(4) SQL 구문 재구성

- 조건절(Where)은 범위보다 특정 값을 지정하고 가능한 칼럼 변경 연산자를 사용하지 않도록 한다.
- 서브쿼리의 데이터 유무 확인은 IN보다는 EXISTS를 이용한다.
- 옵티마이저의 실행 계획이 잘못된 경우 힌트(Hint)★를 활용하여 액세스 경로, 조인 순서를 변경한다.

(5) 인덱스 재구성

- 성능에 중요한 액세스 경로를 고려하여 인덱스를 구성한다.
- 실행 계획을 확인하여 기존 인덱스의 열 순서를 변경 또는 추가한다.
- 인덱스 추가/변경 시 정상적인 SQL문에 영향을 줄 수 있으므로 주요 SQL 질의 결과를 함께 검토한다.
- 불필요한 인덱스를 제거한다.

(6) 실행 계획 유지 관리

유지 관리 DBMS 업그레이드, 데이터 이동 등 다양한 시스템 환경 변경 시에도 원활하게 실행 계획이 수행될 수 있도록 관리한다.

★ SQL Trace
실행되는 SQL문의 실행 통계를 세션별로 모아서 Trace 파일(.TRC)을 생성하는 도구로서 세션과 인스턴스 레벨에서 SQL 문장들을 분석할 수 있다.(SQL 작업 처리 횟수, CPU 시간, 물리적(Disk)/논리적(Memory) 읽기 수행 횟수, 처리된 행의 전체 개수 등의 정보를 제공)

★ 옵티마이저(Optimizer)
작성된 SQL이 효율적으로 수행되도록 실행 계획을 탐색하고 비용을 추정하여 최적의 실행 계획을 수립하는 DBMS 내부의 핵심 엔진이다.

★ 선행 테이블(Driving Table)
조인(JOIN)이 발생할 때 가장 먼저 액세스(Access)하는 테이블이다. 가장 적은 데이터를 가진 테이블을 지정한다.

★ 힌트(Hint)
SQL문에 추가되어 실행 계획을 원하는 대로 바꿀 수 있게 해주는 지시 구문이다.

3 소스 코드 인스펙션

■ 소스 코드 인스펙션(Source Code Inspection)의 개념

성능 향상을 위해 소스 코드를 분석하여 표준 위배, 오류 등 결함을 발견하여 개선하는 공식적인 활동이다.

멘토 코멘트

소스 코드 인스펙션에서는 개념 및 절차, 워크스루와의 차이점 등을 학습해야 한다.

■ 소스 코드 인스펙션의 주요 대상

- **사용되지 않는 변수 :** 선언된 변수가 본문에서 사용되지 않는 경우
- **사용되지 않는 서브쿼리 :** 선언된 칼럼이 외부 쿼리문에서 사용되지 않는 경우
- **NULL 값 비교 :** NULL 값과 비교하는 코드
- **과거 데이터 타입 사용 :** 코드가 변경된 데이터 타입으로 적용이 안 된 경우

■ 소스 코드 인스펙션의 절차

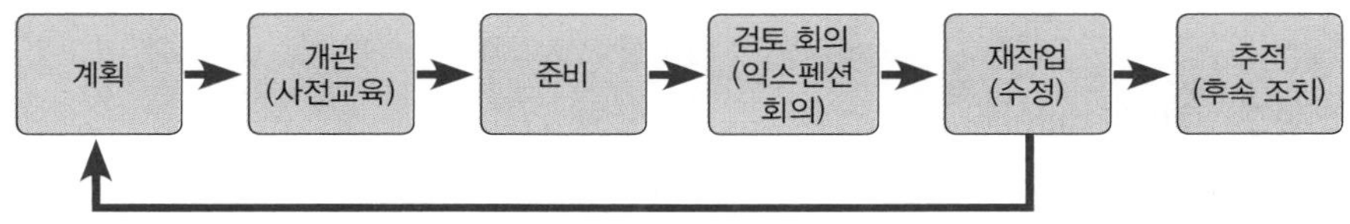

(1) 계획

- 인스펙션 대상을 선별하고 참가자를 구성한다.
- 인스펙션 대상을 배포하고 인스펙션 계획을 수립한다.

(2) 개관(Overview)

참가자들이 문제점에 대해 이해하고 분석할 수 있게 사전에 설명한다.

(3) 준비(Preparation)

각 참가자들은 코드 분석 및 문제점을 확인한다.

(4) 검토 회의(Inspection Meeting)

모든 참가자가 모여 문제점을 제안하고 토론하여 개선 방안을 제시한다.

(5) 재작업(Rework)

회의 과정에서 제안된 개선 방안대로 보완하거나 문제점을 수정한다.

(6) 추적(Follow-up)

결과 적용 후 수정 보완이 정확하게 이루어졌는지 점검한다.

알아두기

워크스루(Walkthrough)

제품 개발자가 주최가 되어 소프트웨어 품질을 검토하기 위한 비공식적인 기술적 검토 회의이다.

기출 유형 문제

2022.03

01 코드 인스펙션과 관련된 설명으로 틀린 것은?

① 프로그램을 실행시키지 않아도 눈으로 확인하는 방법이다.

② 코드 품질 향상 기법 중 하나이다.

③ 동적 테스트 시에만 활용하는 기법이다.

④ 결함과 함께 코딩 표준 준수 여부, 효율성 등의 다른 품질 이슈를 검사하기도 한다.

해설
- 코드 인스펙션은 정적 테스트 시에만 활용하는 기법이다.
- 동적 테스트는 프로그램의 실행을 필요로 하는 테스트이다.

2022.04

02 소프트웨어 공학에서 워크스루(Walkthrough)에 대한 설명으로 틀린 것은?

① 사용 사례를 확장하여 명세하거나 설계 다이어그램, 원시코드, 테스트 케이스 등에 적용할 수 있다.

② 복잡한 알고리즘 또는 반복, 실시간 동작, 병행 처리와 같은 기능이나 동작을 이해하려고 할 때 유용하다.

③ 인스펙션(Inspection)과 동일한 의미를 가진다.

④ 단순한 테스트 케이스를 이용하여 프로덕트를 수작업으로 수행해 보는 것이다.

해설
인스펙션은 성능 향상을 위해 소스 코드를 분석하여 표준 위배, 오류 등 결함을 발견하여 개선하는 공식적인 활동이다.

2022.04

03 다음은 인스펙션(Inspection) 과정을 표현한 것이다. (가)~(마)에 들어갈 말을 [보기]에서 찾아 바르게 연결한 것은?

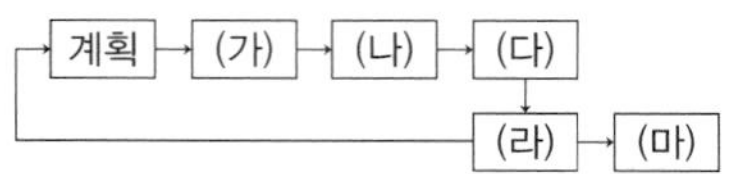

[보기]
㉠ 준비 ㉡ 사전 교육
㉢ 인스펙션 회의 ㉣ 수정
㉤ 후속 조치

① (가) - ㉡, (나) - ㉢

② (나) - ㉠, (다) - ㉢

③ (다) - ㉢, (라) - ㉤

④ (라) - ㉣, (마) - ㉢

해설
인스펙션의 절차 : 계획 → 개관(사전 교육) → 준비 → 검토 회의(인스펙션 회의) → 재작업(수정) → 추적(후속 조치)

1: ③ 2: ③ 3: ② 정답

출제 예상 문제

04 소스 코드를 분석하여 표준 위배, 오류 등 결함을 발견하여 개선하는 공식적인(Formal) 활동에 해당하는 것은?

① 인스펙션(Inspection)

② 워크스루(Walkthrough)

③ 동료 검토(Peer Review)

④ 빌드 검증(Build Verification)

해설 성능 향상을 위해 소스 코드를 분석하여 표준 위배, 오류 등 결함을 발견하여 개선하는 공식적인(Formal) 활동은 인스펙션(Inspection)이다.

05 데이터 입출력 구현에서 다음에 해당하는 것은?

> 절차적 SQL을 이용하여 하나의 요청으로 여러 SQL 문을 실행하여 특정 작업을 수행하는 서브 프로그램이다.

① 인터페이스(Interface)

② 트리거(Trigger)

③ 프러시저(Procedure)

④ 모듈(Module)

해설 프러시저(Procedure)는 절차적 SQL을 이용하여 하나의 요청으로 여러 SQL문을 실행하여 특정 작업을 수행하는 서브 프로그램이다.

06 쿼리 성능 최적화 방법으로 올바르지 않은 것은?

① 옵티마이저 통계 확인을 통해 SQL 구문의 실행 계획을 확인한다.

② 조건절(Where)은 범위보다 특정 값을 지정한다.

③ 조인(JOIN)은 데이터가 가장 많은 테이블을 먼저 액세스(Access)한다.

④ 불필요한 인덱스는 제거한다.

해설 조인(JOIN) 시 가장 먼저 액세스(Access)하는 테이블은 가장 적은 데이터를 가진 테이블을 지정한다.

해설 플랫폼의 성능 특성은 성능 테스트, 문서 점검, 사용자 인터뷰로 분석한다.

정답 4: ① 5: ③ 6: ③

통합 구현

이번 장에서 다룰 내용

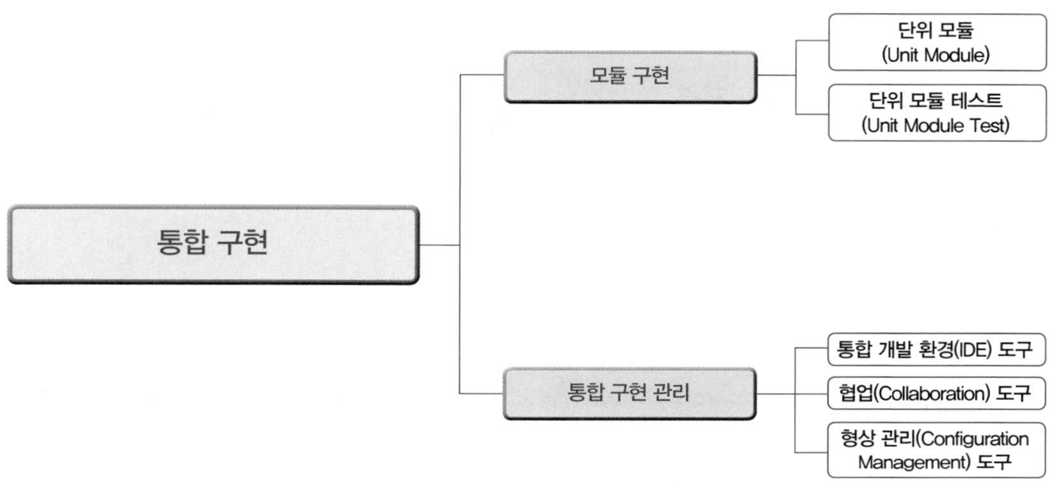

- 소프트웨어 개발에 있어 단위 모듈의 개념, 설계, 구현 방법 등을 이해해야 한다.
- 구현된 단위 모듈의 테스트 주요 요소, 방법, 수행 절차 등을 이해해야 한다.
- 통합 구현 지원 도구인 IDE 도구, 협업 도구, 형상 관리 도구를 이해해야 한다.
- 형상 관리의 개념, 기능 및 대표적인 도구 CVS, SVN, Git에 대해 이해해야 한다.

201 모듈 구현

1 단위 모듈(Unit Module)의 구현

멘토 코멘트
단위 모듈에서는 개념 및 설계 원리, 테스트 방법 등을 알아두어야 한다.

단위 모듈의 개념

통합 구현에서 단위 모듈은 소프트웨어의 여러 기능을 세분화하여 각각의 기능을 수행하도록 구현된 모듈이다.

단위 모듈의 설계 원리

단위 모듈의 설계는 다음 4가지 원리를 기반으로 설계한다.

원리	설명
정보 은닉 (Information Hiding)	모듈의 정보가 노출되거나 변경되지 않도록 다른 모듈로부터 은폐하는 원리이다.
자료 추상화 (Data Abstraction)	각 단위 모듈의 자료 구조를 액세스(Access), 변경하는 함수 내에 자료 구조의 표현 내역을 은폐하는 원리이다.
분할과 정복 (Divide & Conquer)	복잡한 문제를 분해하고 단위 모듈로 문제를 해결하는 원리이다.
모듈의 독립성	단위 모듈은 낮은 결합도*와 높은 응집도*를 가져야 되는 원리이다.

★ 결합도(Coupling)
- 모듈 간의 상호의존도 또는 연관 관계이다.
- 유형 : 자료, 스탬프, 제어, 외부, 공통, 내용 결합도

★ 응집도(Cohesion)
- 한 모듈 내부의 처리 요소들 간의 기능적 연관도이다.
- 유형 : 우연적, 논리적, 시간적, 절차적, 통신적, 순차적, 기능적 응집도

단위 모듈의 구현 절차

단위 모듈 구현은 소프트웨어 모듈 구조도 작성, 단위 모듈 기능 명세서 작성, 단위 모듈 기능 구현 단계로 구성된다.

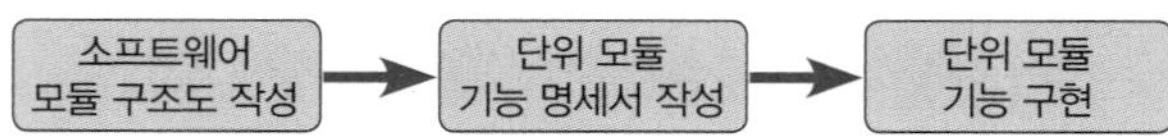

★ 공유도(Fan-In)
- 임의의 한 모듈을 제어(호출)하는 상위 모듈의 수이다.
- 얼마나 많은 모듈이 주어진 모듈을 호출하는가를 나타낸다.

Fan-In : 3

★ 제어폭(Fan-Out)
- 임의의 한 모듈에 의해 제어(호출)되는 모듈의 수이다.
- 주어진 모듈이 얼마나 많은 다른 모듈을 호출하는가를 나타낸다.

(1) 소프트웨어 모듈 구조도 작성

- 소프트웨어의 모듈 구성, 모듈 사이의 관계를 표현한다.
- 각 모듈은 명칭을 가지며, 다른 모듈을 호출하거나 호출될 수 있다.
- 모듈 구조도는 공유도(Fan-In)*, 제어폭(Fan-Out)*을 활용하기도 한다.

(2) 단위 모듈 기능 명세서 작성

- 단위 모듈 내부에 대한 상세 기능을 명세화한 문서이다.
- 모듈 구조도에서 표현되지 않은 상세 알고리즘을 기술한다.

(3) 단위 모듈 기능 구현

- 설계된 입출력 자료 구조에 입출력 기능을 구현한다.
- 모듈 기능에 따라 필요한 명령, 알고리즘을 구현한다.

2 단위 모듈 테스트(Unit Module Test)

■ 단위 모듈 테스트의 개념

단위 테스트(Unit Test)라고도 하며, 구현 단위 모듈이 내부 설계 명세에 맞도록 기능을 정확히 수행하는지 확인 및 검증하는 절차이다.

■ 단위 모듈 테스트의 장점

- 각 부분을 고립시켜서 각각의 부분이 정확하게 동작하는지 문제점 발견에 용이하다.
- 변경 및 리팩토링(Refactoring)★이 용이하다.
- 각 부분을 검증하고 합쳐서 다시 검증하는 통합 테스트에 유용하다.

★ 리팩토링(Refactoring)
기능은 동일하게 유지하면서 프로그램의 구조를 변경하는 작업이다.

■ 단위 모듈 테스트의 주요 항목

- **인터페이스 :** 모듈의 내/외부로 전달되는 정보, 입출력 변수의 개수, 타입, 순서 및 정확성 등을 확인한다.
- **자료 구조 :** 단위 모듈의 자료 형태, 변수 초기화, 자료 형태의 일관성을 테스트한다.
- **실행 경로 :** 다른 자료 형태 간 비교, 잘못된 루프(Loop) 구문을 테스트한다.
- **오류 처리 :** 오류 메시지의 이해 용이성과 상세 여부를 테스트한다.

알아두기

단위 모듈이 독립적으로 실행이 불가능한 경우 테스트 드라이버(Test Driver)와 테스트 스텁(Test Stub)을 이용하여 테스트를 수행한다.

테스트 드라이버

테스트 단위 모듈을 호출하는 가상의 상위 모듈이다.

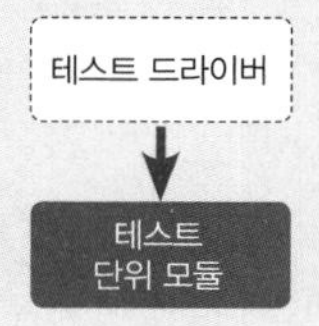

테스트 스텁

테스트 단위 모듈이 호출하는 가상의 하위 모듈이다.

■ 단위 모듈 테스트의 종류

종류	설명
블랙박스 테스트	- 기능 명세서를 기반으로 기능의 입출력 결과에 대해 검증하는 방법이다. - 테스트 방법으로 동등 분할, 경계값 분석, 의사결정 트리, 상태 전이, 유스케이스, 분류 트리, 페어와이즈, 원인-결과 그래프 테스트 등을 수행한다. 입력 → Black Box → 출력
화이트박스 테스트	- 모듈의 내부 구조를 참조하여 상세히 테스트를 수행하는 방법이다. - 테스트 방법으로 제어 구조(Control Structure), 기본 경로(Basic Path), 루프(Loop), 조건 검사(Condition), 데이터 흐름(Data Flow) 테스트 등을 수행한다. 입력 → [내부 구조] → 출력

알아두기

단위 모듈 테스트 자동화 도구
- xUnit
- Selenium
- NTAF
- FitNesse
- Watir

등 있다.

■ 단위 모듈 테스트의 절차

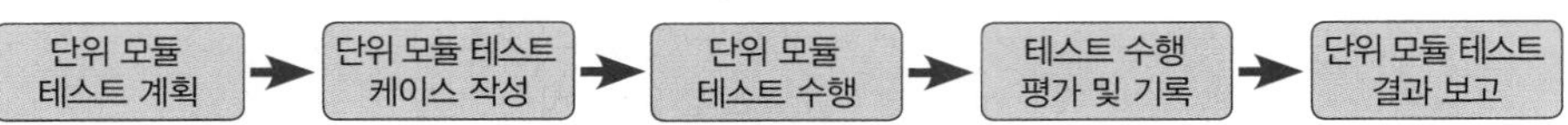

(1) 단위 모듈 테스트 계획

테스트 범위, 일정, 방법, 담당자 등 기준을 정의하는 단계이다.

(2) 단위 모듈 테스트 케이스 작성

테스트 입력값과 결과 예측값 결정 및 테스트 시나리오를 작성하는 단계이다.

(3) 단위 모듈 테스트 수행

- 테스트 케이스를 기반으로 테스트를 수행하는 단계이다.
- 입출력 데이터, 논리적 흐름, 소스 코드 오류 등을 테스트한다.

(4) 테스트 수행 평가 및 기록

테스트 계획 및 케이스에 맞게 수행되었는지 결과를 평가하고 기록(테스트 결과 보고서)하는 단계이다.

(5) 단위 모듈 테스트 결과 보고

최종 테스트 수행 결과를 담당자에게 보고하는 단계이다.

기출 유형 문제

2021.08

01 다음 설명에 부합하는 용어로 옳은 것은?

> – 소프트웨어 구조를 이루며, 다른 것들과 구별될 수 있는 독립적인 기능을 갖는 단위이다.
> – 하나 또는 몇 개의 논리적인 기능을 수행하기 위한 명령어들의 집합이라고도 할 수 있다.
> – 서로 모여 하나의 완전한 프로그램으로 만들어질 수 있다.

① 통합 프로그램

② 저장소

③ 모듈

④ 데이터

해설 하나 또는 몇 개의 논리적인 기능을 수행하기 위한 명령어 집합은 모듈이다.

2022.04

02 소프트웨어를 보다 쉽게 이해할 수 있고 적은 비용으로 수정할 수 있도록 겉으로 보이는 동작의 변화 없이 내부 구조를 변경하는 것은?

① Refactoring

② Architecting

③ Specification

④ Renewal

해설 리팩토링(Refactoring)은 기능을 동일하게 유지하면서 프로그램의 구조를 변경하는 작업이다.

2022.04

03 다음 중 단위 테스트 도구로 사용될 수 없는 것은?

① CppUnit

② JUnit

③ HttpUnit

④ IgpUnit

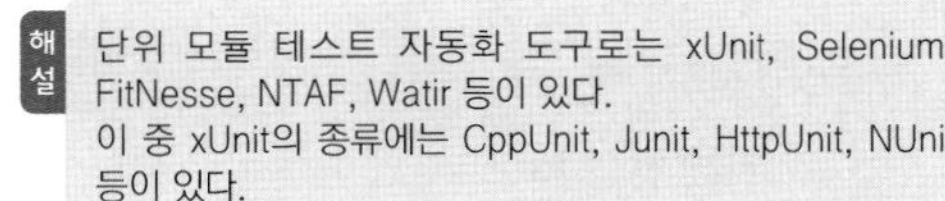
해설 단위 모듈 테스트 자동화 도구로는 xUnit, Selenium, FitNesse, NTAF, Watir 등이 있다.
이 중 xUnit의 종류에는 CppUnit, Junit, HttpUnit, NUnit 등이 있다.

출제 예상 문제

04 다음 중 단위 모듈의 설계 원리로 옳지 않은 것은?

① 모듈의 정보가 노출되거나 변경되지 않도록 다른 모듈로부터 은폐 설계한다.

② 각 단위 모듈 자료 구조를 액세스(Access), 변경하는 함수 내에 자료 구조의 표현 내역을 은폐 설계한다.

③ 단위 모듈은 높은 결합도와 낮은 응집도를 가져야 된다.

④ 복잡한 문제를 분해하고 단위 모듈로 문제를 해결한다.

해설 단위 모듈은 낮은 결합도와 높은 응집도를 가져야 한다.

정답 1: ③ 2: ① 3: ④ 4: ③

05 단위 모듈 테스트 방법 중 다음 설명에 해당하는 것은?

> 모듈의 내부 구조를 참조하여 상세히 테스트를 수행하는 테스트 방법이다.

① 화이트박스 테스트
② 블랙박스 테스트
③ 동등 분할 테스트
④ 경계 값 분석 테스트

해설 화이트박스 테스트는 모듈의 내부 구조를 참조하여 상세히 테스트를 수행하는 방법이다.

06 다음은 어떤 소프트웨어의 모듈 구조를 나타낸다. 단위 모듈 E에서의 Fan-In과 Fan-Out의 수는 얼마인가?

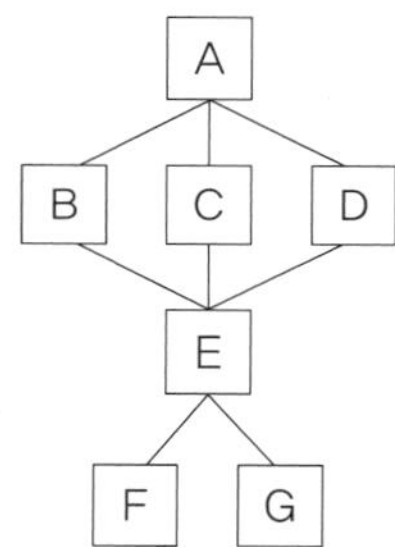

① Fan-In : 2, Fan-Out : 3
② Fan-In : 3, Fan-Out : 2
③ Fan-In : 2, Fan-Out : 1
④ Fan-In : 1, Fan-Out : 2

해설
- 공유도(Fan-In) : 임의의 한 모듈을 제어(호출)하는 상위 모듈의 수이다.
- 제어폭(Fan-Out) : 임의의 한 모듈에 의해 제어(호출)되는 모듈의 수이다.

→ E를 호출하는 상위 모듈은 B, C, D로 총 3개, E가 호출하는 하위 모듈은 F, G로 총 2개이다.

07 블랙박스 테스트 방법에 해당하지 않는 것은?

① 페어와이즈 테스트
② 데이터 흐름 테스트
③ 동등 분할 테스트
④ 경계값 분석 테스트

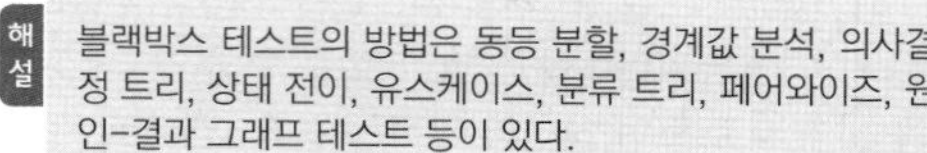
해설 블랙박스 테스트의 방법은 동등 분할, 경계값 분석, 의사결정 트리, 상태 전이, 유스케이스, 분류 트리, 페어와이즈, 원인-결과 그래프 테스트 등이 있다.

08 테스트 단위 모듈을 호출하는 가상의 상위 모듈을 의미하는 것은?

① 테스트 드라이버
② 블랙박스 테스트
③ 테스트 스텁
④ 화이트박스 테스트

해설
- 테스트 드라이버 : 테스트 단위 모듈을 호출하는 가상의 상위 모듈이다.
- 테스트 스텁 : 테스트 단위 모듈이 호출하는 가상의 하위 모듈이다.

5: ① 6: ② 7: ② 8: ① 정답

202 통합 구현 관리

1 통합 개발 환경 도구

■ 통합 개발 환경(IDE; Integrated Development Environment) 도구의 개념

소프트웨어 개발에 있어 컴파일러(Compiler)*, 편집기(Editor), 디버거(Debugger) 등 개발에 필요한 도구를 하나의 대화형 인터페이스로 제공해주는 소프트웨어이다.

★ **컴파일러(Compiler)**
프로그래밍 언어로 작성된 소스 코드를 컴퓨터가 이해할 수 있는 기계 언어로 변환해주는 프로그램이다.

■ 통합 개발 환경 도구의 종류

다음은 통합 개발 환경의 대표적인 도구이다.

도구	개발사	설명
이클립스 (Eclipse)	IBM, Eclipse Foundation	– 다양한 운영체제의 어플(앱) 개발 지원 도구 – Java, C, C++, PHP 등의 개발 언어 지원
비주얼 스튜디오 (Visual Studio)	Microsoft	– 윈도우 운영체제의 어플(앱) 개발 지원 도구 – Visual C, C++, C# 등의 개발 언어 지원
델파이 (Delphi)	Embarcadero Technologies	– 다양한 운영체제의 어플(앱) 개발 지원 도구 – 델파이(Delphi) 개발 언어 지원
엑스코드 (XCode)	Apple	– MacOS, iOS의 어플(앱) 개발 지원 도구 – Object–C, C, C++ 등의 개발 언어 지원
IntelliJ IDEA	JetBrains	– 다양한 운영체제의 어플(앱) 개발 지원 도구 – Java, Kotlin, Groovy, Scala 등 개발 언어 지원
안드로이드 스튜디오 (Android Studio)	Google	– 안드로이드의 어플(앱) 개발 지원 도구 – Java, Kotlin, C++ 등의 개발 언어 지원

멘토 코멘트
통합 구현 지원 도구는 도구 유형 등에 대해 간략히 학습하면 된다.

2 협업(Collaboration) 도구

■ 협업 도구의 개념

여러 사용자가 서로 다른 작업 환경에서 통합된 하나의 프로젝트를 동시에 수행할 수 있도록 지원해주는 도구이다.

■ 협업 도구의 기능

- 프로젝트 관리 : 프로젝트 진행 상태, 이슈, 일정 등에 대한 공유가 가능하다.
- 일정 관리 : 프로젝트, 개별 업무들의 상태, 일정 등에 대한 공유가 가능하다.
- 업무 흐름 관리 : 업무의 구성, 순서, 추적 등의 기능을 제공한다.

- 지식, 정보 공유 : 주제별 구성원들 간 지식, 정보 공유 기능을 제공한다.
- 커뮤니케이션 : 구성원들 간의 작업, 의견 등 의사소통 기능을 제공한다.

■ 협업 도구의 종류

(1) 프로젝트 관리 및 일정 관리 도구

- 프로젝트 진행 상태, 이슈, 일정 등을 공유하는 기능을 제공한다.
- 종류 : 지라(Jira), 레드마인(Redmine), 플로(Flow), 트렐로(Trello), 구글 캘린더(Google Calendar), 컨플루언스(Confluence) 등

(2) 정보 공유 도구

- 구성원들 간의 아이디어, 정보 공유, 기사 스크랩 등의 기능을 제공한다.
- 종류 : 에버노트(Evernote), 슬랙(Slack), 태스크월드(Taskworld), 잔디(Jandi) 등

(3) 디자인 공유 도구

- 디자이너들의 디자인 공유하고 공동으로 작업 지원 도구이다.
- 종류 : 레드펜(Red Pen), 스케치(Sketch), 제플린(Zeplin) 등

(4) 문서 공유 도구

- 구성원들 간 문서를 공유 및 공동 작성할 수 있는 도구이다.
- 종류 : 구글 드라이브, 슬라이드, 네이버 오피스

(5) 소스 공유

- 오픈 소스 프로젝트 및 프로그래머들의 공동 작업 공간이다.
- 종류 : 깃허브(GitHub)

멘토 코멘트

형상 관리는 자주 출제되는 영역이다. 개념, 절차, 도구 등을 꼭 학습해야 한다.

3 형상 관리(Configuration Management) 도구

■ 형상 관리의 개념

소프트웨어의 개발을 위한 전체 과정에서 발생하는 모든 항목의 변경 사항을 관리하기 위한 활동이다.

■ 형상 관리의 역할

- 형상 관리를 통해 이전 리비전이나 버전에 대한 정보에 접근 가능하며, 배포본 관리에 유용하다.
- 불필요한 사용자의 소스 수정을 제한할 수 있다.
- 동일 프로젝트에 대해 여러 개발자가 동시에 개발 가능하다.
- 에러 발생 시 복구가 가능하다.

형상 관리의 절차

절차	설명
형상 식별	- 형상 관리 대상*을 정의, 식별하고 해당 항목에 추적성을 부여하기 위한 ID 관리 번호를 부여하는 활동이다. - 형상 관리 대상으로 프로젝트 요구 분석서, 소스 코드, 운영 및 설치 지침서, 프로젝트 수행 단계별 문서, 변경 사항 등이 주요 대상이다.
형상 통제	변경 요구 관리, 변경 제어, 형상 관리 등 통제를 지원한다.
형상 감사	베이스라인 변경 시 요구사항과 일치 여부를 검토한다.
형상 기록	소프트웨어 형상 및 변경 관리에 대한 수행 결과를 기록한다.

★ 형상 관리 대상
프로젝트 요구 분석서, 소스 코드, 운영 및 설치 시험서, 컴퓨터 프로그램, 컴퓨터 프로그램 서술 문서, 정의/개발 단계 문서, 유지보수 단계 변경 사항 등이 주요 대상이다.

형상 관리 도구(Configuration Management Tool)의 개념

소프트웨어 개발 과정에서 생산되는 소스 코드, 문서의 버전, 이력 등을 추적하고 변경 사항을 관리할 수 있는 도구이다.

멘토 코멘트

형상 관리 도구의 주요 기능 및 유형에 대하여 학습해야 한다.

형상 관리 도구의 주요 기능

- **체크인(Check-In)** : 수정 완료한 파일을 저장소(Repository)에 새로운 버전으로 갱신 및 저장한다.
- **체크아웃(Check-Out)** : 저장소에 저장된 파일을 로컬로 다운로드한다.
- **커밋(Commit)** : 체크아웃한 파일을 변경한 후 저장소에 저장하여 갱신을 완료한다.

형상 관리 도구의 종류

- 형상 관리 도구의 유형으로 중앙 집중형, 분산 저장소, 로컬 방식이 활용된다.
- 대표적으로 CVS(Concurrent Versions System), SVN(Subversion), Git이 사용된다.

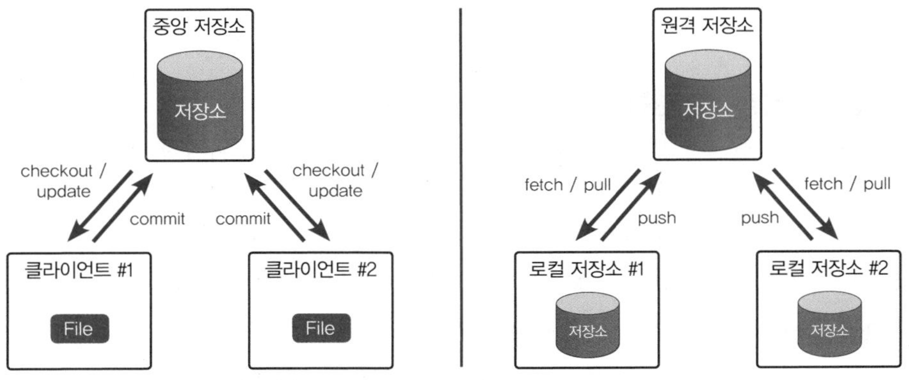

▲ 중앙 집중형과 분산 저장소 형상 관리 도구

유형	도구 종류
중앙 집중형(Client/Server)	CVS, SVN(Subversion), Perforce, ClearCase, TFS
분산 저장소	Git, Mercurial, Bitkeeper, SVK, Darcs
로컬(폴더 공유)	RCS(Revision Control System), SCCS(Source Code Control Systems)

(1) 중앙 집중형 형상 관리 도구(CVS; Concurrent Versions System)

- 1980년대에 개발된 Client-Server 구조의 중앙 집중형 형상 관리 도구로서, 서버에 저장소를 두고 클라이언트에서 접속해서 버전 관리를 수행한다.
- 개별 파일 단위로 버전 관리를 수행한다.
- Diff 통한 파일 내용을 비교한다.

| CVS의 특징 |

- 직관적이고 비교적 단순하다.
- 하나의 파일에 동시 작업이 가능하고 안정적이다.
- 파일 전체가 아닌 변경 사항만 저장된다.
- 아스키 코드 지원 및 유니코드는 제한적으로 지원된다.
- 디렉터리와 파일 이름을 변경하거나 이동할 때 불편하다.
- 커밋(Commit) 실패 시 롤백(Rollback)★ 기능이 지원되지 않는다.

★ 롤백(Rollback)
작업 중 문제가 발생했을 때, 처리 과정에서 발생한 변경 사항을 취소하고, 이전 상태로 되돌리는 기능이다.

| CVS의 주요 명령어 |

명령어	설명
import	신규 프로젝트 파일 또는 디렉터리를 등록한다.
checkout	서버에서 파일 또는 디렉터리를 로컬에 저장한다.
commit	로컬 파일을 서버에 저장한다.
update	서버의 최신 버전을 로컬 작업 디렉터리에 반영한다.
add	새로운 파일 또는 디렉터리를 버전 관리 대상으로 추가한다.
remove	파일 또는 디렉터리를 삭제한다.
diff	파일의 이전 버전과 차이점을 비교한다.

(2) 중앙 집중형 형상 관리 도구(SVN; Subversion)

- CVS의 단점을 보완하기 위해서 개발된 Client-Server 구조의 중앙 집중형 형상 관리 도구로서, 현재 가장 널리 사용되고 있는 형상 관리 도구이다.
- 소스 코드와 바이너리(문서/라이브러리 등) 파일을 지원한다.
- 커밋(Commit) 단위가 개별 파일이 아닌 작업 단위이다.

| SVN의 특징 |

- 커밋(Commit) 실패 시 롤백(Rollback) 기능을 지원한다.
- 디렉터리, 파일에 대한 세밀한 접근 및 시간순으로 변화를 관리한다.

- 처리 속도가 상대적으로 빠르고 압축 지원으로 저장 공간이 절약된다.
- Git에 비해 branch, tag 작업이 무겁다.
- 잦은 커밋(Commit)으로 리비전(Revision)★ 번호가 크게 증가한다.
- 하나의 파일을 동시에 수정하거나 커밋(Commit)할 때 충돌 확률이 높다.

★ 리비전(Revision)
저장소에 저장된 각각의 파일 버전으로 파일 등을 수정하여 커밋(Commit)하게 되면 리비전(Revision) 번호가 하나씩 증가한다.

| SVN의 주요 명령어 |

명령어	설명
import	신규 프로젝트 파일 또는 디렉터리를 등록한다.
checkout	서버에서 파일 또는 디렉터리를 로컬에 저장한다.
commit	로컬 파일을 서버에 저장한다.
update	서버의 최신 버전을 로컬 작업 디렉터리에 반영한다.
add	새로운 파일 또는 디렉터리를 버전 관리 대상으로 추가한다.
delete	파일 또는 디렉터리를 삭제한다.
move	파일 또는 디렉터리를 이동한다.
rename	파일 또는 디렉터리 이름을 변경한다.
diff	파일의 이전 버전과 차이점을 비교한다.
merge	다른 디렉터리 변경 내역을 병합한다.

(3) 분산 저장소 형상 관리 도구(Git)

- Git은 분산 저장소 방식의 형상 관리 도구로서, 로컬에 저장소가 구성되며 원격 서버와 연결이 끊겨도 버전 관리가 가능하다.
- 저장소를 전부 복제하여 클라이언트를 이용한 서버 복원이 가능하다.
- 대부분의 명령을 로컬에서 수행한다.
- 변경 사항을 스냅샷(Snapshot)으로 저장 및 관리한다.

| Git의 특징 |

- 동일한 저장소를 로컬에 저장 가능하다.
- 로컬 저장소를 통해 오프라인으로 작업 수행이 가능하다.
- 일시적인 이력 관리가 용이하고 처리 속도가 빠르다.
- 기존 형상 관리 도구에 비해 덜 직관적이고 학습 시간이 필요하다.
- 대용량 코드 관리에 부적절하며, 한번에 diff를 보기가 어렵다.

★ Staging Area
로컬 저장소에 commit 하기 전에 commit을 준비하는 영역으로, 보다 안정적인 버전 관리가 가능하다.

| Git의 주요 명령어 |

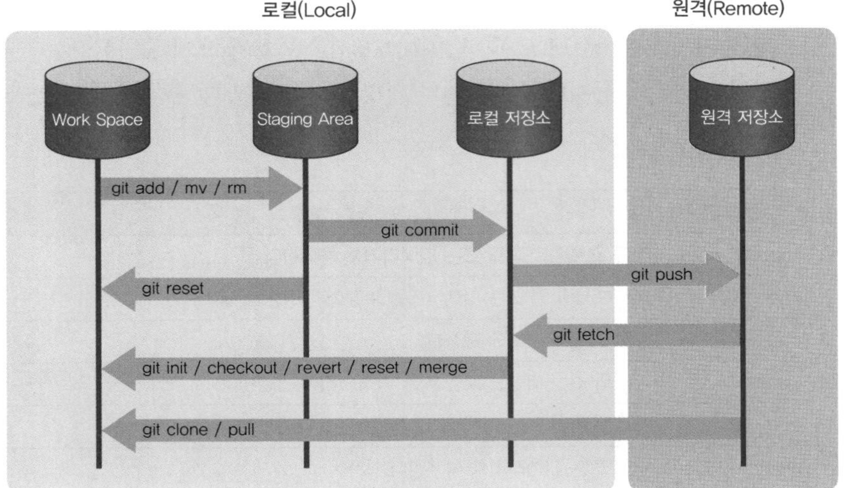

▲ Git 명령어 Flow

명령어	설명
init	새로운 로컬 저장소를 생성한다.
clone	원격 서버의 저장소를 로컬 저장소에 복제한다.
branch	branch를 생성, 변경, 삭제한다.
checkout	지정된 branch로 이동한다.
add	작업 내역을 Staging Area에 추가한다.
commit	작업 내역을 로컬 저장소에 저장한다.
push	로컬 저장소의 작업 내역을 원격 저장소에 저장한다.
pull	원격 저장소의 파일 또는 디렉터리를 저장 및 병합한다.
fetch	원격 저장소의 파일 또는 디렉터리를 저장한다.
revert	작업 내역을 특정 commit 상태로 변경(commit 추가 수행)한다.
reset	작업 내역을 특정 commit 상태로 변경(이후 commit 삭제)한다.
merge	지정 branch 변경 사항을 특정 branch와 병합한다.
diff	변경 작업 내용을 비교한다.
mv	파일 또는 디렉터리를 이동하거나 이름을 변경한다.
rm	파일을 작업 폴더에서 제거한다.

기출 유형 문제

2020.09

01 소프트웨어 형상 관리에서 관리 항목에 포함되지 않는 것은?

① 프로젝트 요구 분석서
② 소스 코드
③ 운영 및 설치 지침서
④ 프로젝트 개발 비용

해설 형상 관리의 관리 항목으로는 프로젝트 요구 분석서, 소스 코드, 운영 및 설치 지침서 등이 있다.

2020.08

02 형상 관리 도구의 주요 기능으로 거리가 먼 것은?

① 정규화(Normalization)
② 체크인(Check-In)
③ 체크아웃(Check-Out)
④ 커밋(Commit)

해설 형상 관리 도구의 주요 기능은 다음과 같다.
- 체크인(Check-In) : 수정 완료한 파일을 저장소에 새로운 버전으로 갱신 및 저장하는 기능이다.
- 체크아웃(Check-Out) : 저장소(Repository)에 저장된 파일을 로컬에 다운로드하는 기능이다.
- 커밋(Commit) : 체크아웃한 파일을 변경한 후 저장소에 저장하여 갱신을 완료하는 기능이다.

2020.08

03 제품 소프트웨어의 형상 관리 역할로 틀린 것은?

① 형상 관리를 통해 이전 리비전이나 버전에 대한 정보에 접근 가능하며 배포본 관리에 유용
② 불필요한 사용자의 소스 수정 제한
③ 프로젝트 개발 비용을 효율적으로 관리
④ 동일한 프로젝트에 대해 여러 개발자가 동시에 개발 가능

해설 프로젝트 개발 비용과는 관련이 없다.

2019.04, 2015.08

04 다음 중 소프트웨어 형상 관리(Configuration Management)에 대한 설명으로 가장 타당한 것은?

① 개발 인력을 관리하는 것
② 개발 과정의 변화되는 사항을 관리하는 것
③ 개발 일정을 관리하는 것
④ 테스트 과정에서 소프트웨어를 통합하는 것

해설 형상 관리는 개발 과정의 변경 사항을 관리한다.

2014.03

05 다음 중 소프트웨어 형상 관리(Configuration Management)에 관한 설명으로 거리가 먼 것은?

① 소프트웨어에서 일어나는 수정이나 변경을 알아내고 제어하는 것을 의미한다.
② 소프트웨어 개발의 전체 비용을 줄이고, 개발 과정의 여러 방해 요인이 최소화되도록 보증하는 것을 목적으로 한다.
③ 형상 관리를 위하여 구성된 팀을 'Chief Programmer Team'이라고 한다.
④ 형상 관리에서 중요한 기술 중의 하나는 버전 제어 기술이다.

해설 형상 관리를 위해 구성된 팀을 '형상 관리 위원회(Configuration Control Board)'라고 한다.

2015.03

06 소프트웨어 형상 관리의 대상으로 거리가 먼 것은?

① 소스 레벨과 수행 형태인 컴퓨터 프로그램
② 숙련자와 사용자를 목표로 한 컴퓨터 프로그램을 서술하는 문서
③ 프로그램 내에 포함된 자료
④ 시스템 개발 비용

해설 시스템 개발 비용은 형상 관리의 대상이 아니다.

정답 1: ④ 2: ① 3: ③ 4: ② 5: ③ 6: ④

2021.05

07 버전 관리 항목 중 저장소에 새로운 버전의 파일로 갱신하는 것을 의미하는 용어는?

① 형상 감사(Configuration Audit)

② 롤백(Rollback)

③ 단위 테스트(Unit Test)

④ 체크인(Check-In)

해설
- 체크인(Check-In) : 수정 완료한 파일을 저장소에 새로운 버전으로 갱신 및 저장한다.
- 체크아웃(Check-Out) : 저장소(Repository)에 저장된 파일을 로컬에 다운로드한다.
- 커밋(Commit) : 체크아웃한 파일을 변경한 후 저장소에 저장하여 갱신을 완료한다.

2021.05

08 소프트웨어 형상 관리에 대한 설명으로 거리가 먼 것은?

① 소프트웨어의 변경을 제어하고 관리한다.

② 프로젝트 계획, 분석서, 설계서, 프로그램, 테스트 케이스 모두 관리 대상이다.

③ 대표적인 형상 관리 도구로 Ant, Maven, Gradle 등이 있다.

④ 유지 보수 단계뿐만 아니라 개발 단계에도 적용할 수 있다.

해설 Ant, Maven, Gradle은 빌드 자동화 도구이다.

2021.05

09 다음에서 설명하는 소프트웨어 버전 관리 도구 방식은?

- 버전 관리 자료가 원격 저장소와 로컬 저장소에 함께 저장되어 관리된다.
- 로컬 저장소에서 버전 관리가 가능하므로 원격 저장소에 문제가 생겨도 로컬 저장소의 자료를 이용하여 작업할 수 있다.
- 대표적인 버전 관리 도구로 Git이 있다.

① 단일 저장소 방식

② 분산 저장소 방식

③ 공유 폴더 방식

④ 클라이언트 · 서버 방식

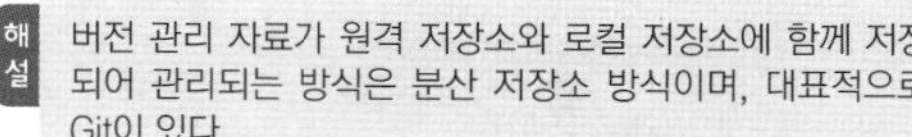

해설 버전 관리 자료가 원격 저장소와 로컬 저장소에 함께 저장되어 관리되는 방식은 분산 저장소 방식이며, 대표적으로 Git이 있다.

2021.08

10 형상 관리의 개념과 절차에 대한 설명으로 틀린 것은?

① 형상 식별은 형상 관리 계획을 근거로 형상 관리의 대상이 무엇인지 식별하는 과정이다.

② 형상 관리를 통해 가시성과 추적성을 보장함으로써 소프트웨어의 생산성과 품질을 높일 수 있다.

③ 형상 통제 과정에서는 형상 목록의 변경 요구를 즉시 수용 및 반영해야 한다.

④ 형상 감사는 형상 관리 계획대로 형상 관리가 진행되고 있는지, 형상 항목의 변경이 요구사항에 맞도록 제대로 이뤄졌는지 등을 살펴보는 활동이다.

해설 형상 통제 과정에서는 변경 요구 관리, 변경 제어, 형상 관리 등 통제를 지원한다.

7: ④ 8: ③ 9: ② 10: ③ 정답

2022.04

11 IDE(Integrated Development Environment) 도구의 각 기능에 대한 설명으로 틀린 것은?

① Coding - 프로그래밍 언어를 가지고 컴퓨터 프로그램을 작성할 수 있는 환경을 제공

② Compile - 저급언어의 프로그램을 고급언어 프로그램으로 변환하는 기능

③ Debugging - 프로그램에서 발견되는 버그를 찾아 수정할 수 있는 기능

④ Deployment - 소프트웨어를 최종 사용자에게 전달하기 위한 기능

해설 컴파일(Compile)은 고급언어로 개발된 프로그램을 컴퓨터가 이해할 수 있는 기계언어로 변환해주는 작업이다.

출제 예상 문제

12 컴파일러, 편집기, 디버거 등 개발에 필요한 도구를 하나의 대화형 인터페이스로 제공해주는 도구는?

① 협업 도구

② 형상 관리 도구

③ 통합 개발 환경

④ 빌드 도구

해설 통합 개발 환경(IDE)은 소프트웨어 개발에 필요한 도구(컴파일러, 편집기, 디버거 등)를 하나의 대화형 인터페이스로 제공해주는 도구이다.

13 통합 구현 지원 도구인 형상 관리 도구에서 다음 설명에 해당하는 도구는?

- 분산 저장소 방식의 형상 관리 도구이다.
- 로컬에 저장소가 구성되며 서버 연결이 끊겨도 버전 관리가 가능하다.

① CVS(Concurrent Versions System)

② SVN(Subversion)

③ Git

④ Eclipse

해설
- CVS : Client-Server 구조의 중앙 집중형 형상 관리 도구
- SVN : Client-Server 구조의 중앙 집중형 형상 관리 도구
- Git : 분산 저장소 방식의 형상 관리 도구
- Eclipse : 통합 개발 환경(IDE) 도구

정답 11: ② 12: ③ 13: ③

제품 소프트웨어 패키징

이번 장에서 다룰 내용

- 애플리케이션을 배포하기 위해 패키징을 수행하여야 한다.
- 배포된 애플리케이션은 모니터링을 수행하여 품질 관리를 한다.
- 품질 관리를 위해 국제 표준인 ISO 9126과 ISO 25010에 대해 이해한다.
- 애플리케이션의 저작권 보호를 위하여 DRM을 이용한다.
- 버전 관리를 위해 SVN이나 Git 등의 형상 관리 도구를 이용한다.

301 애플리케이션 패키징

1 애플리케이션(소프트웨어) 패키징의 개념

개발이 완료된 애플리케이션을 고객에게 전달하기 위한 형태로 패키징하고, 설치와 사용에 필요한 제반 절차 및 환경 등 전체 내용을 포함하는 매뉴얼을 작성하며, 애플리케이션에 대한 패치 개발과 업그레이드를 위해 버전 관리를 수행하는 능력을 말한다.

2 애플리케이션 적용상의 특성

특성	설명
사용자 중심	개발자가 아닌 사용자 중심으로 진행한다.
모듈화	신규/변경 개발 소스 식별, 이를 모듈화하여 상용 제품으로 패키징한다.
버전 관리 및 릴리즈 관리	고객 편의성을 위한 신규/변경 이력을 확인하고 지속적으로 관리한다.
범용 환경에서 사용	사용자의 실행 환경을 이해하고, 범용 환경에서 사용 가능하도록 일반적인 배포 형태로 분류하여 패키징을 진행한다.

3 애플리케이션 패키징을 위한 모듈 빌드

멘토 코멘트

응집도와 결합도는 시험에 자주 출제되는 부분이니 개념을 꼭 숙지해야 한다.

■ 애플리케이션의 모듈 및 패키징

항목	설명
모듈 및 모듈화	- 모듈 : 소프트웨어 설계 시 기능 단위로 분해하고 추상화되어 재사용 및 공유 가능한 수준의 단위이다. - 모듈화 : 모듈을 이용해 성능 향상, 디버깅, 시험, 통합 및 수정을 용이하도록 하는 소프트웨어 설계 기법이다.
모듈화의 장점	- 프로그램의 효율적 관리가 가능하고 성능이 향상된다. - 소프트웨어를 이해하기 쉬워지고 복잡성이 감소한다. - 기능의 분리가 가능하고, 인터페이스가 단순하며, 개발이 용이하다. - 오류 파급 효과를 최소화하고, 재사용을 통한 유지보수가 용이하다.
모듈화의 목표	- 모듈 간 결합도의 최소화(Loose Coupling)이다. - 모듈 내 요소들 간의 응집도 최대화(Strong Cohesion)이다.
모듈 단위 분류	- 모듈의 개념을 정확하게 이입하고 이에 적합한 기능 단위로 패키징하는 것이 필요하다. - 배포 시 애플리케이션 성능이 향상 가능하고 배포 전 시험 및 수정 등의 작업 진행에서도 모듈 단위로 분류 및 작업을 진행한다.

■ 애플리케이션 모듈 빌드 기법

(1) 소프트웨어 빌드(Software Build)

- 소스 코드 파일을 컴퓨터에서 실행할 수 있는 애플리케이션의 단위로 변환하는 과정이나 그에 대한 결과물을 말한다.
- 소스 코드 파일이 실행 코드로 변환되는 컴파일 과정을 핵심으로 수행한다.
- 빌드에 따른 결과물에 대한 상세 확인이 필요하다.

(2) 애플리케이션을 위한 빌드 기법

- 소프트웨어 빌드 시스템의 기본 개념을 알고, 빌드의 실행 단위 컴파일, 이를 위한 빌드 도구의 특징 및 사례들의 사전 확인이 필요하다.
- 빌드 도구를 활용하여 컴파일 이외에도 애플리케이션 완성을 위해 이력 관리 등 다양한 작업을 수행한다.
- **대표적 빌드 도구 :** Ant, Make, Maven, Gradle 등

4 사용자 중심 패키징 작업의 이해

■ 사용자 실행 환경

- 사용자 환경은 운영체제부터 시작하여 실행 환경, 시스템 사양 및 고객의 사용 방법까지 상세 분류하여 실행 환경을 사전 정의한다.
- 여러 가지 실행 환경에 맞는 배포본을 분류하여 여러 번 패키징 작업 수행이 가능하다.

■ 사용자 관점에서의 패키징 고려 사항

고객 편의성을 위해 사용자 환경을 확인하고, 여러 가지 케이스를 사전에 고려한다.

고려 사항	설명
사용자의 시스템 환경	운영체제, CPU, 메모리 등의 수행 최소 환경을 정의한다.
직관적인 UI 제공	직관적인 UI(User Interface)를 제공하고, 매뉴얼과 일치시켜 패키징한다.
제공 형태 고려	애플리케이션은 하드웨어와 함께 통합 적용될 수 있도록 Managed Service 형태의 패키징을 제공한다.
안정적 배포	다양한 사용자 집단의 요구사항을 반영하기 위해 패키징의 변경 및 개선 관리를 고려하여 패키징을 배포한다.

멘토 코멘트

패키징 작업은 다양한 사용자의 환경을 고려해야 한다.

■ 사용자 중심의 모듈 패키징 작업 수행 프로세스

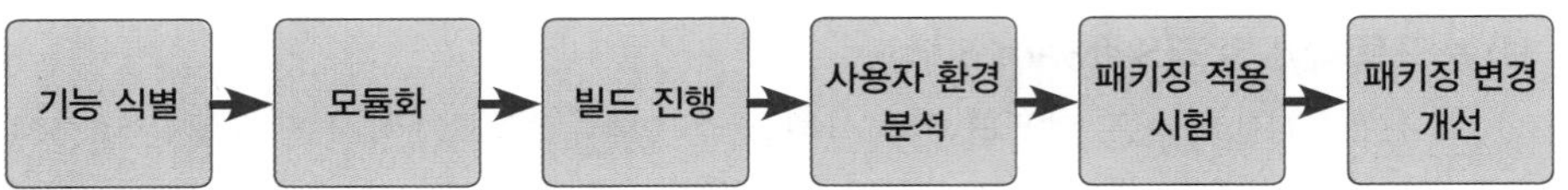

(1) 기능 식별

신규 개발 소스의 목적 및 기능을 식별한다.

예 입출력 데이터, 함수, 데이터 흐름

(2) 모듈화

모듈 단위 분류 및 모듈화를 순서에 맞게 진행한다.

예 Loose Coupled & Strong Cohesion

(3) 빌드 진행

제품 소프트웨어의 빌드 도구를 활용한 빌드를 단위별로 진행한다.

예 컴파일/빌드툴

(4) 사용자 환경 분석

고객 편의성을 위한 사용자 요구사항 및 사용 환경을 사전에 분석한다.

예 User Configure File

(5) 패키징 적용 시험

최종 패키징에 대하여 사용자 입장에서 테스트를 수행한다.

예 UI 편의성, 체크

(6) 패키징 변경 개선

사용자 입장을 반영하여 패키징에서 변경 및 개선을 진행한다.

예 개선 변경점 재배포

기출 유형 문제

2022.03, 2021.05

01 소프트웨어 패키징에 대한 설명으로 틀린 것은?

① 패키징은 개발자 중심으로 진행한다.
② 신규 및 변경 개발 소스를 식별하고, 이를 모듈화하여 상용 제품으로 패키징한다.
③ 고객의 편의성을 위해 매뉴얼 및 버전 관리를 지속적으로 한다.
④ 범용 환경에서 사용이 가능하도록 일반적인 배포 형태로 패키징이 진행된다.

해설 소프트웨어 패키징은 개발자 중심이 아닌 사용자 중심으로 진행해야 한다.

2022.03

02 소프트웨어 모듈화의 장점이 아닌 것은?

① 오류의 파급 효과를 최소화한다.
② 기능의 분리가 가능하여 인터페이스가 복잡하다.
③ 모듈의 재사용 가능으로 개발과 유지보수가 용이하다.
④ 프로그램의 효율적인 관리가 가능하다.

해설 모듈화의 장점
- 프로그램의 효율적 관리가 가능하고 성능이 향상된다.
- 소프트웨어를 이해하기 쉬워지고 복잡성이 감소한다.
- 기능의 분리가 가능하고 인터페이스가 단순하며, 개발이 용이하다.
- 오류 파급 효과를 최소화하고 재사용을 통한 유지보수가 용이하다.

2016.08

03 효과적인 모듈화 설계 방법으로 틀린 것은?

① Coupling은 강하게 Cohesion는 약하게 설계한다.
② Complexity와 Redundancy를 최대한 줄일 수 있도록 설계한다.
③ Maintenance가 용이하도록 설계한다.
④ 모듈 크기는 시스템의 전반적인 기능과 구조를 이해하기 쉬운 크기로 설계한다.

해설 결합도(Coupling)는 약하게, 응집도(Cohesion)는 강하게 설계해야 한다.

2005.04

04 효과적인 모듈화 설계 방안이 아닌 것은?

① 응집도를 높인다.
② 결합도를 낮춘다.
③ 복잡도와 중복을 피한다.
④ 예측 불가능하도록 정의한다.

해설 효과적인 모듈화를 위해서는 결합도는 낮게, 응집도는 높게 설계하고, 복잡도와 중복을 피해 설계해야 한다.

출제 예상 문제

05 애플리케이션의 적용상 특성이 아닌 것은?

① 특정 환경에서 사용
② 모듈화
③ 버전 관리
④ 사용자 중심

해설 특정 환경이 아닌 다양한 환경에서 사용 가능해야 한다.

06 모듈화의 목표로 알맞은 것은?

① 결합도는 최대화, 응집도는 최소화
② 결합도와 응집도의 최대화
③ 결합도는 최소화, 응집도는 최대화
④ 결합도와 응집도의 최소화

해설 결합도는 최소화, 응집도는 최대화해야 한다.

정답 1: ① 2: ② 3: ① 4: ④ 5: ① 6: ③

302 애플리케이션 배포

1 애플리케이션 배포(Application Release)의 개념

- 개발이 완료된 애플리케이션을 소스 검증 후에 빌드를 수행하고, 운영 환경에 배포하는 것을 말한다.
- 애플리케이션의 효율적인 배포를 위해 릴리즈 노트 작성 및 도구 사용이 필요하다.

2 릴리즈 노트(Release Note)의 개요

■ 릴리즈 노트의 개념

- 조직의 최종 사용자인 고객과 잘 정리된 릴리즈 정보를 공유하는 문서이다.
- 릴리즈 노트에는 상세 서비스를 포함하여 회사가 제공하는 제품을 만들어 수정, 변경 또는 개선하는 일련의 작업 정보를 제공한다.

> **알아두기**
> 릴리즈 노트를 통해 해당 애플리케이션의 새로운 기능 및 버전을 효율적으로 관리할 수 있다.

■ 릴리즈 노트의 중요성

- 테스트의 결과와 정보가 포함된다.
- 사용자에게 더 확실한 정보를 제공한다.
- 전체적인 제품의 수행 기능 및 서비스의 변화를 공유한다.
- 자동화 개념과 함께 적용 가능하다.

■ 릴리즈 노트 작성 시 고려 사항

- 개발팀에서 소유권을 가지고 직접 작성한다.
- 현재 시제로 작성한다. 명확하고 정확하며 완전한 정보를 제공한다.
- 배포 시부터 이력을 정확하게 관리하여 진행한다.
- 개발자와 테스트 협업이 필요하다.

■ 릴리즈 노트의 작성 항목

작성 항목	설명
헤더	문서 이름(릴리즈 노트 이름), 제품 이름, 버전 번호, 릴리즈 날짜, 참고 날짜, 노트 버전 등
개요	제품 및 변경에 대한 간략한 전반적 개요

목적	릴리즈 버전의 새로운 기능 목록과 릴리즈 노트의 목적에 대한 간략한 개요, 버그 수정 및 새로운 기능 기술
이슈 요약	버그의 간단한 설명 또는 릴리즈 추가 항목 요약
재현 항목	버그 발견에 따른 재현 단계 기술
수정/개선 내용	수정/개선의 간단한 설명 기술
사용자 영향도	버전 변경에 따른 최종 사용자 기준의 기능 및 응용 프로그램상의 영향도 기술
소프트웨어 지원 영향도	버전 변경에 따른 소프트웨어의 지원 프로세스 및 영향도 기술
노트	소프트웨어 및 하드웨어 설치 항목, 제품, 문서를 포함한 업그레이드 항목 메모
면책 조항	회사 및 표준 제품과 관련된 메시지 예 프리웨어, 불법 복제 방지, 중복 등 참조에 대한 고지 사항
연락 정보	사용자 지원 및 문의 관련한 연락처 정보

■ 릴리즈 노트의 작성 프로세스

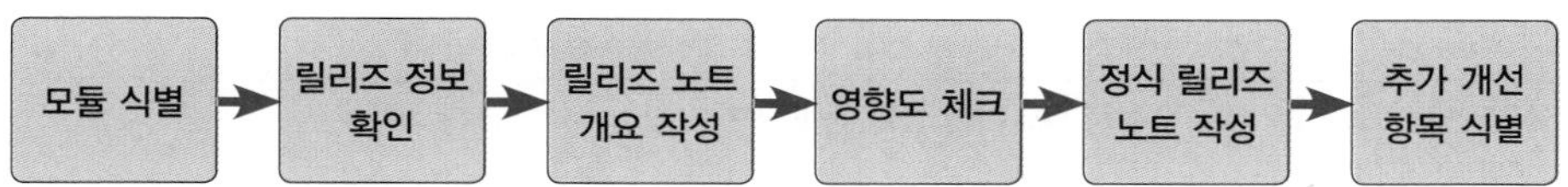

(1) 모듈 식별

신규 패키징 제품의 모듈, 빌드 내용을 식별한다.

예 입출력 데이터, 함수, 데이터 흐름

(2) 릴리즈 정보 확인

패키징된 릴리즈 정보를 확인한다.

예 문서 이름, 제품 이름, 버전 번호, 릴리즈 날짜, 참고 날짜, 노트 버전 등

(3) 릴리즈 노트 개요 작성

빌드 내용에 따라 릴리즈 노트의 개요를 작성한다.

예 개요, 빌드에 따른 결과물, 버전 및 형상 관리에 대한 전반적인 노트

(4) 영향도 체크

이슈, 버그 및 추가 영향도를 체크하여 기술한다.

예 Trouble Issue, Bug Catchup

(5) 정식 릴리즈 노트 작성

학습한 항목에 따른 내용을 포함하여 정식 릴리즈 노트를 작성한다.

예 릴리즈 정보, Header 및 개요

(6) 추가 개선 항목 식별

추가 개선에 대한 항목을 식별하여 릴리즈 노트를 작성한다.

예 베타 버전, 긴급 버그, 사용자 요청

멘토 코멘트

릴리즈 노트 이외에도 효율적인 배포를 위해 패키징 도구를 활용할 수 있다.

3 패키징 도구를 활용한 배포 수행

■ 애플리케이션 패키징 도구의 개념

- 배포를 위한 패키징 시 디지털 콘텐츠의 지적 재산권을 보호하고 관리하는 기능을 제공하며, 안전한 유통과 배포를 보장하는 도구이자 솔루션이다.
- 사용 권한 제어 기술, 패키징 기술, 라이선스 관리 기술, 권한 통제 기술 등을 포함한다.

■ 애플리케이션 패키징 도구의 구성 요소

멘토 코멘트

패키징 도구에서 사용되는 기술과 구성 요소를 구분할 수 있어야 한다.

구성 요소	설명
암호화 (Encryption)	콘텐츠 및 라이선스를 암호화하고, 전자 서명을 할 수 있는 기술 예 PKI, Symmetric/Asymmetric Encryption, Digital Signature
키 관리 (Key Management)	콘텐츠를 암호화한 키에 대한 저장 및 배포 기술 예 Centralized, Enveloping
암호화 파일 생성 (Packager)	콘텐츠를 암호화된 콘텐츠로 생성하기 위한 기술 예 Pre-packaging, On-the-fly Packaging
식별 기술 (Identification)	콘텐츠에 대한 식별 체계 표현 기술 예 DOI, URI
저작권 표현 (Right Expression)	라이선스의 내용 표현 기술 예 XrML/MPGE-21 REL, ODRL
정책 관리 (Policy management)	라이선스 발급 및 사용에 대한 정책 표현 및 관리 기술 예 XML, Contents Management System
크랙 방지 (Tamper Resistance)	크랙에 의한 콘텐츠 사용 방지 기술 예 Code Obfuscation, Kernel Debugger Detection, Module Certification, Secure DB, Secure Time Management, Encryption
인증 (Authentication)	라이선스 발급 및 사용의 기준이 되는 사용자 인증 기술 예 User/Device Authentication, SSO, Digital Certificate

■ 애플리케이션 패키징 도구 활용 시 고려 사항

고려 사항	설명
암호화/보안	반드시 내부 콘텐츠에 대한 암호화 및 보안을 고려한다.
이기종 연동	여러 가지 이기종 콘텐츠 및 단말기 간 DRM 연동을 고려한다.
복잡성 및 비효율성	사용자의 입장에서 불편해질 수 있는 문제를 고려하여 최대한 효율적으로 적용될 수 있도록 고려한다.
적합한 암호 알고리즘	애플리케이션의 종류에 맞는 알고리즘을 선택하여 범용성을 고려한다.

기출 유형 문제

2022.04, 2017.03

01 소프트웨어 패키징 도구 활용 시 고려 사항으로 틀린 것은?

① 반드시 내부 콘텐츠에 대한 암호화 및 보안을 고려한다.
② 보안을 위하여 이기종 연동을 고려하지 않아도 된다.
③ 사용자 편의성을 위한 복잡성 및 비효율성 문제를 고려한다.
④ 제품 소프트웨어 종류에 적합한 암호화 알고리즘을 적용한다.

해설 다양한 이기종 연동에 대한 고려가 필요하다.

2020.08

02 제품 소프트웨어 패키징 도구 활용 시 고려 사항이 아닌 것은?

① 제품 소프트웨어 종류에 적합한 암호화 알고리즘을 고려한다.
② 추가로 다양한 이기종 연동을 고려한다.
③ 사용자 편의성을 위한 복잡성 및 비효율성 문제를 고려한다.
④ 내부 콘텐츠에 대한 보안은 고려하지 않는다.

해설 소프트웨어 패키징 시에는 내부 콘텐츠에 대한 보안도 고려해야 한다.

2020.06

03 소프트웨어 패키징 도구 활용 시 고려 사항과 거리가 먼 것은?

① 패키징 시 사용자에게 배포되는 소프트웨어이므로 보안을 고려한다.
② 사용자 편의성을 위한 복잡성 및 비효율성 문제를 고려한다.
③ 보안상 단일 기종에서만 사용할 수 있도록 해야 한다.
④ 제품 소프트웨어 종류에 적합한 암호화 알고리즘을 적용한다.

해설 소프트웨어 패키징 시에는 다양한 기종에서 사용 가능하도록 해야 한다.

정답 1: ② 2: ④ 3: ③

출제 예상 문제

04 릴리즈 노트의 작성 항목이 아닌 것은?

① 버그 발견에 따른 재현 단계 기술
② 애플리케이션 설계 시의 상세 계약 문서
③ 불법 복제 방지, 중복 등 참조에 대한 고지 사항
④ 사용자 지원 및 문의 관련한 연락처 정보

해설 애플리케이션 설계 시의 상세 계약 문서는 릴리즈 노트의 작성 항목에 포함되지 않는다.

05 패키징 도구를 활용하여 배포 시의 고려 사항으로 맞는 것은?

① 반드시 내부 콘텐츠에 대한 암호화 및 보안을 고려한다.
② 이기종 간 연동은 고려하되 DRM 연동은 고려하지 않는다.
③ 암호화를 위해 비효율적인 패키징을 감수한다.
④ 다양한 암호 알고리즘을 이용하여 복잡성을 증가시킨다.

해설
- 소프트웨어 배포 시 반드시 암호화 및 보안을 고려해야 한다.
- 여러 가지 이기종 콘텐츠 및 단말기 간 DRM 연동을 고려해야 한다.
- 사용자의 입장에서 불편해질 수 있는 문제를 고려하여 최대한 효율적으로 적용될 수 있도록 고려해야 한다.
- 애플리케이션의 종류에 맞는 적합한 암호 알고리즘을 선택하여 범용성을 고려해야 한다.

06 애플리케이션 패키징 도구에 포함되는 기술이 아닌 것은?

① 사용 권한 제어 기술
② 라이선스 관리 기술
③ 권한 통제 기술
④ 압축 해제 기술

해설 애플리케이션 패키징 도구에 포함되는 기술은 사용 권한 제어 기술, 라이선스 관리 기술, 권한 통제 기술, 패키징 기술이다.

07 릴리즈 노트 작성 시 고려해야 할 사항이 아닌 것은?

① 운영팀에서 소유권을 가지고 직접 작성한다.
② 현재 시제로 작성한다.
③ 배포 시부터 이력을 정확하게 관리하여 진행한다.
④ 개발자와 테스트 협업이 필요하다.

해설 릴리즈 노트 작성은 개발팀에서 소유권을 가지고 직접 해야 한다.

4: ② 5: ① 6: ④ 7: ① 정답

303 애플리케이션 모니터링

1 애플리케이션 모니터링의 개념

사용자 환경에 배포 및 설치된 애플리케이션을 지속적으로 확인하여 성능 및 문제 발생 시 빠르게 조치하고 재배치하기 위한 개념이다.

2 애플리케이션 모니터링의 필요성

- **지속적인 서비스 제공 :** 문제 발생 시 빠른 대응을 통해 서비스의 가용성을 확보할 수 있다.
- **성능 향상 :** 성능을 저해하는 원인을 분석하고 조치하여 시스템의 성능을 향상시킬 수 있다.

3 애플리케이션 모니터링의 흐름도

■ 애플리케이션 모니터링의 흐름

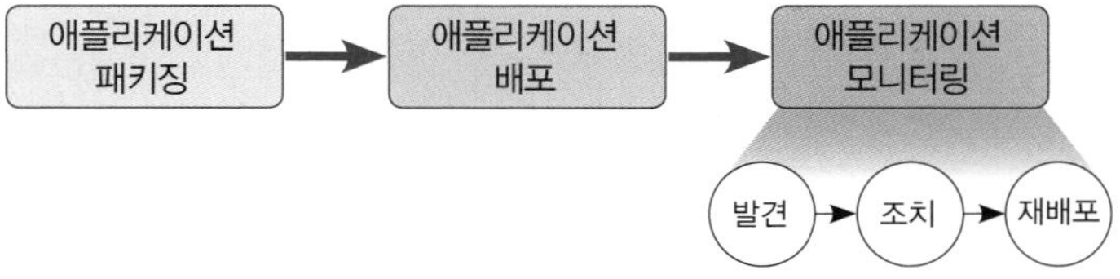

> **알아두기**
> 모니터링을 통해 문제를 발견하고 해결하는 것을 유지보수라고도 한다.

■ 애플리케이션 모니터링의 단계

단계	설명
발견	애플리케이션의 성능이나 변경 관리 등의 문제점을 발견하는 과정이다.
조치	– 발견된 문제에 대하여 원인을 분석하거나 문제점을 차단하는 과정이다. – 정적 분석 및 동적 분석 등의 분석 기술을 이용한다.
재배포	문제점을 적절히 조치한 후 애플리케이션의 재배포를 수행하는 과정이다.

기출 유형 문제

2022.04, 2017.03

01 위험 모니터링의 의미로 옳은 것은?

① 위험을 이해하는 것
② 첫 번째 조치로 위험을 피할 수 있도록 하는 것
③ 위험 발생 후 즉시 조치하는 것
④ 위험 요소 징후들에 대하여 계속적으로 인지하는 것

해설 위험 모니터링은 위험을 대비하기 위한 지속적인 관찰을 의미한다.

출제 예상 문제

02 애플리케이션 모니터링과 관계 없는 것은?

① 성능 향상
② 빠른 대응
③ 재배포 금지
④ 가용성 확보

해설 모니터링을 통해 대상 프로그램의 성능 향상, 빠른 대응, 가용성을 확보할 수 있다.

03 애플리케이션 모니터링의 수행 단계가 아닌 것은?

① 패키징
② 문제점 차단
③ 재배포
④ 문제 발견

해설 패키징은 소프트웨어 배포 전 수행해야 하는 단계이다.

정답 1: ④ 2: ③ 3: ①

304 DRM

1 DRM(Digital Rights Management)의 개념

디지털 콘텐츠의 저작권을 보호하는 기술로, 허가된 사용자만이 디지털 콘텐츠에 접근 가능하도록 만드는 제한 기술이다.

2 애플리케이션 저작권 보호를 위한 기술, DRM의 필요성

- **복제 가능** : 배포된 애플리케이션의 무한 복제가 가능하고, 복사본의 배포 가능한 특성때문에 DRM이 필요하다.
- **부가가치** : 애플리케이션을 상용으로 배포할 때 원작자에 대한 권리 보호가 우선적으로 필요하다.

멘토 코멘트

DRM은 시험에 출제될 수 있으니 개념 및 관련 기술을 숙지해야 한다.

3 DRM의 흐름도

■ DRM의 흐름

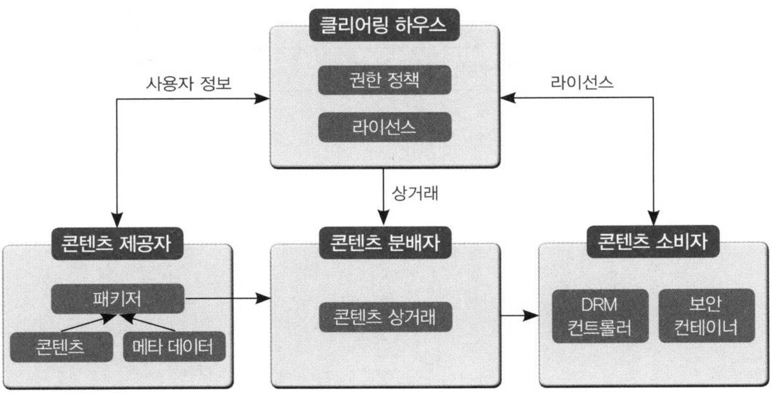

■ DRM의 구성 요소

구성 요소	설명
콘텐츠 제공자 (Contents Provider)	콘텐츠를 제공하는 저작권자
콘텐츠 분배자 (Contents Distributor)	암호화된 콘텐츠를 유통, 제공하는 기업이나 사람
콘텐츠 소비자 (Customer)	콘텐츠를 구매하여 사용하는 주체
패키저 (Packager)	콘텐츠를 메타 데이터와 함께 배포 가능한 단위로 묶는 기능
보안 컨테이너	원본을 안전하게 유통하기 위한 전자적 보안 장치
DRM 컨트롤러 (DRM Controller)	배포된 콘텐츠의 이용 권한을 통제
클리어링 하우스 (Clearing House)	키 관리 및 라이선스 발급 관리

4 DRM의 기술 요소

기술 요소	설명
암호화 기술	허가되지 않은 사용자에게 콘텐츠의 정보를 암호화하여 보호하는 기술
키 관리 기술	암호화된 콘텐츠를 풀 때 사용되는 복호화키의 안전한 보관 및 배포 관리하는 기술
정책 관리 기술	라이선스 발급 및 사용에 대한 정책 표현 및 관리 기술
식별 기술	콘텐츠에 대한 식별 체계 표현 기술
크랙 방지 기술	크랙에 의한 콘텐츠 무단 사용 방지 기술

기출 유형 문제

2020.09

01 저작권 관리 구성 요소에 대한 설명으로 틀린 것은?

① 콘텐츠 제공자(Contents Provider) : 콘텐츠를 제공하는 저작권자

② 콘텐츠 분배자(Contents Distributor) : 콘텐츠를 메타 데이터와 함께 배포 가능한 단위로 묶는 기능

③ 클리어링 하우스(Clearing House) : 키 관리 및 라이선스 발급 관리

④ DRM 컨트롤러 : 배포된 콘텐츠의 이용 권한을 통제

해설 콘텐츠 분배자는 암호화된 콘텐츠를 유통 및 제공하는 기업이나 사람을 말한다. 콘텐츠와 메타 데이터를 패키징하는 것은 패키저라 한다.

2020.09, 2020.08

02 디지털 저작권 관리(DRM) 기술과 거리가 먼 것은?

① 콘텐츠 암호화 및 키 관리

② 콘텐츠 식별 체계 표현

③ 콘텐츠 오류 감지 및 복구

④ 라이선스 발급 및 관리

해설 DRM 기술에는 암호화 및 키 관리, 식별 기술, 라이선스 발급 및 관리 등이 있으며, 콘텐츠 오류 감지 및 복구 기술은 포함되지 않는다.

2020.06

03 디지털 저작권 관리(DRM) 기술 요소가 아닌 것은?

① 크랙 방지 기술

② 정책 관리 기술

③ 암호화 기술

④ 방화벽 기술

해설 방화벽 기술은 네트워크에서 사용되는 기술이다.

2021.05

04 디지털 저작권 관리(DRM) 구성 요소가 아닌 것은?

① Dataware House

② DRM Controller

③ Packager

④ Contents Distributor

해설 DRM의 구성 요소는 DRM Controller, Packager, Content Provider, Contents Distributor, Clearing House 등이 있으며, Dataware House는 데이터베이스와 관련된 개념으로 DRM과는 관계가 없다.

2021.08

05 저작권 관리 구성 요소 중 패키저(Packager)의 주요 역할로 옳은 것은?

① 콘텐츠를 제공하는 저작권자를 의미한다.

② 콘텐츠를 메타 데이터와 함께 배포 가능한 단위로 묶는다.

③ 라이선스를 발급하고 관리한다.

④ 배포된 콘텐츠의 이용 권한을 통제한다.

해설 패키저는 콘텐츠를 메타 데이터와 함께 배포 가능한 단위로 묶는 기능을 한다.

정답 1: ② 2: ③ 3: ④ 4: ① 5: ②

2022.04

06 DRM(Digital Rights Management)과 관련한 설명으로 틀린 것은?

① 디지털 콘텐츠와 디바이스의 사용을 제한하기 위해 하드웨어 제조업자, 저작권자, 출판업자 등이 사용할 수 있는 접근 제어 기술을 의미한다.

② 디지털 미디어의 생명 주기 동안 발생하는 사용 권한 관리, 과금, 유통 단계를 관리하는 기술로도 볼 수 있다.

③ 클리어링 하우스(Clearing House)는 사용자에게 콘텐츠 라이선스를 발급하고 권한을 부여해주는 시스템을 말한다.

④ 원본을 안전하게 유통하기 위한 전자적 보안은 고려하지 않기 때문에 불법 유통과 복제의 방지는 불가능하다.

해설 배포된 애플리케이션의 무한 복제가 가능하고, 복사본의 배포 가능한 특성때문에 DRM이 필요하다.

출제 예상 문제

07 DRM의 개념으로 알맞은 것은?

① 콘텐츠 제공자는 콘텐츠 소비자에게 직접 콘텐츠를 제공한다.

② 클리어링 하우스에서는 콘텐츠와 메타 데이터를 패키징한다.

③ 콘텐츠 분배자는 원본 데이터를 소비자에게 제공한다.

④ 콘텐츠 소비자는 라이선스 획득 후에 콘텐츠를 이용할 수 있다.

해설
- 콘텐츠 제공자는 콘텐츠 분배자를 통해 소비자에게 콘텐츠를 제공한다.
- 패키저에서 콘텐츠와 메타 데이터를 패키징한다.
- 콘텐츠 분배자는 암호화된 데이터를 소비자에게 제공한다.

08 DRM의 구성 요소가 아닌 것은?

① ISP(Internet Service Provider)

② 보안 컨테이너

③ 패키저(Packager)

④ 클리어링 하우스(Clearing House)

해설 ISP는 인터넷 서비스를 제공하는 사업자로, DRM과 관계가 없다.

09 다음에서 설명하는 DRM의 기술 요소는?

> 허가되지 않은 사용자에게 콘텐츠의 정보를 보호하기 위한 기술

① 암호화 기술

② 식별 기술

③ 키 분배 기술

④ 정책 관리 기술

해설 DRM의 기술 요소 중 암호화 기술에 대한 설명이다. 식별 기술은 콘텐츠에 대한 식별 체계를 표현하는 기술이고, 정책 관리 기술은 라이선스 발급 및 사용에 대한 정책 표현 및 관리를 하는 기술이다. 키 분배 기술은 DRM의 기술 요소가 아니다.

6: ④ 7: ④ 8: ① 9: ① 정답

305 제품 소프트웨어 매뉴얼 작성

1 제품 소프트웨어 매뉴얼

■ 제품 소프트웨어 매뉴얼의 개념

완성된 제품 소프트웨어에 대한 내용을 사용자 측면으로 작성하여 사용자가 설치하거나 사용하기 위해 필요한 정보를 작성하여 추가로 배포하는 설명서와 안내서를 말한다.

■ 제품 소프트웨어 매뉴얼의 분류

분류	항목	설명
특성에 따른 분류	설치 매뉴얼	사용자가 설치하는 데 참조할 수 있는 설명을 작성한다.
	사용자 매뉴얼	사용자가 사용하는 데 참조할 수 있는 설명을 작성한다.
형태에 따른 분류	문서 형태	문서로 작성하여 배포하는 매뉴얼을 말한다.
	미디어 형태	온라인 동영상, 오프라인 미디어(CD 등)로 배포하는 매뉴얼을 말한다.

2 제품 소프트웨어 설치 매뉴얼

■ 설치 매뉴얼 작성의 기본 사항

- 개발자의 기준이 아닌 사용자의 기준으로 작성한다.
- 최초 설치 실행부터 완료까지 순차적으로 진행한다.
- 각 단계별 메시지 및 해당 화면을 순서대로 전부 캡처하여 설명해야 한다.
- 설치 중간에 이상 발생 시 해당 메시지 및 오류에 대한 내용을 분류하여 설명해야 한다.

멘토 코멘트

제품 소프트웨어 설치 매뉴얼은 사용자의 기준으로 작성한다는 것을 기억해야 한다.

■ 설치 매뉴얼의 작성 항목

구분	항목	설명
목차 및 개요	목차	매뉴얼 전체의 내용을 순서대로 요약
	개요	주요 특징에 대해 정리하고 구성, 설치 방법 등을 기술

서문	문서 이력 정보	버전, 작성자, 작성일, 검토자, 일시, 검토일 등을 작성
	설치 매뉴얼의 주석	– 주의 사항 : 사용자가 반드시 숙지해야 하는 중요한 정보 – 참고 사항 : 설치 관련하여 영향을 미치는 특별한 사용자 환경 및 상황에 대한 내용
	설치 도구의 구성	– 프로그램 파일 구성, 폴더 및 설치 프로그램 실행 파일 설명 – 설치 이후에 설치 결과를 기록하는 로그 폴더 설명
	설치 환경 체크 항목	– 사용자 환경 : 사용자의 CPU 및 메모리, 운영체제 등의 적합 환경 – 응용 프로그램 : 설치 전 다른 응용 프로그램의 종료 – 업그레이드 버전 : 업그레이드 이전 버전 존재 유무 확인 – 백업 폴더 확인 : 데이터 저장 폴더 확인 후 설치 시 동기화
기본 사항	기본 사항	– 제품 소프트웨어 개요 : 주요 기능 등 – 설치 관련 파일 : 실행(exe), 초기 설정(ini), 로그(log) 등의 관련 파일 – 설치 아이콘, 프로그램 삭제 방법, 관련 추가 정보(제작사 추가 정보 등)

■ 설치 매뉴얼의 작성 방법

작성 방법	설명
설치 화면 및 UI	설치 실행, 메인 화면 및 안내 창 등의 설명
설치 이상 시 메시지 설명	설치가 잘못되었거나 잘못된 환경일 경우의 메시지를 설명
설치 완료 및 결과	정상 설치 완료 시 최종 메시지 출력
FAQ	자주 발생하는 어려움들을 정리하여 사용자에게 제공
설치 시 점검 사항	설치 전 사용자 환경에 맞추어 점검 내용 설명
네트워크 환경 및 보안	설치 시 네트워크 문제로 인해 오류가 발생하지 않도록 사전에 연결을 체크 및 보안, 방화벽 환경을 체크하도록 가이드
고객 지원 방법	유선 및 이메일, URL 등을 제공
준수 정보와 제한 보증	– 시리얼 보존, 불법 등록 사용 금지 등의 준수 사항 권고 – 저작권 정보 관련 작성

3 제품 소프트웨어 사용자 매뉴얼

멘토 코멘트

설치 매뉴얼과 사용자 매뉴얼의 차이를 구분하며 학습해야 한다.

■ 사용자 매뉴얼 작성 단계

작성 단계		설명
1	작성 지침 정의	실제 사용자 환경에 필요한 정보 제공 가능 형태로 작성한다.
2	사용자 매뉴얼 구성 요소 정의	제품 소프트웨어의 기능, 구성 객체 목록, 객체별 메서드, 메서드의 파라미터 및 설명, 사용 예제, 환경 세팅 방법 등을 정의한다.
3	구성 요소별 내용 작성	제품 소프트웨어 구성 요소별로 내용을 작성한다.
4	사용자 매뉴얼 검토	제품 사용 시 부족한 정보가 없는지 등을 검사한다.

■ 사용자 매뉴얼의 작성 항목

구분	항목	설명
목차 및 개요	목차	매뉴얼 전체의 내용을 순서대로 요약
	개요	주요 특징에 대해 정리하고 구성, 설치 방법 등을 기술
서문	문서 이력 정보	버전, 작성자, 작성일, 검토자, 일시, 검토일 등을 작성
	설치 매뉴얼의 주석	- 주의 사항 : 사용자가 반드시 숙지해야 하는 중요한 정보 - 참고 사항 : 설치 관련하여 영향을 미치는 특별한 사용자 환경 및 상황에 대한 내용
	기록 보관	- 제품 등록과 관련한 기록에 대한 내용을 기재 - 향후 필요하거나 도움이 되는 추가 제품 정보를 위한 내용을 보관 - 인터넷을 이용한 지원이 가능하도록 URL을 기재
	기록 항목	제품 명칭, 제품 소프트웨어 모델명(버전명), 기록 항목에 대한 문서 번호, 제품번호, 구입 날짜 등을 기록
기본 사항	기본 사항	- 제품 소프트웨어 개요 : 주요 기능 등 - 제품 소프트웨어 사용 : 사용하기 위한 최소 환경, 주의 사항 - 제품 소프트웨어 관리 : 사용 종료 및 관리 등에 대한 내용 - 모델, 버전별 특징 : 제품 구별을 위한 모델, 버전별 차이 - 기능, 인터페이스의 특징 : 기능 및 인터페이스 특징을 간단히 기술 - 구동 환경 : 개발 언어, 운영체제, 사용자가 구동하기까지 과정 요약

■ 사용자 매뉴얼의 작성 방법

작성 방법	설명
사용자 화면 및 UI	주의 사항 및 참고 사항 등의 내용
주요 기능 분류	- 설명할 기능을 포함하는 화면 첨부 - 동작하는 기능을 화면의 순서대로 분류 - 기능 동작 시 참고 및 주의 사항 추가
응용 프로그램 및 설정	- 동작 시 함께 동작하는 애플리케이션이나 설치되어 충돌 가능한 응용 프로그램에 대해 기술 - 동작 시 사전에 실행해야 할 애플리케이션에 대한 기술 - 설정(Setting)과 관련한 사항이나 기본값에 대한 내용 설명
장치 연동	제품 소프트웨어가 임베디드 관련 시 해당 장치 설명
네트워크 환경	제품 소프트웨어와 관련된 네트워크 정보 표시
Profile 설명	구동 시 체크하는 환경 파일, 필수 파일의 내용 간략히 설명
액세서리	소프트웨어 툴킷, 장치
고객 지원 방법	유선 및 이메일, URL 등을 제공
준수 정보와 제한 보증	- 시리얼 보존, 불법 등록 사용 금지 등의 준수 사항 권고 - 저작권 정보 관련 작성

기출 유형 문제

2020.09

01 소프트웨어 설치 매뉴얼에 대한 설명으로 틀린 것은?

① 설치 과정에서 표시될 수 있는 예외 상황에 관련 내용을 별도로 구분하여 설명한다.

② 설치 시작부터 완료할 때까지의 전 과정을 빠짐없이 순서대로 설명한다.

③ 설치 매뉴얼은 개발자 기준으로 작성한다.

④ 설치 매뉴얼에는 목차, 개요, 기본 사항 등이 기본적으로 포함되어야 한다.

해설 설치 매뉴얼은 사용자 기준으로 작성하여야 한다.

2021.03

02 소프트웨어 설치 매뉴얼에 포함될 항목이 아닌 것은?

① 제품 소프트웨어 개요

② 설치 관련 파일

③ 프로그램 삭제

④ 소프트웨어 개발 기간

해설 소프트웨어 설치 매뉴얼에는 개요, 설치 관련 파일, 삭제 방법 등이 포함되며, 소프트웨어 개발 기간은 포함되지 않는다.

2021.08

03 다음은 제품 소프트웨어의 사용자 매뉴얼 작성 절차로 (가)~(다)와 [보기]의 ㉠~㉢을 바르게 연결한 것은?

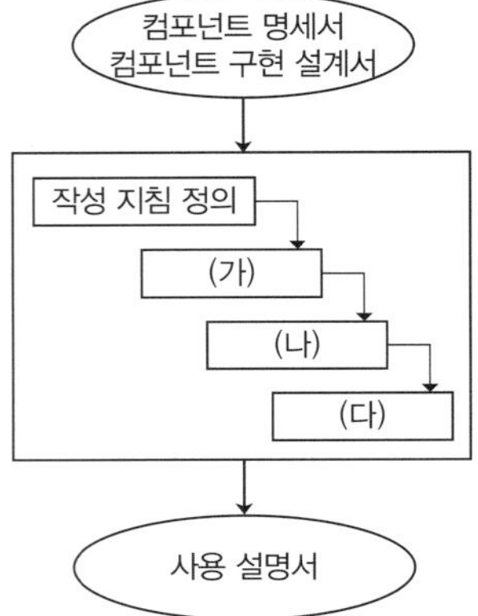

[보기]
㉠ : 사용 설명서 검토
㉡ : 구성 요소별 내용 작성
㉢ : 사용 설명서 구성 요소 정의

① (가)-㉠, (나)-㉡, (다)-㉢

② (가)-㉢, (나)-㉡, (다)-㉠

③ (가)-㉠, (나)-㉢, (다)-㉡

④ (가)-㉢, (나)-㉠, (다)-㉡

해설 사용자 매뉴얼 작성 철차는 작성 지침 정의 → 사용자 매뉴얼 구성 요소 정의 → 구성 요소별 내용 작성 → 사용자 매뉴얼 검토로 진행된다.

1: ③ 2: ④ 3: ② 정답

출제 예상 문제

04 제품 소프트웨어 설치 매뉴얼의 작성 방법이 아닌 것은?

① 설치가 잘못되었을 경우의 메시지에 대한 설명을 작성한다.
② 정상 설치 완료 시에 나오는 최종 메시지는 설명할 필요가 없다.
③ 설치 시 네트워크 문제가 발생하지 않도록 사전 가이드 작성이 필요하다.
④ 자주 발생하는 어려움들을 정리하여 제공한다.

해설 정상 설치 완료 시에 나오는 최종 메시지도 설명해야 한다.

05 제품 소프트웨어 사용자 매뉴얼 작성 단계로 옳은 것은?

① 사용자 매뉴얼 검토 → 구성 요소별 내용 작성 → 사용자 매뉴얼 구성 요소 정의 → 작성 지침 정의
② 사용자 매뉴얼 구성 요소 정의 → 작성 지침 정의 → 구성 요소별 내용 작성 → 사용자 매뉴얼 검토
③ 작성 지침 정의 → 사용자 매뉴얼 구성 요소 정의 → 구성 요소별 내용 작성 → 사용자 매뉴얼 검토
④ 사용자 매뉴얼 검토 → 작성 지침 정의 → 사용자 매뉴얼 구성 요소 정의 → 구성 요소별 내용 작성

해설 작성 지침 정의 → 사용자 매뉴얼 구성 요소 정의 → 구성 요소별 내용 작성 → 사용자 매뉴얼 검토 순으로 진행한다.

06 제품 소프트웨어 사용자 매뉴얼의 기본 사항이 아닌 것은?

① 제품 소프트웨어의 개요 및 사용 환경
② 제품 소프트웨어의 모델, 버전별 특징
③ 제품 소프트웨어의 구동 환경 및 인터페이스의 특징
④ 제품 소프트웨어의 구현 언어

해설 제품 소프트웨어의 구현 언어는 사용자 매뉴얼에 포함되지 않는다.

정답 4: ② 5: ③ 6: ④

306 국제 표준 제품 품질 특성

멘토 코멘트

제품 품질 특성은 시험에 자주 출제된다. ISO 9126에 대해 명확히 숙지하고, ISO 25010에 대해서도 확장하여 학습해야 한다.

1 국제 표준 제품 품질 특성의 개념

- 소프트웨어 품질의 특성을 정의하고, 품질 평가의 메트릭스를 정의한 국제 표준을 말한다.
- 사용자 관점에서 본 소프트웨어의 품질 특성에 대한 표준이다.
- 국제 표준 ISO/IEC 9126에서 보안성과 호환성이 추가되어 ISO 25010으로 개정되었다.

2 국제 표준 ISO 9126

■ ISO/IEC 9126 모델의 분류

분류	설명
9126–1 (품질 모델)	6가지 품질 특성과 소프트웨어 제품의 품질 평가를 위한 프레임워크를 정의
9126–2 (외부 품질)	– 개발자를 위한 표준 – 개발자, 평가자, 구매자가 품질 특성에 대해 사용할 수 있는 외부 메트릭스(External Metrics)를 제공
9126–3 (내부 품질)	– 구매자를 위한 표준 – 개발자, 평가자, 구매자가 소프트웨어 제품 품질을 평가
9126–4 (사용 품질)	– 사용자를 위한 표준 – 사용 품질(Quality In Use)을 정의

■ ISO/IEC 9126 품질 특성 모델

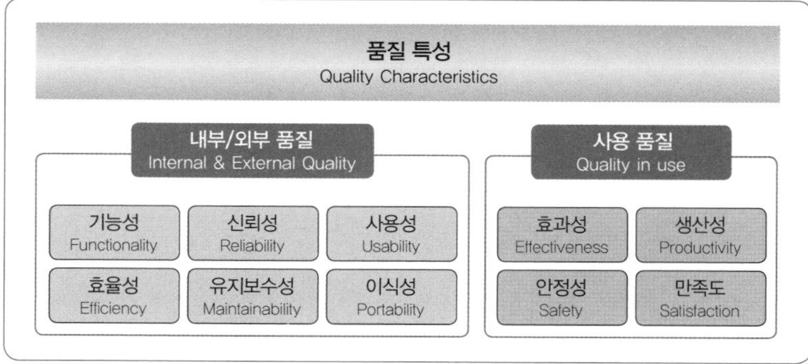

■ ISO 9126의 내부/외부 품질 세부 항목

항목	설명
기능성	- 개발 전에 의도했던 대로 정확하게 사용자의 요구를 만족하는 기능을 제공하는지 여부 - 적합성, 정확성*, 보안성, 상호운용성, 준수성
신뢰성	- 소프트웨어를 믿고 사용할 수 있는지 여부 - 성숙성, 결함 수용성, 복구 용이성
사용성	- 편리한 기능을 제공하는 정도 - 이해 용이성, 학습성, 운영성, 친밀성
효율성	- 주어진 시간에 한정된 자원을 빠르게 처리하는 정도 - 시간 효율성, 자원 활용성
유지보수성	- 요구사항 개선 및 확장 시의 용이한 정도 - 분석성, 변경성, 안정성, 테스트 용이성
이식성	- 다른 운영체제에서도 정상 작동하는지의 여부 - 적응성, 설치성, 대체성, 공존성

★ 정확성(Correctness)
소프트웨어가 사용자의 요구 기능을 충족시키는지 여부, 목적했던 기능이 정확히 동작하는지 여부

3 국제 표준 ISO 25010

■ ISO 25010 품질 특성 모델

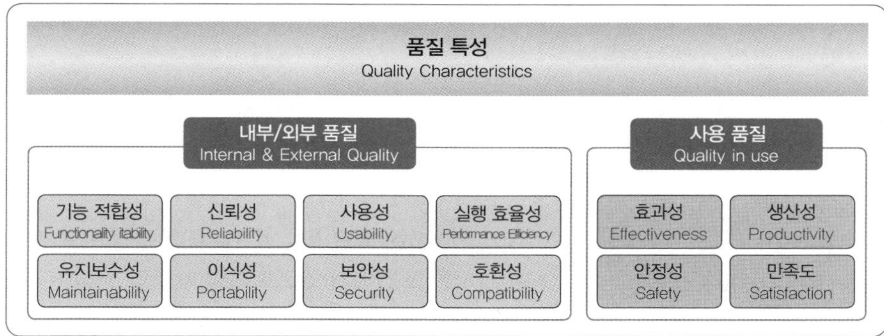

멘토 코멘트

ISO 25010의 항목별 설명은 ISO 9126과 유사하다.

알아두기

ISO 25010은 ISO 25000에 포함된 국제 표준이다.

ISO 25000(SQuaRE: Software product Quality Requirements and Evaluation)은 국제 표준화 기구(ISO)에서 제정한 소프트웨어 품질 평가를 위한 소프트웨어 품질 평가 통합 모델 표준이다.

■ ISO 25010의 내부/외부 품질 세부 항목

항목	설명
기능 적합성	기능 성숙도, 기능 정확성, 기능 타당성
신뢰성	성숙성, 결함 수용성, 복구 용이성, 가용성
사용성	이해 용이성, 학습성, 운영성, 사용자 인터페이스 미학, 사용자 오류 보호, 접근성
실행 효율성	시간 효율성, 자원 활용성, 기억 용량
유지보수성	분석성, 수정 가능성, 시험 가능성, 모듈성, 재사용성
이식성	환경 적응성, 설치 용이성, 치환성
보안성	상호 공존성, 상호 운용성
호환성	기밀성, 무결성, 부인방지, 책임성, 인증성

■ ISO 25010의 사용 품질 세부 항목

항목	설명
효과성	주어진 목표 달성을 위한 정확성, 완전성을 측정
생산성	작업 효율성과 관련되어 소요된 자원을 측정
안정성	특정 위험의 발생 가능성의 수준을 측정
만족도	제품의 사용에 대한 속성을 측정

실력 점검 문제

기출 유형 문제

2020.08

01 소프트웨어 품질 목표 중 주어진 시간 동안 주어진 기능을 오류 없이 수행하는 정도를 나타내는 것은?

① 직관성

② 사용 용이성

③ 신뢰성

④ 이식성

해설
- 사용 용이성 : 편리한 기능을 제공하는 정도
- 신뢰성 : 주어진 시간 동안 주어진 기능을 오류 없이 수행하는 정도
- 이식성 : 다른 운영체제에서도 정상 작동하는지의 여부

2016.08

02 ISO 9126에 근거한 소프트웨어 품질 목표 중 명시된 조건에서 소프트웨어 제품의 일정한 성능과 자원 소요량의 관계에 관한 속성, 즉 요구되는 기능을 수행하기 위해 필요한 자원의 소요 정도를 의미하는 것은?

① Usability

② Reliability

③ Functionality

④ Efficiency

해설
- 사용성(Usability) : 편리한 기능을 제공하는 정도
- 신뢰성(Reliability) : 소프트웨어를 믿고 사용할 수 있는지 여부
- 기능성(Functionality) : 정확하게 사용자의 요구를 만족하는 기능을 제공하는지 여부
- 효율성(Efficiency) : 요구되는 기능을 수행하기 위해 필요한 자원의 소요 정도

1: ③ 2: ④ 정답

2020.06

03 ISO/IEC 9126의 소프트웨어 품질 특성 중 기능성(Functionality)의 하위 특성으로 옳지 않은 것은?

① 학습성

② 적합성

③ 정확성

④ 보안성

해설 기능성의 하위 특성은 적합성, 정확성, 보안성, 상호 운용성, 준수성이 있다.

2020.06

04 소프트웨어 품질 측정을 위해 개발자 관점에서 고려해야 할 항목으로 거리가 먼 것은?

① 정확성

② 무결성

③ 사용성

④ 간결성

해설 품질 측정을 위해 간결성은 고려하지 않는다.

2021.03

05 소프트웨어의 일부분을 다른 시스템에서 사용할 수 있는 정도를 의미하는 것은?

① 신뢰성(Reliability)

② 유지보수성(Maintainability)

③ 가시성(Visibility)

④ 재사용성(Reusability)

해설
- 신뢰성(Reliability) : 소프트웨어를 믿고 사용할 수 있는지 여부
- 유지보수성(Maintainability) : 요구사항을 개선 및 확장 시의 용이한 정도
- 가시성(Visibility) : 소프트웨어의 비가시성에 따른 품질 관리를 위한 시각화와 문서화 기법

2021.03

06 소프트웨어 품질 목표 중 쉽게 배우고 사용할 수 있는 정도를 나타내는 것은?

① Correctness

② Reliability

③ Usability

④ Integrity

해설
- 정확성(Correctness) : 목적했던 기능이 정확히 동작하는지 여부
- 신뢰성(Reliability) : 신뢰성, 기능이 오류 없이 동작하고, 일관된 결과가 도출되는지 여부
- 사용성(Usability) : 쉽게 배우고 사용할 수 있는지 여부
- 적합성(Integrity) : 허용되지 않는 사용이나 자료 변경을 제어하는지 여부

2021.08

07 소프트웨어 품질 목표 중 하나 이상의 하드웨어 환경에서 운용되기 위해 쉽게 수정될 수 있는 시스템 능력을 의미하는 것은?

① Portability

② Efficiency

③ Usability

④ Correctness

해설
- 효율성(Efficiency) : 요구되는 기능을 수행하기 위해 필요한 자원의 소요 정도를 의미한다.
- 사용성(Usability) : 편리한 기능을 제공하는 정도를 의미한다.
- 정확성(Correctness) : 정확성, 목적했던 기능이 정확히 동작하는지 여부를 의미한다.

정답 3: ① 4: ④ 5: ④ 6: ③ 7: ①

2022.03

08 소프트웨어 품질 관련 국제 표준인 ISO/IEC 25000에 관한 설명으로 옳지 않은 것은?

① 소프트웨어 품질 평가를 위한 소프트웨어 품질 평가 통합모델 표준이다.

② System and Software Quality Requirements and Evaluation으로 줄여서 SQuaRE라고도 한다.

③ ISO/IEC 2501n에서는 소프트웨어의 내부 측정, 외부 측정, 사용 품질 측정, 품질 측정 요소 등을 다룬다.

④ 기존 소프트웨어 품질 평가 모델과 소프트웨어 평가 절차 모델인 ISO/IEC 9126과 ISO/IEC 14598을 통합하였다.

해설 ISO/IEC 2501n에서는 소프트웨어의 내부 및 외부 품질과 사용 품질에 대한 모델 등의 품질 모델 부분을 다루며, 내부 측정, 외부 측정, 사용 품질 측정, 품질 측정 요소 등을 다루는 표준은 ISO/IEC 2502n이다.

출제 예상 문제

09 ISO 25010의 내/외부 품질 세부 항목이 아닌 것은?

① 유지보수성

② 보안성

③ 호환성

④ 생산성

해설 ISO 25010의 내/외부 품질 세부 항목으로는 기능 적합성, 신뢰성, 사용성, 실행 효율성, 유지보수성, 이식성, 보안성, 호환성이 있다. 생산성은 포함되지 않는다.

10 ISO 9126의 내용이 아닌 것은?

① 사용자 관점에서 본 소프트웨어의 품질 특성에 대한 표준

② 품질 평가에 대한 국제 표준

③ 사용 품질과 내/외부 품질로 구분

④ 보안성과 호환성 포함

해설 ISO 9126에 보안성과 호환성이 추가되어 ISO 25010으로 개정되었다.

8: ③ 9: ④ 10: ④ 정답

307 소프트웨어 버전 관리, 빌드 자동화

1 소프트웨어 버전 관리의 개요

■ 소프트웨어 버전 관리의 개념

- 지속적으로 변경되는 소프트웨어에 대한 통제를 통해 불필요한 수정을 제한하거나 에러 발생 시 빠른 복구가 가능하도록 소프트웨어를 관리하기 위한 개념이다.
- 형상 관리★ 지침을 활용하여 소프트웨어의 개발 및 변경과 관련된 버전 관리가 가능하다.

★ 형상 관리
소프트웨어의 변화를 시간에 따라 기록하고, 특정 시점의 버전을 다시 사용할 수 있도록 관리하는 방법이다.

■ 소프트웨어 버전 관리의 필요성

- 버그 수정에 대한 추적의 결여 및 무절제한 변경 난무가 가능하다.
- 가시성의 결핍 방지 및 장기적인 관리 체계의 문제 예방이 필요하다.

멘토 코멘트
소프트웨어 버전 관리는 형상 관리와 유사한 개념이다. 이미 학습한 내용은 다시 확인하고, 추가적인 내용을 학습하자.

■ 소프트웨어 버전 관리의 역할

- 동일 프로젝트에 대한 여러 개발자의 동시적인 개발이 가능하다.
- 에러 발생 시 빠른 시간 내에 복구할 수 있고 불필요한 수정 제한이 가능하다.

2 소프트웨어 버전 등록 순서 및 용어 설명

■ 소프트웨어 버전 등록 순서 흐름도

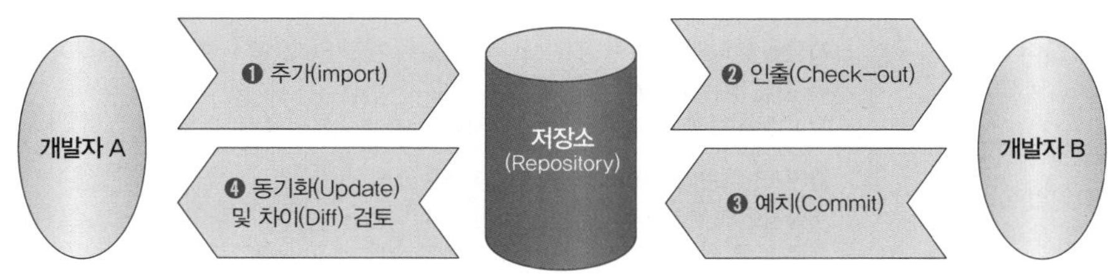

(1) 등록 순서

단계		설명
1	추가	개발자 A가 파일을 저장소에 추가
2	인출	추가된 파일을 개발자 B가 인출
3	예치	인출된 파일을 수정하고 저장소에 예치하며 설명 추가
4	동기화	새로운 개발자 A가 자신의 작업 공간에 동기화
5	차이	새로 추가된 파일의 수정 기록(Change Log)을 통해 차이 확인

(2) 용어

용어	설명
가져오기(Import)	버전이 관리되지 않은 로컬 디렉터리 파일을 처음으로 저장소에 복사
체크아웃(Check-out)	저장소에 저장된 파일 받기
체크인(Check-in)	저장소에 새로운 버전으로 갱신
커밋(Commit)	- 체크인 시 이전 갱신 사항이 있는 경우에 충돌(Conflict)을 알림 - Diff 도구를 이용하여 수정
저장소(Repository)	파일의 현재 버전과 변경 이력 정보를 저장하는 저장소

3 소프트웨어 버전 관리 도구

효율적인 버전 관리를 위해 버전 관리 도구를 사용한다.

■ 방식에 따른 버전 관리 도구 유형

도구 유형	설명
공유 폴더 방식 (RCS, SCCS)	- 개발이 완료된 파일은 매일 약속된 공유 폴더에 복사 - 지정된 담당자가 매일 공유 폴더의 파일을 자기 PC로 복사하고 컴파일하여 에러 확인 및 정상 동작 여부 확인 - 정상 동작할 경우 다음날 각 개발자들이 동작 여부를 확인
클라이언트/서버 방식 (CVS, SVN)	- 중앙 버전 관리 시스템이 항상 동작하는 형태 - 개발자들의 현재 작업 내용과 이전 작업 내용을 축적하기 용이 - 서로 다른 개발자가 같은 파일을 작업할 경우 경고 출력
분산 저장소 방식 (Git, Bitkeeper 등)	- 로컬 저장소와 원격 저장소가 존재하는 구조 - 중앙의 저장소에서 로컬로 복사(Clone)하는 순간에 개발자 자신만의 로컬 저장소에 파일 생성 - 개발이 완료된 파일 수정 이후 로컬 저장소에 커밋(Commit)하고, 이후에 다시 원격 저장소에 반영(Push)하는 방식

■ 버전 관리 도구

도구	설명
CVS (Concurrent Versions System)	– 서버와 클라이언트로 구성 – 다수의 인원이 동시에 범용적인 운영체제로 접근 가능하여 버전 관리 가능 – 클라이언트가 이클립스에 내장되어 있음
Subversion(SVN)	– GNU의 버전 관리 시스템 – CVS의 단점을 개선 – 업계에서 널리 사용되고 있으며 SVN으로 불림
RCS (Revision Control System)	– CVS와 달리 소스 파일의 수정을 한 사람만으로 제한 – 다수의 사람이 파일의 수정을 동시에 할 수 없도록 파일을 잠그는 방식으로 버전 컨트롤을 수행
Bitkeeper	– SVN과 비슷한 중앙 통제 방식의 버전 컨트롤 도구 – 대규모 프로젝트에서 빠른 속도를 내도록 개발
Clear Case	– IBM에서 제작 – 복수 서버, 복수 클라이언트 구조 – 서버 부족 시 필요한 서버를 하나씩 추가하여 확장 가능
Git	– 기존 리눅스 커널의 버전 컨트롤을 하는 Bitkeeper를 대체하기 위해서 나온 새로운 버전 컨트롤 도구 – Git은 속도에 중점을 둔 분산형 버전 관리 시스템(DVCS)으로, 대형 프로젝트에서 효과적이고 유용 – Git은 SVN과 다르게 로컬 저장소에서 Commit이 이루어지고 Push를 통해 원격 저장소에 반영(로컬 저장소에서 작업이 이루어져 매우 빠른 응답 속도) – 받을 때도 Pull 또는 Fetch로 서버에서 변경된 내역을 받음

■ 버전 관리 도구 사용 시 유의점

- 형상 관리 지침에 의거하여 버전에 대한 정보에 언제든지 접근 가능해야 한다.
- 제품 소프트웨어 개발자, 배포자 이외에 불필요한 사용자는 소스 수정이 불가하다.
- 동일 프로젝트에 대해서 여러 개발자가 동시에 개발 가능해야 한다.
- 에러 발생 시 최대한 빠른 시간 내에 복구해야 한다.

알아두기

Git의 주요 특징

– Git의 작업 폴더는 모두 전체 기록과 각 기록을 추적할 수 있는 정보를 포함하는 완전한 형태의 저장소

– 네트워크에 접근하거나 중앙 서버에 의존하지 않음

– Git은 GPL-2.0 전용 라이선스로 배포되는 무료 오픈 소스 소프트웨어

4 빌드 자동화의 개념

- 소스 코드 파일들을 컴파일하고 이후 여러 개의 모듈로 패키징하여 실행 파일을 만드는 과정을 잘 짜여진 프로세스를 통해 자동으로 실행하는 작업 방식을 의미한다.
- 빌드 자동화는 CI(Continuous Integration)와 일맥상통하는 의미이다.
- 자동화 도구로는 Ant, Maven, Jenkins, Gradle 등이 있다.

5 빌드 자동화 도구

종류	설명
Ant	- 소스 코드를 .war이나 .jar로 압축한 후, 사용자가 실행 가능하도록 웹 서버에 업로드하거나 실행 파일로 만드는 작업을 수행하는 도구이다. - XML 기반의 빌드 도구이며, XML이 최적화 되어 있지만, 스크립트의 재사용은 불가능하다.
Maven	- Ant와 유사하지만, 프로젝트 관리 컨셉으로 만들어진 빌드 자동화 도구이다. - 정해진 라이프 사이클에 의하여 작업을 수행하며, 전반적인 프로젝트 관리까지 포함한다.
Jenkins	- Java 기반의 오픈 소스 빌드 자동화 도구로, 지속적 통합 관리(CI)를 지원한다. - 서블릿 컨테이너*에서 실행되는 서버 기반의 도구이다. - CVS, SVN, Git 등의 다양한 버전 관리 도구를 지원한다. - Ant나 Maven 기반의 프로젝트뿐만 아니라 임의의 셸 스크립트와 Windows 배치 명령까지 실행 가능한 도구이다.
Gradle	- 안드로이드 앱 개발 환경에서 사용 가능한 빌드 자동화 도구이다. - 플러그인 설정 시 Java, C/C++, Python 등의 언어도 빌드가 가능하다. - Groovy로 작성되어 DSL(Domain-Specific Language)*을 스크립트로 사용한다. - 과거에 사용했던 작업을 재사용하거나 다른 시스템 작업를 공유할 수 있는 빌드 캐시 기능을 지원하여 빌드의 속도 향상이 가능하다.

★ 서블릿(Servlet)
서버에서 웹 페이지 등을 동적으로 생성하거나 데이터 처리를 수행하기 위해 자바(Java)로 작성된 프로그램

★ 서블릿 컨테이너
서블릿의 실행 환경

★ DSL
특정한 도메인에 특화된 프로그래밍 언어를 말한다.

실력 점검 문제

기출 유형 문제

2022.04

01 동시에 소스를 수정하는 것을 방지하며 다른 방향으로 진행된 개발 결과를 합치거나 변경 내용을 추적할 수 있는 소프트웨어 버전 관리 도구는?

① RCS(Revision Control System)
② RTS(Reliable Transfer Service)
③ RPC(Remote Procedure Call)
④ RVS(Relative Version System)

해설
공유 폴더 방식(RCS, SCCS)
- 개발이 완료된 파일은 매일 약속된 공유 폴더에 복사
- 지정된 담당자가 매일 공유 폴더의 파일을 자기 PC로 복사하고 컴파일하여 에러 확인 및 정상 동작 여부 확인
- 정상 동작할 경우 다음날 각 개발자들이 동작 여부를 확인

2020.09

02 빌드 자동화 도구에 대한 설명으로 틀린 것은?

① Gradle은 실행할 처리 명령들을 모아 태스크로 만든 후 태스크 단위로 실행한다.
② 빌드 자동화 도구는 지속적인 통합 개발 환경에서 유용하게 활용된다.
③ 빌드 자동화 도구에는 Ant, Gradle, Jenkins 등이 있다.
④ Jenkins는 Groovy 기반으로 한 오픈 소스로 안드로이드 앱 개발 환경에서 사용된다.

해설
Jenkins는 Java 기반의 오픈 소스 빌드 자동화 도구이다. Groovy 기반으로 한 오픈 소스로 안드로이드 앱 개발 환경에서 사용되는 자동화 도구는 Gradle이다.

1: ① 2: ④ 정답

출제예상문제

03 버전 등록 순서로 올바른 것은?

① 차이 → 인출 → 예치 → 동기화 → 추가
② 인출 → 추가 → 예치 → 차이 → 동기화
③ 추가 → 인출 → 예치 → 동기화 → 차이
④ 예치 → 동기화 → 인출 → 차이 → 추가

해설 버전 등록은 추가 → 인출 → 예치 → 동기화 → 차이 순서로 진행된다.

04 버전 관리 도구 사용 시의 유의점이 아닌 것은?

① 에러 발생 시 최대한 빠른 시간 내에 복구
② 동일 프로젝트 시 여러 개발자가 동시 개발 방지
③ 불필요한 소스 수정 불가
④ 버전 정보를 언제든지 접근 가능해야 함

해설 버전 관리를 통해 동일 프로젝트에서 여러 개발자가 동시에 개발이 가능하다.

05 버전 관리 도구가 아닌 것은?

① Git
② Jenkins
③ RCS
④ CVS

해설 Jenkins는 대표적인 빌드 자동화 도구이다.

06 빌드 자동화 도구가 아닌 것은?

① Ant
② Jenkins
③ Gradle
④ Eclipse

해설 Eclipse는 통합 개발 도구(IDE)이다.

07 빌드 자동화 도구인 Jenkins의 내용과 다른 것은?

① Android 기반의 개발 환경에서의 빌드 자동화 도구
② 서블릿 컨테이너에서 실행
③ SVN, Git 등의 버전 관리 도구 지원
④ Windows 배치 명령 실행 가능

해설 Android 기반의 개발 환경에서의 빌드 자동화 도구는 Gradle이다.

08 빌드 자동화 도구인 Gradle의 내용과 다른 것은?

① Groovy로 작성되어 DSL을 스크립트로 사용
② 과거에 사용된 Task 재사용 가능
③ Java, C/C++은 지원되나 Python은 지원 불가
④ 안드로이드 앱 개발 환경에서 사용

해설 Java, C/C++ 및 Python까지 지원 가능하다.

정답 3: ③ 4: ② 5: ② 6: ④ 7: ① 8: ③

애플리케이션 테스트 관리

이번 장에서 다룰 내용

- 애플리케이션 테스트에 대해 전반적으로 이해한다.
- 테스트 시나리오와 테스트 케이스의 개념을 이해한다.
- 통합 테스트의 수행 과정과 결함 관리를 이해한다.
- 성능 개선을 위한 알고리즘에 대해 학습한다.

401 애플리케이션 테스트의 이해

알아두기

테스트와 관련된 국제 표준 규격

- ISO/IEC 12119 : 패키지 소프트웨어의 일반적인 제품 품질 요구사항 및 테스트를 위한 국제 표준 규격
- ISO 29119 : 소프트웨어 테스트 국제 표준

멘토 코멘트

프로그램 디버깅

프로그램의 정확성 또는 논리적인 오류(버그)를 검출하여 제거 하는 과정이다.

알아두기

파레토 법칙 (Law of Pareto)

전체 결과의 80%가 전체 원인의 20%에서 일어나는 현상을 말한다.

1 애플리케이션 테스트의 개요

■ 애플리케이션 테스트의 개념

애플리케이션이나 시스템이 사용자가 요구하는 기능의 동작이나 성능, 사용성, 안정성 등을 만족하는지를 확인하기 위해 소프트웨어의 결함을 찾아내는 활동을 말한다.

■ 애플리케이션 테스트의 필요성

- **오류 발견 :** 프로그램에 잠재된 오류를 발견하고, 수정하여 올바른 프로그램을 개발한다.
- **오류 예방 :** 프로그램 실행 전 코드 리뷰나 인스펙션, 동료 검토 등을 통해 오류를 사전에 발견하는 예방 활동이 필요하다.
- **품질 향상 :** 사용자의 요구사항에 맞는 프로그램을 통해 기대 수준을 높이고, 신뢰도를 향상시키는 품질 보증 활동이 필요하다.

2 애플리케이션 테스트의 기본 원칙

■ 애플리케이션 테스트의 원리

원리	설명
결함을 찾는 활동	테스트는 소프트웨어의 잠재적인 결함을 줄일 수 있지만, 결함이 발견되지 않아도 결함이 없다고 증명할 수 없는 원리
완벽한 테스트 불가	무한 경로, 무한 입력값, 무한 시간이 소요되어 완벽한 테스트가 불가능하기 때문에 리스크 분석과 우선순위를 토대로 테스트에 집중해야 한다는 원리
개발 초기에 시작	애플리케이션 개발 단계부터 테스트를 계획하고 SDLC의 단계에 맞춰 전략적으로 접근하는 원리
결함 집중의 원리 (Defect Clustering)	결함의 대부분은 특정한 모듈에 집중되어 존재한다는 원리
살충제 패러독스 (Pesticide Paradox)	동일한 테스트 케이스로 반복하여 테스트 수행 시 결함을 발견할 수 없으므로 주기적인 테스트 케이스 리뷰와 개선을 해야 한다는 원리
정황 의존성의 법칙	정황과 비즈니스 도메인에 따라 테스트를 다르게 수행해야 하는 원리
오류 부재의 궤변 (Absence of Errors Fallacy)	오류가 발생하지 않아도 사용자의 요구사항을 만족하지 못한다면 해당 애플리케이션의 품질이 높지 않다는 원리

애플리케이션 테스트의 프로세스

테스트 계획 → 테스트 분석 및 디자인 → 테스트 케이스 및 시나리오 → 테스트 수행 → 테스트 결과 평가 및 리포팅

3 애플리케이션 테스트의 유형

구분	유형	설명
프로그램 실행 여부	정적 테스트	- 프로그램 실행 없이 소스 코드의 구조를 분석하여 논리적으로 검증하는 테스트 예 인스펙션, 코드 리뷰, 워크스루 등
	동적 테스트	- 프로그램의 실행을 필요로 하는 테스트 예 화이트박스 테스트와 블랙박스 테스트
테스트 기법	화이트박스 테스트	- 프로그램의 내부 로직을 확인하며 테스트 수행 - 원시 코드의 논리적인 구조를 확인하며 수행 - 소스 코드의 모든 문장을 수행하며 진행 - 모듈 안의 작동을 직접 관찰할 수 있음
	블랙박스 테스트	- 사용자 요구사항 명세를 기준으로 테스트를 수행 - 내부 로직과는 관계 없이 테스트 수행
테스트에 대한 시각	검증(Verification)	- 제품의 생산 과정을 테스트 - 올바른 제품 생산 검증
	확인(Validation)	- 생산된 제품의 결과를 테스트 - 정상 동작 확인
테스트 목적	회복(Recovery) 테스트	시스템에 고의로 실패를 유도한 후 정상 복귀하는지 테스트
	안전(Security) 테스트	소스 코드 내의 보안적인 결함을 미리 점검하는 테스트
	강도(Stress) 테스트	시스템 과부하를 발생시켜 정상 작동을 확인하는 테스트
	성능(Performance) 테스트	사용자의 이벤트에 대하여 응답 시간, 일정 시간 내에 처리하는 업무량, 시스템 반응 속도 등을 테스트
	구조(Structure) 테스트	내부 논리 경로 및 소스 코드의 복잡도 평가 테스트
	회귀(Regression) 테스트	변경되거나 수정된 코드에 대하여 새로운 결함이 발생하였는지를 확인하는 테스트
	병행(Parallel) 테스트	변경된 시스템과 기존 시스템에 동일한 데이터를 입력한 후 결과를 비교하는 테스트
테스트 종류	명세 기반	- 주어진 명세를 빠짐 없이 구현하고 있는지 확인 예 동등 분할, 경계값 분석, 유한 상태 기계 기반, 결정 테이블, 정형 명세 기반, 유스케이스, 페어와이즈, 직교 배열 테스트
	구조 기반	- 소프트웨어 내부 논리 흐름에 따라 테스트를 진행 예 구문 기반, 결정 기반, 조건 기반, 조건 결정 기반, 변경 조건 결정 기반, 멀티 조건 기반 커버리지 테스트
	경험 기반	유사 소프트웨어나 유사 기술 평가에서 테스터의 경험을 토대로 직관과 기술 능력을 기반으로 수행하는 테스트
테스트 대상	알파 테스트	내부 직원을 대상으로 진행하는 성능 테스트
	베타 테스트	상용화 전에 미리 정해진 사용자 계층을 대상으로 진행하는 성능 테스트

알아두기

테스트 산출물

테스트 계획서, 테스트 케이스, 테스트 시나리오, 테스트 결과서

멘토 코멘트

알파 테스트(AlphaTest)와 베타 테스트(Beta Test)는 인수 테스트에 포함된다.

인수 테스트는 〈402 테스트 케이스 및 단계〉에서 설명한다.

■ 화이트박스 테스트와 블랙박스 테스트의 종류

구분	종류	설명
화이트박스 테스트	기초 경로 검사	- 대표적인 화이트박스 테스트 기법 - 실행 경로의 기초를 정의하는 데 사용
	제어 구조 검사	- 조건 검사(Condition Testing) : 프로그램 모듈 내에 있는 논리적 조건을 테스트하는 방법 - 루프 검사(Loop Testing) : 프로그램의 반복 구조에 대해 수행하는 테스트 방법 - 데이터 흐름 검사(Data Flow Testing) : 프로그램 내의 변수 정의 위치와 변수 사용에 따라 프로그램 검사 경로를 선택하는 구조 검사 방법
블랙박스 테스트	동치 분할 검사 (Equivalence Partitioning Testing)	- 입력한 자료에 초점을 맞추어 검사 수행 - 입력 조건에 타당한 입력 자료와 타당하지 않은 입력 자료의 개수를 균등하게 검사 - 해당 입력 자료에 맞는 결과가 출력되는지 확인
	경계값 분석 (Boundary Value Analysis)	- 입력 자료에만 치중한 검사 방법 - 입력 조건의 중간값보다 경계값에서 오류가 발생한다고 가정하고 경계값을 선정하여 검사 수행
	원인-효과 그래프 검사 (Cause-Effect Graphing Testing)	입력 데이터 간의 관계와 출력에 영향을 미치는 상황을 체계적으로 분석하여 효용성 높은 검사 사례를 선정하여 검사 진행
	오류 예측 검사 (Error Guessing)	과거의 경험을 토대로 발생 가능한 오류 데이터를 입력하여 검사하는 방법
	비교 검사 (Comparison Testing)	다양한 버전의 프로그램에 동일한 테스트 자료를 입력하여 동일한 결과를 출력하는지 검사하는 방법

기출 유형 문제

2020.08

01 알파, 베타 테스트와 가장 밀접한 연관이 있는 테스트 단계는?

① 단위 테스트

② 인수 테스트

③ 통합 테스트

④ 시스템 테스트

해설 인수 테스트란 사용자의 요구사항에 맞게 요구 분석 명세서에 명시된 사항을 모두 충족하는지 테스트하는 것이다.

2020.08

02 패키지 소프트웨어의 일반적인 제품 품질 요구사항 및 테스트를 위한 국제 표준은?

① ISO/IEC 2196

② IEEE 19554

③ ISO/IEC 12119

④ ISO/IEC 14959

해설 패키지 소프트웨어의 일반적인 제품 품질 요구사항 및 테스트를 위한 국제 표준은 ISO/IEC 12119이다.

2020.09, 2020.08

03 블랙박스 테스트의 유형으로 틀린 것은?

① 경계값 분석

② 오류 예측

③ 동등 분할 기법

④ 조건, 루프 검사

해설 조건, 루프 검사는 화이트박스 테스트의 유형이다.

2018.08

04 블랙박스 테스트를 이용하여 발견할 수 있는 오류의 경우로 가장 거리가 먼 것은?

① 비정상적인 자료를 입력해도 오류 처리를 수행하지 않는 경우

② 정상적인 자료를 입력해도 요구된 기능이 제대로 수행되지 않는 경우

③ 반복 조건을 만족하는 데도 루프 내의 문장이 수행되지 않는 경우

④ 경계값을 입력할 경우 요구된 출력 결과가 나오지 않는 경우

해설 ③은 화이트박스 테스트에 대한 내용이다.

2018.03, 2015.08

05 블랙박스 테스트 기법에 관한 다음 설명에 가장 부합하는 것은?

> 다양한 버전의 프로그램에 동일한 테스트 자료를 입력하여 동일한 결과를 출력하는지 검사한다.

① Boundary Value Analysis

② Cause Effect Graphing Testing

③ Equivalence Partitioning Testing

④ Comparison Testing

해설 비교 검사(Comparison Testing)에 대한 내용이다.

정답 1: ② 2: ③ 3: ④ 4: ③ 5: ④

2017.08

06 화이트박스 테스트에 대한 설명으로 가장 옳지 않은 것은?

① 제품의 내부 요소들이 명세서에 따라 수행되고 충분히 실행되는가를 보장하기 위한 검사이다.

② 모듈의 작동을 직접 관찰한다.

③ 프로그램 원시 코드의 논리적인 구조를 커버하도록 테스트 케이스를 설계한다.

④ 화이트박스 테스트 기법에는 조건 검사, 루프 검사, 비교 검사 등이 있다.

해설 조건 검사, 루프 검사는 화이트박스 테스트 유형이고, 비교 검사는 블랙박스 테스트 유형이다.

2014.05

07 화이트박스 테스트에 대한 설명으로 옳지 않은 것은?

① 조건 검사, 루프 검사, 데이터 흐름 검사 등이 있다.

② 설계 절차에 초점을 둔 구조적 테스트이다.

③ 인터페이스 오류, 행위 및 성능 오류, 초기화와 종료 오류 등을 발견하기 위하여 사용된다.

④ 원시 코드의 모든 문장을 한 번 이상 실행함으로써 수행된다.

해설 ③은 통합 테스트 및 시스템 테스트의 내용이다.

2020.06

08 화이트박스 테스트에 대한 설명으로 옳지 않은 것은?

① Base Path Testing, Boundary Value Analysis가 대표적인 기법이다.

② Source Code의 모든 문장을 한 번 이상 수행함으로써 진행된다.

③ 모듈 안의 작동을 직접 관찰할 수 있다.

④ 산출물의 각 기능별로 적절한 프로그램의 제어 구조에 따라 선택, 반복 등을 수행함으로써 논리적 경로를 점검한다.

해설 기초 경로 검사(Base Path Testing)는 화이트박스 테스트 방법이고, 경계값 분석(Boundary Value Analysis)은 블랙박스 테스트 방법이다.

2020.06

09 평가 점수에 따른 성적 부여는 다음 표와 같다. 이를 구현한 소프트웨어를 경계값 분석 기법으로 테스트 하고자 할 때 다음 중 테스트 케이스의 입력값으로 옳지 않은 것은?

평가 점수	성적
80 ~ 100	A
60 ~ 79	B
0 ~ 59	C

① 59

② 80

③ 90

④ 101

해설 경계값 분석은 입력 조건의 중간보다 경계값 부근에서 오류가 발생할 가능성을 확인하는 테스트이다.

6: ④ 7: ③ 8: ① 9: ③ 정답

2020.09, 2020.06

10 검증 검사 기법 중 개발자의 장소에서 사용자가 개발자 앞에서 행하는 기법이며, 일반적으로 통제된 환경에서 사용자와 개발자가 함께 확인하면서 수행되는 검사는?

① 동치 분할 검사
② 형상 검사
③ 알파 검사
④ 베타 검사

해설 알파 검사에 대한 설명이다.

2020.06

11 소프트웨어 테스트에서 오류의 80%는 전체 모듈의 20% 내에서 발견된다는 법칙은?

① Brooks의 법칙
② Boehm의 법칙
③ Pareto의 법칙
④ Jackson의 법칙

해설 8:2 법칙은 파레토(Pareto) 법칙이다.

2021.03

12 필드 테스팅(Field Testing)이라고도 불리며 개발자 없이 고객의 사용 환경에 소프트웨어를 설치하여 검사를 수행하는 인수 검사 기법은?

① 베타 검사
② 알파 검사
③ 형상 검사
④ 복구 검사

해설 베타 검사에 대한 설명이다.

2021.05

13 소프트웨어 테스트와 관련한 설명으로 틀린 것은?

① 화이트박스 테스트는 모듈의 논리적인 구조를 체계적으로 점검할 수 있다.
② 블랙박스 테스트는 프로그램의 구조를 고려하지 않는다.
③ 테스트 케이스에는 일반적으로 시험 조건, 테스트 데이터, 예상 결과가 포함되어야 한다.
④ 화이트박스 테스트에서 기본 경로(BasicPath)란 흐름 그래프의 시작 노드에서 종료 노드까지의 서로 독립된 경로로 싸이클을 허용하지 않는 경로를 말한다.

해설 기본 경로(Basis Path)는 수행 가능한 모든 경로를 의미한다.

2021.05

14 애플리케이션의 처리량, 응답시간, 경과시간, 자원 사용률에 대해 가상의 사용자를 생성하고 테스트를 수행함으로써 성능 목표를 달성하였는지를 확인하는 테스트 자동화 도구는?

① 명세 기반 테스트 설계도구
② 코드 기반 테스트 설계도구
③ 기능 테스트 수행 도구
④ 성능 테스트 도구

해설 애플리케이션의 처리량, 응답시간, 경과시간, 자원 사용률 등은 성능과 관련이 있다.

정답 10: ③ 11: ③ 12: ① 13: ④ 14: ④

2021.05

15 다음에서 설명하는 소프트웨어 테스트의 기본 원칙은?

> – 파레토 법칙이 좌우한다.
> – 애플리케이션 결함의 대부분은 소수의 특정한 모듈에 집중되어 존재한다.
> – 결함은 발생한 모듈에서 계속 추가로 발생할 가능성이 높다.

① 살충제 패러독스

② 결함 집중

③ 오류 부재의 궤변

④ 완벽한 테스팅은 불가능

해설
- 파레토 법칙 : 테스트로 발견된 80%의 결함이 20%의 모듈에서 발견된다는 법칙이다. 따라서 결함이 특정한 모듈에 집중되어 존재한다고 해설할 수 있으므로 결함 집중의 원칙이 정답이다.
- 살충제 패러독스 : 동일한 테스트를 반복하면 더 이상 결함이 발견되지 않는 현상을 말한다.

2021.05

16 블랙박스 테스트를 이용하여 발견할 수 있는 오류가 아닌 것은?

① 비정상적인 자료를 입력해도 오류 처리를 수행하지 않는 경우

② 정상적인 자료를 입력해도 요구된 기능이 제대로 수행되지 않는 경우

③ 반복 조건을 만족하는 데도 루프 내의 문장이 수행되지 않는 경우

④ 경계값을 입력했을 때 요구된 출력 결과가 나오지 않는 경우

해설
루프 내의 문장이 수행되지 않는 경우 실제 소스 코드를 확인해야하므로 화이트박스 테스트를 이용하여 발견할 수 있다.

2021.05

17 테스트와 디버그의 목적으로 옳은 것은?

① 테스트는 오류를 찾는 작업이고 디버깅은 오류를 수정하는 작업이다.

② 테스트는 오류를 수정하는 작업이고 디버깅은 오류를 찾는 작업이다.

③ 둘 다 소프트웨어의 오류를 찾는 작업으로 오류 수정은 하지 않는다.

④ 둘 다 소프트웨어 오류의 발견, 수정과 무관하다.

해설
테스트 수행 후 오류를 찾아내고, 디버깅을 통해 오류를 수정한다.

2021.08

18 테스트를 목적에 따라 분류했을 때, 강도(Stress) 테스트에 대한 설명으로 옳은 것은?

① 시스템에 고의로 실패를 유도하고 시스템이 정상적으로 복귀하는지 테스트한다.

② 시스템에 과다 정보량을 부과하여 과부하 시에도 시스템이 정상적으로 작동되는지를 테스트한다.

③ 사용자의 이벤트에 시스템이 응답하는 시간, 특정 시간 내에 처리하는 업무량, 사용자 요구에 시스템이 반응하는 속도 등을 테스트한다.

④ 부당하고 불법적인 침입을 시도하여 보안시스템이 불법적인 침투를 잘 막아내는지 테스트한다.

해설
- 회복 테스트(Recovery) : 시스템에 고의로 실패 유도 후 정상 복귀하는지 테스트
- 성능 테스트(Performance) : 사용자의 이벤트에 대하여 응답 시간, 일정 시간 내에 처리하는 업무량, 시스템 반응 속도 등을 테스트
- 안전 테스트(Security) : 소스 코드 내의 보안적인 결함을 미리 점검하는 테스트

15: ② 16: ③ 17: ① 18: ② 정답

2021.08

19 소프트웨어 테스트에서 검증(Verification)과 확인(Validation)에 대한 설명으로 틀린 것은?

① 소프트웨어 테스트에서 검증과 확인을 구별하면 찾고자 하는 결함 유형을 명확하게 하는 데 도움이 된다.

② 검증은 소프트웨어 개발 과정을 테스트하는 것이고, 확인은 소프트웨어 결과를 테스트 하는 것이다.

③ 검증은 작업 제품이 요구 명세의 기능, 비기능 요구사항을 얼마나 잘 준수하는지 측정하는 작업이다.

④ 검증은 작업 제품이 사용자의 요구에 적합한지 측정하며, 확인은 작업 제품이 개발자의 기대를 충족시키는지를 측정한다.

해설 검증은 개발자의 입장에서, 확인은 사용자의 입장에서 테스트한다.
- 검증(Verification) : 제품의 생산 과정을 테스트, 올바른 제품 생산 검증
- 확인(Validation) : 생산된 제품의 결과를 테스트, 정상 동작 확인

2021.08

20 화이트박스 검사 기법에 해당하는 것으로만 짝지어진 것은?

㉠ 데이터 흐름 검사
㉡ 루프 검사
㉢ 동등 분할 검사
㉣ 경계값 분석
㉤ 원인 결과 그래프 기법
㉥ 오류 예측 기법

① ㉠, ㉡

② ㉠, ㉣

③ ㉡, ㉤

④ ㉢, ㉥

해설 화이트박스 검사 기법에는 기초 경로 검사, 제어 구조 검사가 있으며 제어 구조 검사에는 조건 검사, 루프 검사, 데이터 흐름 검사가 포함되어 있다.

2022.04

21 화이트박스 테스트와 관련한 설명으로 틀린 것은?

① 화이트박스 테스트의 이해를 위해 논리흐름도(Logic-Flow Diagram)를 이용할 수 있다.

② 테스트 데이터를 이용해 실제 프로그램을 실행함으로써 오류를 찾는 동적 테스트(Dynamic Test)에 해당한다.

③ 프로그램의 구조를 고려하지 않기 때문에 테스트 케이스는 프로그램 또는 모듈의 요구나 명세를 기초로 결정한다.

④ 테스트 데이터를 선택하기 위하여 검증기준(Test Coverage)을 정한다.

해설 프로그램의 구조를 고려하지 않는 것은 블랙박스 테스트이다.

출제 예상 문제

22 테스트의 목적에 따른 테스트 유형으로 알맞게 짝지어진 것은?

① 회복 테스트, 안전 테스트

② 정적 테스트, 동적 테스트

③ 검증, 확인

④ 화이트박스 테스트, 블랙박스 테스트

해설 ②는 프로그램 실행 여부, ③은 테스트에 대한 시각, ④는 테스트 기법에 따른 분류이다.

23 애플리케이션 테스트의 내용이 아닌 것은?

① 잠재된 오류를 발견하여 이를 수정한다.

② 사전에 오류를 예방한다.

③ 코드 리뷰만로는 오류 예방이 불가하다.

④ 품질을 향상시킬 수 있다.

해설 코드 리뷰를 진행하여 오류를 예방할 수 있다.

24 테스트의 원리 중 주기적인 테스트 케이스 리뷰가 필요하다는 원리는?

① 결함 집중의 원리

② 살충제 패러독스

③ 정황 의존성의 법칙

④ 오류 부재의 궤변

해설 살충제 패러독스는 동일한 테스트 케이스로 반복하여 테스트 수행 시 결함을 발견할 수 없으므로 주기적인 테스트 케이스 리뷰 및 개선을 해야 한다는 원리이다.

22: ① 23: ③ 24: ② 정답

402 테스트 케이스 및 단계

1 테스트 케이스의 개요

테스트 케이스의 개념

명세 기반 테스트의 설계 산출물로, 프로그램이 특정한 요구사항을 준수하는지 확인하기 위해 설계된 입력값, 실행 조건 및 기대 결과로 구성된 테스트 항목의 명세서를 말한다.

테스트 케이스의 작성

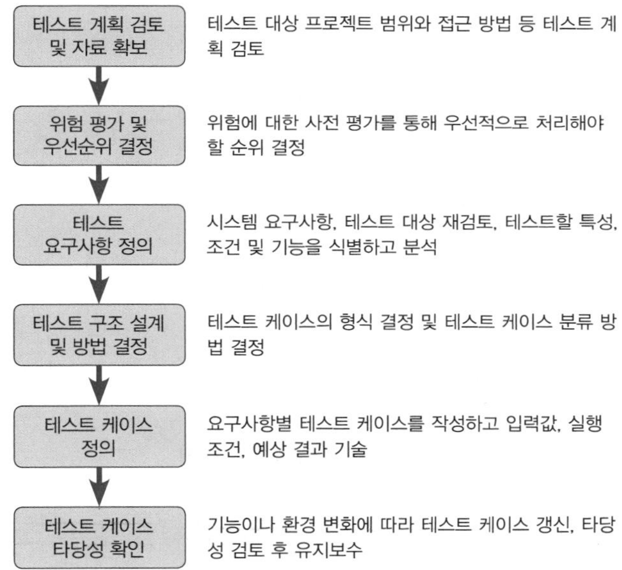

IEEE829 표준 기반 소프트웨어 테스트 케이스 구성 요소

구성 요소	설명
식별자(Identifier)	항목 식별자
테스트 항목(Test Item)	테스트 할 모듈 또는 기능
입력 명세(Input Specification)	입력값 또는 조건
출력 명세(Output Specification)	테스트 케이스 실행 시 기대 출력 결과
환경 설정(Environmental Needs)	테스트 수행 시 필요한 하드웨어, 소프트웨어 환경
특수 절차 요구(Special Procedure Requirement)	테스트 케이스 수행 시 요구 절차
의존성 기술(Interface Dependencies)	테스트 케이스 간 의존성

■ 테스트 케이스 생성 시 자동화 도구의 기능

- **자료 흐름도 :** 원시 프로그램을 입력받아 파싱한 후 작성하고, 테스트 경로를 관리한다.
- **입력 도메인 분석 :** 원시 코드의 내부를 참조하지 않고, 입력 변수의 도메인을 분석하여 테스트 데이터를 작성한다.
- **랜덤 테스트 :** 무작위 입력값을 통해 신뢰성을 검사한다.
- **기능 테스트 :** 주어진 기능을 수행하는 모든 가능한 상태를 파악하고 이에 대한 입력값을 작성한다.

2 테스트 단계

■ 테스트 단계의 개념

테스트 계획, 설계, 테스트 수행 단계로 나누어 관계를 파악하고 순차적으로 테스트를 수행하는 개념이다.

단계	종류
테스트 계획 및 설계 단계	요구사항 분석, 기능 명세 분석, 아키텍처 설계, 모듈 설계
테스트 수행 단계	단위 테스트, 통합 테스트, 시스템 테스트, 인수 테스트

■ V 모델과 테스트 단계의 개념도

테스트 단계는 V 모델을 이용하여 표현한다.

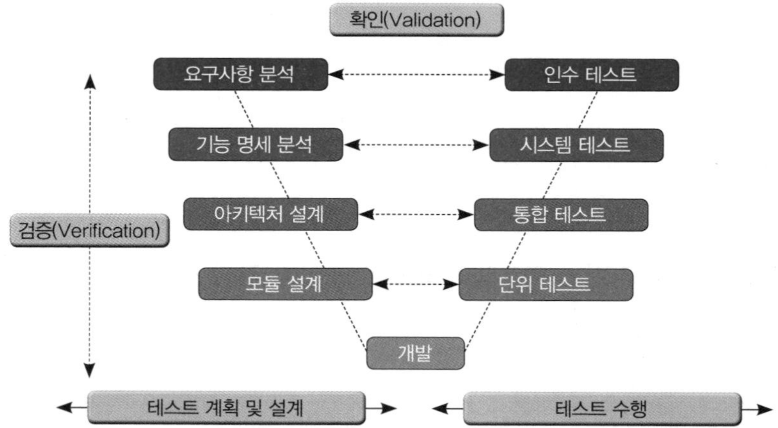

테스트 수행 단계	설명
단위 테스트	구현된 모듈의 기능 수행 여부 판단 및 내부에 존재하는 논리적 오류를 검출할 수 있는 방안을 파악한다.
통합 테스트	모듈 간의 인터페이스 연계를 검증하고, 오류를 확인하며, 상호 작용 및 연계 동작 여부를 파악한다.
시스템 테스트	단위 및 통합 테스트 이후 전체 시스템이 정상적으로 작동하는지 기능 명세를 확인하는 테스트 단계이다.
인수 테스트	사용자의 요구사항에 맞게 요구 분석 명세서에 명시된 사항을 모두 충족하는지 테스트하는 단계이다.

실력 점검 문제

기출 유형 문제

2021.05

01 다음 중 단위 테스트를 통해 발견할 수 있는 오류가 아닌 것은?

① 알고리즘 오류에 따른 원치 않는 결과

② 탈출구가 없는 반복문 사용

③ 모듈 간의 비정상적 상호작용으로 인한 원치 않는 결과

④ 틀린 계산 수식에 의한 잘못된 결과

해설 모듈 간의 상호작용을 검사하기 위해서는 통합 테스트를 수행해야 한다.

2021.08

02 개별 모듈을 시험하는 것으로 모듈이 정확하게 구현되었는지, 예정한 기능이 제대로 수행되는지를 점검하는 것이 주요 목적인 테스트는?

① 통합 테스트(Integration Test)

② 단위 테스트(Unit Test)

③ 시스템 테스트(System Test)

④ 인수 테스트(Acceptance Test)

해설
- 단위 테스트 : 구현된 모듈의 기능 수행 여부 판단 및 내부에 존재하는 논리적 오류를 검출할 수 있는 방안을 파악한다.
- 통합 테스트 : 모듈 간의 인터페이스 연계를 검증하고, 오류를 확인하며, 상호 작용 및 연계 동작 여부를 파악한다.
- 시스템 테스트 : 단위 및 통합 테스트 이후 전체 시스템이 정상적으로 작동하는지 기능 명세를 확인하는 테스트 단계이다.
- 인수 테스트 : 사용자의 요구사항에 맞게 요구 분석 명세서에 명시된 사항을 모두 충족하는지 테스트하는 단계이다.

정답 1: ③ 2: ②

2022.04

03 테스트 케이스와 관련한 설명으로 틀린 것은?

① 테스트의 목표 및 테스트 방법을 결정하기 전에 테스트 케이스를 작성해야 한다.

② 프로그램에 결함이 있더라도 입력에 대해 정상적인 결과를 낼 수 있기 때문에 결함을 검사할 수 있는 테스트 케이스를 찾는 것이 중요하다.

③ 개발된 서비스가 정의된 요구사항을 준수하는지 확인하기 위한 입력 값과 실행 조건, 예상 결과의 집합으로 볼 수 있다.

④ 테스트 케이스 실행이 통과되었는지 실패하였는지 판단하기 위한 기준을 테스트 오라클(Test Oracle)이라고 한다.

해설 테스트의 목표 및 테스트 방법을 결정한 후에 테스트 케이스를 작성한다. 테스트 오라클은 〈403 테스트 시나리오 및 지식 체계〉에서 자세히 설명한다.

2022.04

04 단위 테스트(Unit Test)와 관련한 설명으로 틀린 것은?

① 구현 단계에서 각 모듈의 개발을 완료한 후 개발자가 명세서의 내용대로 정확히 구현하였는지 테스트한다.

② 모듈 내부의 구조를 구체적으로 볼 수 있는 구조적 테스트를 주로 시행한다.

③ 필요 데이터를 인자를 통해 넘겨주고, 테스트 완료 후 그 결과값을 받는 역할을 하는 가상의 모듈을 테스트 스텁(Stub)이라고 한다.

④ 테스트할 모듈을 호출하는 모듈도 있고, 테스트할 모듈이 호출하는 모듈도 있다.

해설 테스트 스텁은 테스트 대상 모듈이 호출하는 하위 모듈의 역할을 하며 단순한 기능을 수행하는 도구이다.

2021.08

05 테스트 케이스 자동 생성 도구를 이용하여 테스트 데이터를 찾아내는 방법이 아닌 것은?

① 스텁(Stub)과 드라이버(Driver)

② 입력 도메인 분석

③ 랜덤(Random) 테스트

④ 자료 흐름도

해설 테스트 케이스 생성 도구를 이용해 테스트 데이터를 찾아내는 방법에는 입력 도메인 분석, 랜덤 테스트, 자료 흐름도, 기능 테스트가 있다.

출제 예상 문제

06 테스트 케이스의 내용이 아닌 것은?

① 테스트 케이스는 입력값, 실행 조건 등으로 구성된 테스트 항목의 명세서이다.

② 테스트 케이스 작성 시 위험 평가는 진행하지 않는다.

③ 테스트 케이스는 명세 기반 테스트의 설계 산출물이다.

④ 테스트 케이스 작성 시 프로젝트 관련 자료를 확보해야 한다.

해설 테스트 케이스 작성 시 위험 평가 및 우선순위 결정을 진행한다.

3: ① 4: ③ 5: ① 6: ② 정답

07 V-모델에서의 확인(Validation) 단계가 알맞게 짝지어진 것은?

① 요구사항 분석 - 시스템 테스트
② 기능 명세 분석 - 단위 테스트
③ 모듈 설계 - 단위 테스트
④ 아키텍처 설계 - 시스템 테스트

해설

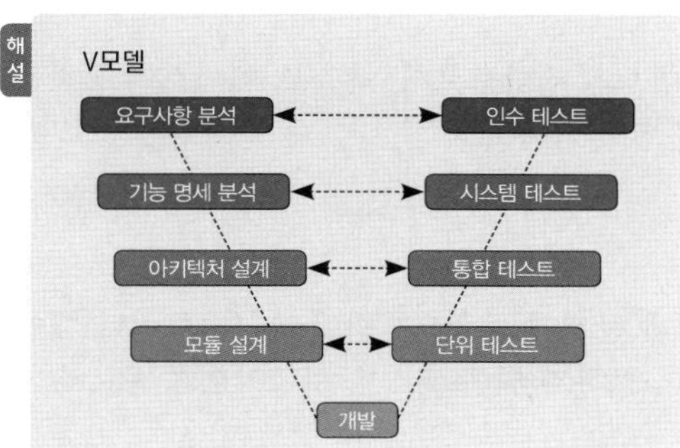

08 다음은 어떤 테스트 단계인가?

> 모듈 간의 인터페이스 연계를 검증하고, 오류를 확인하고, 상호 작용 및 연계 동작 여부를 파악하는 단계

① 단위 테스트
② 인수 테스트
③ 시스템 테스트
④ 통합 테스트

해설 통합 테스트에 대한 내용이다.
- 단위 테스트 : 구현된 모듈의 기능 수행 여부 판단 및 내부에 존재하는 논리적 오류를 검출할 수 있는 방안을 파악한다.
- 시스템 테스트 : 단위 및 통합 테스트 이후 전체 시스템이 정상적으로 작동하는지 기능 명세를 확인하는 테스트 단계이다.
- 인수 테스트 : 사용자의 요구사항에 맞게 요구 분석 명세서에 명시된 사항을 모두 충족하는지 테스트하는 단계이다.

09 테스트 단계가 알맞은 것은?

① 단위 테스트 → 통합 테스트 → 시스템 테스트 → 인수 테스트
② 인수 테스트 → 단위 테스트 → 통합 테스트 → 시스템 테스트
③ 단위 테스트 → 통합 테스트 → 인수 테스트 → 시스템 테스트
④ 인수 테스트 → 시스템 테스트 → 단위 테스트 → 통합 테스트

해설 단위 테스트 → 통합 테스트 → 시스템 테스트 → 인수 테스트 순서로 진행한다.

10 테스트 케이스에 일반적으로 포함되는 항목이 아닌 것은?

① 테스트 조건
② 테스트 데이터
③ 테스트 비용
④ 예상 결과

해설
- 테스트 조건은 테스트 항목에 포함되어 있다.
- 테스트 데이터는 테스트 항목에 포함되어 있다.
- 예상 결과는 출력 명세에 포함되어 있다.

정답 7: ③ 8: ④ 9: ① 10: ③

403 테스트 시나리오 및 지식 체계

1 테스트 시나리오의 개요

멘토 코멘트

테스트 시나리오를 명확하게 작성해야 효율적인 테스트가 가능하다.

■ 테스트 시나리오의 개념

테스트 수행을 위한 여러 테스트 케이스의 집합으로서, 테스트 케이스의 동작 순서와 테스트를 위한 절차를 명세한 문서를 의미한다.

■ 테스트 시나리오의 필요성

테스트 수행 절차를 미리 정하여 설계 단계에서 중요시되던 요구사항이나 대안 흐름과 같은 테스트 항목을 빠짐 없이 테스트하기 위해 테스트 시나리오가 필요하다.

■ 테스트 시나리오의 유의 사항

- 테스트 시나리오는 분리 작성한다. (시스템별, 모듈별, 항목별 분리 작성)
- 고객 요구사항과 설계 문서 등을 토대로 작성한다.
- 각 테스트 항목은 식별자 번호, 순서 번호, 테스트 데이터, 테스트 케이스, 예상 결과, 확인 등의 항목을 포함하여 작성한다.

2 테스트 시나리오의 작성 순서 및 방법

■ 테스트 시나리오의 작성 순서

테스트 시나리오 작성 방법 결정 → 통합 테스트 시나리오 작성 → 비기능 테스트 시나리오 작성 → 시나리오 작성 시 고려 사항 정의

■ 테스트 시나리오의 작성 방법

(1) 테스트 시나리오 작성 방법 결정

- 각 업무 단위별 테스트 시나리오를 정의한다.
  - 진행 중인 프로젝트의 개발 수명 주기 판단
  - 작업 분할 구조도 및 현재 프로젝트 진행 상황 판단
  - 테스트 일정, 투입 인력 등 테스트 비용 산정
- 대상 시스템별 테스트 시나리오를 정의한다.
  - 각 시스템별, 기능 분할 모듈별, 테스트 항목별 테스트 시나리오 정의

- 테스트 방법에 따른 테스트 시나리오를 정의한다.
  - 기능 성능, 보안, 품질, 사용성 테스트 등

(2) 통합 테스트 시나리오 작성

- 구현된 기능의 업무 흐름에 따른 테스트 시나리오를 작성한다.
  - 기본 흐름 검증, 대체 흐름 검증, 예외 발생 시 검증
- 단순 요구 기능의 구현 여부를 검증하는 테스트 시나리오를 작성한다.
  - 체크 리스트 형태, 화면 정의를 포함하는 형태
- 입력 데이터에 따른 기능 검증을 위한 테스트 시나리오를 작성한다.
  - 정상 데이터 범위 가정, 비정상 데이터 범위 가정

(3) 비기능 테스트 수행을 위한 시나리오 작성

성능 요구사항 검증, 품질 요구사항 검증, 보안 요구사항 검증, 사용성 요구사항 검증을 위한 테스트 시나리오를 작성한다.

(4) 테스트 시나리오 작성 시 고려 사항 정의

- 유스케이스 간 업무 흐름이 정상 동작되는지 테스트 가능한 시나리오를 정의한다.
- 개발된 각 모듈이나 프로그램의 연계가 정상적으로 이루어지는지 테스트할 수 있는 시나리오를 정의한다.
- 서브 시스템 존재 시 각 시스템의 연계가 정상적인지 테스트 가능한 시나리오를 정의한다.

3 테스트 시나리오의 수행을 위한 환경 준비

■ 테스트 수행을 위한 하드웨어 환경 준비

- **서버 구축 :** 운영 환경과 동일한 사양의 테스트 서버, 해당 DBMS 설치 및 사용자 권한을 설정한다.
- **기존 시스템 이관 :** 현재 운영 중인 시스템의 일부를 테스트 환경으로 이관한다.

■ 테스트 수행을 위한 소프트웨어 환경 준비

- **애플리케이션 설치 :** 응용 프로그램 통합 및 환경 구축, 기타 프로그램(요구사항 중 특별한 내용을 중점적으로 테스트 가능한 프로그램 등)을 설치한다.
- **가상 환경에서의 테스트를 위한 테스트 환경 구축 :** 가상 머신 테스트 환경이나 클라우드 기반의 테스트를 위한 환경을 구축한다.

4 테스트 수행 이후 결과 판단 방법

■ 테스트 오라클

테스트 수행 이후 결과가 올바른지 판단하기 위해 참값을 입력하여 비교하는 기법을 테스트 오라클(Test Oracle)이라고 한다.

■ 테스트 오라클의 종류

종류	설명
참(True) 오라클	모든 테스트 케이스의 입력값에 대해 기대되는 결과값에 대한 확인을 제공하는 오라클이다. 전수 테스트가 가능하다.
샘플링(Sampling) 오라클	특정한 입력값들에 대해서만 원하는 결과를 제공해주는 오라클이다. 경계값, 구간별 예상값 결과 작성 시 사용한다.
휴리스틱(Heuristic) 오라클	샘플링 오라클에 휴리스틱 입력값을 더하여 처리하는 오라클이다. 확률이나 직관에 의한 예상 결과 작성 시 사용한다.
일관성(Consistent) 검사 오라클	이전 수행 결과와 현재 수행 결과가 동일한지 검증하는 오라클이다.

5 테스트 지식 체계

■ 지식 체계(Body of Knowledge)의 개념

- 지식 체계는 특정 전문 영역에 대한 개념 및 활동, 관리, 지식 등의 집합을 말한다.
- 대표적으로 프로젝트 관리 지식 체계인 PMBoK, 소프트웨어 공학 지식 체계인 SWEBoK이 있다.
- 테스트 지식 체계는 IIST(International Institute for Software Testing)의 테스트 지식 체계가 있다. 그러나 아직까지는 PMBoK이나 SWEBoK과 같이 명확하게 제공하는 기관이 없기 때문에 개념적으로 접근하여 이해해야 한다.

■ 테스트 지식 체계

항목	설명
테스트 프로세스 관리	프로세스 및 표준, 품질 목표 정의, 공정 정의 및 제어 등의 관리
테스트 프로젝트 관리	테스트 계획, 작업 식별, 스케줄링, 자원 할당 등의 관리
테스트 프로세스 측정 및 향상	테스트 범위 분석, 성숙도 모델 테스트, 프로세스 목표 설정, 벤치마킹, 프로세스 개선 모델 개요 등
테스트 조직 관리	자원 관리, 팀 구축 및 유지, 장비 및 시설 관리 등
위험 관리	위험 분석 방법론, 위험 식별 및 분류, 위험 모니터링 등의 관리
테스트 자동화 전략 및 아키텍처	테스트 자동화 전략 및 계획 정의, 테스트 도구 평가 및 선택, 공정 자동화, 자동화 도구 범주 설정 등
소프트웨어 품질 보증	품질 보증 및 품질 관리, CMMI, TQM 등의 모델 통한 접근 등

기출 유형 문제

2020.09

01 다음에서 설명하는 테스트 용어는?

- 테스트의 결과가 참인지 거짓인지를 판단하기 위해서 사전에 정의된 참값을 입력하여 비교하는 기법 및 활동을 말한다.
- 종류에는 참, 샘플링, 휴리스틱, 일관성 검사가 존재한다.

① 테스트 케이스

② 테스트 시나리오

③ 테스트 오라클

④ 테스트 데이터

해설 테스트 오라클은 테스트 결과가 올바른지 판단하기 위해 사전에 정의된 참값을 입력하여 비교한다.

출제 예상 문제

02 테스트 시나리오의 개념으로 알맞은 것은?

① 테스트 케이스의 동작 순서, 테스트를 위한 절차를 명세한 문서

② 요구사항의 준수 확인을 위해 설계된 입력값, 실행 조건 등으로 구성된 문서

③ 사용자의 요구사항을 정리하여 작성한 문서

④ 테스트 결과에 대한 리포트

해설 테스트 시나리오는 테스트 케이스의 동작 순서, 테스트를 위한 절차를 명세한 문서이다.

03 테스트 시나리오의 내용 중 관계 없는 것은?

① 업무 단위별 시나리오 정의

② 입력 데이터에 따른 기능 검증을 위한 시나리오 작성

③ 모듈 간 연계 확인을 위한 시나리오 정의

④ 타당성 검토 후 유지보수 수행

해설 타당성 검토 후 유지보수 수행은 테스트 시나리오와 관계가 없다.

04 테스트 시나리오를 위한 환경 준비 시 틀린 것은?

① 기존 운영 환경과 동일한 서버를 구축한다.

② 클라우드 기반의 테스트 환경은 준비하지 않는다.

③ 가상 머신 기반의 테스트 수행 시 가상머신 환경을 구축한다.

④ DBMS 설치 시 운영 환경과 동일한 사용자 권한을 설정한다.

해설 클라우드 기반의 테스트 환경은 테스트 환경 구축 시 준비해야 한다.

정답 1: ③ 2: ① 3: ④ 4: ②

05 테스트 지식 체계에 대한 설명으로 옳은 것은?

① 테스트를 효율적으로 수행하기 위한 국제 표준

② 테스트의 동작 순서 및 절차에 대한 문서

③ 테스트와 관련된 영역에 대한 개념 및 활동, 관리, 지식 등의 집합

④ 테스트 시 입력 데이터와 출력 데이터에 관련된 관계

해설 테스트 지식 체계는 테스트와 관련된 영역에 대한 개념 및 활동, 관리, 지식 등의 집합을 의미한다.

06 다음이 설명하는 테스트 오라클의 종류는?

> 모든 테스트 케이스의 입력값에 대해 기대되는 결과값에 대한 확인을 제공하며, 전수 테스트가 가능한 오라클

① 샘플링(Sampling) 오라클

② 휴리스틱(Heuristic) 오라클

③ 참(True) 오라클

④ 일관성(Consistent) 검사 오라클

해설
- 샘플링(Sampling) 오라클 : 몇몇 특정 입력값에 대해서만 원하는 결과를 제공해주는 오라클로, 경계값, 구간별 예상값 결과 작성 시 사용한다.
- 휴리스틱(Heuristic) 오라클 : 샘플링 오라클에 휴리스틱 입력값을 더하여 처리하는 오라클로, 확률이나 직관에 의한 예상 결과를 작성 시 사용한다.
- 일관성(Consistent) 검사 오라클 : 이전 수행 결과와 현재 수행 결과가 동일한지 검증하는 오라클이다.

07 테스트 시나리오 수행을 위한 환경 준비 내용이 아닌 것은?

① 서버 구축

② 기존 시스템 이관

③ 애플리케이션 설치

④ 테스트 결과 확인 작성

해설
- 서버 구축 : 운영 환경과 동일한 사양의 테스트 서버, 해당 DBMS 설치 및 사용자 권한을 설정한다.
- 기존 시스템 이관 : 현재 운영 중인 시스템의 일부를 테스트 환경으로 이관한다.
- 애플리케이션 설치 : 응용 프로그램 통합 및 환경 구축, 기타 프로그램(요구사항 중 특별한 내용을 중점적 테스트 가능한 프로그램 등)을 설치한다.
- 가상 환경에서의 테스트를 위한 테스트 환경 구축 : 가상머신 테스트 환경이나 클라우드 기반의 테스트를 위한 환경을 구축한다.

5: ③ 6: ③ 7: ④ 정답

404 통합 테스트

1 통합 테스트의 개요

- 통합 테스트는 소프트웨어의 각 모듈 간에 인터페이스 관련 오류 및 결함을 찾아내기 위한 테스트 방법을 말한다.
- 단위 테스트가 종료된 모듈 또는 컴포넌트 단위의 프로그램이 설계 단계에서 요구된 애플리케이션과 동일한 구조와 기능으로 구현된 것인지를 확인한다.

> **멘토 코멘트**
> - 클러스터는 하나의 제어 모듈과 그와 관련된 종속 모듈의 그룹을 말한다.
> - 스텁과 드라이버, 클러스터의 예시를 통해 개념을 이해해야 한다.

■ 통합 테스트의 수행 방법

- **점증적 방법:** 상향식 통합 방식과 하향식 통합 방식이 있다.
- **비점증적 방법:** 모든 컴포넌트를 사전에 통합하여 한꺼번에 테스트하는 빅뱅 방식이 있다.

> **멘토 코멘트**
> 통합 테스트 이후의 테스트 단계는 시스템 테스트와 인수 테스트로 진행되며, 시스템 테스트는 전체 시스템의 정상 작동 여부를 확인하고, 인수 테스트는 사용자 요구사항이 충족되었는지를 확인하는 단계이다.

2 통합 테스트의 점증적인 방법

■ 하향식 통합 테스트

설명

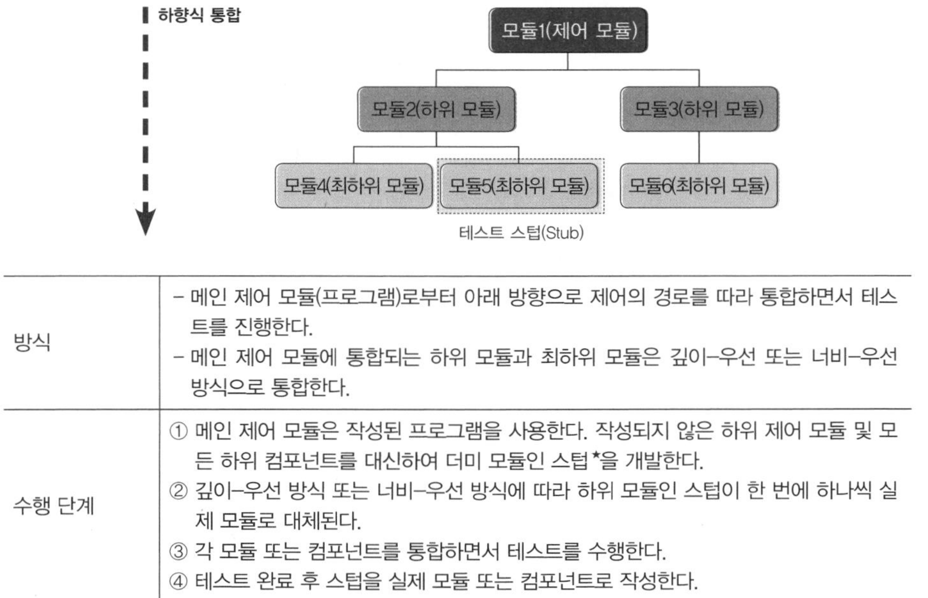

방식	- 메인 제어 모듈(프로그램)로부터 아래 방향으로 제어의 경로를 따라 통합하면서 테스트를 진행한다. - 메인 제어 모듈에 통합되는 하위 모듈과 최하위 모듈은 깊이-우선 또는 너비-우선 방식으로 통합한다.
수행 단계	① 메인 제어 모듈은 작성된 프로그램을 사용한다. 작성되지 않은 하위 제어 모듈 및 모든 하위 컴포넌트를 대신하여 더미 모듈인 스텁*을 개발한다. ② 깊이-우선 방식 또는 너비-우선 방식에 따라 하위 모듈인 스텁이 한 번에 하나씩 실제 모듈로 대체된다. ③ 각 모듈 또는 컴포넌트를 통합하면서 테스트를 수행한다. ④ 테스트 완료 후 스텁을 실제 모듈 또는 컴포넌트로 작성한다.

★ **스텁(Stub)**
아직 작성되지 않은 하위 제어 모듈이나 하위 컴포넌트를 대신하는 더미 모듈을 말한다.

■ 상향식 통합 테스트

멘토 코멘트

상향식, 하향식의 통합 테스트는 시험에 자주 출제되는 부분이니 개념을 명확하게 이해해야한다.

	설명
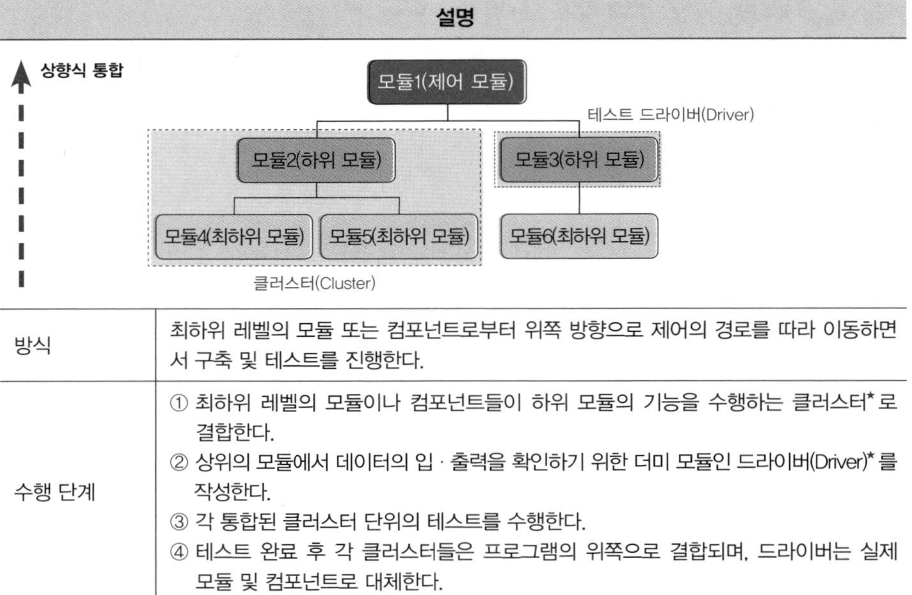	
방식	최하위 레벨의 모듈 또는 컴포넌트로부터 위쪽 방향으로 제어의 경로를 따라 이동하면서 구축 및 테스트를 진행한다.
수행 단계	① 최하위 레벨의 모듈이나 컴포넌트들이 하위 모듈의 기능을 수행하는 클러스터* 로 결합한다. ② 상위의 모듈에서 데이터의 입 · 출력을 확인하기 위한 더미 모듈인 드라이버(Driver)* 를 작성한다. ③ 각 통합된 클러스터 단위의 테스트를 수행한다. ④ 테스트 완료 후 각 클러스터들은 프로그램의 위쪽으로 결합되며, 드라이버는 실제 모듈 및 컴포넌트로 대체한다.

★ **클러스터**

클러스터는 여러 개의 모듈이 연결되어 하나의 시스템처럼 동작하는 집합을 의미하는데, 여기서는 하나의 주요 제어 모듈과 관련된 하위 모듈로 구성된 그룹을 의미한다.

★ **드라이버(Driver)**

아직 작성되지 않은 상위 모듈에서 데이터의 입 · 출력을 확인하기 위한 더미 모듈을 말한다.

기출 유형 문제

2020.08

01 다음이 설명하는 애플리케이션 통합 테스트 유형은?

- 깊이 우선 방식 또는 너비 우선 방식이 있다.
- 상위 컴포넌트를 테스트하고 점증적으로 하위 컴포넌트를 테스트한다.
- 하위 컴포넌트 개발이 완료되지 않은 경우 스텁(Stub)을 사용하기도 한다.

① 하향식 통합 테스트

② 상향식 통합 테스트

③ 회귀 테스트

④ 빅뱅 테스트

해설 하향식 통합 테스트와 관련된 내용이다. 하향식 통합 테스트의 경우 스텁(Stub)을 사용한다.

2016.05, 2013.08, 2010.09

02 상향식 통합 검사에 대한 설명으로 가장 옳지 않은 것은?

① 깊이 우선 통합법 또는 넓이 우선 통합법에 따라 스텁(Stub)을 실제 모듈로 대치한다.

② 검사를 위해 드라이버를 생성한다.

③ 하위 모듈을 클러스터로 결합한다.

④ 하위 모듈에서 상위 모듈 방향으로 통합하면서 검사한다.

해설 ①은 하향식 통합 방법에 대한 내용이다.

2020.06, 2017.03, 2005.05

03 하향식 통합 테스트 수행을 위해 일시적으로 필요한 조건만을 가지고 임시로 제공되는 시험용 모듈의 명칭은?

① Alpha

② Builder

③ Cluster

④ Stub

해설 하위 더미 모듈은 스텁(Stub), 상위 더미 모듈은 드라이버(Driver)이다.

2004.03, 1999.10

04 상향식 통합 테스트(Bottom-Up Integration Test)의 과정이 옳게 나열된 것은?

가. 드라이버(Driver)라는 제어 프로그램의 작성
나. 낮은 수준의 모듈들을 클러스터(Cluster)로 결합
다. 클러스터의 검사
라. 드라이버를 제거하고 클러스터를 상위로 결합

① 가 → 나 → 다 → 라

② 나 → 가 → 다 → 라

③ 나 → 다 → 가 → 라

④ 가 → 나 → 라 → 다

해설 낮은 수준의 모듈들을 클러스터(Cluster)로 결합 → 드라이버(Driver)라는 제어 프로그램의 작성 → 클러스터의 검사 → 드라이버를 제거하고 클러스터를 상위로 결합 순서로 통합 테스트를 수행한다.

정답 1: ① 2: ① 3: ④ 4: ②

2021.08

05 테스트 드라이버에 대한 설명으로 틀린 것은?

① 시험 대상 모듈을 호출하는 간이 소프트웨어이다.

② 필요에 따라 매개 변수를 전달하고 모듈을 수행한 후의 결과를 보여줄 수 있다.

③ 상향식 통합 테스트에서 사용된다.

④ 테스트 대상 모듈이 호출하는 하위 모듈의 역할을 한다.

해설 테스트 대상 모듈이 호출하는 하위 모듈의 역할을 하는 것은 테스트 스텁(Stub)이다.

2022.03

06 단위 테스트에서 테스트의 대상이 되는 하위 모듈을 호출하고, 파라미터를 전달하는 가상의 모듈로 상향식 테스트에 필요한 것은?

① 테스트 스텁(Test Stub)

② 테스트 드라이버(Test Driver)

③ 테스트 슈트(Test Suites)

④ 테스트 케이스(Test Case)

해설 상향식 테스트에서 필요한 가상의 모듈은 테스트 드라이버(Test Driver)이다.

2022.04

07 통합 테스트(Integration Test)와 관련한 설명으로 틀린 것은?

① 시스템을 구성하는 모듈의 인터페이스와 결합을 테스트하는 것이다.

② 하향식 통합 테스트의 경우 너비 우선(Breadth First) 방식으로 모듈을 선택할 수 있다.

③ 상향식 통합 테스트의 경우 시스템 구조도의 최상위에 있는 모듈을 먼저 구현하고 테스트한다.

④ 모듈 간의 인터페이스와 시스템의 동작이 정상적으로 잘되고 있는지를 빨리 파악하고자 할 때는 하향식 통합 테스트를 사용하는 것이 좋다.

해설 상향식 통합 테스트란 프로그램의 하위 모듈에서 상위 모듈 방향으로 통합하며 테스트하는 방법을 말한다.

08 통합 테스트의 수행 방법이 아닌 것은?

① 상향식 테스트

② 하향식 테스트

③ 알파 테스트

④ 빅뱅 방식 테스트

해설 알파 테스트는 통합 테스트의 수행 방법이 아닌 인수 테스트 방법이다.

09 상향식 통합 테스트 수행을 위해 상위 모듈의 입력과 출력을 확인하기 위한 더미 모듈의 명칭은?

① Test Harness

② Test Stub

③ Test Bed

④ Test Driver

해설 상위 더미 모듈은 드라이버(Driver)라고 한다.

5: ④ 6: ② 7: ③ 8: ③ 9: ④ 정답

405 결함 관리

1 결함 관리의 개요

■ 소프트웨어의 결함

- 소프트웨어의 결함을 말할 때 에러(Error)★, 결함(Defect), 결점(Fault), 버그(Bug)★, 실패(Failure) 등의 용어를 사용한다.
- 테스트 이후 발생하는 결함을 보완하고, 테스트 완료 조건을 계획해야 한다.

★ **에러(Error)**
결함의 원인이 되는 것으로, 개발자나 분석가 등 사람에 의해 생성된 실수를 말한다.

★ **결함/결점/버그**
에러가 원인이 되어 제품에 포함되어 있는 결함을 말하며, 제거하지 않을 경우 제품이 실패(Failure)하거나 문제가 발생할 수 있다.

■ 테스트 결함 관리의 개념

각 단계별 테스트를 수행한 후 발생한 결함의 재발 방지를 위해 유사 결함 발견 시 처리 시간 단축을 위해 결함을 추적하고 관리하는 활동을 말한다.

■ 테스트 결함 추적 관리 활동

각 테스트 단계별 착수 기준과 입력물, 종료 조건 및 산출물에 대하여 추적 활동을 한다.

테스트 단계	착수 기준
단위 테스트	해당 사항 없음
통합 테스트	설계 문서 결함 발견 및 통합 테스트 평가 완료 시 착수
시스템 테스트	요구사항 명세서 결함 발견 및 시스템 테스트 평가 완료 시 착수
운영 테스트	요구사항 명세서 결함 발견 및 운영 테스트 평가 완료 시 착수

2 결함 관리 프로세스 및 결함 관리 측정 지표

■ 테스트 결함 관리 프로세스

프로세스	활동
에러 발견	요구사항 분석, 설계, 테스트 실행 에러 발견 시 테스트 전문가 및 프로젝트팀과 논의한다.
에러 등록	결함 관리 대장에 발견된 에러를 등록한다.
에러 분석	등록된 에러가 단순 에러인지 실제 결함인지를 분석한다.
결함 확정	등록된 에러가 실제 결함으로 확정될 경우 결함 확정 상태로 설정한다.

결함 할당	결함 해결 담당자를 지정하고 결함 할당 상태로 설정한다.
결함 조치	결함에 대해 수정 활동을 수행하고, 수정 완료 시 결함 조치 상태로 설정한다.
결함 조치 검토 및 승인	수정이 완료된 결함에 대해 확인 테스트를 수행하고, 정상적으로 조치 완료 시 결함 조치 완료 상태로 설정한다.

■ 테스트 결함 관리 측정 지표

- **결함 분포 :** 모듈이나 컴포넌트의 특정 속성에 해당하는 결함의 수를 측정하여 결함의 분포를 분석한다.
- **결함 추세 :** 테스트 진행 시간의 흐름에 따른 결함의 수를 측정하여 추세를 분석한다.
- **결함 에이징 :** 등록된 결함에 대해 특정한 결함 상태의 지속 시간을 측정하여 분석한다.

3 테스트 결함 식별 및 관리

■ 결함의 식별

구분	항목	설명
단계별 결함 유입 분류	기획 시 유입	사용자 요구사항의 표준 미준수로 인해 발생 가능
	설계 시 유입	기획 단계에 유입 또는 설계 표준 미준수로 발생 가능
	코딩 시 유입	설계 단계에 유입 또는 코딩 표준 미준수로 발생 가능
	테스트 부족 시 유입	테스트 수행 시 테스트 완료 기준의 미준수, 테스트 팀과 개발팀의 의사소통 부족 등으로 발생 가능
결함 심각도별 분류	분류 사례	치명적(Critical) 결함, 주요(Major) 결함, 보통(Normal) 결함, 경미한(Minor) 결함, 단순(Simple) 결함 등으로 분류
	심각도 관리	결함 심각도의 단계별 표준화 용어 사용 및 관리 수행
결함 우선순위	표현 사례	결정적(Critical), 높음(High), 보통(Medium), 낮음(Low) 또는 즉시 해결, 주의 요망, 대기, 개선 권고 등으로 분류

■ 결함 관리 항목

테스트 수행 후 발견된 결함은 결함 관리 시스템에 등록하여 관리해야 하며, 다음의 항목들은 필수로 등록한다.

① 결함 내용 ② 결함 ID ③ 결함 유형
④ 발견일 ⑤ 심각도 ⑥ 결함 수정 우선순위
⑦ 시정 조치 예정일 ⑧ 수정 담당자 ⑨ 재테스트 결과
⑩ 종료일

출제 예상 문제

01 소프트웨어 결함과 관련된 용어가 아닌 것은?

① 버그(Bug)

② 실패(Failure)

③ 결점(Fault)

④ 확정(Confirm)

- 결함/결점/버그 : 에러가 원인이 되어 제품에 포함되어 있는 결함을 말하며, 제거하지 않을 경우 제품이 실패(Failure)하거나 문제가 발생할 수 있다.
- 확정(Confirm)은 형상 관리에서 사용되는 용어이다.

02 결함 관리 측정 지표가 아닌 것은?

① 결함 분포

② 결함 탐색

③ 결함 추세

④ 결함 에이징

테스트 결함 관리 측정 지표에는 결함 분포, 결함 추세, 결함 에이징이 있다. 결함 탐색은 결함 관리 측정 지표가 아니다.

03 결함 관리의 내용 중 맞는 것은?

① 발견된 결함은 결함 관리 시스템에 등록하여 관리한다.

② 결함 수정 담당자는 반드시 기재하지 않아도 무방하다.

③ 결함 심각도가 높을수록 반드시 처리 우선순위가 높아야 한다.

④ 결함 관리와 테스트 종료와는 관계가 없다.

- 결함 수정 담당자는 결함 관리 시스템에 필수로 등록하여 관리해야 한다.
- 결함의 심각도가 낮지만 처리 우선순위가 높은 경우도 발생한다.
- 결함에 대한 보완 이후 테스트 완료 조건을 계획한다.

04 결함 관리의 내용 중 틀린 것은?

① 테스트 결함 식별은 단계별 결함 유입, 심각도별, 우선순위별로 분류할 수 있다.

② 결함 관리 항목에는 결함 내용, 결함 유형, 시정 조치 예정일 등이 포함된다.

③ 에러 발견을 위해 전문가 및 프로젝트팀과 논의한다.

④ 결함의 우선순위는 치명적 결함, 주요 결함, 보통 결함, 경미한 결함, 단순 결함으로 분류한다.

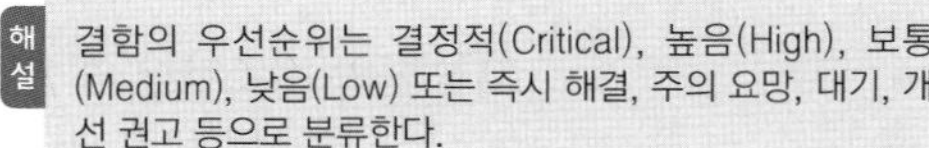

해설 결함의 우선순위는 결정적(Critical), 높음(High), 보통(Medium), 낮음(Low) 또는 즉시 해결, 주의 요망, 대기, 개선 권고 등으로 분류한다.

정답 1: ④ 2: ② 3: ① 4: ④

406 테스트 자동화

1 테스트 자동화의 개요

■ 테스트 자동화의 목적

신속한 테스트 작업 수행, 테스트 비용 절감, 테스트 작업 오류의 최소화 등을 추구하기 위해 테스트 자동화를 수행한다.

■ 테스트 자동화의 요구사항

- **테스트 환경 요구사항 :** 시스템적 테스트 환경을 고려한 접근 방법에 대한 요구사항이다.
- **테스팅 도구 요구사항 :** 자동화 도구 사양을 정의하여 적정한 테스팅 목적을 달성할 수 있도록 지정하는 요구사항이다.
- **테스트 데이터 요구사항 :** 테스트의 충분성을 확보하기 위해 필요한 테스트 데이터 설정 및 사용과 관련된 요구사항이다.

2 테스트 자동화 도구

■ 테스트 자동화 도구 유형 식별

고품질의 시스템을 확보하기 위해서는 어떤 테스트 자동화 도구를 선정하여 적용하는 것이 좋을지에 대한 검토를 거쳐서 식별해야 한다.

구분	설명
자동화 도구 유형 식별	테스트 계획 및 수행 관리, 단위 테스트, 통합 테스트, 시스템 테스트, 인수 테스트 등 테스트와 연관된 공정의 형태에 따라 적용하는 테스트 지원 자동화 도구의 유형을 식별한다.
공정별 자동화 도구 식별	테스트 준비 단계, 테스트 수행 단계, 테스트 확인 단계의 3가지 관점에서 공정별 테스트 자동화 도구를 식별한다.
용도별 자동화 도구 식별	정적 분석기, 코드 감사기, 테스트 파일 생성기, 테스트 검증기 등 용도별 자동화 도구를 식별한다.

■ 테스트 자동화 도구 도입 절차

(1) 자동화 도구 도입 시작 전 준비

도입 목적과 기대 효과, 자동화 적용 범위, 자동화 도구의 업무 적용 절차, 테스트 수행 방법을 설정하고, 도구의 타당성 검토, 벤치마크 테스트 수행, 교육 및 적용 기간 등의 계획을 수립한다.

(2) 자동화 도구 도입 시작 후 관리

자동화 도구의 입찰을 통한 선정, 유지보수 방안 수립, 테스트 시나리오와 테스트 스크립트 작성 교육 등의 관리 절차를 수행한다.

멘토 코멘트

테스트 자동화 도구를 도입하기 위한 절차는 자동화 도구의 도입 시작 전/시작 후로 나누어 기억하도록 한다.

■ 테스트 자동화 도구의 실행

구분	설명
정적 분석	- 테스트 대상 소스 코드를 직접 실행시키지 않고 점검한다. - 실행 시 발생 가능성이 있는 결함을 사전에 탐지하거나 코딩 가이드라인에 부합하게 작성되었는지에 대한 분석을 실시한다.
동적 분석	테스트 대상 시스템을 직접 실행시킨 상태에서 점검하여 결함과 품질을 확인한다.
테스트 정보 취득	테스트 대상 시스템에 대하여 테스트 자동화 도구 실행을 통해 테스트의 결과 및 정보를 취득한다.
결함 관리	시스템의 오작동을 초래하거나 성능을 저하하는 결함이나 문제를 관리한다.

기출 유형 문제

2021.08

01 소프트웨어 개발 활동을 수행함에 있어서 시스템이 고장(Failure)을 일으키게 하며, 오류(Error)가 있는 경우 발생하는 것은?

① Fault

② Testcase

③ Mistake

④ Inspection

해설 Fault(결함)은 소프트웨어 개발 활동을 수행함에 있어서 시스템이 고장(Failure)을 일으키게 하며, 오류(Error)가 있는 경우 발생하는 것을 말한다.

출제 예상 문제

02 테스트 자동화의 목적이 아닌 것은?

① 신속한 테스트 작업 수행

② 테스트 비용 절감

③ 결함의 제거

④ 테스트 작업 오류 최소화

해설 결함의 제거는 테스트의 근본적인 목적이다.

03 테스트 자동화 도구 도입 시작 전 필요한 사항이 아닌 것은?

① 자동화 적용 범위 설정

② 테스트 수행 방법 수립

③ 자동화 적용 기간 계획

④ 유지보수 방안 수립

해설 유지보수 방안 수립은 테스트 자동화 도구 도입 시작 후 필요한 사항이다.

1: ① 2: ③ 3: ④ 정답

407 애플리케이션 성능 개선

1 애플리케이션 성능 개선을 위한 성능 점검

■ 애플리케이션 성능 점검의 개념

사용자가 요구한 기능을 해당 애플리케이션이 최소의 자원을 사용하면서 얼마나 빨리 많은 기능을 수행하는지를 측정하는 행위를 의미한다.

구분	항목	설명
성능 측정 지표	처리량 (Throughput)	- 주어진 시간에 처리할 수 있는 트랜잭션의 수 - 웹 애플리케이션의 경우 시간당 페이지 수로 표현
	응답 시간 (Response Time)	- 사용자 입력 종료 후 응답 출력까지의 시간 - 웹 애플리케이션의 경우 메뉴 클릭 시 해당 메뉴가 나타나기까지 걸리는 시간
	경과 시간 (Turnaround Time)	애플리케이션에 사용자가 요구를 입력한 시점으로부터 트랜잭션 처리 후 결과 출력 완료까지의 시간
	자원 사용률 (Resource Usage)	트랜잭션을 처리하는 동안 사용되는 CPU 사용량, 메모리 사용량, 네트워크 사용량 등
	신뢰도 (Reliability)	시스템이 주어진 문제를 정확하게 해결하는 정도
유형별 성능 분석 도구	성능/부하/스트레스 점검 도구	가상의 사용자를 점검 도구상에 생성한 후 시스템 부하 및 스트레스를 통해 성능 측정 지표를 점검하는 도구
	모니터링 도구	애플리케이션 실행 시 자원 사용량을 확인하고 분석 가능한 도구

멘토 코멘트

성능 측정 지표에 대한 문제가 종종 출제되니, 꼼꼼하게 확인해야 한다.

■ 애플리케이션 성능 저하의 원인 분석

구분	항목	설명
데이터베이스 연결 및 쿼리 실행 시 발생	데이터베이스 락 (DB Lock)	대량 데이터 조회, 과도한 업데이트, 인덱스 생성 시 발생, 요청한 작업은 Lock 해제 시까지 대기하거나 타임아웃이 발생한다.
	불필요한 데이터베이스 패치 (DB Fetch)	실제 필요 데이터보다 많은 데이터 요청 입력 시 혹은 결과 세트에서 마지막 위치로 커서 이동 작업이 빈번한 경우 응답 시간 저하 현상이 발생한다.
	연결 누수 및 부적절한 커넥션 풀 크기	- 연결 누수(Connection Leak) : 데이터베이스 연결과 관련된 JDBC 객체를 사용 후 종료하지 않을 경우 발생한다. - 부적절한 커넥션 풀 크기(Connection Pool Size) : 너무 작거나 크게 설정 시 성능 저하 현상이 발생할 수 있다.
	기타	트랜잭션이 확정(Commit)되지 않고 커넥션 풀에 반환되거나 잘못 작성된 코드로 인해 불필요한 확정(Commit)이 자주 발생하는 경우 성능이 저하될 수 있다.

내부 로직 원인	웹 애플리케이션의 인터넷 접속 불량	서버 소켓(Server socket) 쓰기는 지속되나 클라이언트에서 정상적 읽기가 수행되지 않을 경우 성능이 저하될 수 있다.
	특정 파일 업로드 및 다운로드 원인	대용량 파일 업로드 및 다운로드 시에 처리 시간이 길어져 성능이 저하될 수 있다.
	비정상 처리 오류 처리	오류 처리 로직과 실제 처리 로직 부분이 분리되지 않거나 예외 발생 시 처리되지 않는 경우 성능이 저하될 수 있다.
환경 설정및 네트워크 문제	환경 설정의 문제	스레드 풀(Thread Pool), 힙 메모리(Heap Memory)의 크기를 너무 작게 설정 시 힙 메모리 풀(Heap Memory Full) 현상 발생으로 성능이 저하될 수 있다.
	네트워크 문제	라우터, L4 스위치 등 네트워크 관련 장비 간 데이터 전송 실패 또는 전송 지연에 따른 데이터 손실 발생 시 성능 저하 또는 장애가 발생할 수 있다.
외부 호출로 인한 성능 저하		임의의 트랜잭션이 수행되는 동안 외부 트랜잭션(외부 호출)이 장시간 수행되거나 타임아웃이 일어나는 경우 성능 저하 현상이 발생할 수 있다.

2 소스 코드 품질 분석 도구

멘토 코멘트

정적 분석과 동적 분석에 대한 차이점을 숙지해야 한다.

■ 소스 코드 품질 분석 도구의 개념

- 소스 코드에 대한 코딩 스타일, 설정된 코딩 표준, 코드의 복잡도, 코드 내에 존재하는 메모리 누수 현황, 스레드의 결함 등을 발견하기 위해 사용하는 분석 도구를 의미한다.
- 품질 분석 도구는 정적 분석 도구와 동적 분석 도구로 구분한다.

구분	설명
정적 분석 도구	작성된 소스 코드를 실행하지 않고, 코드 자체만으로 코딩 표준 준수 여부, 코딩 스타일 적정 여부, 잔존 결함 발견 여부를 확인하는 도구이다.
동적 분석 도구	애플리케이션을 실행하여 코드에 존재하는 메모리 누수 현황을 발견하고, 발생한 스레드의 결함 등을 분석하는 도구이다.

■ 소스 코드 품질 분석 도구의 종류

(1) 정적 분석 도구

① **pmd** : Java 및 타 언어 소스 코드에 대한 버그, 데드 코드 분석

→ 지원 환경 : Linux, Windows

② **cppcheck** : C/C++ 코드에 대한 메모리 누수, 오버플로 등 문제 분석

→ 지원 환경 : Windows

③ **SonarQube** : 소스 코드 품질 통합 플랫폼, 플러그인 확장 가능

→ 지원 환경 : Cross-Platform

④ **checkstyle** : Java 코드에 대한 코딩 표준 준수 검사 도구
→ 지원 환경 : Cross-Platform

(2) 코드복잡도 분석 도구

① **ccm** : 여러 언어의 코드 복잡도 분석 도구, Linux, Mac 환경 CLI 형태 지원
→ 지원 환경 : Cross-Platform

② **cobertura** : jcoverage 기반의 테스트 커버리지 측정 도구
→ 지원 환경 : Cross-Platform

(3) 동적 분석 도구

① **Avalanche** : Valgrind 프레임워크 및 STP 기반 소프트웨어 에러 및 취약점 동적 분석 도구
→ 지원 환경 : Linux, Android

② **Valgrind** : 자동화된 메모리 및 스레드 결함 발견 분석 도구
→ 지원 환경 : Cross-Platform

멘토 코멘트

정적 분석 도구 중 ccm과 cobertura는 코드 복잡도를 분석하는 도구이다.

3 애플리케이션 성능 개선

■ 성능 개선을 위한 소스 코드 최적화

읽기 쉽고 변경 및 추가가 용이한 클린 코드를 작성하여 소스 코드의 품질을 향상하는 개념이다.

(1) Bad Code와 Clean Code

구분	설명
Bad Code (나쁜 코드)	- 다른 개발자가 로직을 이해하기 어렵게 작성된 코드 - 서로 얽혀 있는 스파게티 코드, 변수나 메소드에 대해 이름 정의를 알 수 없는 코드, 동일 처리 로직이 중복으로 작성된 코드 등
Clean Code (클린 코드)	- 가독성이 높고, 단순하며, 의존성을 줄이고 중복이 최소화된 코드 - 버그 찾기가 용이하여 프로그래밍 속도가 증가 - 가독성이 높아 애플리케이션 기능의 이해가 용이

알아두기

외계어 코드 (Alien Code)
아주 오래된 코드로 개발자가 없고, 주석문이나 설명도 없어 해석이나 유지보수가 어려운 코드를 말한다.

(2) Clean Code 작성 원칙

구분	설명
가독성	- 이해하기 쉬운 용어 사용 - 코드 작성 시 들여쓰기 기능 사용
단순성	- 한 번에 한 가지 처리만 수행 - 클래스/메소드/함수를 최소 단위 분리
의존성	- 영향도 최소화 - 코드 변경이 다른 부분에 영향 없도록 작성

중복성	- 중복 코드 제거 - 공통된 코드 사용
추상화	클래스/메소드/함수에 대해 동일 수준의 추상화를 수행하고 상세 내용은 하위 클래스/메소드/함수에서 구현

(3) 소스 코드 최적화 기법의 유형

유형	설명
클래스 분할 배치	클래스는 하나의 역할, 책임만 수행할 수 있도록 응집도를 높이고, 크기를 최소화하여 작성한다.
느슨한 결합	클래스의 자료 구조나 메소드를 추상화할 수 있는 인터페이스 클래스를 이용하여 클래스 간의 의존성을 최소화한다.
코딩 형식	소스 코드 작성 시 개념 구분 및 변수 선언 시 최적화 기법을 사용한다. 예 줄 바꿈으로 개념 구분, 종속(개념적 유사성 높음) 함수 사용, 호출하는 함수를 먼저 배치하고 호출되는 함수는 나중에 배치, 변수 선언 시 지역 변수는 각 함수 맨 처음에 선언할 때 사용 등
좋은 이름 사용	기억하기 좋은 이름, 발음이 쉬운 용어, 접두어 사용 등 기본적인 명명 규칙(Naming Rule)을 정의하여 사용한다.
적절한 주석문 사용	소스 코드 작성 시 중요한 부분이나 설명이 필요한 경우 작성한다.

멘토 코멘트

순환 복잡도를 구하는 또다른 공식은
V(G) = 분기문 + 1
→ 간단하게 계산할 수 있지만, 시험에 출제될 경우에는 본문의 공식을 이용하도록 해야 한다.

■ 맥케이브의 순환 복잡도(Mccabe Cyclomatic Complexity)를 이용한 최적화

- 맥케이브의 순환 복잡도는 소프트웨어의 한 유닛(메소드나 함수 등)의 소스 코드가 얼마나 복잡한지를 정략적으로 표현하기 위한 지표이다.
- 맥케이브는 복잡도를 10 이하로 유지하도록 권고했으나, 요즘에는 20 이하로 유지하는 경우도 있다.

| 복잡도를 구하는 공식 |

공식	순환 복잡도 V(G) = Edges − Nodes + 2
사례	A, B, C, D 왼쪽 그림에서 Edges는 6개, Node는 4개이므로 순환 복잡도는 6 − 4 + 2 = 4이다.

■ 3R을 통한 소프트웨어의 성능 개선

- 3R은 리포지토리를 기반으로 역공학(Reverse Engineering), 재공학(Re-Engineering), 재사용(Reuse)을 통해서 소프트웨어 생산성을 극대화하는 기법을 말한다.
- 3R을 통해 사용하지 않거나 사용 중인 소프트웨어를 역공학을 통해 분석하고, 재공학을 통해 재구조화*하여 재사용한다.
- 역공학을 이용해 소스 코드의 Bad Code를 분석하고, 재공학을 통해 Bad Code를 Clean Code로 개선하여 소프트웨어의 성능을 개선한다.

★ 순공학
추상 개념의 현실화 (요구 분석 → 설계 → 구현)

★ 재구조화
기능 변경 없이 소스 코드의 재편성 방법 (표현의 변형)

| 3R의 개념도 |

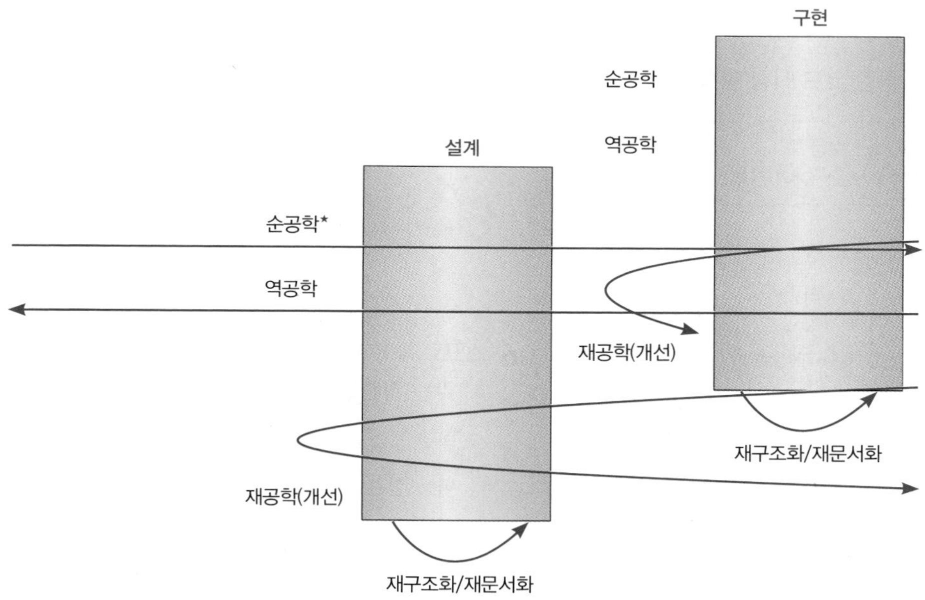

멘토 코멘트

마이그레이션(Migration)
소프트웨어 시스템을 새로운 기술 또는 하드웨어 환경에서 사용할 수 있도록 변환하는 작업

| 3R의 유형 |

유형	설명
역공학 (Reverse Engineering)	- 구현된 것을 분석하여 설계를 복구해 요구사항을 분석한다. - 순공학의 반대 개념이다.
재공학 (Re-Engineering)	역공학으로 재구조화된 소프트웨어를 기반으로 다시 추상 개념을 현실화하는 방법이다.
재사용 (Reuse)	재공학을 통해 현실화된 소프트웨어의 사용을 말한다.

기출 유형 문제

2020.09, 2020.06

01 소스 코드 품질 분석 도구 중 정적 분석 도구가 아닌 것은?

① pmd ② checkstyle
③ valance ④ cppcheck

해설 정적 분석 도구에는 pmd, checkstyle, cppcheck, SonarQube 등이 있다.

2020.09

02 다음에서 설명하는 클린 코드 작성 원칙은?

- 한 번에 한 가지 처리만 수행한다.
- 클래스/메소드/함수를 최소 단위로 분리한다.

① 다형성 ② 단순성
③ 추상화 ④ 의존성

해설 클린 코드 작성 원칙 중 단순성에 대한 설명이다.
- 다형성 : 클린 코드와 관계가 없다.
- 추상화 : 클래스/메소드/함수에 대해 동일 수준의 추상화를 수행하고 상세 내용은 하위 클래스/메소드/함수에서 구현한다.
- 의존성 : 영향도 최소화 및 코드 변경이 다른 부분에 영향이 없도록 작성한다.

2020.08

03 다음 중 클린 코드 작성 원칙으로 거리가 먼 것은?

① 누구든지 쉽게 이해하는 코드 작성
② 중복이 최대화된 코드 작성
③ 다른 모듈에 미치는 영향 최소화
④ 단순, 명료한 코드 작성

해설 클린 코드는 이해가 쉽고, 중복을 줄이고, 다른 모듈에 영향을 최소화하는 단순, 명료한 코드이다.

2012.08, 2012.03, 2010.09

04 시스템 성능 평가 요인으로 거리가 먼 것은?

① 신뢰도 ② 처리 능력
③ 응답 시간 ④ 프로그램 크기

해설 시스템의 프로그램의 크기는 시스템의 성능 평가 요인과 관계가 없다.

2020.06, 2019.04, 2019.03, 2018.08, 2016.05

05 아주 오래되거나 참고 문서 또는 개발자가 없어 유지보수 작업이 아주 어려운 프로그램을 의미하는 것은?

① Alien Code ② Title Code
③ Object Code ④ Source Code

해설 Alien Code(외계어 코드)에 대한 설명이다.

2020.08

06 소프트웨어 재공학이 소프트웨어의 재개발에 비해 갖는 장점으로 거리가 먼 것은?

① 위험 부담의 감소
② 비용 절감
③ 시스템 명세의 오류 억제
④ 개발 시간의 증가

해설 3R의 재공학을 이용하여 개발 시간을 단축할 수 있다.

1: ③ 2: ② 3: ② 4: ④ 5: ① 6: ④ 정답

2020.08

07 제어 흐름 그래프가 다음과 같을 때 맥케이브의 Cyclomatic 수는 얼마인가?

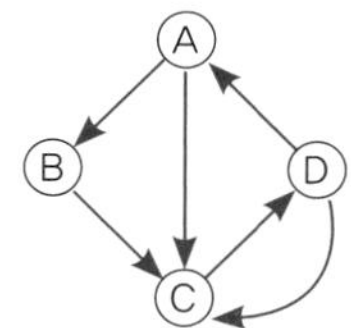

① 3

② 4

③ 5

④ 6

> 해설 복잡도를 구하는 공식은 V(G) = Edges − Nodes + 2이므로, V(G) = 6 − 4 + 2 = 4

2018.04, 2015.05, 2014.08

08 바람직한 소프트웨어 설계 지침이 아닌 것은?

① 적당한 모듈의 크기를 유지한다.

② 모듈 간의 접속 관계를 분석하여 복잡도와 중복을 줄인다.

③ 모듈 간의 결합도는 강할수록 바람직하다.

④ 모듈 간의 효과적인 제어를 위해 설계에서 계층적 자료 조직이 제시되어야 한다.

> 해설 결합도는 최대한 낮게 설계하는 것이 바람직하다.

2021.08

09 소스 코드 정적 분석(Static Analysis)에 대한 설명으로 틀린 것은?

① 소스 코드를 실행시키지 않고 분석한다.

② 코드에 있는 오류나 잠재적인 오류를 찾아내기 위한 활동이다.

③ 하드웨어적인 방법으로만 코드 분석이 가능하다.

④ 자료 흐름이나 논리 흐름을 분석하여 비정상적인 패턴을 찾을 수 있다.

> 해설 정적 분석(Static Analysis)
> - 테스트 대상 소스 코드를 직접 실행시키지 않은 상태에서 점검한다.
> - 실행 시 발생 가능성이 있는 결함을 사전에 탐지하거나 코딩 가이드라인에 부합하게 작성되었는지의 여부 등에 대한 분석을 실시한다.

2022.03

10 클린 코드(Clean Code)를 작성하기 위한 원칙으로 틀린 것은?

① 추상화 : 하위 클래스/메소드/함수를 통해 애플리케이션의 특성을 간략하게 나타내고, 상세 내용은 상위 클래스/메소드/함수에서 구현한다.

② 의존성 : 다른 모듈에 미치는 영향을 최소화하도록 작성한다.

③ 가독성 : 누구든지 읽기 쉽게 코드를 작성한다.

④ 중복성 : 중복을 최소화할 수 있는 코드를 작성한다.

> 해설 추상화 : 클래스/메소드/함수에 대해 동일 수준의 추상화를 수행하고 상세 내용은 하위 클래스/메소드/함수에서 구현한다.

정답 7: ② 8: ③ 9: ③ 10: ①

2022.03

11 소프트웨어 재공학의 주요 활동 중 기존 소프트웨어 시스템을 새로운 기술 또는 하드웨어 환경에서 사용할 수 있도록 변환하는 작업을 의미하는 것은?

① Analysis

② Migration

③ Restructuring

④ Reverse Engineering

해설 기존 소프트웨어 시스템을 새로운 기술 또는 하드웨어 환경에서 사용할 수 있도록 변환하는 작업은 마이그레이션(Migration)이다.
- Analysis(분석) : 기존 소프트웨어의 명세서 및 동작 등을 확인하는 활동
- Restructuring(재구조화) : 소프트웨어의 내부적인 부분을 다른 형태로 작성하는 활동
- Reverse Engineering(역공학) : 기존 소프트웨어를 분석하여 코드를 복구하는 활동

2022.03

12 소프트웨어를 재사용함으로써 얻을 수 있는 이점으로 가장 거리가 먼 것은?

① 생산성 증가

② 프로젝트 문서 공유

③ 소프트웨어 품질 향상

④ 새로운 개발 방법론 도입 용이

해설 소프트웨어 재사용은 이미 개발되어 있는 소프트웨어의 전체나 일부분을 수정하여 다시 사용하거나, 다른 소프트웨어의 개발 등에 사용하는 방법으로, 재사용을 통해 새로운 개발 방법론을 도입하는 것과는 거리가 멀다.

출제 예상 문제

13 애플리케이션 성능 측정 지표가 아닌 것은?

① 시스템 용량

② 응답 시간

③ 자원 사용률

④ 처리량

해설 시스템 용량은 성능 측정 지표가 아니다.

14 소스 코드 품질 분석 도구의 설명이 아닌 것은?

① 코드 내에 존재하는 결함 등을 발견하기 위한 도구이다.

② 코드를 실행하여 확인하는 정적 분석 도구가 있다.

③ 코드의 복잡도를 측정하는 도구가 있다.

④ 정적 분석 도구와 동적 분석 도구로 구분한다.

해설 정적 분석 코드는 코드를 실행하지 않는 방법이고, 코드를 실행하여 확인하기 위해서는 동적 분석 도구를 사용한다.

15 Clean Code의 작성 원칙이 아닌 것은?

① 주석문은 최소화한다.

② 이해하기 쉬운 용어를 사용한다.

③ 중복된 코드를 제거한다.

④ 한 번에 한 가지 처리만 수행한다.

해설 주석문은 충분히 설명할 수 있을 정도로 작성한다.

11: ② 12: ④ 13: ① 14: ② 15: ① 정답

408 성능 개선을 위한 알고리즘

1 알고리즘의 개요

■ 알고리즘의 개념

- 주어진 문제를 논리적으로 해결하기 위한 절차, 방법, 명령어들의 집합이다. 애플리케이션의 성능을 개선하기 위한 알고리즘은 처리 속도를 향상시키는 데 활용이 가능하다.
- 알고리즘의 성능을 표기하기 위해 시간 복잡도를 표현하는 O-Notation을 주로 사용한다.

멘토 코멘트

알고리즘별 시간 복잡도는 종종 출제되고 있다. 대표적인 사례는 꼭 숙지해야 한다.

■ O-Notation의 유형

알고리즘 적용 전 시간 복잡도를 계산하고, 최적의 알고리즘을 선택하여 적용한다.

시간 복잡도	설명	사례
O(1)	- 상수형 - 입력 크기와 무관하게 바로 해를 구함	해시 함수 (Hash Function)
$O(\log_2 N))$	- 로그형 - 입력 자료를 나누어 그 중 하나만 처리	이진 탐색 (Binary Search)
O(N)	- 선형 - 입력 자료를 차례대로 하나씩 모두 처리	단순 탐색 (Simple Search)
$O(N*\log_2 N)$	- 분할과 합병형 - 자료를 분할하여 각각 처리하고 합병	퀵 정렬 (Quick Sort)
$O(N^2)$	- 제곱 - 주요 처리 루프 구조가 2중인 경우	버블 정렬 (Bubble Sort)
$O(N^3)$	- 세제곱형 - 주요 처리 루프 구조가 3중인 경우	최단 경로 탐색 (Floyd-Warshall)
$O(2^n)$	- 지수형 - 가능한 해결 방법 모두를 검사하여 처리	동적 계획법 (Dynamic Programming)

멘토 코멘트

$O(N*\log_2 N)$의 추가 사례 AVL 트리, 2-3 트리, 레드-블랙 트리 등이 있다.

O-Notation의 성능 그래프

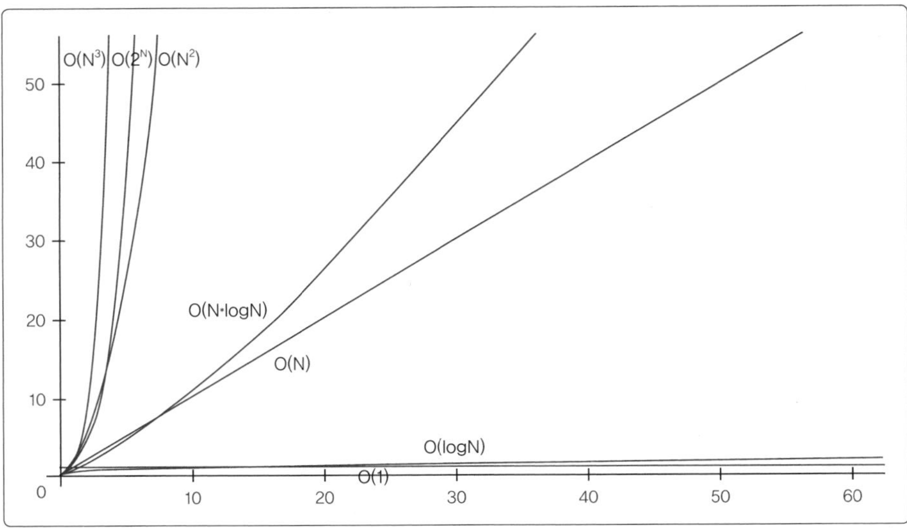

멘토 코멘트

알고리즘 설계 기법들은 시험에 자주 출제된다. 개념을 꼭 학습해야 한다.

많이 사용되는 알고리즘 설계 기법들

설계 기법	설명
분할 정복 알고리즘(Divide and Conquer Algorithm)	그대로 해결할 수 없는 문제를 작은 문제로 분할하여 문제를 해결하는 알고리즘
동적 계획법(Dynamic Programming)	복잡한 문제를 간단한 여러 개의 문제로 나누어 푸는 방법
탐욕 알고리즘(Greedy Algorithm)	여러 경우 중 하나를 결정해야 할 때마다 그 순간에 최적이라고 생각되는 것을 선택해 나가는 방식
백트래킹(Backtracking)	모든 조합을 시도해서 문제를 해결하는 알고리즘

2 성능 개선을 위한 정렬 및 탐색 알고리즘

정렬 및 탐색 알고리즘의 개념

- 애플리케이션 성능 향상을 위한 가장 기본적인 알고리즘으로, 데이터를 정렬하고 이후 데이터를 탐색하여 애플리케이션의 성능을 향상시키는 알고리즘을 말한다.
- **탐색(Search)** : 정렬이 되어있지 않은 데이터나 정렬이 된 데이터 중에서 키값에 해당하는 데이터를 찾는 알고리즘을 말한다.
- **정렬(Sorting)** : 흩어져 있는 데이터를 키값을 이용하여 순서대로 열거하는 알고리즘이다.

■ 탐색 알고리즘의 종류

구분	설명	시간 복잡도
이진 탐색 (Binary Search)	- 탐색할 데이터를 정렬한 후 중앙값을 기준으로 데이터 탐색한다. - 비교 횟수를 거듭할 때마다 검색 대상이 되는 데이터의 수가 절반으로 줄어든다. - 탐색 효율이 좋고, 탐색 시간이 적게 소요된다.	O(log N)
깊이 우선 탐색 (DFS)	- 루트 노드에서 시작해서 다음 분기로 넘어가기 전에 해당 분기를 완벽히 탐색한다. - 트리 구조에서 활용한다.	$O(N^2)$
너비 우선 탐색 (BFS)	- 루트 노드에서 시작해서 인접한 노드를 먼저 탐색하는 방법이다. - 트리 구조에서 활용한다.	$O(N^2)$

알아두기

이외에도 최단 경로를 탐색하는 다익스트라, 벨만포드 등의 알고리즘도 존재한다.

■ 정렬 알고리즘의 종류

종류	설명	시간 복잡도
선택 정렬 (Selection Sort)	가장 작은(또는 가장 큰) 값을 가장 왼쪽에 위치하고 나머지 레코드에 대해 동일하게 반복하는 방법이다.	$O(N^2)$
삽입 정렬 (Insertion Sort)	정렬되지 않은 리스트들의 레코드를 정렬된 리스트의 순서에 맞게 삽입하는 방법이다.	$O(N^2)$
버블 정렬 (Bubble Sort)	가장 큰 레코드가 한 칸씩 오른쪽 끝으로 이동되는 정렬 방법이다.	$O(N^2)$
합병 정렬 (Merge Sort)	주어진 레코드들을 각각 크기가 1인 정렬된 리스트로 분할하고, 순서에 맞추어 반복적으로 합병하며, 최종 한 개의 리스트를 생성하는 방법이다.	$O(N\log_2 N)$
힙 정렬 (Heap Sort)	- 최대 힙 트리나 최소 힙 트리를 구성해 정렬한다. - 완전 이진 트리(Complete Binary Tree)로 구성한다. - 내림차순 정렬을 위해서는 최대 힙을 구성하고, 오름차순 정렬을 위해서는 최소 힙을 구성한다. 예 최소힙의 경우 루트 노드에 최소값이 배치됨	$O(N\log_2 N)$
퀵 정렬 (Quick Sort)	- 순환 알고리즘을 사용(스택 공간 필요)한다. - 레코드의 많은 자료 이동을 없애고, 하나의 파일을 피벗(Pivot) 기준으로 작은 값은 왼쪽에, 큰 값은 오른쪽 서브파일로 부분적으로 나누어 정렬하는 방법이다.	- 최악 : $O(N^2)$ - 평균 : $O(N\log_2 N)$

멘토 코멘트

시간 복잡도에서의 로그(log)는 밑을 대부분 2로 사용하지만, 2를 생략하여 표현하기도 한다.

3 탐색 알고리즘의 예시

■ 깊이 우선 탐색(DFS; Depth First Search)의 예시

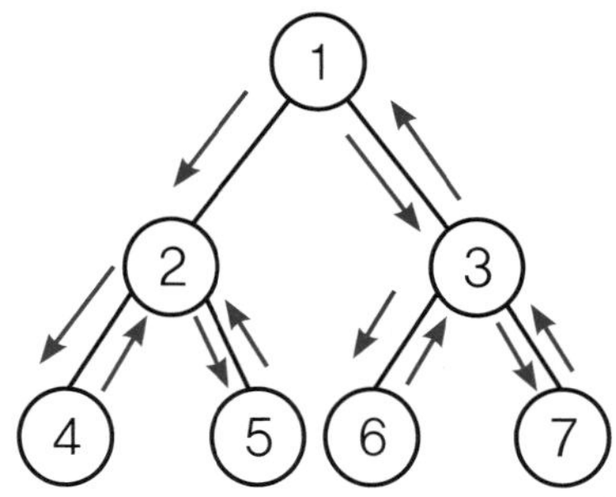

- 재귀적인 방법을 이용한다.
- 옆으로 넓은 그래프에 대해선 좋은 성능을 기대할 수 있다.
- 아래로 깊은 그래프에서는 탐색시간이 오래 걸린다.
- 탐색 순서는 1, 2, 4, 5, 3, 6, 7이다.

탐색 순서명

① 1번 노드 탐색 후 연결된 노드인 2번과 3번 노드 중 가중치가 작은 2번 노드를 선택한다.

② 2번 노드 탐색 후 연결된 노드인 4번과 5번 노드 중 가중치가 작은 4번 노드를 선택한다.

③ 4번 노드 탐색 후 연결된 노드가 없어 상위 노드인 2번 노드로 돌아간다. (재귀)

④ 2번 노드는 탐색했으므로 연결된 노드 중 탐색하지 않은 노드인 5번 노드를 선택하여 탐색한다.

⑤ 5번 노드 탐색 후 연결된 노드가 없어 상위 노드인 2번 노드로 돌아간다. (재귀)

⑥ 2번 노드와 연결된 모든 노드를 탐색했으므로 상위 노드인 1번 노드로 돌아간다. (재귀)

⑦ 1번 노드는 탐색했으므로 연결된 노드 중 탐색하지 않은 3번 노드를 선택한다.

⑧ 3번 노드 탐색 후 연결된 노드인 6번과 7번 노드 중 가중치가 작은 6번 노드를 선택한다.

⑨ 6번 노드 탐색 후 연결된 노드가 없으므로 상위 노드인 3번 노드로 돌아간다. (재귀)

⑩ 3번 노드는 탐색했으므로 연결된 노드 중 탐색하지 않은 노드인 7번 노드를 선택하여 탐색한다.

⑪ 7번 노드 탐색 후 연결된 노드가 없으므로 상위 노드인 3번 노드로 돌아간다. (재귀)

⑫ 3번 노드와 연결된 모든 노드를 탐색했으므로 상위 노드인 1번 노드로 돌아간다. (재귀)

⑬ 1번 노드와 연결된 모든 노드를 탐색했으므로 탐색을 종료한다.

■ 너비 우선 탐색(BFS : Breadth First Search)의 예시

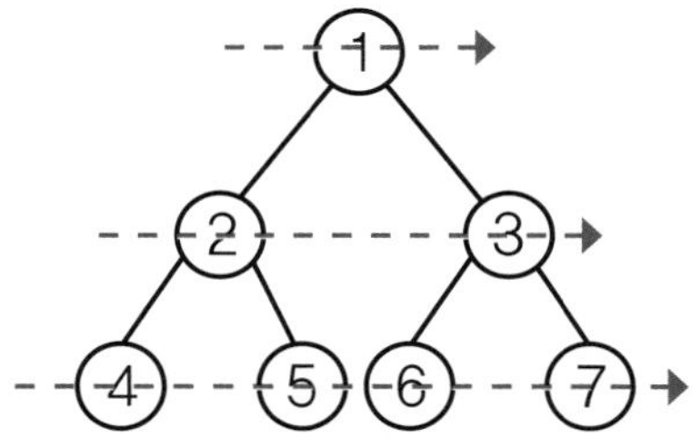

- 큐를 이용한다.
- 아래로 깊은 그래프에 대해선 좋은 성능을 기대할 수 있다.
- 옆으로 넓은 그래프에서는 탐색 시간이 오래 걸린다.
- 탐색 순서는 1, 2, 3, 4, 5, 6, 7이다.

탐색 순서 (큐에서 인출은 왼쪽에서 발생한다고 가정하여 표기)

① 1번 노드를 큐에 삽입한다. (큐 상태 : 1)

② 큐가 비어있지 않으면 큐의 값을 인출한다. 1번 노드가 인출되며 1번 노드에 연결된 노드인 2번과 3번 노드 중 가중치가 작은 순서대로 큐에 삽입한다. (큐 상태 : 2 3)

③ 큐가 비어있지 않으므로 2번 노드를 인출한다. 2번 노드에 연결된 4번과 5번 노드 중 가중치가 작은 순서대로 큐에 삽입한다. (큐 상태 : 3 4 5)

④ 큐가 비어있지 않으므로 3번 노드를 인출한다. 3번 노드에 연결된 6번과 7번 노드 중 가중치가 작은 순서대로 큐에 삽입한다. (큐 상태 : 4 5 6 7)

⑤ 큐가 비어있지 않으므로 4번 노드를 인출한다. 4번 노드에 연결된 노드가 없으니 종료한다. (큐 상태 : 5 6 7)

⑥ 큐가 비어있지 않으므로 5번 노드를 인출한다. 5번 노드에 연결된 노드가 없으니 종료한다. (큐 상태 : 6 7)

⑦ 큐가 비어있지 않으므로 6번 노드를 인출한다. 6번 노드에 연결된 노드가 없으니 종료한다. (큐 상태 : 7)

⑧ 큐가 비어있지 않으므로 6번 노드를 인출한다. 7번 노드에 연결된 노드가 없으니 종료한다. (큐 상태 : Empty)

⑨ 큐가 비어있으므로 탐색을 종료한다.

■ 이진 탐색(Binary Search)의 예시

이진 탐색을 이용해 14를 찾는 방법

① 데이터가 정렬되어 있지 않다면 정렬을 수행한다.

1	2	3	4	5	6	7	8	9	10	11	12	13	14	15

② 첫 번째 레코드와 마지막 레코드를 이용해 중앙값(M)을 구하고, 찾을 레코드와 비교한다.

- 첫 번째 레코드는 1, 마지막 레코드는 15이므로, 중앙값 M = (1+15)/2 = 8이다.

1	2	3	4	5	6	7	8	9	10	11	12	13	14	15

③ 중앙값(M)이 찾을 레코드보다 큰 경우에는 좌측, 작은 경우에는 우측 레코드의 중앙값(M)을 찾아 중앙값을 갱신한다.

- 찾아야 하는 값 14는 중앙값(8)보다 크므로 우측 레코드를 이용하여 중앙값을 갱신한다. 우측 레코드는 9~15로 이루어져 있고, 여기서 중앙값(M)은 12이다.

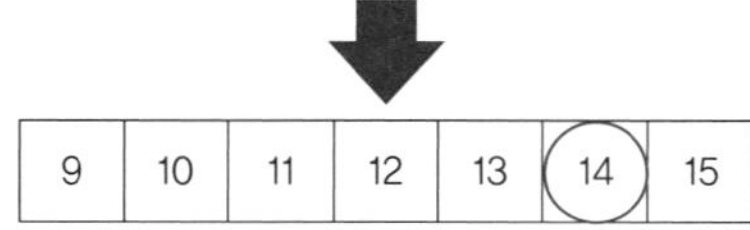

④ 새로운 중앙값(M)과 찾을 레코드를 비교하고, 반복적으로 수행하며 값을 찾는다.

- 찾아야 하는 값 14는 중앙값(12)보다 크므로 우측 레코드를 이용하여 중앙값을 갱신한다. 우측 레코드는 13~15로 이루어져 있고, 여기서 중앙값(M)은 14이다.

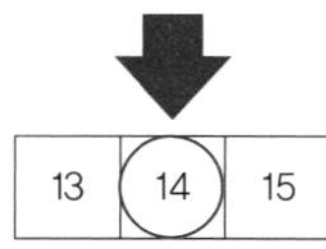

- 찾아야 하는 값과 중앙값이 동일하여 탐색을 종료한다.

4 정렬 알고리즘의 예시

■ 선택 정렬(Selection Sort)의 예시

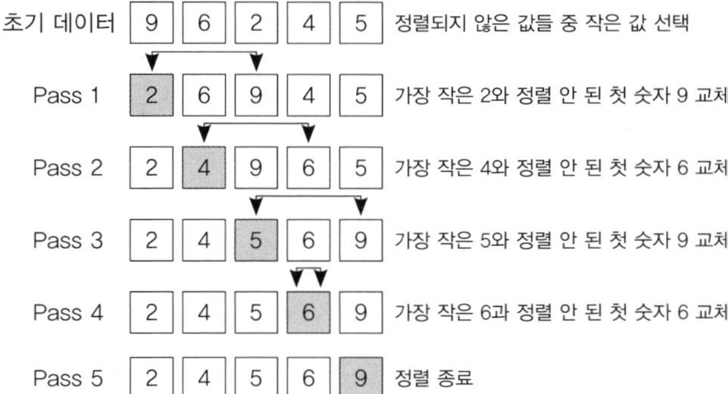

■ 삽입 정렬(Insertion Sort)의 예시

■ 버블 정렬(Bubble Sort)의 예시

멘토 코멘트

정렬 알고리즘인 선택 정렬, 삽입 정렬, 버블 정렬은 시험에 자주 출제된다. 충분한 연습을 통해 단계별 결과를 숙지해야 한다.

기출 유형 문제

2020.08

01 알고리즘 설계 기법으로 거리가 먼 것은?

① Divide and Conquer

② Greedy

③ Static Block

④ Backtracking

Static Block은 Java의 용어이다.

2020.08

02 다음 자료에 대하여 선택(Selection) 정렬을 이용하여 오름차순으로 정렬하고자 한다. 3회전 후의 결과로 옳은 것은?

> 37, 14, 17, 40, 35

① 14, 17, 37, 40, 35

② 14, 37, 17, 40, 35

③ 17, 14, 37, 35, 40

④ 14, 17, 35, 40, 37

1회전 : 14, 37, 17, 40, 35
2회전 : 14, 17, 37, 40, 35
3회전 : 14, 17, 35, 40, 37
4회전 : 14, 17, 35, 37, 40

2019.04, 2017.08, 2017.05

03 다음 자료에 대하여 Selection Sorting으로 오름차순 정렬한 경우 PASS 3의 결과는?

> 8, 3, 4, 9, 7

① 3, 4, 7, 9, 8 ② 3, 4, 8, 9, 7

③ 3, 8, 4, 9, 7 ④ 3, 4, 7, 8, 9

해설
PASS 1 : 3, 8, 4, 9, 7
PASS 2 : 3, 4, 8, 9, 7
PASS 3 : 3, 4, 7, 9, 8
PASS 4 : 3, 4, 7, 8, 9

2020.09

04 다음 초기 자료에 대하여 삽입 정렬(Insertion Sort)을 이용하여 오름차순으로 정렬할 경우 1회전 후의 결과는?

> 초기 자료 : 8, 3, 4, 9, 7

① 3, 4, 8, 7, 9

② 3, 4, 9, 7, 8

③ 7, 8, 3, 4, 9

④ 3, 8, 4, 9, 7

1회전 : 3, 8, 4, 9, 7 (두 번째 자리 3을 8과 비교 후 교체, 이후 비교 대상 없으니 종료)
2회전 : 3, 4, 8, 9, 7 (세 번째 자리 4를 8과 비교 후 교체, 이후 3과 비교 후 종료)
3회전 : 3, 4, 8, 9, 7 (네 번째 자리 9를 8과 비교 후 종료. 이동할 필요가 없음)
4회전 : 3, 4, 7, 8, 9 (다섯 번째 자리 7을 9와 비교 후 교체, 이후 8과 비교 후 교체, 이후 4와 비교 후 종료)

2019.03, 2018.08, 2018.04, 2018.03

05 다음 자료를 버블 정렬을 이용하여 오름차순으로 정렬할 경우 PASS 2의 수행 결과는?

> 9, 6, 7, 3, 5

① 3, 5, 6, 7, 9

② 6, 7, 3, 5, 9

③ 3, 5, 9, 6, 7

④ 6, 3, 5, 7, 9

PASS 1 : 6, 9, 7, 3, 5 (9, 6 비교 후 교환)
6, 7, 9, 3, 5 (9, 7 비교 후 교환)
6, 7, 3, 9, 5 (9, 3 비교 후 교환)
6, 7, 3, 5, 9 (9, 5 비교 후 교환)

PASS 2 : 6, 7, 3, 5, 9 (6, 7 비교 시 변동 없음)
6, 3, 7, 5, 9 (7, 3 비교 후 교환)
6, 3, 5, 7, 9 (7, 5 비교 후 교환)
6, 3, 5, 7, 9 (7, 9 비교 시 변동 없음)

PASS 3 : 3, 6, 5, 7, 9 (6, 3 비교 후 교환)
3, 5, 6, 7, 9 (5, 6 비교 후 교환)
3, 5, 6, 7, 9 (6, 7 비교 시 변동 없음)
3, 5, 6, 7, 9 (7, 9 비교 시 변동 없음)

1: ③ 2: ④ 3: ① 4: ④ 5: ④ 정답

2018.03

06 이진 검색 알고리즘에 대한 설명으로 틀린 것은?

① 탐색 효율이 좋고 탐색 시간이 적게 소요된다.

② 검색할 데이터가 정렬되어 있어야 한다.

③ 피보나치 수열에 따라 다음에 비교할 대상을 선정하여 검색한다.

④ 비교 횟수를 거듭할 때마다 검색 대상이 되는 데이터의 수가 절반으로 줄어든다.

해설 ③은 이진 검색 알고리즘과 관계가 없다.

2017.08

07 힙 정렬에 대한 설명으로 틀린 것은?

① 정렬한 입력 레코드들로 힙을 구성하고, 가장 큰 키값을 갖는 루트 노드를 제거하는 과정을 반복하여 정렬하는 기법이다.

② 평균 수행 시간 복잡도는 $O(nlog_2n)$이다.

③ 입력 자료의 레코드를 완전 이진 트리(Complete Binary Tree)로 구성한다.

④ 최악의 수행 시간 복잡도는 $O(2n^4)$이다.

해설 힙 정렬은 항상 $O(nlog_2n)$의 시간 복잡도를 갖는다.

2017.03

08 퀵 정렬에 대한 설명으로 틀린 것은?

① 순환 알고리즘을 사용해야 하므로 스택 공간을 필요로 한다.

② 분할 원소는 첫 번째 키만 가능하다.

③ 키를 기준으로 작은 값은 왼쪽에, 큰 값은 오른쪽 서브파일로 분해시키는 방식이다.

④ 최악의 시간 복잡도는 $O(n^2)$이다.

해설 ②는 퀵 정렬과 관계가 없다.

2020.06

09 정렬된 N개의 데이터를 처리하는 데 $O(Nlog_2N)$의 시간이 소요되는 정렬 알고리즘은?

① 선택 정렬

② 삽입 정렬

③ 버블 정렬

④ 합병 정렬

해설 선택 정렬, 삽입 정렬, 버블 정렬은 시간 복잡도가 $O(N^2)$이다.

2020.06

10 알고리즘 시간 복잡도 O(1)이 의미하는 것은?

① 컴퓨터 처리가 불가

② 알고리즘 입력 데이터 수가 한 개

③ 알고리즘 수행 시간이 입력 데이터 수와 관계없이 일정

④ 알고리즘 길이가 입력 데이터보다 작음

해설 시간 복잡도 O(1)은 상수형으로 입력 크기와 무관하게 바로 해를 구한다.

2021.03

11 퀵 정렬에 관한 설명으로 옳은 것은?

① 레코드의 키값을 분석하여 같은 값끼리 순서에 맞는 버킷에 분배하였다가 버킷의 순서대로 레코드를 꺼내어 정렬한다.

② 주어진 파일에서 인접한 2개의 레코드 키값을 비교하여 크기에 따라 레코드 위치를 서로 교환한다.

③ 레코드의 많은 자료 이동을 없애고 하나의 파일을 부분적으로 나누어 가면서 정렬한다.

④ 임의의 레코드 키와 매개변수(h)값만큼 떨어진 곳의 레코드 키를 비교하여 서로 교환해 가면서 정렬한다.

해설 ①번은 기수 정렬, ②번은 버블 정렬, ④번은 쉘 정렬에 대한 내용이다.

정답 6: ③ 7: ④ 8: ② 9: ④ 10: ③ 11: ③

2021.03

12 다음 그래프에서 정점 A를 선택하여 깊이 우선 탐색(DFS)으로 운행한 결과는?

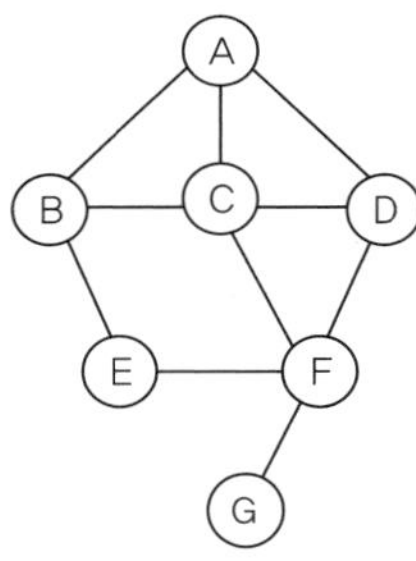

① ABECDFG ② ABECFDG

③ ABCDEFG ④ ABEFGCD

해설
깊이 우선 탐색 방법
1) 시작 정점에서 자식 노드(연결된 노드) 확인
2) 자식 노드가 있을 경우 자식 노드 탐색
3) 탐색 완료 후 다시 자식 노드 확인
4) 자식 노드가 있을 경우 2)~3) 반복
5) 자식 노드가 없을 경우 탐색하지 않은 자식 노드를 가지고 있는 부모 노드(상위 노 드)로 이동
6) 2)~5) 반복 후 더 이상 탐색할 노드가 없을 경우 종료

해당 문제에서 DFS는 다음과 같이 진행된다.
1) A에서 시작해서 B, C, D 노드를 확인 → A
2) B, C, D 노드 모든 곳에서 탐색 가능하지만, B부터 탐색하기로 가정 → AB
3) B 탐색 후 C와 E 노드 탐색이 가능하지만, E부터 탐색하기로 가정 → ABE
4) E 탐색 후 연결된 F 노드 탐색 → ABEF
5) F 노드 탐색 후 C, D, G 노드 탐색이 가능하지만, G부터 탐색하기로 가정 → ABEFG
6) G 노드 탐색 후 더 이상 연결된 노드가 없으므로 상위 노드로 이동 → ABEFG
7) 상위 노드인 F와 연결된 C, D 노드는 아직 탐색되지 않았으므로 우선 C부터 탐색하기로 가정 → ABEFGC
8) C 노드 탐색 후 연결된 노드 중 탐색되지 않은 D 노드 탐색 → ABEFGCD
9) D 노드 탐색 후 연결된 노드 중 탐색되지 않은 노드가 없으므로 상위 노드 C로 이동 → ABEFGCD
10) C 노드에서 연결된 노드 중 탐색되지 않은 노드가 없으므로 상위 노드 F로 이동 → ABEFGCD
11) F 노드에서도 연결된 노드 중 탐색되지 않은 노드가 없으므로 E→B→A 순서로 이동하며 탐색 종료 → ABEFGCD

해당 문제는 트리 형태의 탐색이 아닌 그래프 형태의 탐색이므로 현재 노드에 연결되어 있는 노드 중 어느 쪽을 먼저 탐색 하느냐에 따라 정답이 달라질 수 있으니 보기를 참고하여 정답을 찾는 것이 중요하다.

2021.03

13 다음 중 최악의 경우 검색 효율이 가장 나쁜 트리 구조는?

① 이진 탐색 트리

② AVL 트리

③ 2-3 트리

④ 레드-블랙 트리

- 이진 탐색 트리의 시간 복잡도 : $O(\log_2 N)$, 최악의 경우 O(N)
- AVL 트리, 2-3 트리, 레드-블랙 트리의 시간 복잡도 : $O(\log_2 N)$

2021.08

14 분할 정복(Divide and Conquer)에 기반한 알고리즘으로 피벗(Pivot)을 사용하며 최악의 경우 n(n−1)/2회의 비교를 수행해야 하는 정렬(Sort)은?

① Selection Sort

② Bubble Sort

③ Insert Sort

④ Quick Sort

피벗을 사용하는 정렬 방법은 Quick Sort이다.

12: ④ 13: ① 14: ④ 정답

2022.04

15 다음과 같이 레코드가 구성되어 있을 때, 이진 검색 방법으로 14를 찾을 경우 비교되는 횟수는?

1 2 3 4 5 6 7 8 9 10 11 12 13 14 15

① 2

② 3

③ 4

④ 5

해설 이진 검색 방법
1) 첫 번째 레코드와 마지막 레코드를 이용해 중앙값(M)을 구하고, 찾을 레코드와 비교한다.
2) 중앙값(M)이 찾을 레코드보다 큰 경우에는 좌측, 작은 경우에는 우측 레코드의 중앙값(M)을 찾아 중앙값을 갱신한다.
3) 새로운 중앙값(M)과 찾을 레코드를 비교하고, 반복적으로 수행하며 값을 찾는다.

- 주어진 레코드에서 중앙값(M)은 8이므로 14와 비교 후 우측 레코드에서 탐색한다.
  M = (1+15)/2 = 8
- 우측 레코드는 9~15로 이루어져 있고, 여기서의 중앙값은 12로 다시 한 번 우측 레코드에서 탐색한다.
- 우측 레코드는 13~15로 이루어져 있고, 여기서 중앙값은 14로 탐색을 종료한다.

2022.04

16 알고리즘과 관련한 설명으로 틀린 것은?

① 주어진 작업을 수행하는 컴퓨터 명령어를 순서대로 나열한 것으로 볼 수 있다.

② 검색(Searching)은 정렬이 되지 않은 데이터 혹은 정렬이 된 데이터 중에서 키값에 해당되는 데이터를 찾는 알고리즘이다.

③ 정렬(Sorting)은 흩어져있는 데이터를 키값을 이용하여 순서대로 열거하는 알고리즘이다.

④ 선형 검색은 검색을 수행하기 전에 반드시 데이터의 집합이 정렬되어 있어야 한다.

해설 선형 검색은 정렬되지 않는 레코드에서 순차적으로 검색하는 방법이다.

출제 예상 문제

17 시간 복잡도 $O(N^2)$이 의미하는 것으로 알맞은 것은?

① 가능한 해결 방법 모두를 검사하여 처리

② 입력 자료를 차례대로 하나씩 모두 처리

③ 주요 처리 반복 구조를 2중 구조로 처리

④ 자료를 분할하여 각각 처리하고 합병

해설
- $O(2^n)$: 지수형. 가능한 해결 방법을 모두 검사하여 처리
- O(N) : 선형. 입력 자료를 차례대로 하나씩 모두 처리
- $O(N^2)$: 제곱형. 주요 처리 루프 구조가 2중인 경우
- $O(N^*\log_2 N)$: 분할과 합병형, 자료를 분할하여 각각 처리하고 합병

18 탐색 알고리즘이 아닌 것은?

① Binary Search

② Depth-First Search

③ Breadth-First Search

④ Read-Only Search

해설 탐색 알고리즘에는 이진 탐색(Binary Search), 깊이 우선 탐색(Depth-First Search), 너비 우선 탐색(Breadth-First Search)이 대표적이다.

19 다음 중 시간 복잡도가 최악일 때 $O(N^2)$, 평균은 $O(N\log_2 N)$인 알고리즘은 무엇인가?

① 선택 정렬

② 퀵 정렬

③ 합병 정렬

④ 버블 정렬

해설 퀵 정렬에 대한 설명이다. 선택 정렬의 시간 복잡도는 $O(N^2)$, 합병 정렬의 시간 복잡도는 $O(N\log_2 N)$ 버블 정렬의 시간 복잡도는 $O(N^2)$이다.

정답 15: ② 16: ④ 17: ③ 18: ④ 19: ②

인터페이스 구현

이번 장에서 다룰 내용

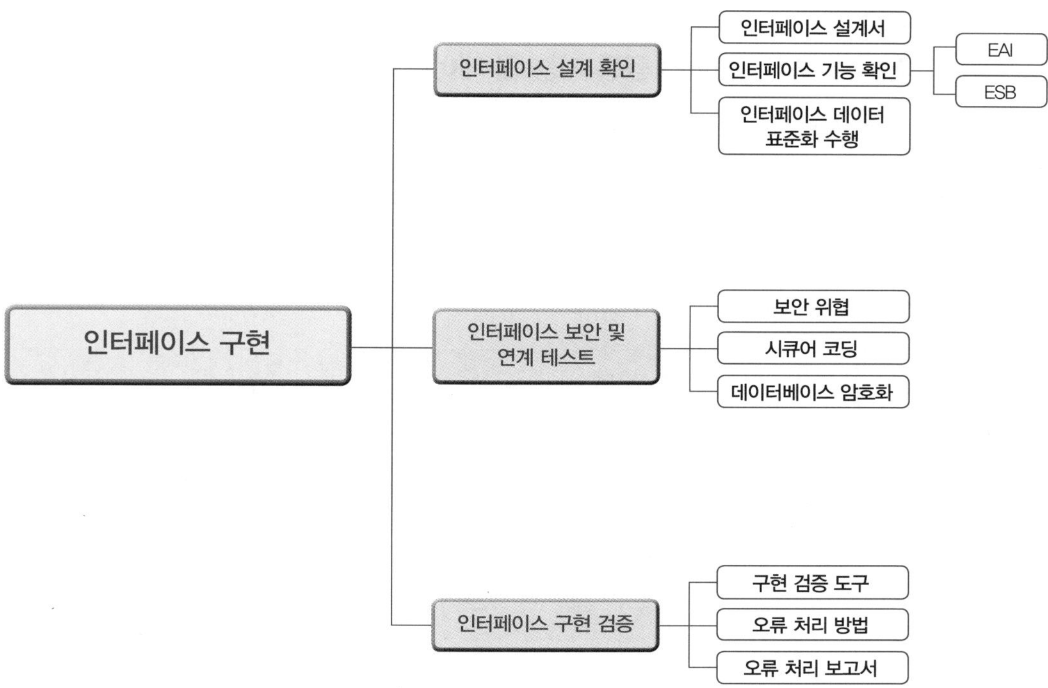

- 인터페이스 구현 시 필요한 설계서와 기능 확인에 대해 학습한다.
- 데이터 표준화에 대한 개념을 확인한다.
- 인터페이스 보안 위협과 대처 방안인 시큐어 코딩, 데이터베이스 암호화를 이해한다.
- 인터페이스 이후 구현 검증 단계를 이해한다.

501 인터페이스 설계 확인

1 내/외부 모듈 간 공통 기능 및 데이터 인터페이스 확인

■ 인터페이스 설계서의 개념

이기종 시스템 또는 컴포넌트 간 데이터 교환과 처리를 위해 각 시스템의 교환 데이터 및 업무, 송수신 주체 등을 정의한 문서를 말한다.

■ 인터페이스 설계서의 종류

알아두기

인터페이스 설계서는 인터페이스 목록과 인터페이스 정의서로 구성된다.

종류	설명
시스템 인터페이스 설계서	한 시스템의 인터페이스 현황을 확인하기 위한 문서이다.
상세 기능별 인터페이스 설계서	인터페이스를 통한 각 세부 기능의 개요나 세부 기능 동작 전 필요한 사전 조건, 사후 조건 및 인터페이스 파라미터(데이터), 호출 이후 결과를 확인하기 위한 반환값 등을 정의한 문서이다.
정적, 동적 모형을 통한 인터페이스 설계서	각 시스템의 구성 요소를 다이어그램을 통해 표현한 문서이다.
데이터 정의를 통한 인터페이스 설계서	제공 서비스 목록과 이에 대한 인터페이스 방식 및 명세, 리턴 형태까지 정의를 상세화하여 개발 수준에서 인터페이스를 어떻게 구현해야 할지 명시한 문서이다.

■ 인터페이스 확인 순서

확인 순서		설명
1	인터페이스 설계서의 외부 및 내부 모듈의 기능 확인	– 인터페이스 정의서를 통한 기능을 확인한다. – 상세 기능 인터페이스 정의서를 통한 기능을 확인한다. – 정적, 동적 모형을 통해 기능을 확인한다.
2	인터페이스 설계서의 내/외부 모듈을 기반으로 공통 제공되는 기능과 각 데이터의 인터페이스 확인	설계서의 내/외부 모듈 기반으로, 설계서를 통해 공통 제공 기능을 확인한 후, 각 데이터의 인터페이스를 확인한다.

2 내/외부 모듈 연계를 위한 인터페이스 기능 확인

■ 내/외부 모듈 연계 방법

시스템 인터페이스를 위해 내부 및 외부 모듈을 연계하는 대표적인 방법으로는 EAI(Enterprise Application Integration) 방식과 ESB(Enterprise Service Bus) 방식이 있다.

■ EAI(Enterprise Application Integration)

- 기업에서 운영하고 있는 이기종의 플랫폼 및 애플리케이션과의 정보를 전달하거나 연계 및 통합을 지원하는 솔루션을 의미한다.
- EAI를 이용해 각 비즈니스 간 통합 및 연계성을 증대시켜 효율성 및 확장성을 증대한다.

| EAI의 구축 유형 |

유형	개념도	설명	특징
점대점 (Point to Point)		중간에 미들웨어를 두지 않고 각 애플리케이션 간 점대점의 형태로 연결	- 상대적으로 저렴하게 통합 가능 - 변경, 재사용이 어려움
허브 앤 스포크 (Hub & Spoke)	Hub	단일 접점인 허브 시스템을 통해 데이터를 전송하는 중앙 집중형 방식	- 모든 데이터 전송 보장 - 확장, 유지보수 용이 - 허브 장애 시 전체에 영향
메시지 버스 (Message Bus)	Bus	애플리케이션 사이에 미들웨어(Bus)를 두고 이를 이용한 통합 방식	어댑터가 각 시스템과 버스를 두고 연결하여 뛰어난 확장성, 대용량 처리
하이브리드 (Hybrid)	Bus Hub Hub	허브 앤 스포크와 메시지 버스 방식을 동시에 적용한 방식	- 그룹 내 허브 앤 스포크 - 그룹 간 메시지 버스 - 표준 통합 기술 - 데이터 병목 현상 최소화

멘토 코멘트

EAI의 구축 유형은 시험에 출제된 적이 있으니 개념을 꼭 숙지해야 한다.

■ ESB(Enterprise Service Bus)

- 애플리케이션 간의 통합 측면에서 EAI와 유사하나 애플리케이션보다는 서비스 중심으로 통합을 지향하는 기술이다.
- 버스를 중심으로 각각 프로토콜이 호환되도록 변환 가능하고, 서비스 중심으로 메시지 이동을 라우팅 가능한 기술이다.

| 개념도 |

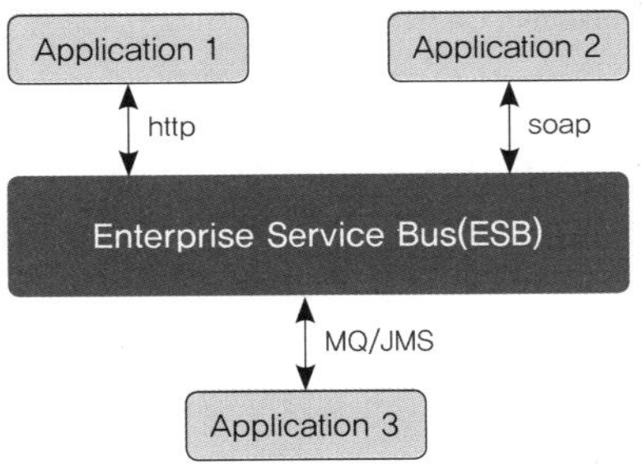

3 인터페이스 데이터 표준

■ 인터페이스 데이터 표준의 개념

인터페이스를 위해 인터페이스가 되어야 할 범위의 데이터들의 형식과 표준을 정의한다.

■ 인터페이스 데이터 표준의 필요성

내/외부 모듈 간 데이터를 교환하고 상호 간에 호환하려면 데이터를 표준화하여 정의 및 관리가 필요하다.

■ 인터페이스 데이터 표준화 수행

단계	설명
데이터 인터페이스의 의미 파악	인터페이스의 입력값, 출력값이 의미하는 내용을 파악하고, 데이터의 특성 등 참고할 만한 사항을 구체적으로 작성한다.
의미 파악을 통한 데이터 표준 확인	데이터 인터페이스의 각 항목이 무엇을 의미하는지 이해하고 확인한 후 이를 기반으로 데이터 표준을 확인한다.
인터페이스 데이터 항목 식별	- 식별된 인터페이스 기능을 통해 데이터 인터페이스에서 정의된 데이터 표준을 검증한다. - 추가 보완 여부를 확인 및 검증한다.
데이터 표준 확인	데이터 인터페이스 및 인터페이스 기능을 통해 필요한 데이터 표준 및 조정해야 할 항목을 검토 및 확인하고, 데이터 표준으로 최종 확인한다.

기출 유형 문제

2020.09

01 EAI(Enterprise Application Integration) 구축 유형 중 Hybrid에 대한 설명으로 틀린 것은?

① Hub & Spoke와 Message Bus의 혼합 방식이다.

② 필요한 경우 한 가지 방식으로 EAI 구현이 가능하다.

③ 데이터 병목 현상을 최소화할 수 있다.

④ 중간에 미들웨어를 두지 않고 각 애플리케이션을 Point to Point로 연결한다.

해설 Hybrid 구축은 Hub & Spoke와 Message Bus의 혼합 방식이다. Message Bus 방식의 특성도 가지고 있어 애플리케이션 사이에 미들웨어(Bus)를 둔다.

2020.06

02 EAI의 구축 유형으로 옳지 않은 것은?

① Point to Point

② Hub & Spoke

③ Message Bus

④ Tree

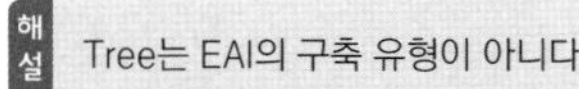

해설 Tree는 EAI의 구축 유형이 아니다.

2021.05

03 EAI(Enterprise Application Integration) 구축 유형에서 애플리케이션 사이에 미들웨어를 두어 처리하는 것은?

① Message Bus

② Point-to-point

③ Hub & Spoke

④ Hybrid

해설 미들웨어를 사이에 두어 처리하는 구축 유형은 Message Bus이다. 중앙 허브도 미들웨어 역할을 하기 때문에 실전 시험에서 ③번과 ④번도 정답으로 처리되었다.

출제 예상 문제

04 내/외부 모듈 연계 방법이 아닌 것은?

① Point to Point ② EAI

③ SaaS ④ ESB

해설 SaaS는 Software as a Service로, 클라우드 기반의 온디맨드(On Demand) 서비스이다.

05 EAI 구축 유형의 내용 중 틀린 것은?

① Point to Point : 변경이 용이함

② Hub & Spoke : 허브 장애 시 전체 영향

③ Message Bus : 대용량 처리 가능

④ Hybrid : 그룹 간 Message Bus 방식 사용

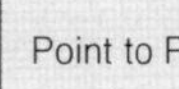

해설 Point to Point 방식은 구축 이후 변경이 어렵다.

06 다음 설명이 의미하는 것은 무엇인가?

> 애플리케이션 간의 통합 측면에서 EAI와 유사하나 애플리케이션보다는 서비스 중심으로 통합을 지향하는 기술

① EAI

② ESB

③ ETL

④ Database

해설 ESB에 대한 내용이다.

502 인터페이스 보안 및 연계 테스트

1 인터페이스 보안의 필요성

- 인터페이스는 시스템 모듈 간 통신 및 정보 교환을 지원하므로, 데이터 이동 시에 데이터 변조나 탈취 등의 보안 문제가 발생할 가능성이 있다.
- 인터페이스 모듈 자체의 보안 취약점이 존재할 수 있어 보안 강화가 필요하다.

2 데이터 통신 시 대표적인 보안 위협

보안 위협	설명
스니핑 (Sniffing)	– 데이터 통신 내역을 중간에서 감청하여 기밀성을 훼손한다. – 수동적(Passive) 해킹 공격 기법이다.
스푸핑 (Spoofing)	승인받은 사용자인 것처럼 시스템에 접근하거나 네트워크상에서 허가된 주소로 가장하여 접근 제어를 우회하는 공격이다.

3 인터페이스 보안을 위한 방안

■ 시큐어 코딩(Secure Coding)

안전한 소프트웨어를 개발하기 위해 지켜야 할 코딩 규칙과 소스 코드 취약 목록이 포함된 규칙이다.

멘토 코멘트

시큐어 코딩은 보안을 위한 중요한 개념이다. 실무에서도 많이 사용되는 개념이니 7가지 내용을 충분히 학습해야 한다.

구분	설명
입력 데이터 검증 및 표현	XSS, SQL Injection을 방지하기 위해 소스 코드 취약점 점검
보안 기능	인증, 접근 제어, 기밀성, 암호화, 권한 관리, 취약한 알고리즘, 부적절한 인가로 발생한 취약점
시간 및 상태	프로세스를 동시에 수행하거나 시스템을 동시에 호출했을 때 잘못된 권한 위임 가능성
에러 처리	에러 처리가 부적절하거나 에러에 과도한 정보가 포함된 경우
코드 오류	복잡한 소스 코드는 가독성과 유지 보수성을 저하
캡슐화	중요 데이터의 불충분한 캡슐화로 악의적 접근 가능
API 오용	gets( ), system.exit( ) 등 시스템 접근 API 오용

■ 데이터베이스 암호화

구분	항목	설명
암호화 알고리즘	대칭키 알고리즘	- 암호화키와 복호화키가 같은 암호화 기법 - ARIA 128/192/256, SEED
	비대칭키 알고리즘	- 암호화 시 사용된 키와 복호화 시 사용되는 키가 서로 다른 암호화 기법 - RSA, ECDSA
	해시 알고리즘	- 임의의 길이를 고정 길이의 출력값인 해시 코드로 압축하는 암호화 기법 - SHA-256/384/512, HAS-160
암호화 기법	API 방식	애플리케이션 레벨에서 암호 모듈(API)을 적용하는 애플리케이션 수정 방식
	Filter(Plug-In) 방식	- 데이터베이스 레벨의 확장성 프러시저 기능을 이용 - DBMS에 Plug-In 또는 Snap-In 모듈로 동작하는 방식
	Hybrid 방식	API 방식과 Filter 방식을 결합하거나 Filter 방식에 추가적으로 SQL 문에 대한 최적화를 대행해 주는 어플라이언스를 제공하는 방식

멘토 코멘트

해시 함수의 종류
해시 함수는 해시 알고리즘 또는 해시 함수 알고리즘이라고 부른다. 해시 함수의 종류로는 제곱법, 폴딩법, 제산법, 기수 변환법, 숫자 분석법, 무작위법 등이 있다.

4 소프트웨어 연계 테스트

■ 소프트웨어 연계 테스트의 개념

송신 시스템과 수신 시스템 간의 연계를 확인하여 데이터의 정합성 및 전송 여부를 확인하는 테스트를 의미한다.

■ 소프트웨어 연계 테스트의 절차

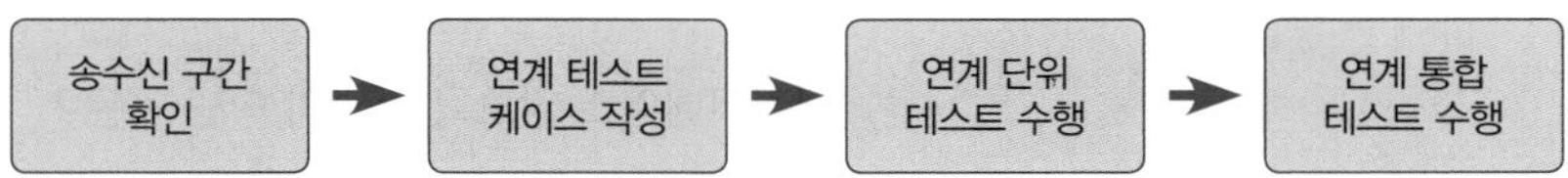

	단계	설명
1	송수신 구간 확인	송신 시스템 → 중계 서버(연계 서버) → 수신 시스템
2	연계 테스트 케이스 작성	송수신 구간별 단위 테스트 및 통합 테스트를 작성한다.
3	연계 단위 테스트 수행	연계 자체만을 테스트한다.
4	연계 통합 테스트 수행	데이터의 생성, 전송, 저장의 모든 과정을 테스트한다.

실력 점검 문제

기출 유형 문제

2020.09, 2020.08, 2020.06

01 인터페이스 보안을 위해 네트워크 영역에 적용될 수 있는 솔루션과 거리가 먼 것은?

① IPSec ② SSL
③ SMTP ④ S-HTTP

SMTP는 인터넷상에서 전자 메일을 전송할 때 쓰이는 표준 프로토콜이다.
- IPSec : 암호화 기술을 이용하여 IP 패킷 단위로 데이터 변조 방지 및 은닉 기능을 제공하는 프로토콜 모음
- SSL : 인터넷에서 데이터를 안전하게 전송하기 위한 프로토콜
- S-HTTP : 하이퍼텍스트 전송 규약(HTTP)에 보안 기능을 부가하기 위한 프로토콜

2021.03

02 해시 함수(Hash Function)의 종류가 아닌 것은?

① 제곱법(Mid-Square)
② 숫자분석법(Digit Analysis)
③ 개방주소법(Open Addressing)
④ 제산법(Division)

해시 함수의 종류에는 제곱법, 숫자분석법, 제산법, 무작위법 등이 있으며, 개방주소법은 해시 함수의 주소지정 방식 중 충돌이 일어날 때 다른 주소를 사용할 수 있도록 허용하는 방법이다.

출제 예상 문제

03 인터페이스 보안 위협에 대해 다음의 설명이 의미하는 위협은?

> 데이터 통신 내역을 중간에서 감청하여 기밀성을 훼손하는 보안 위협

① Sniffing ② Phishing
③ Spoofing ④ APT

스니핑에 대한 설명이다.
- Phishing : 개인 정보를 불법적으로 알아내 이를 이용하는 사기 수법
- Spoofing : 승인받은 사용자인 것처럼 시스템에 접근하거나 네트워크상에서 허가된 주소로 가장하여 접근 제어를 우회하는 공격 행위
- APT(지능적 지속 위협, Advanced Persistent Threat) : 특정한 사이트를 장기간에 걸쳐 공격하는 방법

04 시큐어 코딩의 내용이 아닌 것은?

① 캡슐화
② 에러 처리
③ API 오용
④ 테스트 강화

시큐어 코딩은 입력 데이터 검증 및 표현, 보안 기능, 시간 및 상태, 에러 처리, 코드 오류, 캡슐화, API 오용의 코딩 규칙에 대한 내용이다.

05 데이터베이스 암호화 기법이 아닌 것은?

① API 방식
② Plug-In 방식
③ Brute Force 방식
④ Hybrid 방식

Brute Force는 해킹 방법이다.

1: ③ 2: ③ 3: ① 4: ④ 5: ③ 정답

503 인터페이스 구현 검증

1 인터페이스 구현

■ 데이터 통신을 통한 구현

구현 도구	설명
JSON (Java Script Object Notation)	- 속성/값 쌍으로 이루어진 데이터 오브젝트를 전달하기 위해 사용하는 개방형 표준 포맷 - Ajax에서 많이 사용되고, XML을 대체하는 주요 데이터 포맷으로 다양하게 사용됨
XML (eXtensible Markup Language)	다른 특수한 목적을 갖는 마크업 언어를 만드는 데 사용하도록 권장하는 다목적 마크업 언어
YAML (YAML Ain't Markup Language)	사람이 쉽게 읽을 수 있는 데이터 직렬화 양식의 가벼운 마크업 언어로 XML과 유사한 언어

알아두기

Ajax(Asynchronous JavaScript and XML)

웹 서버와 비동기적으로 데이터를 교환하고 조작하기 위해 , XML, XSLT, XMLHttpRequest 등의 기술을 함께 사용한다.

■ 인터페이스 엔티티를 통한 구현

- 인터페이스가 필요한 시스템 사이에 별도의 인터페이스 엔티티를 두어서 상호 연계한다.
- 엔티티의 역할 : 데이터베이스에서 인터페이스 테이블을 두어 각 시스템 간 데이터 교환에 활용하는 방법을 많이 사용한다.

2 인터페이스 구현 검증

멘토 코멘트

인터페이스 구현 검증 도구는 시험에 출제되었다. 도구별 설명을 숙지하자.

■ 모듈 세부 설계서

하나의 독립적인 기능을 수행하는 모듈의 구성 요소와 세부적인 동작을 정의한 설계서이다. 대표적으로 컴포넌트의 구성 요소와 동작을 정의한 컴포넌트 명세서와 컴포넌트 간 상호 작용을 정의한 인터페이스 명세서가 있다.

구분	설명
컴포넌트 명세서	- 컴포넌트의 개요 및 내부 클래스의 동작, 인터페이스를 통해 외부와 통신하는 명세를 정의함 - 실제 코드 수준의 클래스 명칭이나 설계 수준의 논리적인 클래스 명칭을 사용하기도 함
인터페이스 명세서	- 컴포넌트 명세서에 명시된 인터페이스 클래스의 세부적인 조건 및 기능을 명시한 명세서 - 명칭, 설명 사전/사후 조건, 인터페이스 데이터 및 인터페이스 후 성공 여부를 반환받는 반환값이 정의되어 있음

■ 인터페이스 구현 검증 도구

- 구현된 인터페이스의 동작을 검증하기 위해 인터페이스 구현 및 감시 도구를 이용하여 동작 상태 검증 및 감시가 가능하다.
- 인터페이스 단위 기능 및 시나리오에 기반한 통합 테스트를 통해 인터페이스 구현 검증을 수행한다.

구분	설명
xUnit	Java(Junit), C++(Cppunit), .Net(Nunit) 등 다양한 언어를 지원하는 단위 테스트 프레임워크
STAF	– 서비스 호출, 컴포넌트 재사용 등 다양한 환경을 지원하는 테스트 프레임워크 – 각 테스트 대상 분산 환경에 데몬을 사용하여 테스트 대상 프로그램을 통해 테스트를 수행하고, 통합하여 자동화하는 검증 도구
FitNesse	웹 기반 테스트 케이스 설계/실행/결과 확인 등을 지원하는 테스트 프레임워크
NTAF	– 네이버 테스트 자동화 프레임워크 – STAF와 FitNesse를 통합
Selenium	다양한 브라우저 지원 및 개발 언어를 지원하는 웹 애플리케이션 테스트 프레임워크
Watir	루비 기반 웹 애플리케이션 테스트 프레임워크

■ 인터페이스 구현 검증 순서

순서		설명
1	구현된 인터페이스 명세서를 참조하여 구현 검증에 필요한 감시 및 도구를 준비	– 구현 검증에 필요한 감시 및 도구의 요건 분석 – 구현 검증에 필요한 감시 및 도구 준비
2	인터페이스 구현 검증을 위해 외부 시스템과의 연계 모듈 상태를 확인	– 외부 시스템과 연계 모듈의 동작 상태 확인 – 외부 시스템과 연계 모듈의 동작 상태 감시

3 인터페이스 오류 처리 확인 및 보고서 작성

■ 인터페이스 오류 처리 방법

인터페이스 검증 시 발생한 오류를 처리하기 위해 사용자 화면에서 오류를 인지하도록 구현하거나 인터페이스 오류 로그를 생성하는 방법 및 인터페이스 관련 테이블에 오류 사항을 기록하는 방법을 이용한다.

방법	설명
사용자 화면에서 오류를 발생	가장 직관적으로 오류 인지 가능
인터페이스 오류 로그 생성	– 오류의 자세한 내역을 알기 위해 사용 – 시스템 관리자나 운영자가 오류 로그 확인 가능
인터페이스 관련 테이블에 오류 사항 기록	테이블을 이용해 인터페이스 트랜잭션 기록을 별도로 보관하여 테이블에 오류 사항 기록

■ 인터페이스 오류 처리 보고서

- 인터페이스에서 오류 발생 시 관련 사항을 조직에서 정의한 보고 라인으로, 인터페이스 오류 처리 보고서를 작성하여 즉시 보고한다.
- 보고서 형식은 정형화되어 있지 않아 조직 및 상황에 맞는 보고서를 작성하여 활용한다.
- 주기적인 점검을 통해 인터페이스 오류 발생 시 처리 보고서를 작성한다.

실력 점검 문제

기출 유형 문제

2020.08

01 인터페이스 구현 시 사용하는 기술 중 다음 내용이 설명하는 것은?

> JavaScript를 사용한 비동기 통신 기술로 클라이언트와 서버 간에 XML 데이터를 주고 받는 기술

① Procedure

② Trigger

③ Greedy

④ AJAX

해설 AJAX에 해당하는 내용이다.

2020.06

02 인터페이스 구현 검증 도구 중 아래에서 설명하는 것은?

> – 서비스 호출, 컴포넌트 재사용 등 다양한 환경을 지원하는 테스트 프레임워크
> – 각 테스트 대상 분산 환경에 데몬을 사용하여 테스트 대상 프로그램을 통해 테스트를 수행하고, 통합하여 자동화하는 검증 도구

① xUnit

② STAF

③ FitNesse

④ RubyNode

해설 STAF에 해당하는 내용이다.

정답 1: ④ 2: ②

2020.09

03 인터페이스 구현 검증 도구가 아닌 것은?

① ESB
② xUnit
③ STAF
④ NTAF

해설 인터페이스 구현 검증 도구에는 xUnit, STAF, NTAF, FitNesse 등이 있다.

2022.03

04 인터페이스 간의 통신을 위해 이용되는 데이터 포맷이 아닌 것은?

① AJTML
② JSON
③ XML
④ YAML

해설 JSON, XML, YAML은 인터페이스 간의 통신을 위해 이용되는 데이터 포맷이다.

2022.04

05 인터페이스 구현 시 사용하는 기술로 속성-값 쌍(Attribute-Value Pairs)으로 이루어진 데이터 오브젝트를 전달하기 위해 사용하는 개방형 표준 포맷은?

① JSON
② HTML
③ AVPN
④ DOF

해설 JSON에 대한 설명이다.
- 속성/값 쌍으로 이루어진 데이터 오브젝트를 전달하기 위해 사용하는 개방형 표준 포맷이다.
- AJAX에서 많이 사용되고, XML을 대체하는 주요 데이터 포맷으로 다양하게 사용된다.

출제 예상 문제

06 인터페이스 오류 처리 방법이 아닌 것은?

① 사용자 화면에서 오류 발생 금지
② 인터페이스 오류 로그 생성
③ 시스템 관리자나 운영자가 오류 로그 확인
④ 인터페이스 관련 테이블에 오류 사항 기록

해설 실제 사용자의 화면에서 오류를 발생시키고 확인 후 처리한다.

07 다음 설명에 해당하는 인터페이스 구현 검증 도구는?

웹 기반 테스트 케이스 설계/실행/결과 확인 등을 지원하는 테스트 프레임워크

① xUnit
② FitNesse
③ Selenium
④ STAF

해설 FitNesse에 대한 내용이다.

08 인터페이스 오류 처리 보고서의 내용 중 틀린 것은?

① 오류 발생 시 즉시 보고해야 한다.
② 오류 처리 보고서는 반드시 정형화된 양식을 사용해야 한다.
③ 오류 관련 사항을 작성한다.
④ 주기적으로 인터페이스 오류 발생을 확인하여 작성한다.

해설 오류 처리 보고서는 정형화된 양식이 없다.

3: ① 4: ① 5: ① 6: ① 7: ② 8: ② 정답

데이터베이스 구축

논리 데이터베이스 설계

이번 장에서 다룰 내용

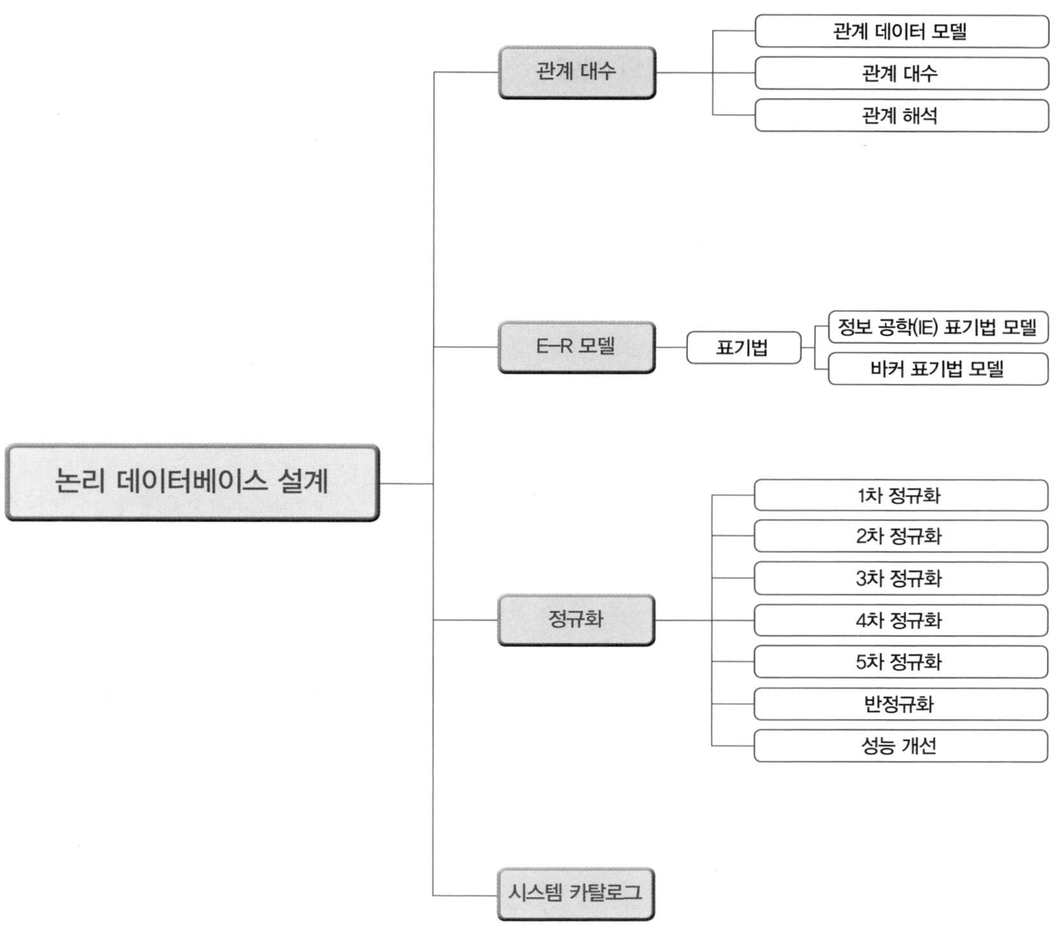

- 관계 데이터 모델에 대한 개념 및 업무에 필요한 영역을 주제 영역별로 개체를 도출할 수 있다.
- 도출된 논리적 모델을 상세화, 개체의 개별 인스턴스의 식별자를 정의할 수 있다.
- 비즈니스의 논리적인 데이터 집합, 관리 항목 및 관계 데이터와 데이터 구조, 규칙을 논리 E-R 다이어그램을 통해서 명확하게 표현할 수 있다.
- 논리적으로 구현된 데이터베이스의 이상 현상을 파악하고 정규화를 진행할 수 있다.

101 관계 데이터 모델

1 관계 데이터 모델의 개념

> **멘토 코멘트**
>
> **관계 모델 구성 절차**
>
> (개) 개념적 데이터 모델링
> (논) 논리적 데이터 모델링
> (물) 물리적 데이터 모델링
> → '개논물'로 암기

- 현실 세계의 정보들을 컴퓨터에 표현하기 위해서 단순화, 추상화하여 체계적으로 표현한 개념적 모델이다.
- 데이터 모델은 에드거 프랭크 코드(E.F.Codd)에 의해 제안되었으며 데이터(외부 요인), 데이터와의 관계(릴레이션), 데이터의 의미 및 일관성, 제약 조건 등을 기술하기 위한 개념적 도구들의 모델이다.

> **멘토 코멘트**
>
> 관계 데이터 모델의 구성 절차와 세부 속성을 이해해야 한다.

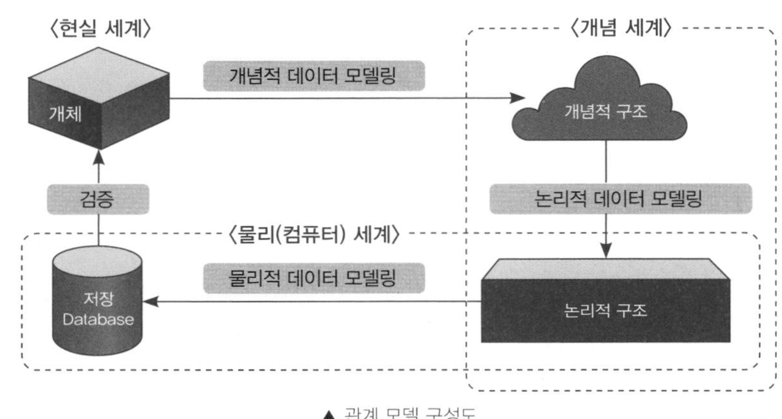

▲ 관계 모델 구성도

> **멘토 코멘트**
>
> 실무적으로 모델링 → 정규화 → 반정규화(+성능 개선)의 순서로 진행한다.

■ 관계 데이터 모델의 구성 요소

구성 요소	설명
개체(Entity)	업무 활동상 지속적인 관심을 가지고있는 대상, 그 대상들 간에 동질성을 지닌 개체 집합이나 행위의 집합
속성(Attribute)	업무에 필요한 개체(Entity)에서 관리하고자 하는 더 이상 분리되지 않는 최소의 데이터 단위
관계(Relationship)	개체 간의 관계 또는 속성 간의 논리적인 연결을 의미

■ 관계 데이터 모델의 절차

데이터 모델은 요구사항 분석 → 개념적 모델 → 논리적 모델 → 물리적 모델 → 데이터베이스 구현의 절차를 거쳐 진행한다.

절차	설명
개념적 모델	현실 세계에 대한 이해를 위해 현실 세계에 대한 인식을 추상적 개념으로 표현하는 과정
논리적 모델	개념적 모델링 과정에서 얻은 개념적 구조를 컴퓨터가 이해하고 처리할 수 있는 컴퓨터 세계의 환경에 맞도록 변환하는 과정
물리적 모델	– 논리 데이터 모델을 사용하기 위한 각 DBMS의 특성을 고려하여 데이터베이스의 물리 데이터 모델(저장 구조)로 변환 – 테이블, 인덱스, 뷰, 파티션 등의 객체를 생성

> **알아두기**
> 관계 데이터베이스는 관계 데이터 모델에 기반을 두고 있다. 이 관계 데이터 모델은 에드거 프랭크 코드(E.F.Codd)에 의해 제안되었으며 외적으로 테이블 형태의 구조로 데이터를 표현하고 이론적으로 수학적인 릴레이션을 기초로 한다.

2 관계의 이해

■ 관계의 특성

관계는 '2개 이상의 개체들 간에 명명된 의미 있는 연결'로 정의한다.

■ 관계(Relationship)의 의미

시스템에서 개체가 어떻게 관리되는지에 따라 관계의 표현이 달라질 수 있다.

의미	설명
연관 관계를 파악	개체들 간의 관계는 개체 명칭 파악이 아니라 개체들 간의 업무 연관 관계를 파악해서 결정
다양한 목적	개체들 간의 1:1 관계와 1:0, 1:1 관계의 경우 개체 1과 개체 2 간의 주 식별자가 동일할 때, 데이터 분할과 시스템의 성능 향상, 데이터 보안 등의 목적을 가지고 있음
유일성, 최소성	1:다 관계가 설정되는 개체들은 유일 식별자를 잘 선택하여 개체가 유일하면서도 최적의 구조가 되도록 설계되어야 함

■ 관계의 표현

- 외형적으로 테이블 형태의 구조로 데이터를 표현하고 이론적으로 수학적인 릴레이션을 기초로 한다.
- 데이터 모델링을 수행할 때 도출되어 표현되는 관계는 다음과 같다.

관계	설명
1:1 관계	개체 1과 개체 2가 반드시 한 개 씩 존재
1:0 또는 1:1 관계	개체 1은 존재하지만, 개체 2는 없거나 하나만 존재
1:1 또는 1:다 관계	개체 1은 반드시 한 개 존재해야 하며, 개체 2는 한 개 이상 존재

> **알아두기**
> **다:다 관계의 해소**
> 다:다 관계는 불특정 관계로도 알려져 있으며, 데이터 구조에 있어서 어떠한 실제적 방법으로도 구현이 불가능하다. 새로운 개체를 추가해 다:1 관계로 변경해야 한다.

■ 관계 데이터 모델의 표현 요소

표현 요소	설명
구조 (Structure)	논리적으로 표현된 개체 타입들 간의 관계로 데이터 구조 및 정적 성질을 표현
연산 (Operation)	– 데이터베이스를 조작하기 위한 기본 도구 – 데이터베이스의 실제 데이터를 처리하는 작업에 대한 명세
제약 조건 (Constraints)	데이터베이스에 저장되는 데이터에 대한 논리적인 제약 조건

■ 관계의 종류

관계는 업무의 처리 방법에 따라 다양하게 존재하고 있다.

(1) 종속 관계(Dependent Relationship)

유형	설명
식별 관계 (Identifying Relationship)	하위 개체에 존재하는 상위 개체의 주 식별자인 외래 식별자가 하위 개체의 주 식별자의 전체 또는 일부로 존재하는 관계
비식별 관계 (Non–Identifying Relationship)	하위 개체에서 존재하는 외래 식별자가 하위 개체의 일반 속성으로 존재하는 관계

(2) 배타 관계(Exclusive Relationship)

유형	설명
배타 AND 관계 (Exclusive And Relationship)	하위 개체로 구성되는 개체들 중에 구분자 조건에 따라 반드시 한 개의 개체만 선택해야 하는 경우
배타 OR 관계 (Exclusive Or Relationship)	하나 이상의 개체를 선택할 수 있는 경우

(3) 중복 관계(Redundant Relationship)

특정 두 개체들 간에 2번 이상의 종속 관계가 발생하는 관계로, 실제 업무에서 꼭 필요한 경우가 아니라면 사용하지 않는 것이 좋다.

(4) 재귀 관계(Recursive Relationship)

데이터의 종속 관계에 있어서 특정 개체가 자기 자신을 다시 참조하는 관계로, 자신(개체)을 종속 관계를 지정하는 것을 의미한다.

3 데이터베이스 설계

절차		주요 프로세스
1	요구 조건 분석	요구 조건 명세 작성
2	개념적 설계 단계	DBMS에 독립적인 개념 스키마 설계, 트랜잭션 모델링, E-R 모델링 수행
3	논리적 설계 단계	논리 데이터 모델로 변환, 트랜잭션 인터페이스 설계, 목표 DBMS에 맞는 스키마 평가 및 정제
4	물리적 설계 단계	- 저장 레코드 양식 설계, 레코드 집중*의 분석 및 설계, 파일 조작 방법과 저장 방법 그리고 파일 접근 경로 설계 - 목표 DBMS에 맞는 물리적 구조로 변환 수행, 물리적 환경 조사 분석, 트랜잭션 세부 설계
5	구현	목표 DBMS의 DDL 수행, 데이터베이스 생성, 트랜잭션 작성

★ 레코드 집중 (Record Clustering)
저장 공간에 데이터들이 물리적으로 집중 저장되도록 할당해 물리적 순차성을 이용하는 기술로, 효율적인 검색이 가능하다.

실력 점검 문제

기출 유형 문제

2020.09

01 데이터 모델에 표시해야 할 요소로 거리가 먼 것은?

① 논리적 데이터 구조
② 출력 구조
③ 연산
④ 제약 조건

해설 데이터 모델에는 데이터 구조, 연산, 제약 조건의 3가지 요소가 표시되어야 한다.

2019.03

02 데이터베이스 설계 단계 중 응답 시간, 저장 공간의 효율화, 트랜잭션 처리도와 가장 밀접한 관계가 있는 것은?

① 물리적 설계
② 논리적 설계
③ 개념적 설계
④ 요구 조건 분석

해설 물리적 데이터베이스 설계 단계에서 응답 시간, 저장 공간의 효율화 트랜잭션 처리 속도에 대한 설계를 진행한다.

정답 1: ② 2: ①

2021.03, 2018.08

03 데이터베이스 설계 단계 중 저장 레코드 양식 설계, 레코드 집중의 분석 및 설계, 접근 경로 설계와 관계되는 것은?

① 논리적 설계
② 요구 조건 분석
③ 물리적 설계
④ 개념적 설계

해설 물리적 설계 단계는 논리적 설계 단계로부터 효율적인 내부 스키마를 설계하는 것이다. 세부적으로 저장 레코드 설계, 레코드 집중의 분석 및 설계, 접근 경로 설계가 있다.

2021.05, 2020.09, 2018.04

04 데이터베이스 설계 시 물리적 설계 단계에서 수행하는 사항이 아닌 것은?

① 저장 레코드 양식 설계
② 레코드 집중의 분석 및 설계
③ 접근 경로 설계
④ 목표 DBMS에 맞는 스키마 설계

해설 목표 DBMS에 맞는 스키마 설계는 논리적 설계 단계에서 진행한다.

2017.08

05 데이터베이스 설계 단계 중 물리적 설계에 해당하는 것은?

① 데이터 모형화와 사용자 뷰들을 통합한다.
② 트랜잭션의 인터페이스를 설계한다.
③ 파일 조직 방법과 저장 방법 그리고 파일 접근 방법 등을 선정한다.
④ 사용자들의 요구사항을 입력으로 하여 응용 프로그램의 골격인 스키마를 작성한다.

해설 물리적 설계 단계에서는 저장 레코드의 양식 설계, 레코드 집중의 분석 설계, 접근 경로 설계, 목표 DBMS에 맞는 물리적 구조 설계, 트랜잭션 세부 설계 등을 진행한다.

2013.06

06 데이터베이스 설계에 대한 설명으로 옳지 않은 것은?

① 요구 조건 분석 단계는 사용자의 요구 조건을 수집하고 분석하여 사용자가 의도하는 데이터베이스의 용도를 파악해야 한다.
② 개념적 설계 단계에서는 트랜잭션 인터페이스 설계, 스키마의 평가 및 정제 등의 작업을 수행한다.
③ 논리적 설계 단계에서는 개념적 설계 단계에서 만들어진 정보 구조로부터 특정 목표 DBMS가 처리할 수 있는 스키마를 생성한다.
④ 물리적 설계 단계에서는 저장 구조와 접근 경로 등을 결정한다.

해설 논리적 설계 단계에서 트랜잭션 인터페이스 설계를 진행하고 개념적 설계에서는 DBMS에 독립적인 개념 스키마 설계, 트랜잭션 모델링을 진행한다.

2022.04, 2017.05

07 데이터베이스 개념적 설계 단계에 대한 설명으로 틀린 것은?

① 산출물로 E-R 다이어그램이 만들어진다.
② DBMS에 독립적인 개념 스키마를 설계한다.
③ 트랜잭션 인터페이스를 설계한다.
④ 논리적 설계 단계의 앞 단계에서 수행된다.

해설 트랜잭션 인터페이스 설계는 논리적 설계 단계에서 수행한다.

2012.05

08 데이터베이스 논리적 설계 단계에서 수행하는 작업이 아닌 것은?

① 논리적 데이터 모델로 변환
② 트랜잭션 인터페이스 설계
③ 스키마의 평가 및 정제
④ 트랜잭션 모델링

해설 트랜잭션 모델링은 개념적 설계 단계에서 수행한다.

3: ③ 4: ④ 5: ③ 6: ② 7: ③ 8: ④ 정답

2020.06

09 데이터베이스의 논리적 설계(Logical Design) 단계에서 수행하는 작업이 아닌 것은?

① 레코드 집중의 분석 및 설계
② 논리적 데이터베이스 구조로 매핑(Mapping)
③ 트랜잭션 인터페이스 설계
④ 스키마의 평가 및 정제

해설 레코드 집중의 분석 및 설계는 물리적 설계 단계에서 진행한다.

2021.08

10 물리적 데이터베이스 설계에 대한 설명으로 거리가 먼 것은?

① 물리적 설계의 목적은 효율적인 방법으로 데이터를 저장하는 것이다.
② 트랜잭션 처리량과 응답시간, 디스크 용량 등을 고려해야 한다.
③ 저장 레코드의 형식, 순서, 접근 경로와 같은 정보를 사용하여 설계한다.
④ 트랜잭션의 인터페이스를 설계하며, 데이터 타입 및 데이터 타입들 간의 관계로 표현한다.

해설 논리적 데이터베이스 설계에서 트랜잭션의 인터페이스를 설계하며, 데이터 타입 및 데이터 타입들 간의 관계로 표현을 수행한다.

2018.08, 2015.08

11 데이터베이스 설계 단계 중 물리적 설계 시 고려 사항으로 적절하지 않은 것은?

① 스키마의 평가 및 정제
② 응답 시간
③ 저장 공간의 효율화
④ 트랜잭션 처리량

해설 논리적 설계 단계에서 스키마의 평가 및 정제를 진행한다.

2022.04

12 물리적 데이터베이스 구조의 기본 데이터 단위인 저장 레코드의 양식을 설계할 때 고려 사항이 아닌 것은?

① 데이터 타입
② 데이터 값의 분포
③ 트랜잭션 모델링
④ 접근 빈도

해설 트랜잭션 모델링은 개념적 설계 단계에서 수행해야 하는 작업이다.

2021.03

13 관계 데이터 모델에서 릴레이션(Relation)에 관한 설명으로 옳은 것은?

① 릴레이션의 각 행을 스키마(Schema)라 하며, 예로 도서 릴레이션을 구성하는 스키마에 도서번호, 도서명, 저자, 가격 등이 있다.
② 릴레이션의 각 열을 튜플(Tuple)이라 하며, 하나의 튜플은 각 속성에서 정의된 값을 이용하여 구성된다.
③ 도메인(Domain)은 하나의 속성이 가질 수 있는 같은 타입의 모든 값의 집합으로 각 속성의 도메인은 원자값을 갖는다.
④ 속성(Attribute)은 한 개의 릴레이션의 논리적인 구조를 정의한 것으로 릴레이션의 이름과 릴레이션에 포함된 속성들의 집합을 의미한다.

해설
① 릴레이션의 각 행은 튜플(Tuple)이라고 한다. 스키마는 릴레이션의 구조와 제약 조건에 대한 명세를 정의한다.
② 릴레이션의 각 열을 속성(Attribute)이라고 한다.
④ 속성은 릴레이션의 구조를 정의한 것으로 릴레이션에 포함된 속성들의 집합을 릴레이션 스키마라고 한다.

2022.04

14 데이터 모델의 구성 요소 중 데이터 구조에 따라 개념 세계나 컴퓨터 세계에서 실제로 표현된 값들을 처리하는 작업을 의미하는 것은?

① Relation

② Data Structure

③ Constraint

④ Operation

해설 데이터 모델은 구조, 연산, 제약 조건을 표시해야 하며 그중 연산(Operation)은 실제로 표현된 값들을 처리하는 작업을 의미한다.

2021.03

15 다음에서 설명하는 스키마(Schema)는?

> 데이터베이스 전체를 정의한 것으로 데이터 개체, 관계, 제약 조건, 접근 권한, 무결성 규칙 등을 명세한 것

① 개념 스키마

② 내부 스키마

③ 외부 스키마

④ 내용 스키마

해설 개념 스키마는 전체적인 View, 논리적인 구조, 데이터 개체, 관계, 제약 조건, 접근 권한, 무결성 규칙 등을 명세한다.

출제 예상 문제

16 다음 중 관계의 종류에 대한 설명으로 옳지 않은 것은?

① 종속 관계 : 식별 관계는 하위 객체에 존재하는 상위 객체가 일반 식별자에 속하는 경우이다.

② 배타 관계 : 배타 AND 관계와 배타 OR 관계가 있다.

③ 중복 관계 : 특정의 두 개체들 간에 2번 이상의 종속 관계가 발생하는 관계이다.

④ 재귀 관계 : 데이터의 종속 관계에 있어서 특정 개체가 자기 자신 개체를 다시 참조하는 관계이다.

해설 종속 관계 중 식별 관계는 하위 개체에 존재하는 상위 개체의 주 식별자인 외래 식별자가 하위 개체의 주 식별자의 전체 또는 일부로 존재하는 관계이다.

17 데이터 모델링을 수행할 때 도출되어 표현되는 관계의 종류가 아닌 것은?

① 1:1 관계

② 1:0 관계

③ 다:다 관계

④ 1:다 관계

해설 다:다 관계는 불특정 관계로, 해소되어야 할 관계이다.

14: ④ 15: ① 16: ① 17: ③ 정답

102 관계 대수

1 관계 대수의 개념

- 관계 대수는 '관계형 데이터베이스에서 원하는 정보와 그 정보를 어떻게 유도하는 것인가'를 기술하는 절차적인 언어이다.
- 1970년 에드거 프랭크 코드(E.F.Codd)가 발표한 관계형 데이터 모델에 포함된 연산 유형으로, 일반 집합 연산자와 순수 관계 연산자로 구성된다.

멘토 코멘트

일반 집합 연산자(합집합, 교집합, 차집합, 카티션 곱)와 순수 관계 연산자(셀렉트, 프로젝트, 조인, 디비전)의 차이를 반드시 알고 가야 한다.

2 일반 집합 연산자와 순수 관계 연산자

■ 일반 집합 연산자

수학적 집합 이론에서 사용하는 연산자로 릴레이션에서도 동일하게 사용 가능하다.

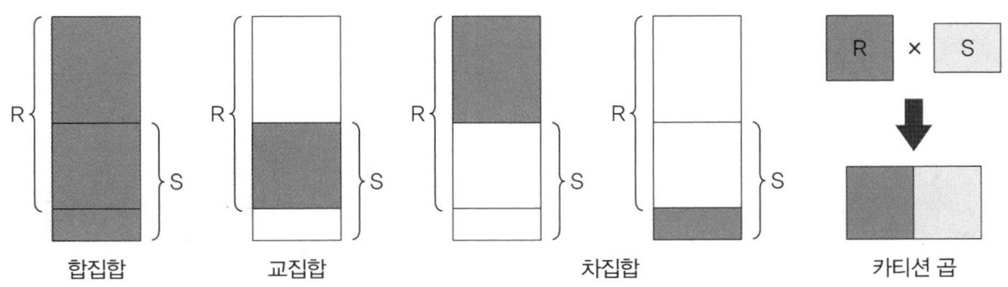

연산자	기호	표현	설명
합집합 (Union)	∪	R ∪ S	릴레이션 R이나 릴레이션 S 중 한 쪽에만 속하거나 릴레이션 R과 S에 모두 속한 튜플
교집합 (Intersection)	∩	R ∩ S	릴레이션 R에 속하면서 동시에 릴레이션 S에 속한 튜플들의 집합
차집합 (Difference)	−	R − S	릴레이션 R에는 속하지만 릴레이션 S에는 속하지 않는 튜플들로 이루어진 릴레이션
카티션 곱 (Cartesian Product)	×	R × S	릴레이션 R의 모든 튜플을 다른 릴레이션 S의 모든 튜플과 결합

■ 순수 관계 연산자

관계 데이터베이스에서 적용할 수 있도록 셀렉트, 프로젝트, 조인, 디비전 등을 이용해 관계를 수직적으로 검색하는 방법이다.

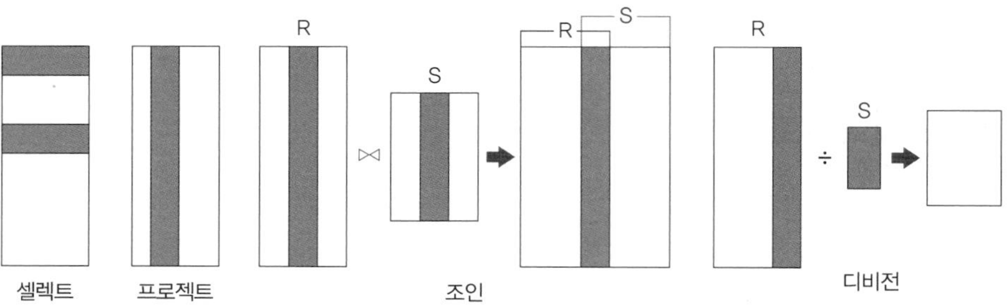

연산자	기호	표현	설명
셀렉트 (Select)	σ	$\sigma_{조건\ 술어}(R)$	– '시그마'라고 읽음 – 조건을 만족하는 릴레이션의 수평적 부분 집합을 추출
프로젝트 (Project)	π	$\pi_{속성\ 리스트}(R)$	– '파이'라고 읽음 – 파이의 오른쪽에 추출할 열, R에는 릴레이션 표기
조인 (Join)	⋈	R ⋈ S	공통적인 속성을 이용해 R과 S의 튜플을 연결해 만들어진 튜플 반환
디비전 (Division)	÷	R ÷ S	릴레이션 R에서 다른 릴레이션 S의 애트리뷰트를 제외한 나머지 애트리뷰트만 검색

실력 점검 문제

기출 유형 문제

2018.04

01 관계 대수에 대한 설명으로 옳지 않은 것은?

① 원하는 릴레이션을 정의하는 방법을 제공하며, 비절차적 언어이다.

② 릴레이션 조작을 위한 연산의 집합으로 피연산자와 결과가 모두 릴레이션이다.

③ 일반 집합 연산과 순수 관계 연산으로 구분된다.

④ 질의에 대한 해를 구하기 위해 수행해야 할 연산의 순서를 명시한다.

해설 관계 대수는 관계형 데이터베이스에서 원하는 정보와 그 정보를 어떻게 유도하는 것인가를 기술하는 절차적인 언어이다.

2021.05, 2017.03

02 다음 관계 대수 중 순수 관계 연산자가 아닌 것은?

① 차집합(Difference)

② 프로젝트(Project)

③ 조인(Join)

④ 디비전(Division)

해설
- 순수 관계 연산자 : 셀렉트, 프로젝트, 조인, 디비전
- 일반 집합 연산자 : 합집합, 교집합, 차집합, 카티션 곱

1: ① 2: ① 정답

2021.03, 2017.05

03 조건을 만족하는 릴레이션의 수평적 부분 집합으로 구성하며, 연산자의 기호는 그리스 문자 시그마(σ)를 사용하는 관계 대수 연산은?

① Select

② Project

③ Join

④ Division

해설 셀렉트(σ)는 시그마라고 읽으며, 조건을 만족하는 릴레이션의 수평적 부분 집합을 구성한다.

2011.03

04 관계 대수에 대한 설명으로 옳지 않은 것은?

① 릴레이션을 처리하기 위한 연산의 집합으로, 피연산자가 릴레이션이고 결과도 릴레이션이다.

② 원하는 정보와 그 정보를 어떻게 유도하는가를 기술하는 절차적 특징을 가지고 있다.

③ 일반 집합 연산과 순수 관계 연산이 있다.

④ 수학의 Predicate Calculus에 기반을 두고 있다.

해설 Predicate Calculus는 술어 논리로 수학에서 사용하는 어떤 지식이나 사실을 표현하는 방법으로, 관계 해석에 대한 설명이다.

2020.06

05 관계 대수 연산에서 두 릴레이션이 공통으로 가지고 있는 속성을 이용하여 2개의 릴레이션을 하나로 합쳐서 새로운 릴레이션을 만드는 연산은?

① ⋈ ② ⊃

③ π ④ σ

해설 조인(⋈)은 두 릴레이션이 공통으로 가지고 있는 속성을 이용해 2개의 릴레이션을 하나로 합쳐 새로운 릴레이션을 만드는 연산을 수행한다.

2020.08

06 다음 R과 S 두 릴레이션에 대한 Division 연산의 수행 결과는?

R

D1	D2	D3
a	1	A
b	1	A
a	2	A
c	2	B

S

D2	D3
1	A

①

D3
A
B

②

D2
2
3

③

D3
A

④

D1
a
b

해설 릴레이션 R에서 다른 릴레이션 S의 애트리뷰트를 제외한 나머지 애트리뷰트만 검색한다. 즉 R 릴레이션에서 S의 D2 값 1과 D3 값 A를 갖는 D1의 값 a, b를 반환한다.

2020.08

07 관계 대수의 순수 관계 연산자가 아닌 것은?

① Select

② Cartesian Product

③ Division

④ Project

해설 카티션 곱(Cartesian Product)은 일반 집합 연산자이다.

정답 3: ① 4: ④ 5: ① 6: ④ 7: ②

2021.08, 2020.09

08 관계 대수에 대한 설명으로 틀린 것은?

① 주어진 릴레이션 조작을 위한 연산의 집합이다.

② 일반 집합 연산과 순수 관계 연산으로 구분된다.

③ 질의에 대한 해를 구하기 위해 수행해야 할 연산의 순서를 명시한다.

④ 원하는 정보와 그 정보를 어떻게 유도하는가를 기술하는 비절차적방법이다.

해설
- 관계 대수는 절차적인 방법의 언어이고, 관계 해석이 비절차적인 언어이다.
- 관계 대수와 관계 해석의 차이

구분	관계 대수	관계 해석
목적	절차(어떻게, How 관점)	무엇을(What)
방법	집합과 관계	서술어 해석 (Predicate Calculus)
접근	절차적	비절차적
공통점	데이터베이스 처리 기능과 능력은 동일	

2020.09

09 A1, A2, A3 3개 속성을 갖는 한 릴레이션에서 A1의 도메인은 3개의 값, A2의 도메인은 2개의 값, A3 도메인은 4개의 값을 갖는다. 이 릴레이션에 존재할 수 있는 가능한 튜플(Tuple)의 최대 수는?

① 24

② 12

③ 8

④ 9

해설
튜플은 릴레이션의 수를 의미한다. 3개의 도메인이 각각 3개, 2개, 4개를 갖을 경우 곱하면 전체 튜플의 최대 수를 구할 수 있다.

2021.08

10 관계 데이터베이스에 있어서 관계 대수 연산이 아닌 것은?

① 디비전(Division)

② 프로젝트(Project)

③ 조인(Join)

④ 포크(Fork)

해설
관계 대수 연산은 Select, Project, Join, Division(셀프조디)로 암기한다.

2022.03

11 관계 대수식을 SQL 질의로 옳게 표현한 것은?

> Π이름(σ학과='교육'(학생))

① SELECT 학생 FROM 이름 WHERE 학과 = '교육'

② SELECT 이름 FROM 학생 WHERE 학과 = '교육'

③ SELECT 교육 FROM 학과 WHERE 이름 = '학생'

④ SELECT 학과 FROM 학생 WHERE 이름 = '교육'

해설
괄호 안부터 해석하면 '학생' 테이블에서(FROM 학생) '학과'가 '교육'과 같은 행을 추출(WHERE 학과='교육')하고 Project(추출 칼럼)는 '이름'이다(SELECT 이름).
순서대로 나열하면 SELECT 이름 FROM 학생 WHERE 학과='교육';이 된다.

8: ④ 9: ① 10: ④ 11: ② 정답

2021.08

12 다음 두 릴레이션 RI과 R2의 카티션 프로덕트(Cartesian Product) 수행 결과는?

[R1]

학년
1
2
3

[R2]

학과
컴퓨터
국문
수학

①

학년	학과
1	컴퓨터
2	국문
3	수학

②

학년	학과
2	컴퓨터
2	국문
2	수학

③

학년	학과
1	컴퓨터
2	국문
3	수학

④

학년	학과
1	컴퓨터
1	국문
1	수학
2	컴퓨터
2	국문
2	수학
3	컴퓨터
3	국문
3	수학

해설 릴레이션 R과 릴레이션 S의 카티션 프로덕트는 릴레이션 R의 모든 튜플을 다른 릴레이션 S의 모든 튜플과 결합되는 교차곱이 된다. 즉, 학생 릴레이션의 3개 칼럼과 학과 릴레이션의 모든 튜플이 결합되어 9개의 튜플을 만든다.

출제 예상 문제

13 다음 중 관계 대수의 일반 집합 연산자에 대한 설명으로 옳지 않은 것은?

① 합집합 : R U S로 표현할 수 있으며 릴레이션 R과 릴레이션 S의 한 쪽에 속한 튜플을 반환한다.
② 교집합 : 릴레이션 R에 속하면서 릴레이션 S에 속한 튜플들의 집합이다.
③ 차집합 : 릴레이션 R에는 속하지만 릴레이션 S에는 속하지 않은 튜플의 집합이다.
④ 디비전 : 릴레이션 R에서 다른 릴레이션 S의 애트리뷰트를 제외한 나머지 애트리뷰트만 조회한다.

해설 디비전은 관계 대수 중 순수 관계 연산자이다.

14 관계 대수의 일반 집합 연산자에 대한 설명으로 옳지 않은 것은?

① ∩, R ∩ S : 릴레이션 R에 속하면서 릴레이션 S에 동시에 속한 튜플의 집합
② -, R - S : 릴레이션 R에는 속하지만 릴레이션 S에는 속하지 않는 튜플의 집합
③ ×, R × S : 릴레이션 R의 모든 튜플을 다른 릴레이션 S의 모든 튜플과 결합
④ ∪, R ∪ S : 릴레이션 R과 릴레이션 S 중에 동시에 속한 튜플의 집합

해설 ∪, R ∪ S는 합집합으로 릴레이션 한 쪽에만 속하거나 모두에 속한 튜플이다.

15 다음 중 관계 대수의 순수 관계 연산자에 대한 연산자와 표현 방법이 옳지 않은 것은?

① 셀렉트 - σ조건 술어(R)
② 프로젝트 - π속성 리스트(R)
③ 디비전 - R × S
④ 조인 - R ⋈ S

해설 디비전은 R ÷ S로 표기하고, R × S는 일반 집합 연산자인 카티션 곱의 표현 방법이다.

103 관계 해석

1 관계 해석(Relational Calculus)의 개념

★ 프레디킷
실행 결과가 반드시 참(true)이거나 거짓(false)이 되는 함수이다.

- 관계 해석은 '원하는 정보가 무엇'이라는 것만 선언하는 비절차적인 특성을 가지고 있으며 수학의 프레디킷 해석(서술어 해석, Predicate Calculus)★에 기반을 가진 관계 데이터의 연산 표현 방법이다.
- 관계 해석과 관계 대수 모두 관계 데이터베이스를 처리하는 기능과 능력은 동일하며, 관계 대수와 관계 해석은 모두 관계 해석과 관계 대수로 표현이 가능하다.
- 관계 해석은 튜플 관계 해석(Tuple Relational Calculus)과 도메인 관계 해석(Domain Relational Calculus)으로 구성된다.

2 튜플 관계 해석

튜플 해석(Tuple Calculus)이라고도 한다. 원하는 릴레이션을 튜플 해석식(Tuple Calculus Expression)으로 정의하는 표기법으로, 기본 연산 단위는 튜플이다.

■ 튜플 관계 해석의 구성 요소

(1) 튜플 변수(Tuple Variable)

- 범위 변수(Range Variable)라고도 하며, 선택된 릴레이션의 튜플을 하나씩 그 값으로 취할 수 있는 변수이다.
- S(t)로 표기할 경우 t가 S의 튜플 변수이고, 값의 범위는 릴레이션 S의 튜플로 한정하는 것을 의미한다. 튜플을 값으로 가질 수 있는 범위로 명세된 릴레이션을 튜플 변수로 가지게 된다.

(2) 한정 애트리뷰트(Qualified Attribute)

t.A 또는 t[A]는 릴레이션 S에 대해 튜플 변수 t가 나타내는 튜플의 애트리뷰트 A 값을 표현하며, 이때 t.A를 한정 애트리뷰트라고 한다. 예를 들어 DEPT(s)로 선언된 튜플 변수 s가 있을 때 s.No는 튜플 변수 s가 가르키는 부서 튜플의 애트리뷰트 No의 값을 나타내는 한정 변수이다.

(3) 원자식(Atomic Formula)

튜플 관계 해석의 가장 기본은 원자식이다. 원자(Atomic)는 다음 3가지 형태가 있으며, 이 원자식을 실행한 결과는 항상 참(True)이거나 거짓(False)을 갖는다.

유형	설명
범위식 S(t)	S(t)에서 t는 튜플 변수이고, S는 t의 범위 릴레이션이다.
비교 조건식 t.Rθu.S	t.Rθu.S에서 t와 u는 튜플 변수이고 R과 S는 각각 t와 u에 대한 한정 애트리뷰트이며 θ(Theta)는 비교 연산자(〉,〈, =,≠, ≤,≥)이다.
한정 조건식 t.Rθc.R	t.Rθc.R은 튜플 변수 t에 대한 한정 애트리뷰트이고, c는 상수를 의미한다.

3 도메인 관계 해석

도메인 해석(Domain Calculus)이라고도 하며, 사용자가 원하는 도메인 해석식(Domain Calculus Expression)으로 표현하는 방법이다. 튜플 관계 해석과 기본 골격은 같지만 튜플 변수 대신 도메인 변수를 사용하여 표현한다.

■ 도메인 관계 해석의 구성 요소

(1) 도메인 변수(Domain Variable)

특정 애트리뷰트의 도메인 내 한 원소만을 값으로 취하는 변수로 각 도메인의 변수는 해당 도메인을 선언해야 한다. S(x_1, x_2, … , x_n)와 같이 선언한다. (S는 차수가 n인 릴레이션, x_1~x_n은 해당 릴레이션의 n번째 애트리뷰트 도메인 변수)

(2) 원자식(Atomic Formula)

도메인 관계 해석의 가장 기본은 원자식이다. 원자는 다음과 같은 3가지 형태가 있으며, 도메인 원자식 또한 실행한 결과는 반드시 참이나 거짓이 된다.

유형	설명
범위식	S(x_1, x_2, … , x_n)에서 x_i는 도메인 변수이고 S는 x_i의 범위 릴레이션일 때 이 원자식은 도메인 변수 리스트 〈x_1, x_2, …, x_n〉에 해당하는 값의 리스트는 S릴레이션의 튜플이어야 한다.
비교 조건식	rθs 조건식에서 r과 s는 도메인 변수이고 θ는 비교 연산자(〉,〈, =,≠, ≤,≥)이다.
한정 조건식	rθc 조건식에서 r은 도메인 변수이고, θ는 비교 연산자이며, c는 r이 정의된 도메인 값의 상수이다.

4 관계 해석의 논리적 기호와 정형식

■ 논리적 기호와 정량자

정형식(Well Formed Formula)을 구현하기 위한 논리 연산자(Boolean Operator)와 정량자(Quantifier)의 구성 요소이다.

구문	구성 요소	기호	설명
논리 연산자	OR 연산	∨	원자식 간 '또는'이라는 관계로 설명
	AND 연산	∧	원자식 간 '그리고'라는 관계로 설명
	NOT 연산	ㄱ	원자식에 대한 부정
정량자	전칭 정량자	∀	– 모든 형태의 가능한 튜플 – 'for all'로 읽음(All의 'A'를 뒤집어 놓은 형태)
	존재 정량자	∃	– 어떤 튜플 하나라도 존재 – 'there exists'로 읽음(Exists의 'E'를 뒤집어 놓은 형태)

■ 정형식(WFF; Well–Formed Formula)

원자식, 논리 연산자와 정량자가 다음 규칙에 따라 결합되어 표현되는 식을 정형식(WFF)이라고 한다.

① 모든 원자는 WFF이다.

② F가 WFF이면, (F)와 ㄱ F도 WFF이다.

③ F와 G가 WFF이면, F∧G와 F∨G도 WFF이다.

④ F가 WFF이고 x가 자유 변수이면, (∀x)(F)와 (∃x)(F)도 WFF이다.

⑤ ① ~ ④의 규칙만을 반복 적용해서 만들어진 식은 WFF이다.

기출 유형 문제

2008.09

01 관계 해석에 대한 설명으로 옳지 않은 것은?

① 수학의 프레디킷 해석에 기반을 두고 있다.

② 관계 데이터 모델의 제안자인 코드(Codd)가 관계 데이터베이스에 적용할 수 있도록 설계하여 제안하였다.

③ 튜플 관계 해석과 도메인 관계 해석이 있다.

④ 원하는 정보와 그 정보를 어떻게 유도하는가를 기술하는 절차적 특성을 가진다.

해설 관계 해석은 원하는 정보가 무엇인가를 선언하는 비절차적 언어의 특성을 갖는다. 원하는 정보와 그 정보를 어떻게 유도하는가를 기술하는 절차적 특성을 갖는 것은 관계 대수이다.

2022.03, 2019.04

02 관계 해석에서 'for all : 모든 것에 대하여'의 의미를 나타내는 논리 기호는?

① ∃

② ∈

③ ∀

④ ∪

해설 ∀는 'for All'로 읽고 'All'의 'A'를 뒤집어 놓은 형태로, 어떤 튜플 하나라도 존재한다는 의미의 존재 정량자이다.

2002.09

03 관계 해석(Relational Calculus)에 대한 설명으로 옳지 않은 것은?

① 질의어로 표현한다.

② 원하는 릴레이션을 정의하는 방법을 제공하며, 비절차적인 언어이다.

③ 튜플 관계 해석과 도메인 관계 해석이 있다.

④ 릴레이션 조작을 위한 연산의 집합이다.

해설 릴레이션 조작을 위한 연산의 집합은 관계 대수에 대한 설명이다.

2011.03

04 관계 대수 및 관계 해석에 대한 설명으로 틀린 것은?

① 관계 해석은 원하는 정보와 그 정보를 어떻게 유도하는가를 기술하는 특성을 지닌다.

② 관계 해석과 관계 대수는 관계 데이터베이스를 처리하는 기능과 능력 면에서 동등하다.

③ 관계 해석은 원래 수학의 프레디킷 해석에 기반을 두고 있다.

④ 관계 대수는 릴레이션을 처리하기 위한 연산의 집합으로 피연산자가 릴레이션이고 결과도 릴레이션이다.

해설 ①은 관계 해석이 아닌 관계 대수에 대한 설명이다.

2021.08

05 SQL의 논리 연산자가 아닌 것은?

① AND

② OTHER

③ OR

④ NOT

해설 논리 연산자는 AND, OR, NOT이고, 정량자는 전칭 정량자(∀), 존재 정량자(∃)가 있다.

정답 1: ④ 2: ③ 3: ④ 4: ① 5: ②

출제 예상 문제

06 관계 해석 연산자의 논리 기호와 그에 대한 설명으로 옳지 않은 것은?

① ∨ : OR 연산으로, 원자식 간 '또는'이라는 관계로 설명된다.

② ∧ : AND 연산으로, 원자식 간의 '그리고'라는 관계로 설명된다.

③ ∀ : 'A'를 뒤집어 놓은 형태로, 모든 형태의 튜플(for all)을 의미한다.

④ ᄀ : 원자식에 대한 부정을 의미한다.

해설 ∀은 연산자가 아니고 정량자이다.

07 관계 해석에 대한 설명으로 옳지 않은 것은?

① 원하는 정보가 무엇인지를 선언하는 절차적 특성을 갖는 관계 데이터 표현 방법이다.

② 관계 해석은 튜플 관계 해석과 도메인 관계 해석으로 구성된다.

③ 튜플 관계 해석은 원하는 릴레이션을 튜플 해석식으로 정의하는 표기법이다.

④ 도메인 관계 해석은 사용자가 원하는 도메인 해석식으로 표현하는 방법이다.

해설 관계 해석은 비절차적인 특성을 가지고 있는 관계 데이터 표현 방법이다.

08 다음 중 관계 해석에 대한 설명으로 옳지 않은 것은?

① 원하는 정보가 무엇이라는 것을 선언하는 비절차적인 특성을 갖는다.

② 수학의 서술어 해석에 기반을 가진 관계 데이터의 연산 표현 방법이다.

③ 튜플 관계 해석은 도메인 변수와 원자식으로 표현한다.

④ 논리 기호와 정량자를 이용해 정형식을 표현할 수 있다.

해설 튜플 관계 해석은 튜플 변수와 한정 애트리뷰트, 원자식으로 표현한다.

09 다음 중 튜플 관계 해석의 구성 요소가 아닌 것은?

① 튜플 변수(Tuple Ariable)

② 한정 애트리뷰트(Qualified Attribute)

③ 원자식(Atomic Formula)

④ 도메인 변수(Domain Variable)

해설 관계 해석은 튜플 관계 해석과 도메인 관계 해석으로 구성되고 튜플 관계 해석에서는 튜플 변수가, 도메인 관계 해석에서는 도메인 변수가 사용된다.

6: ③ 7: ① 8: ③ 9: ④ 정답

104 E-R 모델

1 E-R 모델(Entity - Relationship Model)의 개념

- 1976년 피터 첸(Peter Chen)의 제안으로 현실 세계에 존재하는 데이터와 그들 간의 관계를 사람이 이해할 수 있는 형태로 명확하게 표현하기 위해 사용되고 있는 데이터베이스 모델이다.
- 데이터에 대해 관리자, 사용자, 개발자들이 서로 다르게 인식하고 있는 뷰들을 하나로 통합할 수 있는 단일화된 설계안을 구성한다.

알아두기

E-R 다이어그램은 개념/논리 모델링에서 가장 일반적으로 사용되고 있다.

2 E-R 모델의 특징

특징	설명
그림으로 표현	- 필요한 개체, 유일성을 보장해 주는 식별자, 개체 간의 상관 관계와 필요한 속성이 무엇인지에 대한 설명을 그림으로 표현한다. - 업무에 필요한 데이터를 그림으로 그려 이를 검증하는 방법이다.
물리적 환경을 고려하지 않음	외래키(FK; Foreign Key), 기본키(PK; Primary key), 액세스 성능이나 분산 환경 등에 대한 물리적 환경을 고려하지 않는다.
데이터 중심 방식의 설계	잘 설계된 논리 데이터 모델은 업무의 변경(프로세스 변경)에 영향을 받지 않도록 프로세스 중심보다 데이터 중심 방식의 설계를 사용한다.
논리 모델과 물리 모델의 매칭	논리 데이터 모델과 물리 데이터 모델이 반드시 1:1 관계로 이루어지지 않으며, 한 개 혹은 한 개 이상이 테이블이 될 수 있다.

3 E-R 다이어그램 표기 기호

기호	이름	설명
▭	사각형	개체(Entity) 타입
◇	마름모	관계(Relationship)를 의미
⬭	타원	속성(Attribute)을 의미
◎	이중 타원	다중값 속성을 의미
⬭	밑줄 타원	기본키 속성

알아두기

ERD 표현 기호를 이용하여 바커, IE 표기법 등으로 개체 간 관계를 표현한다.

	복수 타원	복합 속성을 의미
	링크, 선	개체 타입과 속성을 연결
	관계	1:1, M:N 등의 개체 간의 관계 타입

4 E–R 모델 표기법

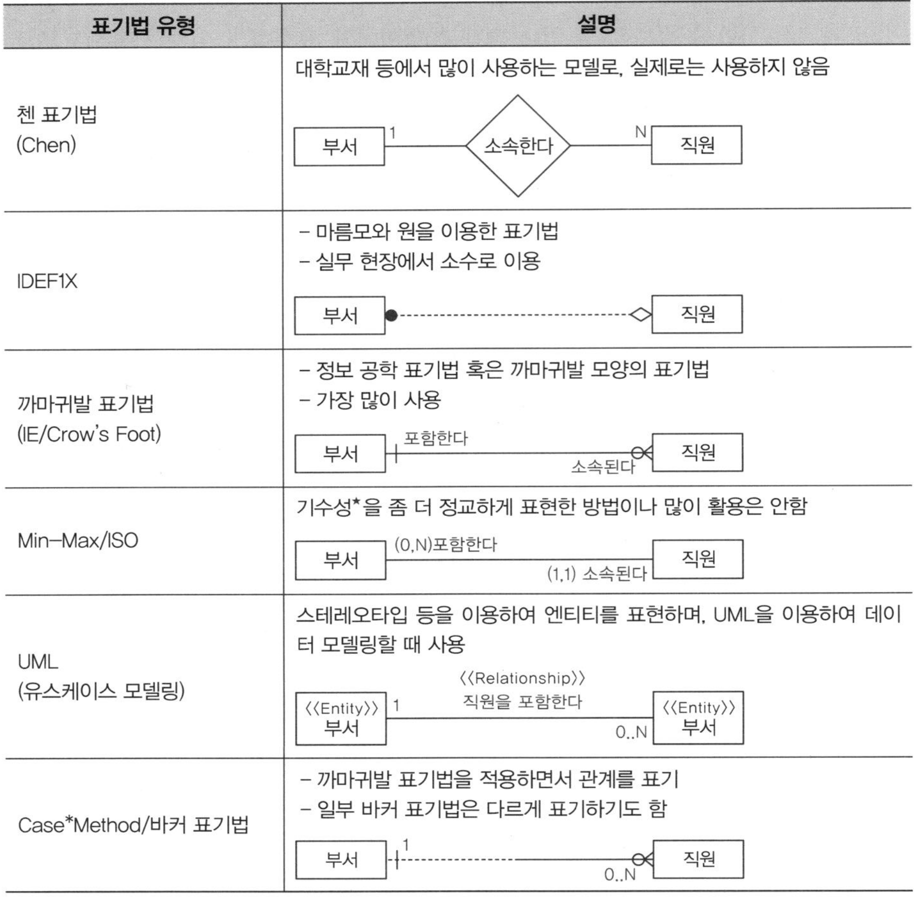

표기법 유형	설명
첸 표기법 (Chen)	대학교재 등에서 많이 사용하는 모델로, 실제로는 사용하지 않음 부서 1 — 소속한다 — N 직원
IDEF1X	– 마름모와 원을 이용한 표기법 – 실무 현장에서 소수로 이용 부서 ●------◇ 직원
까마귀발 표기법 (IE/Crow's Foot)	– 정보 공학 표기법 혹은 까마귀발 모양의 표기법 – 가장 많이 사용 부서 포함한다 소속된다 직원
Min–Max/ISO	기수성*을 좀 더 정교하게 표현한 방법이나 많이 활용은 안함 부서 (0,N)포함한다 (1,1) 소속된다 직원
UML (유스케이스 모델링)	스테레오타입 등을 이용하여 엔티티를 표현하며, UML을 이용하여 데이터 모델링할 때 사용 <<Entity>> 부서 1 <<Relationship>> 직원을 포함한다 0..N <<Entity>> 부서
Case*Method/바커 표기법	– 까마귀발 표기법을 적용하면서 관계를 표기 – 일부 바커 표기법은 다르게 표기하기도 함 부서 1 0..N 직원

알아두기

– 엔티티를 사각형으로 표현하고 관계를 마름모, 속성을 타원형으로 표현하는 첸 표기법은 데이터 모델링에 대한 이론을 배울 때 많이 활용된다.
– 첸 표기법, IDEF1X, Min–Max/ISO 등 표기법 중에서 실무에서 많이 사용하는 표기법은 바커 표기법(Barker Notation)과 정보 공학 표기법(IE Notation)이다.

★ **기수성**
하나 또는 2개의 실체 유형 사이 관계에서 참여하는 실체(멤버)의 수를 표현하는 것으로 특정 실체(멤버)의 발생빈도를 나타내는 규칙이다.

기출 유형 문제

2020.06, 2017.05

01 E-R 모델의 표현 방법으로 옳지 않은 것은?

① 개체 타입 : 사각형

② 관계 타입 : 마름모

③ 속성 : 오각형

④ 연결 : 선

해설 속성은 타원의 형태로 표현된다.

2020.09, 2018.03

02 개체-관계 모델의 E-R 다이어그램에서 사용되는 기호와 그 의미의 연결이 틀린 것은?

① 사각형 - 개체 타입

② 삼각형 - 속성

③ 선 - 개체 타입과 속성을 연결

④ 마름모 - 관계 타입

해설 타원 형태는 속성을, 이중 타원 형태는 다중값 속성을 의미한다.

2022.03, 2017.03

03 E-R 모델에서 다중값 속성의 표기법은?

①

② 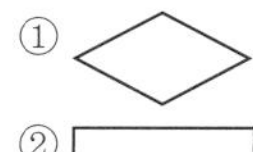

③ 

④

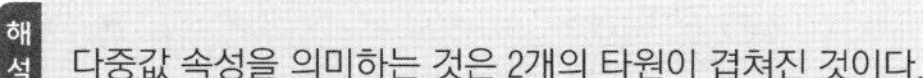
해설 다중값 속성을 의미하는 것은 2개의 타원이 겹쳐진 것이다.

2014.03

04 개체-관계 모델(E-R Model)에 대한 설명으로 옳지 않은 것은?

① 특정 DBMS를 고려한 것은 아니다.

② E-R 다이어그램에서 개체 타입은 사각형, 관계 타입은 타원, 속성은 다이아몬드로 나타낸다.

③ 개체 타입과 관계 타입을 기본 개념으로 현실 세계를 개념적으로 표현하는 방법이다.

④ 1976년 Peter Chen이 제안하였다.

해설 관계 타입을 표시하는 것은 마름모로 표기하며, 속성은 타원형으로 표기한다.

2012.08

05 다음 설명이 뜻하는 것은?

> In the design of information systems, a diagram that shows all the entities(organizations, departments, users, programs, and data) that play roles in the system, as well as the relationships between those entities.

① E-R Diagram

② Flow Chart

③ View

④ Normalization

해설 정보 시스템 설계에서 시스템에서 역할을 수행하는 모든 엔티티와 해당 엔티티 간의 관계를 보여주는 E-R 다이어그램에 대한 설명이다.

정답 1: ③ 2: ② 3: ③ 4: ② 5: ①

2021.03

06 E-R 다이어그램의 표기법으로 옳지 않은 것은?

① 개체 타입 – 사각형
② 속성 – 타원
③ 관계 집합 – 삼각형
④ 개체 타입과 속성을 연결 – 선

해설 E-R 다이어그램에서 관계 집합을 표현하는 기호는 없다.

2021.05

07 개체-관계 모델(E-R)의 그래픽 표현으로 옳지 않은 것은?

① 개체 타입 - 사각형
② 속성 - 원형
③ 관계 타입 - 마름모
④ 연결 - 삼각형

해설 E-R 다이어그램에서 연결은 실선으로 표시한다. 선 또는 링크라고 하며, 개체 타입과 속성을 연결하는 데 이용한다.

출제 예상 문제

08 다음 E-R 모델의 특징 중 옳지 않은 것은?

① 필요한 개체, 식별자, 상관 관계 등을 그림으로 표현한다.
② 설계 진행 시 물리적인 환경을 고려하여 진행한다.
③ 논리 모델과 물리 모델의 매핑이 반드시 1:1의 관계로 이루어져야 하는 것은 아니다.
④ E-R 모델의 설계는 프로세스 중심보다 데이터 중심의 설계를 사용한다.

해설 E-R 모델의 설계를 진행할 때 물리적 환경을 고려하지 않는다.

09 다음 중 E-R 모델의 특징에 대한 설명으로 옳지 않은 것은?

① 업무 변경에 영향을 받지 않도록 프로세스 중심의 설계보다 데이터 중심 방식의 설계를 사용한다.
② 필요한 개체와 식별자, 속성 등이 무엇인지에 대한 설명을 그림으로 표현한다.
③ 외래키, 기본키, 액세스 성능이나 분산 환경 등에 대한 물리적인 환경을 고려하였다.
④ 논리 데이터 모델과 물리 데이터 모델이 반드시 1:1의 관계가 아닐 수 있다.

해설 E-R 모델은 업무에 필요한 데이터를 그림으로 그려 이를 검증하는 방식이다. 외래키, 기본키, 액세스 성능, 분산 환경 등에 대한 물리적 환경은 고려하지 않는다.

6: ③ 7: ④ 8: ② 9: ③ 정답

105 정보 공학 표기법

1 정보 공학 표기법(Information Engineering Notation)

- 1981년 클리프 핀켈쉬타인(Clive Finkelstein)과 제임스 마틴(James Martin)이 공동으로 저술 및 발표하였으며, 1980년대 중반에 제임스 마틴에 의해 그 체계가 정리되며 본격적으로 활용되었다.
- 정보 시스템 구축 시 데이터 분석(Data Analysis)과 데이터베이스 설계(Database Design)를 위해 매우 유용한 기법이다.

■ 정보 공학 표기법의 기호

기호	의미
(사각형)	- 개체(Entity) - 각진 사각형으로 하나 이상의 속성(Attribute)으로 구성됨
○	- 타원 - 0개를 의미
|	- 해시 마크 - 한 개를 의미
←	- 까마귀발 - 2개 이상(n개)을 의미
———	- 필수 관계(Identifying) - 부모 테이블의 기본키를 자식 테이블 기본키로 사용 - 부모가 없으면 자식이 존재할 수 없는 관계 부모 ─── 자식
- - - - -	- 비식별 관계(Non-Identifying) - 부모가 없어도 자식이 존재할 수 있는 관계 부모 - - - 자식

알아두기

관계의 표현에 다(Many) 쪽에 까마귀발을 사용해 까마귀 발 모델(Crow's Foot Model)이라 부른다.

멘토 코멘트

정보 공학 표기법의 구성 요소는 개체, 속성, 관계, 식별자, 서브타입으로 구성된다.

■ 정보 공학 표기법의 구성

(1) 개체(Entity)

개념도	설명
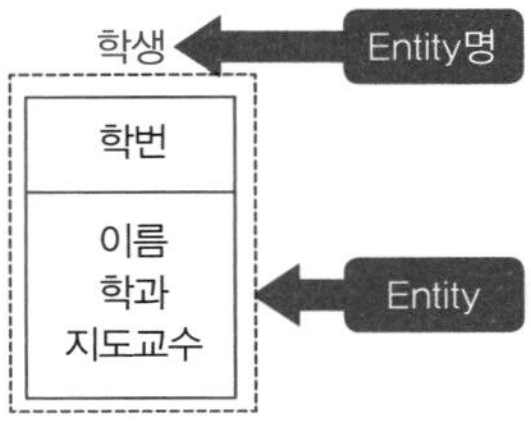 학생 ← Entity명 학번 이름 학과 지도교수 ← Entity	- 개체란 사용자가 관리하고자 하는 어떤 사물이다. - 왼쪽 개념도는 개체를 표현한다. - 개체(Entity) 이름은 '학생'이며 학번, 이름, 학과, 지도교수를 속성(Attribute)으로 갖는다. - 속성 중 학번이 식별자이다.

(2) 속성(Attribute)

개념도	설명
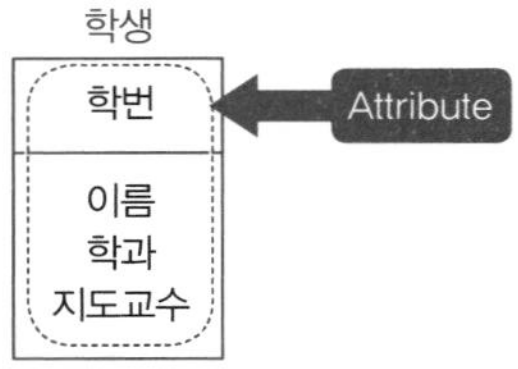 학생 학번 ← Attribute 이름 학과 지도교수	- 개체의 특징을 기술해 주는 여러 개의 속성을 가진다. - 왼쪽 개념도에서와 같이 속성은 개체 안에 위치한다. 학생 개체의 '학번', '이름', '학과', '지도교수'가 속성(Attribute)이다.

(3) 관계(Relation)

까마귀 발 부호는 관계의 다(Many)쪽을 보여 주는 데 사용된다. 타원(Oval), 해시 마크 및 까마귀 발의 다양한 조합들은 개념도와 같이 사용한다.

관계	표현	설명
1:1	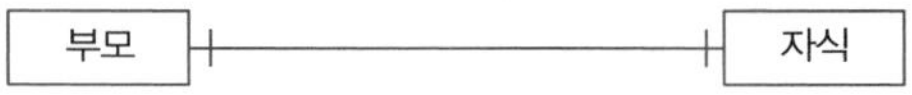 부모 ┼────┼ 자식	하나의 부모는 하나의 자식으로 구성된다.
1:0 또는 1:1	 부모 ┼────o┼ 자식	하나의 부모는 0 또는 하나의 자식으로 구성된다.
1:N	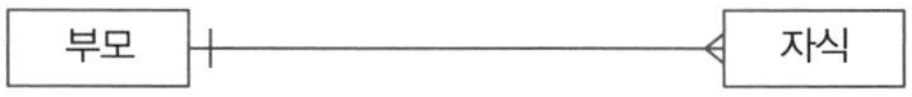 부모 ┼────< 자식	하나의 부모는 2개 이상의 자식으로 구성된다.
1:1 또는 1:N	 부모 ┼────┼< 자식	하나의 부모는 하나 이상의 자식으로 구성된다.
1:0 또는 1:1 또는 1:N	 부모 ┼────o< 자식	하나의 부모는 0, 1, 또는 그 이상의 자식으로 구성된다.

(4) 식별자(Unique Identifier)

개념도	설명
학생 학번(PK) ◀ 식별자 이름 학과 지도교수	- 개체는 그들을 지칭하거나 식별해 주는 속성인 식별자를 가지고 있다. - 왼쪽 개념도와 같이 식별자는 개체의 상단에 위치하고, 수평선이 식별자 밑에 그려진다. '학번(PK)'이 식별자다.

(5) 서브타입(Sub-Type)

서브타입은 배타적 또는 포괄적으로 구분된다.

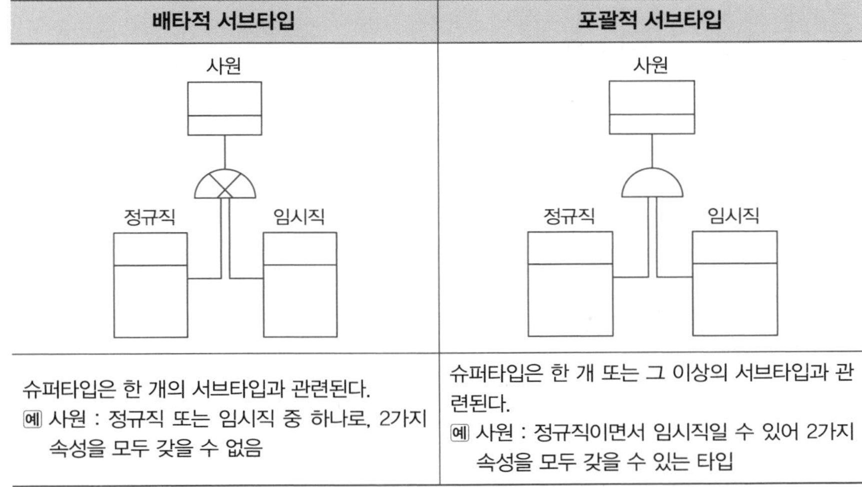

배타적 서브타입	포괄적 서브타입
사원 정규직 임시직	사원 정규직 임시직
슈퍼타입은 한 개의 서브타입과 관련된다. 예 사원 : 정규직 또는 임시직 중 하나로, 2가지 속성을 모두 갖을 수 없음	슈퍼타입은 한 개 또는 그 이상의 서브타입과 관련된다. 예 사원 : 정규직이면서 임시직일 수 있어 2가지 속성을 모두 갖을 수 있는 타입

2 정보 공학 표기법(IE 방식)과 피터 첸 방식 사례 비교

구분	IE 방식	피터 첸
사례	학생 학번 이름 학과 지도교수	학생 학번 이름 학과 지도교수
표현	개체 타입과 속성을 직사각형 표로 표현	개체 타입과 속성을 선으로 연결하여 까마귀발(Crow's Foot)처럼 표현
개체 이름	표 위에 표기	사각형으로 개체 이름 표현
식별자	맨 위에 별도의 사각형으로 표현	속성(Attribute)에 밑줄로 표현

출제 예상 문제

01 다음 중 정보 공학 표기법의 구성 대상이 아닌 것은?

① 개체(Entity)
② 속성(Attribute)
③ 서브타입(Sub-Type)
④ 사용자(User)

해설 사용자는 정보 공학 표기법의 구성 대상이 아니다.

02 다음 중 정보 공학 표기법에 대한 설명으로 옳지 않은 것은?

① 서브타입은 배타적으로만 표기할 수 있으며, 포괄적으로 표기할 수 없다.
② 식별자는 개체의 상단에 나타내며 수평선이 식별자 밑에 그려진다.
③ 관계의 표현 시 까마귀발 기호는 관계의 다(Many)쪽을 보여주는 데 사용된다.
④ 까마귀발 표현은 타원, 해시 마크 및 다양한 조합을 이용해 표현할 수 있다.

해설 서브타입은 배타적, 포괄적으로 표기할 수 있다.

03 다음 중 정보 공학 표기법의 구성에 대한 설명으로 옳지 않은 것은?

① 개체(Entity) : 사용자가 관리하고자 하는 어떤 사물에 대한 표현을 사각형으로 표현한다.
② 속성(Attribute) : 속성은 개체의 특징을 기술해 주는 여러 개의 속성을 가진다.
③ 관계(Relationship) : 관계는 1:1 혹은 1:다의 관계만 표현할 수 있다.
④ 식별자(Unique Identifier) : 개체는 그 개체를 지정하거나 식별해주는 속성인 식별자를 가지고 있다.

해설 관계는 1:1, 1:다 혹은 다:다 등 다양한 관계를 표현할 수 있다.

04 정보 공학 표기법으로 관계를 표기 시 타원, 해시 마크 및 까마귀발의 다양한 조합을 이용한다. 다음 중 정보 공학 표기법의 관계에 대한 표현 설명이 올바르지 않은 것은?

① 부모 ┼──────┼ 자식
- 1:1 관계로 하나의 부모는 하나의 자식으로 구성된다.

② 부모 ┼──────o┼ 자식
- 1:0이나 1:1의 관계로 하나의 부모는 0 또는 하나의 자식으로 구성된다.

③ 부모 ┼──────|< 자식
- 1:0이나 0:N의 관계로 부모가 없거나 하나이고 하나 이상의 자식으로 구성된다.

④ 부모 ┼──────o< 자식
- 1:0이나 1:1 혹은1:N의 관계로 하나의 부모는 0, 1 또는 그 이상의 자식으로 구성된다.

해설 타원(O)은 0개, |는 1개, 까마귀발은 여러 개로 기억하면 표기법을 이해하기 쉽다. 3번의 부모(부모 ┼)는 |로 한 개를 의미한다. 즉, 1:1이나 1:N(자식이 까마귀발)의 관계가 되어야 한다.

1: ④ 2: ① 3: ③ 4: ③ 정답

106 바커 표기법

1 바커 표기법(Barker Notation)

영국의 컨설팅 회사 CACI에 의해 처음 개발되었고 리처드 바커(Richard Barker)에 의해 지속적으로 업그레이드되었으며, 오라클에서 케이스 메소드(Case Method)로 채택하여 사용된다.

■ 바커 표기법의 구성

(1) 개체(Entity)

개념도	설명
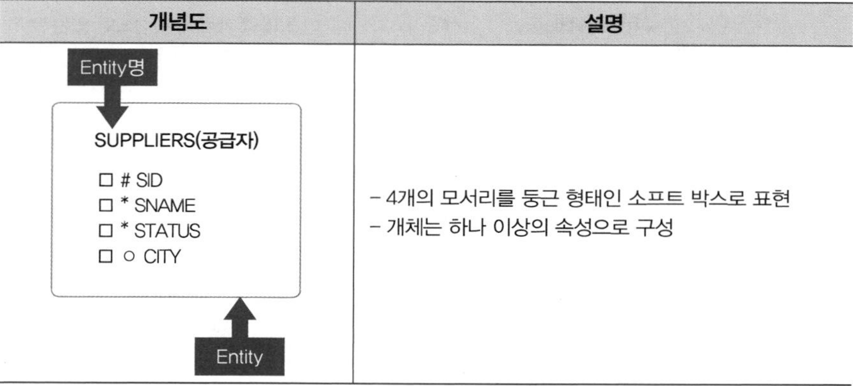	- 4개의 모서리를 둥근 형태인 소프트 박스로 표현 - 개체는 하나 이상의 속성으로 구성

(2) 속성(Attribute)

개념도	설명
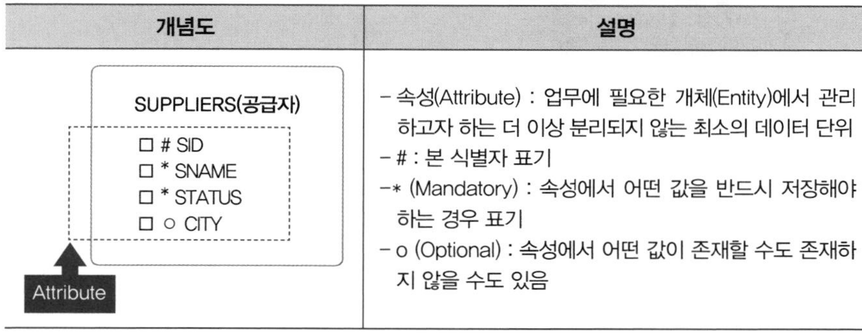	- 속성(Attribute) : 업무에 필요한 개체(Entity)에서 관리하고자 하는 더 이상 분리되지 않는 최소의 데이터 단위 - # : 본 식별자 표기 -* (Mandatory) : 속성에서 어떤 값을 반드시 저장해야 하는 경우 표기 - o (Optional) : 속성에서 어떤 값이 존재할 수도 존재하지 않을 수도 있음

(3) 관계(Relationship)

개념도	설명
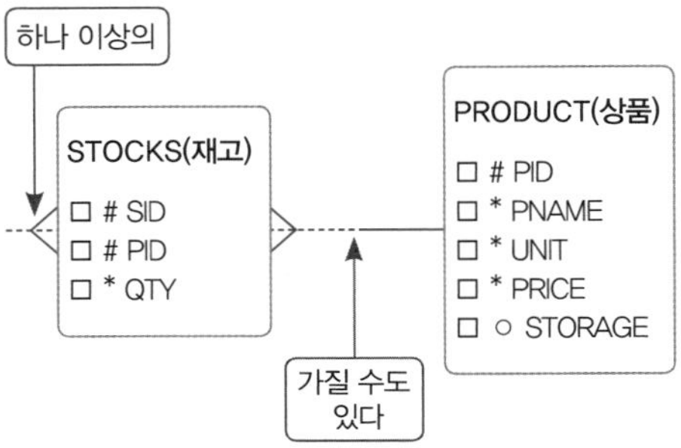 하나 이상의 STOCKS(재고): □ # SID, □ # PID, □ * QTY PRODUCT(상품): □ # PID, □ * PNAME, □ * UNIT, □ * PRICE, □ ○ STORAGE 가질 수도 있다	- 두 개체 간의 관계를 표기하고 관계 명칭을 가까운 위치에 표기 - 필수 조건은 실선으로, 선택 조건은 점선으로 표기

멘토 코멘트

- 관계는 실세계에서 발생하는 동사적인 단어들을 표기한다.
- 관계는 개체와 개체와의 관계, 개체와 상관 관계의 조건을 이해해야 한다.

(4) 식별자(Unique Identifier)

개념도	설명
사원(종업원): #사원번호, *사원명, ○ 주민번호, ○주소 지역: #지역번호, *지역명 식별자* (본질 식별자) 대체 식별자* 인조 식별자*	- 하나의 개체에 구성되어 있는 여러 개의 속성 중에서 개체를 대표할 수 있는 속성을 의미하며, #으로 본 식별자를 표기함 - 하나의 개체에는 반드시 하나의 식별자가 존재

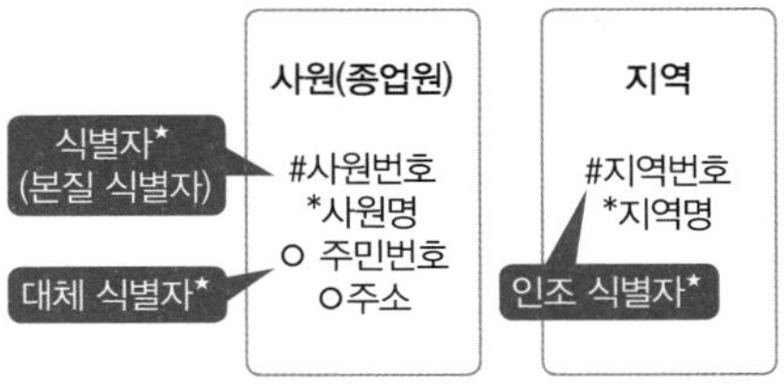

★ 본질 식별자
유일성과 최소성을 만족하여 엔티티를 대표할 수 있는 속성

★ 대체 식별자
유일성과 최소성을 만족할 수 있으나 대표성을 만족하지 못하는 식별자

★ 인조 식별자
본질 식별자가 복잡한 구성 등으로 편의를 위해 인위적으로 만든 식별자

(5) 서브타입(Sub-Type)

개념도	설명
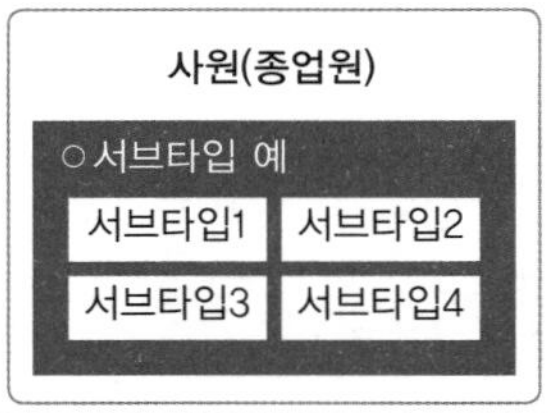 사원(종업원) ○서브타입 예 서브타입1 서브타입2 서브타입3 서브타입4	- 슈퍼타입 안에 서브타입을 상자로 나타냄 - 서브타입은 서브타입의 중복을 허락하지 않는 상호 배타적 관계

2 관계의 표현

■ 개체와 개체 간의 관계

관계	개념도	설명
0:1 관계	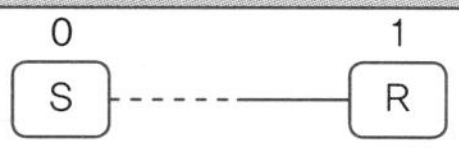 0 S - - - - - — R 1	S 개체에 존재하는 데이터 0 또는 한 개와 관계되는 R 개체에 존재하는 데이터가 한 개인 개체 간의 관계
1:1 관계	 1 S —— R 1	S 개체에 존재하는 데이터 한 개와 관계되는 R 개체에 존재하는 데이터가 한 개인 개체 간의 관계
1:M 관계	 1 S ——< R M	S 개체에 존재하는 데이터 한 개와 관계되는 R 개체에 존재하는 데이터 개수가 여러 개인 개체 간의 관계
M:N 관계	 M S >——< R N	S 개체에 존재하는 데이터 한 개와 관계되는 R 개체에 존재하는 데이터가 여러 개이고, R 개체에 존재하는 데이터 한 개와 관계되는 S 개체에 존재하는 데이터 개수도 여러 개인 개체 간의 관계

■ 개체와 개체 간 상관 관계 조건

조건	설명
필수 조건	필수 사항은 실선으로 표시하고, 조건을 만족하는 개체가 반드시 존재할 경우 표기한다.
선택 조건	선택 사항은 점선으로 표시하고, 조건을 만족하는 개체가 존재할 수도 존재하지 않을 수도 있을 경우에 표기한다.
예시	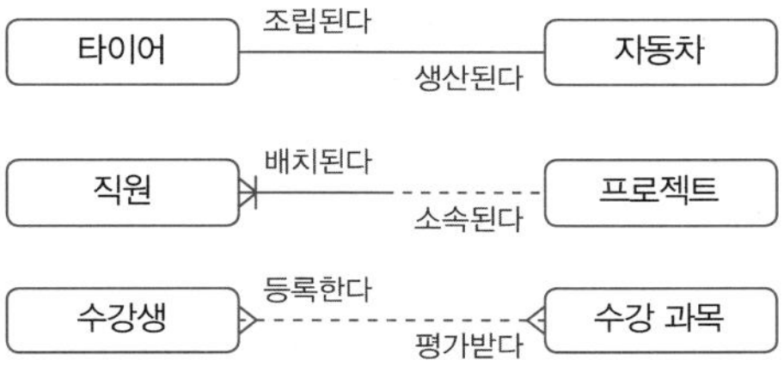 타이어 —(조립된다 / 생산된다)— 자동차 직원 —(배치된다 / 소속된다)- - - 프로젝트 수강생 >- - -(등록한다 / 평가받다)- - -< 수강 과목

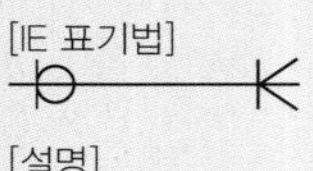

관계 표현 시 IE 표기법과 바커 표기법의 차이

바커 표기법과 I/E 표기법의 가장 큰 차이는 관계의 표현에 있다.

[IE 표기법]

[설명]

→ 0 또는 1을 의미
– | : 한 개를 의미
– O : 0을 의미

→ 1 또는 N(여러 개)을 의미

[바커 표기법]

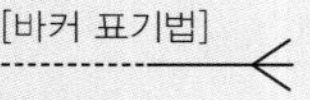

[설명]

→ 0 또는 1을 의미

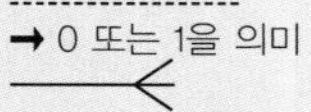

→ 1 또는 여러 개를 의미

| 관계의 표현 사례 |

아래 그림은 공급자와 재고, 상품 간의 관계를 표현한 모습이다. 관계선을 살펴보면 실선은 필수, 점선은 필수가 아님, 까마귀발 모양은 하나 이상의 개체를 허용한다는 의미이다. 이런 표시를 근거로 '재고는 한 개의 공급자를 가질 수도 있다'로 해석된다.

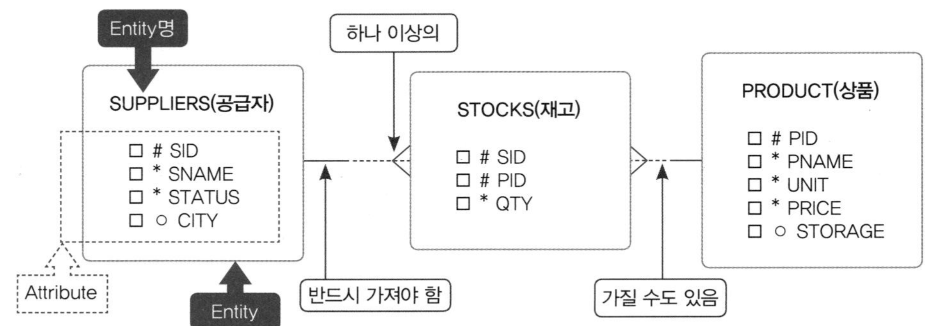

■ IE 표기법과 바커 표기법 관계 읽는 방법 비교

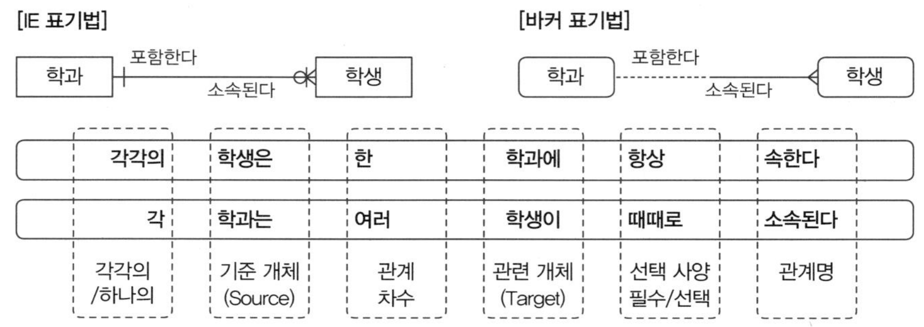

출제 예상 문제

01 바커 표기법에 대한 구성 요소로 옳지 않은 것은?

① 개체(Entity)

② 속성(Attribute)

③ 관계(Relationship)

④ 이중 타원(다중 속성)

해설 바커 표기법은 개체, 속성, 관계, 식별자(Unique Identifier), 서브타입(Sub-Type)으로 구성된다.

02 바커 표기법의 구성 요소에 대한 설명으로 옳지 않은 것은?

① 속성(Attribute)의 표현 시 필수는 Mandatory로, 선택적 표현은 Optional로 표현할 수 있다.

② 개체(Entity)는 4개의 모서리가 둥근 박스로 표현하며, 한 개의 속성으로만 구성된다.

③ 관계(Relationship)의 표현 시 필수는 실선으로, 옵션은 점선으로 표기한다.

④ 서브타입(Sub-Type)은 슈퍼 타입 안에 서브타입 형태로 나타내며, 상호 중복을 허용하지 않는 상호 배타적 관계이다.

해설 개체는 한 개 이상의 속성으로 구성될 수 있다.

03 다음 바커 표기법으로 표현한 관계의 표현으로 올바르지 않은 해석은?

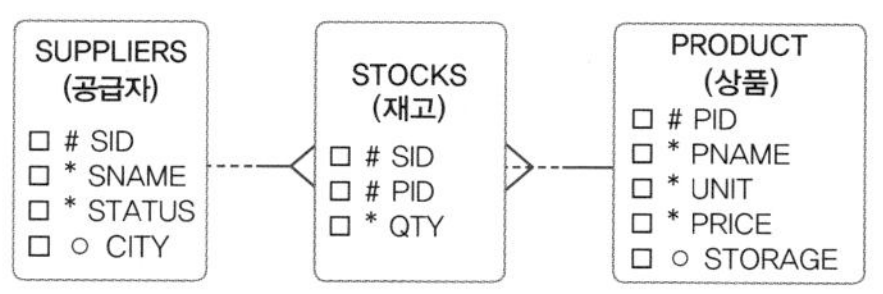

① 공급자는 하나 이상의 재고를 가질 수도 있다.

② 재고는 한 개의 공급자를 반드시 갖는다.

③ 재고는 하나의 상품을 반드시 갖는다.

④ 상품은 하나 이상의 재고를 반드시 갖는다.

해설 '재고는 한 개의 상품을 갖을 수도 있다'로 변경되어야 한다.

정답 1: ④ 2: ② 3: ③

107 정규화

1 데이터베이스 정규화

■ 데이터베이스 정규화의 개념

논리 데이터 모델링을 상세화하는 과정으로, 함수적 종속을 갖는 릴레이션에 하나의 종속성(Dependency)이 하나의 릴레이션에 표현될 수 있도록 분해해가는 과정이다.

■ 스키마 변환

스키마 설계*를 통해 만들어진 릴레이션을 바람직한 형태의 릴레이션으로 변환하는 과정이다.

★ 스키마 설계
관련된 속성을 수집하고 이들 간의 존재하는 제약 조건을 식별해 이 제약 조건을 기본으로 속성을 릴레이션으로 그룹 짓는 과정

| 스키마 변환의 3가지 원리 |

① 정보 표현의 무손실
② 최소의 데이터 중복성
③ 분리의 원칙

■ 데이터베이스 정규화의 목적

- 구축 데이터베이스의 품질을 보장하고, 성능을 향상한다.
- 저장 공간의 최소화, 데이터베이스 내부 자료의 무결성 유지를 극대화한다.
- 데이터 구조의 안전성을 최대화한다.
  ① 개체 관계의 정확성
  ② 데이터의 일치성
  ③ 데이터 모델의 단순성
  ④ 개체 내 존재하는 속성의 비중복성

■ 각 정규화 과정의 단계

단계	설명
1차 정규화	– 반복 그룹(Repeat Group) 속성을 제거 – 개체에 존재하는 속성들 중에서 반복되는 속성들을 하위 개체로 도출
2차 정규화	– 주 식별자가 완전 기능 종속(Full Function Dependency)이 되지 않는 속성을 제거 – 주 식별자 속성 일부에만 함수적 종속되는 속성들을 상위 개체로 도출
3차 정규화	– 주 식별자에 이행 종속(Transitive Dependency)이 되는 속성을 제거 – 주 식별자를 제외한 일반 속성 중에 함수적 종속 속성들을 상위 개체로 도출
BCNF 정규화	– 결정자(후보키가 아닌) 속성을 제거 – 3차 정규화를 만족하면서 추가로 해당 릴레이션의 모든 결정자는 후보키여야 함
4차 정규화	– 주 식별자에 다가 종속(다중값, Multi-Value)이 되는 속성을 2가지 이상 두지 않도록 함 – 특정 조건에 대해 제공되는 결과값이 같은데, 데이터값이 2번 이상 발생하는 속성을 하위 개체로 도출
5차 정규화	결합 종속(Join Dependency)이 있을 경우 N개의 테이블로 분리

알아두기

3차 정규화를 만족하지만 BCNF를 만족하지 못하는 정규화가 있을 수 있다. 즉, 3차 정규화 이후 BCNF 조건이 안 될 수도 있다.

2 함수적 종속성

■ 함수적 종속성의 개념

어떤 릴레이션 R에서 X와 Y를 각각 R의 애트리뷰트의 부분 집합이라고 할 때, X의 값에 대해 Y의 값이 항상 하나만 연관되어 있을 때 Y는 X에 함수적 종속이라 한다.

| 함수적 종속의 사례 |

릴레이션 R에서 애트리뷰트 Y가 X에 함수적 종속(X → Y)이라는 의미는 애트리뷰트 X의 값이 애트리뷰트 Y의 값을 결정한다는 의미와 동일하고, X → Y 관계를 성립시키는 X를 결정자(Determinant)*, Y를 종속자(Dependent)*라고 한다.

구조	함수적 종속
학번 → 이름 학번 → 학년 학번 → 학과	학번 → (이름, 학년, 학과)

★ **결정자**
속성 간의 종속성을 규명하기 위해 기준이 되는 값

★ **종속자**
결정자의 값에 의해 정해지는 값

■ 함수적 종속의 추론 규칙

R1~R3까지를 기본 규칙(건전성)이라 하고, R4~R6까지를 부가 규칙(완전성)이라 한다. 이러한 함수적 종속의 추론 규칙을 암스트롱 공리라고 하며, 암스트롱 공리★의 정당하며 완전한 성질을 이용하여 데이터베이스 정규화에 이용한다.

★ 암스트롱 공리
릴레이션 R에 대해 X, Y, Z라는 애트리뷰트 집합이 주어졌을 때 여러 가지 함수 종속 성질을 유도해 낼 수 있는 추론 규칙

추론 규칙	설명
R1 : (반사 규칙)	A ⊇ B이면 A → B이고 A → A이다.
R2 : (첨가 규칙)	A → B이면 AC → BC이고 AC → B이다.
R3 : (이행 규칙)	A → B이고 B → C이면 A → C이다.
R4 : (분해 규칙)	A → BC이면 A → B이고 A → C이다.
R5 : (결합 규칙)	A → B이고 A → C이면 A → BC이다.
R6 : (의사 이행성 규칙)	A → B이고 WB → G이면 WA → G이다.

3 이상 현상

■ 이상 현상의 개념

관계 연산(삽입, 삭제, 수정)을 적용할 때 데이터의 불일치, 중복, 데이터의 손실 등 삽입, 삭제, 갱신에 대한 비합리적인 결과가 도출되는 현상이다. 정규화 과정을 통해 이상 현상을 해결한다.

멘토 코멘트
이상 현상은 삽입, 삭제, 갱신 3가지 유형으로 나타난다.

■ 이상 현상의 유형

(1) 삽입 이상(Insertion Anomaly)

어떤 데이터를 삽입하려고 할 때 불필요하고 원하지 않는 데이터를 함께 삽입해야만 하는 현상이다.

〈수강〉 테이블

학번	과목번호	성적	학년
100	D102	A	3
100	E201	A	3
200	C103	B	2
300	E201	C	1

삽입 이상 사례

학번	과목번호	성적	학년
100	D102	A	3
100	E201	A	3
200	C103	B	2
300	E201	C	1
400			2

→ 〈수강〉 릴레이션에 〈학번〉이 400번이고 2학년이라는 릴레이션을 삽입하려고 할 때 〈과목번호〉와 〈성적〉을 알 수 없어 삽입 연산을 수행할 수 없음(〈학번〉과 〈과목번호〉가 기본키라고 할 때 기본키는 Not Null 속성을 갖음)

(2) 삭제 이상(Delete Anomaly)

튜플 삭제 시 유지해야 할 정보도 삭제되는 연쇄 삭제(Triggered Detection) 현상이 일어나 정보 손실(Loss Of Information)이 발생하는 현상이다.

〈수강〉 테이블

학번	과목번호	성적	학년
100	D102	A	3
100	E201	A	3
200	C103	B	2
300	E201	C	1

삭제 이상 사례

학번	과목번호	성적	학년
100	D102	A	3
100	E201	A	3
200		B	2
300	E201	C	1

→ 200번 학생이 〈과목번호〉 'C103'을 등록 취소하려고 할 때 이 학생의 〈학년〉 정보도 함께 삭제될 것이며, 다른 릴레이션에 〈학년〉 정보가 없다면 200번 학생의 학년은 알 수가 없어짐

(3) 갱신 이상(Update Anomaly)

중복된 튜플들 중에서 일부 튜플의 애트리뷰트 값만 갱신시켜 정보의 모순성(Inconsistency)이 생기는 현상이다.

〈수강〉 테이블

학번	과목번호	성적	학년
100	D102	A	3
100	E201	A	3
200	C103	B	2
300	E201	C	1

갱신 이상 사례

학번	과목번호	성적	학년
100	D102	A	3
100	E201	A	2
200	C103	B	2
300	E201	C	1

→ 〈학번〉이 100번인 학생의 〈학년〉을 3에서 2로 변경하려고 할 때, 〈학번〉 100이 있는 2개의 행을 모두 갱신시켜야 하는데, 일부의 튜플만 갱신할 경우 2개의 값을 가지게 되어 일관성이 결여됨

4 정규화 절차

■ 1차 정규화(제1정규형, 1NF; First Normal Form)

- 어떤 릴레이션 R에 속한 모든 도메인이 원자값으로 되어 있다면 제1정규화(1NF)에 속한다.
- 릴레이션 내의 속성은 원자값을 가지고 있어야 한다.

멘토 코멘트

정규화 절차
비정규 데이터
↓ (도) 도메인 원자값
1NF
↓ (부) 부분 함수 종속성 제거
2NF
↓ (이) 이행 함수 종속성 제거
3NF
↓ (결) 결정자이면서 후보 키가 아닌 것 제거
BCNF
↓ (다) 다치 종속성 제거
4NF
↓ (조) 조인 종속성 제거
5NF
→ '도부이결다조'로 암기

| 사례 |

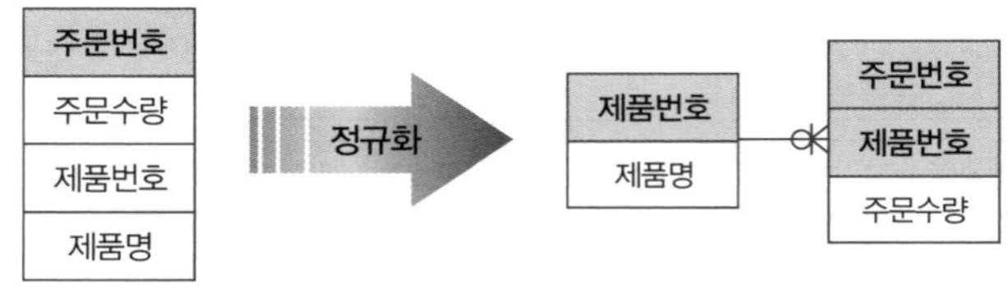

정규화 전

하나의 〈주문〉에 여러 개의 주문한 제품이 존재해 〈주문번호〉가 중복되어 나타난다.

〈주문〉

주문번호	주문수량	제품번호	제품명
100	3	1002	의자
100	1	1003	책상
200	4	1002	의자
300	1	1003	책상

정규화 후

- 〈제품번호〉와 〈제품명〉이 도메인 원자값이 아니어서 속성 한 개만 가지도록 변경해준다. 〈제품번호〉와 〈제품명〉의 중복 속성을 분리한다.
- 1차 정규화를 만족하는 릴레이션

〈제품〉

제품번호	제품명
1002	의자
1003	책상

〈제품〉

주문번호	제품번호	주문수량
100	1002	3
100	1003	1
200	1002	4
300	1003	1

■ 2차 정규화(제2정규형, 2NF; Second Normal Form)

- 어떤 릴레이션 R이 1차 정규화이고 키(기본키)에 속하지 않은 애트리뷰트 모두가 기본키에 완전 함수 종속이면 2차 정규화에 속하는 규칙이다.
- 특정 칼럼에만 종속되는 애트리뷰트가(부분 함수 종속) 없어야 한다.

| 사례 |

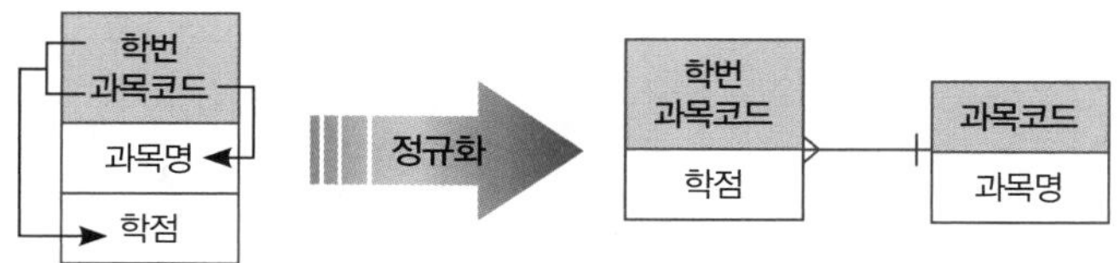

정규화 전

- 〈학번, 과목코드〉가 〈학점〉에 영향을 주고 〈과목코드〉가 〈과목명〉에 영향을 주는 부분 함수 종속 관계 상태이다.
- 〈학번, 과목코드, 과목명, 학점〉을 하나의 릴레이션에 두어 부분 함수 종속이 발생해 2차 정규화를 만족하지 못한 상태이다.

〈성적정보〉

학번	과목코드	학점	과목명
100	D102	A	운영체제
100	E201	A	데이터베이스
200	C103	B	소프트웨어 공학
300	E201	C	데이터베이스

정규화 후

- 〈과목코드〉가 도메인 원자값이 아니어서 속성 한 개만 가지도록 변경한다. 부분 함수 종속에 대한 종속성 제거를 위해 부분 관계인 〈과목코드〉 → 〈과목명〉을 분리한다.
- 2차 정규화를 만족하는 릴레이션

〈성적〉

학번	과목코드	학점
100	D102	A
100	E201	A

〈과목정보〉

과목코드	과목명
D102	운영체제
E201	데이터베이스
C103	소프트웨어 공학

■ 3차 정규화(제3정규형, 3NF; Third Normal Form)

> **멘토 코멘트**
> 현업에서는 3차 정규화까지 한 테이블을 이용한다.

- 어떤 릴레이션 R이 2차 정규화이고 기본키에 속하지 않은 모든 애트리뷰트들이 기본키에 이행적 함수 종속이 아닐 때 3차 정규화(3NF)에 속하는 규칙이다.
- 주 식별자에 이행 종속(Transitive Dependency)되는 속성을 제거한다. 주 식별자를 제외한 일반 속성들 중에서 함수적 종속 속성들을 상위 개체로 도출한다.

| 사례 |

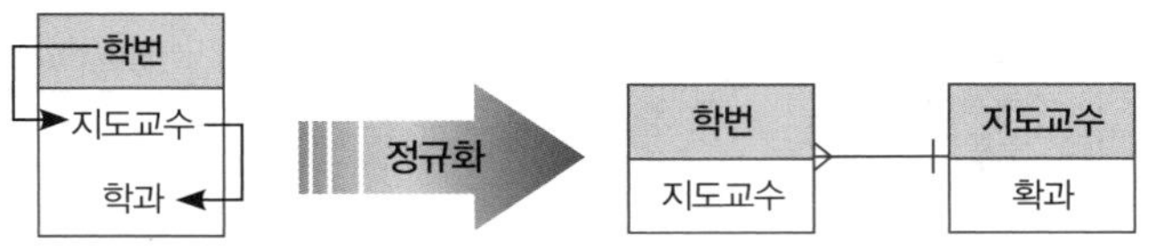

정규화 전

- 〈학번〉 → 〈지도교수〉와 〈지도교수〉 → 〈학과〉에 함수적 종속이 나타난다.
- 〈학번〉이 〈지도교수〉에 영향을 주고 〈지도교수〉가 〈학과〉에 영향을 주는 이행 함수 종속 상태이다.

〈지도〉

학번	지도교수	학과
100	P1	컴퓨터
200	P2	전기
300	P3	컴퓨터
400	P1	컴퓨터

정규화 후

- 〈학번〉 → 〈지도교수〉 → 〈학과〉 이행 함수 종속을 제거하기 위해 〈학번〉 → 〈지도교수〉를 분리하고, 〈지도교수〉 → 〈학과〉를 분리한다.
- 3차 정규화를 만족하는 릴레이션

〈학생지도〉

학번	지도교수
100	P1
200	P2
300	P3
400	P1

〈지도교수학과〉

지도교수	학과
P1	컴퓨터
P2	전기
P3	컴퓨터

■ BCNF 정규화(3.5NF; Boyce-Codd Normal Form)

- 릴레이션 R의 결정자(Determinant)가 모든 후보키(Candidate Key)이면 릴레이션 R은 보이스/코드 정규형(BCNF)에 속한다.
- 후보키가 아니면서 결정자인 속성이 존재하는 경우 발생하는 이상 현상 방지를 목적으로 수행한다.

| 사례 |

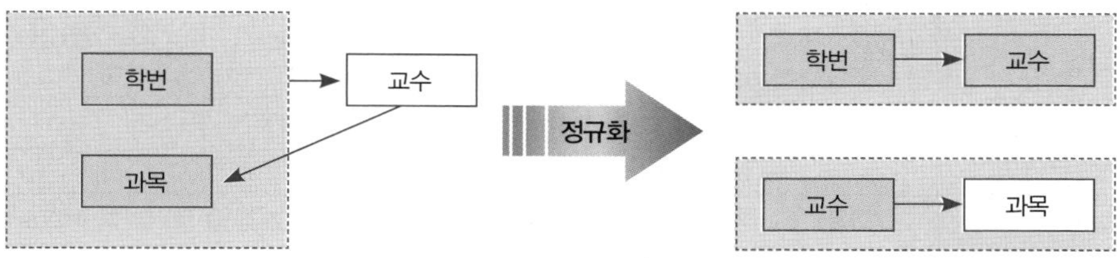

정규화 전

- 릴레이션 조건
  ① 학생(학번)은 각 과목에 대해 한 교수의 강의만 수강한다.
  ② 각 교수는 한 과목만 담당한다.
  ③ 한 학생(학번)은 여러 교수가 담당 가능하다.
- 〈학번, 과목, 교수〉를 한 릴레이션에 두는 것은 〈교수〉가 결정자이지만, 후보키가 아니기 때문에 BCNF를 만족하지 못한다.

〈지도〉

학번	과목	교수
100	D102	P1
100	E201	P2
200	C103	P3
300	E201	P2

정규화 후

- 〈교수〉는 〈과목〉에 직접 영향을 주기 때문에 〈교수, 과목〉을 분리하여 〈교수〉가 후보 키 역할을 하도록 한다.
- BCNF 정규화를 만족하는 릴레이션

〈학번교수〉

학번	교수
100	P1
100	P2
200	P3
300	P2

〈교수과목〉

교수	과목
P1	D102
P2	E201
P3	C103

■ 4차 정규화(제4정규형, 4NF; Fourth Normal Form)

- 하나의 애트리뷰트가 다른 애트리뷰트의 값을 결정하는 것이 아니라 몇 개의 값, 즉 값이 집합을 결정하는 속성이다.
- 하나의 릴레이션에 2개 이상의 다치 종속(Multi-Valued Dependency)이 발생하고 이를 제거하는 과정이다.
- 다치 종속은 Fagin에 의해 처음 소개되고 정의되었으며, A →→ B로 표기한다.

| 사례 |

정규화 전

- 〈과목〉, 〈교수〉, 〈교재〉를 릴레이션 R의 애트리뷰트의 부분 집합이라 할 때 애트리뷰트 쌍(과목, 교재) 값에 대응되는 〈교수〉 값의 집합이 〈과목〉 값에만 종속되고 〈교재〉 값에는 무관하면 〈교수〉는 〈과목〉에 다치 종속이라 한다.

〈과목교수교재〉

과목	교수	교재
파일 구조	P1	B1
파일 구조	P1	B2
파일 구조	P2	B1
파일 구조	P2	B2
데이터베이스	P3	B3

- 이해를 돕기 위한 반복 그룹 표현

과목	교수	교재
파일 구조	{P1,P2}	{B1,B2}
데이터베이스	{P3}	{B3}

정규화 후

- 다치 종속 관계를 제거하기 위해 〈과목〉 →→ 〈교수〉, 〈과목〉 →→ 〈교재〉를 〈과목〉 →→ 〈교수|교재〉로 표현한다.
- 4차 정규화를 만족하는 릴레이션

〈과목교수〉

교수	과목
P1	파일 구조
P2	파일 구조
P3	데이터베이스

〈과목교재〉

과목	교재
파일 구조	B1
파일 구조	B2
데이터베이스	B3

■ 5차 정규화(제5정규형, 5NF; Fifth Normal Form, PJ/NF)

릴레이션 R에 존재하는 모든 조인 종속(JD)이 릴레이션 R의 후보키를 통해서만 만족된다면 릴레이션 R은 5차 정규화이다.

| 사례 |

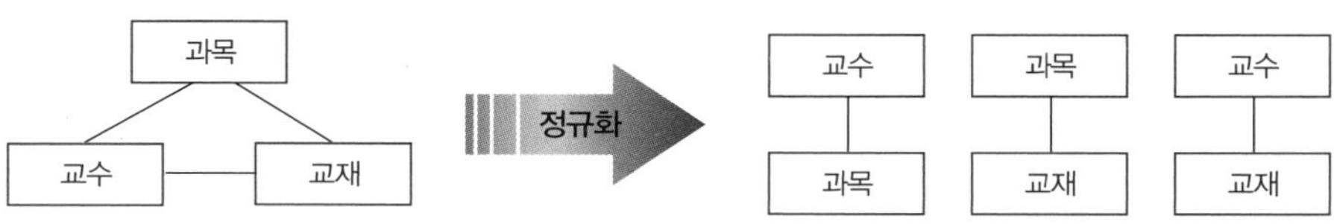

정규화 전

4차 정규화 릴레이션에 대해 조인 연산을 수행하면 4차 정규화 수행 전 데이터와 다르게 되는 문제인 조인 종속성이 발생한다.

〈과목교수〉

교수	과목
P1	파일 구조
P2	파일 구조
P3	데이터베이스

⋈ (조인)

〈과목교재〉

과목	교재
파일 구조	T1
파일 구조	T2
데이터베이스	T3

⬇

교수	과목	교재
P1	파일 구조	T1
P1	파일 구조	T2
P2	파일 구조	T1
P2	파일 구조	T2
P3	데이터베이스	T3

과목	교수	교재
파일 구조	P1	T1
파일 구조	P1	T2
파일 구조	P2	T1
파일 구조	P2	T2
데이터베이스	P3	T3

정규화 후

조인 종속성을 제거하기 위해 모든 종속성 관계인 〈교수, 과목〉, 〈과목, 교재〉, 〈교수, 교재〉의 관계에 대한 테이블을 만들어 위조 튜플 없이 원래의 데이터만 조회될 수 있게 한다.

〈교수〉

교수	과목
P1	파일 구조
P2	파일 구조
P3	데이터베이스

〈과목〉

과목	교재
파일 구조	T1
파일 구조	T2
데이터베이스	T3
데이터베이스	T4

〈교재〉

교수	교재
P1	T1
P1	T2
P2	T3

기출 유형 문제

2020.06, 2019.08, 2016.08

01 정규화 과정 중 1NF에서 2NF가 되기 위한 조건은?

① 1NF를 만족하고 모든 도메인이 원자값이어야 한다.

② 1NF를 만족하고 키가 아닌 모든 애트리뷰트가 기본키에 대해 이행적으로 함수 종속되지 않아야 한다.

③ 1NF를 만족하고 키가 다치 종속이 제거되어야 한다.

④ 1NF를 만족하고 키가 아닌 모든 속성이 기본키에 대하여 완전 함수적 종속 관계를 만족해야 한다.

해설 1NF를 만족(도메인 원자성)하고, 완전 함수 종속(Full Function Dependency)이 되지 않는 속성을 제거해 관계를 만족시킨다.

2019.04

02 정규화 과정 중 BCNF에서 4NF가 되기 위한 조건은?

① 조인 종속성 이용

② 다치 종속 제거

③ 이행적 함수 종속 제거

④ 결정자이면서 후보키가 아닌 함수 종속 제거

해설 주 식별자에 다가 종속(다치 종속) 값을 제거한다.

2021.08, 2018.08

03 다음 정규화에 대한 설명으로 틀린 것은?

① 데이터베이스의 개념적 설계에서 수행한다.

② 데이터 구조의 안정성을 최대화한다.

③ 중복을 배제하여 삽입, 삭제, 갱신 이상의 발생을 방지한다.

④ 데이터 삽입 시 릴레이션 재구성의 필요성을 줄인다.

해설 데이터베이스의 논리적 설계 단계에서 수행하는 절차이다.

2022.03, 2018.04, 2014.05

04 정규화 과정에서 A → B이고 B → C일 때 A → C인 관계를 제거하는 단계는?

① 1NF → 2NF

② 2NF → 3NF

③ 3NF → BCNF

④ BCNF → 4NF

해설 이행 함수에 대한 설명으로, 2NF → 3NF가 되기 위한 조건이다.

2020.09, 2018.03, 2015.03

05 정규화의 필요성으로 거리가 먼 것은?

① 데이터 구조의 안정성 최대화

② 중복 데이터의 활성화

③ 수정, 삭제 시 이상 현상의 최소화

④ 테이블 불일치 위험의 최소화

해설 중복 데이터의 최소화를 위해 정규화를 진행한다.

1: ④ 2: ② 3: ① 4: ② 5: ② 정답

2020.08, 2017.08, 2016.05

06 정규화의 목적으로 옳지 않은 것은?

① 어떠한 릴레이션이라도 데이터베이스 내에서 표현 가능하게 만든다.

② 데이터 삽입 시 릴레이션 재구성의 필요성을 줄인다.

③ 중복을 배제하여 삽입, 삭제, 갱신 이상의 발생을 야기한다.

④ 효과적인 검색 알고리즘을 생성할 수 있다.

해설 중복을 배제하고 삽입, 삭제, 갱신 이상의 발생을 없애기 위함이다.

2012.08

07 정규화 과정에서 발생하는 이상(Anomaly)에 관한 설명으로 옳지 않은 것은?

① 이상은 속성들 간에 존재하는 여러 종류의 종속 관계를 하나의 릴레이션에 표현할 때 발생한다.

② 속성들 간의 종속 관계를 분석하여 여러 개의 릴레이션을 하나로 결합하여 이상을 해결한다.

③ 삭제 이상, 삽입 이상, 갱신 이상이 있다.

④ 정규화는 이상을 제거하기 위해서 중복성 및 종속성을 배제시키는 방법으로 사용한다.

해설 이상 현상은 정규화를 통해 삽입, 삭제, 갱신에 나타나는 이상 현상을 제거한다.

2020.09, 2012.05

08 제3정규형에서 보이스코드 정규형(BCNF)으로 정규화하기 위한 작업은?

① 원자값이 아닌 도메인을 분해

② 부분 함수 종속 제거

③ 이행 함수 종속 제거

④ 결정자가 후보키가 아닌 함수 종속 제거

해설 원자값이 아닌 도메인 분해(1NF) → 부분 함수 종속성 제거(2NF) → 이행 함수 종속성 제거(3NF) → 결정자가 후보키가 아닌 함수 종속성 제거(BCNF) → 다치 종속성 제거(4NF) → 조인 종속성 제거(5NF)

2014.05

09 정규화에 대한 설명으로 옳은 것을 모두 나열한 것은?

> ㉠ 정규화하는 것은 테이블을 결합하여 종속성을 증가시키는 것이다.
> ㉡ 제2정규형은 반드시 제1정규형을 만족해야 한다.
> ㉢ 제1정규형은 릴레이션에 속한 모든 도메인이 원자값만으로 되어 있는 릴레이션이다.
> ㉣ BCNF는 강한 제3정규형이라고도 한다.

① ㉠, ㉡

② ㉠, ㉡, ㉢

③ ㉡, ㉢, ㉣

④ ㉠, ㉡, ㉢, ㉣

해설 정규화를 하는 목적은 테이블 결합 시 종속성을 최소화하기 위함이다.

2015.05, 2010.03

10 어떤 릴레이션 R에서 X와 Y를 각각 R의 속성 집합의 부분 집합이라고 할 경우 속성 X의 값 각각에 대해 시간에 관계없이 항상 속성 Y의 값이 오직 하나만 연관되어 있을 때 Y는 X에 함수적 종속이라고 한다. 이를 기호로 옳게 표기한 것은?

① Y → X   ② Y ⊂ X

③ X → Y   ④ X ⊂ Y

함수적 종속을 화살표(→) 로 표기하며 Y가 X에 함수적 종속일 때 X→Y로 표기한다.

2020.08

11 다음과 같이 위쪽 릴레이션을 아래쪽 릴레이션으로 정규화를 하였을 때 어떤 정규화 작업을 한 것인가?

국가	도시
대한민국	서울, 부산
미국	워싱턴, 뉴욕
중국	베이징

⬇

국가	도시
대한민국	서울
대한민국	부산
미국	워싱턴
미국	뉴욕
중국	베이징

① 제1정규형　② 제2정규형
③ 제3정규형　④ 제4정규형

도메인 원자값은 서울, 부산, 워싱턴, 뉴욕의 중복된 도메인 값이 원자값을 가질 수 있도록 분리하는 작업으로, 제1정규형이라고 한다.

2020.08

12 릴레이션 R의 모든 결정자(Determinant)가 후보키이면 그 릴레이션 R은 어떤 정규형에 속하는가?

① 제1정규형
② 제2정규형
③ 보이스/코드 정규형
④ 제4정규형

해설 보이스-코드 정규형(BCNF)은 모든 결정자가 후보키인 경우이다.

2020.08

13 다음에 해당하는 함수 종속의 추론 규칙은?

> X → Y이고 Y → Z이면 X → Z이다.

① 분배 규칙
② 이행 규칙
③ 반사 규칙
④ 결합 규칙

해설 이행 규칙에 대한 설명이다.

2020.08

14 릴레이션 조작 시 데이터들이 불필요하게 중복되어 예기치 않게 발생하는 곤란한 현상을 의미하는 것은?

① Normalization　② Rollback
③ Cardinality　④ Anomaly

해설 불필요한 데이터의 중복으로 삽입, 삭제, 갱신에 대해 이상 현상(Anomaly)이 발생할 수 있다.

2020.06

15 이행 함수 종속 관계를 의미하는 것은?

① A → B이고 B → C일 때 A → C를 만족하는 관계
② A → B이고 B → C일 때 C → A를 만족하는 관계
③ A → B이고 B → C일 때 B → A를 만족하는 관계
④ A → B이고 B → C일 때 C → B를 만족하는 관계

해설 이행 함수 종속은 'A → B이고, B → C일 때 A → C를 만족하는 관계'이다.

11: ① 12: ③ 13: ② 14: ④ 15: ① 정답

2008.05

16 관계 데이터베이스의 정규화에 대한 설명으로 옳지 않은 것은?

① 정규화를 거치지 않으면 여러 가지 상이한 종류의 정보를 하나의 릴레이션으로 표현하여 그 릴레이션을 조작할 때 이상(Anomaly) 현상이 발생할 수 있다.

② 정규화의 목적은 각 릴레이션에 분산된 종속성을 하나의 릴레이션에 통합하는 것이다.

③ 이상(Anomaly) 현상은 데이터들 간에 존재하는 함수 종속이 하나의 원인이 될 수 있다.

④ 정규화가 잘못되면 데이터의 불필요한 중복이 야기되어 릴레이션을 조작할 때 문제가 발생할 수 있다.

해설 정규화의 목적은 하나의 테이블에서 데이터의 삽입, 삭제, 변경의 관계들로 인하여 데이터베이스의 다른 부분에 이상 현상이 발생하지 않기 위함이다.

2021.03

17 정규화를 거치지 않아 발생하게 되는 이상(Anomaly) 현상의 종류에 대한 설명으로 옳지 않은 것은?

① 삭제 이상이란 릴레이션에서 한 튜플을 삭제할 의도와는 상관없는 값들도 함께 삭제되는 연쇄 삭제 현상이다.

② 삽입 이상이란 릴레이션에서 데이터를 삽입할 때 의도와는 상관없이 원하지 않는 값들도 함께 삽입되는 현상이다.

③ 갱신 이상이란 릴레이션에서 튜플에 있는 속성값을 갱신할 때 일부 튜플의 정보만 갱신되어 정보에 모순이 생기는 현상이다.

④ 종속 이상이란 하나의 릴레이션에 하나 이상의 함수적 종속성이 존재하는 현상이다.

해설 이상 현상은 삽입, 삭제, 갱신 이상이 있다. 종속 이상은 없는 용어이다.

2021.05

18 데이터 속성 간의 종속성에 대한 엄밀한 고려 없이 잘못 설계된 데이터베이스에서는 데이터 처리 연산 수행 시 각종 이상 현상이 발생할 수 있는데, 이러한 이상 현상이 아닌 것은?

① 검색 이상

② 삽입 이상

③ 삭제 이상

④ 갱신 이상

해설 이상 현상에는 삽입 이상, 갱신 이상, 삭제 이상이 있다.

2022.03

19 어떤 릴레이션 R의 모든 조인 종속성의 만족이 R의 후보키를 통해서만 만족될 때, 이 릴레이션 R이 해당하는 정규형은?

① 제5정규형 ② 제4정규형

③ 제3정규형 ④ 제1정규형

해설 도메인 원자값(제1정규화) → 부분 함수 종속성 제거(제2정규화) → 이행 함수 종속성 제거(제3정규화) → 결정자이면서 후보키가 아닌 것 제거(BCNF 정규화) → 다치 종속 제거(제4정규화) → 조인 종속성 제거(제5정규화)
'도 → 부 → 이 → 결 → 다 → 조'로 암기하고 조인 종속성을 제거해야 만족하는 정규형은 제5정규형이다.

2021.05

20 제3정규형에서 BCNF가 되기 위한 조건은?

① 결정자가 후보키가 아닌 함수 종속 제거

② 이행적 함수 종속 제거

③ 부분적 함수 종속 제거

④ 원자값이 아닌 도메인 분해

해설
1NF → 도메인 원자값
2NF → 부분 함수 종속성 제거
3NF → 이행 함수 종속성 제거
BCNF → 결정자가 후보키가 아닌 함수 종속 제거
4NF → 다치 종속성 제거
5NF → 조인 종속성 제거
정규화 과정은 '도, 부, 이, 결, 다, 조'로 암기한다.

정답 16: ② 17: ④ 18: ① 19: ① 20: ①

2021.08

21 이전 단계의 정규형을 만족하면서 후보키를 통하지 않는 조인 종속(JD; Join Dependency)을 제거해야 만족하는 정규형은?

① 제3정규형
② 제4정규형
③ 제5정규형
④ 제6정규형

해설 도메인 원자값(제1정규화) → 부분 함수 종속성 제거(제2정규화) → 이행 함수 종속성 제거(제3정규화) → 결정자 이면서 후보키가 아닌 것 제거(BCNF 정규화) → 다치 종속 제거(제4정규화) → 조인 종속성 제거(제5정규화)
'도 → 부 → 이 → 결 → 다 → 조'로 암기하고 조인 종속성을 제거해야 만족하는 정규형은 제5정규형이다.

2021.08

22 데이터의 중복으로 인하여 관계 연산을 처리할 때 예기치 못한 곤란한 현상이 발생하는 것을 무엇이라 하는가?

① 이상(Anomaly)
② 제한(Restriction)
③ 종속성(Dependency)
④ 변환(Translation)

해설 이상 현상은 관계 연산(삽입, 삭제, 수정)을 적용할 때 데이터의 불일치, 중복, 데이터 손실 등 삽입, 삭제, 갱신에 대한 비합리적인 결과와 예기치 못한 결과가 도출되는 현상이다.

2018.08, 2015.08

23 3NF에서 BCNF가 되기 위한 조건은?

① 이행적 함수 종속 제거
② 부분적 함수 종속 제거
③ 다치 종속 제거
④ 결정자이면서 후보키가 아닌 것 제거

정규화 과정은 '도 → 부 → 이 → 결 → 다 → 조'로 암기한다. 3NF → BCNF가 되기 위한 조건은 '결', '결정자이면서 후보키가 아닌 것 제거'이다.

2021.03

24 다음에서 말하는 기본 정규형은?

> 어떤 릴레이션 R에 속한 모든 도메인이 원자값(Atomic Value)만으로 되어 있다.

① 제1정규형(1NF)
② 제2정규형(2NF)
③ 제3정규형(3NF)
④ 보이스/코드 정규형(BCNF)

어떤 릴레이션 R에 속한 모든 도메인 원자값으로만 되어 있는 정규형은 '도' 1NF의 단계이다.

21: ③ 22: ① 23: ④ 24: ① 정답

2021.08

25 어떤 릴레이션 R에서 X와 Y를 각각 R의 애트리뷰트 집합의 부분 집합이라고 할 경우 애트리뷰트 X의 값 각각에 대해 시간에 관계없이 항상 애트리뷰트 Y의 값이 오직 하나만 연관되어 있을 때 Y는 X에 함수 종속이라고 한다. 이 함수 종속의 표기로 옳은 것은?

① Y → X

② Y ⊂ X

③ X → Y

④ X ⊂ Y

해설 함수 종속의 표시는 화살표(→)로 표시한다. Y가 X에 종속되어 있을 때 'X → Y'로 표기한다.

2022.04

26 다음 조건을 모두 만족하는 정규형은?

- 테이블 R에 속한 모든 도메인이 원자값만으로 구성되어 있다.
- 테이블 R에서 키가 아닌 모든 필드가 키에 대해 함수로 종속되며, 키의 부분 집합이 결정자가 되는 부분 종속이 존재하지 않는다.
- 테이블 R에 존재하는 모든 함수적 종속에서 결정자가 후보키이다.

① BCNF

② 제1정규형

③ 제2정규형

④ 제3정규형

해설 BCNF는 모든 함수적 종속에서 결정자가 후보키(Candidate Key)인 정규형이다.

출제 예상 문제

27 다음 중 함수적 종속의 추론 규칙에 대한 설명으로 옳지 않은 것은?

① 반사 규칙 : A ⊇ B이면 A → B이고 A → A이다.

② 첨가 규칙 : A → B이면 B → C이고A → C이다.

③ 분해 규칙 : A → BC이면 A → B이고 A → C이다.

④ 이행성 규칙 : A → B이고 B → C이면 A → C이다.

해설 함수적 종속의 첨가 규칙은 A → B이면 AC → BC이고 AC → B이다.

28 다음에서 설명하는 이상 현상 중 올바르지 않은 것은?

① 삽입 이상 : 어떤 데이터를 삽입하려고 할 때 필요 없는 데이터를 함께 삽입해야 하는 현상

② 갱신 이상 : 중복된 튜플들 중에서 일부 튜플의 애트리뷰트만 갱신하여 정보의 모순성이 발생하는 현상

③ 삭제 이상 : 원하지 않는 데이터가 같이 삭제되는 현상

④ 조회 이상 : 원하지 않는 데이터가 같이 조회되는 현상

해설 이상 현상은 삽입, 삭제, 갱신 이상이 있다.

정답 25: ③ 26: ① 27: ② 28: ④

108 반정규화

1 반정규화의 개념

- 정규화된 엔티티, 속성, 관계에 대해서 시스템의 성능 향상과 개발/운영의 단순화를 위해 중복, 통합, 분리 등을 수행하는 데이터 모델링 기법이다.
- 빈번한 입출력, 과도한 조인 등으로 인해 성능이 저하되거나 칼럼을 계산하여 읽을 때 성능이 저하될 것을 예상하는 경우 반정규화를 수행한다.

2 반정규화의 절차

- 반드시 데이터 무결성을 보장할 수 있는 방법을 고려한 후 반정규화를 적용한다.
- 정규화와 반정규화 사이에는 트레이드 오프(Trade-off)*가 존재하므로 성능과 무결성 보장의 균형을 유지하는 것이 핵심이다.

★ 트레이드 오프(Trade-Off)
양자 간에 서로 상충하는 관계로 '이율배반'의 의미이다. 반정규화의 경우 성능 향상에 대한 무결성 문제가 발생할 수 있다.

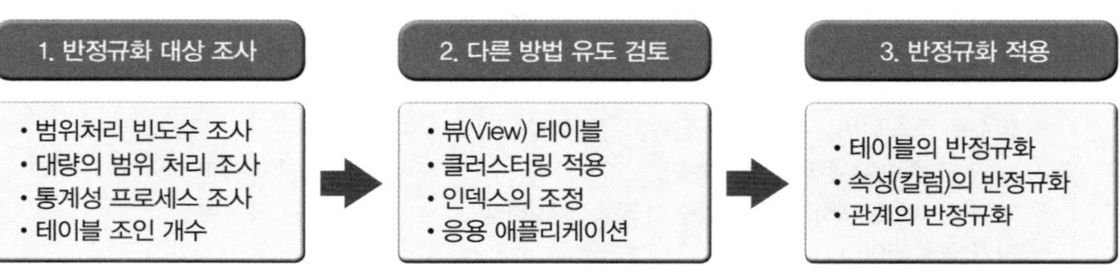

3 반정규화의 기법

구분	기법	설명
테이블 병합	1:1 관계	1:1 관계의 테이블을 통합하여 성능 향상
	1:M 관계	1:M 관계 테이블을 통합하여 성능 향상
	슈퍼/서브타입 테이블 병합	슈퍼/서브 관계를 통합하여 성능 향상
테이블 분할	수직 분할	- 칼럼 단위의 테이블을 디스크 입출력 분산 처리를 위해 1:1로 분리하여 성능 향상 - 트랜잭션 처리 유형 파악 선행 필수
	수평 분할	- 로우 단위로 테이블을 쪼갬 - 로우 단위로 집중 발생되는 트랜잭션을 분석하여 디스크 입출력 및 데이터 접근의 효율성을 높여 성능 향상

구분	기법	설명
테이블 추가	중복 테이블 추가	다른 업무이거나 서버가 다른 경우 동일한 테이블 구조를 중복하여 원격 조인을 제거해 성능 향상
	통계 테이블 추가	SUM, AVG 등을 애플리케이션에서 미리 수행하여 계산해 조회 시 성능 향상
	이력 테이블 추가	마스터 테이블에 존재하는 레코드를 이력 테이블에 중복시켜 성능 향상
	부분 테이블 추가	- 하나의 테이블 내 전체 칼럼 중 자주 이용하고 집중화 된 칼럼이 존재할 경우 수행 - 디스크 입출력 감소를 위해 집중화된 칼럼을 모아 별도의 반정규화된 테이블을 추가 생성

알아두기

SUM, AVG 등은 SQL에서 지원하는 함수이다.

실력 점검 문제

기출 유형 문제

2020.09

01 정규화된 엔티티, 속성, 관계를 시스템의 성능 향상과 개발 운영의 단순화를 위해 중복, 통합, 분리 등을 수행하는 데이터 모델링 기법은?

① 인덱스 정규화 ② 반정규화
③ 집단화 ④ 머징

해설 정규화된 엔티티, 속성, 관계에 대해서 시스템의 성능 향상과 개발/운영의 단순화를 위해 중복, 통합, 분리 등을 수행하는 데이터 모델링 기법은 반정규화이다.

출제 예상 문제

02 반정규화 절차에 대한 설명 중 올바른 것은?

① 반정규화 수행 → 반정규화 성능 확인 → 반정규화 적용
② 테이블 수평/수직 분할 → 반정규화 성능 확인 → 반정규화 적용
③ 반정규화 대상 조사 → 반정규화 외 다른 방법 유도 검토 → 반정규화 적용
④ 반정규화 외 다른 방법 검토 → 반정규화 대상 조사 → 반정규화 적용

해설 1. 대상을 조사하고 2. 다른 방법을 찾아보고 3. 반정규화를 수행한다.

03 다음 중 반정규화 기법으로 해당하지 않는 것은?

① 분산 데이터베이스 이용
② 테이블 병합
③ 테이블 수직/수평 분할
④ 테이블 추가

해설 분산 데이터베이스 이용은 반정규화 기법으로 적당하지 않다.

04 반정규화는 정규화 작업 이후 성능이나 고객의 요청에 의해 진행한다. 반정규화 작업에 해당하지 않는 것은 다음 중 어느 것인가?

① 테이블 병합은 1:1 관계 테이블, 1:M 테이블 등을 병합하여 성능을 향상시킨다.
② 테이블 분할은 수직 분할과 수평 분할로 테이블을 분할하여 성능을 향상시킨다.
③ 테이블 추가는 테이블을 분리 저장하여 성능을 향상시킨다.
④ 이력 테이블 추가는 마스터 테이블에 존재하는 레코드를 이력 테이블에 중복시켜 성능을 향상시킨다.

해설 ③의 테이블 추가는 반정규화만을 위한 작업으로 보기 어렵다.

정답 1: ② 2: ③ 3: ① 4: ③

109 SQL 성능 튜닝

1 SQL 성능 튜닝 개념

응답 속도 향상, 잠재적 시스템 장애 방지, 유지보수 비용 감소, 투자비 절감 등의 목적을 위해 데이터베이스의 성능 관련 인자들을 조정해 데이터 처리 시 응답 시간을 단축시키는 일련의 과정과 기법이다.

2 SQL 성능 튜닝 방법

방법	구성 요소	설명
설계 튜닝	테이블 분할/통합	단일 테이블에 파티션 기능을 적용해 데이터베이스 입출력 최적화
	인덱스 설계	- 최소한의 인덱스로 최대의 효과를 위한 인덱스 설계 - 분포도*는 15% 이하가 유용
	데이터 타입 설계	조인 시 연결되는 데이터 타입의 조정을 통해 인덱스를 적용받을 수 있도록 조정
	정규화/반정규화	- 테이블, 칼럼, 관계의 정규화/반정규화 - 변경이 적고 성능이 요구되는 경우 조인을 최소화함
DBMS 엔진	입출력 최소화	- 실제 필요한 데이터만 Read - Locality*를 이용해 디스크 입출력 최소화, Buffer Hit-Ratio 향상
	Buffer Pool	추후 사용 가능성이 높은 데이터를 버퍼에 오래 머물도록 함
	Commit/Check Point	Commit/Check Point 주기 조절
	최적화 모드 (Optimizer Mode)	- DBMS는 초기 설치 시 최적화 모드를 2가지(CBO*와 RBO*) 중에서 선택할 수 있음 - CBO 모드에서는 통계 정보를 기준으로 비용이 적은 규칙을 선택하므로 통계 정보를 지속적으로 갱신하여 실행 계획 점검 및 조정함
SQL 문장 튜닝	힌트 사용	힌트를 사용해 원하는 실행 계획으로 유도
	부분 범위 처리	원하는 결과가 전제 집합이 아닌 경우 exists, rownum 등을 이용해 부분 범위 처리 유도
	인덱스 접근	인덱스 칼럼의 변형, Null, Not Null 지양
	조인 방식 및 접근 순서	초기 로딩되는 드라이빙 테이블(최소 데이터 테이블 먼저) 및 실행 계획을 확인

★ 분포도
특정 칼럼의 데이터가 평균적으로 분포되어 있는 정도를 의미

★ Locality(지역성)
- 특정 부분에 위치한 데이터를 집중적으로 액세스하는 현상이다.
- 데이터 지역성은 4과목의 〈305 메모리 성능〉에서 'Locality' 설명을 참고한다.

★ CBO
(Cost Base Optimizer)
비용 기반 옵티마이저로, DBMS 내의 옵티마이저가 비용이 적은 실행 계획을 수행한다.

★ RBO
(Rule base optimizer)
규칙 기반 옵티마이저로, 총 15개의 규칙이 명시되어 있다.

출제 예상 문제

01 다음 중 성능 개선의 목적으로 옳지 않은 것은?

① 데이터의 정합성 보장
② 시스템 장애 방지
③ 유지보수 비용 감소
④ 투자 비용 감소

해설
- 데이터 정합성 보장은 정규화를 통해서 진행한다.
- 데이터 정합성 : 데이터의 값들이 서로 모순이 없이 일관되게 일치하는 상태를 의미한다.

02 다음 중 성능 개선 방법으로 적절하지 않은 것은?

① 설계 튜닝 : 정규화, 반정규화 등을 통해 성능 향상
② DBMS 엔진 : 입출력 최소화, CBO, RBO 기반의 실행 계획 최적화
③ SQL 문장 튜닝 : 힌트, 부분 범위 처리 사용으로 성능 향상
④ 통계 정보 갱신 안 함 : 통계 정보를 갱신시키지 않고 동일한 방법으로 조인되도록 유도

해설 성능 개선을 위해 필히 통계 정보를 갱신해야 한다.

03 SQL 성능 향상 방법으로 올바르지 않은 것은?

① 인덱스를 이용하여 조회할 수 있도록 인덱스 칼럼을 변형한다.
② CBO를 이용할 경우 RBO를 이용할 수 있도록 변경한다.
③ 부분 범위를 처리할 수 있도록 EXISTS, ROWNUM 등의 함수를 이용한다.
④ 통계 정보를 주기적으로 업데이트하여 실행 계획을 점검한다.

해설 RBO는 정해진 15가지 규칙만으로 데이터를 조회한다. 규칙을 이용하는 RBO보다 통계 정보를 이용하는 CBO를 통해 SQL의 성능을 향상시킬 수 있다. 즉 성능 향상을 위해서는 RBO보다는 CBO를 이용한다.

04 다음 중 SQL 성능 향상을 위한 튜닝 방법 중 DBMS 엔진을 통한 성능 향상 방법이 아닌 것은?

① 입출력을 최소화하여 실제 필요한 데이터만 조회한다.
② CBO, RBO를 설정하여 Optimizer Mode(최적화 모드)를 이용한다.
③ Buffer Pool을 이용해 추후 사용 가능성이 높은 데이터를 버퍼에 오래 머물도록 유도한다.
④ 성능이 느려진 SQL 구문에 힌트를 추가하여 원하는 실행 계획으로 유도한다.

해설 SQL 구문에 힌트를 추가하는 것은 DBMS 엔진을 이용한 성능 향상이 아니고 SQL 문장 튜닝이다.

정답 1: ① 2: ④ 3: ② 4: ④

110 시스템 카탈로그

> **알아두기**
> 시스템 카탈로그와 데이터 사전(자료 사전)은 같은 의미로, DBA가 사용하는 도구이며 모든 데이터 객체에 대한 정보 및 명세를 갖고 있다.

1 시스템 카탈로그의 개념

- 데이터베이스의 스키마 정보, 스키마들 간의 사상 정보, DBMS의 특정 모듈(질의 최적화, 권한 관리 모듈 등)을 필요로 하는 정보를 저장하는 시스템 데이터베이스이다.
- 데이터베이스 관리자의 도구로써 데이터베이스에 저장되어 있는 모든 데이터 개체들에 대한 정보나 명세에 대한 정보를 수록한 시스템 테이블이다.

2 시스템 카탈로그의 특징

특징	설명
스스로 유지	DBMS가 스스로 생성하고 유지함
테이블로 구성	시스템 카탈로그 자체도 테이블로 구성되어 있으며 시스템 카탈로그 테이블에 권한이 있는 일반 사용자가 조회해 내용을 확인할 수 있음
시스템 카탈로그의 갱신	- 사용자가 시스템 카탈로그를 수정, 삭제할 수 없음 - 사용자가 사용자 테이블에 DDL을 이용해 사용자 테이블을 수정하면 시스템이 자동으로 시스템 카탈로그 정보를 갱신함

3 시스템 카탈로그의 내용

> **알아두기**
> **메타 데이터(Meta Data)**
> - '데이터에 관한 데이터'로, 데이터에 대한 각종 정보(자원의 속성)를 담고 있는 데이터
> - 데이터 유형, 구조, 길이, 작성자 등 데이터의 속성 등을 설명하는 데이터

내용	설명
릴레이션 정보	- 릴레이션 이름, 속성, 타입, 도메인, 무결성 제약 조건 - 릴레이션이 저장된 파일 이름, 구조 및 물리적 위치 - 릴레이션에 정의된 각 인덱스의 이름
인덱스 정보	- 인덱스 이름, 구조, 키 정보 - 인덱스가 정의된 속성 정보(트리 구조 등)
뷰 정보	- 뷰의 이름 정의
통계 정보	- 릴레이션 카디널리티 및 크기, 인덱스의 카디널리티 및 크기 - 인덱스의 높이 및 범위
기타	- 사용자의 계정 정보 및 권한 정보 - 기본키, 외래키 등과 같은 제약 조건에 대한 명세 - 성능 정보를 위한 저장 구조에 대한 명세 및 보안 권한 설정 등

2011.06

01 시스템 카탈로그에 대한 설명으로 옳지 않은 것은?

① 시스템 카탈로그는 DBMS가 스스로 생성하고 유지하는 데이터베이스 내의 특별한 테이블들의 집합체이다.

② 일반 사용자도 시스템 카탈로그의 내용을 검색할 수 있다.

③ 시스템 카탈로그 내의 각 테이블은 DBMS에서 지원하는 개체들에 관한 정보를 포함한다.

④ 시스템 카탈로그에 대한 갱신은 데이터베이스의 무결성 유지를 위하여 사용자가 직접 갱신해야 한다.

해설 시스템 카탈로그에 대한 갱신은 시스템에서 스스로 생성하고 유지한다.

2010.09

02 시스템 카탈로그에 대한 설명으로 틀린 것은?

① 데이터베이스에 포함된 다양한 데이터 객체에 대한 정보들을 유지, 관리하기 위한 시스템 데이터베이스이다.

② 시스템 카탈로그를 데이터 사전(Data Dictionary)이라고도 한다.

③ 시스템 카탈로그에 저장된 정보를 메타 데이터라고도 한다.

④ 시스템 카탈로그는 시스템을 위한 정보를 포함하는 시스템 데이터베이스이므로 일반 사용자는 내용을 검색할 수 없다.

해설 시스템 카탈로그 또한 테이블로 구성되어 있으며, 권한이 있는 일반 사용자는 검색이 가능하다.

2005.05

03 데이터 사전(Data Dictionary)에 대한 설명으로 부적합한 것은?

① 여러 가지 스키마와 이들 속에 포함된 사상들에 관한 정보도 컴파일되어 저장된다.

② 데이터베이스를 실제로 접근하는 데 필요한 정보를 유지, 관리하며 시스템만이 접근한다.

③ 사전 자체도 하나의 데이터베이스로 간주되며, 시스템 카탈로그(System Catalog)라고도 한다.

④ 데이터베이스가 취급하는 모든 데이터 객체들에 대한 정의나 명세에 관한 정보를 관리 유지한다.

해설 데이터 사전은 사용자도 접근이 가능하다.

2011.03

04 시스템 카탈로그에 대한 설명으로 옳지 않은 것은?

① 시스템 카탈로그는 DBMS가 스스로 생성하고 유지한다.

② 시스템 카탈로그는 시스템 테이블이기 때문에 일반 사용자는 내용을 검색할 수 없다.

③ 시스템 카탈로그에 저장된 정보를 메타 데이터라고 한다.

④ 시스템 카탈로그를 자료 사전이라고도 한다.

해설 시스템 카탈로그는 DBMS가 스스로 생성하고 유지하고, 일반 사용자는 내용을 검색해 볼 수 있다.

정답 1: ④ 2: ④ 3: ② 4: ②

2021.03

05 시스템 카탈로그에 대한 설명으로 틀린 것은?

① 시스템 카탈로그의 갱신은 무결성 유지를 위하여 SQL을 이용하여 사용자가 직접 갱신하여야 한다.

② 데이터베이스에 포함되는 데이터 객체에 대한 정의나 명세에 대한 정보를 유지관리한다.

③ DBMS가 스스로 생성하고 유지하는 데이터베이스 내의 특별한 테이블의 집합체이다.

④ 카탈로그에 저장된 정보를 메타 데이터라고도 한다.

해설 시스템 카탈로그는 무결성 유지 등을 위해 DBMS가 스스로 생성하고 유지한다. 사용자는 조회만 가능하다.

2022.04, 2021.05

06 시스템 카탈로그에 대한 설명으로 옳지 않은 것은?

① 사용자가 직접 시스템 카탈로그의 내용을 갱신하여 데이터베이스 무결성을 유지한다.

② 시스템 자신이 필요로 하는 스키마 및 여러 가지 객체에 관한 정보를 포함하고 있는 시스템 데이터베이스이다.

③ 시스템 카탈로그에 저장되는 내용을 메타 데이터라고도 한다.

④ 시스템 카탈로그는 DBMS가 스스로 생성하고 유지한다.

해설 시스템 카탈로그는 무결성 유지 등을 위해 DBMS가 스스로 생성하고 유지한다. 사용자는 조회만 가능하다.

2022.04

07 시스템 카탈로그에 대한 설명으로 옳지 않은 것은?

① 시스템 카탈로그 또는 시스템 데이터베이스라고도 한다.

② 데이터 사전 역시 데이터베이스의 일종이므로 일반 사용자가 생성, 유지 및 수정할 수 있다.

③ 데이터베이스에 대한 데이터인 메타 데이터(Metadata)를 저장하고 있다.

④ 데이터 사전에 있는 데이터에 실제로 접근하는 데 필요한 위치 정보는 데이터 디렉터리라는 곳에서 관리한다.

해설 일반 사용자는 데이터 사전을 생성, 유지, 수정할 수 없고 조회만 가능하다.

5: ① 6: ① 7: ② 정답

출제 예상 문제

08 다음 중 시스템 카탈로그를 통해 확인할 수 없는 정보는 무엇인가?

① 인덱스 정보 : 인덱스 이름, 키 정보, 구조 등을 확인할 수 있다.

② 뷰 정보 : 뷰에 대한 정보를 확인하고 내용을 수정할 수 있다.

③ 통계 정보 : 릴레이션 카디널리티 및 크기, 인덱스의 카디널리티 및 크기를 확인할 수 있다.

④ 사용자 정보 : 사용자의 계정 정보 및 권한 정보 등을 확인할 수 있다.

해설 뷰 정보는 확인 가능하지만, 수정은 불가능하다. 뷰는 삭제 후 생성이 가능하다.

09 시스템 카탈로그의 특징을 설명한 것 중 옳지 않은 것은?

① 시스템 카탈로그도 테이블로 구성되어 있어 그 내용을 조회하여 확인할 수 있다.

② 사용자가 사용자 테이블에 수정을 가하면 시스템이 자동으로 시스템 카탈로그를 갱신한다.

③ 시스템 카탈로그는 DBMS가 스스로 생성하고 유지한다.

④ 사용자가 시스템 카탈로그를 수정, 삭제할 수 있다.

해설 DBMS가 시스템 카탈로그를 스스로(자동으로) 갱신한다.

10 다음에서 설명하는 것은?

> 테이블에 대한 정보를 구성하고 있으며 데이터 사전이라고 부르기도 한다. 시스템의 사용자 정보, 뷰, 인덱스, 통계에 대한 정보를 저장하고 있으며 시스템을 통해 관리된다.

① 뷰

② 인덱스

③ 트리거

④ 시스템 카탈로그

해설 시스템 카탈로그(데이터 사전)에 대한 설명이다.

11 시스템 카탈로그에서 확인할 수 있는 릴레이션 정보에 대한 설명으로 옳지 않은 것은?

① 릴레이션의 이름, 속성, 타입, 도메인 및 무결성 제약 조건

② 릴레이션이 저장된 파일 이름, 구조 및 물리적 위치

③ 릴레이션 카디널리티 및 크기, 인덱스의 카디널리티 및 크기

④ 릴레이션에 정의된 각 인덱스의 이름

해설 릴레이션 카디널리티 및 크기, 인덱스의 카디널리티 및 크기는 시스템 카탈로그의 통계 정보에서 확인할 수 있다.

정답 8: ② 9: ④ 10: ④ 11: ③

물리 데이터베이스 설계

이번 장에서 다룰 내용

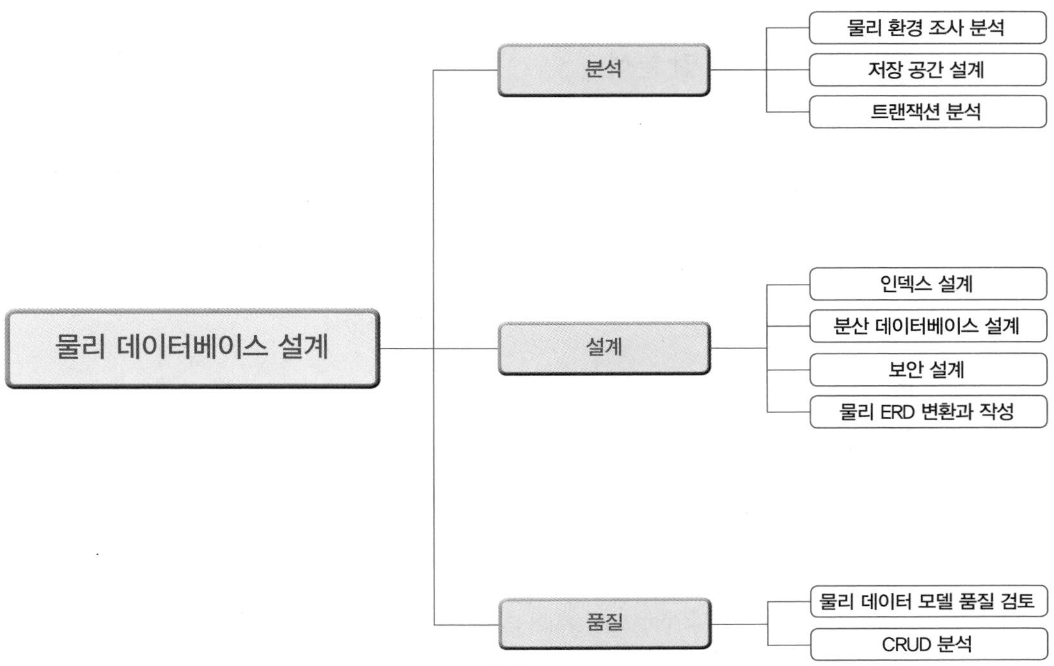

- 물리 데이터베이스 저장 형식의 분석, 설계, 접근 경로 등을 설계할 수 있다.
- 데이터베이스의 물리적인 속성을 설계할 수 있다.
- 논리적으로 설계된 ERD를 물리적인 매핑을 통해 물리 E-R 다이어그램으로 변환할 수 있다.
- 물리 데이터베이스 모델에 대해 정확성, 완전성, 준거성, 최신성, 일관성, 활용성 등 품질 점검을 할 수 있다.

201 물리 환경 조사 분석

1 시스템 조사 및 분석

■ 시스템 조사 및 분석의 목표

- 기존 시스템을 분석하여 업무 영역과 시스템 영역으로 구분하여 용어 사전 기반으로 명명 규칙을 파악한다.
- 데이터베이스와 관련된 요소들을 파악해 구조, 이중화 구성, 분산 구조, 암호화, 접근 제어, 데이터베이스 암호화에 대한 시스템 조사, 분석을 진행한다.

■ 비즈니스 도메인 및 명명 규칙 분석

분석 요소	설명
비즈니스 도메인	모델링 시의 도메인은 객체(Entity) 타입이 속성에 대한 데이터 타입 및 크기, 제약을 지정한다.
명명 규칙	– 데이터 명명 규칙은 비즈니스 혹은 시스템과 관련된 명명 규칙을 의미하며, 물리 데이터 모델 각각의 요소에 적용해야 한다. – 데이터 명명 규칙의 우선 파악이 필요하다.
데이터 용어 사전*	비즈니스 기업 전사 차원의 시스템 일관성 있는 명명 규칙, 인터페이스 제공을 위해 논리명(Logical Name), 물리명(Physical Name), 용어 정의(Definition)를 정의한 표준 체계이다.

★ 데이터 사전
'데이터 용어 사전'이라고도 한다.

■ 시스템의 물리적 체계 분석

- 데이터베이스의 설치에 영향을 줄 수 있는 하드웨어 및 운영체제, DBMS 버전, 파라미터 정보 등을 분석하는 절차이다.
- 데이터베이스의 특성, 스토리지 유형, 서버, 네트워크의 특성을 파악하고 정확히 숙지하고 있어야 한다.

분석 요소	설명
하드웨어 자원	CPU, 메모리, 디스크, 입출력 컨트롤러, 네트워크 등의 정보를 분석 진행한다.
운영체제, DBMS 버전	운영 환경과 데이터베이스 버전, 설치되는 데이터베이스의 인스턴스 관리 방법 등에 대한 확인을 진행한다.
데이터베이스 파라미터 정보 파악	DBMS의 파라미터* 는 DBMS 시스템별로 많은 차이가 있으며 관리 방법도 상이하다. DBMS의 저장 공간, 메모리 관리 방법, 옵티마이저 설정 등에 대한 정보를 파악하고 고려해야 한다.

★ 파라미터(Parameter)
실행 환경과 프로그램 사이에 주고받는 정보를 일시적으로 저장하는 역할을 한다. 묵시적, 명시적 파라미터가 있다.

■ 데이터베이스 생명주기

- 데이터베이스는 정보 시스템의 기초로써 요구 조건 분석, 설계, 구현, 운영, 감시 및 개선의 단계를 통해 데이터베이스 생명주기(Database Life Cycle)가 구성된다.
- 물리적 데이터베이스 설계 요소로 스토리지, 분산 데이터베이스, 데이터베이스 이중화, 암호화 및 접근 제어에 대한 설계가 필요하다.

2 데이터베이스 관리 요소

- 데이터베이스 운영과 관련된 요소로 사용자 관리 기법 및 정책, 백업/복구 기법, 정책, 보안 관리 정책이 포함된다.
- 데이터베이스 운영 보장을 위해 데이터베이스 구조, 이중화 구성, 분산 구조, 접근 제어 및 데이터베이스 암호화 등에 대한 범위와 특성 파악이 필요하다.

관리 요소	설명
DBMS 구조	데이터베이스에 따라 달라질 수 있으며 저장 및 안전한 관리를 위해 구조의 이해가 필요하다.
이중화 구성*	장애 발생 시 데이터베이스를 보호하기 위해 중복 갱신 등의 방법을 이용한다.
분산 구조	네트워크를 이용해 단일한 데이터베이스 관리 시스템으로 이용할 수 있으며 데이터베이스의 복제 및 분산을 통해 향상된 성능 제공, 물리적 재해 대응 및 유실을 방지할 수 있다.
접근 제어	웹를 통한 접근 제어, DBMS 권한 소유자에 의한 접근 제어 등 안정적 관리를 유지하기 위한 접근 제어는 관리 필수 요소이다.
데이터베이스 암호화	데이터 자체에 대한 암호화 및 암호키에 대한 인증 및 권한 관리로 구성한다.

★ 데이터베이스 이중화 (Database Replication)
- 오류로 데이터베이스 서비스 중단이나 물리적 손상이 발생한 경우 이를 복구하기 위해 동일한 데이터베이스를 복제하여 관리하는 것을 말한다.
- 데이터 변경이 발생하면 즉시 적용되는 Eager 기법과 트랜잭션이 종료되면 데이터 변경 사항을 새로운 트랜잭션으로 전달하는 Lazy 기법이 있다.

3 데이터베이스 백업 기법

데이터베이스 장애 시 복구를 위해 진행하는 작업으로 복구 수준에 따라 백업의 종류 및 범위가 결정된다.

관점	방법	설명
백업 주체	DBMS 논리 백업	DBMS 지원 유틸리티 이용
	운영체제 물리 백업	로그 파일 백업 사용
		로그 파일 백업 없음
데이터 범위	전체 백업	데이터 전체 백업
	차분 백업	이전 백업 이후 변경 부분만 백업
	증분 백업	전체 백업 이후 변경분이 누적되어 백업

멘토 코멘트

데이터베이스 이중화와 관련하여 5과목의 〈203 서버 장비 운영〉에서 '고가용성(HA)'의 설명을 참고한다.

출제 예상 문제

01 데이터베이스 설계 시 시스템 운영체제 분석에서 운영 환경과 DBMS의 버전 및 인스턴스 관리법에 대해 확인하는 과정은 무엇인가?

① 메모리 및 네트워크 환경 조사
② 하드웨어 자원 조사
③ 운영체제 및 DBMS 버전 확인
④ 데이터베이스 파라미터 정보 파악

해설 데이터베이스 설계 단계의 운영체제 및 DBMS 버전 관리에서 버전 및 인스턴스 관리를 수행한다.

02 다음 중 데이터베이스 운영 보장을 위한 관리 요소에 해당하지 않는 것은?

① DBMS 구조
② 스키마 백업
③ 접근 제어
④ 데이터베이스 암호화

해설 DBMS의 운영 관리 요소로는 DBMS 구조, 이중화 구성, 분산 구조, 접근 제어, 데이터베이스 암호화 등이 관리된다.

03 데이터베이스 백업에 대한 설명으로 옳지 않은 것은?

① 데이터베이스 백업은 데이터 백업 주체와 데이터 백업 범위를 기준으로 나눌 수 있다.
② 데이터베이스 백업 중 전체 백업은 원하는 데이터베이스 전체를 백업한다.
③ 운영체제 물리 백업은 로그 파일을 사용하는 방법과 사용하지 않는 방법이 있다.
④ 차분 백업은 전체 백업 이후 변경된 부분만 백업하는 기법이다.

해설 차분 백업은 이전 백업 이후 변경 부분만 백업하는 기법이다. ④번은 증분 백업에 대한 설명이다.

04 데이터베이스 설계 시 물리 환경 조사 분석 단계에서 진행하는 사항이 아닌 것은?

① 하드웨어 자원 분석
② 운영체제 분석
③ 정규화
④ 시스템 조사 분석

해설 정규화는 논리적 설계 시에 진행된다.

1: ③ 2: ② 3: ④ 4: ③ 정답

202 저장 공간 설계

1 테이블 설계

■ 테이블(Table) 설계의 개념

데이터베이스를 구성하는 가장 기본적인 객체로, 행(Rows)과 칼럼(Column)으로 구성된다. 데이터베이스에 저장되는 모든 데이터는 테이블로 저장한다.

■ 테이블 유형

구분	설명
일반 유형 테이블 (Heap-Organized Table)	상용 DBMS에서 사용하고 있는 형태로 테이블 내의 데이터 저장 위치는 해당 로우가 저장될 때 결정되는 형태이다.
클러스터 인덱스 테이블 (Clustered Index Table)	- 기본키(PK; Primary Key) 및 인덱스키값 등의 순서를 기반으로 데이터가 저장되는 테이블이다. - B-Tree Leaf Node에 RowID가 아닌 데이터 페이지가 저장되는 구조이다.
파티셔닝* 테이블 (Partitioned Table)	- 파티션키를 통해 파티션을 생성하고 테이블에 저장되는 데이터는 파티션키에 따라 구분되어 저장되는 형태이다. - 대용량 데이터 저장 시에 많이 사용된다.
외부 테이블 (External Table)	- 데이터베이스 내의 일반 테이블 형태로 이용할 수 있는 데이터베이스 객체이다. - 데이터 웨어하우스(DW; Data Warehouse)의 ETL* 작업에 유용하게 사용할 수 있는 테이블이다.
임시 테이블 (Temporary Table)	- 트랜잭션이나 세션별로 테이블을 생성하고 데이터를 저장 및 처리할 수 있는 테이블이다. - 트랜잭션이나 세션이 사라지면 같이 사라지며, 다른 세션에 공유할 수 없다.

★ 파티셔닝
큰 테이블이나 인덱스를 파티션이라는 단위로 물리적으로 분할한다.

★ ETL(Extraction, Transformation, Load)
기존의 원천 시스템에서 데이터를 추출하여 목적 시스템의 데이터베이스에 적합한 형식과 내용으로 변환한 후 목적 시스템에 적재하는 일련의 과정이다. 데이터 이행, 데이터 이관이라고도 한다.

2 칼럼 설계

■ 칼럼(Column)의 개념

- 테이블을 구성하는 기본 요소로 데이터 타입, 길이 등을 정의할 수 있다. 데이터 타입(Data Type)은 데이터 일관성 유지에 가장 기본적 기능으로, 표준화된 도메인을 정의할 경우 그에 따라 데이터 타입과 길이를 정의한다.
- 비교 연산에서 두 칼럼 사이의 데이터 타입이나 길이가 상이할 경우 DBMS에서 내부적으로 형 변환을 한 뒤 연산을 수행하므로 칼럼이 상호 참조일 경우 가능한 동일 데이터 타입과 길이를 사용해 인덱스 사용 계획이나 실행 계획을 예측한다.

■ DBMS별 물리적 순서 조정의 특성

특징	설명
Oracle	- 인덱스를 구성하는 모든 칼럼의 값이 Null인 로우는 인덱스를 저장하지 않아 저장 공간을 절약하고 테이블 Full Scan을 쉽게 유도할 수 있음 - Null을 이용한 인덱스 스캔이 불가능
SQL 서버	Null도 하나의 값으로 인식하며, Null을 이용한 인덱스 스캔이 가능

■ 데이터 타입과 길이 지정 시의 고려 사항

- 가변 길이 데이터의 경우 예상되는 최대의 길이로 지정한다.
- 고정 길이 데이터 타입은 최소 길이로 지정한다.
- 소수점 이하 자리 수는 반올림되어 저장되므로 반드시 확인한다.

■ 칼럼 데이터 타입에 따른 물리적 순서 고정

- 고정 길이 칼럼이고, Not Null인 칼럼은 앞쪽에 배치한다.
- 가변 길이 칼럼은 뒤쪽에 배치한다.
- Null 값이 많을 것으로 예상되는 칼럼은 뒤쪽에 배치한다.

3 테이블 스페이스 설계

■ 테이블 스페이스(Table Space)의 개념

테이블 스페이스는 저장되는 내용에 따라 테이블, 인덱스, 임시 데이터 등으로 구분하여 설계한다. 이를 통해 백업 및 공간 확장 단위인 물리적 파일 크기의 적정한 유지가 가능하다. 테이블 스페이스(Table Space)는 데이터 용량을 관리하는 단위로 이용할 수 있다.

■ 테이블 스페이스 설계 고려 사항

- 테이블에 저장되는 테이블 스페이스는 업무별로 지정한다.
- 대용량 테이블의 경우 독립적인 테이블 스페이스를 이용한다.
- 테이블과 인덱스는 분리하여 저장된다.
- LOB(Large Object)의 경우 독립적인 공간을 지정한다.

4 데이터베이스 용량 설계

■ 용량 설계의 목적

- 정확한 데이터 용량을 예측하여 저장 공간을 효과적으로 사용하고 확장성 및 가용성을 확보한다.
- 하드웨어 특성을 고려한 설계를 통해 디스크 병목*을 예방한다.
- 디스크 입출력을 분산한 용량 설계로 접근성을 향상시킨다.
- 용량 설계를 통해 테이블 및 인덱스에 적합한 저장 옵션을 지정할 수 있다.

★ 디스크 병목

병목은 물이 병 밖으로 빠져 나갈 때 병의 몸통보다 병의 목 부분의 내부 지름이 좁아서 물이 상대적으로 천천히 쏟아지는 것에 비유한 것으로 하드웨어의 디스크 등으로 성능이 저하되는 현상을 이야기한다.

■ 테이블 저장 옵션 고려 사항

- 초기 사이즈, 증가 사이즈
- 트랜잭션 관련 옵션(커밋 전 임시 데이터 사이즈)
- 최대 사이즈와 자동 증가

출제 예상 문제

01 저장 공간 설계 단계에서 진행하는 테이블 설계 중 테이블 설계 유형이 아닌 것은?

① 일반 유형 테이블(Heap-Organized Table)
② 클러스터 인덱스 테이블(Clustered Index Table)
③ 해시 테이블(Hash Table)
④ 파티셔닝 테이블(Partitioned Table)

해설 저장 공간 설계 단계에서 일반 유형, 클러스터 인덱스, 파티셔닝, 외부 테이블, 임시 테이블에 대한 설계를 진행한다.

02 저장 공간 설계에서 수행하지 않는 설계는 무엇인가?

① 인덱스 튜닝 설계
② 테이블 설계
③ 칼럼 설계
④ 데이터베이스 용량 설계

해설 인덱스 튜닝은 데이터가 어느 정도 저장되어 성능이 저하되었을 때 진행한다.

03 테이블 스페이스 설계 시의 고려 사항으로 적절하지 않은 것은?

① 테이블에 저장되는 테이블 스페이스는 하나로 지정하는 것이 관리에 용이하다.
② 대용량 테이블의 경우 독립적인 테이블 스페이스를 이용한다.
③ 테이블과 인덱스를 분리하여 저장하는 것을 고려한다.
④ Large Object의 경우 독립적인 공간을 지정한다.

해설 테이블 스페이스 지정은 업무별로 지정하는 것이 관리에 용의하다.

04 테이블을 구성하는 기본 요소로 데이터 타입, 길이 등을 정할 수 있다. 데이터 타입은 일관성 유지에 가장 기본적인 기능으로 표준으로 정의할 경우 그에 따라 데이터 타입과 길이를 정할 수 있다. 해당 설계는 무엇인가?

① 테이블 설계
② 칼럼 설계
③ 데이터 사전 설계
④ 데이터베이스 설계

해설 칼럼 설계에 대한 설명이다.

1: ③ 2: ① 3: ① 4: ② 정답

203 트랜잭션 분석

1 트랜잭션(Transaction) 분석의 목적

- 트랜잭션은 데이터베이스에서 행해지는 작업의 논리적 단위이다.
- 테이블에서 발생하는 트랜잭션 양에 따라 데이터베이스 용량을 산정하여 데이터베이스 구조를 최적화한다.

2 트랜잭션 분석의 활용

활용 방법	설명
용량 산정의 근거 자료	테이블에 생성된 트랜잭션을 분석해 저장되는 데이터의 양을 유추하고 이를 근거로 데이터베이스 용량을 산정
디스크 구성의 이용	트랜잭션 분석 결과를 이용하여 프로세스가 과도하게 발생하는 테이블에 대해 디스크를 분산하여 성능 향상
채널의 분산	데이터베이스와 연결되는 채널을 분산하여 대기 현상이나 Time-Out 등을 예방

3 무결성 설계

■ 무결성의 개념

- 데이터베이스에 저장된 데이터 값을 정확하게 유지하기 위해 처음 저장된 데이터와 수정되는 데이터의 값이 잘못되지 않도록 무효 갱신으로부터 데이터를 보호하기 위한 기법이다.
- 데이터베이스에서 일관성은 상태가 같아야 함을 의미하며, 상태는 이전의 오류가 없을 때 이후에도 오류가 없어야 함을 의미한다. 이 오류가 없는 상태를 무결성이라고 하며 무결성은 정확성, 일관성, 유일성, 신뢰성 있는 상태를 한 번에 표현하는 것이다.

■ 무결성 설계의 목적

데이터의 정확성(Correctness)과 정밀성(Accuracy)을 유지하기 위해 무효 갱신으로부터 데이터를 보호하기 위한 설계 규정이다. 무결성 규정(Integrity Rule) 또는 무결성 제약(Integrity Constraint)이라고 한다.

멘토 코멘트

무결성은 보통 개체, 참조, 속성, 사용자 정의, 키 무결성으로 이야기하며 선언적, 절차적 방법을 통해 무결성을 확보한다.

무결성의 유지 방법

구분	선언적 방법	절차적 방법
개념	DBMS 기능으로 무결성 구현	애플리케이션에서 무결성 구현
구현 방법	DDL문으로 구현	서버상에서 DML문으로 구현
무결성 점검	DBMS	프로그램
장점	절차적 데이터 무결성보다 오류 발생 가능성이 적음	여러 번 반복해서 사용하는 경우에 편리함
단점	성능에 영향을 줄 수 있음	오류가 발생할 수 있는 가능성이 존재함
사례	- DDL(Create, Alter) - 기본키, 외래키	- 트리거, 저장 프로시저 - 애플리케이션

멘토 코멘트

무결성의 종류

(개) 개체(실체) 무결성
(참) 참조 무결성
(속) 속성(영역) 무결성
(사) 사용자 무결성
(키) 키 무결성
➜ '개참속사키'로 암기

무결성의 종류

무결성 종류	설명	방법
실체 무결성	- '개체 무결성'이라고도 함 - 실체에서 개체의 유일성을 보장하기 위한 무결성으로 반드시 보장되어야 하는 성질 - 기본키의 값이 Null 값이 아닌 원자값을 가짐	기본키(PK; Primary Key) 제약 조건과 유일성 제약 조건 등을 이용
영역 무결성	- '속성 무결성'이라고도 함 - 칼럼 데이터 타입, 길이, 유효값이 일관되게 유지되어야 한다는 성질	데이터 타입(Data Type)과 길이(Length), 유효값(Check, Not Null)
참조 무결성	- 두 실체 사이 관계 규칙 정의를 위한 제약 조건 - 데이터가 입력, 수정, 삭제될 때 두 실체의 튜플들 사이의 정합성과 일관성 유지에 사용	입력 참조 무결성, 수정 삭제 참조 무결성, Default
사용자 정의 무결성	다양하게 정의될 수 있는 비즈니스 규칙이 데이터적으로 일관성을 유지하는 성질	- 트리거(Trigger) - 사용자 정의 데이터 타입(User Define Data Type)
키 무결성	애트리뷰트에 중복된 값이 존재하면 안된다는 조건	기본키, 유니크키로 릴레이션 내에 중복된 값을 허용하지 않는다.

무결성 강화

- 무결성은 데이터 품질에 직접적인 영향을 준다. 품질을 확보하고 유지하기 위해 데이터베이스 구축 단계부터 적절한 무결성 방안을 확보해야 한다.
- 무결성 제약을 데이터베이스로 모두 할 수 없으므로 상호 간 유지해야 할 정합성은 애플리케이션 내에서 처리한다.

<table>
<tr><th>무결성 강화 방법</th><th colspan="2">설명</th></tr>
<tr><td rowspan="3">애플리케이션</td><td colspan="2">데이터를 조작하는 프로그램 내에 생성, 수정, 삭제 시 무결성 조건을 검증하는 코드를 추가해 무결성을 강화</td></tr>
<tr><td>장점</td><td>사용자 정의 같은 복잡한 무결성 조건을 정의함</td></tr>
<tr><td>단점</td><td>- 소스 코드에 분산되어 관리 어려움
- 개별적으로 수행되어 적정성 검토에 어려움</td></tr>
<tr><td rowspan="3">데이터베이스 트리거
(Trigger)</td><td colspan="2">트리거 이벤트 시 저장 SQL을 실행하여 무결성 조건을 실행해 무결성을 강화</td></tr>
<tr><td>장점</td><td>통합 관리가 가능, 복잡한 요구 조건 구현 가능</td></tr>
<tr><td>단점</td><td>- 운영 중 변경이 어려움
- 사용상 주의 필요</td></tr>
<tr><td rowspan="3">제약 조건
(Constraints)</td><td colspan="2">데이터베이스 제약 조건을 선언해 무결성을 강화하는 기법</td></tr>
<tr><td>장점</td><td>- 통합 관리, 간단 선언을 통한 구현, 변경이 용이
- 유효/무효 상태 변경이 가능
- 원천적으로 잘못된 데이터 발생을 막을 수 있음</td></tr>
<tr><td>단점</td><td>- 복잡한 제약 조건 구현의 어려움
- 예외적인 처리 불가능</td></tr>
</table>

4 회복 기법

■ 회복 기법의 개념

데이터베이스의 운용 중 발생하는 예기치 못한 실패(Failure)가 발생한 경우 데이터베이스를 장애 발생 이전의 일관된 상태(Consistent State)로 되돌리는 기술이다.

■ 회복 기법의 유형

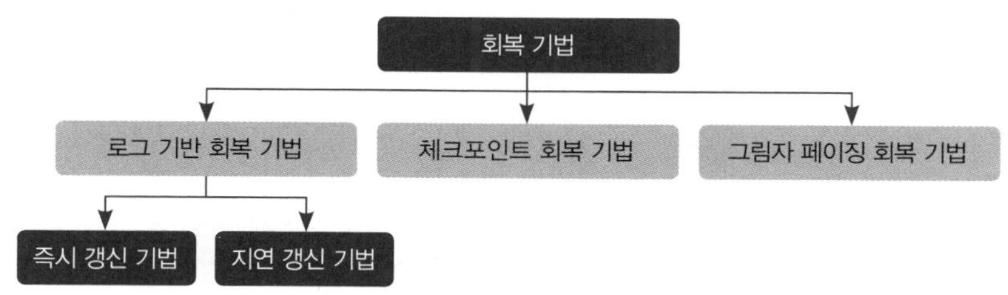

■ REDO와 UNDO

구분	설명
REDO	데이터베이스 내용 자체가 손상이 된 경우 최근 복제본을 적재한 후 이후 일어난 변경을 로그 정보를 이용하여 재실행하여 회복한다.
UNDO	데이터베이스 내용 자체는 손상되지 않았지만 변경 중이거나 변경된 내용에 대한 신뢰성을 잃어버린 경우 모든 변경 내용을 취소하여 복원한다.

알아두기

- REDO : 재실행
- UNDO : 원상태로 되돌림

■ 로그 기반 회복 기법

데이터 변경 내역을 로그에 기록하고 데이터 장애가 발생하면 해당 로그를 이용하여 데이터를 회복하는 기법이다.

(1) 지연 갱신

구분	설명
갱신	- 트랜잭션 단위가 종료될 때까지 DB Write 연산을 지연시키고 동시에 데이터베이스 변경 내역을 로그에 보관한다. - 트랜잭션이 완료되면 로그를 이용하여 DB Write 연산을 수행한다.  트랜잭션 시작 / 완료 / 갱신 / 갱신 / REDO Log를 이용한 DB Write / 로그 / DB
회복	- 트랜잭션이 종료된 상태이면 회복 시 UNDO 없이 REDO만 실행한다. - 트랜잭션이 종료가 안 된 상태면 로그 정보를 무시한다. 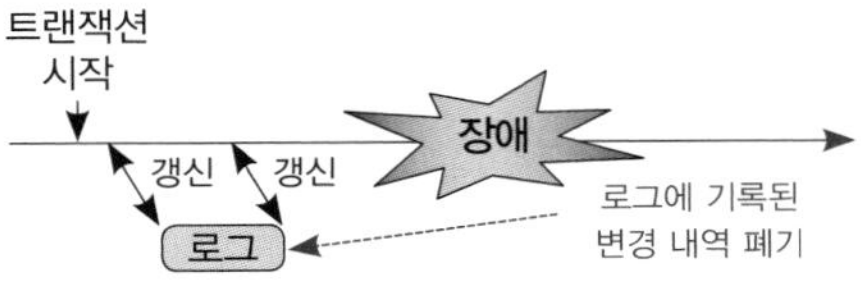 트랜잭션 시작 / 장애 / 갱신 / 갱신 / 로그에 기록된 변경 내역 폐기 / 로그

알아두기

Crash

데이터베이스의 특정 테이블에서 손상이 발생하는 것이다.
원인은 디스크 용량 부족, 서버의 예기치 못한 다운, 디스크 오류 등이다.

(2) 즉시 갱신

구분	설명
갱신	트랜잭션 활동 상태에서 갱신 시 마다 결과를 데이터베이스와 로그에 바로 반영한다. 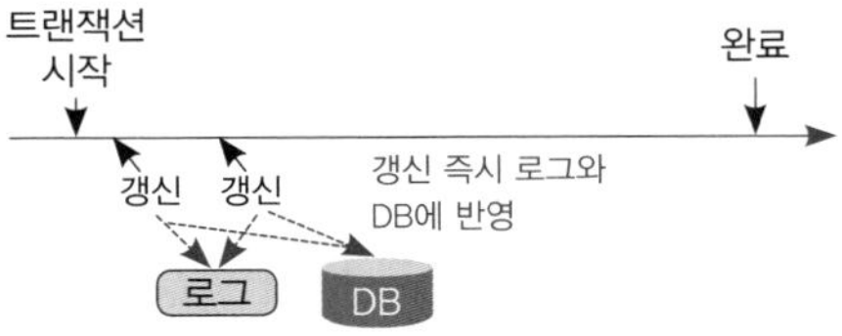 트랜잭션 시작 / 완료 / 갱신 / 갱신 / 갱신 즉시 로그와 DB에 반영 / 로그 / DB
회복	트랜잭션이 수행 도중 실패(Failure) 상태에 도달하여 트랜잭션을 철회할 경우에는 로그 파일에 저장된 내용을 참조하여 UNDO 연산을 수행한다. 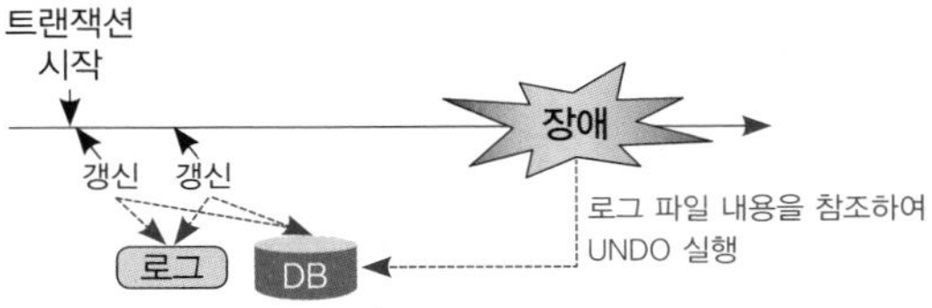 트랜잭션 시작 / 장애 / 갱신 / 갱신 / 로그 파일 내용을 참조하여 UNDO 실행 / 로그 / DB

■ 체크포인트 회복 기법

- 로그 파일에 검사점(Checkpoint)을 기록하고 장애가 발생하면 검사점 이후 트랜잭션에 대해서만 회복 작업을 수행하는 기법이다.
- 장애 발생 시에 검사 시점 이전에 처리된 트랜잭션은 회복 작업에서 제외하고 이후에 처리된 내용에 대해서만 회복 작업을 수행한다.

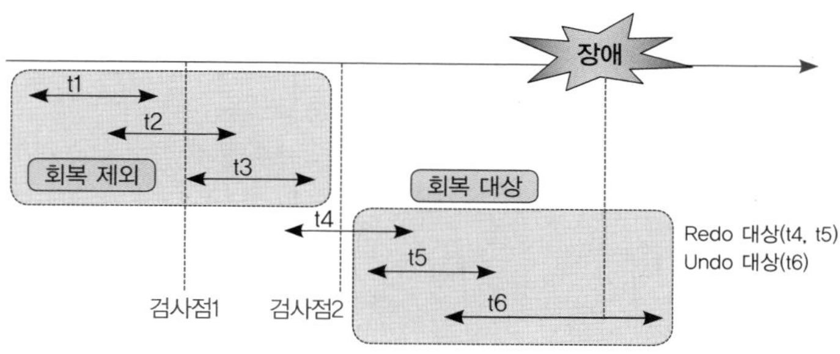

■ 그림자 페이징(Shadow Paging) 회복 기법

- 트랜잭션을 시작하면 현재 페이지 테이블과 동일한 그림자 페이지 테이블을 보조기억장치에 생성하여 별도 로그 파일의 생성 없이 회복 기능을 제공하는 기법이다.
- 트랜잭션이 성공적으로 완료될 경우, 현재 페이지 테이블의 내용을 그림자 페이지 테이블의 내용으로 저장하고 트랜잭션을 취소할 때 그림자 페이지를 이용하여 회복을 수행한다.

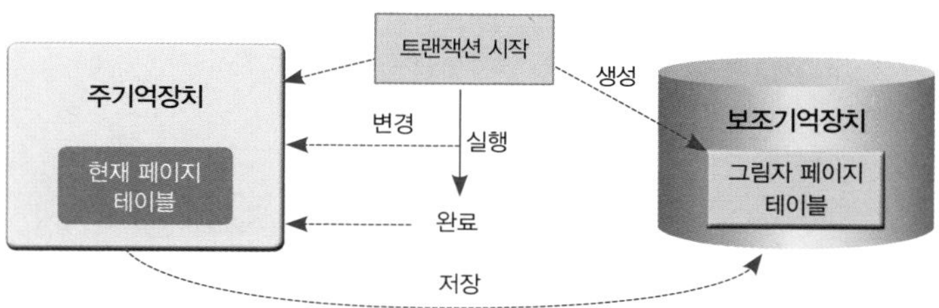

기출 유형 문제

2021.05, 2020.08

01 관계 데이터 모델의 무결성 제약 중 기본키값의 속성값이 널(Null)값이 아닌 원자값을 갖는 성질은?

① 개체 무결성
② 참조 무결성
③ 도메인 무결성
④ 튜플의 유일성

해설 개체(실체) 무결성은 개체의 유일성을 보장하기 위해 기본키값의 속성값을 널(Null)이 아닌 원자값을 갖는다.

2020.08

02 데이터베이스 로그(log)를 필요로 하는 회복 기법은?

① 즉각 갱신 기법
② 다수적 로딩 기법
③ 타임 스탬프 기법
④ 폴딩 기법

해설 즉각 갱신 및 지연 갱신 기법을 통한 회복 시 로그가 필요하다.

2020.06

03 데이터 무결성 제약 조건 중 '개체 무결성 제약' 조건에 대한 설명으로 맞는 것은?

① 릴레이션 내의 튜플들이 각 속성의 도메인에 지정된 값만을 가져야 한다.
② 기본키에 속해 있는 애트리뷰트는 널값이나 중복값을 가질 수 없다.
③ 릴레이션은 참조할 수 없는 외래키값을 가질 수 없다.
④ 외래키값은 참조 릴레이션의 기본키값과 동일해야 한다.

해설 기본키는 실체 무결성(개체 무결성)의 성질로 값이 Null값이 아니며 원자값(중복되지 않는 값)을 가진다.

2021.05

04 릴레이션에서 기본키를 구성하는 속성은 널(Null)값이나 중복 값을 가질 수 없다는 것을 의미하는 제약 조건은?

① 참조 무결성
② 보안 무결성
③ 개체 무결성
④ 정보 무결성

해설 개체(실체) 무결성은 릴레이션을 구성하는 기본키의 속성으로 Null이나 중복값을 가질 수 없는 제약 조건이다.

1: ① 2: ① 3: ② 4: ③ 정답

2021.08

05 데이터베이스의 무결성 규정(Integrity Rule)과 관련한 설명으로 틀린 것은?

① 무결성 규정에는 데이터가 만족해야 될 제약 조건, 규정을 참조할 때 사용하는 식별자 등의 요소가 포함될 수 있다.

② 무결성 규정의 대상으로는 도메인, 키, 종속성 등이 있다.

③ 정식으로 허가받은 사용자가 아닌 불법적인 사용자에 의한 갱신으로부터 데이터베이스를 보호하기 위한 규정이다.

④ 릴레이션 무결성 규정(Relation Integrity Rules)은 릴레이션을 조작하는 과정에서의 의미적 관계(Semantic Relationship)를 명세한 것이다.

해설 보안의 3요소 중 무결성(Integrity)은 정식으로 허가받은 사용자가 아닌 불법적인 사용자에 의한 갱신으로부터 데이터를 보호하기 위한 규정이다. 데이터베이스의 무결성 규정은 정밀성(Accuracy)이나 정확성(Correctness)을 의미한다.

2021.08

06 다음 중 기본키는 NULL값을 가져서는 안되며, 릴레이션 내에 오직 하나의 값만 존재해야 한다는 조건을 무엇이라 하는가?

① 개체 무결성 제약 조건

② 참조 무결성 제약 조건

③ 도메인 무결성 제약 조건

④ 속성 무결성 제약 조건

해설 개체 무결성 제약 조건은 기본키는 NULL값을 가져서는 안 되며, 릴레이션 내에 오직 하나의 값만 존재해야 하는 조건이다.

2022.04

07 무결성 제약 조건 중 개체 무결성 제약 조건에 대한 설명으로 옳은 것은?

① 릴레이션 내의 튜플들이 각 속성의 도메인에 정해진 값만을 가져야 한다.

② 기본키는 NULL값을 가져서는 안 되며 릴레이션 내에 오직 하나의 값만 존재해야 한다.

③ 자식 릴레이션의 외래키는 부모 릴레이션의 기본키와 도메인이 동일해야 한다.

④ 자식 릴레이션의 값이 변경될 때 부모 릴레이션의 제약을 받는다.

해설 ① 정해진 값만 가지는 조건은 도메인 무결성에 대한 설명이다. ③, ④번은 참조 무결성의 제약 조건에 대한 설명이다.

2021.03

08 릴레이션 R1에 속한 애트리뷰트의 조합인 외래키를 변경하려면 이를 참조하고 있는 릴레이션 R2의 기본키도 변경해야 하는데 이를 무엇이라 하는가?

① 정보 무결성

② 고유 무결성

③ 널 제약성

④ 참조 무결성

해설 외래키를 변경하려면 이를 참조하고 있는 릴레이션의 기본키값도 변경해야 하는 것은 참조 무결성 제약 조건에 대한 설명이다. (참조 무결성은 기본키 값 범위 안에서 값을 가질 수 있기 때문이다.)

정답 5: ③ 6: ① 7: ② 8: ④

출제 예상 문제

09 테이블에서 발생하는 트랜잭션의 양에 따라 데이터베이스 용량을 산정하여 데이터베이스 구조를 최적화하는 분석은 무엇인가?

① 테이블 분석
② 인덱스 분석
③ 트랜잭션 분석
④ 칼럼 분석

해설 트랜잭션 분석에 대한 설명이다.

10 트랜잭션 분석의 활용 방법이 아닌 것은?

① 테이블에 생성된 트랜잭션을 분석해 저장되는 데이터양을 통한 용량 산정
② 트랜잭션 분석 결과를 이용한 과도한 트래픽을 분석해 디스크 분산을 통한 성능 향상
③ 데이터베이스와 연결되는 채널을 분산해 대기 현상을 예방
④ 외부의 데이터에 대한 정확한 ETL 진행

해설 ETL은 데이터의 추출, 이행, 저장을 하는 데이터 전환 작업이다.

11 다음 중 데이터베이스 무결성의 종류에 해당하지 않는 것은?

① 실체 무결성
② 영역 무결성
③ 참조 무결성
④ 칼럼 무결성

해설 무결성의 종류는 개체(실체) 무결성, 참조 무결성, 속성(영역) 무결성, 사용자 무결성, 키 무결성이 있다.

12 다음 중 무결성 강화 방법이 아닌 것은?

① 애플리케이션을 통한 무결성 강화
② 트리거를 이용한 무결성 강화
③ 제약 조건(Constraint)을 이용한 무결성 강화
④ 조회 조건을 통한 무결성 강화

해설 조회 조건을 통해 무결성을 강화하기는 어렵다.

9: ③ 10: ④ 11: ④ 12: ④ 정답

204 인덱스 설계

1 인덱스 설계의 개념

검색 최적화를 위해 데이터베이스 내의 행(Row)을 기준으로 정보를 구성하는 데이터 구조로, 인덱스를 활용해 최소의 비용으로 빠른 검색이 가능하다.

2 인덱스의 기능

- 접근 경로 단축으로 데이터 조회 속도를 향상시킨다.
- DBMS는 인덱스의 활용을 통해 조회 과정을 효율화한다.

3 인덱스 구조 설계

인덱스	설명
트리 기반 인덱스	- 상용 DBMS에서 트리 기반 B+ 트리 인덱스를 주로 사용 - B+ 트리의 경우 리프 노트까지 모든 경로가 일정한 밸런스 트리*형태로, 다른 인덱스에 비해 대량의 데이터 삽입/삭제에 좋은 성능을 보임
비트맵 인덱스	1과 0으로 이루어져 있으며 비트의 위치는 테이블에서 행(Row)의 상대적인 위치를 의미하므로 해당 테이블이 시작되는 물리적인 주소를 기반으로 실제 행(Row)의 물리적 위치를 계산
함수 기반 인덱스	- 함수(Function)와 수식(Expression)을 통해 계산된 결과에 B+ 트리 인덱스나 비트맵 인덱스를 생성하여 사용하는 기능을 제공 - 산술식, PL/SQL 함수, SQL 함수, 패키지 적용이 가능하지만 동일한 입력값에 대해 시간에 따라 결과값이 변경되는 함수의 경우에는 미적용됨
비트맵 조인 인덱스	- 다수 객체의 칼럼(Column)을 기반으로 인덱스 생성이 이루어져 기존 인덱스와 액세스 방법과 구조가 다름 - 물리적 구조는 비트맵 인덱스와 동일하나 인덱스 구성 칼럼이 베이스 테이블의 칼럼값이 아닌 조인된 테이블의 칼럼값임
도메인 인덱스	- 오라클 8i부터 지원하며 개발자가 의도하는 인덱스 타입을 생성하는 것이 가능 - 오라클 9i부터 인터미디어 텍스트 인덱스, 컨텍스트 타입, 카탈로그 타입 등 비정형 데이터의 빠른 검색을 위해 도입됨

★ **밸런스 트리**
균등한 응답 속도를 보장하며 데이터를 정렬하여 삽입, 삭제, 탐색 및 순차 접근이 가능하도록 유지하는 트리형 구조

출제 예상 문제

01 물리 데이터베이스 설계 중 검색의 최적화를 위해 데이터베이스 내의 로우들을 기준으로 정보를 구성하는 설계 단계는 무엇인가?

① 인덱스 설계
② 칼럼 구조 설계
③ 데이터베이스 구조 설계
④ 조회 속도 향상 설계

해설 인덱스 설계에 대한 설명이다.

02 인덱스 구조 설계 중 함수와 수식을 통해 계산된 결과에 B+ 트리 인덱스나 비트맵 인덱스를 생성하는 기능을 제공하는 인덱스 구조 설계는 무엇인가?

① 트리 기반 인덱스 설계
② 함수 기반 인덱스 설계
③ 비트맵 조인 인덱스 설계
④ 도메인 인덱스 설계

해설 함수 기반 인덱스에 대한 설명이다. 함수 기반 인덱스는 산술식 PL/SQL 함수, SQL 함수, 패키지 등에 적용이 가능하지만 동일한 입력값에 대해 시간에 따라 결과값이 변경되는 함수의 경우에는 미적용된다.

03 인덱스 설계는 데이터베이스 내의 행들을 기준으로 구성된 정보를 인덱스를 활용해 최소의 비용으로 빠른 검색을 하기 위해 사용된다. 다음 중 인덱스 구조 설계에 대한 설명으로 옳지 않은 것은?

① 트리 기반 인덱스의 B+트리의 경우 리프 노드까지 모든 경로가 일정한 밸런스 트리 형태로 다른 인덱스에 비해 대량의 데이터 추가, 삭제 시 성능이 떨어진다.
② 비트맵 인덱스는 1과 0으로 이루어져 있어 각 비트의 위치가 테이블에서 행(Row)의 상대적 위치를 의미한다.
③ 함수 기반 인덱스는 함수(Function)와 수식(Expression)을 통해 계산된 결과에 B+ 트리 인덱스나 비트맵 인덱스를 생성하여 사용하는 기능을 제공한다.
④ 도메인 인덱스는 오라클에서 지원하는 기능으로 개발자가 의도하는 인덱스 타입을 생성하는 것이 가능하다.

해설 트리 기반 인덱스의 경우 대량의 데이터 추가, 삭제 시 성능이 좋아진다.

1: ① 2: ② 3: ① 정답

205 분산 데이터베이스 설계

1 분산 데이터베이스의 개념

- 논리적으로 하나의 데이터베이스가 네트워크를 통해 물리적으로 복수의 서버에 분산되어 있더라도 사용자는 단일 데이터베이스로 인식하고 사용하는 것이 가능한 데이터베이스이다.
- 일반적인 데이터베이스 시스템의 목표가 데이터의 독립성이다. 여기에 분산 데이터베이스에서는 분산 데이터 독립성(Distribute Data Independency)★을 추구하며 이 분산 데이터 독립성을 지원하는 기법이 분산 투명성이다.

★ **분산 데이터 독립성**
사용자가 응용 프로그램 이용 시 데이터베이스가 분산되어 있지 않은 것처럼 사용하는 것을 의미한다.

2 분산 데이터베이스의 장단점

장점	단점
- 원격 데이터 의존도 감소 - 대용량의 데이터 처리 가능 - 스케일 아웃(Scale Out) 확장 용이 - 일부 서버에 장애가 발생해도 대응이 가능해 신뢰도와 가용성 향상	- 복잡도와 소프트웨어 개발 비용 증가 - 통제 기능 취약 - 오류 발생 가능성 증가 - 응답 속도의 불규칙성 발생 가능 - 데이터 무결성 보장 하락

알아두기

인프라를 업그레이드하는 방식
- Scale Out : 동일한 장비를 추가(수평적 확장)하는 방법
- Scale Up : CPU 변경, 메모리 추가, 디스크 추가 등 하드웨어 장비를 추가하여 성능을 확장하는 수직 확장 방식

3 분산 데이터베이스 관리 시스템의 투명성

단일 데이터베이스로 인식하는 분산 데이터베이스 관리 시스템은 다음과 같은 투명성을 제공해야 한다.

종류	설명
위치 투명성	작업을 수행하기 위해 분산 데이터베이스상에 존재하는 어떠한 데이터의 물리적인 위치도 알 필요가 없는 성질이다.
복제 투명성	중복 투명성이라고도 하며 자원의 중복 개수나 중복된 사실을 몰라도 데이터를 처리할 수 있는 성질이다.
병행 투명성	- 다수의 트랜잭션이 동시에 수행되는 경우에도 결과의 일관성이 유지되어야 한다는 성질이다. - 분산 트랜잭션의 일관성 유지를 위해 잠금(Locking)과 타임스탬프(Timestamp) 등의 방법을 이용한다.
분할 투명성	사용자가 입력한 전역 질의를 여러 개의 단편 질의로 변환하기 때문에 사용자는 전역 스키마가 어떻게 분할되어 있는지 알 필요가 없는 성질이다.

멘토 코멘트

분산 데이터베이스의 투명성
(위) 위치 투명성
(복) 복제 투명성
(병) 병행 투명성
(분) 분할 투명성
(장) 장애 투명성
➜ 위복병분장'으로 암기

장애 투명성	- 데이터베이스의 분산된 물리 환경에서 특정 지역의 컴퓨터 시스템이나 네트워크에 에러가 발생해도 데이터 무결성이 보장된다는 성질이다. - 트랜잭션의 원자성이 유지되어야 하는 성질이다.

4 분산 설계 전략

- 분산 데이터베이스는 분산 환경의 각각 분리된 데이터에 접근 가능하도록 하는 것을 목적으로 하여 설계가 잘못될 경우 복잡성, 비용의 증가, 불규칙한 응답 속도, 데이터 무결성 유지의 어려움 등이 발생할 수 있다.
- 분산 데이터베이스 환경과 구조가 구현된 시스템에 적합성을 고려한 설계가 필요하다.

분산 설계 전략 분류

- 일반적 전략으로 수직 분할, 수평 분할, 복제로 분류된다.
- 데이터 분할 및 복제, 지역 복제본의 갱신 주기, 데이터베이스 유지 방식에 따른 전략이 존재한다.

유형	설명
중앙 집중형 방식	하나의 컴퓨터만 데이터베이스를 관리
복제와 갱신 방식	지역 데이터베이스에 데이터를 복제하고 복제본을 실시간으로 갱신
단일 논리 데이터베이스	분산 환경에서 전 지역의 데이터베이스를 하나의 논리 데이터베이스로 유지
독립적 데이터베이스	분산 환경에서 각 지역의 데이터베이스를 독립적인 논리 데이터베이스로 유지

분산 설계 방법

전역 관계망을 논리적 측면의 중복되지 않는 소규모 단위로 분할한 후, 분할된 결과를 복수의 노드에 할당한다.

★ **분할(Fragment)**
노드에 할당하는 경우 기준이 되는 소규모 단위

★ **분할 방식**
범위 분할, 목록 분할, 해시 분할, 조합 분할, 라운드로빈

★ **매핑(Mapping)**
분할 스키마를 통해 전역 릴레이션과의 관계를 관리

(1) 분할(Fragmentation)*

분할하는 방법을 먼저 결정한 후 결정된 분할을 할당한다.

구분	방법	설명
분할의 룰	완전성 규칙	분할 시에 전역 릴레이션 내의 모든 데이터가 손실없이 분할로 매핑*되어야 하는 규칙
	재구성의 규칙	분할이 관계 연산을 활용해 본래의 전역 릴레이션으로 재구성이 가능해야 하는 규칙
	상호 중첩 배제 규칙	- 분할 시 특정 분할에 속한 데이터 항목이 다른 분할 항목에 속하지 않아야 하는 규칙 - 수평 분할은 상호 중복 배제, 수직 분할은 식별자를 제외한 속성의 중복 배제를 의미함

분할 방법	수평 분할	- 로우(튜플) 단위로 분리, 특정 속성값 기준 - 상호 배타적이며 통합 시에도 중복 발생이 없음
	수직 분할	- 데이터 칼럼 분할, 속성 자체로 기준이 되는 분할 - 중첩된 로우가 존재하며, 서버별 동일 구조를 포함해 전 릴레이션의 재구성이 가능함

(2) 할당(Allocation)

동일한 분할을 복수의 서버에 생성하는 방식이다.

방식	설명
비중복 할당 방식	- 최적의 노드 선정을 통해 분할이 분산 데이터베이스에서 단일 노드로 존재하도록 할당 - 릴레이션을 배타적 분할로 분리하는 것이 어려워 분할 간 상호 의존성은 무시되고 비용 증가 및 성능의 문제가 발생할 수 있음
중복 할당 방식	- 각각 노드의 분할을 중복하여 할당 - 부분 복제 : 일부 분할만 복제 - 완전 복제 : 전체 데이터베이스를 복제하는 방식

5 분산 설계와 데이터 통합

- 최적의 비용을 통해 물리적으로 분할된 데이터베이스에서 데이터의 일관성을 유지하는 것이 분산 설계의 시작점이다.
- 데이터 통합 아키텍처는 분산 아키텍처의 단점을 보완하고 정보의 적시성 및 실시간 데이터 교환 등의 목적을 갖는다.
- 통합 방식은 DW(Data Warehouse)★, EAI(Enterprise Application Integration)를 이용하거나 혼용하는 방법 등을 이용한다.

★ 데이터 웨어하우스 (Data Warehouse)
최종 사용자가 대량의 데이터와 여러 가지 외부 데이터들로부터 의미 있는 정보를 찾아내어 기업 활동에 활용할 수 있는 대용량 데이터

기출 유형 문제

2011.03

01 분산 데이터베이스 시스템에 대한 설명으로 옳지 않은 것은?

① 사용자나 응용 프로그램이 접근하려는 데이터나 사이트의 위치를 알아야 한다.

② 중앙 컴퓨터에 장애가 발생하더라도 전체 시스템에 영향을 끼치지 않는다.

③ 중앙 집중 시스템보다 구현이 복잡하고 처리 비용이 높다.

④ 중앙 집중 시스템보다 시스템 확장이 용이하다.

해설 분산 데이터베이스의 위치 투명성은 어떤 작업을 수행하기 위해 분산 데이터베이스 상에서 존재하는 어떠한 데이터의 물리적인 위치도 알 필요가 없는 성질이다.

2006.09

02 분산 데이터베이스 시스템의 특징으로 거리가 먼 것은?

① 신뢰성 및 가용성이 높다.

② 점진적 시스템 용량 확장이 용이하다.

③ 지역 자치성이 높다.

④ 소프트웨어 개발 비용이 감소한다.

해설 분산 데이터베이스를 사용하여 신뢰성 및 가용성을 향상하고 스케일 아웃을 통해 시스템 용량 확장이 용이하고 지역 자치성을 향상시킬 수 있다. 반면 복잡도와 소프트웨어 개발 비용은 증가한다.

2002.09

03 분산 데이터베이스에서 사용자는 데이터가 물리적으로 저장되어 있는 곳을 알 필요 없이 논리적인 입장에서 데이터가 모두 자신의 사이트에 있는 것처럼 처리하는 특성을 무엇이라 하는가?

① 지역 자치성(Local Autonomy)

② 위치 독립성(Location Independence)

③ 단편 독립성(Fragmentation Independence)

④ 중복 독립성(Replication Independence)

해설 어느 위치에 저장되어 있는지 알 필요 없는 성질, 위치 투명성(위치 독립성)에 대한 설명이다.

2020.06

04 분산 데이터베이스 목표 중 '데이터베이스의 분산된 물리적 환경에서 특정 지역의 컴퓨터 시스템이나 네트워크에 장애가 발생해도 데이터 무결성이 보장된다'는 것과 관계 있는 것은?

① 장애 투명성

② 병행 투명성

③ 위치 투명성

④ 중복 투명성

해설 장애 투명성에 대한 설명이다.
- 병행 투명성 : 다수의 트랜잭션이 동시에 수행되는 경우에도 결과는 일관성이 유지되는 성질
- 위치 투명성 : 물리적인 위치가 어디인지 알 필요 없는 분산 데이터베이스의 성질
- 중복 투명성 : 복제 투명성이라고도 하며 자원의 중복 개수나 중복된 사실을 몰라도 데이터가 처리 가능한 성질

1: ① 2: ④ 3: ② 4: ① 정답

2009.08

05 분산 데이터베이스에 대한 설명으로 옳지 않은 것은?

① 분산 데이터베이스 관리 시스템의 목적은 사용자들이 데이터가 어느 지역 데이터베이스에 위치하고 있는지를 알 수 있도록 하는 것이다.

② 분산 데이터베이스 관리 시스템의 형태로는 동질 분산 데이터베이스 관리 시스템과 이질 분산 데이터베이스 관리 시스템으로 구분할 수 있다.

③ 분산 데이터베이스에서의 수평 역할은 전역 테이블을 구성하는 튜플들을 부분 집합으로 분할하는 방법을 한다.

④ 분산 데이터베이스는 데이터의 처리나 이용이 많은 지역에 데이터베이스를 위치시킴으로써 데이터의 처리가 가능한 해당 지역에서 해결될 수 있도록 하는 데이터베이스 시스템이다.

해설 위치 투명성에 위배하는 것이 데이터가 어느 지역 데이터베이스에 존재하는지에 대한 부분이다.

2020.08

06 분산 데이터베이스의 투명성(Transparency)에 해당하지 않는 것은?

① Location Transparency

② Replication Transparency

③ Failure Transparency

④ Media Access Transparency

해설 투명성은 위치, 복제, 병행, 분할, 장애의 특징을 갖는다.

2022.03

07 분산 데이터베이스 시스템(Distributed Database System)에 대한 설명으로 틀린 것은?

① 분산 데이터베이스는 논리적으로는 하나의 시스템에 속하지만 물리적으로는 여러 개의 컴퓨터 사이트에 분산되어 있다.

② 위치 투명성, 중복 투명성, 병행 투명성, 장애 투명성을 목표로 한다.

③ 데이터베이스의 설계가 비교적 어렵고, 개발 비용과 처리 비용이 증가한다는 단점이 있다.

④ 분산 데이터베이스 시스템의 주요 구성 요소는 분산 처리기, P2P 시스템, 단일 데이터베이스 등이 있다.

해설 분산 데이터베이스 시스템의 주요 구성 요소는 분산 처리기, 분산 데이터베이스, 통신 네트워크 등이 있다.

2022.04

08 분산 데이터베이스 시스템과 관련한 설명으로 틀린 것은?

① 물리적으로 분산된 데이터베이스 시스템을 논리적으로 하나의 데이터베이스 시스템처럼 사용할 수 있도록 한 것이다.

② 물리적으로 분산되어 지역별로 필요한 데이터를 처리할 수 있는 지역 컴퓨터(Local Computer)를 분산 처리기(Distributed Processor)라고 한다.

③ 분산 데이터베이스 시스템을 위한 통신 네트워크 구조가 데이터 통신에 영향을 주므로 효율적으로 설계해야 한다.

④ 데이터베이스가 분산되어 있음을 사용자가 인식할 수 있도록 분산 투명성(Distribution Transparency)을 배제해야 한다.

해설 분산 데이터베이스는 논리적으로 하나의 데이터베이스가 네트워크를 통해 물리적으로 복수의 서버에 분산되어 있더라도, 사용자는 단일 데이터베이스로 인식하고 사용한다. 그중 분산 투명성은 데이터베이스가 분산되어 있는 것을 사용자가 인식할 필요가 없다는 것이다.

정답 5: ① 6: ④ 7: ④ 8: ④

2021.05

09 병렬 데이터베이스 환경 중 수평 분할에서 활용되는 분할 기법이 아닌 것은?

① 라운드로빈
② 범위 분할
③ 예측 분할
④ 해시 분할

해설 데이터베이스 분할 방식은 범위 분할, 목록 분할, 해시 분할, 조합 분할, 라운드로빈 분할 방식이 있다.

출제 예상 문제

10 다음 중 분산 데이터베이스 관리 시스템의 투명성이 아닌 것은?

① 위치 투명성
② 장애 투명성
③ 분할 투명성
④ 조회 투명성

해설 조회 투명성은 분산 데이터베이스의 투명성이 아니다.

11 분산 데이터베이스의 분산 설계 전략 유형에 대한 설명으로 옳지 않은 것은?

① 중앙 집중 방식 : 하나의 컴퓨터에만 데이터베이스를 관리하고 지역에서는 접근만 가능
② 복제와 갱신 방식 : 지역 데이터베이스에 데이터를 복제하고 복제본을 실시간 갱신하는 방법
③ 단일 물리 데이터베이스 방식 : 분산 환경에서 전 지역의 데이터베이스를 하나의 물리 데이터베이스로 유지
④ 독립적 데이터베이스 방식 : 분산 환경에서 각 지역에 독립적인 논리 데이터베이스를 유지

해설 분산 데이터베이스의 분산 설계 전략 유형은 중앙 집중형, 복제와 갱신, 단일 논리 데이터베이스, 독립적 데이터베이스이다. 물리적으로 여러 개의 데이터베이스가 존재한다.

12 논리적으로 하나의 데이터베이스가 네트워크를 통해 물리적으로 복수의 서버에 분산 저장되더라도 사용자는 하나의 데이터베이스로 인식하는 데이터베이스는 무엇인가?

① 분산 데이터베이스
② 분할 데이터베이스
③ 물리 데이터베이스
④ 논리 데이터베이스

해설 분산 저장은 분산 데이터베이스로 기억하면 된다.

13 분산 데이터베이스를 구성할 때 발생할 수 있는 단점이 아닌 것은?

① 통제 기능이 취약할 수 있다.
② 스케일 아웃 확장이 용이하다.
③ 응답 속도의 불규칙성이 발생할 수 있다.
④ 복잡도와 소프트웨어 개발 비용이 증가할 수 있다.

해설 스케일 아웃 확장이 용이한 것은 장점이다.

9: ③ 10: ④ 11: ③ 12: ① 13: ② 정답

206 보안 설계

1 데이터베이스 보안

데이터베이스 보안의 개념

- 데이터베이스의 정보를 허가받지 않은 사용자에 의한 조회 및 수정, 삭제를 방지하는 기술이다.
- 데이터베이스 보안으로 사용자는 원하는 작업을 수행하기 위해 필요한 자원에 대해 허가가 있어야 한다.

멘토 코멘트

데이터베이스 시스템은 보안의 유지를 위해 접근 통제, 보안 규칙, 뷰(View), 암호화 등 다양한 보안 모델의 기능을 제공한다.

데이터베이스 보안 설계의 목표 및 정책

구분	설명
목표	– 비인가 사용자를 통한 정보 노출 방지 – 인가된 사용자의 데이터베이스 접근 및 수정의 보장
정책	– 보안 목표를 위한 보안 정책의 일관성 보장 – 보안 모델을 운영체제와 DBMS를 통해 보안 정책의 보장

보안 정책 수립의 고려 사항

고려 사항	설명
식별 및 인증	사용자, 비밀번호, 사용자 그룹을 통한 자원에 접근하는 사용자 식별 및 인증
보안 규칙	접근 데이터 및 객체 허용 행위에 대한 권한 규칙에 대한 정의 ➡ 보안 모델을 통한 구현
보안 관리 시스템	사용자의 접근 요청에 대한 보안 규칙 검사 구현

2 접근 통제

사용자가 특정 데이터에 접근할 때 사용자에 대한 식별과 정상적인 요구사항에 대한 여부를 확인 및 기록하고 보안 정책에 근거한 승인(혹은 거부)을 통해 허가받지 않은 사용자에 대한 불법적인 접근을 예방하는 보안 관리의 모든 행위를 의미한다. 보안 시스템상의 중요한 기능 요구사항이다.

■ 임의적 접근 통제(DAC; Discretionary Access Control)

- 사용자의 신원 정보를 통해 권한의 부여 및 회수에 대한 메커니즘을 기반으로 한다.
- 권한은 사용자가 특정 객체에 어떤 행위가 가능하도록 객체에 대한 행위를 허용하는 것으로, 임의적 접근 통제에서 객체를 생성한 사용자는 생성된 객체에 적용 가능한 모든 권한(Grant/Revoke 권한)을 부여(혹은 회수)받게 되고 부여된 권한들을 다른 사용자에게 허가할 수 있는 권한도 옵션(With Cascade)으로 적용받게 된다.

(1) 임의적 접근 통제 자원을 위한 명령어

SQL 명령어를 통한 접근 통제는 Grant(권한 부여), Revoke(권한 회수) 등으로 나누어진다.

| GRANT 사례 |

- 테이블 이름 : emp
- 소유자 = U1

```
U1 : Grant Select, Insert on emp to U2 with cascade; → 조회, 입력 권한 부여
U2 : Select * from emp; → 정상 조회
U1 : Revoke Select from U2; → U2에 조회 권한 회수
U2 : Select * from emp; → 권한 없음 오류 발생
```

멘토 코멘트

임의적 접근 통제 자원을 위한 명령어의 자세한 내용은 3과목 〈303 DCL〉에서 설명한다.

(2) 임의적 접근 통제의 위험

- 사용자 신분 정보(계정)를 통한 접근 통제이므로 타인의 신분을 도용한 불법적인 접근이 이루어질 수 있어 기능상 결함이 발생할 수 있다.
- 보안 등급 기반의 데이터와 사용자 분류의 부가적인 보안 정책을 꼭 제시해야 한다.

■ 강제적 접근 통제(MAC; Mandatory Access Control)

- 주체와 객체를 보안 등급 중 하나로 분류하고 주체가 사용자보다 보안 등급이 높은 객체에 대해 쓰기, 읽기 등을 방지한다.
- 높은 등급의 데이터가 사용자를 통해 의도적으로 낮은 등급의 데이터로 사용되거나 복사되는 것을 방지하기 위한 목적이다.

3 보안 모델

- 보안 정책의 구현을 위한 이론적인 모델이다.
- 보안 모델의 유형은 접근 통제 행렬(접근 통제 메커니즘 기반), 기밀성 모델(군사적 목적 개발), 무결성 모델(데이터 일관성 유지 목적) 등으로 나누어진다.

접근 통제 행렬(Access Control Matrix)

- 임의적 접근 통제를 관리하기 위한 보안 모델이다.
- 행은 주체, 열은 객체의 권한 유형을 나타낸다.

구분	설명
주체(행)	객체에 대해 접근을 시도하는 사용자로 데이터베이스에 접근할 수 있는 조직의 개체를 의미
객체(열)	접근 통제가 이루어져야 하는 데이터베이스의 개체(테이블, 칼럼, 뷰 등)를 나타냄
규칙	주체가 객체에 대해 수행하는 데이터에 대한 조작(입력, 수정, 삭제, 읽기, 생성 등)으로 객체가 프로그램으로 확장하는 경우 실행과 출력 등에 대한 작업의 유형을 정의

기밀성 모델

- 정보의 불법적인 훼손과 수정보다 기밀성(Confidential)에 중점을 둔 수학적 모델이다.
- 일반적인 상용 환경에서 기밀성보다는 무결성의 중요성이 높아 부적합하고, 군사 시스템 등 특수한 환경에 사용되는 모델이다.
- 기밀성 모델은 보안 등급(Top Secret, Secret, Confidential, Unclassified)을 기준으로 분류하고 데이터 접근에 대한 주체와 객체의 보안 등급을 근거로 제약 조건을 준수한다.

| 기밀성 모델의 제약 조건 |

기밀성 규칙	설명
단순 보안 규칙	주체는 자신보다 높은 등급의 객체를 읽을 수 없음 (No-Read Up)
스타(★) 무결성 규칙	주체는 자신보다 낮은 등급의 객체에 정보를 쓸 수 없음 (No-Write Down)
강한 스타(★) 보안 규칙	주체는 자신과 등급이 다른 객체에 대해 읽거나 쓸 수 없음

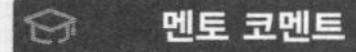

기밀성은 'No-Read Up, No-Write Down'을 외우고 '무결성은 반대의 개념이다'로 암기한다.

무결성 모델

- 정보의 비밀성을 위해 정보의 일방향 흐름 통제를 활용하는 경우에 발생 가능한 정보의 부당 변경 등을 방지하기 위한 보안 모델이다.
- 기밀성 모델과 동일하게 주체 및 객체의 보안 등급을 기반으로 하며 제약 조건도 유사하다.

| 무결성 모델의 제약 조건 |

무결성 규칙	설명
단순 보안 규칙	주체는 자신보다 낮은 등급의 객체를 읽을 수 없음 (No–Read Down)
스타(★) 무결성 규칙	주체는 자신보다 높은 등급의 객체에 정보를 쓸 수 없음 (No–Write Up)

4 접근 통제 정책

- 접근 통제 정책은 누가(Who), 언제(When), 어떤 위치에서(Where), 어떤 객체(What)에 대해 어떤 행위(How)를 하도록 허용할 것인지 원칙을 정의하는 정책이다.
- 접근 통제 메커니즘에서 사용자 통제를 기술적으로 구현하기 위해 패스워드, 암호화, 접근 통제 목록 적용, 제한된 사용자 인터페이스, 보안 등급 방법을 이용한다.
- 신원–기반 정책, 규칙–기반 정책, 역할–기반 정책으로 나뉘어진다.

■ 접근 통제 정책의 종류

(1) 신원 기반 정책

개인 또는 그들이 속해 있는 그룹의 신분에 근거하여 객체에 대한 접근을 제한하는 방법이다.

정책	설명
IBP (Individual–Based Policy)	단일 사용자가 하나의 객체에 대해 허가를 부여받는 정책
GBP (Group–Based Policy)	복수의 사용자가 하나의 객체에 대해 같은 허가를 함께 부여받는 정책

(2) 규칙 기반 정책

주체가 갖는 권한에 근거하여 객체에 대한 접근을 제한하는 방법이다.

정책	설명
MLP (Multi–Level Policy)	사용자 및 객체가 각각 부여된 기밀 분류에 따른 정책
CBP (Compartment–Based Policy)	조직 내 특정 집단별로 구분된 기밀 허가에 따른 정책

(3) 역할 기반 정책

GBP(Group-Based Policy)의 변형된 형태로, 정보에 대한 사용자의 접근이 개별적인 신분이 아니라 개인의 직무나 직책에 따라 결정되는 방법이다.

■ 접근 통제 조건

접근 통제 메커니즘의 보완을 위해 접근 통제 정책에 적용할 수 있는 조건으로 특정 임계값, 사용자 간 동의, 사용자 특정 위치 및 시간에 대한 지정이 가능하다.

조건	설명
값 종속 통제 (Value-Dependency Control)	일반적이지 않은 상황에 한정적으로 저장한 값을 근거로 접근 통제를 관리하는 경우도 발생한다.
다중 사용자 통제 (Multi-User Control)	특정 객체에 대해 다중 사용자가 함께 접근 권한을 요구하는 경우 다중 사용자에 대한 접근 통제 지원 수단이 필요하다.
컨텍스트 기반 통제 (Context-Based Control)	특정 시간, 네트워크 주소, 접근 경로, 위치, 인증 수준 등 특정 외부 요소에 근거한 접근을 관리하는 방법으로 다른 보안 정책과 결합하여 보안 시스템을 보완한다.

기출 유형 문제

2012.03

01 데이터베이스 무결성과 보안의 차이점에 대한 설명으로 가장 적합한 것은?

① 무결성은 권한이 있는 사용자로부터 데이터베이스를 보호하는 것이고, 보안은 권한이 없는 사용자로부터 데이터베이스를 보호하는 것이다.

② 무결성은 권한이 없는 사용자로부터 데이터베이스를 보호하는 것이고, 보안은 권한이 있는 사용자로부터 데이터베이스를 보호하는 것이다.

③ 무결성과 보안은 모두 권한이 있는 사용자로부터 데이터베이스를 보호하는 것이지만, 보안은 사용자 계정과 비밀번호로 관리한다.

④ 무결성과 보안은 모두 권한이 없는 사용자로부터 데이터베이스를 보호하는 것이지만, 무결성은 DBMS가 자동적으로 보장해 준다.

해설 무결성은 권한이 있는 사용자, 보안은 권한이 없는 사용자로 기억하도록 한다.

출제 예상 문제

02 데이터베이스 접근 통제에 대한 설명으로 옳지 않은 것은?

① 임의적 접근 통제는 사용자의 신원 정보를 통한 권한 회수 및 부여에 대한 메커니즘이다.

② 임의적 접근 통제는 GRANT, REVOKE 등을 이용하여 자원에 대한 권한을 부여/회수할 수 있다.

③ 임의적 접근 통제는 사용자 신분 정보를 통한 접근으로 기능상 결함이 발생할 수 없다.

④ 강제적 접근 통제는 높은 등급의 데이터가 사용자를 통해 의도적으로 낮은 등급의 데이터로 사용되거나 복사되는 것을 방지하기 위한 목적이다.

해설 임의적 접근 통제는 Grant/Revoke 등으로 나누어지며 타인이 신분을 도용한 불법적 접근으로 기능상 결함이 발생할 수 있다. 보안 등급 기반의 데이터와 사용자 분류의 부가적인 보안 정책을 꼭 제시해야 한다.

03 접근 통제 행렬의 구성에 해당하지 않는 것은?

① 주체(행) ② 매트릭스
③ 객체(열) ④ 규칙

해설 접근 통제 행렬은 주체, 객체, 규칙으로 구성된다.

04 기밀성 모델의 제약 조건에 대한 설명으로 옳지 않은 것은?

① 단순 보안 규칙 : 주체는 자신보다 높은 등급의 객체를 읽을 수 없다.

② 스타-무결성 규칙 : 주체는 자신보다 낮은 등급의 객체에 정보를 쓸 수 없다.

③ 보통 스타 무결성 규칙 : 주체는 자신과 동일한 등급의 객체에 읽고 쓸 수 있다.

④ 강한 스타 보안 규칙 : 주체는 자신과 등급이 다른 객체에 대해 읽거나 쓸 수 없다.

해설 기밀성 모델은 단순 보안 규칙, 스타-무결성 규칙, 강한 스타 보안 규칙으로 구성된다.

05 접근 통제 정책에 대한 설명으로 옳지 않은 것은?

① 접근 통제 정책은 누가, 언제 어떤 위치에서 어떤 객체에 대해 어떤 행위를 허용할 것인지 원칙을 정의하는 정책이다.

② 신원 기반 정책은 개인이나 그룹 신분에 근거해 객체에 대한 접근을 제한한다.

③ 역할 기반 정책은 개별적인 사용자의 신분을 기반으로 권한을 부여하는 정책이다.

④ 규칙 기반 정책은 주체가 갖는 권한에 근거해 객체에 대한 접근을 제한하는 방법이다.

해설 역할 기반은 GBP(Group-Based Policy)의 변형된 형태로, 정보에 대한 사용자 접근이 개별 신분이 아닌 직무나 직책에 따라 결정되는 방법이다.

1: ① 2: ③ 3: ② 4: ③ 5: ③ 정답

207 물리 ERD 변환과 작성

1 논리 데이터 모델의 물리 데이터 모델로의 변환

논리 데이터베이스 설계에서 엔티티(Entity), 속성(Attribute), 주 식별자, 외래 식별자를 각각 테이블, 칼럼, 기본키, 외래키로 변환하여 표현한다.

| 논리적 설계의 물리적 설계 변환 관계 |

논리적 설계(데이터 모델링)	물리적 설계	데이터베이스
엔티티(Entity)	테이블(Table)	테이블
속성(Attribute)	칼럼(Column)	칼럼
주 식별자(Primary Identifier)	기본키(Primary key)	기본키
외래 식별자(Foreign Identifier)	외래키(Foreign key)	외래키
관계(Relationship)	관계(Relationship)	–
관계의 카디널리티	관계의 카디널리티	–
관계의 참여도	관계의 참여도	–

멘토 코멘트

기본키에는 Null값을 넣을 수 없다.

2 엔티티 & 테이블의 변환

■ 테이블(Table)

테이블은 데이터를 저장하기 위한 가장 기본적인 오브젝트이다. 칼럼(Column)과 로우(Row)를 가지며, 각각의 칼럼은 데이터 유형과 데이터값을 저장한다.

구성 요소	설명
로우 (Rows)	– 행, 튜플(Tuple), 레코드(Record), 인스턴스(Instance), 개체 어커런스(Entity Occurrence)라고도 한다. – 각 테이블의 행은 일련의 관련 자료를 나타내고, 테이블에서의 모든 로우는 동일한 구조를 갖는다.
칼럼 (Columns)	각각의 속성 항목에 대한 값(Value)을 저장한다.
기본키 (Primary Key)	단일 혹은 복수 칼럼 조합으로 활용될 수 있으며, 유일성을 가진다.
외래키 (Foreign Key)	외부 데이터 집합과의 관계를 구현한 구조를 위해 이용한다.

■ 서브타입 변환

일반적으로 구성이 가능한 엔티티 구성을 서브타입으로 상세하게 표현한다. 각각의 서브타입의 독립적인 속성(Attribute), 관계(Relationship)를 포함할 때는 반드시 서브타입을 사용하여 집합을 표현해야 한다. 이러한 논리 모델링의 서브타입은 물리 모델링에서 테이블 형태로 설계된다.

(1) 슈퍼타입 변환

서브타입을 슈퍼타입으로 통합하여 하나의 테이블을 만드는 것이다. 이 테이블에는 서브타입의 모든 데이터를 포함하며, 서브타입에 적은 양의 속성이나 관계를 가진 경우 적용한다.

단일 테이블 통합의 장점	단일 테이블 통합의 단점
- 수행 속도가 좋아지는 경우가 많음 - 다수의 서브타입 통합 시 조인 감소 - 테이블 액세스가 용이 - 뷰를 이용한 서브타입만 액세스, 수정 가능 - 서브타입 구분이 없는 임의 집합에 대한 가공이 용이 - 복잡한 처리를 하나의 SQL로 통합이 용이	- 특정 서브타입에 대한 Not Null 제약이 어려움 - 테이블의 칼럼 및 블록의 수가 증가 - 처리마다 서브타입에 대한 구분 필요 - 인덱스 크기 증가

(2) 서브타입 기준 변환

슈퍼타입의 속성들을 각각의 서브타입에 추가하여 서브타입마다 하나의 테이블로 생성하고 분할된 테이블은 해당 서브타입 데이터만을 포함시킨다. 주로 서브타입에 다량의 속성 및 관계가 포함되어 있을 경우에 적용한다.

★ UID(Unique IDentifier) 식별자를 의미한다.

복수의 테이블로 분할할 때의 장점	복수의 테이블로 분할할 때의 단점
- 서브타입 유형에 대한 구분을 처리마다 할 필요가 없음 - 단위 테이블의 크기 감소 - 서브타입 속성들의 선택 옵션이 명확 - 전체 테이블 스캔	- 서브타입 구분 없이 데이터를 처리하는 경우 UNION이 발생할 수 있음 - 처리 속도가 늦어질 가능성이 존재 - 다수의 테이블 트랜잭션을 처리하는 경우가 자주 발생함 - 복잡한 처리를 하는 SQL 통합이 어려움 - 부분 범위에 대한 처리가 어려움 - 여러 테이블을 통합한 경우 뷰로 조회만 가능 - UID*의 유지 관리가 어려움

(3) 개별 타입 기준 변환

슈퍼타입과 서브타입을 각각 테이블로 변환하는 것으로, 슈퍼타입과 서브타입의 각각의 테이블 사이가 1:1 관계로 이루어진다.

| 개별 타입 기준 변환 사용 사례 |

- 빈번한 전체 데이터 처리
- 대부분의 독립적인 서브타입 처리
- 통합 칼럼의 수가 많은 경우

- 서브타입의 칼럼이 다수인 경우
- 트랜잭션이 주로 슈퍼타입에서 발생하는 경우
- 슈퍼타입에서 처리하는 범위가 넓고 빈번하여 단일 테이블 클러스터링이 필요한 경우

3 속성 & 칼럼 변환

속성이나 관계를 물리 데이터 모델로 변환한 실제 데이터의 저장 형태이다.

변환	설명
일반 속성 변환	- 표준화된 딕셔너리 등을 이용해 일반 속성을 변환한다. - 데이터 칼럼을 정의한 후 테스트를 통해 칼럼의 정합성 검증이 필요하다.
Primary UID*(논리 모델의 UID)를 기본키로 변환	물리 모델링에서 기본키(Primary Key)로 생성이 되며, DDL에서 오브젝트가 생성이 되어 기본키 제약 조건의 속성을 가진다.
Primary UID(관계의 UID Bar*)를 기본키로 변환	다른 엔티티와의 관계로 인해 생성된 Primary UID(관계의 UID Bar)는 물리 모델링에서 기본키(Primary Key)로 변환된다.
Secondary UID*를 유니크키로 변환	- 논리 모델링에서 정의된 Secondary UID(Alternate UID)들은 물리 모델링에서 유니크키(Unique Key)로 생성된다. - Secondary UID들은 엔티티와 상대 엔티티의 선택적 관계를 갖는 데 중요한 역할을 한다.

4 관계 변환

변환		설명
1:1 변환		- 논리 데이터 모델에서 일반적이지 않은 형태의 관계 - 1:1 관계를 물리 모델링으로 변환하는 과정은 관계의 기수성(Cardinality)으로 인해 다른 방법이 적용 - 양쪽 모두 Optional인 관계의 경우 상대적으로 자주 사용되는 테이블의 외래키를 포함하는 것이 유리
1:M 변환		- 논리 데이터 모델의 관계에서 가장 보편적인 관계 - M측의 릴레이션 칼럼에서 선택 사양이 결정됨
1:M 순환 관계 변환		- 데이터 계층 구조의 표현에 주로 사용되는 관계의 형태 - 최상위 관계 속성은 항상 Optional의 형태를 보여야 함 - 경우에 따라 최상위 관계에 특정 값을 설정하는 경우도 존재
배타적 관계 변환	외래키 분리	- 릴레이션별로 칼럼을 생성하는 방법 - 실제 외래키의 제약 조건의 생성이 가능하지만 키 칼럼들이 각각 Optional의 형태여야 하며 체크 제약 조건이 추가적으로 필요함
	외래키 결합	- 관계를 하나의 칼럼으로 통합 생성하는 방법 - 실제 외래키 제약 조건의 생성은 불가능 - 다수의 관계를 선별하여 구분하기 위한 별도의 칼럼이 필요

알아두기

데이터베이스 클러스터링
하나의 데이터베이스를 복수 개의 서버(또는 가상 서버)에 구축하는 개념이다.

★ Primary UID
주 식별자를 의미한다.

★ Secondary UID
보조 식별자를 의미한다.

★ UID Bar
관계를 통해 엔티티와 엔티티 사이에 생성된 식별자를 의미한다.

알아두기

관계의 선택성 (Optionality)
– 필수(Mandatory) : 관계 변환 시 상대편의 실체 유형에서 바라봤을 때, 하나의 실체 유형에 실체가 입력될 때 다른 실체 유형의 실체가 필요하면 필수로 표현한다.
– 선택(Optional) : 하나의 실체 유형에 실체가 입력될 때 다른 실체 유형의 실체가 필요 없으면 선택적으로 표현한다.

5 관리 목적의 칼럼 추가

속관리 또는 데이터베이스를 이용하는 프로그램의 수행 속도 향상을 위해 추가되는 테이블이나 칼럼이다. 관리상 필요한 데이터를 등록한 일자, 시스템 번호 등을 의미하며, 논리 모델링에서는 필요로 하지 않는다.

6 데이터 타입 선택

알아두기

데이터 타입 선택은 물리 모델링에서 자주 발생하는 오류 중 하나로 물리 모델링으로 변환 시 칼럼 데이터 형식 설정의 오류로 인해 발생한다.

- 데이터 형식을 설정하는 것은 논리 모델링에서 정의된 논리적인 데이터 타입을 물리적인 데이터베이스의 특성과 성능을 고려하여 최적의 데이터 타입을 선택하는 작업이다.
- 주요 데이터 타입 : 문자 타입(Character Data Types), 숫자 타입(Numeric Types), 날짜 타입(Datetime Types)

7 데이터 표준 적용

논리 데이터 모델링의 산출물을 물리 데이터 모델링에서 변환하는 경우 필수적으로 각각의 대상에 대한 이름을 생성하게 되며, 이러한 이름을 변환하는 과정에서 데이터베이스의 활용 및 관리를 고려하여 전사적으로 사전에 수립된 데이터 표준을 준수한다.

■ 데이터 표준 적용 대상

대상	적용 방법
데이터베이스	통합 모델링 단계의 주제 영역이나 애플리케이션 모델링 단계의 업무 영역에 대응되는 오브젝트
스토리지 그룹(Storage Group)	하나의 물리적인 디스크를 정의하여 테이블 스페이스, 인덱스 스페이스 등을 생성하고 스토리지 그룹을 지정해 물리적인 영역을 할당
테이블 스페이스	테이블이 생성되는 물리적인 영역으로, 하나의 테이블 스페이스에 한 개 혹은 그 이상의 테이블을 저장할 수 있음
테이블	논리적 설계 단계의 개체에 대응하는 객체
칼럼	논리적 설계 단계의 속성에 대응하는 객체
인덱스	기본키, 외래키 등을 대상으로 하는 색인 데이터 테이블에서 효율적 조회를 위해 사용
뷰	테이블을 재정의해 특정 사용자만 접근 가능하도록 함

■ 데이터 표준 적용 방법

(1) 명명 규칙 활용

- 테이블명 전환 시 한글과 동일한 용어를 사용하여 영문명으로 전환한다.
- 영문명은 약어를 사용한다. 표준 용어 사전에 등록된 약어를 참조한다.
- 테이블에는 업무 영역, 주제 수식어, 주제어, 분류 수식어, 접미사 등을 적용한다.

(2) 표준 용어 사전 활용

모든 객체명과 객체별 데이터 타입, 길이 등 명칭과 속성 정보의 표준을 전사 관점에서 놓고 사전 정의 후 사용한다.

출제 예상 문제

01 논리적 설계의 물리적 설계 변환 관계로 올바르지 않은 것은?

① 엔티티는 테이블로 변환된다.
② 속성은 칼럼으로 변환된다.
③ 주 식별자는 후보키로 변환된다.
④ 외래 식별자는 외래키로 변환된다.

해설 주 식별자는 기본키로 전환된다.

02 논리 데이터 모델의 물리 데이터 모델 변환에서 슈퍼타입 변환은 서브타입을 슈퍼타입으로 통합하여 하나의 테이블을 만드는 것이다. 이에 대한 장점에 해당하지 않는 것은?

① 뷰를 이용한 서브타입만 액세스, 수정 가능하다.
② 다수의 서브타입 통합 시 조인이 감소한다.
③ 수행 속도가 좋아진다.
④ 처리마다 서브타입에 대한 구분이 필요하다.

해설 처리마다 서브타입에 대한 구분이 필요한 것은 단일 테이블 통합의 단점이다.

03 물리 ERD 변환 과정에서 관계의 변환에 대한 설명으로 올바르지 않은 설명은?

① 1:M 변환은 양쪽 모두 Optional인 관계의 경우 상대적으로 자주 사용되는 테이블에 외래키를 포함시킨다.
② 배타적 관계의 변환에서 외래키의 분리는 릴레이션별로 칼럼을 생성하는 방법이다.
③ 배타적 관계의 변환에서 외래키의 결합은 릴레이션을 하나의 테이블로 통합 생성하는 방법이다.
④ 1:M 순환 관계 변환은 데이터 계층 구조에서 자주 사용되는 형태이다.

해설 배타적 관계의 변환에서 외래키의 결합은 릴레이션을 하나의 칼럼으로 통합 생성하는 방법이다.

04 물리 ERD 변환에서 데이터 표준 적용 대상으로 옳지 않은 것은?

① 데이터베이스
② 스토리지 그룹
③ 프러시저
④ 칼럼

해설 물리 ERD 변환에서 데이터 표준 적용 대상은 데이터베이스, 스토리지 그룹, 테이블 스페이스, 테이블, 칼럼, 인덱스, 뷰 등이다.

1: ③ 2: ④ 3: ③ 4: ③ 정답

208 물리 데이터 모델 품질 검토

1 물리 데이터 모델 품질 기준의 개념

- 시스템의 성능에 대해 직접적인 영향을 미치기 때문에 향후에 발생할 수 있는 성능 문제를 사전에 검토하여 최소화하는 노력이 절대적으로 필요하다.
- 모든 이해관계자가 동의하는 검토 기준이 필요하며, 데이터 아키텍처 정책 수립 시 DA 원칙/표준★에 포함되어야 할 중요한 사안이다.

★ **DA 원칙/표준**
DA(Data Administrator) 원칙은 고품질 데이터 서비스를 지원하기 위한 관리 기준, 조직, 프로세스에 대한 계획, 규정, 지침을 수립하는 것이다.

2 물리 데이터 모델 품질 검토의 목적

물리 데이터 모델 품질 검토 목적은 '성능'과 '오류 예방' 관점에서 생각해 볼 수 있으며, 이에 따라 물리 데이터 모델의 품질 기준도 조직에 따라 혹은 업무 상황이나 여건에 따라 가감하거나 변형하여 사용하기도 한다.

3 물리 데이터 모델 품질 검토의 기준 요소

요소	설명
정확성	데이터 모델이 표기법에 따라 정확하게 표현되고 업무 영역 또는 요구사항이 정확히 반영되는 기준
완전성	데이터 모델의 구성 요소를 정의하는 데 있어서 누락을 최소화하고, 요구사항 및 업무 영역 반영에 있어 누락이 없음의 기준
준거성	제반 준수 요건들이 누락 없이 정확하게 준수되었음을 의미하는 기준
최신성	데이터 모델이 현행 시스템의 최신 상태를 반영하고 있고, 이슈 사항들이 지체 없이 반영되고 있는 기준
일관성	여러 영역에서 공통적으로 사용되는 데이터 요소가 전사 수준에서만 한 번 정의되고, 이를 여러 다른 영역에서 참조/활용되면서 모델 표현상의 일관성을 유지하고 있음에 대한 기준
활용성	작성된 모델과 그 설명 내용이 이해관계자에게 의미를 충분하게 전달할 수 있으면서, 업무 변화 시 설계 변경이 최소화되도록 유연하게 설계되었음을 의미하는 기준

출제 예상 문제

01 다음 중 물리 데이터 모델 품질 기준 요소가 아닌 것은?

① 정확성
② 완전성
③ 표준성
④ 활용성

해설 물리 데이터 모델 품질 기준 요소는 정확성, 완전성, 준거성, 최신성, 일관성, 활용성이다. 표준성은 품질 요소는 아니다.

02 물리 데이터 모델 품질 검토의 목적으로 적당하지 않은 것은?

① 시스템의 성능에 대한 직접적인 영향을 주기 때문에 다방면의 문제를 사전에 검토하는 필수 요건이다.
② '성능'과 '오류 예방' 관점으로 볼 수 있다.
③ 조직이나 업무 상황에 따라 가감하거나 변형하여 적용할 수 있다.
④ 과반수 이상의 이해관계자가 동의하는 검토 기준이 필요하다.

해설 성능과 오류 예방은 품질 검토의 목적으로 부족하다.

03 물리 데이터 모델 품질 검토는 시스템의 성능에 대해 직접적인 영향을 미치기 때문에 향후 발생할 수 있는 성능 문제를 사전에 검토하여 최소화하는 노력이 필요하다. 다음 중 물리 데이터 모델 품질 검토의 기준 요소에 대한 설명으로 옳지 않은 것은?

① 완전성은 데이터 모델의 구성 요소를 정의하는 데 있어 누락을 최소화하고 요구사항 및 업무 영역 반영에 있어 누락이 없는 기준이다.
② 준거성은 제반 준수 요건들이 누락 없이 정확하게 준수되었음을 의미하는 기준이다.
③ 일관성은 여러 영역에서 공정적으로 사용하는 데이터 요소가 전사 수준에서 한 번만 정의되고 이를 여러 다른 영역에서 참조하고 활용하며 모델 표현상의 일관성을 유지하고 있는 기준이다.
④ 최신성은 작성된 모델과 그 설명 내용이 이해관계자에게 충분히 의미를 반영한 상태에서 최신 상태가 반영되어 설계되었음을 의미하는 기준이다.

해설 최신성은 데이터 모델이 현행 시스템의 최신 상태를 반영하고 이슈 사항들이 지체 없이 반영되는 기준이다.

1: ③ 2: ② 3: ④ 정답

209 CRUD 분석

1 CRUD 분석의 개념

- 데이터와 프로세스의 정합성 검증을 위해 프로세스 모델과 데이터 모델의 상관 관계를 정의한 매트릭스이다.
- 데이터베이스에 영향을 주는 생성, 읽기, 갱신, 삭제 연산으로 프로세스와 테이블 간에 매트릭스를 만들어 트랜잭션을 분석하는 방법이다.

2 CRUD 매트릭스 분석의 특징

특징	설명
모델링 작업 검증	분석 단계의 데이터 모델과 프로세스 모델에 대한 작업을 검증하는 역할이다.
중요 산출물	시스템 구축 단계에서 애플리케이션을 개발하는 데 필요하고 중요한 산출물이다.
테스트 사용	테스트 단계에서 개발한 애플리케이션을 객관적인 자료를 사용하여 테스트하는 데도 중요한 역할을 한다.
인터페이스 현황 파악	전체 업무의 인터페이스를 파악할 수 있다.

3 CRUD 매트릭스의 구성

구성 요소	설명
개체(Entity) 타입	프로세스에 영향을 받는 데이터베이스 튜플(레코드)이다.
단위 프로세스	엔티티에 영향을 주는 프로세스 단위로, 데이터베이스의 트랜잭션이다.
CRUD	프로세스를 통해 엔티티에 영향을 주는 행위 'Create(생성), Read(읽기), Update(갱신), Delete(삭제)'의 약자이다.

4 CRUD 매트릭스 분석 방법

■ 데이터 모델 검증

규칙	체크포인트
모든 엔티티에 'CRUD'가 존재	엔티티에 C, R, U, D 중 하나라도 존재해야 함
모든 엔티티에 'C'가 존재	데이터는 C를 통해 생성되어야 읽기, 수정, 삭제가 가능
모든 엔티티에 'R'이 한 번 이상 존재	데이터를 최소 한 번 이상 R로 읽어야 함

■ 프로세스 모델 검증

규칙	체크포인트
모든 단위 프로세스는 하나 이상의 엔티티와 관련 있는지 검증	단위 프로세스에서 C, R, U, D 중 하나라도 존재해야 함
2개 이상의 엔티티가 동일한 엔티티를 생성하지 않는지 검증	같은 엔티티에서 C가 2개 이상 존재하면 안 됨

멘토 코멘트

테이블이나 행에 CRUD가 아무 것도 일어나지 않는다면 사용하지 않는 것으로 보아 삭제를 하거나 누락된 CRUD를 추가해야 한다.

5 CRUD 매트릭스 사례

단위 프로세스와 엔티티 타입을 데이터 모델 검증과 프로세스 모델 검증 절차를 통해 관계의 적절성을 파악할 수 있다.

단위 프로세스 \ 엔티티 타입	고객	제품	주문	주문목록
신규 고객 등록	C			
고객 정보 조회	R			
제품 등록		C		
주문 신청		R	C	C
주문 내역 변경			R	U
주문 취소			D	D

단위 프로세스가 엔티티 타입에 어떠한 일을 하는지 기술한다.

기출 유형 문제

2020.09

01 데이터베이스에 영향을 주는 생성, 읽기, 갱신, 삭제 연산으로 프로세스와 테이블 간에 매트릭스를 만들어서 트랜잭션을 분석하는 것은?

① CASE 분석
② 일치 분석
③ CRUD 분석
④ 연관성 분석

해설 프로세스와 테이블 간의 매트릭스를 통해 트랜잭션, 상관관계를 분석할 수 있고 C(Create, 생성), R(Read, 읽기), U(Update, 수정), D(Delete, 삭제)의 약자로 CRUD 분석이라고 한다. '연관성 분석'은 '장바구니 분석'이라고도 하며 데이터를 통한 어떤 상품과 어떤 상품이 함께 팔리는가를 분석해 경향성을 파악한다.

출제 예상 문제

02 CRUD 매트릭스 분석의 특징에 대한 설명 중 올바르지 않은 것은?

① 모델링 작업 검증은 분석 단계의 데이터 모델과 프로세스 모델에 대한 작업을 검증한다.
② 테스트 단계에서 개발한 애플리케이션을 객관적인 자료를 사용하여 테스트하는 용도이다.
③ 전체 업무의 인터페이스 현황 파악은 필요하다.
④ 설계 감리 단계에서 만들어지는 주요한 산출물이다.

해설 시스템 구축 단계에서 애플리케이션을 객관적인 자료를 사용해 테스트하는 데 중요한 역할을 한다.

03 CRUD 매트릭스의 구성 요소가 아닌 것은?

① 엔티티 타입
② 단위 프로세스
③ CRUD
④ 프러시저

해설 CRUD 매트릭스의 구성은 엔티티 타입, 단위 프로세스, CRUD이다.

04 다음 중 CRUD 매트릭스의 검증 모델 규칙이 아닌 것은?

① 모든 엔티티에 'CRUD'가 존재한다.
② 모든 엔티티에 'C'가 존재한다.
③ 모든 엔티티에 'D'가 존재해야 한다.
④ 모든 엔티티에 'R'이 한번 이상 존재해야 한다.

해설 엔티티의 D에 대한 조건은 검증 규칙에 포함되지 않는다.

정답 1: ③ 2: ④ 3: ④ 4: ③

SQL 응용

이번 장에서 다룰 내용

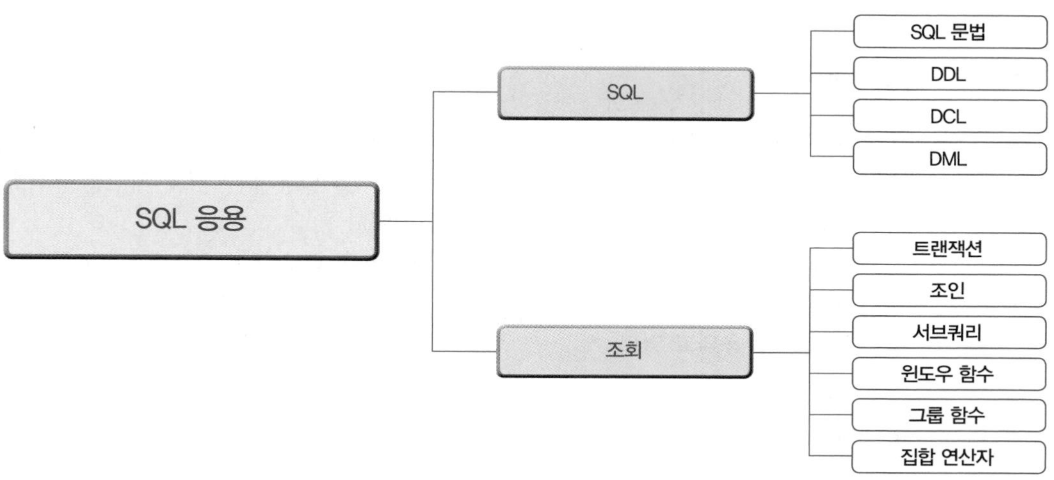

- 테이블의 개념을 알 수 있다.
- DCL, DML, DDL의 개념 및 작성을 할 수 있다.
- 트랜잭션의 개념을 이해하고 서브쿼리를 이용한 조인 구문을 작성할 수 있다.
- 윈도우 함수, 그룹 함수를 이용하여 쿼리를 작성할 수 있다.

301 SQL

1 SQL

SQL(Structured Query Language) 문법의 개념

- 데이터를 정의하고 조작하는 데 필요한 표준 언어를 활용할 수 있게 해주는 규칙으로, 데이터베이스가 이해할 수 있는 질의 언어이다.
- SQL은 IBM 산호세 연구소를 통해 개발되었으며 관계형 데이터 모델 뿐 아니라 다양한 데이터베이스에서 널리 사용되었고, 미국 국립표준협회가 표준으로 제정하며 가장 많이 사용되고 있다.

SQL 문법의 분류

분류	설명
데이터 정의어 (DDL)	– Data Definition Language – 스키마, 도메인, 테이블, 뷰 등에 대한 정의(CREATE), 수정, 삭제를 하기 위한 언어 – 명령어 : CREATE, ALTER, DROP, TRUNCATE
데이터 조작어 (DML)	– Data Manipulation Language – 데이터를 조작(테이블에 데이터를 저장, 조회, 변경, 삭제)하여 생명주기를 제어하는 언어 – 명령어 : INSERT, SELECT, UPDATE, DELETE
데이터 제어어 (DCL)	– Data Control Language – 사용자를 등록하고 사용자에게 특정 데이터베이스를 사용할 수 있는 권리를 부여하기 위한 언어 – 명령어 : GRANT, REVOKE, COMMIT, ROLLBACK

알아두기

Rollback 가능 명령어

Truncate는 Rollback을 할 수 없지만 Drop은 Rollback이 가능하다. DBMS에 따라서 Truncate의 Rollback을 지원하기도 하지만, 기본적으로 불가능하다.

2 테이블

테이블(Table)의 개념

- 데이터는 관계형 데이터베이스의 기본 단위인 테이블(표) 형태로 저장되며, 테이블은 특정한 주제와 목적으로 만들어지는 일종의 집합이다.
- 행(Row)과 열(Column)로 구성되는 가장 기본적인 데이터베이스 객체로, 데이터베이스 내에 모든 데이터는 테이블 안에 저장된다.
- DBMS(Database Management System)* 내에 여러 개의 테이블들로 구성될 수도 있다.
- 릴레이션(Relationship) 혹은 엔티티(Entity)라고도 한다.

★ DBMS
다수의 이용자들이 데이터 베이스 내에 접근할 수 있도록 해주는 소프트웨어이다.

테이블의 특징

- 테이블에 포함된 레코드는 유일해야 한다. 중복된 행이 존재할 수 없다.
- 테이블에 포함된 행의 순서는 존재하지 않는다.
- 테이블을 구성하는 열들 간의 순서도 존재하지 않는다.
- 튜플들의 삽입, 삭제 등의 작업으로 인해 릴레이션은 시간에 따라 변한다.
- 테이블 내의 애트리뷰트는 논리적으로 쪼갤 수 없는 원자값으로 저장한다.

데이터베이스의 테이블

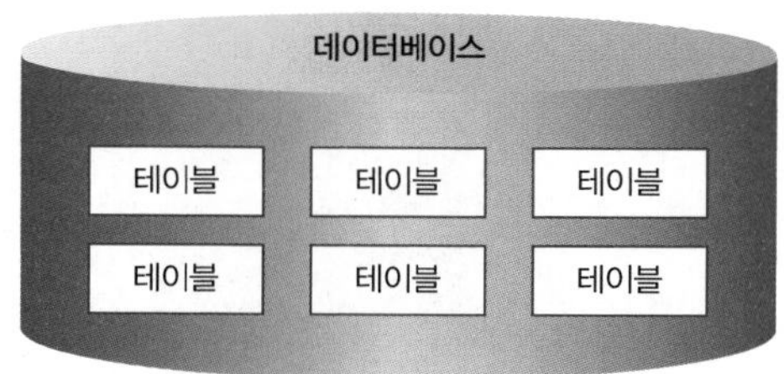

테이블의 용어

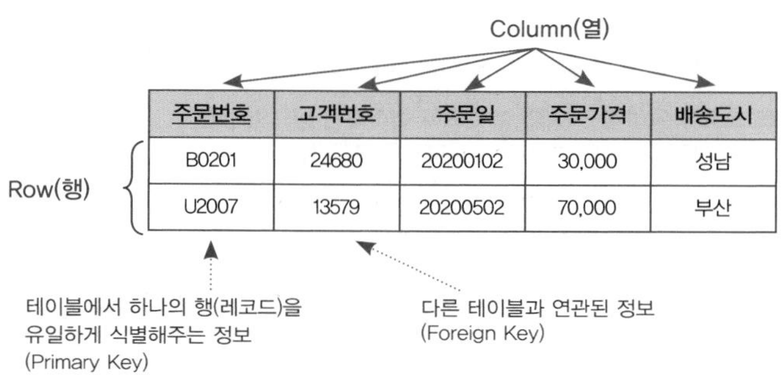

용어	설명
행(Row)/튜플(Tuple)/레코드(Record)	- 테이블 내의 행을 의미하며, 여러 가지 이름으로 불림 - 튜플은 기본키(PK; Primary Key)가 존재하는 릴레이션(테이블) 내에서 같은 값을 가질 수 없음
열(Column)/애트리뷰트(Attribute)	테이블 내의 열을 의미
카디널리티(Cardinality)	행의 개수, 튜플의 개수, 레코드의 개수라고도 함
차수(Degree)	열의 개수, 애트리뷰트의 개수라고도 함
기본키(Primary Key)	튜플의 유일성, 최소성, 대표성을 만족하는 테이블 내의 칼럼
외래키(Foreign Key)	다른 테이블과 연관된 정보로 릴레이션 간의 관계를 설정하고 연관 관계가 있는 다른 테이블의 후보키값을 참조하는 칼럼

알아두기

칼럼 < 테이블 < 데이터베이스

데이터베이스 내에 한 개 이상의 테이블이 존재한다.

멘토 코멘트

- 행, 튜플, 레코드가 모두 행을 지칭하는 용어이다.
- 열과 애트리뷰트도 같은 뜻이다.

★ 도메인(Domain)

하나의 애트리뷰트가 가질 수 있는 원자값들의 집합이다.

3 키

■ 키(Key)의 개념

- 한 릴레이션 내의 튜플을 유일하게 식별할 수 있는 속성의 집합을 정의한다.
- 여러 개의 집합체에 담고 있는 하나의 엔티티 타입에서 각각의 엔티티를 구분할 수 있는 결정자이다.

■ 키의 종류

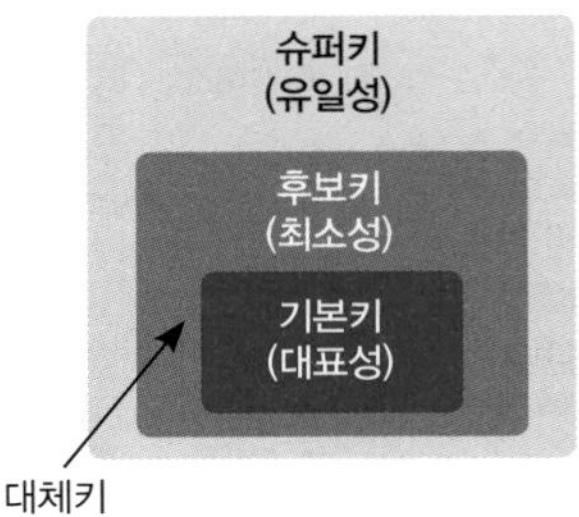

Key	설명	특성
기본키	- 후보키 중 레코드를 효율적으로 관리하기 위해 선택한 주 키(Main Key - 여러 개의 후보키 중에서 하나를 선정하여 테이블들을 대표로 하는 키	- 유일성 - 최소성(Not Null) - 대표성
후보키	- 레코드를 유일하게 구분할 수 있도록 최적화된 필드의 집합 - 키의 특성인 유일성과 최소성(Not Null)을 만족하는 키	- 유일성 - 최소성(Not Null)
대체키	- 여러 개의 후보키 중에서 기본키로 선정하고 남은 키 - 기본키를 대체할 수 있는 키	- 유일성 - 최소성(Not Null)
슈퍼키	- 레코드를 유일하게 식별할 수 있는 하나 또 그 이상의 애트리뷰트의 집합 - 유일성은 만족하나 최소성(Not Null)은 만족하지 않는 키	유일성
외래키	- 연관 관계가 있는 다른 테이블의 후보키 값을 참조하고 있는 키 - 어느 한 릴레이션 속성의 집합이 다른 릴레이션에서 기본키로 사용되는 키	

기출 유형 문제

2020.08

01 다음 관계형 데이터 모델에 대한 설명으로 옳은 것은?

고객 ID	고객이름	거주도시
S1	홍길동	서울
S2	이정재	인천
S3	신보라	인천
S4	김흥국	서울
S5	도요새	용인

① Relation 3개, Attribute 3개, Tuple 5개

② Relation 3개, Attribute 5개, Tuple 3개

③ Relation 1개, Attribute 5개, Tuple 3개

④ Relation 1개, Attribute 3개, Tuple 5개

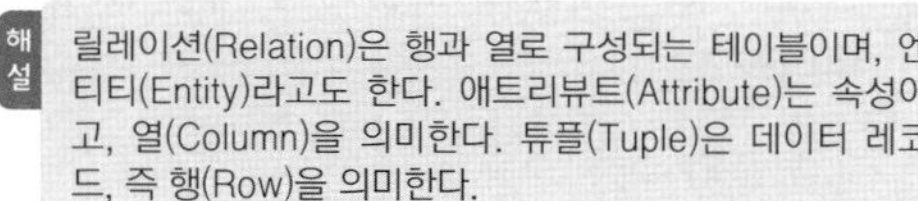
해설 릴레이션(Relation)은 행과 열로 구성되는 테이블이며, 엔티티(Entity)라고도 한다. 애트리뷰트(Attribute)는 속성이고, 열(Column)을 의미한다. 튜플(Tuple)은 데이터 레코드, 즉 행(Row)을 의미한다.

2022.04, 2020.08

02 릴레이션에 대한 설명으로 거리가 먼 것은?

① 튜플의 삽입, 삭제 등의 작업으로 인해 시간에 따라 변한다.

② 한 릴레이션에 포함된 튜플들은 모두 상이하다.

③ 애트리뷰트는 논리적으로 쪼갤 수 없는 원자값으로 저장한다.

④ 한 릴레이션에 포함된 튜플 사이에는 순서가 있다.

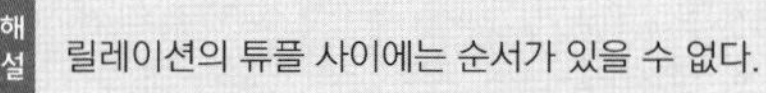
해설 릴레이션의 튜플 사이에는 순서가 있을 수 없다.

2020.06

03 다음 설명의 ( ) 안에 들어갈 내용으로 적합한 것은?

> 후보키는 릴레이션에 있는 모든 튜플에 대해 유일성과 ( )을 모두 만족시켜야 한다.

① 중복성

② 최소성

③ 참조성

④ 동일성

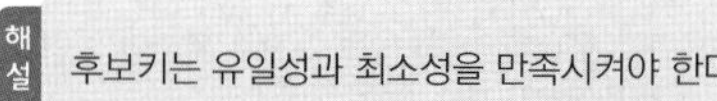
해설 후보키는 유일성과 최소성을 만족시켜야 한다.

2020.09

04 릴레이션에 있는 모든 튜플에 대해 유일성은 만족시키지만 최소성은 만족시키지 못하는 키는?

① 후보키

② 기본키

③ 슈퍼키

④ 외래키

해설 슈퍼키는 레코드를 유일하게 식별할 수 있는 하나 또는 그 이상의 애트리뷰트의 집합으로 유일성은 만족하나 최소성은 만족시키지 못하는 키이다.

2020.09

05 한 릴레이션 스키마가 4개 속성, 2개 후보키, 그리고 그 스키마의 대응 릴레이션 인스턴스가 7개 튜플을 갖는다면 그 릴레이션의 차수는?

① 1

② 2

③ 4

④ 7

해설 릴레이션의 차수(Degree)는 속성의 수이다. 즉 한 릴레이션에서 4개의 속성을 갖는다고 하면 차수(Degree)는 4이다.

정답 1: ④ 2: ④ 3: ② 4: ③ 5: ③

2020.06

06 참조 무결성을 유지하기 위하여 DROP문에서 부모 테이블의 항목 값을 삭제할 경우 자동적으로 자식 테이블의 해당 레코드를 삭제하기 위한 옵션은?

① CLUSTER

② CASCADE

③ SET-NULL

④ RESTRICTED

- CASCADE : 임의적 접근 통제에서 객체(테이블,뷰 등)에 대한 권한을 부여하거나 삭제할 수 있는 조건
- RESTRICTED : DBA 권한을 가진 사용자만이 연결하여 데이터베이스를 이용할 수 있는 조건

2020.06

07 하나의 애트리뷰트가 가질 수 있는 원자값들의 집합을 의미하는 것은?

① 도메인

② 튜플

③ 엔티티

④ 다형성

- 튜플(Tuple) : 행, 레코드와 같은 의미이다.
- 엔티티(Entity) : 행(Row)과 열(Column)로 구성되는 가장 기본적인 데이터베이스 객체이다.
- 다형성(Polymorphism) : 객체 지향에서 나오는 개념으로 자료형 체계의 성질을 의미한다.

2021.05

08 릴레이션 R의 차수가 4이고 카디널리티가 5이며, 릴레이션 S의 차수가 6이고 카디널리티가 7일 때, 2개의 릴레이션을 카티션프로덕트 한 결과의 새로운 릴레이션의 차수와 카디널리티는 얼마인가?

① 24, 35

② 24, 12

③ 10, 35

④ 10, 12

카티션프로덕트는 릴레이션 R과 S의 차수(Degree, 속성의 수)는 더하고, 카디널리티(튜플, 레코드)의 수는 곱한다. 즉, 차수 = 4 + 6 = 10, 카디널리티 = 6 × 7 = 35이다.

2021.05

09 관계 데이터베이스 모델에서 차수(Degree)의 의미는?

① 튜플의 수

② 테이블의 수

③ 데이터베이스의 수

④ 애트리뷰트의 수

차수는 열의 개수이며 애트리뷰트의 개수라고도 한다.

2021.05

10 속성(Attribute)에 대한 설명으로 틀린 것은?

① 속성은 개체의 특성을 기술한다.

② 속성은 데이터베이스를 구성하는 가장 작은 논리적 단위이다.

③ 속성은 파일 구조상 데이터 항목 또는 데이터 필드에 해당된다.

④ 속성의 수를 'Cardinality'라고 한다.

해설

속성의 수는 차수(Degree)라고 한다. 행의 개수인 카디널리티(Cardinality)는 레코드(튜플, Tuple)의 수를 의미한다.

6: ② 7: ① 8: ③ 9: ④ 10: ④ 정답

2022.03

11 다음 릴레이션의 Degree와 Cardinality는?

학번	이름	학년	학과
13001	홍길동	3학년	전기
13002	이순신	4학년	기계
13003	강감찬	2학년	컴퓨터

① Degree : 4, Cardinality : 3

② Degree : 3, Cardinality : 4

③ Degree : 3, Cardinality : 12

④ Degree : 12, Cardinality : 3

해설 Degree는 릴레이션의 차수(속성의 수)이고, Cardinality는 행의 개수이다. 즉, Degree는 4이고, Cardinality는 3이다.

2021.05

12 관계형 데이터 모델의 릴레이션에 대한 설명으로 틀린 것은?

① 모든 속성 값은 원자 값을 갖는다.

② 한 릴레이션에 포함된 튜플은 모두 상이하다.

③ 한 릴레이션에 포함된 튜플에는 순서가 없다.

④ 한 릴레이션을 구성하는 속성에는 순서가 존재한다.

해설 릴레이션을 구성하는 속성에는 순서가 없다.

2022.03

13 다른 릴레이션의 기본키를 참조하는 키를 의미하는 것은?

① 필드키

② 슈퍼키

③ 외래키

④ 후보키

해설 외래키(FK; Foreign Key)는 다른 릴레이션의 기본키를 참조하는 키이다.

2022.04

14 키의 종류 중 유일성과 최소성을 만족하는 속성 또는 속성들의 집합은?

① Atomic Key

② Super Key

③ Candidate Key

④ Test Key

해설
- Candidate Key(후보키) : 유일성, 최소성을 만족하지만 대표성을 만족하지 않는 속성의 집합
- Super Key(슈퍼키) : 유일성은 만족하나 최소성은 만족하지 못하는 속성의 집합
- Primary Key(기본키) : 유일성, 최소성도 만족하고 대표성도 만족하는 속성의 집합

2022.04

15 테이블의 기본키(Primary Key)로 지정된 속성에 관한 설명으로 가장 거리가 먼 것은?

① NOT NULL로 널값을 가지지 않는다.

② 릴레이션에서 튜플을 구별할 수 있다.

③ 외래키로 참조될 수 있다.

④ 검색할 때 반드시 필요하다.

해설 기본키로 지정되지 않아도 검색이 가능하다. 검색 시 반드시 필요한 건 아니다.

정답 11: ① 12: ④ 13: ③ 14: ③ 15: ④

2022.04

16 관계 데이터 모델에서 릴레이션(Relation)에 포함되어 있는 튜플(Tuple)의 수를 무엇이라고 하는가?

① Degree

② Cardinality

③ Attribute

④ Cartesian product

해설 Cardinality는 관계 데이터 모델에서 튜플의 수(레코드의 수)를 이야기한다.

2021.08

17 관계형 데이터베이스에서 다음 설명에 해당하는 키(Key)는?

```
SELECT 급여 FROM 사원;
```

사원ID	사원명	급여	부서ID
101	박철수	30000	1
102	한나라	35000	2
103	김감동	40000	3
104	이구수	35000	2
105	최초록	40000	3

① 1

② 3

③ 4

④ 5

해설 튜플(Tuple)은 레코드의 수이다. 즉, 〈사원〉 테이블에서 급여를 조회하면 5개의 튜플을 반환한다.

2021.03

18 다음 릴레이션의 카디널리티와 차수가 옳게 나타낸 것은?

아이디	성명	나이	등급	적립금	가입년도
Yuyu01	원유철	36	3	2000	2008
Skim10	김성일	29	2	3300	2014
Kshan4	한경선	45	3	2800	2009
Namsu52	이남수	33	5	1000	2016

① 카디널리티 : 4, 차수 : 4

② 카디널리티 : 4, 차수 : 6

③ 카디널리티 : 6, 차수 : 4

④ 카디널리티 : 6, 차수 : 6

튜플, 레코드의 수를 카디널리티라고 하고, 속성의 수를 차수(Degree)라고 한다. 즉, 해당 테이블은 카디널리티 4, 차수 6이다.

2021.08

19 관계형 데이터베이스에서 다음 설명에 해당하는 키(Key)는?

> 한 릴레이션 내의 속성들의 집합으로 구성된 키로서, 릴레이션을 구성하는 모든 튜플에 대한 유일성은 만족시키지만 최소성은 만족시키지 못한다.

① 후보키

② 대체키

③ 슈퍼키

④ 외래키

릴레이션을 구성하는 속성에는 존재하는 순서가 없다.

16: ② 17: ④ 18: ② 19: ③ 정답

출제 예상 문제

20 SQL에 대한 설명으로 옳지 않은 것은?

① SQL의 문법은 데이터 정의어, 조작어, 제어어로 구성되어 있다.

② 테이블을 생성, 수정, 삭제하기 위해 DDL(Data Definition Language)을 이용한다.

③ 데이터를 조작하기 위해 DCL(Data Control Language)을 이용한다.

④ TRUNCATE를 수행하면 데이터를 빠르게 삭제할 수 있으나 롤백은 불가능하다.

해설 테이블 조작은 DML(INSERT, SELECT, UPDATE, DELETE)로 수행한다.

21 데이터 정의어, 조작어, 제어어에 대한 설명으로 옳지 않은 것은?

① 테이블을 생성하기 위해 DDL의 CREATE 문을 이용한다.

② 데이터 조작의 DML에서 삭제는 DELETE를 이용한다.

③ DML은 INSERT, UPDATE, DELETE 등으로 구성되어 있다.

④ DCL은 SELECT, REVOKE, GRANT로 구성되어 있다.

해설 DCL의 명령어는 GRANT, REVOKE, COMMIT, ROLLBACK, CHECKPOINT이다. SELECT는 DML에 속한다.

22 다음 설명 중 테이블에 대한 특징으로 옳지 않은 것은?

① 테이블에 포함된 레코드는 유일해야 하고 중복된 행이 존재할 수 있다.

② 테이블을 구성하는 열들 간에 순서는 존재하지 않는다.

③ 테이블에 포함된 행의 순서는 존재하지 않는다.

④ 데이터베이스에 여러 개의 테이블이 존재할 수 있고 릴레이션 혹은 엔티티라고도 한다.

해설 테이블에 포함된 레코드는 유일해야 하고 중복된 행이 존재할 수 없다.

23 다음 중 테이블에서 사용되는 용어에 대한 설명으로 적절하지 않은 것은?

① 레코드(Record) : 테이블 내의 행을 의미하며, 튜플이라고도 한다.

② 카디널리티(Cardinality) : 레코드, 튜플의 개수를 의미한다.

③ 기본키(Primary key) : 튜플의 유일성, 최소성, 대표성을 만족하는 테이블 내의 칼럼이다.

④ 애트리뷰트(Attribute) : 테이블 내의 행의 개수이며, Degree라고도 한다.

해설 애트리뷰트(Attribute)는 테이블 내의 열을 의미하며, 열의 개수는 차수(Degree)라고 한다.

24 SQL의 명령어 중 DCL 명령어는?

① SELECT

② UPDATE

③ INSERT

④ GRANT

해설 GRANT, REVOKE가 DCL(데이터 제어어)의 대표적인 명령어이다.

정답 20: ③ 21: ④ 22: ① 23: ④ 24: ④

302 DDL

1 DDL(Data Definition Language)의 개념

- 데이터를 정의하는 언어이다. '데이터를 담는 그릇을 정의하는 언어'가 더 정확한 표현으로, 이러한 그릇을 DBMS에서는 'Objects'라고 한다.
- DBMS에서 사용하는 테이블, 뷰 등 데이터 구조를 정의하는 명령어로 특정한 구조를 생성, 변경, 삭제하는 데이터 구조와 관련된 스키마를 정의하는 언어이다.

2 DDL의 대상

★ 스키마(Schema)
데이터베이스의 구조와 제약 조건에 관한 전반적인 명세를 기술한 메타 데이터의 집합이다. 외부/개념/내부 스키마로 나뉘어져 각각의 독립성을 유지할 수 있게 해준다.

대상	설명	비고
스키마* (Schema)	– DBMS의 특성과 구현 환경을 감안한 데이터 구조 – 직관적으로 하나의 데이터베이스로 이해 가능	DBMS마다 다름
도메인 (Domain)	속성의 데이터 타입과 크기	예 VARCHAR(50)으로 지정
테이블 (Table)	데이터 저장 공간	정형 데이터 저장
뷰 (View)	하나 이상의 물리 테이블에서 유도되는 가상의 테이블	가상 테이블
인덱스 (Index)	빠른 검색을 위한 데이터 구조	기본키(PK; Primary Key), 외래키(FK; Foreign Key) 필요에 따른 정의

3 DDL의 유형

오브젝트를 생성, 변경, 삭제하기 위해 다음과 같은 명령어를 이용한다.

구분	명령어	설명
생성	CREATE	데이터베이스 오브젝트 생성
변경	ALTER	데이터베이스 오브젝트 변경
삭제	DROP	데이터베이스 오브젝트 삭제
	TRUNCATE	데이터베이스 오브젝트 내용 삭제

4 DDL의 활용

데이터베이스를 구축하기 위해 스키마, 테이블★, 뷰 등 다양한 오브젝트에 대한 DDL 적용이 필요하다. 대표적인 테이블 사례를 기준으로 작성한다.

★ **테이블(Table)**
데이터베이스를 구성하는 가장 기본적인 객체로 생성, 칼럼 추가, 이름 변경 등 기본 명령어에 대한 숙지가 필요하다.

■ 테이블 생성 : CREATE

문법

```
CREATE TABLE 테이블_이름
(
  열_이름 데이터_타입 [DEFAULT값] [NOT NULL]
  {, 열_이름 데이터_타입 [DEFAULT값] [NOT NULL]
  }
  [PRIMARY KEY (열_리스트),]
  {[FOREIGN KEY (열_리스트)
        [REFERENCES 참조_테이블_이름 (열_이름)]
        [ON DELETE 옵션]
        [ON UPDATE 옵션]
  ], } [CONSTRAINTS 제약조건명 제약조건 ,]
 [CHECK (조건식) | UNIQUE(열_이름) ]
);
```

| 사례 |

직원번호, 직원명, 생년월일, 입사일자, 업무로 구성된 〈직원〉 테이블을 만든다.

```
CREATE TABLE 직원
(
    직원번호 BIGINT NOT NULL
  , 직원명 VARCHAR(10) NOT NULL
  , 생년월일 VARCHAR(8)
  , 입사일자 VARCHAR(8)
  , 업무_코드 VARCHAR(3)
  , PRIMARY KEY(직원번호)
  , FOREIGN KEY(업무_코드) REFERENCES 업무(업무_코드)
  CONSTRAINTS 입사일 CHECK(입사일자 <'20050801') //창립기념일 < 입사일자
);
```

■ 테이블 변경 : ALTER

(1) 열 추가

문법	ALTER TABLE 테이블_이름 ADD 열_이름 데이터_타입 [DEFAULT값];

(2) 열 데이터 타입 변경

문법	ALTER TABLE 테이블_이름 MODIFY 열_이름 데이터_타입 [DEFAULT값];

(3) 열 삭제

문법	ALTER TABLE 테이블_이름 DROP 열_이름;

> **알아두기**
>
> **Rename**
>
> 테이블 이름을 변경할 때는 'ALTER RENAME TABLE 변경 전_테이블_이름 TO 변경 후_테이블_이름'을 사용한다.

■ 테이블 삭제 : DROP

문법	DROP TABLE 테이블_이름;

■ 테이블 내용 삭제 : TRUNCATE

빠른 포맷과 흡사하다.

문법	TRUNCATE TABLE 테이블_이름;

5 제약 조건 적용

- 테이블에 데이터 입력 등에서 부적절한 자료의 입력을 방지하기 위해 삽입, 갱신, 삭제에 테이블 규칙을 적용한다.
- **제약 조건의 사용(활용)** : 테이블을 생성하기 위한 CREATE문에 제약 조건을 명시하는 형태로 초기에 정의하고, ALTER를 통해 상황에 따른 제약 조건을 변경할 수 있다.

| 테이블 생성에 사용되는 제약 조건 |

제약 조건	설명
PRIMARY KEY	- 테이블에서 사용되는 기본키를 정의 - 기본으로 NOT NULL, UNIQUE 제약이 포함되며, 각 행을 식별하는 유일한 값
FOREIGN KEY	- 외래키를 정의 - 참조 대상을 테이블 이름(열 이름)으로 명시해야 하며, 참조 무결성 위배 시 처리 방법을 옵션으로 지정 가능 - NO ACTION, SET DEFAULT, SET NULL, CASCADE
UNIQUE	테이블 내에서 열은 유일한 값을 가져야 하며 동일한 항목을 갖을 수 없는 열에 지정
NOT NULL	- 테이블 내에서 NOT NULL로 정의된 열의 값은 NULL이 입력될 수 없음 - 주로 필수 입력 항목에 대해 제약 조건으로 설정
CHECK	- 개발자나 설계자가 정의하는 제약 조건 - 상황에 따른 다양한 조건을 설정 가능

기출 유형 문제

2006.03

01 SQL의 DROP문은 어떠한 목적으로 사용되는가?

① 스키마, 테이블 및 뷰의 제거 시에 사용된다.
② 스키마, 테이블 및 뷰의 정의 시에 사용된다.
③ 데이터베이스의 무결성을 체크하는 데 사용된다.
④ 데이터베이스를 최적화하는 데 사용된다.

해설 DROP은 데이터베이스 오브젝트(스키마, 테이블, 뷰 등)의 제거 시 사용된다.

2019.08

02 DDL(Data Definition Language)의 기능이 아닌 것은?

① 데이터베이스의 생성 기능
② 병행 처리 시 Lock 및 Unlock 기능
③ 테이블의 삭제 기능
④ 인덱스(Index) 생성 기능

해설 DDL은 데이터베이스 생성, 테이블 삭제, 인덱스 생성 등 데이터 구조를 정의하고 특정한 구조를 생성, 변경, 삭제하는 데이터 구조와 관련된 명령어이다.

2020.09

03 학생 테이블을 생성한 후, 성별 필드가 누락되어 이를 추가하려고 한다. 이에 적합한 SQL 명령어는?

① INSERT ② ALTER
③ DROP ④ MODIFY

해설 ALTER 명령어를 통해 테이블 내의 칼럼을 추가하거나 삭제할 수 있다.

2001.03

04 데이터 정의 언어(DDL; Data Definition Language)와 관련된 설명으로 옳지 않은 것은?

① 데이터베이스 스킴은 데이터 정의 언어라는 특별한 언어로서 표현된 정의의 집합으로 지정된다.
② DDL은 번역한 결과가 데이터 사전(Data-Dictionary 또는 Data Directory)이라는 특별한 파일에 여러 개의 테이블로서 저장된다.
③ 데이터 사전은 단순 데이터(Simple Data)를 수용하고 있는 파일이다.
④ 데이터베이스 관리 시스템(DBMS) 내에서 사용자의 편의와 구현상의 편의를 위해 명령어를 제공하는 것은 DDL이다.

해설
- 데이터 사전은 시스템 카탈로그와 같은 의미로, 데이터베이스의 스키마 정보, 스키마들 간의 사상 정보 등이 저장되어 있다.
- 스킴(Schema)은 스키마를 의미한다.

2020.07

05 다음 두 릴레이션에서 외래키로 사용된 것은? (단, 밑줄 친 속성은 기본키다.)

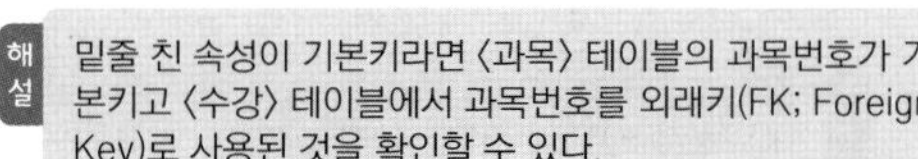
과목(<u>과목번호</u>, 과목명)
수강(<u>수강번호</u>, 학번, 과목번호, 학기)

① 수강번호 ② 과목번호
③ 학번 ④ 과목명

해설 밑줄 친 속성이 기본키라면 〈과목〉 테이블의 과목번호가 기본키고 〈수강〉 테이블에서 과목번호를 외래키(FK; Foreign Key)로 사용된 것을 확인할 수 있다.

정답 1: ① 2: ② 3: ② 4: ③ 5: ②

2020.07, 2019.08, 2018.08

06 SQL의 분류 중 DDL에 해당하지 않는 것은?

① DELETE

② ALTER

③ DROP

④ CREATE

해설 DDL은 CREATE, ALTER, DROP, TRUNCATE로 구성된다. DELETE는 DML의 유형이다.

2019.08, 2018.08

07 SQL의 분류 중 DDL에 해당하지 않는 것은?

① UPDATE

② ALTER

③ DROP

④ CREATE

해설 UPDATE는 DML의 유형이다.

2019.03

08 Which of the following does not belong to the DDL statement of SQL?

① CREATE

② DELETE

③ DROP

④ ALTER

해설 SQL의 분류 중 DDL에 해당하지 않는 것을 물어보고 있다. DDL은 CREATE, ALTER, DROP, TRUNCATE로 구성된다.

2016.08

09 SQL은 사용 용도에 따라 DDL, DML, DCL로 구분할 수 있다. 다음 중 성격이 다른 하나는?

① UPDATE

② ALTER

③ DROP

④ CREATE

해설
- DDL : CREATE, ALTER, DROP, TRUNCATE
- DML : UPDATE, SELECT, INSERT, DELETE

2021.03

10 '회원' 테이블 생성 후 '주소' 필드(칼럼)가 누락되어 이를 추가하려고 한다. 이에 적합한 SQL 명령어는?

① DELETE

② RESTORE

③ ALTER

④ ACCESS

해설 ALTER TABLE 회원 ADD COLUMN 주소 varchar(1000); 으로 필드를 추가할 수 있다.

2021.03

11 SQL에서 스키마(Schema), 도메인(Domain), 테이블(Table), 뷰(View), 인덱스(Index)를 정의하거나 변경 또는 삭제할 때 사용하는 언어는?

① DML(Data Manipulation Language)

② DDL(Data Definition Language)

③ DCL(Data Control Language)

④ IDL(Interactive Data Language)

해설 DDL(데이터 정의어)은 스키마, 도메인, 테이블, 뷰, 인덱스 등을 정의하거나 변경, 삭제할 때 사용하는 언어이다.

6: ① 7: ① 8: ② 9: ① 10: ③ 11: ② 정답

2021.05

12 DDL(Data Define Language)의 명령어 중 스키마, 도메인, 인덱스 등을 정의할 때 사용하는 SQL문은?

① ALTER

② SELECT

③ CREATE

④ INSERT

해설 DDL(데이터 정의어)에는 CREATE, ALTER, DROP이 있으며 CREATE는 정의(생성), ALTER는 수정, DROP은 삭제 시 이용한다. SELECT, INSERT는 DML(데이터 조작어)이다.

2021.08

13 다음 중 SQL에서의 DDL문이 아닌 것은?

① CREATE

② DELETE

③ ALTER

④ DROP

해설 DDL(데이터 정의어)에는 CREATE, ALTER, DROP, TRUNCATE가 있다. DELETE는 DML(데이터 조작어)이다.

2022.03

14 CREATE TABLE문에 포함되지 않는 기능은?

① 속성 타입 변경

② 속성의 NOT NULL 여부 지정

③ 기본키를 구성하는 속성 지정

④ CHECK 제약 조건의 정의

해설 변경(수정)은 ALTER TABLE을 이용해서 수행한다.

출제 예상 문제

15 DDL(Data Definition Language)의 대상에 대한 설명으로 올바르지 않은 것은?

① 스키마(Schema) : DBMS의 구조와 제약 조건에 관한 전반적인 명세를 기술한 메타 데이터의 집합이다.

② 테이블(Table) : 정형 데이터를 저장하며 ALTER 구문을 이용하여 수정한다.

③ 뷰(View) : 하나 이상의 테이블에서 유도되는 가상의 테이블이다.

④ 인덱스(Index) : 빠른 검색을 위한 데이터 구조로 한 번 생성하면 변경할 수 없다.

해설 인덱스는 빠른 검색을 위한 데이터 구조로 데이터 양과 실행 계획 등을 위해 변경해서 사용한다.

16 DDL 명령어에 대한 설명으로 옳지 않은 것은?

① 테이블 생성은 Create Table을 이용하여 신규로 생성할 수 있으며, 수정은 불가능하다.

② Alter Table을 이용해 테이블 내 열을 추가하거나 열 이름을 변경할 수 있다.

③ Drop Table을 이용해 테이블을 삭제할 수 있다.

④ Primary Key, Foreign Key 등을 이용해 테이블에 제약 조건을 생성할 수 있다.

해설 테이블은 Create로 생성하고 Alter로 수정이 가능하다.

17 DDL의 대상이 아닌 것은?

① 스키마(Schema)

② 도메인(Domain)

③ 테이블(Table)

④ 데이터베이스(Database)

해설 DDL 대상은 스키마, 도메인, 테이블, 뷰, 인덱스 등이다. 데이터베이스는 대상이 아니다.

정답 12: ③ 13: ② 14: ① 15: ④ 16: ① 17: ④

303 DCL

1 DCL(Data Control Language)의 개념

데이터 관리자가 접근 통제(데이터 보안), 동시성 제어(병행 제어), 무결성, 회복 등을 관리하기 위해 데이터베이스 관리자(DBA; DataBase Administrator)가 사용하는 제어용 언어이다.

멘토 코멘트

TCL에 대한 내용은 〈305 트랜잭션〉에서 별도로 설명하고 있으니 참고한다.

2 DCL의 유형

- 데이터 제어어의 유형에는 GRANT(권한 부여)와 REVOKE(권한 회수)가 있다.
- 트랜잭션 제어를 위한 명령어 TCL은 적용 대상이 달라 다른 개념으로 분류할 수 있으나 제어 기능의 공통점으로 DCL로 분류하기도 한다.

알아두기

최근 TCL과 DCL을 별도로 분리하기도 한다.

구분	명령어	목적
DCL	GRANT	데이터베이스 사용자 권한 부여
	REVOKE	데이터베이스 사용자 권한 회수
TCL	COMMIT	트랜잭션 확정
	ROLLBACK	트랜잭션 취소
	CHECKPOINT	트랜잭션의 복귀 지점 설정

3 DCL의 활용

■ 시스템 권한과 객체 권한의 종류

데이터 제어어의 권한은 시스템 권한과 객체 권한으로 분류한다.

권한	내용	설명
시스템 권한	CREATE USER	계정을 생성할 수 있는 권한
	DROP USER	계정을 삭제할 수 있는 권한
	DROP ANY TABLE	테이블을 삭제할 수 있는 권한
	CREATE SESSION	데이터베이스에 접속해 세션을 생성할 수 있는 권한
	CREATE TABLE	테이블을 생성할 수 있는 권한
	CREAT VIEW	뷰를 생성할 수 있는 권한

	CREATE SEQUENCE	시퀀스를 생성할 수 있는 권한
	CREATE PROCEDURE	PROCEDURE를 생성할 수 있는 권한
객체 권한	ALTER	테이블 변경 권한
	INSERT	데이터를 조작할 수 있는 권한
	DELETE	
	SELECT	
	UPDATE	
	EXECUTE	프러시저(PROCEDURE*) 실행 권한

■ 사용자 권한 부여 : GRANT

권한 소유자나 권한을 부여받은 사용자가 다른 사용자에게 객체 권한을 부여하기 위한 명령어이다.

(1) 시스템 권한

문법	GRANT 권한1, 권한2 TO 권한부여_계정;

(2) 객체 권한

문법	GRANT 권한1, 권한2 ON 객체명 TO 권한부여_계정 [WITH GRANT OPTION*];

■ 사용자 권한 회수 : REVOKE

- 권한 소유자가 사용자에게 부여했던 권한을 회수하기 위한 명령어이다.
- CASCADE*는 WITH GRANT OPTION으로 권한을 다시 부여받은 사용자의 권한까지 연쇄적으로 회수한다.

(1) 시스템 권한

문법	REVOKE 권한1, 권한2 FROM 권한부여_계정;

(2) 객체 권한

문법	REVOKE [GRANT OPTION FOR] 권한1, 권한2 ON 객체명 FROM 사용자 [CASCADE, RESTRICT*];

| 사례 |

〈직원〉 테이블의 UPDATE 권한을 회수하고, 사용자1로부터 연쇄적 권한 회수를 진행한다.

```
REVOKE UPDATE ON 직원 FROM 사용자1 CASCADE;
```

★ 프러시저(PROCEDURE)
특정 작업을 수행하는 PL/SQL BLOCK으로 매개 변수를 받을 수 있고 반복적으로 사용이 가능하다.

★ WITH GRANT OPTION
객체 권한을 부여받은 사용자가 다른 사용자에게 부여받은 권한을 다시 부여할 수 있는 명령어

★ RANT OPTION FOR
권한 취소가 아닌 다른 사용자에게 권한을 부여할 수 있게 한 권한을 취소한다. 즉, WITH GRANT OPTION으로 다른 사용자에게 권한을 부여할 수 있는 권한을 취소한다.

★ CASCADE
권한 취소 시 권한을 부여받은 사용자가 다른 사용자에게 부여받은 권한도 연쇄적으로 취소되는 명령어

★ RESTRICT
권한 회수에 영향을 받는 다른 객체에 문제가 발생할 경우 권한 회수도 실패한다. 즉, 권한 회수 시 문제가 없을 경우에만 권한을 취소할 수 있다.

기출 유형 문제

2020.06, 2008.09

01 데이터 제어 언어(DCL)의 기능으로 옳지 않은 것은?

① 데이터 보안
② 논리적, 물리적 데이터 구조 정의
③ 무결성 유지
④ 병행 수행

해설 데이터 관리자가 데이터 보안, 병행 제어, 무결성, 회복 등의 기능을 위해 주로 DBA가 사용한다.

2020.09, 2017.05

02 사용자 X1에게 Department 테이블에 대한 검색 연산을 회수하는 명령은?

① delete select on department to X1;
② remove select on department from X1;
③ revoke select on department from X1;
④ grant select on department from X1;

해설 객체 권한 회수는 REVOKE로, 문법은 'REVOKE 부여권한 ON 객체명 FROM 권한부여계정'이다.

2020.09

03 DBA가 사용자 PARK에게 테이블 [STUDENT]의 데이터를 갱신할 수 있는 시스템 권한을 부여하고자 하는 SQL문을 작성하고자 한다. 다음에 주어진 SQL문의 빈칸을 알맞게 채운 것은?

```
SQL> GRANT _㉠_ _㉡_ STUDENT TO PARK;
```

① ㉠ INSERT ㉡ INTO
② ㉠ ALTER ㉡ TO
③ ㉠ UPDATE ㉡ ON
④ ㉠ REPLACE ㉡ IN

해설 GRANT 문의 권한 부여는 'GRANT 권한1, 권한2 ON 객체명 TO 권한부여계정'으로 권한1, 권한2에는 INSERT, UPDATE, SELECT 등을 입력할 수 있다.

2022.03

04 SQL과 관련한 설명으로 틀린 것은?

① REVOKE 키워드를 사용하여 열 이름을 다시 부여할 수 있다.
② 데이터 정의어는 기본 테이블, 뷰 테이블, 또는 인덱스 등을 생성, 변경, 제거하는 데 사용되는 명령어이다.
③ DISTINCT를 활용하여 중복값을 제거할 수 있다.
④ JOIN을 통해 여러 테이블의 레코드를 조합하여 표현할 수 있다.

해설 REVOKE는 객체에 권한을 회수할 때 사용하는 명령어이다.

2022.03

05 데이터 제어어(DCL)에 대한 설명으로 옳은 것은?

① ROLLBACK : 데이터의 보안과 무결성을 정의한다.
② COMMIT : 데이터베이스 사용자의 사용 권한을 취소한다.
③ GRANT : 데이터베이스 사용자의 사용 권한을 부여한다.
④ REVOKE : 데이터베이스 조작 작업이 비정상적으로 종료되었을 때 원래 상태로 복구한다.

해설
- ROLLBACK : 데이터베이스 조작 작업이 비정상적으로 종료되었을 때 원래 상태로 복구하는 명령어이다.
- COMMIT : 데이터베이스 조작 작업이 정상적으로 종료된 것을 확정하는 명령어이다.
- REVOKE : 데이터베이스의 사용자 권한을 취소하는 명령어이다.

1: ② 2: ③ 3: ③ 4: ① 5: ③ 정답

2020.08

06 DCL(Data Control Language) 명령어가 아닌 것은?

① COMMIT

② ROLLBACK

③ GRANT

④ SELECT

해설 SELECT는 DML 명령어이다.

2022.04, 2007.09

07 SQL의 명령을 사용 용도에 따라 DDL, DML, DCL로 구분할 경우, 그 성격이 나머지 셋과 다른 것은?

① SELECT

② UPDATE

③ INSERT

④ GRANT

해설 GRANT는 DCL이고, 나머지는 DML이다.
- DML : SELECT, UPDATE, INSERT, DELETE
- DCL : COMMIT, ROLLBACK, GRANT, REVOKE
- DDL : CREATE, ALTER, DROP

2022.04

08 사용자 PARK에게 테이블을 생성할 수 있는 권한을 부여하기 위한 SQL문의 구성으로 빈칸에 적합한 내용은?

[SQL문]

```
GRANT [                    ] PARK;
```

① CREATE TABLE TO

② CREATE TO

③ CREATE FROM

④ CREATE TABLE FROM

해설 GRANT로 권한을 부여할 때의 문법은 'GRANT 권한1, 권한2, TO 권한부여계정'이다. 즉, 'GRANT CREATE TABLE TO PARK'으로 PARK 사용자에게 테이블 생성 권한을 부여할 수 있다.

2021.05

09 트랜잭션의 실행이 실패하였음을 알리는 연산자로, 트랜잭션이 수행한 결과를 원래의 상태로 원상 복귀시키는 연산은?

① COMMIT 연산

② BACKUP 연산

③ LOG 연산

④ ROLLBACK 연산

해설 트랜잭션을 원래 상태로 복귀시키는 연산은 ROLLBACK이다.

정답 6: ④ 7: ④ 8: ① 9: ④

출제 예상 문제

10 다음 명령어 중 DCL에 속하는 명령어는?

① REVOKE UPDATE ON USER_TABLE

② CREATE TABLE USER_TABLE

③ ROLLBACK TRAN

④ INSERT INTO TABLE USER_TABLE SELECT * FROM MEMBER

해설 DCL은 GRANT, REVOKE 등이다.

11 사용자 권한 부여 GRANT에 대한 설명으로 옳지 않은 것은?

① 시스템 권한으로 CREATE USER, CREATE TABLE 등의 권한이 있다.

② 객체 권한으로는 ALTER, INSERT만 존재한다.

③ 권한을 부여할 때 WITH GRANT OPTION을 통해 권한을 부여받은 사용자가 다른 사용자에게 권한을 부여할 수 있다.

④ 권한 부여 문법은 'GRANT 권한1, 권한2 TO 권한부여계정명'이다.

해설 객체 권한도 동일하게 GRANT로 부여하고 REVOKE를 통해 회수한다.

12 사용자 권한 회수 REVOKE에 대한 설명으로 옳지 않은 것은?

① 소유자만이 권한 회수 및 권한 부여를 할 수 있다.

② CASCADE는 권한을 부여받았던 사용자가 다른 사용자에게 부여한 권한을 연쇄적으로 회수하는 명령어이다.

③ 'REVOKE 권한1 ON 테이블 FROM 권한부여사용자 CASCADE'의 문법을 이용한다.

④ 권한 소유자가 사용자에게 부여했던 권한을 회수하기 위한 명령어이다.

해설 권한을 부여받은 사용자도 다른 사용자에게 권한을 부여하거나 회수할 수 있다.

10: ① 11: ② 12: ① 정답

304 DML

1 DML(Data Manipulation Language)의 개념

데이터 관점에서 생명주기를 제어하는 데이터를 조작하는 명령어이다.

2 DML의 유형

DML 유형에는 INSERT, SELECT, UPDATE, DELETE 4가지가 있다.

구분	명령어	설명
데이터 생성	INSERT	테이블에 새로운 튜플을 삽입해 신규 데이터를 테이블에 저장
데이터 조회	SELECT	대상 테이블의 검색 조건에 맞는 튜플을 조회
데이터 수정	UPDATE	테이블에 있는 전체 튜플 혹은 WHERE 조건에 부합하는 튜플에 대한 변경
데이터 삭제	DELETE	테이블에 있는 전체 튜플 혹은 WHERE 조건에 맞는 특정 튜플을 삭제

멘토 코멘트

- DML(롤백 가능) : INSERT, UPDATE, DELETE
- DDL(롤백 불가) : TRUNCATE, DROP
- DCL(롤백 불가) : GRANT, REVOKE

3 DML의 활용

■ 데이터 삽입 : INSERT

- INSERT 시 테이블에 저장되는 칼럼과 개수가 동일할 경우 Value만 지정하여 입력이 가능하나 관리적인 차원에서 추천하지 않는다.(추후 칼럼 추가 시 Ripple Effect* 발생)

★ Ripple Effect
파급효과로 오류를 제거하거나 수정 부분과 연관되어 다른 부분으로 영향이 전파되고 변경되는 현상을 의미한다.

문법	
	INSERT INTO Table_name(Col1, Col2, …) VALUES(Val1, Val2, …);
	INSERT INTO Table_name VALUES(Val1, Val2, …);

알아두기

테이블과 동일한 칼럼을 입력할 때는 칼럼이름을 명시하지 않아도 된다.
'INSERT ~ VALUES', 'INSERT ~ SELECT' 도 가능하다.

| 사례 |

〈직원〉 테이블에 직원번호 '10008', 직원명 '김길동', 입사년월 '2021-01-02' 데이터를 입력한다.

```
INSERT INTO 직원(직원번호, 직원명, 입사년월) VALUES('10008', '김길동', '2021-01-02');
```

또는

```
INSERT INTO 직원 VALUES('10008', '김길동', '2021-01-02');
```

★ ALIAS(별칭)
값에 별칭을 주어 접근을 별칭 형태로 할 수 있도록 하는 역할을 한다. 데이터, 칼럼, 케이블, 서브쿼리 등에서 사용할 수 있다.

알아두기

Having은 Group by와 함께 사용할 수 있다. Group by한 값에 대한 조건절을 줄 때 이용한다.

■ 데이터 조회 : SELECT

데이터 조회 시 사용하는 명령어로, 가장 복잡하고 많이 사용된다.

문법	**SELECT** [ALL | DISTINCT] [* | Col1, Col2, …] **FROM** Table_name1 [ALIAS1*], Table_name2 [ALIAS2] **WHERE** 조건 **GROUP BY** Condition **HAVING** GROUP BY Condition **ORDER BY** 조건

구문	구문 설명
SELECT절	– 검색 결과로 나오는 칼럼, 계산식 등 – 전체 혹은 조회할 칼럼 명시 – 다중 테이블을 선택 시 테이블명이나 테이블 별명(ALIAS)을 이용해서 짧게 입력 가능 예 alias.name
FROM절	– SELECT절에서 사용하는 테이블명 [ALIAS]을 모두 기술 – 동일한 테이블을 ALIAS를 이용해 여러 번 기술 가능
WHERE절	검색 조건을 기술
GROUP BY절	속성값을 그룹으로 분류할 때 사용
HAVING절	GROUP BY의 그룹핑 결과에 대한 조건 입력
ORDER BY절	– 결과 칼럼에 대한 정렬에 이용 ➜ ASC(오름차순), Default, DESC(내림차순) – 칼럼 이름 표기 혹은 칼럼 순서로 표기도 가능

| 사례 1 |

〈직원〉 테이블에서 직원번호가 '10008'이고 직원명 '김길동'의 입사년월을 검색한다.

```
SELECT 입사년월 FROM 직원 WHERE 직원번호='10008' AND 직원명 = '김길동';
```

| 사례 2 |

〈직원〉 테이블에서 급여가 5000 이상이고 20000 이하인 직원의 직원명을 검색한다.

```
SELECT 직원명 FROM 직원 WHERE 급여 BETWEEN 5000 AND 20000;
```

– BETWEEN은 범위 조건을 조회하는 의미로 SELECT, UPDATE, DELETE 구문의 WHERE 조건에서 사용 가능하다.

– BETWEEN 사용 : 'BETWEEN A AND B'로 A 이상 B 이하를 의미한다. A값이 B보다 작을 수는 없다.

데이터 수정 : UPDATE

- 데이터의 내용 변경 시 사용하는 명령어이다.
- 테이블 내 데이터에서 조건(WHERE)에 해당하는 칼럼을 수정한다.
- WHERE 조건은 입력하지 않으면 전체 행(Row)이 수정된다.

문법	**UPDATE** Table_name **SET** column = value [WHERE 조건];

| 사례 |

〈직원〉 테이블에서 직원번호가 '10008'인 직원의 직원명을 '김길순'으로 변경한다.

```
UPDATE 직원 SET 직원명 = '김길순' WHERE 직원번호='10008';
```

> **멘토 코멘트**
> UPDATE, DELETE 구문 수행 시 WHERE절을 빼면 전체 테이블에 적용되므로 각별한 주의가 필요하다.

> **멘토 코멘트**
> 테이블의 스키마(구조)를 변경할 때는 ALTER 명령어를 이용한다. 데이터의 내용을 수정하는 것과 데이터를 담는 구조의 모양을 변경하는 것은 다르다.

데이터 삭제 : DELETE

- 조건에 맞는 튜플이나 테이블을 삭제할 때 이용하는 명령이다.
- 테이블 내 데이터에서 조건(WHERE)에 해당하는 튜플을 삭제한다.
- WHERE 조건은 입력하지 않으면 전체 행(Row)이 삭제된다.

문법	**DELETE FROM** Table_name [WHERE 조건];

| 사례 |

〈직원〉 테이블에서 직원번호가 '10008'인 직원을 삭제한다.

```
DELETE 직원 WHERE 직원번호='10008';
```

기출 유형 문제

2013.06, 2007.09

01 SQL에서 DELETE 명령에 대한 설명으로 옳지 않은 것은?

① 테이블의 행을 삭제할 때 사용한다.

② WHERE 조건절이 없는 DELETE 명령을 수행하면 DROP TABLE 명령을 수행했을 때와 같은 효과를 얻을 수 있다.

③ SQL을 사용 용도에 따라 분류할 경우 DML에 해당한다.

④ 기본 사용 형식은 'DELETE FROM 테이블 [WHERE 조건];'이다.

해설 일반적으로 DELETE는 모두 롤백이 가능하지만 DROP은 롤백이 불가능하다.

2020.06, 2016.05

02 STUDENT 테이블에 독일어과 학생 50명, 중국어과 학생 30명, 영어영문학과 학생 50명의 정보가 저장되어 있을 때, 다음 SQL문의 실행 결과 튜플 수는? (단, DEPT 칼럼은 학과명)

```
ⓐ SELECT DEPT FROM STUDENT;
ⓑ SELET DISTINCT DEPT FROM STUDENT;
```

① ⓐ 3 ⓑ 3　　② ⓐ 50 ⓑ 3

③ ⓐ 130 ⓑ 3　　④ ⓐ 130 ⓑ 130

해설 ⓐ 전체 학생의 학과명이 중복되어 조회된다.
➞ 50+30+50 = 130
ⓑ DISTINCT는 중복을 제거하는 명령문으로 독일어, 중국어, 영어영문학으로 3개의 학과명이 조회된다.

2018.08

03 아래와 같은 결과를 만들어내는 SQL문은?

[공급자 테이블]

공급자번호	공급자명	위치
16	대신공업사	수원
27	삼진사	서울
39	삼양사	인천
62	진아공업사	대전
70	신촌상사	서울

[결과]

공급자번호	공급자명	위치
16	대신공업사	수원
70	신촌상사	서울

① SELECT * FROM 공급자 WHERE 공급자명 LIKE '%신%'

② SELECT * FROM 공급자 WHERE 공급자명 LIKE '대%'

③ SELECT * FROM 공급자 WHERE 공급자명 LIKE '%사'

④ SELECT * FROM 공급자 WHERE 공급자명 LIKE '_사'

해설 LIKE는 '%'와 '_' 등과 함께 사용하는데 '%'는 모든 문자열을, '_'는 한 개의 문자열을 대체한다.
①번은 공급자명 칼럼에 '신'이 들어 있는 모든 칼럼을 반환한다. 공급자번호 기준 16과 17이 반환된다.
②번은 공급자명이 '대'로 시작하는 모든 칼럼을 반환한다. 공급자번호 기준 16이 반환된다.
③번은 공급자명이 '사'로 끝나는 모든 칼럼을 반환한다. 공급자번호 기준 16, 27, 39, 62, 70이 반환된다.
④번은 공급자명의 2번째 단어가 '사'인 칼럼을 반환한다. 여기서는 아무런 행(Row)도 리턴되지 않는다.

1: ② 2: ③ 3: ① 정답

2016.08, 2014.03, 2008.05

04 다음 표와 같은 판매실적 테이블에서 서울 지역에 한하여 판매액 내림차순으로 지점명과 판매액을 출력하고자 한다. 가장 적절한 SQL구문은?

[테이블명 : 판매실적]

도시	지점명	판매액
서울	강남지점	330
서울	강북지점	168
광주	광주지점	197
서울	강서지점	158
서울	강동지점	197
대전	대전지점	165

① SELECT 지점명, 판매액 FROM 판매실적 WHERE 도시= "서울" ORDER BY 판매액 DESC;

② SELECT 지점명, 판매액 FROM 판매실적 ORDER BY 판매액 DESC;

③ SELECT 지점명, 판매액 FROM 판매실적 WHERE 도시= "서울" ASC;

④ SELECT * FROM 판매실적 WHEN 도시= "서울" ORDER BY 판매액 DESC;

해설 조회 조건인 내림차순(DESC)과 서울 지역(WHERE 도시 = "서울")을 확인한다.
②: 도시가 '서울'인 조건이 빠져 있다.
③: WHERE절 이후 ORDER BY 없이 ASC(오름차순)를 쓰면 구문 에러가 발생한다.
④: 'SELECT * FROM 테이블명'으로 입력 시 '*'은 모든 칼럼을 의미하여 '도시', '지점명', '판매액'이 리턴된다.

2020.06

05 다음 SQL문의 실행 결과는?

```
SELECT 가격 FROM 도서가격
  WHERE 책번호= (SELECT 책번호
    FROM 도서 WHERE 책명 = '자료 구조');
```

〈도서〉

책번호	책명
111	운영체제
222	자료 구조
333	컴퓨터 구조

〈도서가격〉

책번호	가격
111	20,000
222	25,000
333	10,000
444	15,000

① 10,000

② 15,000

③ 20,000

④ 25,000

해설 〈도서〉 테이블에서 책명이 '자료 구조'인 도서의 책번호 '222'를 가져와서 〈도서가격〉 테이블에서 책번호가 '222'인 도서의 가격을 가져온다.

2020.09

06 다음 SQL문에서 빈칸에 들어갈 내용으로 옳은 것은?

```
UPDTAE 회원 (     ) 전화번호 ='010-14' WHERE
회원번호 ='N4';
```

① FROM

② SET

③ INTO

④ TO

해설 UPDATE 구문은 'UPDATE 테이블_이름 SET column = value WHERE 조건'이다.

2020.09

07 다음 SQL문의 실행 결과는?

```
SELECT 과목이름
FROM 성적
WHERE EXISTS (SELECT 학번
FROM 학생 WHERE 학생.학번 = 성적.학번 AND
학생.학과 IN ('전산','전기')
AND 학생.주소 = '경기');
```

〈학생〉 테이블

학번	이름	학년	학과	주소
1000	김철수	1	전산	서울
2000	고준영	1	전기	경기
3000	유진호	2	전자	경기
4000	김영진	2	전산	경기
5000	정현영	3	전자	서울

〈성적〉 테이블

학번	과목	과목이름	학점	점수
1000	A100	자료 구조	A	91
2000	A200	DB	A+	99
3000	A100	자료 구조	B+	88
3000	A200	DB	B	85
4000	A200	DB	A	94
4000	A300	운영체제	B+	89
5000	A300	운영체제	B	88

①

과목이름
DB

②

과목이름
DB
DB

③

과목이름
DB
DB
운영체제

④

과목이름
DB
운영체제

해설

```
ⓐ SELECT 과목이름
  FROM 성적
  WHERE EXISTS (SELECT 학번
ⓑ FROM 학생 WHERE 학생.학번 = 성적.학번
ⓒ AND 학생.학과 IN ('전산','전기')
  AND 학생.주소 = '경기');
```

1. 서브 쿼리 조건 탐색 : ⓒ
〈학생〉 테이블 중 학생.주소 = '경기'인 조건 : '서울' 삭제

학번	이름	학년	학과	주소
1000	김철수	1	전산	서울
2000	고준영	1	전기	경기
3000	유진호	2	전자	경기
4000	김영진	2	전산	경기
5000	정현영	3	전자	서울

학생.학과 IN ('전산','전기')인 조건 : '전자' 삭제

학번	이름	학년	학과	주소
2000	고준영	1	전기	경기
3000	유진호	2	전자	경기
4000	김영진	2	전산	경기

학번	이름	학년	학과	주소
2000	고준영	1	전기	경기
4000	김영진	2	전산	경기

2. Join 조건 확인 : ⓑ
〈학생〉 테이블과 학번이 같은 〈성적〉 테이블 확인

학번	과목	과목이름	학점	점수
1000	A100	자료 구조	A	91
2000	A200	DB	A+	99
3000	A100	자료 구조	B+	88
3000	A200	DB	B	85
4000	A200	DB	A	94
4000	A300	운영체제	B+	89
5000	A300	운영체제	B	88

7 : ③ 정답

3. 메인 쿼리와 EXISTS : ⓐ
EXITS는 IN과 동일하게 해석하면 된다.

ⓑ의 값으로 〈성적〉 테이블에서 추출 : 〈학생〉 테이블과 학번이 같은 〈성적〉 테이블 추출

〈성적〉 테이블 과목이름 추출

학번	과목	과목이름	학점	점수
2000	A200	DB	A+	99
4000	A200	DB	A	94
4000	A300	운영체제	B+	89

DISTINCT, GROUP BY가 없으므로 중복도 같이 가져옴

과목이름
DB
DB
운영체제

2020.08

08 player 테이블에는 player_name, team_id, height 칼럼이 존재한다. 아래 SQL문에서 문법적 오류가 있는 부분은?

```
(1) SELECT player_name, height
(2) FROM player
(3) WHERE team_id = 'Korea'
(4) AND height BETWEEN 170 OR 180;
```

① (1)　　② (2)
③ (3)　　④ (4)

해설 범위 검색 BETWEEN은 [BETWEEN 시작값 AND 종료값]이 문법이다. ④번의 OR이 잘못되었다.

2020.08

09 관계 데이터베이스인 테이블 R1에 대한 아래 SQL문의 실행 결과로 옳은 것은?

[R1]

학번	이름	학년	학과	주소
1000	홍길동	1	컴퓨터공학	서울
2000	김창수	1	전기공학	경기
3000	강남길	2	전기공학	경기
4000	오말자	2	컴퓨터공학	경기
5000	장미화	3	전자공학	서울

[SQL문]

```
SELECT DISTINCT 학년 FROM R1;
```

①

학년
1
1
2
2
3

②

학년
1
2
3

③

이름	학년
홍길동	1
김창수	1
강남길	2
오말자	2
장미화	3

④

이름	학년
홍길동	1
강남길	2
장미화	3

해설 DISTICT는 중복을 제거해주는 구문으로 GROUP BY와 동일한 결과를 반환한다.

정답 8: ④ 9: ②

2021.03

10 결과값이 아래와 같을 때 SQL 질의로 옳은 것은?

[공급자 테이블]

공급자번호	공급자명	위치
16	대신공업사	수원
27	삼진사	서울
39	삼양사	인천
62	진아공업사	대전
70	신촌상사	서울

[결과]

공급자번호	공급자명	위치
16	대신공업사	수원
70	신촌상사	서울

① SELET * FROM 공급자 WHERE 공급자명 LIKE '%신%';

② SELET * FROM 공급자 WHERE 공급자명 LIKE '%대%';

③ SELET * FROM 공급자 WHERE 공급자명 LIKE '%사';

④ SELET * FROM 공급자 WHERE 공급자명 IS NOT NULL;

해설
② 공급자 명에 '대'가 들어가는 모든 튜플을 반환 → '대신공업사'만 나와야 한다.
③ 공급자명이 '사'가 들어가는 모든 튜플을 반환 → 모든 튜플이 반환되어야 한다.
④ 공급자명이 NULL값이 아닌 모든 튜플을 반환 → 모든 튜플이 반환되어야 한다.

2021.05

11 관계 데이터베이스인 테이블 R1에 대한 아래 SQL문의 실행 결과로 옳은 것은?

```
(SELECT 학번 FROM R1)
 INTERSECT
(SELECT 학번 FROM R2)
```

[R1] 테이블

학번	학점 수
20201111	15
20202222	20

[R2] 테이블

학번	학점 수
20202222	CS200
20203333	CS300

①

학번	학점 수	과목번호
20202222	20	CS200

②

학번
20202222

③

학번
20201111
20202222
20203333

④

학번	학점 수	과목번호
20201111	15	NULL
20202222	20	CS200
20203333	NULL	CS300

해설
INTERSECT는 중복된 행이 제외된 교집합 튜플을 반환한다. 즉, 학번에서 R1과 R2의 교집합은 '20202222'이다.

10: ① 11: ② 정답

2021.05

12 다음 RI과 R2 테이블에서 아래의 실행 결과를 얻기 위한 SQL문은?

[R1] 테이블

학번	이름	학년	학과	주소
1000	홍길동	1	컴퓨터공학	서울
2000	김창수	1	전기공학	경기
3000	강남길	2	전기공학	경기
4000	오말자	2	컴퓨터공학	경기
5000	장미화	3	전자공학	서울

[R2] 테이블

학번	과목번호	과목이름	성적	점수
1000	C100	컴퓨터구조	A	91
2000	C200	데이터베이스	A+	99
3000	C100	컴퓨터구조	B+	89
3000	C200	데이터베이스	B	85
4000	C200	데이터베이스	A	93
4000	C300	운영체제	B+	88
5000	C300	운영체제	B	82

[실행 결과]

과목번호	과목이름
C100	컴퓨터구조
C200	데이터베이스

① SELECT 과목번호, 과목이름 FROM R1, R2 WHERE R1.학번 = R2.학번 AND R1.학과 = '전자공학' AND R1.이름 = '강남길';

② SELECT 과목번호, 과목이름 FROM R1, R2 WHERE R1.학번 = R2.학번 OR R1.학과 = '전자공학' OR R1.이름 = '홍길동';

③ SELECT 과목번호, 과목이름 FROM R1, R2 WHERE R1.학번 = R2.학번 AND R1.학과 = '컴퓨터공학' AND R1.이름 = '강남길';

④ SELECT 과목번호, 과목이름 FROM R1, R2 WHERE R1.학번= R2.학번 OR R1.학과 = '컴퓨터공학' OR R1.이름 = '홍길동';

해설 ① R1과 R2의 학번이 같고 학과는 '전자공학'이며 이름은 '강남길'에서 과목번호, 과목이름만 가져옴 (AND 조건)

과목번호	과목이름
C100	컴퓨터구조
C200	데이터베이스

2021.05

13 SQL문에서 SELECT에 대한 설명으로 옳지 않은 것은?

① FROM절에는 질의에 의해 검색될 데이터들을 포함하는 테이블명을 기술한다.

② 검색 결과에 중복되는 레코드를 없애기 위해서는 WHERE절에 'DISTINCT' 키워드를 사용한다.

③ HAVING절은 GROUP BY절과 함께 사용되며, 그룹에 대한 조건을 지정한다.

④ ORDER BY절은 특정 속성을 기준으로 정렬하여 검색할 때 사용한다.

해설 검색 결과에 중복되는 레코드를 없애기 위해 SELECT에 'DISTINCT'를 이용하거나 WHERE절에 GROUP BY를 사용할 수 있다.

정답 12: ① 13: ②

2021.08

14 학적 테이블에서 전화번호가 Null값이 아닌 학생명을 모두 검색할 때, SQL 구문으로 옳은 것은?

① SELECT 학생명 FROM 학적 WHERE 전화번호 DON'T NULL;

② SELECT 학생명 FROM 학적 WHERE 전화번호 != NOT NULL;

③ SELECT 학생명 FROM 학적 WHERE 전화번호 IS NOT NULL;

④ SELECT 학생명 FROM 학적 WHERE 전화번호 IS NULL;

해설 NULL에 대한 조회는 'IS NOT NULL'이다. 다른 검색 조건인 LIKE, =, 〉, 〈와 다르니 별도로 암기해야 한다.

2022.03

15 다음 SQL문에서 사용된 BETWEEN 연산의 의미와 동일한 것은?

```
SELECT *
FROM 성적
WHERE (점수 BETWEEN 90 AND 95)
  AND 학과 = '컴퓨터공학과;
```

① 점수 〉= 90 AND 점수 〈= 95

② 점수 〉 90 AND 점수 〈 95

③ 점수 〉 90 AND 점수 〈= 95

④ 점수 〉= 90 AND 점수 〈 95

해설 BETWEEN의 조건은 시작과 끝의 기준을 의미하며 AND 조건이다.
→ '점수' 칼럼이 90보다 크거나 같고 95보다 작거나 같을 때를 의미한다.

2022.04

16 다음 테이블을 보고 강남지점의 판매량이 많은 제품부터 출력되도록 할 때, 다음 중 가장 적절한 SQL 구문은? (단, 출력은 제품명과 판매량이 출력되도록 한다.)

〈푸드〉 테이블

지점명	제품명	판매량
강남지점	비빔밥	500
강북지점	도시락	300
강남지점	도시락	200
강남지점	미역국	550
수원지점	비빔밥	600
인천지점	비빔밥	800
강남지점	잡채밥	250

① SELECT 제품명, 판매량 FROM 푸드 ORDER BY 판매량 ASC;

② SELECT 제품명, 판매량 FROM 푸드 ORDER BY 판매량 DESC;

③ SELECT 제품명, 판매량 FROM 푸드 WHERE 지점명 = '강남지점' ORDER BY 판매량 ASC;

④ SELECT 제품명, 판매량 FROM 푸드 WHERE 지점명 = '강남지점' ORDER BY 판매량 DESC;

해설 쿼리 순서대로 하면 다음과 같다.
① 제품명과 판매량이 출력되도록 한다 → SELECT 제품명, 판매량
② 다음 테이블 : 〈푸드〉 테이블 → FROM 푸드
③ 강남지점의 → WHERE 지점명 ='강남지점'
④ 판매량이 많은 제품부터 출력되도록 → ORDER BY 판매량 DESC

14: ③ 15: ① 16: ④ 정답

2022.04

17 다음 [조건]에 부합하는 SQL문을 작성하고자 할 때, [SQL문]의 빈칸에 들어갈 내용으로 옳은 것은? (단, '팀코드' 및 '이름'은 속성이며, '직원'은 테이블이다.)

[조건]

이름이 '정도일'인 팀원이 소속된 팀코드를 이용하여 해당 팀에 소속된 팀원들의 이름을 출력하는 SQL문 작성

[SQL문]

```
SELECT 이름
FROM 직원
WHERE 팀코드 = (          );
```

① WHERE 이름 = '정도일'

② SELECT 팀코드 FROM 이름 WHERE 직원 = '정도일'

③ WHERE 직원 = '정도일'

④ SELECT 팀코드 FROM 직원 WHERE 이름 = '정도일'

해설 쿼리의 서브쿼리에 '정도일'인 직원의 팀코드와 같은 팀코드를 갖는 직원의 이름을 출력하는 SQL문을 물어보는 것으로
① '정도일'인 팀원이 소속된 팀코드 → SELECT 팀코드 FROM 직원 WHERE 이름='정도일'
② '정도일'의 팀코드와 같은 팀코드 → WHERE 팀코드 =(①)
③ 직원의 이름을 출력 → SELECT 이름 FROM 직원

2021.05

18 다음 SQL문에서 ( ) 안에 들어갈 내용으로 옳은 것은?

```
UPDATE 인사급여 (          ) 호봉 = 15
WHERE 성명 = '홍길동';
```

① SET

② FROM

③ INTO

④ IN

해설 UPDATE 구문은 UPDATE [대상테이블] SET [변경할 컬럼]=[값], WHERE [변경 조건]이다.
SET 뒤에 콤마(,)를 기준으로 여러 개의 칼럼이 올 수 있으며, WHERE절이 빠지면 모든 칼럼이 다 변경되므로 쿼리 수행 시 주의해야 한다.

2020.06

19 DML에 해당하는 SQL 명령으로만 나열된 것은?

① DELETE, UPDATE, CREATE, ALTER

② INSERT, DELETE, UPDATE, DROP

③ SELECT, INSERT, DELETE, UPDATE

④ SELET, INSERT, DELETE, ALTER

해설 DML은 INSERT, SELECT, UPDATE, DELETE로 구성된다. CREATE, ALTER, DROP은 DDL의 유형이다.

정답 17: ④ 18: ② 19: ③

2021.03

20 아래 SQL문을 실행한 결과는?

[R1] 테이블

학번	이름	학년	학과	주소
1000	홍길동	4	컴퓨터	서울
2000	김철수	3	전기	경기
3000	강남길	1	컴퓨터	경기
4000	오말자	4	컴퓨터	경기
5000	장미화	2	전자	서울

[R2] 테이블

학번	과목번호	성적	점수
1000	C100	A	91
1000	C200	A	94
2000	C300	B	85
3000	C400	A	90
3000	C500	C	75
3000	C100	A	90
4000	C400	A	95
4000	C500	A	91
4000	C100	B	80
4000	C200	C	74
5000	C400	B	85

[SQL문]

```
SELECT 이름
FROM R1
WHERE 학번 IN
    (SELECT 학번
     FROM R2
     WHERE 과목번호 = 'C100');
```

①

이름
홍길동
강남길
장미화

②

이름
홍길동
강남길
오말자

③

이름
홍길동
김철수
강남길
오말자
장미화

④

이름
홍길동
김철수

해설

```
SELECT 이름
FROM R1                  ② 학번이 1000, 3000, 4000인 이름 조회
WHERE 학번 IN
    (SELECT 학번
     FROM R2              ①
     WHERE 과목번호 = 'C100');
```

①의 서브쿼리 수행

학번	과목번호	성적	점수
1000	C100	A	91
1000	C200	A	94
2000	C300	B	85
3000	C400	A	90
3000	C500	C	75
3000	C100	A	90
4000	C400	A	95
4000	C500	A	91
4000	C100	B	80
4000	C200	C	74
5000	C400	B	85

→ 서브쿼리 수행 결과

학번
1000
3000
4000

②번 쿼리 수행

학번	이름	학년	학과	주소
1000	홍길동	4	컴퓨터	서울
2000	김철수	3	전기	경기
3000	강남길	1	컴퓨터	경기
4000	오말자	4	컴퓨터	경기
5000	장미화	2	전자	서울

19: ② 20: ③ 정답

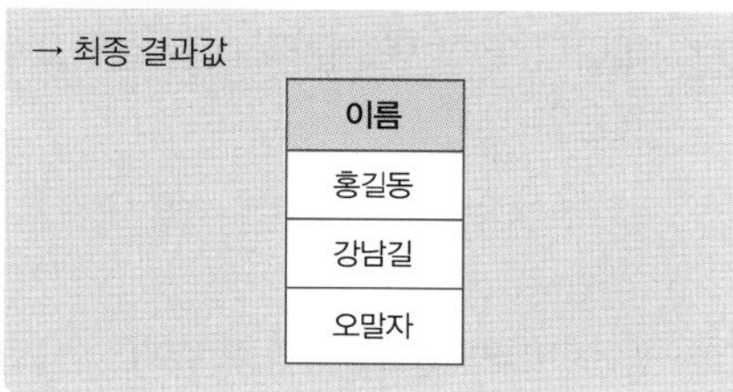
→ 최종 결과값

이름
홍길동
강남길
오말자

2020.08

21 DML(Data Manipulation Language) 명령어가 아닌 것은?

① INSERT

② UPDATE

③ ALTER

④ DELETE

해설 ALTER는 테이블이나 뷰, 프러시저 등의 스키마를 수정하기 위한 명령어로 DDL의 유형이다.

2017.05

22 Which of the following does not belong to the DML statement of SQL?

① DELETE

② ALTER

③ SELECT

④ UPDATE

SQL의 분류 중 DML에 해당하지 않는 것을 물어보고 있다. 정답은 ②번 ALTER이다. DML은 SELECT, UPDATE, INSERT, DELETE로 구성된다.

2013.08

23 SQL의 명령은 사용 용도에 따라 DDL, DML, DCL로 구분할 수 있다. DML에 해당하는 것으로만 나열된 것은?

㉠ SELECT	㉡ UPDATE
㉢ INSERT	㉣ GRANT

① ㉠, ㉡, ㉢

② ㉠, ㉡, ㉣

③ ㉠, ㉢, ㉣

④ ㉠, ㉡, ㉢, ㉣

GRANT는 DCL의 유형이다.

출제 예상 문제

24 다음 DML 구문에 대한 설명으로 옳지 않은 것은?

① INSERT : 테이블에 새로운 데이터를 입력할 때 사용한다.

② DELETE : 테이블에 데이터를 삭제할 때 이용하며 삭제한 데이터는 되돌릴 수 없다.

③ UPDATE : 테이블에 특정 조건에 부합하는 튜플에 대한 변경 시 이용한다.

④ SELECT : 테이블의 데이터를 조회할 때 이용한다.

해설 DELETE는 삭제할 때 이용하며 ROLLBACK을 통해 삭제 데이터를 되돌릴 수 있다.

25 다음 명령문에 대한 해석으로 옳지 않은 것은?

```
INSERT INTO 직원(직원번호, 직원명, 입사년월)
VALUES('10008', '김길동', '2022-01-02')
```

① 직원 테이블에 데이터를 입력한다.

② 테이블의 칼럼은 직원번호, 직원명, 입사년월이다.

③ 직원번호 칼럼의 데이터 타입은 숫자형이다.

④ 직원명의 데이터 타입은 Char이거나 Varchar이다.

해설 직원번호는 10008이지만, 문자열을 입력하는 '(따옴표)에 쌓여 있어 데이터 타입은 문자형이다.

26 데이터 조회 명령문에 대한 설명으로 옳지 않은 것은?

① GROUP BY 속성값을 그룹으로 분류할 때 이용한다.

② [ORDER BY 칼럼명]으로 작성 시 오름차순으로 조회된다.

③ ALIAS를 이용해 칼럼명을 변경할 수 있다.

④ HAVING은 조회 조건에 단독으로 사용할 수 있다.

해설 HAVING은 GROUP BY와 함께 사용이 가능하다.

24: ② 25: ③ 26: ④ 정답

305 트랜잭션

1 트랜잭션

트랜잭션(Transaction)의 개념

- 분할할 수 없는 논리적인 연산의 최소 단위로, 하나의 데이터베이스 시스템에서 논리적인 기능을 정상적으로 수행하기 위한 작업 단위이다.
- 트랜잭션은 어떠한 형태의 실패에도 안전한 거래를 보장하는 수단이다.

트랜잭션의 특성

특성	내용	비고
원자성 (Atomicity)	트랜잭션 안에 정의된 연산은 모두 실행되거나 모두 실행되지 않아야 함	All or Nothing
일관성 (Consistency)	트랜잭션 실행 전과 후 동일하게 오류가 없어야 함	무결성
고립성 (Isolation)	– 트랜잭션 실행 중 다른 트랜잭션의 영향을 받지 않아야 함 – 각 DBMS 벤더별로 독립성을 위한 상태를 지원	– 격리성, 순차성, 독립성 – Read Uncommitted, Read Committed, Phantom Read, Serializable Read
영속성 (Durability)	트랜잭션 결과는 항상 동일하게 보존됨	장애 대응성, 회복 기법

멘토 코멘트

트랜잭션의 특징

(원) 자성
(일) 관성
(고) 립성
(영) 속성
→ '원일고영'으로 암기

트랜잭션의 상태 변화

상태	설명
활동(Active)	트랜잭션이 실행되어 연산들이 실행 중인 상태
부분 완료(Partially Committed)	– 마지막 명령어를 실행한 이후의 상태 – 모든 연산의 처리는 끝났지만 트랜잭션이 수행한 최종 결과를 데이터베이스에 반영하지 않은 상태
완료(Committed)	트랜잭션이 성공적으로 완료된 후 Commit 연산을 수행한 상태

실패(Failed)	정상적인 트랜잭션의 실행이 더 이상 진행되기 어려운 상태
철회(Aborted)	트랜잭션이 실행에 실패하여 취소되고 트랜잭션 시작 전 상태로 환원된 상태(Rollback 연산을 수행한 상태)

■ 트랜잭션의 COMMIT, ROLLBACK 연산

(1) COMMIT 연산

하나의 트랜잭션이 정상적으로 끝났고 데이터베이스가 일관성 있는 상태일 때 하나의 트랜잭션이 끝났다는 것을 알려주기 위한 연산이다.

(2) ROLLBACK 연산

하나의 트랜잭션 처리가 비정상적으로 종료되어 트랜잭션의 원자성이 깨진 경우 트랜잭션을 처음부터 다시 시작하거나 부분적으로만 연산된 결과를 취소시키는 연산이다.

■ 트랜잭션 제어

- 트랜잭션의 결과를 수용하거나 취소한다는 것(흐름의 구조를 바꾼다는 것은 아님)으로, TCL 관련 명령어를 이용한다.
- 트랜잭션 구현 원리를 이해하기 위해 다음과 같은 데이터베이스 관리 방법에 대해 확인해야 한다.
  ① DBMS의 모든 정보는 하드디스크에 저장
  ② DBMS에서 이루어지는 모든 조작 또는 연산은 메모리에서 이루어짐
  ③ 하드디스크에 있는 정보를 메모리로 옮겨서 연산을 수행함
  ④ 적당한 시점에 메모리 정보를 하드디스크로 옮김

■ TCL(Transaction Control Language) 명령어

★ 회복(Recovery)
트랜잭션을 수행하던 중 장애로 인해 손상된 데이터베이스를 롤백으로 손상되기 이전의 상태로 복구시키는 작업이다.

명령어	내용	TCL에 따른 메모리 동작
COMMIT	거래 내역을 확정	메모리의 내용을 하드디스크에 저장(영구히 저장)
ROLLBACK	거래 내역을 취소	메모리의 내용을 하드디스크에 저장하지 않고 버림
CHECK POINT	저장점 설정	롤백 범위 설정을 위해 메모리상에 경계를 설정

2 동시성 제어

■ 동시성 제어 기법의 개념

다중 사용자 환경을 지원하는 데이터베이스에서 여러 트랜잭션 이동 시에 성공적으로 실행될 수 있도록 지원하는 기법으로, 병행 제어라고도 한다.

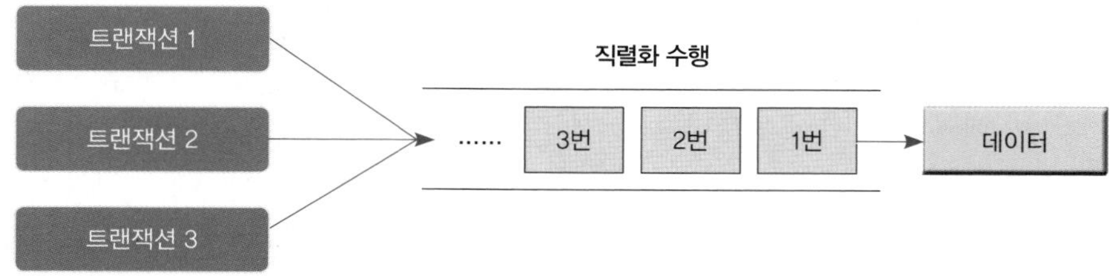

■ 동시성 제어를 하지 않는 경우 발생하는 문제점

문제점	설명
갱신 손실 (Lost Update)	이전 트랜잭션이 데이터를 갱신한 후 트랜잭션을 종료하기 전에 나중 트랜잭션이 갱신 값을 덮어쓰는 경우 발생한다.
현황 파악 오류 (Dirty Read)	트랜잭션의 중간 수행 결과를 다른 트랜잭션이 참조함으로써 발생하는 오류이다.
모순성 (Inconsistency)	두 트랜잭션이 동시에 실행할 때 데이터베이스가 일관성이 없는 상태로 남는 문제이다.
연쇄 복귀 (Cascading Rollback)	복수의 트랜잭션이 데이터 공유 시 특정 트랜잭션이 처리를 취소할 경우 다른 트랜잭션이 처리한 부분에 대해 취소가 불가능한 문제이다.

■ 동시성 제어 기법의 유형

(1) Locking 기법

- 트랜잭션이 사용하는 자원에 대하여 상호 배제(Mutual Exclusive)★ 기능을 제공하는 기법이다.
- 한 번에 로킹할 수 있는 객체의 크기를 로킹 단위라고 한다.
- 로킹의 단위가 작아지면 로킹 오버헤드가 증가한다.
- 데이터베이스, 파일, 레코드 등은 로킹 단위가 될 수 있다.
- 로킹 단위가 작아지면 데이터베이스 공유도(병행성)가 증가한다.

★ 상호 배제
특정 트랜잭션이 데이터 항목에 대하여 잠금(Lock)을 설정한 트랜잭션이 해제(Unlock)할 때까지 데이터를 독점적으로 사용할 수 있는 것

(2) 2PL(Phase Locking)

모든 트랜잭션들이 Lock과 Unlock 연산을 확장 단계와 수축 단계로 구분하여 수행한다.

확장 단계	트랜잭션은 Lock만 가능하고 Unlock은 불가능하다.
수축 단계	트랜잭션은 Unlock만 가능하고 Lock은 불가능하다.

(3) Timestamp Ordering

- 시스템에서 생성하는 고유 번호인 시간 스탬프를 트랜잭션에 부과하는 방법으로, 트랜잭션 간의 순서를 미리 선택한다.
- 유형 : 시스템 시계, 논리적 계수기

(4) 낙관적 검증(Optimistic Validation)

- 트랜잭션이 어떠한 검증도 없이 트랜잭션을 수행한 후 종료 시 검증을 수행하여 데이터베이스에 반영하는 방법이다.
- 판독 단계(Read Phase; R) → 확인 단계(Validation Phase; V) → 기록 단계(Execution Phase; E)로 진행된다.

(5) 다중 버전 동시성 제어(MVCC; Multi-Version Concurrency Control)

★ SCN
(System Change Number)
데이터베이스의 커밋된 버전을 나타내는 숫자

- 하나의 데이터에 대해 여러 버전의 값을 유지한다.
- SCN★을 기준으로 큰 값이 있을 경우 CR-COPY 영역에서 데이터를 가져와 일관성을 보장한다.

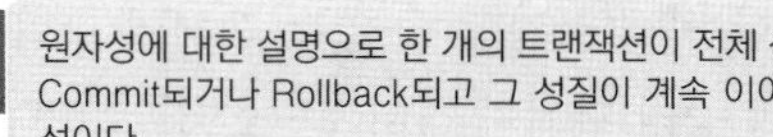

기출 유형 문제

2018.03

01 트랜잭션의 특성 중 아래 내용에 해당하는 것은?

> 시스템이 가지고 있는 고정 요소는 트랜잭션 수행 전과 트랜잭션 수행 완료 후에 같아야 한다.

① 원자성(atomicity)
② 일관성(consistency)
③ 격리성(isolation)
④ 영속성(durability)

일관성에 대한 설명이다.
- 원자성 : 트랜잭션 안에 정의된 연산은 모두 실행되거나 모두 실행되지 않아야 하는 성질
- 격리성(고립성) : 트랜잭션 실행 중 다른 트랜잭션의 영향을 받지 않아야 하는 성질
- 영속성 : 트랜잭션 결과는 항상 동일하게 보존되어야 한다는 성질

2020.08, 2017.03

02 Commit과 Rollback 명령어에 의해 보장받는 트랜잭션의 특성은?

① 병행성
② 보안성
③ 원자성
④ 로그

해설 원자성에 대한 설명으로 한 개의 트랜잭션이 전체 성공되어 Commit되거나 Rollback되고 그 성질이 계속 이어지는 특성이다.

2007.05

03 트랜잭션의 정의 및 특징이 아닌 것은?

① 한꺼번에 수행되어야 할 일련의 데이터베이스 연산 집합
② 사용자의 시스템에 대한 서비스 요구 시 시스템의 상태 변환 과정의 작업 단위
② 병행 제어 및 회복 작업의 논리적 작업 단위
④ 트랜잭션의 연산이 데이터베이스에 모두 반영되지 않고 일부만 반영시키는 원자성의 성질

해설 트랜잭션 연산은 모두 반영되거나 모두 반영되지 않는 All or Nothing을 갖는 원자성의 특성이다.

1: ② 2: ③ 3: ④ 정답

2019.04, 2014.08

04 데이터베이스에서 하나의 논리적 기능을 수행하기 위한 작업의 단위 또는 한꺼번에 모두 수행되어야 할 일련의 연산들을 의미하는 것은?

① COLLISION

② BUCKET

③ SYNONYM

④ TRANSACTION

해설 하나의 논리적 기능을 수행하기 위한 작업 단위를 트랜잭션이라고 한다.

2019.08

05 트랜잭션의 병행 제어 목적으로 옳지 않은 것은?

① 데이터베이스의 공유 최대화

② 시스템의 활용도 최대화

③ 데이터베이스의 일관성 최소화

④ 사용자에 대한 응답 시간 최소화

해설 트랜잭션의 병행 제어는 데이터베이스의 공유 최대화, 시스템 활용도 최대화, 사용자 응답 시간 최소화 등의 목적을 가진다.

2019.03, 2016.05

06 일련의 연산 집합으로 데이터베이스의 상태를 변환시키기 위하여 논리적 기능을 수행하는 하나의 작업 단위는?

① 도메인 ② 트랜잭션

③ 모듈 ④ 프러시저

해설 일련의 연산 집합으로 데이터베이스의 상태를 변환시키기 위한 논리적 기능을 수행하는 하나의 작업 단위를 트랜잭션이라고 한다.

2018.03

07 트랜잭션의 실행이 실패하였음을 알리는 연산자로 트랜잭션이 수행한 결과를 원래의 상태로 원상 복귀시키는 연산은?

① COMMIT 연산

② BACKUP 연산

③ LOG 연산

④ ROLLBACK 연산

해설 트랜잭션 성공 시 COMMIT, 실패 시 ROLLBACK을 수행해 복귀 연산을 수행한다.

2017.08

08 트랜잭션의 특성으로 옳은 내용 모두를 나열한 것은?

㉠ Atomicity
㉡ Durability
㉢ Consistency
㉣ Isolation

① ㉠, ㉡ ② ㉠, ㉡, ㉣

③ ㉠, ㉢, ㉣ ④ ㉠, ㉡, ㉢, ㉣

해설 트랜잭션의 특징은 ACID(원자성, 일관성, 고립성, 영속성) 4가지 모두이다.

2015.05

09 트랜잭션의 특징 중 트랜잭션이 일단 완료되면 그 후에 어떤 형태로 시스템이 고장나더라도 트랜잭션의 결과는 잃어버리지 않고 지속되는 것은?

① Isolation ② Durability

③ Consistency ④ Automatic

해설 Durability(영속성)에 대한 설명이다.

정답 4: ④ 5: ③ 6: ② 7: ④ 8: ④ 9: ②

2013.08

10 "트랜잭션 결과 관련 있는 모든 연산들은 완전히 실행되거나 전혀 실행되지 않아야 한다."는 내용이 의미하는 트랜잭션의 요구사항은?

① Consistency ② Durability
③ Isolation ④ Atomicity

All or Nothing은 원자성(Atomicity)에 대한 설명이다.

2020.06

11 병행 제어의 로킹(Locking) 단위에 대한 설명으로 옳지 않은 것은?

① 데이터베이스, 파일, 레코드 등은 로킹 단위가 될 수 있다.
② 로킹 단위가 작아지면 로킹 오버헤드가 감소한다.
③ 로킹 단위가 작아지면 데이터베이스 공유도가 증가한다.
④ 한꺼번에 로킹할 수 있는 객체의 크기를 로킹 단위라고 한다.

해설 병행 제어의 로킹은 로킹 단위가 작아지면 로킹의 오버헤드가 증가한다.

2020.08

12 병행 제어 기법 중 로킹에 대한 설명으로 옳지 않은 것은?

① 로킹의 대상이 되는 객체의 크기를 로킹 단위라고 한다.
② 데이터베이스, 파일, 레코드 등은 로킹 단위가 될 수 있다.
③ 로킹의 단위가 작아지면 로킹 오버헤드가 증가한다.
④ 로킹의 단위가 커지면 데이터베이스 공유도가 증가한다.

해설 병행 제어의 로킹은 로킹의 단위가 커지면 데이터베이스 공유도가 감소한다.

2020.09, 2020.06

13 다음 설명과 관련 있는 트랜잭션의 특징은?

> 트랜잭션의 연산은 모두 실행되거나, 모두 실행되지 않아야 한다.

① Durability
② Isolation
③ Consistency
④ Atomicity

해설 모두 실행되거나 모두 실행되지 않는 것은 All or Noting의 특징을 갖는 Atomicity(원자성)의 특징이다.

2020.09

14 로킹(Locking) 기법에 대한 설명으로 틀린 것은?

① 로킹 대상이 되는 객체의 크기를 로킹 단위라고 한다.
② 로킹 단위가 작아지면 병행성 수준이 낮아진다.
③ 데이터베이스도 로킹 단위가 될 수 있다.
④ 로킹 단위가 커지면 로크 수가 작아 로킹 오버헤드가 감소한다.

해설 로킹의 단위가 작아지면 병행성 수준이 높아진다. 즉, 작은 단위로 수행할 수 있어 병행(동시에 수행할 수 있는 프로세스)성 수준이 높아진다.

2021.03

15 다음과 같은 트랜잭션의 특성은?

> 시스템이 가지고 있는 고정 요소는 트랜잭션 수행 전과 트랜잭션 수행 완료 후의 상태가 같아야 한다.

① 원자성(Atomicity)
② 일관성(Consistency)
③ 격리성(Isolation)
④ 영속성(Durability)

해설 일관성은 시스템의 고정 요소로 트랜잭션 수행 전과 수행 완료 후의 상태가 같아야 한다는 DBMS의 특징이다.

10: ④ 11: ② 12: ④ 13: ④ 14: ② 15: ② 정답

2022.04

16 데이터베이스의 트랜잭션 성질들 중에서 다음 설명에 해당하는 것은?

> 트랜잭션의 모든 연산들이 정상적으로 수행 완료되거나 어떠한 연산도 수행되지 않은 원래 상태가 되도록 해야 한다.

① Atomicity

② Consistency

③ Isolation

④ Durability

해설 트랜잭션의 성질 중 원자성(Atomicity)은 전체가 수행 완료되거나(All), 어떠한 연산도 수행되지 않아야(Nothing)한다.

2022.04

17 트랜잭션의 상태 중 트랜잭션의 마지막 연산이 실행된 직후의 상태로 모든 연산의 처리는 끝났지만, 트랜잭션이 수행한 최종 결과를 데이터베이스에 반영하지 않은 상태는?

① Active

② Partially Committed

③ Committed

④ Aborted

해설 Partially Committed(부분 완료)는 마지막 명령어까지 실행한 이후의 상태로 모든 연산의 처리는 끝났지만, 트랜잭션이 수행한 최종 결과를 데이터베이스에 반영하지 않은 상태이다.

2021.03

18 트랜잭션을 수행하는 도중 장애로 인해 손상된 데이터베이스를 손상되기 이전의 정상적인 상태로 복구시키는 작업은?

① Recovery

② Commit

③ Abort

④ Restart

해설 회복(Recovery)은 트랜잭션 수행 도중 장애로 인해 손상된 데이터베이스를 Rollback을 이용해 손상 이전의 정상적인 상태로 복구시키는 작업이다.

2021.03, 2017.08

19 병행 제어의 로킹(Locking) 단위에 대한 설명으로 옳지 않은 것은?

① 데이터베이스, 파일, 레코드 등은 로킹 단위가 될 수 있다.

② 로킹 단위가 작아지면 로킹 오버헤드가 증가한다.

③ 한꺼번에 로킹할 수 있는 단위를 로킹 단위라고 한다.

④ 로킹 단위가 작아지면 병행성 수준이 낮아진다.

해설 병행 제어(동시성 제어)는 로킹 단위가 작아지면 여러 개의 트랜잭션을 한 번에 수행할 수 있어 병행성 수준이 높아지고 관리 복잡도도 함께 올라간다.

2021.05

20 병행 제어 기법의 종류가 아닌 것은?

① 로킹 기법

② 시분할 기법

③ 타임 스탬프 기법

④ 다중 버전 기법

해설
- 병행 제어 기법은 '2낙타다'로 암기한다.
→ 2PL, 낙관적 검증 기법, 타임 스탬프 기법, 다중 버전 동시성 제어(MVCC)로 암기

정답 16: ① 17: ② 18: ① 19: ④ 20: ②

2022.03

21 데이터베이스에서 병행 제어의 목적으로 틀린 것은?

① 시스템 활용도 최대화
② 사용자에 대한 응답시간 최소화
③ 데이터베이스 공유 최소화
④ 데이터베이스 일관성 유지

해설 데이터베이스에서 병행 제어는 공유를 최대화하기 위한 목적이 있다.

2021.08

22 데이터베이스에서 하나의 논리적 기능을 수행하기 위한 작업의 단위 또는 한꺼번에 모두 수행되어야 할 일련의 연산들을 의미하는 것은?

① 트랜잭션
② 뷰
③ 튜플
④ 카디널리티

해설 데이터베이스에서 하나의 논리적 기능을 수행하기 위한 작업을 트랜잭션이라고 한다.

2021.08

23 로킹 단위(Locking Granularity)에 대한 설명으로 옳은 것은?

① 로킹 단위가 크면 병행성 수준이 낮아진다.
② 로킹 단위가 크면 병행 제어 기법이 복잡해진다.
③ 로킹 단위가 작으면 로크(Lock)의 수가 적어진다.
④ 로킹은 파일 단위로 이루어지며, 레코드와 필드는 로킹 단위가 될 수 없다.

해설 로킹 단위가 크면 한번에 처리할 작업의 크기가 커 병행 제어 기법이 낮아지고, 반대로 로킹 단위가 작으면 로크의 수가 많아진다(같은 로크 범위로 보았을 때 작게 여러 개로 쪼갠다고 이해하면 된다). 로킹은 파일, 레코드, 필드 등의 단위로 로킹할 수 있다.

2021.08

24 트랜잭션의 주요 특성 중 하나로, 둘 이상의 트랜잭션이 동시에 병행 실행되는 경우 어느 하나의 트랜잭션 실행 중에 다른 트랜잭션의 연산이 끼어들 수 없음을 의미하는 것은?

① Log
② Consistency
③ Isolation
④ Durability

해설 Isolation(독립성)은 2개 이상의 트랜잭션이 동시에 병행 실행되는 경우 어느 하나의 트랜잭션 실행 중에 다른 트랜잭션의 연산이 끼어들지 않음을 의미한다.

2021.08

25 동시성 제어를 위한 직렬화 기법으로, 트랜잭션 간의 처리 순서를 미리 정하는 방법은?

① 로킹 기법
② 타임 스탬프 기법
③ 검증 기법
④ 배타 로크 기법

해설 동시성 제어 기법 중 타임 스탬프 기법(Timestamp – Ordering)은 시스템에서 생성하는 고유 번호인 시간 스탬프를 부과하는 방법으로 트랜잭션 간의 처리 순서를 미리 정한다.

2022.03

26 트랜잭션의 상태 중 트랜잭션의 수행이 실패하여 Rollback 연산을 실행한 상태는?

① 철회(Aborted)
② 부분 완료(Partially Committed)
③ 완료(Commit)
④ 실패(Fail)

해설 철회(Aborted)는 트랜잭션의 수행이 실패해 Rollback 연산을 실행한 상태를 의미한다.

21: ③ 22: ① 23: ① 24: ③ 25: ② 26: ① 정답

출제 예상 문제

27 다음 중 트랜잭션의 상태에 해당하지 않는 것은?

① 실행(Active)
② 완료(Committed)
③ 성공(Success)
④ 실패(Failed)

해설 트랜잭션은 실행, 부분 완료, 완료, 실패, 철회의 상태를 갖을 수 있다.

28 트랜잭션의 상태 설명으로 옳지 않은 것은?

① 부분 완료(Partially Commit) : 마지막 명령어를 실행한 이후의 상태
② 실패(Failed) : 정상적인 트랜잭션 실행이 더 이상 진행되기 어려운 상태
③ 철회(Aborted) : 트랜잭션이 실패하여 취소되었으나 롤백되기 전 상태
④ 실행(Active) : 트랜잭션이 실행되어 연산들이 실행 중인 상태

해설 철회는 트랜잭션이 실행에 실패해 취소되고 롤백 연산을 수행해 트랜잭션 시작 전 상태로 환원된 상태이다.

29 다음 중 트랜잭션이 제어에 대한 설명으로 옳지 않은 것은?

① 트랜잭션의 결과를 수용하거나 취소하는 것으로 TCL 관련 명령어를 이용한다.
② TCL 명령어로 COMMIT, ROLLBACK이 존재한다.
③ DBMS의 모든 정보는 메모리에 저장된다.
④ ROLLBACK 명령어는 트랜잭션이 실패 시 수행된다.

해설 DBMS의 모든 정보는 디스크에 저장된다.

30 트랜잭션의 특성 중 장애 대응과 회복 기법을 위해 결과가 항상 보존되어야 한다는 특성은?

① 원자성
② 일관성
③ 고립성
④ 영속성

해설 장애 대응과 회복을 위해 트랜잭션의 결과가 항상 보존되는 것은 영속성이다.

정답 27: ③ 28: ③ 29: ③ 30: ④

306 조인

1 조인(Join)의 개념

- 관계형 데이터베이스에서의 조인은 교집합과 결과를 가지는 결합 방법을 의미한다. 교집합이 되는 공통점은 다양한 관점에서 정의될 수 있으며, 그 관점을 정의하는 것이 조인의 조건이다.
- 일반적으로 조인은 두 테이블의 공통 값을 이용하여 칼럼을 조합하는 수단으로 보통 기본키(PK; Primary Key)와 외래키(FK; Foreign Key)값을 결합해 사용한다.
- 3개 이상의 테이블에 대한 조인은 2개의 테이블을 우선 결합하고, 그 결과와 나머지 한 개의 테이블을 다시 결합하여 진행한다.

2 조인의 유형

- 조인은 관계형 데이터베이스의 핵심 기능으로, 가장 큰 장점이다.
- 조인은 물리적 조인과 논리적 조인으로 구분할 수 있다. 물리적 조인은 데이터베이스의 성능을 높이기 위한 튜닝 관점의 조인이고, 논리적 조인은 사용자의 SQL 문에 표현되는 테이블 결합 방식을 의미한다.

구분	유형	내용
논리적 조인	- 내부 조인(Inner Join) - 외부 조인(Outer Join)	사용자의 SQL문에 표현되는 테이블을 결합하는 방식
물리적 조인	- 중첩 반복 조인 (Nested-Loop Join) - 정렬-병합 조인 (Sort-Merge Join) - 해시 조인(Hash Join)	데이터베이스의 옵티마이저*에 의해 내부적으로 발생하는 테이블 결합 방식

★ 옵티마이저(Optimizer)
사용자가 질의한 SQL 문에 대해 실행 계획을 탐색해 비용을 추정하여 최적의 실행 계획을 수립하는 DBMS 핵심 엔진이다.

■ 논리적인 조인

(1) 내부 조인(Inner Join)

- 두 테이블에 공통으로 존재하는 칼럼을 이용하는 공통 칼럼 기반 방식이다.
- 조인의 대상이 되는 칼럼을 명시적으로 선언하기 위해 USING 조건절이나 ON 조건절을 이용할 수도 있다.
- 내부 조인의 세부 유형은 조인의 조건에 따라 세분화된다.

유형	내용
동등 조인(Equi Join)	공통 존재 칼럼의 값이 같은 경우를 추출
자연 조인(Natural Join)	2개 테이블의 모든 칼럼을 비교하여 같은 칼럼명을 가진 모든 칼럼 값이 같은 경우를 추출
교차 조인(Cross Join)	조인 조건이 없는 모든 데이터 조합을 추출

(2) 외부 조인(Outer Join)

- 특정 테이블의 모든 데이터와 다른 테이블의 동일 데이터가 추출되며, 다른 테이블에 값이 없어도 출력된다.
- 기준 테이블에 모든 값에 대해 참조 테이블의 데이터가 반드시 존재한다는 보장이 없는 경우 외부 조인을 사용한다.

유형	내용
왼쪽 외부 조인 (Left Outer Join)	왼쪽 테이블의 모든 데이터와 오른쪽 테이블의 동일 데이터 추출
오른쪽 외부 조인 (Right Outer Join)	오른쪽 테이블의 모든 데이터와 왼쪽 테이블의 동일 데이터 추출
완전 외부 조인 (Full Outer Join)	양쪽의 모든 데이터를 추출

■ 물리적 조인

(1) 중첩 반복 조인(Nested-Loop Join)

- 선행 테이블의 처리 범위를 하나씩 조회하면서 그 추출된 값으로 연결할 테이블을 조인하는 방식이다.
- 반복문의 외부에 있는 테이블을 선행 테이블 또는 외부 테이블(Outer Table)이라고 하고, 반복문이 내부에 있는 테이블을 후행 테이블 혹은 내부 테이블(Inner Table)이라 한다.

알아두기

Nested Loop Join은 선행 테이블의 선택에 따라 성능이 확연히 달라진다. 선행이 적은 테이블을 선택해야 성능이 좋다.

| 개념도 |

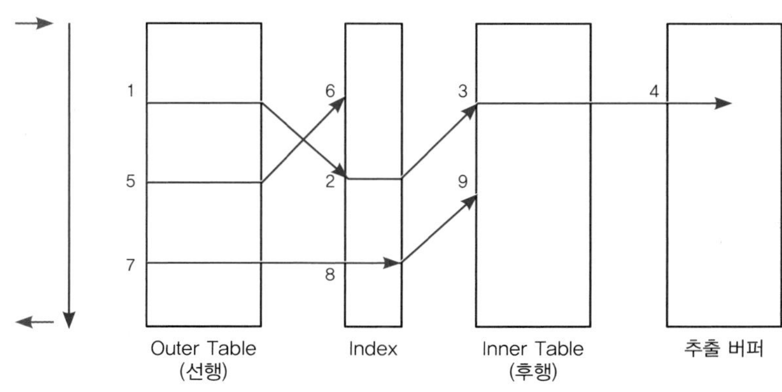

| 작업 방법 |

① 선행 테이블에서 조건을 만족시키는 행을 탐색한다.

② 선행 테이블의 Join 키값으로 후행 테이블에서 Join을 수행한다.

③ 선행 테이블의 조건을 만족하는 모든 행에 대해 ①번 작업을 반복한다.

| 특징 |

- 실행 속도 = 선행 테이블 사이즈 × 후행 테이블 접근 횟수
- 좁은 범위 처리에 유리하다.
- 추출 버퍼는 SQL문의 실행 결과를 보관하는 버퍼로, 크기 설정이나 결과 추출 후 사용자에게 결과를 반환한다.

➜ 운반 단위, Array Size, Fetch Size라고도 한다.

(2) 정렬-병합 조인(Sort-Merge Join)

- 조인하려는 두 집합을 조인 속성으로 정렬하여 정렬 리스트를 만든 후 이들을 병합하는 조인 방법이다.
- 인덱스가 없을 때 Simple Nested-Loop 조인으로 수행하는 비효율을 개선하기 위한 방안으로 연구되었다.

| 개념도 |

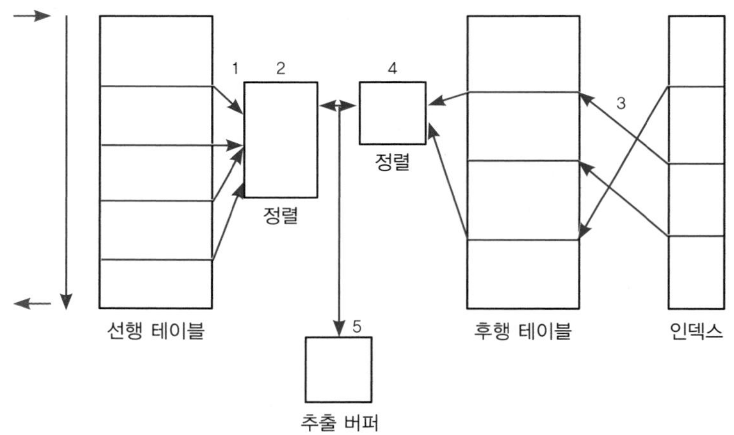

| 작업 방법 |

① 선행 테이블에서 주어진 조건을 만족하는 행을 찾는다

② 선행 테이블의 조인키를 기준으로 정렬 작업을 수행한다. ➜ ①, ② 작업을 선행 테이블의 조건을 만족하는 모든 행에 대해 반복 수행

③ 후행 테이블에서 주어진 조건을 만족하는 행을 찾는다.

④ 후행 테이블의 조인키를 기준으로 정렬 작업을 수행한다. ➜ ③, ④ 작업을 후행 테이블의 조건을 만족하는 모든 행에 대해 반복 수행

⑤ 정렬된 결과를 이용하여 조인을 수행하며 조인에 성공하면 추출 버퍼에 넣는다.

| 특징 |

- 넓은 범위의 데이터 처리에 적합하다.
- 정렬한 데이터가 많아서 메모리에서 모든 정렬 작업을 수행하기 어려운 경우 디스크를 임시 영역으로 사용할 수 있어 성능이 떨어질 수 있다.

(3) 해시 조인(Hash Join)

- 해싱 기법을 이용해 조인을 수행한다. 조인을 수행할 테이블의 조인 칼럼을 기준으로 해시 함수를 수행하여 서로 동일한 해시값을 갖는 것들 사이에서 실제 값이 같은지 비교하며 조인을 수행한다.
- 중첩 반복 조인의 랜덤 액세스 문제점과 정렬-병합 조인의 정렬 작업의 부담에 대한 문제점을 해결하기 위한 대안으로 등장하였다.

| 개념도 |

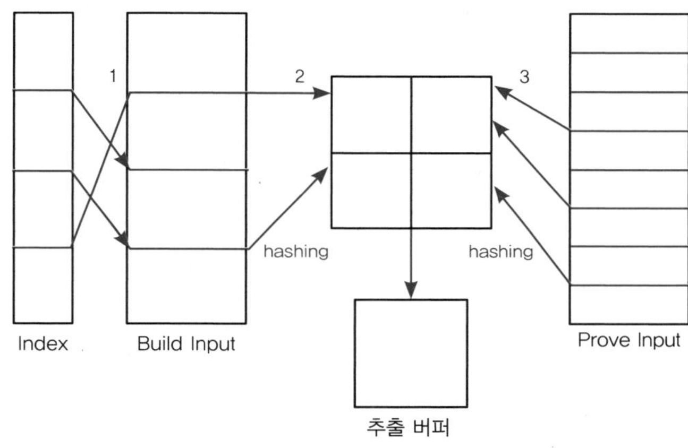

| 작업 방법 |

① 선행 테이블에서 주어진 조건을 만족하는 행을 탐색한다.

② 선행 테이블의 조인키를 기준으로 해시 함수를 적용하여 해시 테이블을 생성한다.

→ ①, ② 작업을 선행 테이블의 조건을 만족하는 모든 행에 반복 수행

③ 후행 테이블에서 주어진 조건을 만족하는 행을 탐색한다.

④ 후행 테이블의 조인키를 기준으로 해시 함수를 적용하여 해당 버킷을 찾는다.

⑤ 조인에 성공하면 추출 버퍼에 입력한다.

→ ③ ~ ⑤ 작업을 후행 테이블의 조건을 만족하는 모든 행에 대해서 반복 수행

| 특징 |

- 조인 칼럼의 인덱스가 존재하지 않아도 사용할 수 있다.
- 해시 함수를 이용하여 조인을 수행하기 때문에 동등 조인(=)에서만 사용할 수 있다.
- 해시 테이블을 메모리에 생성해야 한다. 데이터가 커지면 임시 영역(디스크) 등에 저장하며 디스크에 저장 시 입출력이 증가되어 성능이 저하되기 때문에 결과 행의 수가 적은 테이블을 선행으로 사용하는 것이 좋다.

출제 예상 문제

01 다음 중 물리적인 조인의 유형에 해당하지 않은 것은?

① Nested Loop Join
② Hash Join
③ Outer Join
④ Merge Join

해설 물리적 조인으로는 Nested Loop Join, Merge Join, Hash Join이 있고 논리 조인으로는 Inner Join, Outer Join 등이 있다.

02 다음 내부 조인에 대한 설명 중 옳지 않은 것은?

① 동등 조인 : 공통 칼럼의 값이 같은 경우에 추출한다.
② 자연 조인 : 조인되는 테이블 내에 같은 칼럼명 내에 값이 같은 경우 추출한다.
③ 해시 조인 : 해시 테이블을 이용해 데이터를 추출한다.
④ 교차 조인 : 조인 조건이 없는 모든 데이터 조합을 추출한다.

해설 내부 조인으로는 동등 조인, 자연 조인, 교차 조인이 있다. 해시 조인은 물리적인 조인 유형이다.

03 다음 중 외부 조인에 대한 설명으로 옳지 않은 것은?

① 왼쪽 외부 조인 : 왼쪽 테이블의 모든 데이터와 오른쪽 테이블의 동일 데이터를 추출한다.
② 오른쪽 외부 조인 : 오른쪽 테이블의 모든 데이터와 왼쪽 테이블의 동일 데이터를 추출한다.
③ 완전 외부 조인 : 양쪽의 모든 데이터를 추출한다.
④ 단일 외부 조인 : 지정한 한쪽 테이블에 대한 모든 데이터를 추출한다.

해설 단일 외부 조인은 외부 조인의 유형이 아니다.

04 두 테이블에 공통으로 존재하는 칼럼을 이용해 공통으로만 존재하는 칼럼을 추출하는 조인 유형은 무엇인가?

① 자연 조인(Natural Join)
② 외부 조인(Outer Join)
③ 교차 조인(Cross Join)
④ 동등 조인(Equi Join)

해설 동등 조인에 대한 설명이다.

1: ③ 2: ③ 3: ④ 4: ④ 정답

307 서브쿼리

1 서브쿼리(Sub-Query)의 개념

- 서브쿼리는 아래와 같은 그림의 SQL문 안에 포함된 또 다른 SQL문을 의미한다.

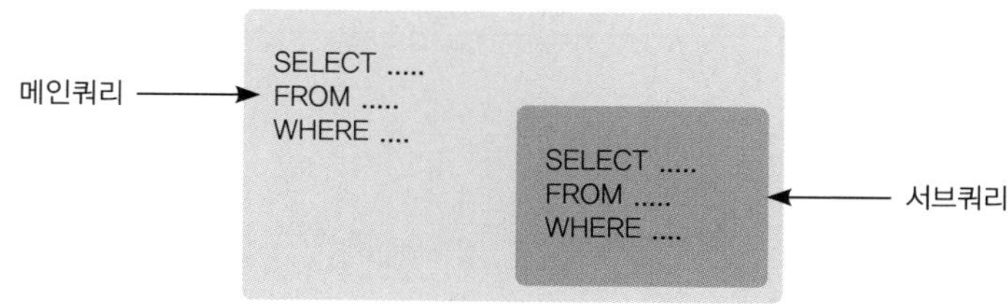

▲ 서브쿼리의 개념도

- 서브쿼리의 용도는 알려지지 않은 기준을 위한 검색을 위해 사용된다.
- 메인쿼리와 서브쿼리의 관계는 주종 관계로, 서브쿼리에 사용되는 칼럼 정보는 메인쿼리의 칼럼 정보를 사용할 수 있으나 역으로는 불가능하다.

알아두기

하나의 SELECT에서 다양한 서브쿼리를 이용할 수 있으며, 과도한 서브쿼리는 성능 저하의 직접적인 원인이 되기도 한다.

2 서브쿼리의 유형

서브쿼리는 동작하는 방식이나 반환되는 데이터의 형태에 따라 분류된다.

■ 동작 방식 기준의 서브쿼리 종류

종류	설명
비연관(Un-Correlated) 서브쿼리	- 서브쿼리가 메인 쿼리의 칼럼을 가지고 있지 않은 형태이다. - 메인쿼리에 서브쿼리가 실행된 결과값을 제공하는 용도로 사용한다.
연관(Correlated) 서브쿼리	- 서브쿼리가 메인쿼리의 칼럼을 가지고 있는 형태이다. - 메인쿼리가 먼저 수행되어 얻은 데이터를 서브쿼리의 조건에 맞는지 확인하고자 할 경우에 사용한다.

■ 반환 데이터 기준의 서브쿼리 종류

종류	설명
단일 행(Single Row) 서브쿼리	- 서브쿼리의 결과가 항상 한 건 이하인 서브쿼리(결과가 2건 이상일 때 오류 발생)이다. - 단일 행 비교 연산자(=, 〈 , 〈= , 〉, 〉=, 〈〉)가 사용된다.
복수 행(Multiple Row) 서브쿼리	- 서브쿼리 실행 결과가 여러 건인 서브쿼리이다. - 복수 행 비교 연산자(IN, ALL, ANY, SOME, EXISTS)가 사용된다.
다중 칼럼(Multiple Column) 서브쿼리	- 서브쿼리 결과가 여러 칼럼으로 반환되는 서브쿼리이다. - 메인쿼리의 조건절에 여러 칼럼을 동시에 비교할 때 서브쿼리와 메인쿼리에서 비교하는 칼럼 개수와 위치가 동일해야 한다.

3 서브쿼리의 주의 사항

- 서브쿼리를 괄호로 감싸서 사용한다.
- 서브쿼리는 단일 행, 복수 행과 같은 비교 연산자와 함께 사용한다.
- 서브쿼리에서는 Order by를 사용할 수 없다.

→ Order by는 SELECT 구문에서 한 개만 가능하고 메인쿼리의 마지막 문장에 위치해야 한다.

출제 예상 문제

01 SQL문 안에 포함된 또 다른 SQL문을 의미하며 하나의 칼럼, 테이블의 역할을 하는 것은?

① ORDER BY
② Sub-Query
③ ALIAS
④ TABLE

해설 서브쿼리에 대한 설명이다.

02 서브쿼리에 대한 주의 사항에 해당하지 않는 것은?

① 서브쿼리는 괄호로 감싸서 사용한다.
② 서브쿼리는 단일 행, 복수 행과 같은 비교 연산자와 함께 사용한다.
③ 서브쿼리에서는 ORDER BY를 사용할 수 없다.
④ 서브쿼리에서는 ALIAS를 사용할 수 없다.

해설 서브쿼리에서도 ALIAS를 사용할 수 있으며, 중복되는 칼럼의 경우 ALIAS를 통해 구분할 수 있다.

03 서브쿼리 중 서브쿼리가 메인쿼리의 칼럼을 갖고 있지 않으며 메인쿼리에 서브쿼리가 실행된 결과값을 제공하는 용도로 사용하는 서브쿼리는 무엇인가?

① 비연관(Un-Correlated) 서브쿼리
② 연관(Correlated) 서브쿼리
③ 단일 행(Single Rows) 서브쿼리
④ 복수 행(Multiple Rows) 서브쿼리

해설 메인쿼리가 서브쿼리에 실행되는 값이 없고 결과값만 제공한다면 비연관 서브쿼리에 대한 설명이다.

04 다음 중 서브쿼리(Sub-Query)에 대한 설명으로 옳지 않은 것은?

① 서브쿼리는 메인 SQL 쿼리 안에 포함된 또 다른 SQL문을 의미한다.
② 하나의 SELECT에서 다양한 서브쿼리를 이용할 수 있으며, 과도한 서브쿼리는 성능 저하의 직접적인 원인이 되기도 한다.
③ 메인쿼리와 서브쿼리는 주종 관계로 이루어져 있다.
④ 서브쿼리에서 사용하는 칼럼 정보는 메인쿼리의 칼럼 정보를 사용할 수 있고 역으로도 가능하다.

해설 서브쿼리에서 사용하는 칼럼 정보는 메인 칼럼 정보를 사용할 수 있으나 역으로는 불가능하다.

정답 1: ② 2: ④ 3: ① 4: ④

308 윈도우 함수

1 SQL에서 사용하는 함수의 종류

멘토 코멘트

SQL에서 사용하는 함수의 3가지 유형에 대해 명확히 구분할 수 있어야 한다.

윈도우 함수에 들어가기 앞서 ANSI/ISO 표준에서는 다음 3가지 함수를 정의한다.

함수 종류	설명
AGGREGATION FUNCTION	- GROUP AGGREGATION FUNCTION이라고도 함 - SUM, COUNT, MAX, MIN 등과 같은 각종 집계 함수가 포함됨
GROUP FUNCTION	소계, 중계, 합계 등 중간 합계의 결과를 산출하기 위해 사용하는 CUBE, ROLLUP 등의 함수
WINDOW FUNCTION	- 분석 함수나 순위 함수로 알려져 있음 - 데이터 웨어하우스* 에서 발전된 기능 - PARTITION BY, ORDER BY 등을 이용

★ 데이터 웨어하우스(Data Warehouse)

최종 사용자가 대량의 데이터와 여러 가지 외부 데이터들로부터 의미 있는 정보를 찾아내어 기업 활동에 활용할 수 있는 대용량 데이터

2 윈도우 함수

■ 윈도우 함수(Window Function)의 개념

행과 행 간의 관계를 쉽게 정의하기 위한 함수로 분석 함수 또는 순위 함수이다.

■ 윈도우 함수의 문법

문법	
문법	**SELECT** 함수명(파라미터) **OVER** ([PARTITION BY Col1, Col2..] [ORDER BY ColA, ColB..]) **FROM** Table_name

- PARTITION BY : 순위를 정할 대상 범위의 칼럼을 설정하는 선택 항목이다. PARTITION BY의 레코드 집합을 윈도우라고 한다. (OVER 필수)
- ORDER BY : PARTITION 안에서 정렬 기준으로 사용할 속성이다.

| 사례 |

학생들의 GRADE를 기준으로 순위를 계산하는 예시이다.

```
SELECT MAJOR, SUBJECT, STUDENT_NAME, GRADE, RANK()
        OVER (ORDER BY  GRADE DESC) AS GRADE_RANK, DENSE_RANK()
        OVER (ORDER BY GRADE DESC) AS GRADE_DENSE_RANK, ROW_NUMBER()
        OVER (ORDER BY GRADE DESC) AS GRADE_ROW_NUMBER, RANK()
        OVER (PARTITION BY MAJOR ORDER BY GRADE DESC) AS GRADE_RNK_SUB
        FROM STUDENT_GRADE;
```

→ RANK(), DENSE_RANK(), ROW_NUMBER() 등 필요에 따라 원하는 윈도우 함수를 사용할 수 있으며, PARTITION BY 구문 뒤에는 기준이 되는 칼럼을 적용할 수 있다.

■ 윈도우 함수의 분류

분류	종류	설명
순위 함수	RANK	레코드의 순위를 계산해 동일 순위가 계산될 경우 다음 순위를 표시한다. 예 1위가 2개인 경우 : 1위, 1위, 2위, 3위, 4위 …
	DENSE_RANK	레코드의 순위를 계산해 동일 순위가 계산될 경우 다음 순위로 넘어가 표시한다. 예 2위가 2개인 경우 : 1위, 2위, 2위, 4위, 5위 …
	ROW_NUMBER	중복되지 않는 순서값을 반환한다. 예 2위가 3개인 경우 : 1위, 2위, 3위, 4위, 5위 …
행 순서 함수	FIRST_VALUE	- 파티션 윈도우에서 가장 먼저 나오는 값이다. - MIN과 동일한 결과를 출력한다.
	LAST_VALUE	- 파티션 윈도우에서 가장 나중에 나오는 값이다. - MAX와 동일한 결과를 출력한다.
	LAG	파티션 윈도우에서 1부터 이전 몇 번째 행의 값을 가져온다.
	LEAD	파티션 윈도우에서 1부터 이후 몇 번째 행의 값을 가져온다.
비율 함수	RATIO_TO_REPORT	주어진 그룹에 합계 대비 각 로우의 상대적 비율을 반환한다. 예 RATIO_TO_REPORT(expr) : expr값 합을 기준으로 퍼센트 표시
	PERCENT_RANK	각각의 로우에 대한 값의 그룹에 따른 순위 퍼센트를 반환한다.
	CUME_DIST	주어진 그룹에 대한 상대적인 누적 분포도 값을 반환한다.
	NTILE	계산 대상 로우들을 특정 기준으로 분할하여 결과값을 반환한다. 예 NTILE(expr) : 정렬된 파티션별로 expr에 지정된 숫자만큼 각 로우를 분할

멘토 코멘트

실무에서도 많이 사용하는 집계 함수, 순위 함수, 행 순서 함수 등은 숙지가 필요하다.

3 집계 함수

집계 함수(Aggregation Function)의 개념

- 여러 행 또는 테이블 전체 행으로부터 하나의 결과값을 반환하는 함수이다.
- GROUP BY와 같이 집계되는 중간 결과를 그룹화하여 사용한다.

멘토 코멘트

SELECT 시 집계 함수를 사용하려면 집계 함수에 포함되지 않는 칼럼은 GROUP BY를 해야 한다.

집계 함수의 종류

종류	설명
COUNT	NULL값을 포함한 행의 수를 출력한다. 예 SELECT COUNT(*) FROM 학생; → 〈학생〉 테이블의 총 행의 수
SUM	표현식의 값이 NULL값인 것을 제외한 합계를 출력한다. 예 SELECT SUM(국어_성적) CNT FROM 성적; → 〈성적〉 테이블의 국어 성적의 합계
AVG	표현식의 값이 NULL값인 것을 제외한 평균을 출력한다. 예 SELECT AVG(국어_성적) CNT FROM 성적; → 〈성적〉 테이블의 국어 성적의 평균
MIN	표현식의 최소값을 출력하며 날짜, 문자 데이터 타입도 가능하다. 예 SELECT MIN (국어_성적) CNT FROM 성적; → 〈성적〉 테이블의 국어 성적의 최하점
MAX	표현식의 최대값을 출력하며 날짜, 문자 데이터 타입도 가능하다. 예 SELECT MAX (국어_성적) CNT FROM 성적; → 〈성적〉 테이블의 국어 성적의 최고점

기출 유형 문제

2005.03

01 다음 표와 같은 성적 테이블을 읽어 학생별 평균 점수를 얻고자 한다. 가장 알맞은 SQL 구문은?

〈성적〉 테이블

성명	과목	점수
홍길동	국어	80
홍길동	영어	68
홍길동	수학	97
강감찬	국어	58
강감찬	영어	97
강감찬	수학	65

① SELECT 성명, SUM(점수) FROM 성적 ORDER BY 성명
② SELECT 성명, AVG(점수) FROM 성적 ORDER BY 성명
③ SELECT 성명, SUM(점수) FROM 성적 GROUP BY 성명
④ SELECT 성명, AVG(점수) FROM 성적 GROUP BY 성명

해설 평균을 구하는 SQL 함수는 AVG이고 조회 조건에 그룹 함수가 없을 경우(성명 칼럼) GROUP BY 조건을 명시해줘야 한다.
①: SUM(점수)는 점수 합계를 리턴한다. GROUP BY 대신 ORDER BY를 넣어 구문 에러가 발생한다.
②: ORDER BY를 넣어 구문 에러가 발생한다. 성명으로 GROUP BY를 해야 오류가 나지 않는다.
③: SUM(점수)는 점수 합계를 리턴한다.

2001.06

02 관계 데이터베이스의 테이블 지점정보(지점코드, 소속도시, 매출액)에 대해 다음과 같은 SQL 문이 실행되었다. 그 결과에 대한 설명으로 부적합한 것은?

```
SELECT 소속도시, AVG(매출액)
FROM 지점정보 WHERE 매출액 > 1000  GROUP
BY 소속도시
HAVING COUNT(*) >= 3;
```

① WHERE절의 조건에 의해 해당 도시의 지점들의 매출액 평균이 1000 이하인 경우는 출력에서 제외된다.
② 지점이 3군데 이상 있는 도시에 대해 각 도시별로 그 도시에 있는 매출액 1000 초과인 지점들의 평균 매출액을 구하는 질의이다.
③ SELECT절의 'AVG(매출액)'을 'MAX(매출액)'으로 변경하면 각 도시별로 가장 높은 매출을 올린 지점의 매출액을 구할 수 있다.
④ HAVING절에서 'COUNT(*)>=3'을 'SUM(매출액)>=5000'으로 변경하면 어느 한 도시의 지점들의 매출액 합이 5000 이상인 경우만 그 도시 지점들의 매출액 평균을 구할 수 있다.

해설 WHERE절 조건에 의해 해당 도시의 매출액이 1000보다 작은 소속 도시가 3개 이하는 출력에서 제외된다.

2020.08

03 다음 중 SQL의 집계 함수(Aggregation Function)가 아닌 것은?

① AVG ② COUNT
③ SUM ④ CREATE

해설 CREATE는 테이블, 트리거, 프러시저 등을 생성할 때 사용하는 명령어이다.

정답 1: ④ 2: ① 3: ④

2021.08

04 SQL문에서 HAVING을 사용할 수 있는 절은?

① LIKE절
② WHERE절
③ GROUP BY절
④ ORDER BY절

해설 HAVING절은 GROUP BY절에서 그룹핑한 값의 결과를 필터링할 때 사용한다. SQL에서 GROUP BY절을 사용했을 때에만 HAVING을 사용할 수 있다.

출제 예상 문제

05 다음 중 SQL 함수 유형에 속하지 않는 것은?

① AGGREGATION FUNCTION
② WINDOW FUNCTION
③ PROCEDURE FUNCTION
④ GROUP FUNCTION

해설 SQL 함수 유형은 AGGREGATION FUNCTION, GROUP FUNCTION, WINDOW FUNCTION이 있다.

06 다음 윈도우 함수 중 그룹 내 비율 함수가 아닌 것은?

① RATIO_TO_REPORT
② NTILE
③ DENSE_RANK
④ PERCENT_RANK

해설 윈도우 함수 중 비율 함수는 RATIO_TO_REPORT, PERCENT_RANK, CUME_DIST, NTILE 등이 있다. DENSE_RANK는 순위 함수다.

07 윈도우 함수의 유형 중 순위 함수에 대한 설명으로 옳지 않은 것은?

① RANK : 레코드의 순위를 계산해 동일 순위가 계산될 경우 다음 순위를 표시한다.
② ROW_NUMBER : 중복되지 않은 순서의 값을 반환한다.
③ DENSE_RANK : 레코드의 순위를 계산해 동일 순위가 계산될 경우 중복된 개수만큼 다음 순위로 넘어가 표시한다.
④ PERCENT_RANK : 각각의 로우값을 그룹에 대한 순서의 퍼센트 랭크로 반환한다.

해설 PRRCENT_RANK는 비율을 나타내는 비율 함수이다.

08 다음 윈도우 함수 중 행 순서 함수는?

① FIRST_VALUE
② RANK
③ CUME_DIST
④ ROW_NUMBER

해설 행 순서 함수는 FIRST_VALUE, LAST_VALUE, LAG, LEAD 등이 있다. RANK와 ROW_NUMBER는 순위 함수, CUME_DIST는 비율 함수이다.

4: ③ 5: ③ 6: ③ 7: ④ 8: ① 정답

309 그룹 함수

1 그룹 함수(Group Function)의 개념

- 조회 결과의 여러 행을 이용하여 통계 정보를 도출하는 함수이다. 집계 함수에 포함되기도 하나, 소그룹 간의 소계 및 중계 등의 중간 합계 분석 데이터를 산출하기 위한 함수이기도 하다.
- 소계, 총계 등을 구하기 위해 집계 함수만 사용한다면 레벨별 집계를 위한 각 단계별 데이터 질의어(DQL; Data Query Language)*를 UNION ALL 등으로 결합하고 표시하는 단계를 거쳐야 하지만, 그룹 함수를 이용하면 단일 DQL만으로도 원하는 결과를 얻을 수 있다.

★ DQL
(Data Query Language)
SELECT문을 이용해 테이블에 저장되어 있는 데이터를 조회하는 데 사용되는 기본적인 문법이다.

| 사례 |

2개의 쿼리 모두 동일한 결과를 도출한다. 여기에서 소계나 총계를 구하기 위해 그룹 함수를 이용하여 효율적인 쿼리 구성이 가능하다.

개별 조회할 경우	그룹 함수를 이용할 경우
SELECT 국가명, 지역, COUNT(*) 직원수 FROM 직원 GROUP BY 국가명, 지역 **UNION ALL** SELECT 국가명, '', COUNT(*) 직원수 FROM 직원 GROUP BY 국가명 **UNION ALL** SELECT '', 지역, COUNT(*) 직원수 FROM 직원 GROUP BY 지역	SELECT 국가명, 지역, COUNT(*) 직원수 FROM 직원 GROUP BY **ROLLUP** (국가명, 지역)

2 그룹 함수의 유형

■ ROLLUP

- 중간 집계 값을 산출하기 위해 지정 칼럼 수보다 하나 더 큰 레벨만큼의 중간 집계 값이 생성된다.
- ROLLUP의 지정 칼럼은 계층별로 생성되기 때문에 순서가 바뀌면 수행 결과가 바뀌게 된다.

알아두기

그룹 함수의 유형

유형	설명
ROLLUP	그룹 간의 소계 출력
CUBE	다차원 소계 출력
GROUPING SETS	특정 항목에 대한 소계 출력

- 소계의 집계 대상이 되는 칼럼을 ROLLUP 뒤에 기재하고 소계 집계 대상이 아닌 칼럼은 GROUP BY에 기재한다. SELECT에 포함되는 칼럼이 GROUP BY 또는 ROLLUP 뒤에 기재되어야 한다는 점을 숙지해야 한다.

| ROLLUP 문법 |

문법	SELECT [Col1, Col2, Col3] FROM 〈Table_name〉 [WHERE condition] **GROUP BY** [Col…] **ROLLUP** [Col…] [HAVING …] [ORDER BY …]

알아두기

ORDER BY를 통해서 계층 내 데이터 표현의 정렬이 가능하다.

CUBE

- 결합 가능한 모든 값에 대해 다차원 집계를 생성하는 그룹 함수로, 가능한 소계만을 생성하는 ROLLUP과 구분된다. CUBE는 수행 시 내부적으로 대상 칼럼의 순서를 변경하여 또 한 번의 쿼리를 수행한다.
- 총계는 모든 칼럼을 수행한 후 한쪽에서 제거되는 과정에 의해 ROLLUP에 비해 계산이 많다. ➡ 연산 양이 많아 시스템에 부담을 줄 수 있음
- CUBE 함수의 사용법도 ROLLUP과 유사하다.

| CUBE 문법 |

문법	SELECT [Col1, Col2, Col3], 〈Group Function〉 FROM 〈Table_name〉 [WHERE condition] **GROUP BY** [Col…] **CUBE** [Col…] [HAVING …] [ORDER BY …]

GROUPING SETS

- 다양한 소계 집합을 만들 수 있으며, 집계 대상 칼럼들에 대한 개별 집계를 구할 수 있고 ROLLUP이나 CUBE와 달리 칼럼 간 순서와 무관한 결과가 나올 수 있다.
- ORDER BY를 이용하여 집계 대상 그룹과의 표시 순서를 조정하여 체계적으로 보여줄 수 있다.
- 연산 양이 많아 시스템에 부담을 줄 수 있다.

| GROUPING SETS 문법 |

문법	SELECT [Col1, Col2, Col3], 〈Group Function〉 FROM 〈Table_name〉 [WHERE condition] GROUP BY [Col…] **GROUPING SETS** [Col…] [HAVING …] [ORDER BY …]

실력 점검 문제

출제 예상 문제

01 다음 중 그룹 함수의 유형이 아닌 것은?

① ROLLUP

② HAVING

③ CUBE

④ GROUPING SETS

해설 그룹 함수에는 ROLLUP, CUBE, GROUPING SETS가 있다. HAVING은 그룹 함수에서 조건에 사용한다.

02 다음 중 그룹 함수(Group Function)에 대한 설명으로 올바르지 않은 것은?

① UNION ALL을 이용하여 통계 정보를 생성한다.

② 조회 결과의 여러 행을 이용해 통계 정보를 도출하는 함수이다.

③ 소계, 총계 등을 구하기 위해 집계 함수를 이용한다.

④ 그룹 함수를 이용하지 않고 단일 DQL만으로도 원하는 결과를 얻을 수 있다.

해설 UNION ALL은 집합 연산자다. 그룹 함수(ROLLUP, CUBE 등)를 이용하면 UNION ALL로 표시하던 단계를 줄일 수 있다.

03 다음 그룹 함수에 대한 설명으로 올바르지 않은 것은?

① FIRST_VALUE : 파티션 윈도우에서 가장 먼저 나오는 값에 대한 그룹 함수값을 출력한다.

② ROLLUP : 중간 집계를 산출하기 위해 지정 칼럼 수 보다 하나 더 큰 레벨의 중간 집계값을 생성한다.

③ CUBE : 결합 가능한 모든 값에 대한 다차원 집계를 생성하는 그룹 함수이다.

④ GROUPING SETS : 다양한 소계 집합을 만들 수 있고 집계 대상 칼럼들에 대한 개별 집계를 구할 수 있다.

해설 그룹 함수의 유형에는 ROLLUP, CUBE, GROUPING SETS가 있다.

정답 1: ② 2: ① 3: ①

310 집합 연산자

1 집합 연산자(Set Operator)의 개념

- 테이블을 집합의 개념으로 보고, 두 테이블 연산에 집합 연산자를 사용하는 방식이다.
- 집합 연산자는 2개 이상의 질의 결과를 하나의 결과로 만들어 준다.
- 일반적으로 집합 연산자를 사용하는 상황은 서로 다른 테이블에서 유사한 결과를 반환하는 것을 하나의 결과로 합치고자 할 때, 동일 테이블에서 서로 다른 질의를 수행하여 결과를 합치고자 할 때 사용 가능하다.

알아두기

집합 연산의 유형
- 합집합 : UNION, UNION ALL
- 교집합 : INTERSECTION
- 차집합 : EXCEPT(MINUS)

2 집합 연산자의 유형

UNION

- UNION의 기본 개념은 합집합이다.
- 2개 이상의 SQL문의 결과 집합에서 중복을 제거하고 합집합 결과를 반환한다.

| UNION 개념도 |

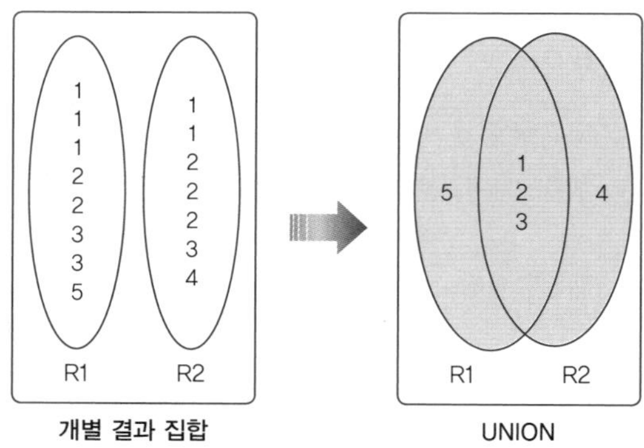

| UNION 예제 |

```
SELECT 부서, 근속년수, 급여 FROM 직원 R1 WHERE 주소 = '서울'
UNION
SELECT 부서, 근속년수, 급여 FROM 임원 R2 WHERE 주소 = '경기'
```

UNION ALL

- 2개 이상의 SQL문의 결과 집합에서 중복된 결과도 포함하여 반환한다.
- 중복 제거를 하지 않기 때문에 UNION보다 상대적으로 처리 속도가 빠르다.

| UNION 개념도 |

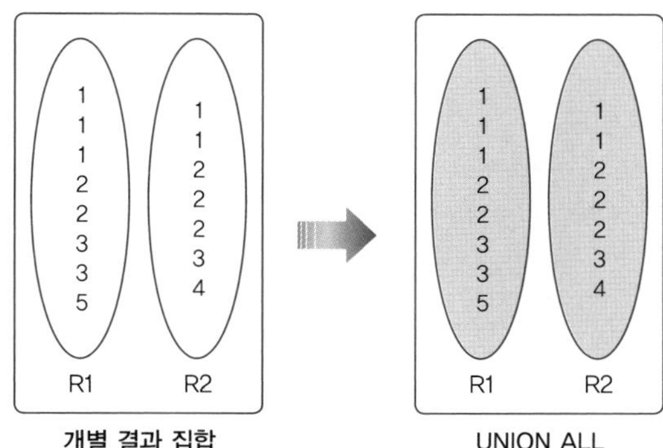

개별 결과 집합 UNION ALL

| UNION ALL 예제 |

```
SELECT 부서, 근속년수, 급여 FROM 직원 R1 WHERE 주소 = '서울'
UNION ALL
SELECT 부서, 근속년수, 급여 FROM 임원 R2 WHERE 주소 = '경기'
```

INTERSECTION

중복 행이 제거된 여러 SQL문의 결과에 대한 교집합을 추출한다.

| INTERSECTION 개념도 |

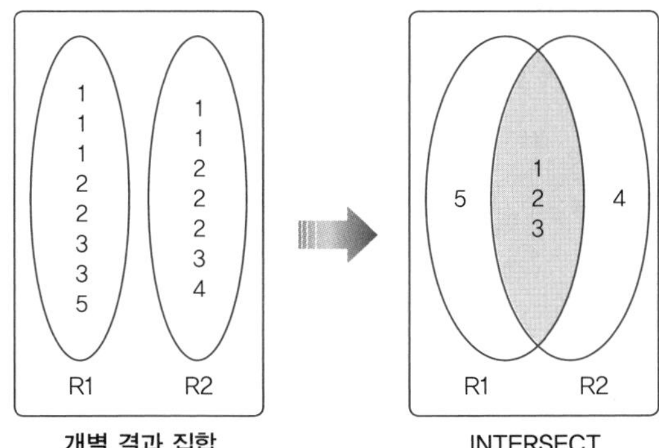

개별 결과 집합 INTERSECT

| INTERSECTION 예제 |

```
SELECT 부서, 근속년수, 주소 FROM 직원 R1 WHERE 급여 〉 100000
INTERSECTION
SELECT 부서, 근속년수, 주소 FROM 임원 R2 WHERE 급여 〉 100000
```

EXCEPT(MINUS)

- 앞의 SQL문의 결과와 뒤의 SQL문의 결과 사이의 차집합(중복 행이 제거된) 결과를 반환한다.
- 일부 데이터베이스 벤더에서는 EXCEPT 대신 MINUS를 사용한다.
- MINUS 연산자는 NOT EXISTS 또는 NOT IN 서브쿼리를 이용한 SQL문으로도 변경이 가능하다.

| EXCEPT(MINUS) 개념도 |

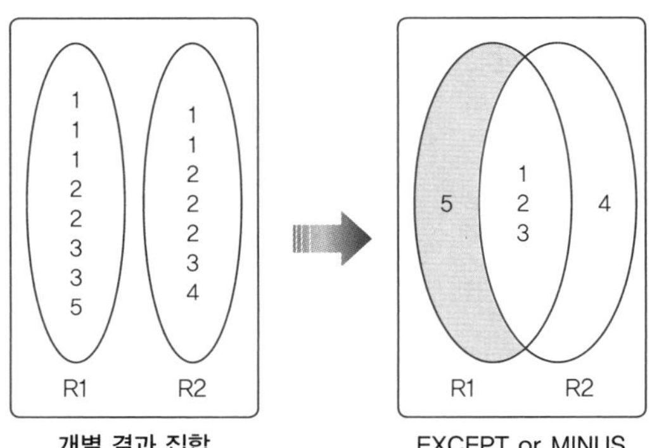

| EXCEPT 예제 |

```
SELECT 부서, 근속년수, 주소 FROM 임원 R1 WHERE 급여 〉100000
EXCEPT
SELECT 부서, 근속년수, 주소 FROM 직원 R2 WHERE 급여 〉100000
```

| NOT EXISTS (or NOT IN) 예제 |

```
SELECT 부서, 근속년수, 주소 FROM 임원 R1 WHERE 급여 〉100000 AND (부서, 근속년수, 주소)
NOT EXISTS
(SELECT 부서, 근속년수, 주소 FROM 직원 R2 WHERE 급여 〉100000 )
```

기출 유형 문제

2022.03

01 테이블 R과 S에 대한 SQL문이 실행되었을 때, 실행 결과로 옳은 것은?

〈R〉 테이블

A	B
1	A
3	B

〈S〉 테이블

A	B
1	A
2	B

```
SELECT A FROM R
UNION ALL
SELECT A FROM S;
```

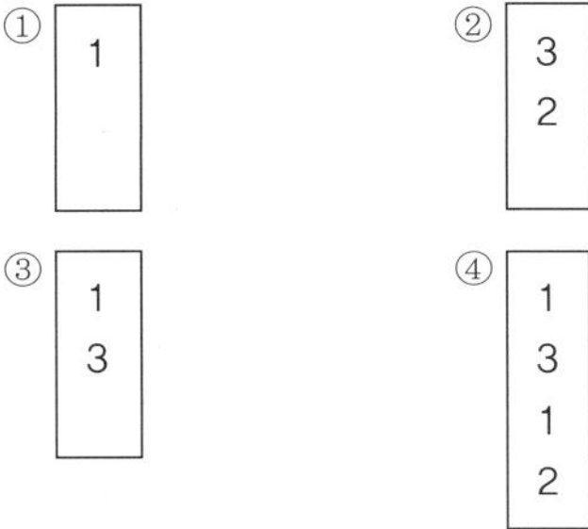

① 1

② 3, 2

③ 1, 3

④ 1, 3, 1, 2

해설 UNION ALL 명령어는 중복된 행을 포함하여 조회하는 명령어로서 R과 S 릴레이션의 A 칼럼 값 1, 3, 1, 2가 조회된다.

출제 예상 문제

02 중복된 행이 제거된 상태에서 여러 SQL문의 결과에 대한 합집합을 결과로 반환하는 집합 연산자는 무엇인가?

① UNION ALL

② UNION

③ INTERSECTION

④ MINUS

해설 중복 제거는 UNION이다. UNION ALL은 중복된 행을 포함시킨 모두를 가져온다.

03 앞의 SQL문의 결과와 뒤의 SQL문의 결과 사이의 차집합 결과를 반환하는 집합 연산자는 무엇인가?

① UNION ALL

② INTERSECTION

③ EXCEPT(MINUS)

④ UNION

해설 EXCEPT(MINUS)가 차집합을 반환한다.

04 다음 중 집합 연산자의 설명으로 옳지 않은 것은?

① EXCEPT : 중복 행은 제거되고 앞의 SQL과 뒤 SQL문 결과 사이의 차집합

② UNION ALL : 중복 행이 포함된 여러 SQL문의 결과에 대한 합집합

③ INTERSECTION : 중복 행이 제거된 여러 SQL문의 결과에 대한 교집합

④ UNION : 중복 행이 제거된 여러 SQL문의 결과에 대한 교집합

해설 UNION은 중복 행이 제거된 여러 SQL문에 대한 합집합이다.

05 다음 집합 연산자 중 교집합을 반환하는 집합 연산자는?

① UNION ALL

② INTERSECTION

③ EXCEPT(MINUS)

④ UNION

해설 교집합은 INTERSECTION이다.
- UNION ALL : 2개 이상의 SQL 결과 집합에서 중복을 포함한 합집합
- EXCEPT(MINUS) : 앞의 SQL문의 결과와 뒤의 SQL문의 결과 사이의 중복을 제거한 차집합
- UNION : 2개 이상의 SQL 결과 집합에서 중복을 제외한 합집합

정답 1: ④ 2: ② 3: ③ 4: ④ 5: ②

SQL 활용

이번 장에서 다룰 내용

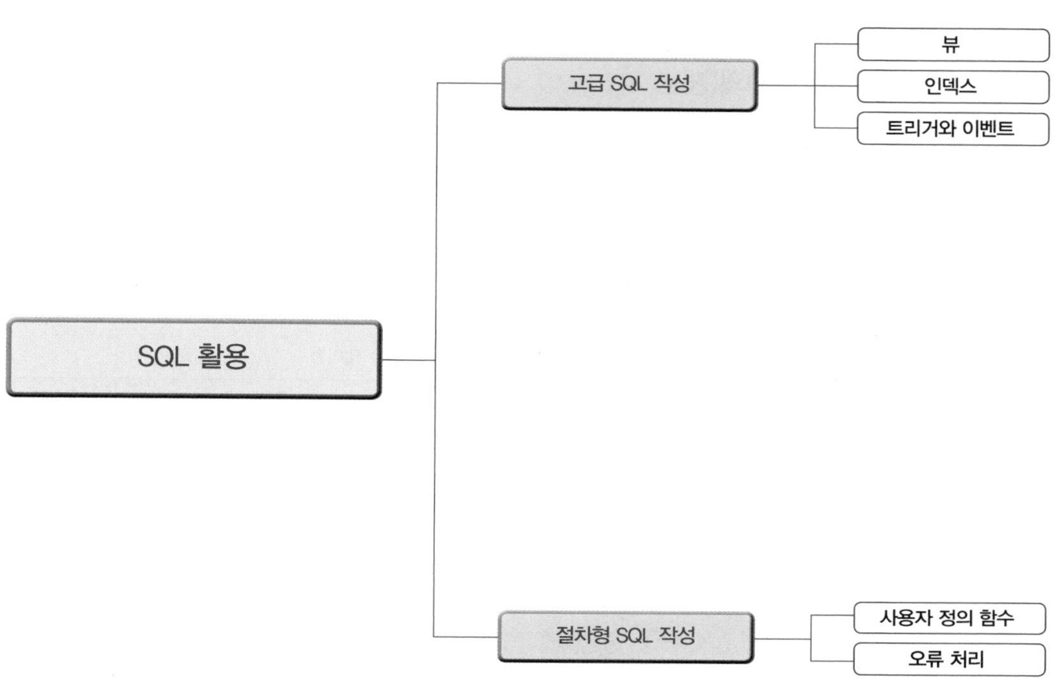

- 테이블을 이용한 뷰를 생성 및 활용할 수 있다.
- 인덱스의 유형 및 사용, 인덱스를 이용한 성능 향상을 할 수 있다.
- 트리거의 개념 및 Before, After 트리거를 생성할 수 있다.
- 트리거 및 프러시저의 절차형 SQL을 작성하고 이에 대한 오류 처리를 할 수 있다.

401 뷰

1 뷰(View)의 개념

- 논리 테이블로서, 사용자가 생성이 아닌 사용하는 관점에서 테이블과 동일하다.
- 실제 데이터를 갖고 있진 않지만 테이블이 수행하는 역할을 수행하기 때문에 '가상 테이블(Virtual Table)'이라고도 불린다.
- 아래 그림에서 〈학생〉 테이블과 〈성적〉 테이블은 물리 테이블을 의미하고, 〈학생 정보〉 뷰는 2개의 테이블을 이용하여 생성한 뷰를 의미한다.

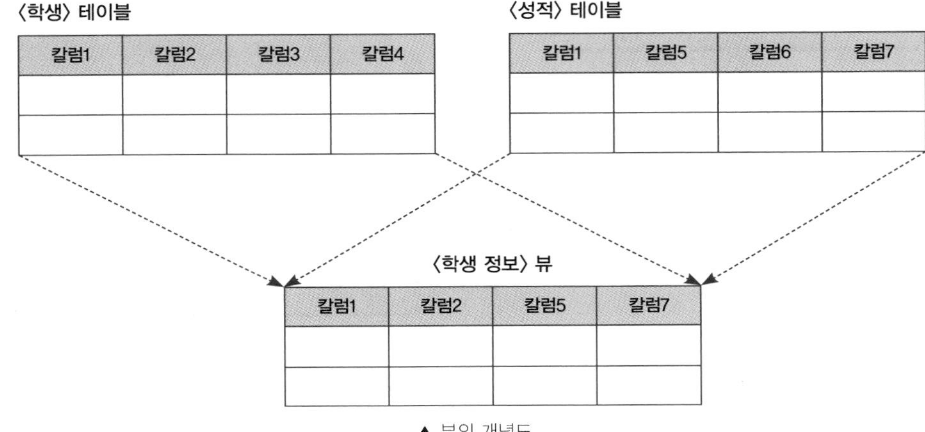

▲ 뷰의 개념도

- 뷰는 〈학생〉 테이블과 같은 하나의 물리 테이블로부터 생성 가능하며, 다수의 테이블 또는 다른 뷰를 이용해 만들 수 있다.
- 개념도와 같은 뷰를 만들기 위해 조인 기능을 활용할 수 있으나, 뷰가 만들어져 있다면 사용자는 조인 없이 하나의 테이블을 대상으로 하는 단순 질의어를 사용할 수 있다.

2 뷰의 특징

- 저장 장치 내 물리적으로 존재하지 않는다.
- 논리적인 독립성을 제공한다.
- 독립적인 인덱스를 가질 수 없다.
- 뷰의 이름이나 쿼리문을 변경할 수 없다.

3 뷰의 사용

■ 뷰의 생성

(1) 기본 문법

문법	CREATE VIEW 〈뷰이름〉(칼럼목록) AS 〈뷰를 통해 보여줄 데이터 조회용 쿼리문〉 [CASCADE] [RISTRICT];

> **멘토 코멘트**
> CASCADE(종속)는 해당 뷰를 참조하는 뷰도 같이 삭제된다. RISTRICT(얽매이다)는 참조하는(얽매인) 뷰가 없을 때만 삭제한다는 것이 중요하다.

(2) 생성 방법

뷰 생성 명령어의 일반 형태로 상황별로 뷰를 생성하는 방법은 다음과 같다.

상황	뷰 생성 쿼리 예제
테이블A 그대로 생성	CREATE VIEW 뷰A AS SELECT * FROM 테이블A;
테이블A 일부 칼럼	CREATE VIEW 뷰X AS SELECT 칼럼1, 칼럼2, 칼럼3 FROM 테이블A;
테이블A와 테이블B 조인 결과	CREATE VIEW 뷰Y AS SELECT * FROM 테이블A a, 테이블B b WHERE a.칼럼1 = b.COL1;

> **멘토 코멘트**
> 뷰에서 사용하는 칼럼의 이름은 별칭(ALIAS)를 통해서 변경해서 사용할 수 있으며, 여러 개 테이블에 동일 이름이 있을 때 반드시 변경해서 사용해야 한다.

- SELECT문에는 UNION*이나 ORDER BY절을 사용할 수 없다.(UNION ALL* 사용 가능)
- SELECT문에서 * 등으로 칼럼명을 정의하지 않으면 조회되는 테이블과 동일한 칼럼명을 갖는다.

★ UNION
중복이 제거된 쿼리 결과 집합

★ UNION ALL
중복이 포함된 쿼리 결과 집합

■ 뷰 삭제 및 변경

(1) 기본 문법

문법	DROP VIEW 〈View_name〉;

(2) 뷰 삭제

- 뷰의 정의 자체를 변경하는 것은 불가능하다.
- 뷰를 정의하면 뷰의 이름과 쿼리문만 물리적 내용으로 존재한다.

→ 이름, 쿼리문 변경 불가

- 뷰의 삭제와 재생성을 통해 뷰에 대한 정의 변경이 가능하다.

(3) 뷰 내용 변경

- 뷰를 통해 접근 가능한 데이터는 변경도 가능하다.
- 모든 경우에 데이터 변경이 가능한 것이 아니라 일부 제약이 존재한다.

→ 뷰의 칼럼 구성 시 기본키(PK; Primary Key) 칼럼을 뷰에 정의하지 않았을 경우 INSERT는 당연히 불가능하다.

4 뷰 사용의 장단점

■ 장점

장점	내용
논리적 독립성 제공	뷰는 논리 테이블로 테이블의 구조가 변경되어도 뷰를 사용하는 응용 프로그램은 변경하지 않아도 된다.
사용자 데이터 관리 용이	복수 테이블에서 존재하는 여러 종류의 데이터에 대해 단순한 질의어 사용이 가능하다.
데이터 보안 용이	중요 보안 데이터가 존재하는 테이블에 접근을 차단하고, 해당 테이블의 비중요 데이터만으로 뷰를 구성해서 접근을 제공한다.

■ 단점

단점	내용
뷰 자체 인덱스 불가	뷰는 논리적인 구성만으로 존재하기 때문에 물리적인 데이터를 대상으로 하는 인덱스를 생성할 수 없다.
뷰 정의 변경 불가	정의를 변경하려면 삭제 후 재생성해야 된다.
데이터 변경 제약 존재	뷰의 내용에 대한 삽입, 삭제, 변경 제약이 있다.

기출 유형 문제

2022.03, 2019.08, 2017.08, 2016.08

01 뷰(View)에 대한 설명으로 옳지 않은 것은?

① 뷰 위에 또 다른 뷰를 정의할 수 있다.

② DBA는 보안 측면에서 뷰를 활용할 수 있다.

③ 뷰의 정의는 ALTER문을 이용하여 변경할 수 없다.

④ SQL을 사용하면 뷰에 대한 삽입, 갱신, 삭제 연산 시 제약사항이 없다.

해설 SQL을 사용하여 뷰에 대한 삽입, 삭제, 갱신 연산 시 테이블과 동일한 제약사항이 있다.

2018.03

02 SQL View(뷰)에 대한 설명으로 틀린 것은?

① 뷰(View)를 제거하고자 할 때는 DROP문을 이용한다.

② 뷰(View)의 정의를 변경하고자 할 때는 ALTER문을 이용한다.

③ 뷰(View)를 생성하고자 할 때는 CREATE문을 이용한다.

④ 뷰(View)의 내용을 검색하고자 할 때는 SELECT문을 이용한다.

해설 ALTER를 제공하는 DBMS도 있지만 기본적으로 뷰는 변경이 불가능하다.

2021.05, 2019.03

03 SQL에서 View를 삭제할 때 사용하는 명령은?

① ERASE

② KILL

③ DROP

④ DELETE

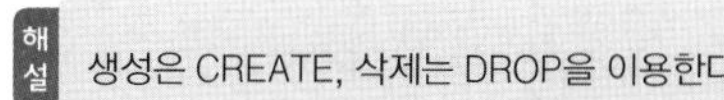
해설 생성은 CREATE, 삭제는 DROP을 이용한다.

2016.05, 2014.05

04 뷰(View)에 대한 설명 중 옳은 내용으로만 나열한 것은?

ⓐ 뷰는 저장 장치 내에 물리적으로 존재한다.
ⓑ 뷰가 정의된 기본 테이블이 삭제되더라도 뷰는 자동적으로 삭제되지 않는다.
ⓒ DBA는 보안 측면에서 뷰를 활용할 수 있다.
ⓓ 뷰로 구성된 내용에 대한 삽입, 삭제, 갱신 연산에는 제약이 따른다.

① ⓐ, ⓑ, ⓒ, ⓓ

② ⓐ, ⓒ, ⓓ

③ ⓑ, ⓓ

④ ⓒ, ⓓ

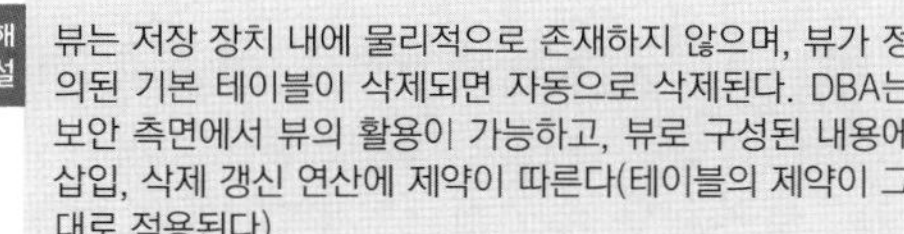
해설 뷰는 저장 장치 내에 물리적으로 존재하지 않으며, 뷰가 정의된 기본 테이블이 삭제되면 자동으로 삭제된다. DBA는 보안 측면에서 뷰의 활용이 가능하고, 뷰로 구성된 내용에 삽입, 삭제 갱신 연산에 제약이 따른다(테이블의 제약이 그대로 적용된다).

정답 1: ④ 2: ② 3: ③ 4: ④

2004.03, 2001.09

05 기본 테이블 R을 이용하여 뷰 V1을 정의하고, 뷰 V1을 이용하여 다시 뷰 V2가 정의되었다. 그리고 기본 테이블 R과 뷰 V2를 조인하여 뷰 V3를 정의하였다. 이때 다음과 같은 SQL문이 실행되면 어떤 결과가 발생하는지 올바르게 설명한 것은?

```
DROP VIEW V1 RESTRICT;
```

① V1만 삭제된다.

② R, V1, V2, V3 모두 삭제된다.

③ V1, V2, V3만 삭제된다.

④ 하나도 삭제되지 않는다.

CASCADE는 참조하는 모든 뷰(객체)를 같이 삭제하고, RISTRICT는 참조하는 뷰가 없을 경우에만 삭제되므로 V1을 참조하는 V2, V3가 있어 삭제되지 않는다.

2018.08

06 뷰(View)에 대한 설명으로 옳지 않은 것은?

① 뷰는 삽입, 삭제, 갱신 연산에 제약사항이 없다.

② 뷰는 데이터 접근 제어로 보안을 제공한다.

③ 뷰는 독자적인 인덱스를 가질 수 없다.

④ 뷰는 데이터의 논리적 독립성을 제공한다.

뷰를 생성할 때 참조한 테이블의 제약사항이 뷰에 그대로 적용된다.

2020.07

07 뷰(View)에 대한 설명으로 옳지 않은 것은?

① 뷰는 CREATE문을 사용하여 정의한다.

② 뷰는 데이터의 논리적 독립성을 제공한다.

③ 뷰를 제거할 때는 DROP문을 사용한다.

④ 뷰는 저장 장치 내에 물리적으로 존재한다.

뷰는 저장 장치 내 물리적으로 존재하지 않는다.

2020.08

08 뷰(View)의 장점이 아닌 것은?

① 뷰 자체로 인덱스를 가짐

② 데이터 보안이 용이

③ 논리적 독립성 제공

④ 사용자 데이터 관리 용이

뷰는 물리적으로 저장되지 않으며 인덱스를 가질 수도 없다.

5: ④ 6: ① 7: ④ 8: ① 정답

2020.09

09 뷰(View)에 대한 설명으로 틀린 것은?

① 뷰 위에 또 다른 뷰를 정의할 수 있다.

② 뷰에 대한 조작에서 삽입, 갱신, 삭제 연산은 제약이 따른다.

③ 뷰의 정의는 기본 테이블과 같이 ALTER문을 이용하여 변경한다.

④ 뷰가 정의된 기본 테이블이 제거되면 뷰도 자동적으로 제거된다.

해설 뷰의 정의는 변경할 수 없으며 DROP문을 이용하여 삭제한 후 재생성해야 된다. 일부 DBMS에서 ALTER를 이용해 수정이 가능한 것처럼 보이지만 내부적으로 삭제한 후 재생성한다.

2021.03

10 뷰(View)에 대한 설명으로 옳지 않은 것은?

① DBA는 보안 측면에서 뷰를 활용할 수 있다.

② 뷰 위에 또 다른 뷰를 정의할 수 있다.

③ 뷰에 대한 삽입, 갱신, 삭제 연산 시 제약사항이 따르지 않는다.

④ 독립적인 인덱스를 가질 수 없다.

해설 SQL을 사용하여 뷰에 대한 삽입, 삭제, 갱신 연산 시 테이블과 동일한 제약을 받는다.

2022.03

11 테이블 2개를 조인하여 뷰 V1을 정의하고, 뷰 V1을 이용하여 뷰 V2를 정의하였다. 다음 명령을 수행한 결과로 옳은 것은?

```
DROP VIEW V1 CASCADE;
```

① V1만 삭제된다.

② V2만 삭제된다.

③ V1과 V2 모두 삭제된다.

④ V1과 V2 모두 삭제되지 않는다.

해설 CASCADE는 연관된 모든 뷰도 같이 삭제하는 옵션이다. 즉, V1을 삭제하면 V1을 이용해 정의한 V2도 같이 삭제되어 결과적으로 V1과 V2 모두 삭제된다.

2022.04

12 데이터베이스에서의 뷰(View)에 대한 설명으로 틀린 것은?

① 뷰는 다른 뷰를 기반으로 새로운 뷰를 만들 수 있다.

② 뷰는 일종의 가상 테이블이며, 업데이트 시 제약이 따른다.

③ 뷰는 기본 테이블을 만드는 것처럼 CREATE VIEW를 사용하여 만들 수 있다.

④ 뷰는 논리적으로 존재하는 기본 테이블과 다르게 물리적으로만 존재하며 카탈로그에 저장된다.

해설 기본 테이블이 물리적으로 존재하고 뷰는 기본 테이블이나 또 다른 뷰를 이용해 카탈로그에 저장되며 논리적으로만 존재한다.

정답 9: ③ 10: ③ 11: ③ 12: ④

출제 예상 문제

13 다음 중 뷰에 대한 단점으로 적절하지 않은 것은?

① 중요 데이터의 접근을 뷰를 통해 불허할 수 있다.
② 뷰는 자체 인덱스를 생성할 수 없다.
③ 정의한 뷰를 변경할 수 없다.
④ 뷰의 내용에 대한 삽입, 삭제 변경에 제약이 있다.

해설 뷰를 통해 중요한 데이터의 접근을 불허해 보안을 향상시키는 장점이 있다.

14 뷰를 사용할 경우의 장점에 해당하지 않는 것은?

① 논리적인 독립성을 제공하여 테이블 구조 시에도 프로그램을 변경하지 않아도 된다.
② 뷰 자체의 인덱스를 통한 성능 향상이 가능하다.
③ 중요한 데이터의 경우 칼럼을 조회하지 않아 데이터 보안에 용이하다.
④ 복수 테이블에서 존재하는 여러 종류의 데이터에 대해 단순한 질의어가 사용 가능하다.

해설 뷰는 자체 인덱스를 생성할 수 없다.

15 다음 중 뷰의 생성과 삭제 및 변경에 대한 설명으로 올바르지 않은 것은?

① 생성 구문은 CREATE VIEW 〈뷰 이름〉 AS SELECT * FROM 〈TABLE〉로 구성할 수 있다.
② 삭제 구문은 DROP VIEW 〈뷰 이름〉이다.
③ 뷰 생성 시 UNION이나 ORDER BY절을 사용할 수 있다.
④ 뷰의 칼럼 이름은 원본 테이블의 칼럼과 동일한 이름만 가질 수 있다.

해설 별칭(ALIAS)를 통해 원본 테이블과 다른 칼럼 이름을 지정할 수 있다.

13: ① 14: ② 15: ④ 정답

402 인덱스

1 인덱스(Index)의 개념

- 데이터를 빠르게 찾을 수 있는 수단으로서, 테이블에 대한 조회 속도를 높여주는 자료 구조다.
- 인덱스는 아래 그림과 같이 테이블의 특정 레코드 위치를 알려주는 용도로 사용된다.

〈User_Table〉

이름	Addr
김영란	2
이영란	1
최영란	3
박영란	5

〈Table_addr_info〉

Addr	출생지
1	경기도 성남시
2	황해도 해주시
3	중국 연변 연정시
5	서울 중구 인현동

▲ 인덱스의 개념도

> **알아두기**
> 인덱스는 자동으로 생성되지 않으나 기본키 칼럼은 기본키 생성 시 자동으로 인덱스가 생성된다.

- 위의 인덱스의 개념도에서 〈Table_addr_info〉 테이블에 인덱스를 생성할 때 Addr을 PK(기본키, Primary Key)로 하는 경우 'Addr' 칼럼은 인덱스가 자동으로 생성되나 '출생지'와 같은 칼럼은 인덱스가 자동으로 생성되지 않는다.

| 사례 |

```
SELECT * FROM Table_addr_info WHERE 이름 = '영란';
```

- 조건문 WHERE절에 '이름'을 비교하고 있다. 이때, 이름 칼럼에 인덱스가 없는 경우, 테이블 전체 내용을 검색(Table Full Scan)하게 된다.
- 반면, 인덱스가 생성되어 있다면 테이블의 일부분만 검색(Range Scan)하여 조회 속도를 빠르게 할 수 있다. 조건절에 '='로 비교되는 칼럼을 대상으로 인덱스를 생성하면 검색 속도를 높일 수 있다.

2 인덱스의 분류

분류	설명
단일 인덱스 (Singled Index)	- 하나의 칼럼만 인덱스 지정 - 주로 사용하는 칼럼이 한 개일 경우 이용
순서 인덱스 (Ordered Index)	- 데이터가 정렬되어 생성되는 인덱스 - B-Tree 알고리즘을 이용(오름차순/내림차순 지정 가능)

해시 인덱스 (Hash Index)	- 해시 함수에 의하여 직접 데이터키값으로 접근 - 데이터 접근 비용이 균일하고 튜플(Row)양에 무관한 탐색 가능
결합 인덱스 (Composite Index)	- 2개 이상의 칼럼으로 구성한 인덱스 - WHERE 조건으로 사용하는 빈도가 높은 경우 사용
함수 기반 인덱스 (Functional Index)	수식, 함수 등을 이용해 만든 인덱스 함수 기반으로 사전에 인덱스 설정 예 Create Index IDX_EMP01 ON EMP01(SAL*12);
비트맵 인덱스 (Bitmap Index)	- 특정 칼럼의 비트 열을 인덱스로 활용 예 성별 - 수정 변경이 적은 경우 유용
클러스터드 인덱스 (Clustered Index)	데이터 레코드 물리적 순서와 파일 인덱스 순서가 동일

3 인덱스의 사용

■ 인덱스 생성

- DBMS는 인덱스를 사용하여 빠른 검색을 수행한다. 이를 위해 사용자는 DBMS가 인덱스를 잘 사용할 수 있게 준비할 필요가 있다.
- 데이터베이스 사용자는 '생성, 삭제, 변경'의 조작을 통해 준비할 수 있으며 인덱스 조작 명령어는 각 DBMS 벤더사마다 사용 방법이 조금씩 다르다.
- 인덱스를 생성하는 명령문 형식은 다음과 같다.

문법	**CREATE** [UNIQUE] **INDEX** 〈index_name〉 **ON** 〈table_name〉 (〈column(s)〉);

- [UNIQUE*] : 인덱스 대상 칼럼에 중복 값은 입력 불가능(생략 가능, 생략하면 중복 가능)
- 〈index_name〉 : 인덱스의 이름 표기
- 〈table_name〉 : 인덱스 대상 테이블
- 〈column(s)〉 : 인덱스 대상 테이블의 특정 칼럼 이름(들)

★ UNIQUE
Create table에서 사용하는 UNIQUE 조건과 동일하다. Columns는 여러 개의 복수 칼럼 지정이 가능하다.

■ 인덱스 삭제

- 인덱스를 테이블의 종속 구조로 인식해 인덱스를 삭제하기 위해 테이블을 변경하는 명령어를 많이 사용한다. 즉, ALTER TABLE에 DROP INDEX 명령을 추가해 사용한다.
- 인덱스를 삭제하는 명령문 형식은 다음과 같다.

문법	**DROP INDEX** 〈index_name〉;

■ 인덱스 변경

- 한 번 생성한 인덱스를 변경하는 경우는 드물며, 인덱스 관련 SQL문은 표준화되어 있지 않아 DBMS 벤더별로 다르다. 일부 벤더는 변경 SQL문을 제공하지 않으며, 삭제하고 신규 인덱스를 생성해야 할 수도 있다.
- 인덱스에 대한 정의를 변경하는 명령문 형식은 다음과 같다.

문법	**ALTER** [UNIQUE] **INDEX** 〈index_name〉 **ON** 〈table_name〉 (〈column(s)〉);

알아두기

Indexed Sequential File

키값을 인덱스를 이용하여 정렬하고 순차적인 접근을 제공하는 방식이다.
- 기본 영역(Prime Area) : 데이터 영역
- 색인 영역(Index Area) : 색인이 기록되는 영역
- 오버플로 영역(Overflow Area) : 예비로 확보해둔 영역

4 인덱스 스캔 방식

방식	개념도	설명
Index Full Scan		수직적 탐색 없이 인덱스 리프 블록*을 처음부터 끝까지 수평적으로 탐색
Index Unique Scan		- 수직적 탐색으로만 데이터를 스캔 - 작동 시점 : Unique 인덱스를 통해 '=' 조건으로 탐색 시
Index Skip Scan		조건절에 빠진 인덱스 선두 칼럼의 Distance Value 개수가 적고 후행 칼럼의 Distinct Value가 많을 때 유용
Index Fast Full Scan	extent1 extent2	- 인덱스 트리 구조를 무시하고 인덱스 세그먼트 전체를 멀티 블록(Multi Block) 방식*으로 스캔 - Index Full Scan보다 빠름
Index Range Scan Descending		Index Range Scan과 동일한 스캔 방식이나 내림차순으로 정렬된 결과 집합을 얻는다는 점이 다름

★ 리프 블록 (Leaf Block)

인덱스를 구성하는 칼럼의 데이터, 데이터 행의 위치 정보인 RID(Record Identifier/Rowid)로 구성되어 있다.

★ 브랜치 블록 (Branch Block)

B-Tree Index에서 분기를 위할 목적으로 다음 단계를 가르키는 포인터 정보이다.

★ 멀티 블록 방식

디스크로부터 대량의 인덱스 블록을 읽어야 하는 상황에서 큰 효과가 있다.

멘토 코멘트

Index Range Scan

인덱스의 일부분만 범위 스캔해서 데이터를 액세스하는 방법이다.

기출 유형 문제

2017.09

01 색인 순차 파일에 대한 설명으로 옳지 않은 것은?

① 레코드를 참조할 때 색인을 탐색한 후 색인이 가리키는 포인터를 사용하여 직접 참조할 수 있다.

② 레코드를 추가 및 삽입하는 경우, 파일 전체를 복사할 필요가 없다.

③ 인덱스를 저장하기 위한 공간과 오버플로 처리를 위한 별도의 공간이 필요 없다.

④ 색인 구역은 트랙 색인 구역, 실린더 색인 구역, 마스터 색인 구역으로 구성된다.

해설 인덱스는 별도의 인덱스 데이터를 저장하기 위한 공간과 색인이 기록되는 영역, 오버플로(페이지 분할) 처리를 위한 공간이 필요하다.

2008.09

02 색인 순차 파일(Indexed Sequential File)에 대한 설명으로 옳지 않은 것은?

① 색인 영역은 트랙 색인 영역, 실린더 색인 영역, 오버플로 색인 영역으로 구분할 수 있다.

② 랜덤(Random) 및 순차(Sequence) 처리가 모두 가능하다.

③ 레코드의 삽입과 삭제가 용이하다.

④ 색인 및 오버플로를 위한 공간이 필요하다.

해설 색인 영역은 트랙 색인 영역, 실린더 색인 영역, 마스터 색인 영역으로 구성된다.

2018.04

03 What are general configuration of indexed sequential file?

① Index area, Mark area, Overflow area

② Index area, Prime area, Overflow area

③ Index area, Mark area, Excess area

④ Index area, Prime area, Mark area

해설 '색인화된 순차 파일의 일반적인 구성은 무엇'인지 묻는 질문이다. 색인 순차 파일은 색인(Index) 영역, 기본(Prime) 영역, 오버플로(Overflow) 영역 등으로 구성된다.

2021.03

04 데이터베이스 성능에 많은 영향을 주는 DBMS의 구성 요소로 테이블과 클러스터에 연관되어 독립적인 저장 공간을 보유하며, 데이터베이스에 저장된 자료를 더욱 빠르게 조회하기 위하여 사용되는 것은?

① 인덱스(Index)

② 트랜잭션(Transaction)

③ 역정규화(Denormalization)

④ 트리거(Trigger)

해설 인덱스는 데이터베이스에서 저장된 자료를 빠르게 조회하기 위해 사용되며, 데이터베이스 성능에 많은 영향을 주고 독립적인 저장 공간을 보유한다.

1: ③ 2: ① 3: ② 4: ① 정답

2021.08

05 데이터베이스에서 인덱스(Index)와 관련한 설명으로 틀린 것은?

① 인덱스의 기본 목적은 검색 성능을 최적화하는 것으로 볼 수 있다.

② B-트리 인덱스는 분기를 목적으로 하는 Branch Block을 가지고 있다.

③ BETWEEN 등 범위(Range) 검색에 활용될 수 있다.

④ 시스템이 자동으로 생성하여 사용자가 변경할 수 없다.

해설 데이터베이스의 인덱스는 기본키(PK)를 직접 생성하기도 하지만 인덱스를 생성하거나 수정, 통계 정보 업데이트 등은 사용자가 직접 변경해야 한다.

2022.04

06 데이터베이스의 인덱스와 관련한 설명으로 틀린 것은?

① 문헌의 색인, 사전과 같이 데이터를 쉽고 빠르게 찾을 수 있도록 만든 데이터 구조이다.

② 테이블에 붙여진 색인으로 데이터 검색 시 처리 속도 향상에 도움이 된다.

③ 인덱스의 추가, 삭제 명령어는 각각 ADD, DELETE이다.

④ 대부분의 데이터베이스에서 테이블을 삭제하면 인덱스도 같이 삭제된다.

해설 인덱스 추가는 'CREATE INDEX [인덱스이름] ON ~'이고 삭제 명령어는 'DROP INDEX [인덱스이름]'이다.

출제 예상 문제

07 다음 중 인덱스에 대한 설명으로 옳지 않은 것은?

① 한 번 생성한 인덱스는 삭제할 수 없다.

② 테이블에 기본키를 생성하면 인덱스는 자동으로 생성된다.

③ 인덱스는 기본키를 제외하고 자동으로 생성되지 않는다.

④ 인덱스의 성능 향상을 위해 주기적으로 통계 정보를 업데이트한다.

해설 인덱스는 여러 가지 상황을 고려하여 추가, 삭제, 수정이 가능하다.

08 다음 중 인덱스에 대한 설명으로 옳지 않은 것은?

① 데이터베이스는 인덱스를 이용해 빠른 검색을 할 수 있다.

② 대용량의 데이터가 입력 시 인덱스가 미리 생성되어 있어도 별 차이가 발생하지 않는다.

③ 인덱스를 조작하는 명령어는 데이터베이스 시스템에 따라서 조금씩 차이가 있다.

④ Alter Table에 Drop Index를 이용해 인덱스를 삭제한다.

해설 대용량 데이터가 입력될 때 인덱스가 미리 생성되어 있으면 입력마다 인덱스를 생성해야 하기 때문에 입력 속도가 느려진다.

정답 5: ④ 6: ③ 7: ① 8: ②

09 다음 중 인덱스의 종류에 대한 설명으로 옳지 않은 것은?

① 순서 인덱스 : 2개 이상의 칼럼으로 구성한 인덱스
② 단일 인덱스 : 하나의 칼럼으로 인덱스를 지정한 인덱스
③ 해시 인덱스 : 해시 함수에 의해 직접 데이터키 값으로 접근하는 인덱스
④ 비트맵 인덱스 : 특정 칼럼이 비트 열을 인덱스로 이용하는 인덱스

해설 순서 인덱스는 데이터가 정렬되어 생성되는 인덱스이다.

10 다음 중 인덱스 스캔 방식에 대한 설명으로 옳지 않은 것은?

① Index Full Scan : 수직적 탐색 없이 인덱스 리프 블록을 처음부터 끝까지 탐색하는 방법
② Index Skip Scan : 조건에 빠진 인덱스 선두 칼럼의 Distance Value 개수가 적고 후행 칼럼의 Distance Value가 많을 때 유용한 스캔 방식
③ Index Unique Scan : 수직적인 탐색만으로 데이터를 스캔하는 방식
④ Index Range Scan Descending : Index Range Scan과 동일하고 오름차순으로 결과 집합이 반환됨

해설 Index Range Scan Descending은 이름에서 알 수 있듯이 내림차순으로 결과 집합이 반환된다.

11 인덱스는 데이터를 빠르게 찾을 수 있는 수단으로 테이블의 조회 속도를 높여주는 자료 구조이다. 아래 인덱스 생성 구문에 대한 설명으로 옳지 않은 것은?

```
CREATE [UNIQUE] INDEX 〈Index_name〉 ON
〈Table_name〉 (〈Column(s)〉);
```

① UNIQUE : 인덱스 대상 칼럼에 중복 값은 입력 불가능하다.
② Index_name : 인덱스 이름을 명시한다.
③ Table_name : 인덱스가 생성되는 대상 테이블이다.
④ (〈Column(s)〉) : 인덱스를 생성하는 칼럼으로 여러 테이블의 칼럼을 명시할 수 있다.

해설 인덱스를 생성하는 칼럼은 여러 개를 명시할 수 있으나 ON 뒤에 오는 테이블에 존재하는 칼럼만 가능하다.

9: ① 10: ④ 11: ④ 정답

403 트리거와 이벤트

1 트리거(Trigger)의 개념

특정 테이블에 삽입, 수정, 삭제 등의 데이터 변경 이벤트 발생 시 DBMS에서 자동적으로 실행되도록 구현된 프로그램이다.

■ 트리거의 목적

- 특정 테이블에 대한 데이터 변경을 시작점으로 설정하고 그와 관련된 작업을 자동으로 수행하기 위해 트리거를 이용한다.
- 일반적으로 이벤트와 관련된 테이블에 데이터 삽입, 추가, 삭제 작업을 DBMS가 자동으로 실행시키는 데 활용된다.
- 데이터 무결성 유지 및 로그 메시지 출력 등의 별도 처리용으로도 사용한다.

■ 트리거의 구성

- 트리거가 실행될 조건이 되는 문장이나 이벤트
- 실행 조건의 제약
- 실행될 내용

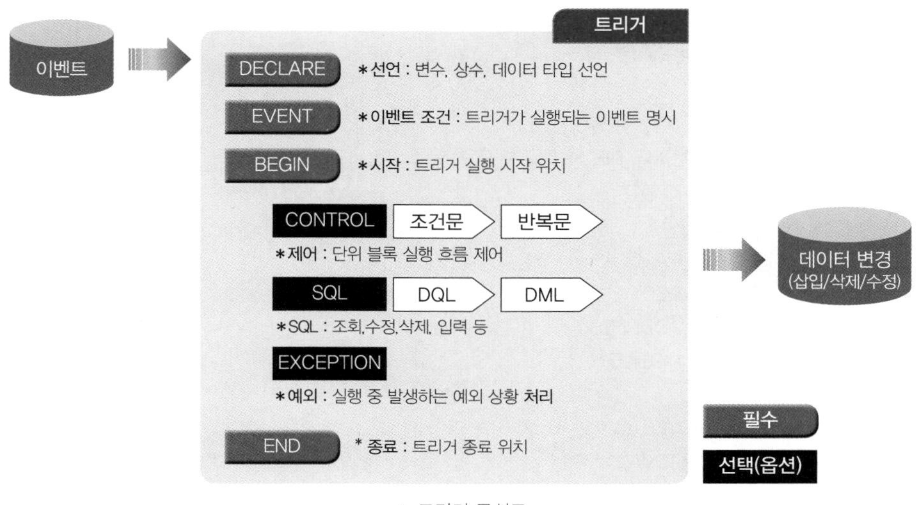

▲ 트리거 구성도

■ 트리거의 문법

- 대상 테이블(TABLE_NAME)에 일어난 이벤트 유형(TRANSACTION TYPE, INSERT / UPDATE / DELETE) 및 이벤트 순서(BEFORE / AFTER)에 맞게 트리거 수행을 위한 조건을 입력한다. 매번 변경되는 데이터 행의 수만큼 실행을 위한 명령어(FOR EACH ROW)를 정의하기도 한다.
- 트리거에는 레코드 구조체라는 개념이 존재하는데, 대상 테이블의 데이터 변경을 이벤트로 처리하기 때문에 변경 전후의 데이터값을 각각 구분할 때 사용한다.
- 트리거 문법은 다음과 같다.

> **알아두기**
>
> **트리거 주의 사항**
> - 데이터 제어어(DCL) 사용 불가
> - 오류에 특히 주의
> - Commit, Rollback을 사용할 수 없음

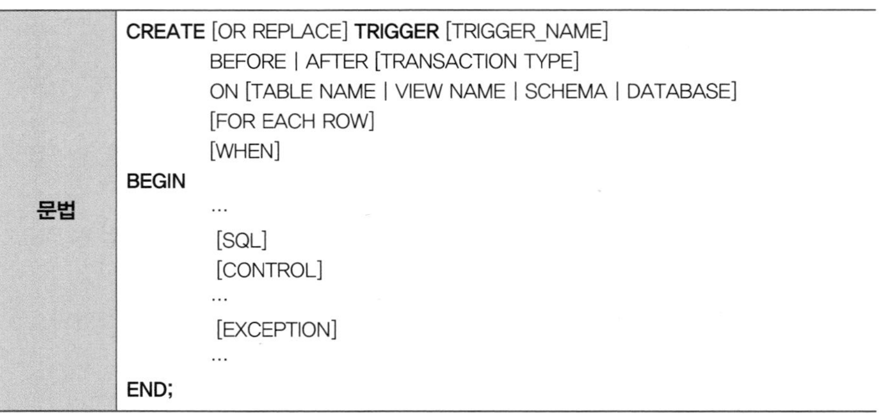

문법	**CREATE** [OR REPLACE] **TRIGGER** [TRIGGER_NAME]
	BEFORE | AFTER [TRANSACTION TYPE]
	ON [TABLE NAME | VIEW NAME | SCHEMA | DATABASE]
	[FOR EACH ROW]
	[WHEN]
	BEGIN
	…
	[SQL]
	[CONTROL]
	…
	[EXCEPTION]
	…
	END;

| 트리거 작성 사례 |

```
CREATE OR REPLACE TRIGGER PUT_EMP_INFO_HIS  -- 직원 수정 이력 입력
        AFTER UPDATE            -- 수정 후
        ON EMP_INFO_T           -- 트리거 이벤트 대상 테이블
        FOR EACH ROW            -- ROW 단위 건별

BEGIN
        INSERT INTO EMP_INFO_H  -- 직원 정보 이력 테이블
        (EMPLOYEE_ID
        ,SEQ_VAL
        ,EMPLOYEE_NAME
        ,EMPLOYEE_DEPT
        ,EMPLOYEE_ADDRESS
        ,EMPLOYEE_MOBILE
        )
        (:OLD.EMPLOYEE_ID
        ,SEQ_AL.NEXT_VAL
        ,:NEW.EMPLOYEE_NAME
        ,:NEW.EMPLOYEE_DEPT
        ,:NEW.EMPLOYEE_ADDRESS
        ,:NEW_EMPLOYEE_MOBILE
        );
END;
```

- 직원 정보(EMP_INFO_T) 테이블 수정 후 (AFTER UPDATE) 실행
- 직원 정보 이력(EMP_INFO_H) 테이블에 데이터를 삽입(INSERT)
- 기존 직원 ID(:OLD.EMPLOYEE_ID) 기준이며, 기타 직원 정보는 변경된 정보(:NEW.*)를 삽입

2 이벤트(Event)의 개념

- 특정한 상황이나 시간에 프러시저, 트리거, 함수 등을 실행시키는 행위이다.
- 이벤트는 반환이 없고 DML을 주된 목적으로 한다는 점에서 프러시저와 유사하나, EVENT 명령어를 통해 트리거 실행을 위한 이벤트를 인지한다.

■ 이벤트의 목적

특정 테이블에 대한 데이터 변경을 시작점으로 설정하고 그와 관련된 작업을 자동으로 수행하기 위해 트리거를 이용한다. 일반적으로 이벤트와 관련된 테이블에 데이터 삽입, 추가, 삭제 작업을 DBMS가 자동으로 실행시키는데 활용되나, 데이터 무결성 유지 및 로그 메시지 출력 등의 별도 처리용으로도 사용된다.

■ 이벤트의 구성

- 이벤트가 실행될 조건이 되는 문장이나 이벤트
- 실행 조건의 제약
- 실행될 내용

기출 유형 문제

2012.08, 2010.09

01 트랜잭션을 취소하는 이외의 조치를 명세할 필요가 있는 경우 메시지를 보내 어떤 값을 자동적으로 갱신하도록 프러시저를 기동시키는 방법은?

① 트리거(Trigger)

② 무결성(Integrity)

③ 잠금(Lock)

④ 복귀(Rollback)

해설
- 무결성(Integrity) : 절차/선언적 방법, 동시성 제어, 회복 기법을 이용하여 데이터의 원자성, 일관성, 고립성, 영속성을 보장하기 위해 무효 갱신으로부터 데이터를 보호하는 성질
- 잠금(Lock) : 같은 자원을 동시에 액세스하는 다중 트랜잭션 환경에서 데이터베이스의 일관성과 무결성을 유지하기 위한 순차적 진행을 보장할 수 있는 직렬화(Serialization) 메커니즘
- 복귀(Rollback) : 해당 트랜잭션을 중지, 폐기하고 데이터베이스 내용을 되돌림

2020.06

02 데이터베이스 시스템에서 삽입, 갱신, 삭제 등의 이벤트가 발생할 때마다 관련 작업이 자동으로 수행되는 절차형 SQL은?

① 트리거(Trigger)

② 무결성(Integrity)

③ 잠금(Lock)

④ 복귀(Rollback)

해설 자동으로 수행되는 것은 트리거('방아쇠'라는 뜻)이다.

출제 예상 문제

03 다음 중 트리거의 구성으로 해당하지 않는 것은?

① 트리거가 실행될 조건 문장이나 이벤트

② 트리거 조회 조건

③ 실행 조건의 제약

④ 실행될 내용

해설 트리거는 실행될 조건이 되는 문장이나 이벤트, 실행 조건의 제약, 실행될 내용으로 구성된다.

04 트리거를 사용하는 목적으로 옳지 않은 것은?

① 특정 테이블의 데이터 변경에 대한 시작점을 설정할 수 있다.

② 데이터 무결성 유지 및 로그 메시지의 용도로도 사용할 수 있다.

③ 이벤트와 관련된 테이블에 데이터 삽입, 추가, 삭제 작업을 자동으로 실행시키는 데 이용된다.

④ 트리거가 반환되는 값을 확인하는 데 사용할 수 있다.

해설 트리거가 반환되는 값의 확인은 프러시저의 output 변수를 이용할 수 있다.

1: ① 2: ① 3: ② 4: ④ 정답

05 트리거 작성 시의 주의 사항에 해당하지 않는 것은?

① 데이터 제어어(DCL; Data Control Language)는 사용 불가능하다.

② 트리거 내 스크립트에 Commit이나 Rollback을 사용할 수 있다.

③ 트리거에 오류가 발생 시 이후의 작업은 수행되지 않는다.

④ 트리거 이용 시 더 높은 무결성과 품질을 요구한다고 볼 수 있다.

해설 트리거 스크립트 구성 시 Commit, Rollback은 사용할 수 없다.

06 다음 중 이벤트에 대한 내용으로 올바르지 않은 것은?

① 이벤트가 수행되면 리턴값을 받을 수 있다.

② DML을 주된 목적으로 하여 프러시저와 유사하다.

③ 이벤트 명령어를 통해 트리거 실행을 위한 이벤트를 인지한다.

④ 특정한 상황이나 시간에 프러시저, 트리거, 함수 등을 실행시킨다.

해설 이벤트는 프러시저와 다르게 리턴값이 없다.

07 이벤트는 특정한 상황이나 시간에 프러시저, 트리거, 함수 등을 실행시키는 행위이다. 다음 중 이벤트의 구성 요소가 아닌 것은 무엇인가?

① 이벤트가 실행될 조건이 되는 문장이나 이벤트

② 실행 조건의 제약

③ 실행될 내용

④ 반환될 값

해설 이벤트에서는 프러시저나 사용자 정의 함수와 다르게 반환될 값(=리턴값)이 없다.

정답 5: ② 6: ① 7: ④

404 사용자 정의 함수

1 사용자 정의 함수(UDF; User Define Function)의 개념

- 절차형 SQL을 활용하여 일련의 연산 처리 결과를 단일값으로 반환할 수 있는 절차형 SQL이다.
- DBMS에서 제공되는 공통적 함수 이외에 사용자가 직접 정의하고 작성한다.
- 사용자 정의 함수의 호출을 통해 실행되며, 반환되는 단일값을 조회 또는 삽입 수정 작업에 일반적으로 사용된다.

2 사용자 정의 함수의 구성

멘토 코멘트

사용자 정의 함수는 선언/시작/끝 사이 종료가 필수이다.

기본적인 개념 및 사용법, 문법 등은 프러시저와 동일하지만, 단일값을 반환한다는 것이 다르다.

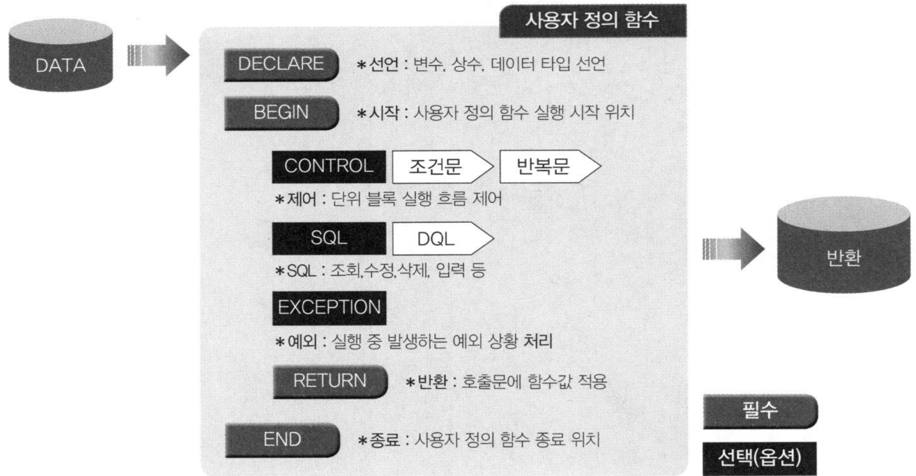

▲ 사용자 정의 함수 구성도

3 사용자 정의 함수의 사용

사용자 정의 함수는 외부에서 호출을 통해 실행되며 실무에서 단순한 결과값을 구하는 것이 보통이나 타 시스템에 정보 제공 시 은닉을 위한 캡슐화를 제공하는 용도로도 많이 사용된다.

■ 사용자 정의 함수 문법

문법	

문법	**CREATE** [OR REPLACE] **FUNCTION** [FUNCTION_NAME]
	(PARAMETER_1 [MODE] DATA_TYPE,
	PARAMETER_2 [MODE] DATA_TYPE,
	…)
	IS [AS]
	BEGIN
	[SQL STRUCTURE]
	…
	[EXCEPTION]
	RETURN [VALUE]
	END;

- CREATE 명령어로 DBMS 내에 사용자가 정의 함수 생성이 가능
- OR REPLACE 명령을 통해 기존 사용자 정의 함수 존재 시에 현재 컴파일된 내용으로 오버라이트(덮어쓰기) 할 수 있음
- RETURN 명령을 통해서 사용자 정의 함수를 호출할 쿼리에 반환하는 단일값을 정의함

| 사용자 정의 함수 예제 |

다음은 출생 연도를 입력받아 나이를 출력하는 예시이다.

```
CREATE OR REPLACE FUNCTION UF_GET_AGE (BIRTH_YEAR IN CHAR(4))
IS
BEGIN
        CURRENT_YEAR CHAR(4), INT_AGE INT;
        SELECT TO_CHAR(SYSDATE,'YYYY') INTO CURRENT_YEAR FROM DUAL;

        SET INT_AGE TO_NUMBER(V_CURRENT_YEAR) - TO_NUMBER(BIRTH_YEAR);
        RETURN INT_AGE;
END;
```

- UF_GET_AGE라는 이름을 갖는 함수
- BIRTH_YEAR는 입력받는 출생 연도
- CURRENT_YEAR라는 현재 연도 변수
- SYSDATE(현재 일자) 중 'YYYY' 연도 정보를 가져옴
- INT_AGE에 현재 연도와 출생 연도의 차이를 SET 후 RETURN

■ 사용자 정의 함수 호출 쿼리 작성 문법

DQL이나 DML 문장을 활용해서 사용자 정의 함수를 호출한다.

> **알아두기**
> DQL
> (Data Query Language)
> SELECT를 DML에서 별도로 DQL이라고도 한다.

(1) 직접 사용자 정의 함수를 이용하여 조회 쿼리에 사용

문법	**SELECT** [USER_FUNCTION_NAME] (PARAMETER1, PARAMETER2..) **FROM** DUAL;

| 사례 |

1988년생의 나이를 구한다.

```
SELECT UF_GET_AGE('1988') FROM DUAL;
```

(2) 사용자 정의 함수 결과값을 데이터 조작어에 직접 적용

문법	**UPDATE** [TABLE_NAME] **SET** [COLUMN_NAME] = [USER_FUNCTION_NAME](PARAMETER1, PARAMETER2..) **WHERE** …

| 사례 |

직원 정보 테이블(EMPLOYEE_INFO_T)을 직원 아이디(EMPLOYEE_ID)를 이용하여 연령 정보를 수정한다.

```
UPDATE EMPLOYEE_INFO_T
    SET AGE = UF_GET_AGE(TO_CHAR(BIRTH_DATE,'YYYY')
WHERE EMPLOYEE_ID = '2017001';
```

출제 예상 문제

01 다음 중 사용자 정의 함수의 필수 요소가 아닌 것은?

① DECLARE

② RETURN

③ BEGIN - END

④ EXCEPTION

해설 EXCEPTION은 필수가 아니고 선택(옵션)이다.

02 다음 중 사용자 정의 함수의 요소에 대한 설명으로 옳지 않은 것은?

① DECLARE : 선언으로 변수 및 상수, 타입에 대한 선언이 이루어진다.

② BEGIN : 함수가 실행되는 시작 위치이다.

③ CONTROL : 단위 블록별 실행 흐름을 제어하며 사용자 정의 함수의 필수 요건이다.

④ RETURN : 호출 문에 함수값을 적용하여 반환한다.

해설 CONTROL 영역은 필수가 아닌 선택 요건이다.

03 다음 중 사용자 정의 함수에 대한 설명으로 옳지 않은 것은?

① CREATE 명령어로 DBMS 내에 사용자가 생성할 수 있다.

② 사용자 정의 함수는 한 번 생성하면 변경이 불가능하다.

③ RETURN 명령어를 통해서 사용자 정의 함수를 호출 시 반환하는 단일값을 정의한다.

④ 기본 문법은 프러시저와 동일하다.

해설 사용자 정의 함수는 생성 후 수정이 가능하다.

04 아래는 사용자 정의 함수로 출생 연도를 입력받아 나이를 출력하는 예제이다. 옳지 않은 설명을 고르시오.

```
CREATE OR REPLACE FUNCTION UF_GET_AGE
        (BIRTH_YEAR IN CHAR(4))
IS
BEGIN
    CURRENT_YEAR CHAR(4), INT_AGE INT;
    SELECT TO_CHAR(SYSDATE,'YYYY') INTO
        CURRENT_YEAR FROM DUAL;

    SET INT_AGE TO_NUMBER(V_CURRENT_YEAR)
        - TO_NUMBER(BIRTH_YEAR);
    RETURN INT_AGE;
END;
```

① 사용자 정의 함수의 이름은 BIRTH_YEAR이다.

② 사용자 정의 함수를 사용한 예제는 SELECT UF_GET_AGE(2002) FROM DAUL;이다.

③ TO_CHAR(SYSDATE,'YYYY')는 현재의 시스템 일자 중에서 연도를 가져온다.

④ INT_AGE에 현재 연도와 생일 연도의 차이를 SET 후 RETURN한다.

해설 사용자 정의 함수의 이름은 UF_GET_AGE이다. BIRTH_YEAR는 입력 파라미터이다.

정답 1: ④ 2: ③ 3: ② 4: ①

405 오류 처리

1 오류 처리의 개념

프로그램 코드상의 에러나 프러시저 등의 실행 시 예외나 문제가 발생했을 때, 문제를 해결하기 위해 경고, 오류 코드 등을 지정해 오류에 의미를 부여하는 프로세스이다.

2 오류 핸들러(Handler) 선언 구문

알아두기

프러시저 수행 시 오류가 발생하면 오류 코드 등을 통해 확인이 가능하다.

오류 핸들러를 선언하기 위해서는 DECLARE HANDLER 문을 사용한다.

문법	DECLARE 액션 HANDLER FOR 상태값 명령문 ;

– 액션 : 해당 오류 발생 시 핸들러 처리 방법

CONTINUE	명령어 부분을 계속 실행
EXIT	명령어 부분을 한번 수행

– 상태값 : 오류 핸들러가 수행되기 위한 오류 코드

– 명령문 : 오류 핸들러가 호출될 때 실행되는 명령

3 오류 코드

프러시저 등을 수행할 때 오류 발생 시 오류 핸들러가 수행되기 위한 코드값이다.

오류 코드	설명
SQL WARNING	에러가 아닌 경고 발생
NOT FOUND	FETCH되었으나 다음 레코드를 가져오지 못했을 때 발생
SQL EXCEPTION	SQL 실행 시 에러가 발생

출제 예상 문제

01 다음은 프로그램 코드나 프러시저의 실행 시 예외, 문제를 처리하기 위한 오류 핸들러의 구문이다. [가], [나], [다]에 올 수 없는 것은?

```
DECLARE [가] HANDLER
        FOR [나][다];
```

① 액션
② 컨트롤
③ 상태값
④ 명령문

해설 오류 처리의 구문 요소는 액션, 상태값, 명령문으로 구성된다.

02 프러시저 등을 수행할 때 오류 발생 시 오류 핸들러가 수행하기 위한 코드값과 설명으로 적절하지 않은 것은?

① SQL EXCEPTION : SQL 실행 시 에러가 발생
② SQL WARNING : 에러가 아닌 경고 발생
③ NOT FOUND : FETCH되었으나 다음 레코드를 가져오지 못함
④ EXIT : 에러 명령어를 한 번 수행하고 발생

해설 EXIT는 오류 핸들러에서 액션 명령어 부분을 한 번 수행할 때 사용한다.

정답 1: ② 2: ④

데이터 전환

이번 장에서 다룰 내용

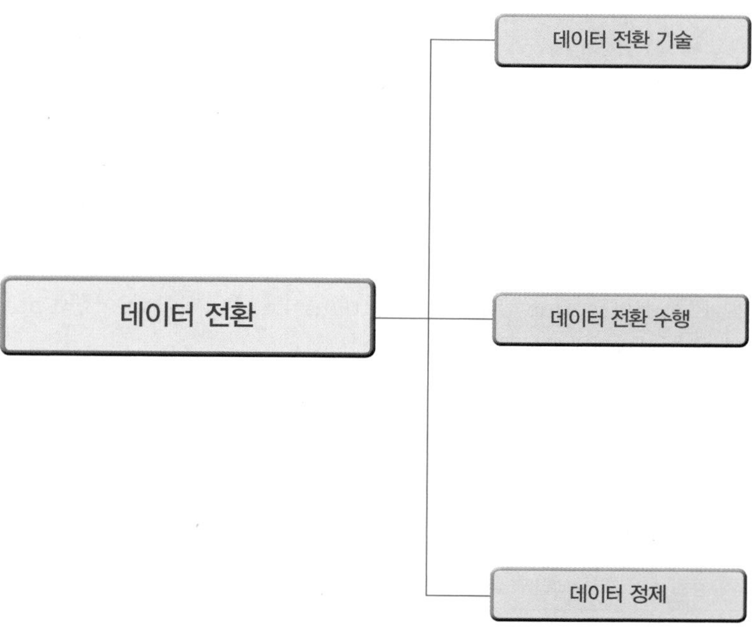

- 데이터 전환 프로그램을 구현하고 최적화를 진행할 수 있다.
- 데이터 전환 계획서 및 체크 리스트를 작성할 수 있다.
- 데이터 전환을 진행하고 체크 리스트를 통한 검증을 진행할 수 있다.
- 데이터 전환을 수행하고 오류 데이터에 대한 측정 및 정제를 진행할 수 있다.

501 데이터 전환 기술

1 데이터 전환

■ 데이터 전환의 개념

- 데이터 전환은 기존의 원천 시스템에서 데이터를 추출하여 목적 시스템의 데이터베이스에 적합한 형식과 내용으로 변환한 후 목적 시스템에 적재하는 일련의 과정이다.
- 데이터 전환을 ETL(Extraction, Transformation, Load), 데이터 이행(Data Migration), 데이터 이관이라고도 한다.

■ 데이터 전환 전략

안정적인 현행 업무 수행과 목적 시스템으로의 성공적인 데이터 전환을 갖는다.

전략	세부 프로세스
데이터 전환 절차의 표준화	데이터 수집, 분석, 입력, 전환을 위한 표준화
전담 요원의 데이터 전환 및 검증	– 전담 요원을 이용한 데이터 전환의 효율성 제고 – 안정성 확보를 위한 데이터 검증 및 시험 운영
중요도에 따른 우선순위 결정	– 시스템 개발 일정 및 업무의 활용도에 따른 우선순위 결정 – 실제 관리 데이터 및 비정형 데이터의 우선순위 결정
데이터 표준화	관리 코드 및 항목의 표준화

알아두기

기존의 운영되던 데이터를 목적 시스템으로 안정적이게 전환할 수 있도록 데이터 전환 전략을 이용하여 전환을 수행한다.

2 데이터 전환 사전 지식

■ 구조적 질의어

데이터베이스 작업을 효율적으로 처리하기 위해 관계 대수나 관계 해석을 기초로 하는 구조적인 질의어인 SQL을 이용하고 있다.

멘토 코멘트

SQL은 크게 정의어(DDL), 조작어(DML), 제어어(DCL)로 되어 있다. 세부적인 내용은 〈3장 SQL 응용〉과 〈4장 SQL 활용〉을 참조한다.

■ 관계(Relationship) 정의

구분	설명
관계 생성	관계를 생성할 때 CREATE TABLE 명령을 이용
관계 수정	기존 관계를 수정할 때 ALTER TABLE 명령을 이용
관계 삭제	기존 관계의 속성을 추가, 수정, 삭제할 수 있으며 ALTER TABLE, DROP TABLE 명령어를 이용

■ 데이터 조작

구분	설명
검색	- 기본 형식은 SELECT, FROM, WHERE로 구성 - WHERE에 나오는 조건에 만족하는 관계에서 SELECT에 나오는 속성을 추출
삽입	- 관계에 튜플(Tuple)을 삽입 - 명령어는 INSERT
갱신	- 관계의 속성값을 갱신할 때 사용 - 명령어는 UPDATE
삭제	- 관계를 삭제 - 명령어는 DELETE

■ 프로그래밍 지식

프로그램의 구현은 상세 설계나 사용자 지침서와 일치되도록 개발(코딩)되어야 하며, 프로그램 단계에서는 코딩 표준을 정의한 다음 정확하고 명확하게 작성하는 것이 가장 중요한 작업이다.

구분	설명
코딩 원리	오류가 적고 품질 좋은 프로그램을 개발하고 신속 정확한 코드 작성이 목표
코딩 스타일	원시 코드의 간결성, 설계의 모듈화, 높은 응집력과 낮은 결합도 달성으로 좋은 프로그래밍 스타일을 유지함
리팩터링 (Refactoring)	- 이미 존재하는 코드 설계를 안전하게 향상시키는 기술 - 소프트웨어의 디자인 개선, 이해하기 쉬운 소프트웨어 - 빠른 버그 확인 및 프로그램의 개발 속도 향상
코드 품질 향상	코드 인스팩션, 정적 분석, 증명을 통해 인스팩션을 진행하고 데드 코드 확인 및 미 선언 변수의 정적 분석을 진행함

출제 예상 문제

01 데이터 전환에서 데이터 조작에 해당하지 않는 것은?

① 삽입
② 검색
③ 갱신
④ 관계 생성

해설 관계를 생성하는 것은 관계를 정의할 때 수행한다.

02 다음 중 데이터 전환 전략에 대한 설명으로 적절하지 않은 것은?

① 안전 확보를 위한 데이터 전담 요원을 배치해 데이터 전환의 효율성을 제고한다.
② 데이터 수집, 분석, 입력, 전환의 표준화를 통해 데이터 전환 절차를 표준화한다.
③ 시스템 및 데이터의 규모에 따른 우선순위를 결정한다.
④ 데이터 표준화는 관리 코드 및 항목의 표준화를 의미한다.

해설 데이터 전환 우선순위는 중요도 및 업무 활용도, 실제 관리 데이터 및 비정형 데이터를 기반으로 결정해야 한다.

03 데이터 전환을 위한 사전 지식으로 적절하지 않은 것은?

① 데이터 성능 튜닝 지식
② 관계 대수, 관계 해석을 기초로 하는 구조적 질의어 지식
③ 데이터 조작 지식
④ 관계 생성, 수정, 삭제를 위한 관계 정의 지식

해설 데이터 전환은 구조적 질의어 지식, 관계 정의, 데이터 조작, 프로그래밍 지식을 필요로 한다.

04 데이터 전환은 기존 원천 시스템에서 데이터를 추출하여 목적 시스템으로 데이터베이스에 적합한 형식과 내용으로 변환 후 목적 시스템에 적재하는 일련의 과정이다. 데이터 전환 시 필요한 프로그래밍 지식으로 옳지 않은 것은?

① 코딩 원리를 이해하여 오류가 적고 품질 좋은 프로그램을 개발하고 신속한 코드를 작성한다.
② 데이터 표준화를 통해 관리 코드 및 항목에 대한 표준화를 진행한다.
③ 리팩터링을 통해 이미 존재하는 코드 설계를 안전하게 향상시킬 수 있다.
④ 코드 품질 향상을 위해 정적 분석을 진행하고 데드코드 확인 및 미선언 변수의 정적 분석을 진행한다.

해설 데이터 표준화는 데이터 전환 전략에 해당한다.

1: ④ 2: ③ 3: ① 4: ② 정답

502 데이터 전환 수행

1 ETL(Extraction, Transformation, Load)

■ 데이터 전환 절차

- 환경에 따른 다양한 차이가 있을 수 있기 때문에 포괄적인 개념에서 접근 및 적용이 필요하다.
- 테스트 전환 절차는 크게 요구사항 분석부터 테스트 단계까지 5단계로 진행될 수 있고 각 단계별 주요 목표를 갖는다. 세부적으로는 22가지의 상세 단계로 나누어 진다.

알아두기

IT 시스템을 활용하는 각 업무 영역들에 대한 분석으로 현행 정보 시스템의 데이터 구조를 분석할 수 있다.

■ ETL 방법론

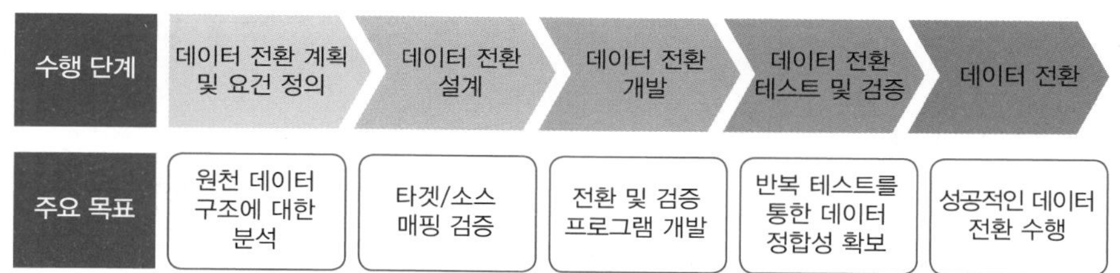

▲ ETL 방법론 수행 단계 및 주요 목표

2 데이터 전환 수행

■ 1단계 : 데이터 전환 계획 및 요건 정의

데이터 전환 수행을 위해 우선 데이터 전환 프로젝트 계획을 수립하고 현행 정보 시스템(As-Is) 및 원천 데이터의 구조를 분석하는 과정이다.

절차	설명
프로젝트 계획	- 프로젝트 목표의 범위를 명확히 하고, 추진 체계와 절차 및 투입 인력을 명시한다. - 데이터 품질 관리 계획과 보안 관리에 대한 내용을 파악 및 기록한다.
프로젝트 환경 구축	데이터 전환 프로젝트를 수행하기 위한 컴퓨터와 네트워크 환경 등 개발 환경을 구축한다.
현행 시스템(As-Is) 분석	- 현행 정보 시스템의 환경 분석, 장비 및 솔루션 현황, 네트워크 구성도 등을 파악한다. - 원천 데이터 형식이 어떻게 시스템에 저장되어 있는지 경로 및 크기도 분석한다.

목표 시스템(To-Be) 분석	데이터가 최종 적재되는 목표 시스템에 대한 분석 및 데이터베이스 구조를 정확히 분석하고 이해한다.
데이터 전환 요건 정의	데이터 전환 시 고객과 이해관계자의 요건을 명확히 정의한다.

■ 2단계 : 데이터 전환 설계

데이터 전환 계획 및 단계에서 정의된 내용을 근거로 데이터 전환을 위한 데이터 매핑 및 검증 규칙을 설계해야 한다.

절차	설명
로지컬 매핑 (Logical Mapping)	목적 데이터베이스를 기준으로 하여 필요 원천 데이터의 추출 및 변환/가공, 적재 로직과 업무 영역별 비즈니스 흐름이 잘 반영되어야 한다.
코드 매핑 (Code Mapping)	요건 정의 단계에서 분석한 데이터를 기반으로 한 원천 데이터와 목적 데이터베이스 표준에 맞게 정의(테이블, 필드, 코드 등)한다. 해당 데이터들의 매핑 관계 기술이다.
검증 규칙 정의	데이터 변환에 의한 전환이 이루어진 경우 검증 규칙(Rule)을 명확하게 정의한다.
전환 설계서 작성	원천 데이터를 목적 데이터베이스에 적재하기 위해 매핑을 정의한 데이터 전환 설계서를 작성한다.

■ 3단계 : 데이터 전환 개발

데이터 전환 설계 단계에서 정의된대로 전환 프로그램을 구현하는 단계이다.

절차	설명
전환 개발 환경 구축	개발 표준과 방법론에 맞게 데이터 전환 개발 환경을 구축한다.
전환 프로그램 개발	데이터 변환 설계서에 따라 데이터 전환 프로그램을 개발한다.
검증 프로그램 개발	데이터 검증 설계서의 데이터 검증 논리로 실현 가능한 검증 프로그램을 구현한다.

■ 4단계 : 데이터 전환 테스트 및 검증

데이터 전환 개발이 완료되면 데이터 검증 프로그램을 구현하여 데이터 검증을 진행한다.

절차	설명
전환 검증 설계	원천 데이터의 추출 및 변환 후 목적 데이터베이스로 전환하기 위한 검증 방법과 단계를 설계한다.
추출 검증	원천의 데이터베이스, 파일, 문서로부터 전환하기 위한 데이터를 정확히 추출했는지를 검증한다.
변환 결과 검증	추출된 원천 데이터를 목적 데이터베이스에 전환하기 위해 변환 작업에 대한 검증을 수행한다.
최종 전환 설계	검증 과정에서 발견된 수정 사항을 반영하여 최종 전환 설계를 완성한다.
전환 인프라 구축	실제 데이터 전환을 위한 인프라를 구성한다.
N차 전환 검증	반복적인 데이터 전환 테스트를 통해 데이터 정합성을 확보한다.

■ 5단계 : 데이터 전환

데이터 전환 검증이 완료되면 실제 원천 시스템의 데이터를 목적 시스템으로 전환하는 단계이다.

절차	설명
최종 전환	– 실제 원천 데이터를 목적 데이터베이스에 전환하도록 수행한다. – 검증된 변환 프로그램을 이용하여 전환을 실시하고 전환 결과를 검증한다.
안정화 지원	전환된 데이터는 신규 시스템에서 운영하는 데 문제가 없는지 확인하고, 안정화 기간 동안 모니터링을 진행하여 문제 발생 시 즉각적으로 원인을 파악하고 대응한다.
후속 단계 데이터 전환	안정화 지원 시 발생된 문제점을 파악하여 후속 단계 데이터 전환을 진행한다.
전환 완료 보고서 작성	최종 전환 작업이 완료되면 전환 완료 보고서를 작성하여 의사 결정자에게 보고를 진행하고 확인받는다.

멘토 코멘트

데이터 전환은 전환 후 데이터 검증 및 안정화 지원, 후속 단계 수행 및 완료 보고서 작성까지이다. 전환만 된다고 끝이 아니다.

3 체크 리스트

■ 체크 리스트의 개념

데이터 전환 작업자가 수행할 작업 항목, 작업 내용을 확인하는 단계이다.

■ 체크 리스트의 작성

(1) 데이터 전환 작업자가 수행할 작업 확인

데이터 전환을 위한 각 단계별 작업 내용을 가능한 상세히 분할하여 작업 수행 시 주의해야 할 특이 사항을 기록한다.

단계		작업 내용	작업자	특이 사항
사전 준비	1	운영 환경에 대한 설정 및 점검		
	2	전환 환경에 대한 사전 점검		
	3	데이터베이스 상태 점검 수행(가동/접속 여부, 공간 확인)		
데이터 전환	4	수작업 테이블 이관		
	5	데이터 추출, 변환, 적재 수행		
	6	인덱스 리빌드, 권한 재설정		
데이터 점검	7	전환 검증 요건 항목 검증		
	8	업무용 n개에 테이블에 대한 후속 SQL 작업		

(2) 작업 담당자를 포함한 체크 리스트 작성

- 작업 내용 확인 및 팀별 작업 담당자를 할당한다.
- 전환 데이터의 점검은 업무를 이해하고 있는 담당자를 배정하여 점검할 수 있도록 한다. 각 작업자는 작업을 수행한 후 전환 작업에 대한 시작, 종료 시간 및 전환된 데이터 건수를 기록한다.

단계	작업 내용		작업자	수행 실적	작업 예정 시작 시간	작업 예정 종료 시간
사전 준비	1	운영 환경에 대한 설정 및 점검				
	2	전환 환경에 대한 사전 점검				
	3	데이터베이스 상태 점검 수행 (가동/접속 여부, 공간 확인)				
데이터 전환	4	수작업 테이블 이관				
	5	데이터 추출, 변환, 적재 수행				
	6	인덱스 리빌드, 권한 재설정				
데이터 점검	7	전환 검증 요건 항목 검증				
	8	업무용 n개에 테이블에 대한 후속 SQL 작업(응용팀)				

4 데이터 검증

■ 데이터 검증 설계서 분석

- 검증 설계서에서 데이터 검증 종류와 방법을 파악하고 검증 설계 방향을 분석한다.
- 데이터 검증 프로그램을 구현하고 성능을 최적화한다.

| 검증 단계 |

구분	설명
추출 검증	원천 데이터의 추출을 검증한다.
전환 검증	변환 규칙이 적용되었는지 검증한다.
적재 검증	변환된 데이터가 목적 데이터베이스에 정확히 등록되었는지 검증한다.
업무 검증	현업 업무별 조회 화면을 통해 주요 업무 데이터를 검증한다.
통합 검증	목적 데이터베이스에 적재된 데이터와 원천의 데이터 건수, 합계 금액 등을 검증한다.

■ 데이터 검증 논리를 적용한 검증 프로그램 구현

개발 표준과 개발 방법론에 맞추어 데이터 검증 프로그램을 구현한다.

| 검증 프로그램의 3가지 검증 조건 |

구분	설명
완전성 (Exhaustiveness)	- 원천 데이터의 모든 데이터는 하나도 빠짐 없이 변환 규칙을 적용하여 목적 데이터베이스에 적재되어야 한다.
데이터값의 일관성 (Consistency)	- 전환되는 데이터는 목적 데이터베이스에 존재하는 요구사항과 제약 조건을 충족해야 한다.
관계의 일관성 (Coherence)	- 원천 데이터의 데이터 간 관계(Dependencies)는 보전되어 목적 데이터베이스로 이전되어야 한다.

■ 개발 환경 테스트 및 성능 최적화

검증 시 많은 시간이 걸리는 단계 순으로 프로그램의 최적화를 진행하여 검증 효율을 높인다.

출제 예상 문제

01 다음은 데이터 전환 수행에 대한 설명이다. 옳지 않은 것은?

① 데이터 전환 계획 및 요건 정의 단계에서는 프로젝트의 목표 범위를 명확히 하고 인력 등을 명시한다.
② 목표 시스템 분석은 데이터가 최종 적재되는 목표 시스템에 대한 데이터베이스 공간을 확인한다.
③ 데이터 전환 요건 정의는 고객과 이해관계자의 요건을 명확히 정의한다.
④ 검증 규칙 정의는 데이터 전환이 이루어지는 경우 검증 규칙을 정의하는 전환 설계 단계의 절차이다.

해설 목표 시스템 분석은 데이터베이스 구조 및 시스템 분석을 진행하는 절차이다.

02 데이터 검증 논리를 적용한 검증 프로그램의 세 가지 검증 조건으로 적절하지 않은 것은?

① 원자성
② 완전성
③ 관계의 일관성
④ 데이터값의 일관성

해설 데이터 검증 논리를 적용한 검증 프로그램의 3가지 검증 조건은 완전성, 값의 일관성, 관계의 일관성이다.

03 데이터 전환 수행 중 체크 리스트에 대한 설명으로 옳지 않은 것은?

① 체크 리스트는 사전 준비, 데이터 전환, 데이터 점검의 세 단계로 이루어진다.
② 작업 담당자를 포함하여 체크 리스트를 작성한다.
③ 데이터 전환 단계에서 데이터 추출, 변환, 적재를 수행한다.
④ 데이터가 이관이 완료되었는지만 확인하면 된다.

해설 체크 리스트는 이관 완료 이후에 사전 준비, 전환, 점검까지 전체 작업에 대한 체크 리스트를 작성한다.

04 데이터 검증 단계에서의 단계별 설명으로 옳지 않은 것은?

① 추출 검증 : 목적 데이터베이스로부터 데이터를 정확히 추출하였는지 검증
② 적재 검증 : 변환된 데이터가 정상적으로 목적 데이터베이스에 적재되었는지 검증하는 작업
③ 통합 검증 : 목적 데이터베이스에 적재된 데이터와 원천 데이터에 대한 통합된 검증 작업
④ 업무 검증 : 업무별 조회 화면을 통해 주요 업무 데이터에 대한 검증

해설 원천 데이터베이스로부터 데이터를 정확히 추출했는지 검증하는 것이 추출 검증이다.

1: ② 2: ① 3: ④ 4: ① 정답

05 데이터 전환 절차의 단계를 올바른 순서대로 나열한 것은?

> ① 데이터 전환 설계
> ② 데이터 전환 계획 및 요건 정의
> ③ 데이터 전환
> ④ 데이터 전환 테스트 및 검증
> ⑤ 데이터 전환 개발

① ② → ① → ④ → ⑤ → ③

② ② → ① → ⑤ → ④ → ③

③ ① → ② → ⑤ → ④ → ③

④ ① → ② → ④ → ⑤ → ③

데이터 전환 절차는 계획 → 설계 → 개발 → 테스트 및 검증 → 전환의 순서를 거친다. 상식적으로 생각해도 순서를 유추할 수 있다.

06 다음에서 설명하는 것은?

> 기존의 원천 시스템에서 데이터를 추출하여 목적 시스템에 적합한 형식과 내용으로 변환한 후 목적 시스템에 적재하는 일련의 과정이다. 일반적으로 데이터 이행이나 이관으로 표현하기도 한다.

① Data Transformation

② EAI

③ ETL

④ Data Load

ETL은 데이터를 추출(Extract), 변환(Transformation), 목적 시스템에 적재(Load)이다.

07 데이터 전환 수행 시 데이터 전환 및 요건 정의 단계에서 수행하지 않는 절차는?

① 프로젝트 계획

② 전환 설계서 작성

③ 현행 시스템(As-Is) 분석

④ 데이터 전환 요건 정의

전환 설계서 작성은 데이터 전환 설계 시 진행하는 절차이다.

정답 5: ② 6: ③ 7: ②

503 데이터 정제

1 데이터 정제

데이터 정제 요청서 작성

- 오류 내역 중 원천 데이터의 정제가 필요한 부분과 전환 프로그램의 수정이 필요한 부분으로 분리하여 정제 요청서를 작성한다.
- 분석된 오류 내용을 근거로 정제 유형을 분류하고 현재 정제 상태를 기록하는 과정이다.

데이터 정제 요건 목록

요건 목록	설명
정제 제목	정제 요건의 함축적인 표현을 소제목으로 입력
정제 전략	주요 데이터 영역, 유형 확정, 데이터 유형별 정제 유형 및 규칙, 정제 불가 오류 데이터 확정
정제 유형	완전성, 유효성, 일치성, 유일성, 기타 등
정제 방법	원천, 전환, 모두(원천과 전환 모두 수정이 필요)를 선택
정제 상태	진행 상태를 최종 변경자 다음의 상태로 변경
검증 방법	데이터 통계학, 도메인 위반, 집계, 외부 조인 분석, 카티션 곱 분석, 업무 규칙 유효성, 리포트 비교 등으로 분석

알아두기

정제 요청 내용에는 가능한 해결 방안을 같이 작성해 정제 검토 시 빠른 의사결정을 내릴 수 있도록 도움을 준다.

데이터 정제 요청서 작성

데이터 정제 요청서에는 전환 시 발생한 오류를 해결하기 위한 데이터 정제 요청 내용을 작성한다.

항목	요청 내용
정제 ID	연월 순번으로 YYYYMM-SSS로 작성(SSS는 001로 시작)
정제 제목	정제 요청 내용을 함축적으로 표현 가능한 소제목
관련 테이블	정제 요청 자료와 관련된 테이블
예상 처리 건수	정제 처리를 해야 하는 자료의 예상 건수

■ 정제 보고서 작성

정제 요청서에 의해 정제된 원천 데이터를 확인하고 검증한 뒤 그 결과를 토대로 데이터 정제 보고서를 작성하고 수행 결과를 작성한다.

항목	요청 내용
정제 ID	정제 요청서의 정제 ID
실 정제 건수	정제 요청서의 요청 건과 비교하여 실제 정제 건수 기록
데이터 전환 결과	데이터 정제 후 데이터 전환 결과도 같이 기록
미정제 이유	정제되지 않은 건은 그 이유와 건수를 같이 기록
대응 방안	향후 유사 작업이 반복되지 않도록 대응 방안을 기록

2 데이터 품질 분석

■ 데이터 품질 분석

- 원천 데이터를 분석하여 정합성 여부를 확인하고 오류 데이터의 유형과 건수를 측정한다.
- 전환이 완료된 목적 데이터베이스를 검증 계획에 따라 예외가 발생된 데이터의 유형과 건수로 측정하는 과정이다.

■ 원천 데이터의 품질 검증

원천 데이터의 품질이 보장되지 않으면 전환한 데이터도 정확하지 않으며, 전환 후의 정합성 검증 시 오류가 발생했을 때 그 원인을 찾기도 어렵다. 따라서 전환 전 품질을 검증함으로써 전환의 정확성을 보장할 수 있으며, 기존의 오류 또한 찾아낼 수 있다.

| 원천 데이터의 품질 검증을 위한 대표적 정합성 항목 |

- 필수 항목의 데이터가 모두 존재하는가?
- 데이터의 유형(문자형, 숫자형, 날짜형)이 정확하게 관리되고 있는가?
- 날짜의 경우 날짜로서 유효한 형태를 가지고 있는가?
- 금액의 경우 유효한 값의 범위인가?
- 계좌 번호 등이 정해진 법칙에 따른 번호인가?
- 지점이 실제로 존재하는 지점인가?
- 코드값이 정해진 범위에 속하는가?
- 개설 일자, 해지 일자 등 모든 일자의 시점이 업무 규칙에 위배되지 않고 정확하게 설정되어 있는가?
- 선후 관계가 정확하게 표현되어 있는가?
- 업무 규칙에 위배되는 잘못된 정보가 존재하는가?

- 잔액의 총합이 회계 정보와 동일한가?
- 보고서 값과 실제 데이터값이 일치하는가?

전환된 목적 데이터베이스의 품질 분석

원천 데이터베이스와 목적 데이터베이스 간 속성 대응 관계는 다:다 관계가 더 많기 때문에 양자 간 대응 관계를 정확하게 표현하기 위해 데이터 레이아웃을 정확하게 파악하고 품질 검증을 진행해야 한다.

| 전환 데이터의 대표적 정합성 검증 항목 |

- 계정 과목별 계좌 수 및 잔액
- 특정 기준으로 분류된 계좌 수 및 잔액
- 보고서 항목 또는 통계 수치
- 계좌 및 고객을 샘플링하여 해당 사항을 모두 검증
- 특수한 관계가 있는 고객을 추출하여 관련된 데이터가 정확한지 검증

데이터 품질 관리 프레임워크

대상 / 조직	데이터값	데이터 구조	데이터 관리 프로세스
CIO*/EDA(개괄적 관점)*		데이터 관리 정책	
DA(개념적 관점)*	표준 데이터	- 개념 데이터 모델 - 데이터 참조 모델	- 데이터 표준 관리 - 요구사항 관리
Modeler(논리적 관점)	모델 데이터	논리 데이터 모델	- 데이터 모델 관리 - 데이터 흐름 관리
DBA(물리적 관점)*	관리 데이터	- 물리 데이터 모델 - 데이터베이스	- 데이터베이스 관리 - 데이터베이스 보안 관리
User(운용적 관점)	업무 데이터	사용자 뷰	데이터 활용 관리

★ CIO
(Chief Information Officer)
최고 정보화 임원

★ EDA(Enterprise Data Administrator)
전사 데이터 관리자

★ DA
(Data Administrator)
데이터 관리 책임자

★ DXBA
(Database Administrator)
데이터베이스 관리자

3 오류 데이터 측정

오류 데이터 측정 개념

- 데이터 품질 기준에 따라 정상 데이터와 오류 데이터를 분리하고 그 수량을 정확히 측정하여 오류 관리 목록에 기재한다.
- 원천 데이터의 정합성 기준을 근거로 업무별 오류 위치와 유형을 파악하고 그 수량을 정확히 측정하여 기록한다.

■ 정상/오류 데이터의 정량적 특징

구분	설명
정상 데이터	- 전환 대상 범위의 데이터를 업무 영역별, 테이블별로 세분화 진행 - 정상 데이터의 건수를 정량적으로 측정 및 기록
오류 데이터	원천 데이터의 정합성 기준을 근거로 업무별로 오류 위치와 유형을 파악하고 그 수량을 정확히 측정하여 기록함

■ 오류 원인을 파악 및 정제 여부 결정

오류의 내용과 원인을 분석해 해결 가능한 오류는 추후 처리 방침을 기술하고, 해결 불가능할 경우 고객과 협의된 내용을 기재한다.

| 오류 체크 요소 |

구분	요소	설명
심각도	상	더 이상 데이터 이행을 진행할 수 없게 만드는 오류
	중	데이터 이행 전반에 영향을 미치는 오류
	하	데이터 이행의 흐름에는 영향을 미치지 않는 오류이나 상황에 맞지 않는 용도 및 배치 오류
상태	Open	오류가 보고되었지만 아직 분석되지 않은 상태
	Assigned	영향 분석 및 수정을 위해 오류를 개발자에게 할당한 상태
	Fixed	개발자가 오류를 수정한 상태
	Closed	- 오류가 수정되었는지 확인하고 재테스트에서 오류가 발견되지 않은 상태 - 만약 오류가 재발견되면 상태를 'Open'으로 변경
	Differed	오류 우선순위가 낮게 분류되어 있기 때문에 오류 수정을 연기한 상태
	Classified	보고된 오류가 프로젝트 팀에 의해 오류가 아니라고 판단된 상태

| 원천 데이터 오류 관리 목록 사례 |

프로젝트		OO 은행 차세대 프로젝트							
시스템		계정계 시스템							
순번	오류 ID	수정 ID	오류 원인	해결 방안	심각도	상태	발생 일자	예상 해결 일자	담당자
1	E001	0401	디폴트값 없음	디폴트값 추가	중	open	21-04-06		
2	E002	0402	부점 코드 오류	부점 코드 확인	상	Assigned	21-04-07		

출제 예상 문제

01 데이터 정제에서 이루어지는 정제 요건 목록으로 적절하지 않은 것은?

① 오류 목록
② 정제 유형
③ 검증 방법
④ 정제 전략

해설 데이터 정제 요건 목록은 정제 제목, 전략, 유형, 방법, 상태, 검증 방법 등이다. 오류 목록은 적절하지 않다.

02 데이터 품질 분석 시 원천 데이터의 품질 검증을 위한 정합성 항목으로 적절하지 않은 것은?

① 필수 항목의 데이터가 모두 존재하는가?
② 계좌 번호 등이 정해진 규칙을 따르는가?
③ 코드값에 대한 숫자 검증은 정확한가?
④ 업무 규칙에 위배되는 잘못된 정보가 존재하는가?

해설 코드값은 정해진 범위에 속하는지 확인을 하는 항목이다.

03 데이터 품질 관리 프레임워크에서 데이터값에 해당하지 않는 것은?

① 사용자 데이터
② 표준 데이터
③ 관리 데이터
④ 모델 데이터

해설 데이터 품질 관리 프레임워크에서 데이터값은 표준 데이터, 모델 데이터, 관리 데이터, 업무 데이터이다.

04 데이터 정제의 과정에서 오류 체크 요소 중 상태에 대한 설명으로 옳지 않은 것은?

① Assigned : 오류가 보고되어 영향 분석 및 수정을 위해 개발자에게 할당된 상태
② Closed : 오류가 수정되어 재테스트에서 오류가 발견되지 않은 상태
③ Differed : 오류 순위가 낮게 분류되어 오류 수정을 연기한 상태
④ Fixed : 오류를 수정하여 오류 체크 요소에서 제거되어야 하는 상태

해설 Fixed는 개발자가 오류를 수정한 상태이다.

1: ① 2: ③ 3: ① 4: ④ 정답

MEMO